最高の名前を贈る

男の子の幸せ名前事典

京都大学名誉教授 阿辻哲次
占法研究家 九燿木秋佳
㈱感性リサーチ代表取締役 黒川伊保子

購入者特典
WEB
お名前診断
付き！

ナツメ社

はじめに

赤ちゃんの誕生は、人生の中で何ものにもかえがたい喜びです。名前は、大事な赤ちゃんに、パパ、ママが贈るはじめてのプレゼント。赤ちゃんは名前を与えられてはじめて、社会の一員として歩みはじめることができるのです。

思いやりのある子に育ってほしい、○○くんと呼びたい、夏にちなんだ漢字を使おう、人生を切りひらけるような運のいい名前に……。この本を手にされたあなたは、赤ちゃんへのあふれる思いをどうやって名前に託《たく》すか、頭がいっぱいになっているのでは？

その思いをぜひ名づけに活かしてください。子どもは、名前を呼ばれたり書いたりするとき、そして由来を知ったときに、幸せを願う親の深い愛情を感じとることでしょう。

本書は、漢字研究の第一人者である阿辻哲次先生、語感研究のパイオニアである黒川伊保子先生、占法のスペシャリストである九燿木秋佳先生の監修のもと、名前の音、イメージや願い、漢字、開運（画数）の四つの手がかりから名づけを考えてみました。名前の例が満載のうえ、読んでも楽しい一冊です。

名前の音については、データをもとに印象を解説。また、四季や自然、なってほしい性格などのイメージや願いから、名前をさがすこともできます。漢字はすべてに意味を明記し、人気のある漢字は名前の例をふやしています。開運から名づけたい場合は、姓から考えられるように工夫しました。先輩パパ・ママの名づけストーリーや名前にまつわるエピソードも満載。きっと参考になるでしょう。

幸せを願って最高のプレゼントを準備する〝名づけ〟は、赤ちゃんにとっても親にとっても、たった一度きり。その大切な名づけに、本書を活用していただければ幸いです。

書きこみ欄つき

いつから考えはじめる？

名づけカレンダー

名づけは時間的にも気分的にも余裕をもってすすめたいもの。紹介するスケジュールを参考にしてください。

妊娠後期、もうすぐ出産！

性別が判明

胎動を感じるころ

妊娠が判明

10か月　8か月　6か月　4か月　2か月　妊娠

8か月ごろ〜出産まで

▶候補名を出す

何にこだわって名づけるか、パートナーと話しあって。臨月には、いくつかの候補名を出しておきたいもの。性別がわかっていても、念のため、男女両方の候補名を考えておくことをおすすめします。

❗他の意見も無視しない

祖父母などから意見が出るかもしれません。言いなりになるのも、拒否するのもNG。いい知恵がもらえるかもしれないので、きちんと聞きましょう。最終的には自分たちで判断します。

妊娠初期〜8か月ごろ

▶イメージづくり

イメージをふくらませる時期。お腹《なか》の赤ちゃんに呼びかける胎名がヒントになるかもしれません。

❗スタートは早めに

少しずつ名前のイメージを考えたり、名づけの基本的な知識を得たりしておきましょう。

❗大きなことは最初に確認

候補名の漢字が名前に使えるかどうかなど、早いうちに確認を。出産後は、最終チェックだけでいいくらいの気持ちで。

候補名をウェブで確認してもいいでしょう（付録参照）

大事な日付を書きこんでおこう

妊娠判明日	年	月	日
出産予定日	年	月	日
出生届の 締切予定日	年	月	日

赤ちゃん誕生

7日め

14日め

名づけ完了

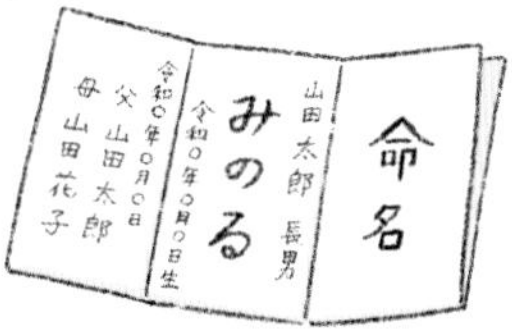

「お七夜」

赤ちゃんが生まれて7日めに、誕生と健やかな成長を願います。名前が決まっていたら命名書を用意して部屋に貼り、名前のおひろめを行います。

出産後3日～7日

▶名前を決定する

姓とのバランスや画数の運勢などを見て、最高の名前をつけましょう。できればお七《しち》夜《や》までに決定しておきたいところ。

!赤ちゃんの顔を見て決める

準備していた名前がどれもしっくりこないこともあります。最終決定は赤ちゃんと対面してから、がおすすめです。

出産後8日～提出日まで

▶最終確認

漢字の字形や読みなど最終確認を。OKだったら、出生届《しゅっしょうとどけ》に正確に記入して、いよいよ役所に提出です。

!出生届の出し方をチェック

出生届は、誕生した日から数えて14日以内に、赤ちゃんが生まれた地域などの役所に提出します。遅れた場合、過料《かりょう》が必要になることがあるので気をつけましょう。(→P42)

わが家の

先輩パパ・ママに聞いてみよう！
ネーミングストーリー

先輩パパ・ママはどんなふうにしてわが子に贈る名前を決めたのでしょうか？「音」から、「イメージ・願い」から、「漢字」から、「開運」から……。本書で紹介する４つの手がかり別に、名づけストーリを紹介します。

「音」から命名

好きな音を使ったり、呼びたい愛称や呼んだときの印象から考えていきます。
(→PART 2 ・P47)

咲《さ》気《き》くん

音のひびき、書きやすさから

呼びやすい音のひびきと、書きやすく画数の少ない字になることを重要視。夫の名前から１字とって「咲気」にしました。よく女の子に間違えられますが、性別を含む社会的アイデンティティにとらわれず、のびのび育ってほしいと思い、この音にしました。（奏子ママ）

嵩《しゅう》斗《と》くん

「しゅう」のひびきにひかれて

冬生まれなので、「柊」の字はどうかなと話していました。「しゅう」のひびきにひかれたため、音はそのままで漢字をさがしたところ「嵩」の字が。「山が高くそびえたつさま」という意味から、どんな困難も決して諦めずに乗り越えられる人にと決めました。（翔吾パパ）

作《つくる》くん

パパと同じ3音で漢字1字に

私の名前が漢字１字で読みが３音なので、息子も同じようにと思い、漢字をさがしていました。自分で何かを生み出すような人になってほしいという願いもあり、「作」の１字で「つくる」に。図工が得意で「つくるがつくる！」と言われているそうです。（崇パパ）

きょうだい

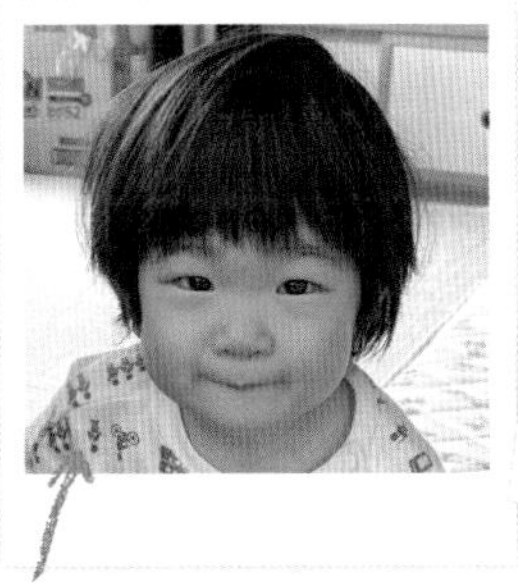

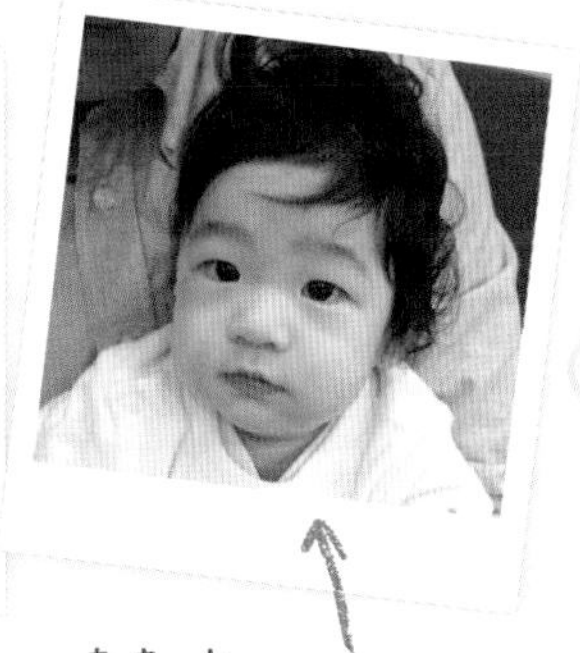

「イメージ・願い」から命名

思い出の情景、子どもに託《たく》す願いや想い……。いろいろなイメージや願いをヒントに考えます。（→PART３・P127）

璃《り》空《く》くん

「地球」をイメージした名前に

陸海空に関連する字を使って、地球をイメージする名前にしたいと思いました。読みを「りく」にして、「く」には空の字を選びました。これで陸と空はＯＫ。「璃」には、青い宝石という意味があります。宇宙から地球を見たとき、海は青く輝く宝石です。

暁《あき》斗《と》くん

きょうだいで共通のイメージに

次男も、長男とイメージが共通するように「地球」を意識して考えました。そこで、夜明けの空を思いうかべて「暁」の字を使うことに。「斗」は北斗七星で、宇宙を感じさせる字です。未来が明るく開けていくように、と願っています。（葵ママ）

俊《とし》哉《や》くん

家族みんなの愛をこめて

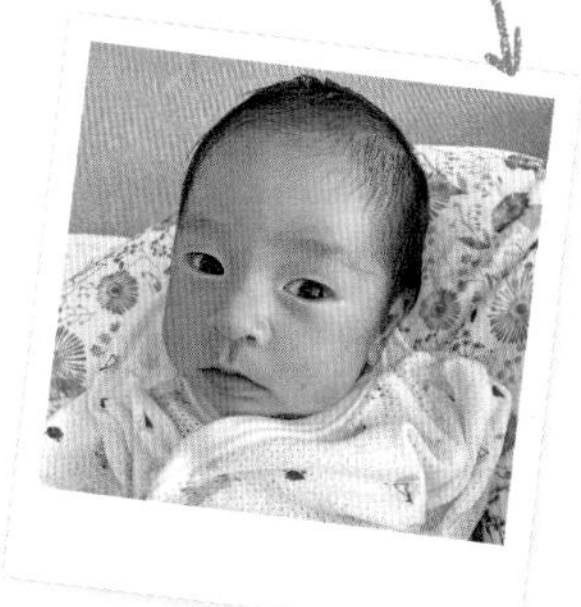

願い事をするたびに、「赤ちゃんが来ますように」と長男。妊娠を伝えると大喜びで、一生懸命名前を考えていました。その姿に、長男の止め字からはじまる名前はどう？と提案したところ、家族みんなから１字ずつとることに。あなたに会えるのをみんなで待っていたよという想いをこめて。（彩ママ）

天《てん》青《せい》くん

夫婦それぞれの想いがひとつになって

私は空をイメージできて、広い心でのびのびと育ってほしいという願いをもとに、たくさんの名前を考えていました。ところが夫は「青」がつく名前の一択。険悪になる寸前で「天青」が浮かび、夫もいいね！といってくれました。無事に決まってよかったです。（恵利華ママ）

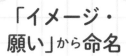

「漢字」から命名

お気に入りの漢字や、家族にゆかりのある漢字を使って、名前を考えます。
(→PART 4 ・P217)

福生《ふっさ》くん

パパの夢に「福」の字が!

妊娠判明後、夫は毎日「なんて名前がいい？」とおなかに向かって聞いていました。８か月を過ぎたある朝、「福」がつく名前の夢を見た！と。もう１字が思い出せないので、名前例を調べていくと「福生」にピン！。遅れた出産日も当てた夫なので、本当に夢で会話したのかな。笑（貴美子ママ）

基晴《もとはる》くん

雨の多い季節に「晴」の字を

６月生まれなので、雨が多く憂うつな日々が明るくなるよう、「晴」の字を使いたいと思っていました。それに、土台がしっかりした人に、という願いから「基」を合わせて。実際に生まれたのは、梅雨の合間の晴日！ ぴったりな名前になりました。（美穂ママ）

きょうだい

義翔《よしと》くん

祖父から受け継がれる字を使って

夫の家では、祖父の代から「義」の字が受け継がれているため、子どもにも使いたいと考えていました。義がつく名前の候補をさまざま考えたところで、生まれるまで保留に。生まれて顔を見ると「義翔」だなと、すぐに決めることができました。

翔真《しょうま》くん

兄の字をもらって「義」の渋滞を回避!

義祖父も夫も長男も「義」がつく名前。かつ、義祖父と同居していることから、家のあちこちで「よし」の音が……。これ以上ふえたら“義の渋滞だ！”と思い、違う漢字でつながりをもたせることに。兄から「翔」の字をもらって、「翔真」にしました。（彩乃ママ）

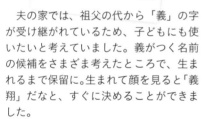

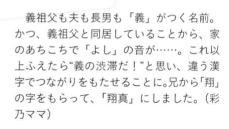

ふたご

晴哉《はるや》くん

暁哉《あきや》くん

上下関係のない「対」になる音から漢字をさがして

双子の兄・弟の関係は、「たまたま取り上げられるのが早いか遅いか」と聞いたので、上下関係がつかないようにと考えました。また、どちらを呼んでいるかがわかりやすく、対になる音も意識して「あき」と「はる」に。ポジティブな考え方に救われた経験から、「日」へんの漢字を使うことに決め、「暁」と「晴」を選びました。暁哉は、暁のようにその場を照らす考え方をもつ人に、晴哉は、その場を一発で晴らすような考え方をもつ人になってほしいです。（真慧パパ）

「開運」から命名

運のいいラッキーネームを贈るため、画数にこだわって名前を考えます。
（→PART 5 ・ P353）

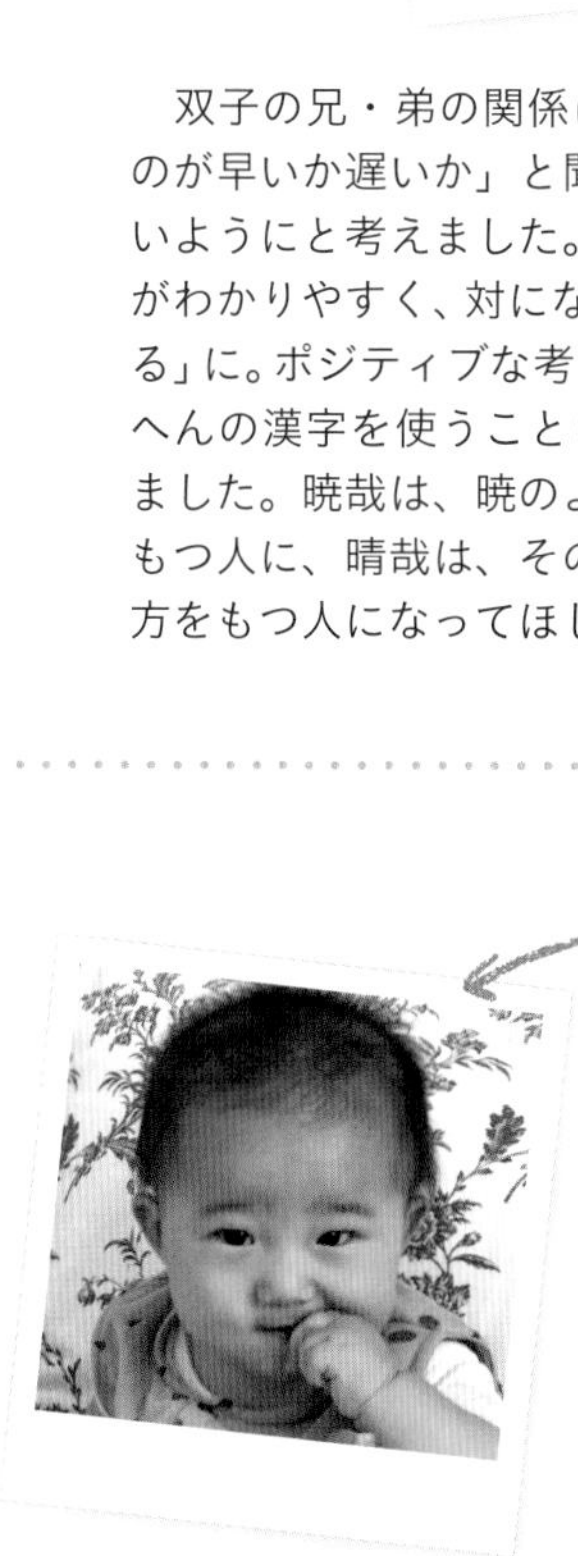

典介《てんすけ》くん

気に入った呼び方、ひびきが凶画数!

「てん」のひびきや音にひかれ、名前にしたいと考えました。だれかのお手本になるようにと「典」の字を選びましたが、これだけではどの姓名判断も凶画に。さすがに考え直そうか、ということで夫の案で「介」をプラス。なんと、超ラッキーネームになりました。（芽実ママ）

陸《りく》くん

音も画数も姓とぴったり!

おおらかな心で、元気で明るい子に育ってほしいという願いから、漢字を考えていたところ「陸」の字が。姓と合わせて読むとひびきがとてもよく、画数も「超幸運数」だったので即決しました。同じ名前の子が多いですが、すぐに覚えてもらえるのでそれもいいかなと。笑（悠ママ）

『もくじ』

PART 1

はじめに知っておこう
名づけの基礎知識

PART 2

印象や生き方を名前にこめて

音から名づける

赤ちゃんにぴったりの音をさがそう

PART 3

想い、想像力を駆使して イメージ・願いから

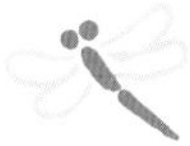

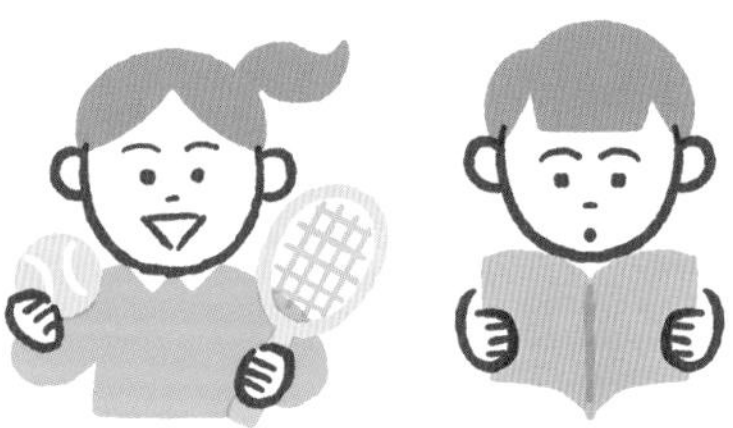

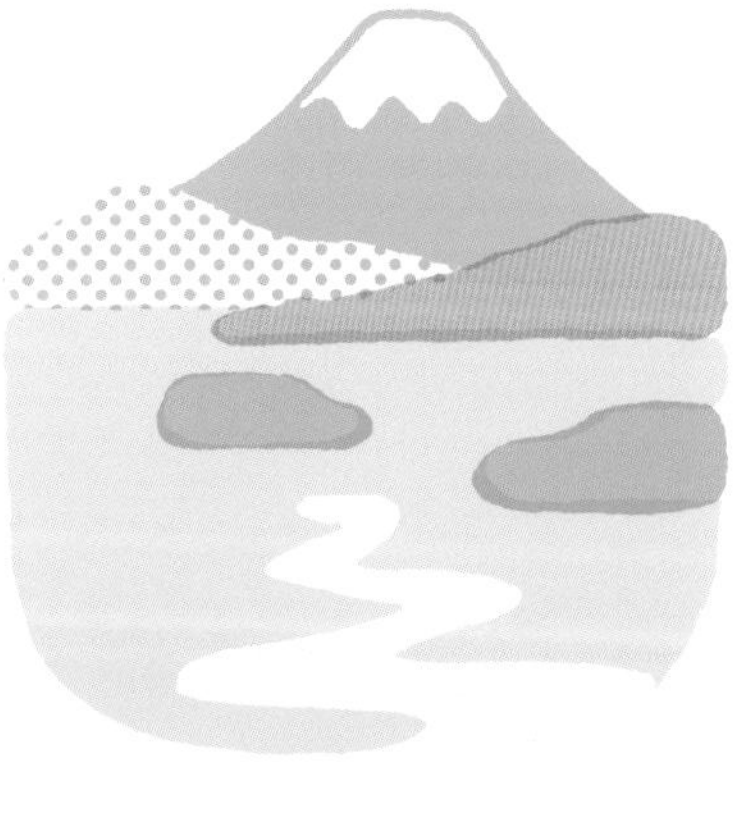

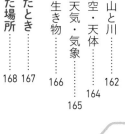

【願い】

Column

PART 4

こだわりの文字を見つけて 漢字から名づける

Column

PART 5

姓名の画数をもとに 開運から名づける

名づけに役立つ 文字資料

ネーミングストーリー

名前エピソード

PART 1

はじめに知っておこう

名づけの基礎知識

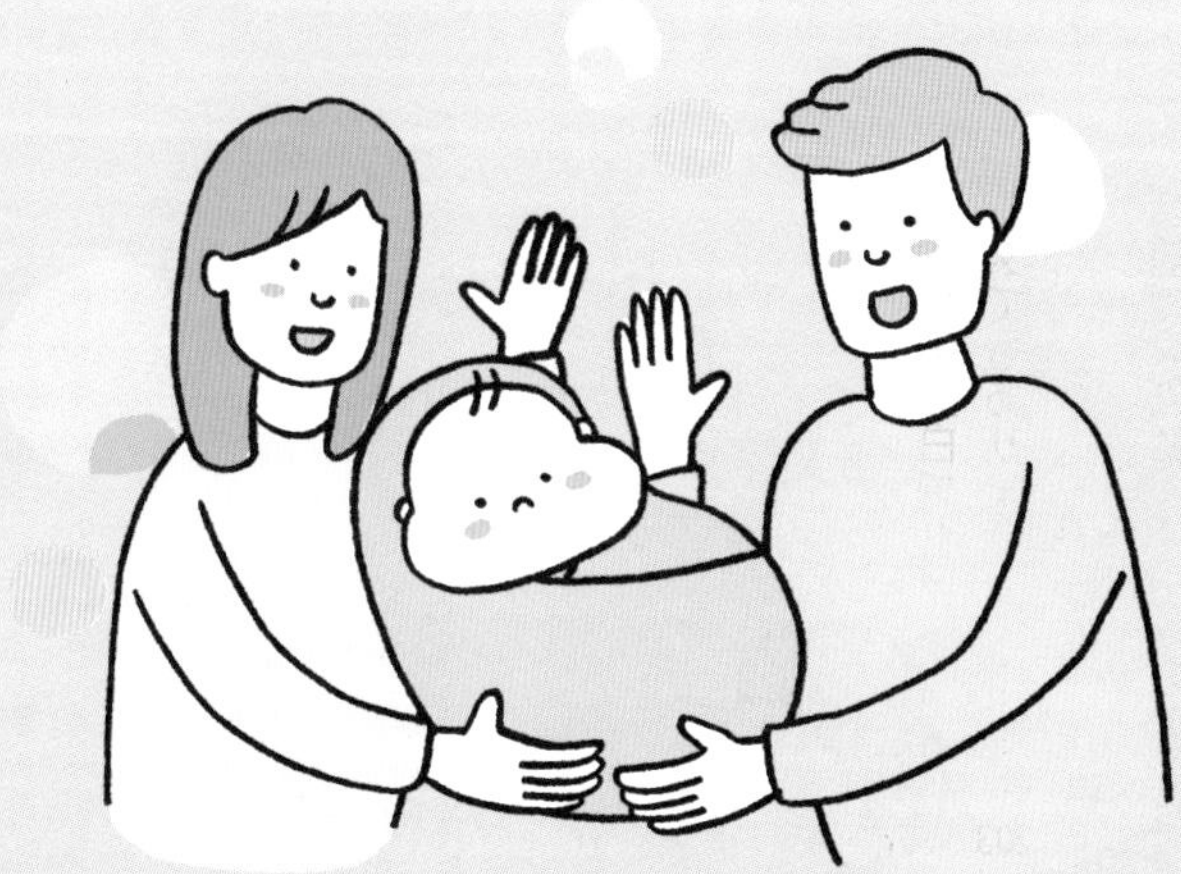

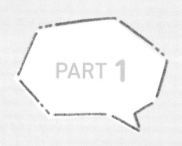

名づけのすすめ方

四つの手がかりから最高の名前を贈る

四つの手がかりから名前を考えよう

　赤ちゃんが生まれるのは、人生で最上の喜びのひとつです。

　明るい子に育ってほしい、将来は社会で活躍するように……。この本を手にしているあなたは、いろいろな期待や願いで頭がいっぱいになっていることでしょう。

　うれしさの一方で、悩んでしまうのが、わが子の名づけです。どこから考えたらいいか、見当もつかないかもしれません。あれこれ頭を悩ませている人も多いのではないでしょうか。

　本書では、四つの手がかりから、名づけの方法や名前を紹介していきます。

　どの方法がいちばんいいということはありません。どの方法でも、どの順番からでもかまいません。自分たちに合った方法で、最高の名前を考えてあげてください。

　赤ちゃんは名前が決まることでほかのだれとも違う存在になり、人生を歩きはじめます。名前はその人そのものなのです。

手がかりになることはたくさんある

あふれる想いを４つの手がかりにわけて考えます。

2人にちなんだ漢字もいいね
3文字やひらがなはどう？
誰からも愛される子になってほしいな
思い出の曲や歌詞から名づけようか？
大好きなあの場所からとってもいいかも

本書がすすめる４つの手がかり

どの方法や順番でもかまいません。たとえば４つすべてを満たすなら、『まずは音を決め、イメージや願いを確認し、漢字を当てはめて開運を確認する』というように進めます。

音

・○○な印象の名前にしたい
・「○○ちゃん」と呼びたい

イメージ・願い

・○○の思いを子どもに託《たく》したい
・○○な子に育ってほしい

PART2へ
（P47～126）

PART3へ
（P127～216）

漢字

・あの漢字を使いたい！
・「○」の漢字に思い入れがある

開運

・運のいい名前にしたい
・画数によって運が開けるかも！

PART4へ
（P217～352）

PART5へ
（P353～432）

手がかり1

音から名づける——どんな名前で呼びたい？

音を決めてから漢字やかなを考える

名前を呼ぶときには、口の中に息を通したり空間を広げたりして音をつくり出しています。このとき、音を発した人や聞いた人が感じる感覚を「語感《ごかん》」といいます。語感は脳の奥深くにはたらきかけ、人の印象を左右する力があります。

そこで、語感がもたらす効果を利用して、印象のいい名前にすることができます。また、自分たちが考えた名前の音が、どのような印象になるのかも、本書で確認することができます。

呼び方や愛称《あいしょう》など、音を決めてから名前を考えるのは、近年人気が高まっている名づけ法です。音が決まったら名前を考え、漢字やかなでの書き表し方（表記《ひょうき》）を決めます。

STEP 1 呼びたい音を挙げる

愛称や呼んだときの印象から呼びたい音を挙げます。

「50音のもつ語感」をチェック
→P56～68

気になる音のもつ語感を調べ、ぴったりくる音を見つけましょう。

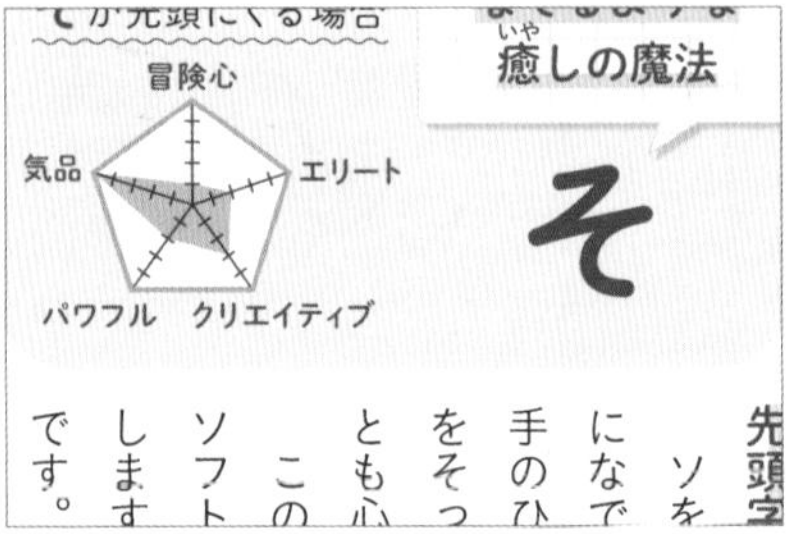

「そ」を使うことに決定！

STEP 2 選んだ音から名前を考える

方法① 「音と名前のリスト」をチェック→P69〜113

STEP 1で選んだ音ではじまる名前例をチェック。名前の音を決めます。

方法② 「ひびきから考える名前」をチェック→P114〜126

長音や濁音、音読みを活かした名前、止め字、音の数から決める方法もあります。

方法③

「イメージワードから選ぶ名前の音」「将来イメージから選ぶ名前の音」をチェック→P188〜195

授けたいイメージと音を組み合わせて考えます。

方法④ 50音を駆使する→P477

ひらがな・カタカナの一覧表を利用して考えます。

STEP 3 表記を決める

方法① 「音と名前のリスト」をチェック→P69〜113

ひとつの名前に7つの表記例が載っています。参考にしましょう。

方法② 「漢字一覧」をチェック→P434〜476

音に合う漢字をひとつずつ選びます。

漢字を決めたら「漢字と名前のリスト（→P225〜347）」で読み方や意味を確認。最後に開運をチェックすれば完璧です（→P353）。

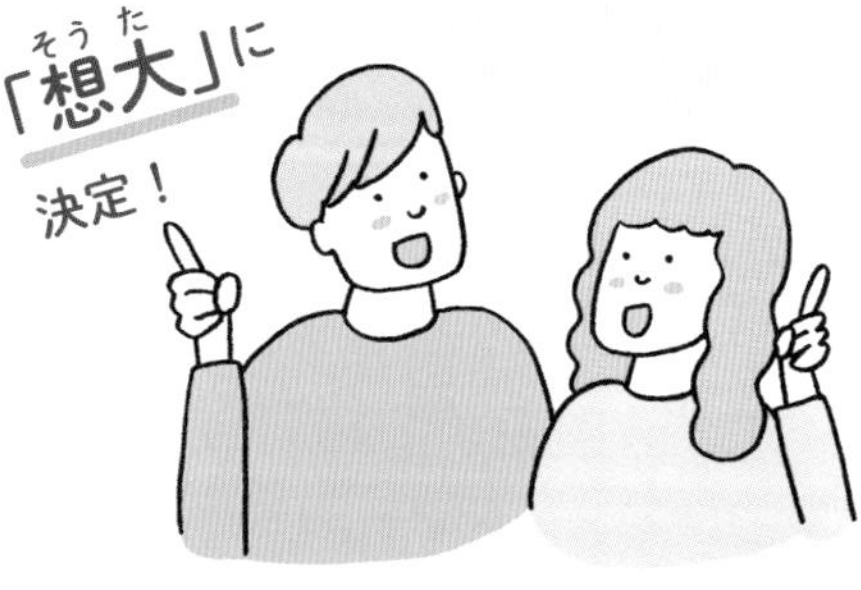

手がかり2

イメージや願いから名づける
——自由に思いをこめて

思い出や好きなこと、願いなどから考える

自分たちの好きなことや趣味、赤ちゃんが生まれた季節や場所、将来〇〇な子になってほしいといったイメージや願いから名前をつける方法です。想像力をフルにはたらかせて、パパとママのイメージや願いを一致させましょう。

生まれてきた赤ちゃんの顔を見ると、パッとイメージがわくこともあります。雰囲気や個性がすでに表れているからで、それが名前につながることもあります。

イメージや願いをもとにキーワードを挙げ、それに合う漢字や音から名前を考えます。キーワードが「優しい」「さわやか」などの語感《ごかん》なら、音から決める方法（左記のSTEP2・方法②）を参考にしてください。

STEP 1 キーワードを挙げる

名前にこめたいイメージや願いを挙げていきます。

こんなイメージから

- 好きな動物や草花
- 生まれた季節や時間
- 夫婦の思い出の場所
- 文化や芸術

こんな願いから

- 〇〇な子になってほしい
- グローバルな活躍を
- 歴史上の人物にあやかる
- 夢や希望を大切に

夏に生まれるから
おおらかな子に育ってほしいな

STEP 2 漢字や名前例をさがす

方法① 「イメージ」「願い」のキーワードをチェック→P130〜187/P196〜216

〔イメージ〕

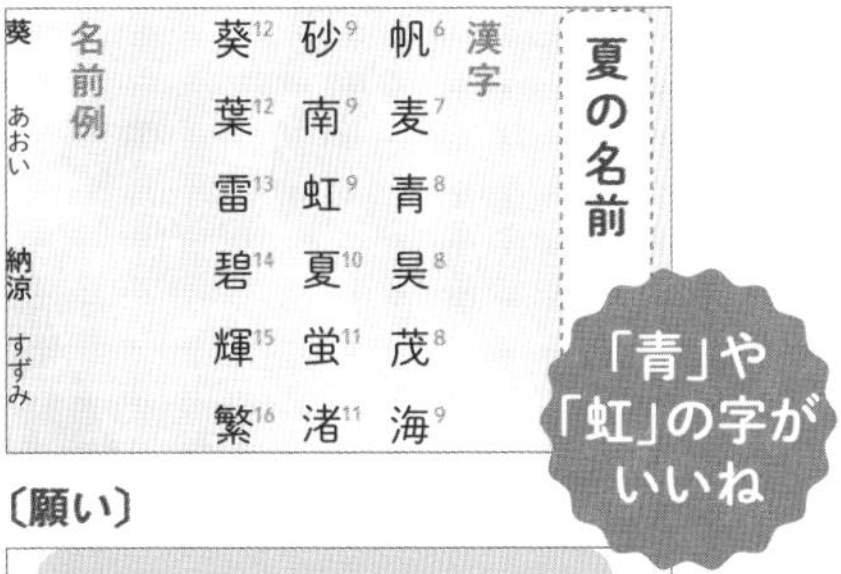

夏の名前
漢字
帆6 麦7 青8 昊8 茂8 海9
砂9 南9 虹9 夏10 蛍11 渚11
葵12 葉12 雷13 碧14 輝15 繁16
名前例
葵 あおい
納涼 すずみ
「青」や「虹」の字がいいね

〔願い〕

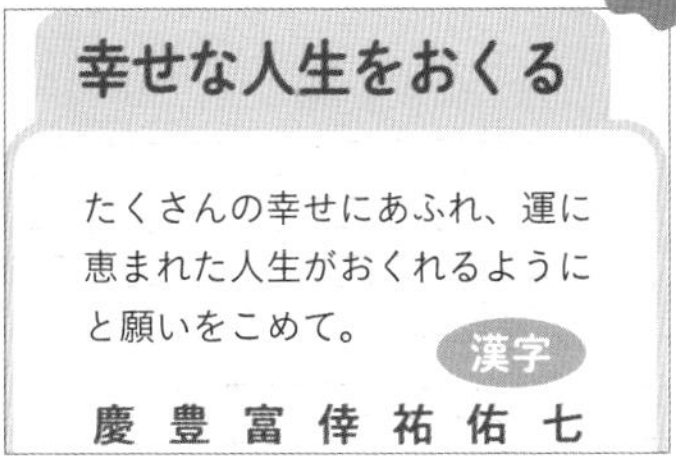

使う漢字を考えたり、名前例を参考にします。

方法② 「イメージワードから選ぶ名前の音」「将来イメージから選ぶ名前の音」をチェック→P188〜195

赤ちゃんのイメージに合う語感から名前の音を決めます。

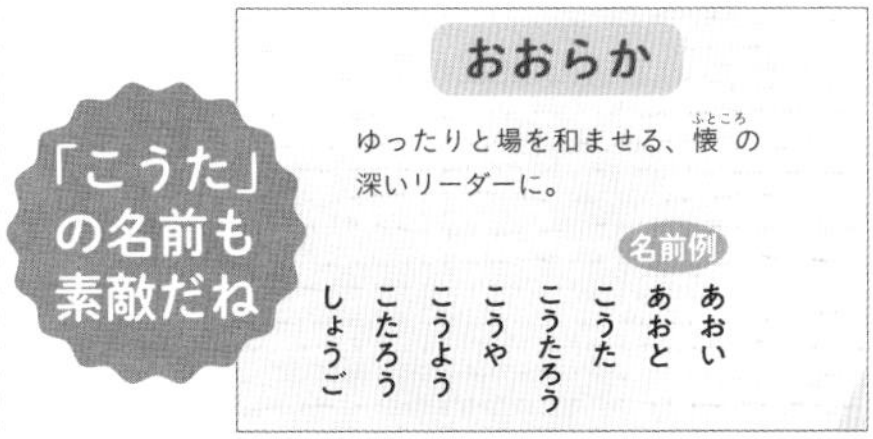

STEP 3 漢字の意味や音を確認

方法① 「漢字と名前のリスト」をチェック→P225〜347

これ以後は、「漢字から名づける(→P24〜25)」の手順で進めます。

方法② 「50音のもつ語感」をチェック→P56〜68

これ以後は、「音から名づける（→P20〜21)」の手順で進めます。

手がかり3

漢字から名づける
——使いたい漢字はある？

STEP 1 使いたい漢字を挙げる

家族の名前から
1字入れたいな

印象がいい字に
したい

STEP 2 漢字の意味と読みを調べる

「漢字と名前のリスト」をチェック
→P225〜347

使いたい漢字を選びます。漢字は画数順に並んでいます。画数がわからないときは「漢字一覧（→P434〜476）」で確認を。

仁
ジン　ニ
名 ただし　と
とし　のぶ
ひと　ひとし
よし

もとの
間の親
恵むの意
ように思
立派な人にな
ヒント　カリスマ性の
ある「ひと」、甘いの
にスパイシーな「じん」
など、読み方でさまざ
まな表情になる。

「仁」を使うことに決定！

使い方は、「□仁」or「仁□」？

漢字の意味を知り、読み方を考える

印象のいい漢字や、家族の名前から一文字とるなど、使いたい漢字からアプローチする名づけ法です。漢字には、一文字ずつ意味やなりたちがあります。まして日本は漢字文化の国。表意文字《ひょういもじ》である漢字の特徴を存分に活かしたいものです。

漢字は一文字だけでも名前になります。また、ほかの漢字と組み合わせることでも、豊かなイメージを表現できます。使いたい漢字を先頭字にしたり、止め字（最後の字）にしてもいいでしょう。

読み方は音訓だけでなく、「名《な》乗《の》り」といって、自由に読ませることもできます。

読みの当て方、漢字の組み合わせ方は、センスの見せどころです。

STEP 3 組み合わせる漢字を決める

「漢字と名前のリスト」の名前例をチェック

→P225〜347

とし のぶ
ひと ひとし
よし
仁 じん
仁 ひとし
恵仁 えじん
和仁 かずひと
奏仁 かなと
感仁 かんじん
公仁 きみひと
匡仁 きょうと
清仁 きよひと
圭仁 けいじん
汐仁
仁義 じんぎ
仁吾 じんご
仁太 じんた
仁翔 じんと
仁志 ただし
匡仁
仁希 にき
寿仁
仁司 ひとし

漢字ひとつに10〜30個の名前例が載っているので参考にします。

「仁翔《じんと》」の組み合わせがいいね

「漢字一覧」「万葉仮名風の当て字」をチェック

→P434〜476/350〜351

〔漢字一覧〕

〔万葉仮名風の当て字〕

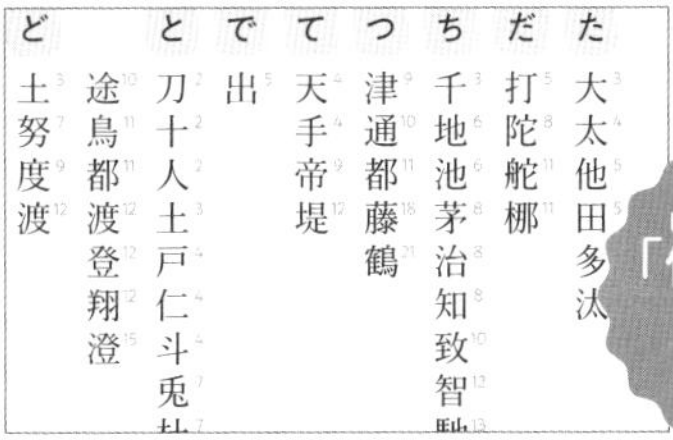

「仁音《じんと》」にしよう

ほかにも「と」と読める漢字がないかさがします。STEP 3のはじめから、漢字一覧や万葉仮名風の当て字でさがすのもOK。

STEP 4 読み方を決める

「漢字と名前のリスト」で組み合わせる漢字を確認

→P225〜347

音
オン イン
おと ね
名 お と
なり
を感じさせる「おん」や、
しっかりした印象の
「と」の音などで、男
の子の止め字にも。
蒼音 あお
暁音 あきお
麻音 あさと
天音 あまね
癒音 いおん
絵音 えのん
音惟 おとい
奏音 かのん
久音 くおん
慧音 けいと
冴音 さえと
詩音 しおん
翔音 しょおん
凪音 なぎと

漢字の順序を入れかえたり、違う読み方を検討します。

「仁音《ひとなり》」とも読めるね

「50音のもつ語感」をチェック

→P56〜68

「ひとなり」の読みなら、先頭字の「ひ」、止め字の「り」の語感を確認します。

手がかり 4
開運から名づける——画数をもとに幸せな名前を

STEP 1 姓の画数を確認する

「漢字一覧」や漢和辞典で確認する
→P434〜476

【こ】
こ
己3 子3 小3 戸4 木4
去5 乎5 古5 君7 児7 来7 呼8 固8
虎8 兒8 來8 故9 胡9 弧9 個10 庫10
粉10 黄11 袴11 黃12 湖12 雇12 琥12 誇13

漢和辞典の使い方はP223を参考にしてください。

STEP 2 姓に合う名前の画数を調べる

「名前の吉数リスト」をチェック→P381〜432

姓の画数と例	
3＋12	大塚 千葉 大森 大場 小森

姓に合う名の画数						
1字名	なし					
2・3字名	1＋2	4＋4	5＋3	9＋8	11＋13	13＋5
	1＋15	4＋12	5＋13	9＋15	12＋12	13＋10
	1＋22	4＋28	6＋12	11＋5	13＋3	13＋20

「小森」なら「3＋12」のリストを見て名前の吉数を選びます。色文字は特にバランスがいい画数です。

姓の画数を調べて運のいい吉数をチェック

使う文字の画数によって運勢を占う姓名判断は、いまも根強い人気があります。

画数から考える名づけ法は、使える漢字を制限するので、名前の候補を絞ることができ、逆に名前を考えやすい面もあります。画数を気にするかどうかは、人それぞれですが、気にするなら早いうちに確認することをおすすめします。

まず自分の姓の画数を調べ、その数に合う吉数を調べます。そのあとは、画数に合う漢字をまず決めてから読み方を当てたり、音を決めて吉数の漢字をさがしたりします。

ただ、画数にこだわりすぎて、無理のある名前にならないよう、くれぐれも注意してください。

STEP 3 使う漢字を決める

方法① 「名前の吉数リスト」の名前例をチェック

→P381〜432

名前例
一人 1 2 かずと
一輝 1 15 いっき
乙驍 1 22 いっとし
友介 4 4 ゆうすけ
太陽 4 12 たいよう
巴留騎 4 28 はるき
弘之 5 3 ひろゆき
旭翔 6 12 あさと
秋幸 9 8 あきゆき
宥輝 9 15 ゆうき
淳平 11 5 じゅんぺい
清雅 11 13 きよまさ
智貴 12 12 ともき
慎也 13 3 しんや
雅浩 13 10 まさひろ
寛議 13 20 ひろのり
優範 17 15 まさのり
駿護 17 20 しゅんご
鏡照 19 13 あきてる
麗有貴 19 18 よしゆき
鶴士 21 3 かくし

6＋12の例だと「旭翔」か

特におすすめの名前例から選んだり、参考にします。

方法② 「漢字と名前のリスト」をチェック

→P225〜347

12画の字がたくさんあるね

画数から漢字をさがしていきます。

方法③ 「漢字一覧」で音から考える

→P434〜476

き
企6 机6 気6 伎6 行6 岐7 希7 汽7
己3 王4 木4 甲5 生5
求7 芹7 玖7 来7 李7 奇8 祈8 季8
宜8 祁8 其8 東8 林8 來8 祈9 紀9
軌9 祇9 城9 既10 帰10 記10 起10 鬼10
氣10 黄11 基11 寄11 規11 亀11 埼11 章11
絆11 葵12 黄12 喜12 幾12 揮12 期12 棋12
［き］

「あさき」ならどうかな？

呼びたい音から画数が吉数の漢字を見つけていきます。

STEP 4 姓と名前の組み合わせを確認

「気をつけたいポイント」をチェック

→P38〜41

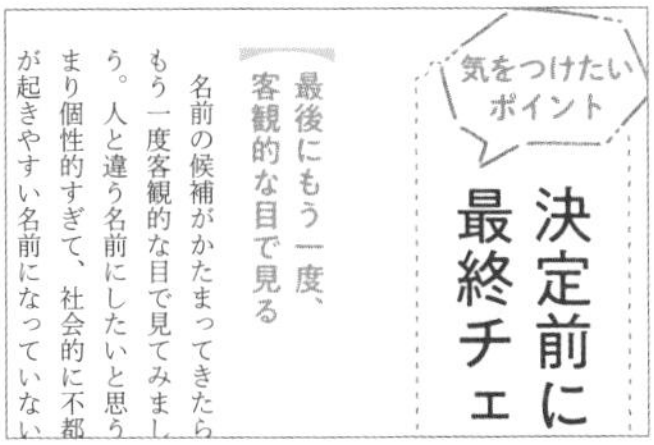

無理な名づけや個性的すぎる名づけをしていないか確認します。

「50音のもつ語感」をチェック

→P56〜68

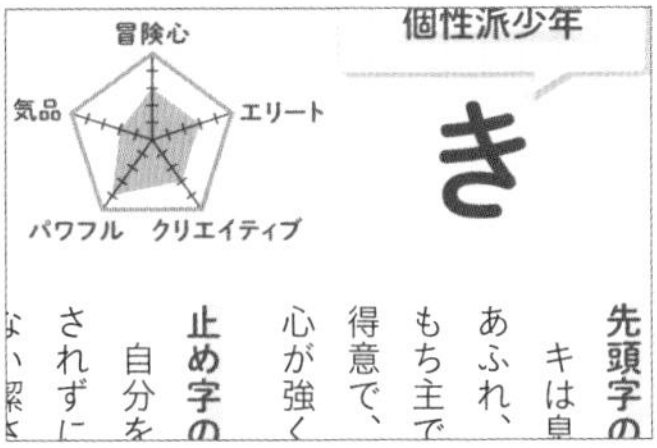

決定する前に、先頭字と止め字の語感を確認します。

「旭喜《あさき》」に決定！

名づけのルール

いくつかの「決まり」に気をつける

法律で決まっているルールは二つ

名前に使える文字は法律で決められています（左記基本の1）。漢字は常用漢字と人名用漢字の二種類。そして、ひらがな、カタカナ、一部の記号です。アルファベットなどは使えません。名前を決めたら、使える文字かどうか、必ず確認しましょう。

もうひとつのルールは届け出る期間が決まっていること。赤ちゃんが生まれたら14日以内に、子どもが生まれたことと、赤ちゃんの名前を書いた「出生届《しゅっしょうとどけ》」を役所に提出します（→P42～45）。この書類が受理《じゅり》されて、ようやく赤ちゃんは社会の一員となります。

今後は、名前の読み方も重要になってくる

令和5年6月に、戸籍《こせき》の姓名に読み方を反映させる「改正戸籍法」が成立しました。これにより今後は、「太郎」と書いて「じろう」と読むような、混乱につながりかねない名前は認められない可能性があります。読み方も大事。よく考えましょう。

Column

ミドルネームはつけられる？

欧米の人には、「名・○○・姓」のように、姓と名の間に名前が入っていることがあります。これをミドルネームといいます。

欧米の人と結婚した場合などに、ミドルネームをつけたいと考えることもあるでしょう。

日本では、法律上認められるのは姓と名だけです。ミドルネームは登録できません。ですから、ミドルネームは名前に含めて届け出ることになります。

たとえば、田中さんがミドルネームを「トーマス」、名前を「大輝」としたいなら、姓を「田中」、名を「トーマス大輝」と届け出ます。それが戸籍上の正式な名前になります。

おさえておきたい名づけの基本

使える文字が決まっているほかにも、気をつけたいことがあります。
最初にきちんと確認しておきましょう。

1 使える文字が決まっている

＼ 使える文字 ／

◎ 常用漢字 2136 字
◎ 人名用漢字 863 字
◎ ひらがな、カタカナ
◎ 繰り返し記号（々、ゝ、ゞなど）
◎ 長音記号（ー）

＼ 使えない文字 ／

× アルファベット
× 算用数字
× ローマ数字（Ⅰ、Ⅱなど）
× 記号（！、？、@など）

名前に使えない文字を使うと、出生届（→P42〜45）を受理されないことも。表記《ひょうき》を決めたら、使える文字かどうか確認しよう。

2 名乗《なの》り（読み方）は自由

使える範囲の文字なら、基本的に読み方は自由。陽を「ひなた」「たいよう」と読ませることもできます。ただし、「いい名前をつけるための３か条」（→P30）を意識して、常識の範囲内で。

名乗りって？

漢字には名前の場合だけに使われる「名乗り」という読み方がある。たとえば「英」の名乗りには「あきら・すぐる・たけし・てる・とし・ひで・よし」など。

3 長さも自由

使える範囲の文字なら、名前の長さは自由。ただし、上記２と同様、常識の範囲内に。

4 つけた名前は変えられない

幼名《ようめい》や通称《つうしょう》を用いていた江戸時代までの人と違い、現代人の名前は実名ひとつだけ。よほどのことがない限り、改名はできない。心して名づけよう。

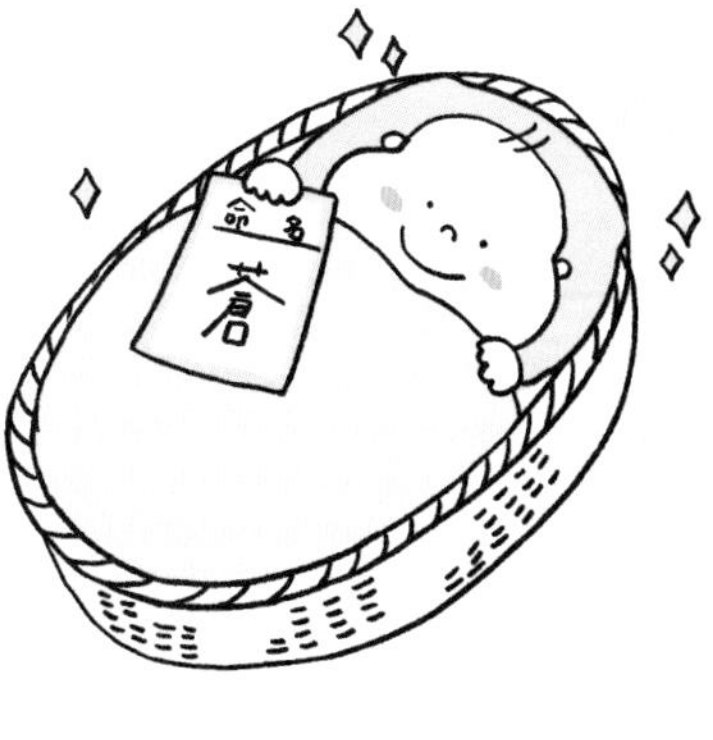

いい名前をつけるための３か条

下記の３か条を念頭に置いて名づければ、しぜんにいい名前になるはずです。
最高の名前は、ここから生まれるのです。

1 本人が愛着をもてる名前

自分の好みを伝えられない赤ちゃんのかわりに、赤ちゃんの立場になって考えましょう。からかわれる原因になったり、立派すぎたりする名前は、いずれ本人の負担になりかねません。

2 親が気に入る名前

大事なわが子には、心から愛せる名前をつけましょう。画数や吉凶《きっきょう》、周囲の意見から、いやいや名前をつけるのは、おすすめできません。

3 社会に受けいれられる名前

長い人生をともにする名前は、社会に受けいれられやすいものにしましょう。言いやすく、聞きとりやすく、説明しやすい名前がいちばんです。

本人も親も愛着がもてるように

名づけは、法律さえ守ればいいというものではありません。

名前は一生使うもの。本人が愛着をもてることが大切です。また、子どもの名前をいちばん呼ぶのは親です。名前を呼ぶたびに愛情が深まるような、自分たちが本心から納得できる名前をつけましょう。

親子の絆を深めるネーミングストーリー

子どもに名づけの由来や名前にこめた思いを話してあげてください。劇的だったり変わった経《けい》緯《い》である必要はありません。一生懸命考えてくれた名前だと伝われば充分です。

人気の名前がわかる！ 男の子の名前ベスト10

みんなはどんな名前をつけているのか、まずは最近の傾向をチェックしてみましょう。男の子には、自然を感じられる颯爽《さっそう》としたイメージの名前が人気です。

		読み方の例
1位	碧	あおい
2位	陽翔	ひなと
	暖	はると
4位	律	りつ
5位	蒼	あお
6位	颯真	そうま
7位	蓮	れん
8位	凪	なぎ
	湊	かなた
	湊斗	みなと

11位～20位は……

11位	蒼空	そら
	颯	はやて
13位	結翔	ゆいと
	想	そう
15位	朝陽	あさひ
16位	伊織	いおり
	翠	すい
	陽向	ひなた
19位	碧斗	あおと
20位	新	あらた

出典：明治安田生命ホームページ
2023年度データ

・人気の音（読み）ベスト10
…P55へ
・人気の漢字ベスト10
…P224へ

コツとテクニック

よりよい名前のためにさまざまなアプローチを

名前の書き表し方、表記を工夫する

考えた名前が、どうもピンとこないとか、悩んでしまって決まらないという場合に役立つ、ちょっとしたコツやテクニックを紹介します。

名前の書き表し方を「表《ひょう》記《き》」といいます。これがポイント。近年は、気に入った音を考えてから、漢字の組み合わせや読み方を考える方法が人気になっています。「名《な》乗《の》り」といって、読み方は自由に考えられます。

漢字をアレンジしたり歴史上の人物から

音を決めてから表記をアレンジするには、当て字や万葉《まんよう》仮《が》名《な》を使う方法もあります。漢字の使い方によっては、個性的な名前にすることもできます。逆に、漢字を決めてから読み方を工夫してもいいでしょう。

何もアイデアが出ないときには、人気の名前や、歴史上の人物、好きな有名人の名前をヒントに発展させていくうちに、赤ちゃんにぴったりの名前になることもあります。

大切なのはわが子のもつイメージ

最近は「れお」や「けんと」のような、海外でも通じる名前がふえているようです。逆に「和」の雰囲気が漂《ただよ》う古風な名前も、根強い人気があります。

最も大切なのは「わが家の赤ちゃんにぴったり」の名前であること。赤ちゃんの様子をじっくり観察して。いま風か、ありきたりでないかなどは、そのあとで考えましょう。名づけに正解はないのです。

1 いろいろな表記を試してみる

気に入った音を決めてから、どんなふうに書き表すかを考えます。「はると」ならば、「はる」や「と」と読める漢字を順々に当てて、しっくりくる字をさがします。

陽《はる》翔《と》

ひらがな・カタカナで

ハルト
はると

漢字1字を変える

遥翔
晴翔
陽登
陽斗

ひらがな＋漢字

波る翔
はる斗

ひらがなやカタカナにするのも、特に男の子の場合は新鮮です。

漢字３字で

波留斗
芭琉仁

万葉仮名風に、１字ずつ漢字を当てるのも個性的です。

２字とも変える

温人
悠仁
春斗
治人

2 読み方を変えてみる

使いたい漢字を中心に考えます。「耀」を使いたいなら、まず組み合わせる漢字「大」を決め、この２字の読み方をアレンジしてみます。

耀大

ようだい
ようた
てるまさ
てるはる
てるた
あきひろ
あきはる

名乗りを使えば、「耀」は「あき」「てる」とも読めます。

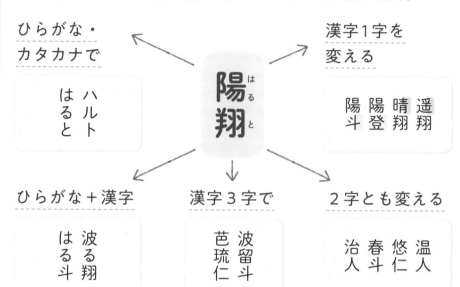

3 旧字、異体字を用いる

漢字には、旧字《きゅうじ》や異体字《いたいじ》をもっている字があります。表記《ひょうき》を考えるうえでアレンジテクニックのひとつになるでしょう。また、開運を考えるとき、旧字や異体字を使うことで、希望の画数に合わせることができる場合もあります。

壮

ソウ

名 あき　お　たけ　たけし　まさ　もり

旧 壯

「士」の部分は戦士の意味で、そこから強い、盛んなどの意味になった。健康で強い子に育つよう願って。

ヒント 「壮健」のように、はつらつとした印象。颯爽《さっそう》とした「そう」、力強く信頼感のある「たけし」の音で。

PART 4 「漢字と名前のリスト（→P225）」で旧として表しています。「名前に使える旧字（→P326）」も参考にしてください。

4 止め字から決める

人気の漢字（→P224）にランクインしている字の中には「翔」や「真」のように、止め字（名前の最後の文字）として使えるものもあります。止め字から先に決めてしまうのもひとつの手です。

名前に使われる止め字

「止め字」は、「裕太」の「太」、「拓斗」の「斗」のような名前の最後の文字のことです。名前の印象は止め字で大きく変わります。いろいろ当ててみて検討してください。

あき		い	
旭 6	章 11	生 5	惟 11
明 8	彬 11	以 5	偉 12
昌 8	暁 12	衣 6	維 14
映 9	晶 12	伊 6	
秋 9	陽 12	依 8	
昭 9	彰 14	威 9	
亮 9	顕 18	射 10	

PART 4 「名前に使われる止め字（→P348）」で紹介しています。「万葉仮名風の当て字（→P350）」も参考にしてください。

夫婦で名づけの方針をきちんとすり合わせる

名づけのヒントは音、イメージ・願い、漢字、開運の四つ。いろいろ考えるうちに、夫婦で名づけの方針がずれていないでしょうか。よい名前をつけるには、夫婦の思いがひとつであること。ここで方針を再確認してみましょう。

思いついた名前はメモに残す

いつもメモをそばに置いて、名前を思いついたらすぐに書きとめておきましょう。

心にとまったことばや、テレビやインターネット、名簿などを見て気になった名前があったら、どんどんメモして。思わぬところでヒントになるかもしれません。

5 当て字をうまく用いて独自の名前に

最近は、漢字の当て字を使うことがふえています。ただし、名前が読めないと困ることが多いので、漢字からある程度推測できるような読み方にしておくのが無難です。当て字でも、意味の悪い字は避けるなど、意味をふまえてセンスよく組み合わせましょう。

● **共通する読みを合体**

玲唯（れい→レイ＋イ）

平楽（たいら→タイラ＋ラ）

汐恩（しおん→シオ＋オン）

● **音読みの一部を利用**

南旺（なお→ナン＋オウ）

凜国（りく→リン＋コク）

裕錦（ゆうき→ユウ＋キン）

● **意味から連想する当て字**

太陽（さん→太陽の英語sunから）

宇宙（こすも→宇宙の英語cosmosから）

海音（しおん→海の英語seaから）

● **訓読みや名乗りの一部を利用**

渚生（なお→なぎさ＋おう）

希空（のあ→のぞむ＋あく）

匠音（たくと→たくみ＋おと）

生まれるまで候補を残しておく

生まれる前に名前を考えるのなら、ひとつに絞らないほうが無難です。せっかく名前を決めておいても、生まれたわが子を見て、どうもピンとこないということはあるもの。生まれてすぐでも、それぞれ個性があるからです。初めて赤ちゃんを抱いたとき、突然名前が思い浮かんだという人も。

名前の候補を二つか三つ考えておき、わが子に呼びかけてみてもいいでしょう。

6 姓と組み合わせてバランスをチェック

☑ 長さをチェック

姓と名の長さのバランスを見ます。紙に書いたり、読んでみたりしてチェックしましょう。

頭でっかち（3字姓＋1字名）

曽我部 大

← 2字の名前に

曽我部 大典

長すぎる（3字姓＋3字名）

五十嵐 結之介

← 2字の名前に

五十嵐 結介

短すぎる（1字姓＋1字名）

西 実

← 2、3字の名前に

西 実琉

☑ 難易度をチェック

書いてみて、姓と名が簡単すぎないか、難しすぎないかをチェックします。よくある姓の人は凝った名に、珍しい姓の人はシンプルな名に、を基本にするといいでしょう。

平凡（よくある姓＋人気の名前）

山下 裕太

← 万葉《まんよう》仮《が》名《な》などを使って漢字を工夫

山下 友宇大

難しすぎる（姓も名も難しい）

刀禰 宙嗣

← すんなり読める漢字、ひらがなの名前に

刀禰 大継

姓とのバランスで字面を整える

名前を決める前に考えたいのが、姓とのバランスです。決めたと思っても、姓と組み合わせると、どうもしっくりこない場合があるので、要注意です。

名前はフルネームで完成。自分の姓の特徴を念頭に置いてすすめましょう。紙に書いて確認することをおすすめします。

画数をチェック

姓と名の画数が多すぎると重く見え、少なすぎると軽く見えてバランスがとれないことも。よくある姓でも、「齋藤」「渡邊」のように、字面《じづら》の印象が重い場合もあります。名の画数で整えてもいいでしょう。

軽く見える（姓も名も画数が少ない）

小川 一大

← 名前に画数の多い文字を入れる

小川 逸汰

重く見える（姓も名も画数が多い）

齋藤 歳樹

← 名前に画数の少ない文字を入れる

齋藤 寿己

意味をチェック

何らかの意味を感じさせる姓なら、名前と合わせたときに、ちぐはぐにならないように注意します。逆に、意味がそろいすぎているのも、違和感があります。

姓と名で矛盾している

冬川 春日

← 意味がぶつからない漢字に

冬川 遥枇

意味がそろいすぎ

朝日 昇

← 意味を感じさせない漢字に

朝日 昂琉

漢数字が多い

三宅 四郎

← 漢数字以外の漢字を使う

三宅 崇郎

タテ割れをチェック

姓名を書いたとき、漢字のへんとつくりが真ん中から割れていないかどうかチェックします。

タテ割れになる

杉林 知輔

← タテ割れしない止め字を使う

杉林 知丞

部首をチェック

姓名を書いてみて、部首がそろいすぎていると違和感があることが多いようです。

部首がそろいすぎ

渋沢 湘汰

← 部首の異なる漢字を使う

渋沢 奨太

気をつけたい
ポイント

決定前にあらゆる点から最終チェック

最後にもう一度、客観的な目で見る

名前の候補がかたまってきたら、もう一度客観的な目で見てみましょう。人と違う名前にしたいと思うあまり個性的すぎて、社会的に不都合が起きやすい名前になっていないでしょうか。

難しい漢字を使ったり、当て字や名乗《なの》りで読ませようとする名前を考えているときは、そのマイナス面もよく考えたうえでつけるようにしましょう。

音、字面、漢字、イメージ。すべてを万全に

出生届《しゅっしょうとどけ》（→P42～45）を出す前に、音、字面《じづら》、漢字、イメージなど、あらゆる点から慎重にチェックしましょう。姓と名のバランスも見てください。書いて、読んで、パソコンに表示して、わが子の顔を見て、チェックは万全に。名づけにやり直しはききません。

P39～41にチェックポイントをまとめました。ぜひ参考にしてみてください。

Column

昔よりも重要!? 現代の名づけは一度きり

昔の貴族や武士は、成長とともに名前を変えていきました。まず「幼名《ようめい》」。成人して実名《じつめい》を名乗るようになるまでの、子ども時代の名前です。源義経《みなもとのよしつね》の「牛《うし》若丸《わかまる》」や徳川家康《とくがわいえやす》の「竹千代《たけちよ》」が有名でしょう。成人してからは「実名《じつめい》」になります。しかし、実名は尊《とうと》いものでむやみに使わない慣習があり、普段用の「通称《つうしょう》」をもちました。坂本龍馬《さかもとりょうま》の「龍馬」は通称で、実名は「直柔《なおなり》」でした。その後の明治維新《めいじいしん》で幼名や通称が廃止されました。

現代は、一度つけた名前を一生使うことになります。名前は一人にひとつで、その人そのものなのです。

＼ 呼びにくくないか ／

check 1

同音や濁音が多くなっていない？

「たかはし・たかし」「さかき・きさら」のように、姓の最初や最後の音が名前の最初や最後の音とだぶると、発音しにくくなります。

「柳葉大吾（やなぎば・だいご）」のように濁音《だくおん》が多いのも発音しにくい原因に。濁音は姓名全体で２音までを目安にしましょう。

check 2

似たひびきが多い名前になっていない？

あ行とや行を使った名前は聞き間違えやすい名前の筆頭。「りう」と「りゅう」、「せいあ」と「せいや」のようにひびきが似ている名前は、呼び間違いのもとになります。

● 呼び間違い、聞き間違いしやすい名前の例

しょうた・そうた
とあ・とわ
ゆいた・ゆうた・りゅうた
ようじ・りょうじ
いお・りお・りょう
いつき・りつき

＼ 難しすぎないか ／

check 3

画数や文字数が多すぎない？

全部が画数の多い漢字や、難しい旧字《きゅうじ》は、書くのに苦労したり、人に説明するのが大変になります。長すぎる名前も同様です。姓の画数や文字数の多い人は、特に注意を。

check 4

パソコンなどで表示しにくくない？

パソコンなどでの表示のしやすさも考えたほうがいい要素です。難しい旧字や、「辻」「逗」などの２点しんにょう（辶）の字などは、機器によっては正確な字形が表示されないこともあります。

● 表示しにくい漢字の例

逢　漣　薫　鷗　蔣　萊
→P222

● 参考

「名前に使える旧字」→P326

＼おかしな意味ではないか／

check 5

からかわれやすい名前になっていない？

「便（びん）」は、ひびきはよくても、漢字から排泄物《はいせつぶつ》を連想する人も。「羽音（わお）」は、ひびきは優しくても、昆虫の名前のあだ名をつけられるかも。逆に、漢字の意味はよくても、ひびきが意味のよくないことばと似ている場合も、からかわれる原因に。「いさくらなお」のように、反対から読むとへんな意味になる名前にも注意しましょう。

名前を考えたら、インターネットで検索して、へんな予測ワードが出ないかなどをチェックしてみて。

check 6

熟語になっていないかをチェック

意味のよさそうな漢字を組み合わせているうちに、いつのまにか熟語になっていることがあります。候補名を決めたら、辞典などで確認しておきましょう。

● 注意したい例

心太（しんた）→ところてん
大葉（たいよう）→おおば
海星（かいせい）→ひとで
海月（うづき）→くらげ
徳利（とくのり）→とっくり
和尚（かずのり）→おしょう
信士（しんじ）→〇〇信士（戒名）

＼姓との組み合わせは大丈夫か／

check 7

姓と名の切れ目はわかりにくくない？

「かじ・のりお」は「かじの・りお」と聞こえる場合が。「吉・良太郎」は「吉良・太郎」と誤解されるかもしれません。

１字姓や３字姓の人は、特に名前の１字めの音や漢字に注意して。

check 8

続けるとへんな意味になっていない？

フルネームは声に出して音をチェックしましょう。姓と続けると問題があることもあるので注意して。たとえば「木下徹（＝木の下通る）」のように、続けて読んでみると、名前としては違和感のある意味になることもあります。

● 注意したい例

秋葉　圭→アキバ系	佐藤俊夫→砂糖と塩
大木直人→大きな音	柴　健　→柴犬
金田聖矢→金出せや	日野洋二→火の用心

check 9

似た字、悪い意味の字では？

漢字には似た字があるので、間違えて出生届《しゅっしょうとどけ》を出さないように注意しましょう（→P241）。凜と凛のように、どちらも名前にふさわしい字もありますが、自分が考えていた字と違っていた、ということにならないように。また、一見よさそうでも、実は意味を知ると後悔しそうな字もあります。「名前には避けたい漢字」（→P352）も参考にしてください。

● 注意したい例（意味に注意）

寡（か）　徳が少ない王様
矯（きょう）　事実をいつわる
唆（さ）　そそのかす
迭（てつ）　犯す、逃げる
批（ひ）　ふれる、おしのける
勃（ぼつ）　にわかに、急に
慄（りつ）　ぞっとする

check 10

ネットで検索してみよう

歴史上の人物など、評価の定まった人ならともかく、現在生きている人の名前からつける場合は、要注意。よもや不祥事など起こしていないか、調べてからのほうが無難です。

名前エピソード

翔一郎《しょういちろう》くん

フルネームの長さは学年一！ 1番はうれしいけれど……

古風な日本男児らしい名前がいいという私の希望で「翔一郎」に。字画もよかったため夫も賛成してくれ、すぐに決まりました。小学校に入ると、「自分の名前が学年でいちばん長かった」と大喜び！ 私もうれしく思っていたところ、数週間後に一転。テストで名前を書くのがたいへんだったと落ち込んでいました……。笑（彰子ママ）

覚えておきたい

出生届の書き方・出し方

誕生した日から14日以内に提出する

赤ちゃんは「戸籍《こせき》」を取得してはじめて社会の一員となり、憲法でうたわれている基本的な権利を保障されることになります。

赤ちゃんが生まれたら、すんでいる市区町村の役所などに出生届《しゅっしょうとどけ》を提出しましょう。誕生した日から数えて14日以内に提出することが戸籍法で定められています。生後14日めが土日や祝日で役所がお休みの場合は、休み明けが期限となります。

赤ちゃんが生まれた地や住まいのある地で提出する

出生届は、病院・産院、市区町村の役所窓口でもらえます。出生届の右側には、出産に立ち会った医師や助産師が記入する「出生証明書」がついています。出産後なるべく早く記入してもらいましょう。

提出先は、「赤ちゃんが生まれた地」「親の本籍《ほんせき》地」「親が住民登録している地」「親が滞在している地」のいずれかの地域の役所窓口（生活課・戸籍係など）です。

出生届、母子手帳など必要な持ち物をチェック

出生届の提出には、必要事項を記入した出生届と出生証明書、母子健康手帳が必要です。身分証明書、国民健康保険証も忘れずにもっていきましょう。

養育者が外国人の場合は、在留カードまたは特別永住者証明書なども必要です。

届出人は父もしくは母が一般的ですが、役所に用紙を持参するのは、祖父母など代理人でもかまいません。

出生届の疑問を解決！

Q もしも、届け出が遅れたら？

出生届と一緒に、遅延《ちえん》理由を記入した「戸籍届出期間経過通知書」の提出が必要になります。それをもとに簡易裁判所が判断し、自然災害などの正当な理由がない場合は、５万円以下の過料（金銭を徴収する行政上の罰）を支払わなければならないことがあります。

戸籍がないと、住民票への記載、健康保険の加入、パスポートの取得、婚姻届の提出などに、さまざまな支障が出やすくなります。必ず期限内に提出しましょう。

Q 期限までに名前が決まらないときは？

「追完《ついかん》手続き」をしましょう。生後14日以内に出生届の「子の氏名」を書かずに提出し、後日名前が決まってから「追完届」と一緒に、名前だけ届けます。ただし、この場合は、戸籍に空白期間の記録が残ります。

名前が決まってから、「戸籍届出期間経過通知書」とあわせて出生届を提出する方法もありますが、この場合、５万円以下の過料《かりょう》を請求されることがあります（左記参照）。

Q 届けた名前は変更できる？

一度名前が登録されると、原則として改名はできません。改名を希望する場合は、「正当な事由」かどうかを、家庭裁判所によって裁定してもらう必要があります。記入間違いや画数を変えたいなどの理由は、まず却下《きゃっか》されてしまいます。名づけと出生届の提出は、くれぐれも慎重に。

改名を認められる正当な事由

- 奇妙な名前や難しすぎる名前
- 周囲に同姓同名がいて不都合
- 異性や外国人とまぎらわしい
- 神官・僧侶になった、またはやめた
- 別の名前を通称として長年使用した
- 性同一性障害のため不都合　など

Q 海外で出産したらどうするの？

その国の日本大使館で出生届《しゅっしょうとどけ》の用紙をもらい、生後３か月以内に出生届と出生証明書を大使館や領事館に提出します。

期限内に日本の役所に提出してもかまいません。その場合は、出生証明書に和訳を添えてください。

赤ちゃんが出生国の国籍を取得した場合、日本国籍も保持したければ、出生届の「その他」の欄に「日本の国籍を留保する」と記入して、署名をします。

アメリカなど、出生国がそのまま国籍となるような国では、特に注意しましょう。

出生届《しゅっしょうとどけ》の記入例

出生届は出生証明書と一緒に
１枚の用紙になっています。

出生証明書

出産に立ち会った医師や助産師が記入する書類。早めに記入してもらっておくと、あとの手続きがスムーズに進みます。

記入の注意

鉛筆や消えやすいインキで書かないでください。

子が生まれた日からかぞえて14日以内に提出してください。

子の本籍地でない市区町村役場に提出するときは、２通提出してください（市区町村役場が相当と認めたときは、１通で足りることもあります。）。２通の場合でも、出生証明書は、原本１通と写し１通でさしつかえありません。

子の名は、常用漢字、人名用漢字、かたかな、ひらがなで書いてください。子が外国人のときは、原則かたかなで書くとともに、住民票の処理上必要ですから、ローマ字を付記してください。

よみかたは、戸籍には記載されません。住民票の処理上必要ですから書いてください。

□には、あてはまるものに☑のようにしるしをつけてください。

→ 筆頭者の氏名には、戸籍のはじめに記載されている人の氏名を書いてください。

→ 子の父または母が、まだ戸籍の筆頭者となっていない場合は、新しい戸籍がつくられますので、この欄に希望する本籍を書いてください。

届け出られた事項は、人口動態調査（統計法に基づく基幹統計調査、厚生労働省所管）にも用いられます。

出生証明書

記入の注意

	子の氏名		男女の別　1男　2女	
	生まれたとき		令和　年　月　日　午前／午後　時　分	← 夜の12時は「午前０時」、昼の12時は「午後０時」と書いてください。
(10)	出生したところ及びその種別	出生したところの種別	1病院　2診療所　3助産所 4自宅　5その他	
		出生したところ	番地 番　号	
		(出生したところの種別1～3) 施設の名称		
(11)	体重及び身長		体重　グラム　身長　センチメートル	← 体重及び身長は、立会者が医師又は助産師以外の者で、わからなければ書かなくてもかまいません。
(12)	単胎・多胎の別		1単胎　2多胎（　子中第　子）	
(13)	母の氏名		妊娠週数　満　週　日	
(14)	この母の出産した子の数		出生子（この出生子及び出生後死亡した子を含む）　人 死産児（妊娠満22週以後）　胎	← この母の出産した子の数は、当該母又は家人などから聞いて書いてください。
(15)	1医師 2助産師 3その他		上記のとおり証明する。 令和　年　月　日 (住所) 番地 番　号 (氏名)	← この出生証明書の作成者の順序は、この出生の立会者が例えば医師・助産師ともに立ち会った場合には医師が書くように1、2、3の順序に従って書いてください。

※出生届の手続について、悩みや困りごとがあれば、お近くの市区町村又は法務局にご相談ください。
出生届を届け出なければ、その子の戸籍がつくられず、不利益を被るおそれがあります。
詳しくは法務省のホームページをご覧ください。　無戸籍　法務省

最終チェック！

☑ 漢字の思い違いや名前の読みの間違いはないか

名前を記入する前に、勘違《かんちが》いがないか最終確認をしましょう。思いこみで、読みや字形を間違えているケースもあります。
漢和辞典や法務省のホームページの「戸籍《こせき》統一文字情報」を利用してもいいでしょう（→P219）。

☑ 和暦で記入してあるか

生年月日などの年の記載には、西暦ではなく和暦（令和６年など）を使う決まりになっています。

☑ 楷書《かいしょ》で読みやすく書いてあるか

書類に不備があると、受理《じゅり》してもらえない場合があります。わかりやすく丁寧に楷書で書いてください。記入した字が戸籍に登録されるので、似たような字（→P241）や新字・旧字《きゅうじ》などを間違えないように。

出生届

届出人が記入しなければならない書類。不備がないように、下の見本を参考にしながら丁寧に記入しましょう。

● 続き柄

親と赤ちゃんの関係を記入。「嫡出子《ちゃくしゅつし》」は、婚姻《こんいん》関係にある夫婦に生まれた子のこと。未婚のカップルやシングルマザーの子は、「嫡出でない子」となります。出生届と同時に婚姻届を提出する場合は、「嫡出子」にチェックを入れます。

● 日付

役所への提出日。出生日や記入した日ではない。提出直前に記入するとよい。

● 子の氏名

赤ちゃんの氏名と読み。戸籍法の改正で、今後は読みも戸籍に反映される予定。

● 生まれたところ

赤ちゃんが出生した病院などの施設の所在地。

● 住所・世帯主

現住所と世帯主の氏名を記入。「世帯主との続き柄」は、世帯主が父や母の場合は「子」。世帯主が祖父の場合は「子の子」となる。

● 本籍《ほんせき》

戸籍に記載されている住所を記入。「筆頭者《ひっとうしゃ》」とは、戸籍の最初に記載されている人のこと。本籍地が現住所と異なる場合は、戸籍謄《とう》本《ほん》か戸籍抄本《しょうほん》などで確認を。

出生届
令和 ○年 ○月 ○日 届出
東京都千代田区 長 殿
受理 令和 年 月 日 第 号
送付 令和 年 月 日 第 号
発送 令和 年 月 日
長印
書類調査 戸籍記載 記載調査 調査票 附票 住民票 通知
(1) 生まれた子 (よみかた) なつめ ひなと
子の氏名（外国人のときはローマ字を付記してください） 氏 夏目 名 陽翔
父母との続き柄 ☑嫡出子 □嫡出でない子 長 ☑男 □女
(2) 生まれたとき 令和 ○年 1月 10日 ☑午前 □午後 7時 30分
(3) 生まれたところ 東京都杉並区西荻北○丁目 ○ ~~番地~~ 番 ○号
(4) 住所（住民登録をするところ） 東京都千代田区神田神保町○丁目○番○号
世帯主の氏名 夏目優太 世帯主との続き柄 子
(5) 生まれた子の父と母 父母の氏名 生年月日（子が生まれたときの年齢） 父 夏目優太 平成○年 ○月 ○日（満 ○歳） 母 夏目美咲 平成○年 ○月 ○日（満 ○歳）
(6) 本籍（外国人のときは国籍だけを書いてください） 東京都千代田区神田神保町○丁目 ○ ~~番地~~ 番
筆頭者の氏名 夏目優太
(7) 同居を始めたとき 平成○ 年 ○ 月（結婚式をあげたとき、または、同居を始めたときのうち早いほうを書いてください）
(8) 子が生まれたときの世帯のおもな仕事と
□ 1. 農業だけまたは農業とその他の仕事を持っている世帯
□ 2. 自由業・商工業・サービス業等を個人で経営している世帯
☑ 3. 企業・個人商店等（官公庁は除く）の常用勤労者世帯で勤め先の従業者数が1人から99人までの世帯（日々または1年未満の契約の雇用者は5）
□ 4. 3にあてはまらない常用勤労者世帯及び会社団体の役員の世帯（日々または1年未満の契約の雇用者は5）
□ 5. 1から4にあてはまらないその他の仕事をしている者のいる世帯
□ 6. 仕事をしている者のいない世帯
(9) 父母の職業（国勢調査の年… 年…の4月1日から翌年3月31日までに子が生まれたときだけ書いてください） 父の職業 母の職業
その他
届出人 ☑ 1. 父 □ 母 □ 2. 法定代理人（ ） □ 3. 同居者 □ 4. 医師 □ 5. 助産師 □ 6. その他の立会者 □ 7. 公設所の長
住所 東京都千代田区神田神保町○丁目○番○号
本籍 東京都千代田区神田神保町○丁目○ ~~番地~~ 番 筆頭者の氏名 夏目優太
署名（※押印は任意） 夏目優太 印 平成○ 年 ○月 ○日生
事件簿番号

● 届出人

出生の届け出の義務がある人のことで、通常は父または母。役所に直接出生届を持参した人ではない。

名づけの疑問、お悩みQ&A

Q なんとなく決めた名前。ちゃんとした由来がないとダメ？

A あとづけでもいいので考えよう

子どもが成長したときに、自分の名前に興味をもつことがあります。どうしてこの名前をつけたのか尋ねたとき「べつに」「特にないよ」では悲しむでしょう。「その名前で呼びかけたら笑ったから」「顔を見たら天からふってきた」でもいいし、あとづけでもかまいません。名づけの理由や思い、いきさつなどを説明できるようにしておきたいものです。

Q 夫婦でつけたい名前が違います……。どうしたら？

A ゆずれないポイント以外はまかせましょう

名づけでこだわる部分が夫婦で違うのでしょう。自分がこだわるポイントはどこでしょうか。ポイントは漢字、音、イメージ・願い、開運。どうしてもこれだけはゆずれないポイントをひとつ、お互いに表明して、そこは受けもち、それ以外のポイントは相手にまかせましょう。たとえば、漢字は夫に、音は妻に、といったように役割を分担するのも一案です。

Q あまりにもかわいい名前やキラキラネームは、おかしい？

A どんな職業についても信頼される名前を

最近は多くの人が同じような考え方で名づけをする傾向ですから、子どもたちが大人になったころには、珍しい名前ではなくなっていると考えられます。年をとっても、おかしいとは感じないでしょう。

ただ、いきすぎたキラキラネームは子どもの将来に悪い影響をもたらすかもしれません。大人になった姿も想像して考えてみましょう。

Q 両親に、代々使っている漢字を入れるように言われ、困っています

A さまざまな根拠を示して相談を

父親か母親の名前にその漢字が使われているのでしょうから、否定はしづらいもの。画数による開運、音による印象、漢字の意味など、さまざまな根拠を示して、自分たちが考えた名前に納得してもらいましょう。

また、子どもの名前をいちばん呼ぶのは親です。最終的には、夫婦がいちばんいいと思える名前に決めるといいでしょう。

PART 2

＼印象や生き方を名前にこめて／

音から名づける

基礎知識

名前の音は子どもの印象や生き方を決める

ことばの音には共通のイメージがある

「マルとミルは、ある国のことばで、どちらもテーブルを意味します。片方が大きなテーブル、片方が小さなテーブルを表しますが、あなたはどちらが大きなテーブルを指すことばだと思いますか？」

この質問をすると、たいていの人は「マル」と答えるのだそうです。この質問は、海外の研究者が考え出したもので、マルもミルも架空《かくう》の単語です。

マルとミル。よく似たことばたちですが、明らかに違うイメージをもっています。マルには開放感があり、ミルには愛らしさがあります。

生まれたばかりの子犬の兄弟にこの名前を与えるとしたら、どちらの子犬にマルを、どちらの子犬にミルの名前を与えるでしょうか？

よりほんわかした雰囲気のほうにマルを、一途に甘えてくるキュートな子のほうにミルを与える人が多いのではないでしょうか。

このように、ことばの音には人類が共通に感じるイメージがあります。

発音体感が潜在的なイメージをつくり出す

ことばのイメージをつくり出しているのは、発音体感《はつおんたいかん》です。

発音体感は、小脳経由で潜在意識《せんざいいしき》に届く、ことばの潜在イメージ。このため、通常はあまり意識されませんが、ことばを発音したり、見聞きしたりするたびに、脳に深く届いている印象なのです。

ことばのイメージは発音で決まる

母音　口腔の形で印象が決まる

母音は、口腔の空間のつくり方によって、印象を生み出します。アは開放感、イは前向きの意志、ウは内向する力、エは俯瞰《ふかん》する視点、オは包みこむ閉空間を感じさせます(→P91)。

子音　ことばに質感を与える

子音は、音にさまざまな質感を与えます。S音は口腔内をすべる風で、さわやかな印象を与えます。K音は喉《のど》の筋肉を硬くして強い息で破裂させ、強く、ドライでスピード感のある印象を与えます。

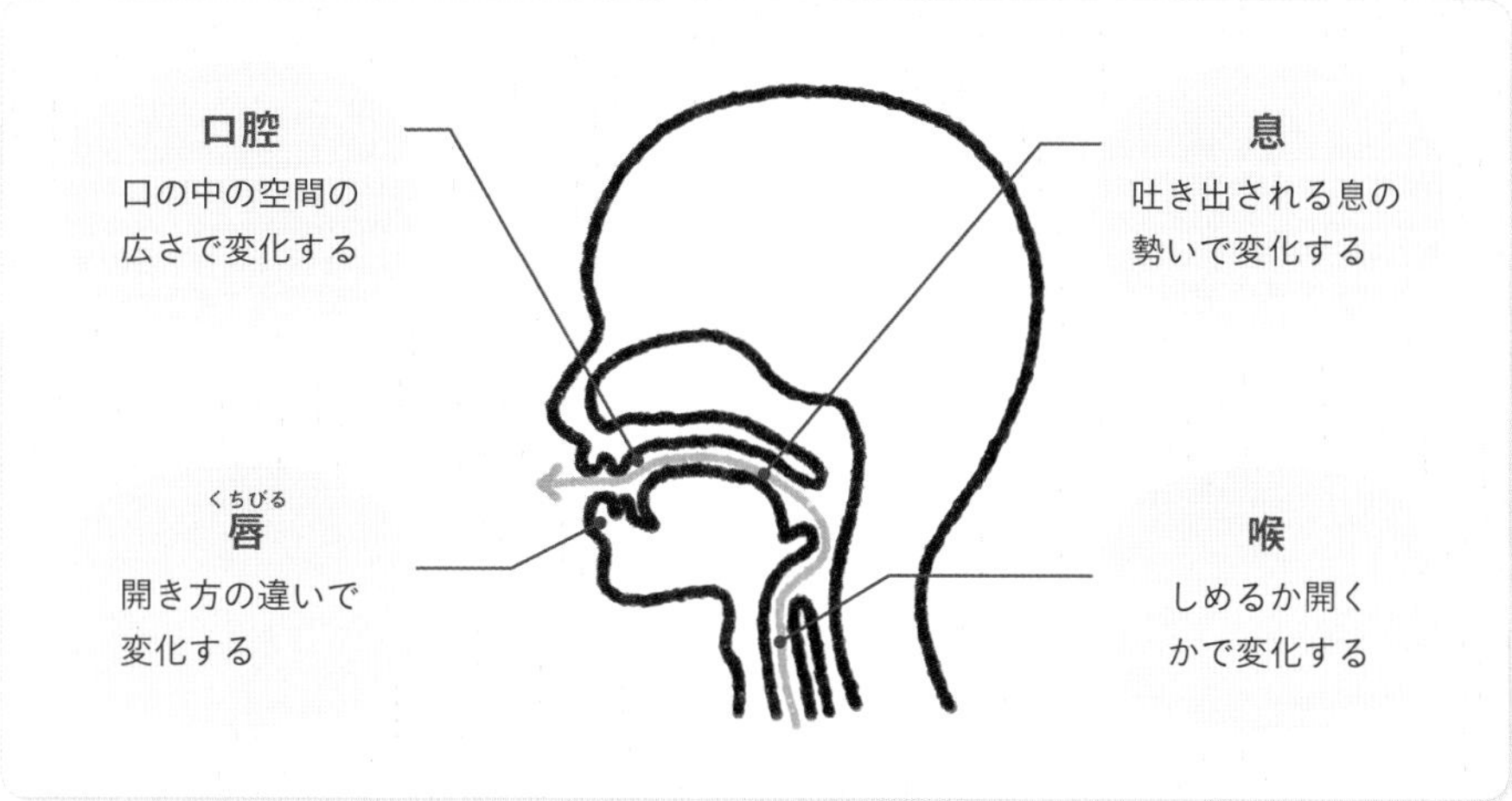
口腔
口の中の空間の広さで変化する
息
吐き出される息の勢いで変化する
唇《くちびる》
開き方の違いで変化する
喉
しめるか開くかで変化する

アは、口腔《こうくう》を高く上げて出す開放感の母音。このため、ア段音＝「アカサタナハマヤラワ」には開放感があり、広々としたイメージがあるのです。

これに対しイは、口腔を小さく使い、舌のつけ根から中央に向かって強い前向きの力をつくる母音。このため、イ段音＝「イキシチニヒミリ」は、コンパクトさ（愛らしさ）と一途さを感じさせます。

ア段音マのもつ広々とした開放感が「大きなテーブル」や「ほんわかした子犬」を、イ段音ミのもつ愛らしさと一途さが「小さなテーブル」や「キュートな子犬」をほうふつとさせるのでしょう。

ちなみに、マとミに共通の子音Mは、赤ちゃんがお母さんのおっぱいをくわえたときの口腔形で出す音。口の中にやわらかな息を含み、甘えたように鼻を鳴らすとM音になります。甘く、やわらかく、包容力のある印象をつくります。

まったり、まどろみ、満足、満ちる、ママ、マリア……M音のことばには、甘く満ち足りたイメージを感じさせることばが多く存在します。

人類は、太古《たいこ》の昔から、ことばの発《はっ》音体感《おんたいかん》を無意識に使いこなして生きてきたのです。

名前とともに人生を授けている

「スズキ・シュンスケ」は、口の中を風が吹きぬける音並び。俊敏《しゅんびん》でさわやか、イキイキとしています。

一方、「ゴウトクジ・マナブ」は、頭蓋《とうがい》に深くひびく音並び。迫力や奥行きがあり、肝《きも》のすわった、物事を深く見通す感じがします。

人は、「スズキ・シュンスケ」にはすばやい動きを、「ゴウトクジ・マナブ」には落ち着いた洞察力《どうさつりょく》を期待します。組織内での役どころもしぜんに決まっていきます。

どの名前も、その発音体感で「周囲の暗黙の期待感」を自らつくり出していきます。人は幼いころから、名前を呼ばれるたびに、その期待感を再確認しているのです。その期待感どおりに振る舞えば、人間関係のストレスが生じなくてすむため、多くの人は名前の期待感どおりに育っていくことになります。

子どもに名前を授けるということは、「周囲の暗黙の期待感」を授けるということにほかなりません。それはとりもなおさず、人生の方向性を授けるということなのです。

あなたは、わが子にどんな人生を授けますか？

先頭字・中字・止め字の見分けかた

名前のイメージの大部分を決めるのは、先頭字と止め字です。「えいと」なら、先頭字は「え」、止め字は「と」となります。中字の拗《よう》音《おん》（ゃ、ゅ、ょ）と、促音《そくおん》（っ）は省略。止め字の長音《ちょうおん》（～ろうの「う」、～へいの「い」など）も省略します。

先頭字		中字		止め字	
え	▶	い	▶	と	
い	▶	ち	▶	ろ	う（長音省略）
け	▶	いじ	▶	ゅ	
り	ょ（拗音省略）	う	▶	た	
て		っ（促音省略）		た	

1文字違うと印象も変わる

イメージの主役

先頭字

ゆ

「ゆ」を「り」に変える

り う と

「ゆうと」なら悠々とした癒し系、「りうと」ならりりしく前向きに。

脇役だけど無視できない

中字

う

「う」を「ず」に変える

ゆ ず と

「ゆうと」なら探究心の強さを、「ゆずと」なら品のいい印象に。

強い余韻を残す準主役

止め字

と

「と」を「き」に変える

ゆ う き

「ゆうと」ならおおらかな印象、「ゆうき」なら意志の強さを感じさせる。

イメージを決めるのは先頭字と止め字

まずは、つけたい名前をかなで書いてみてください。

先頭字は、発音の体勢を長くとるので、ほかのどの音よりも印象が強くなります。最後の文字である止め字は、最後の口の動きが余韻《よいん》として脳に残り、先頭字の次に強い印象を残します。

この二つを見ることで、名前の印象の大部分が決定できます。とはいえ、そのほかの文字（中字）の印象も無視はできません。中字で迷ったときは、先頭字のもつ印象との相性がよいものを選びます。

印象を確認したら、何度もその名を呼んでみてください。呼ぶ親たちが、そのイメージを気持ちよいと感じることが大切なのです。

音の決め方

顔を見た瞬間のひらめきを大切に

インスピレーションを信じよう

50音のもつ語感《ごかん》の解説（→P56～68）を見ていただければわかるように、どの音にも魅力があります。したがって、この音を使えば必ず幸せになるという、絶対的なルールはありません。

いい名前の条件とは、その名前のもち主の個性に合っていることなのです。

赤ちゃんたちは、お腹《なか》の中にいるときから、すでにその個性をはなっています。

ママたちは、胎動《たいどう》からも「動きはおっとりしているけど、とても力強いから、いつまでもがんばれる子みたい」とか、「おおらかで優しい子みたい」などと感じているはず。パパも、ママの表情などから、赤ちゃんの意識の波動を感じとっているようです。

そんな二人が「この子はシュンって感じがする」とか「男の子ならユウトだな」と思ったのなら、そのインスピレーションを大事にしてください。

妊娠中はピンとこなかったけれど、生まれてきた顔を見たとたん名前が決まったというケースも多いものです。新生児期はその子の個性がきわだつとき。赤ちゃんのいのちの色合いを感じてください。

それでもインスピレーションが浮かばなかったら、ご両親の「そうなってほしいイメージ」の名前を選んでください。

名前の音を決めるには

STEP 1 思いつくまま声に出す

生まれる前でも生まれてきて顔を見たときでも、少しでもピンときた名前は必ずメモしておいて、実際に何度も声に出してみてください。直感を大切にしましょう。

STEP 2 候補の名前を分析する

まず、STEP 1で候補に挙がった名前の音を、先頭字・中字・止め字に1音ずつ分解（→P50）。それぞれの音の印象を調べます。特に先頭字の印象に注目してください。

STEP 3 音を変えてみる

候補の名前の先頭字・中字・止め字を、それぞれほかの音に入れかえてみましょう（→P51）。印象が変わります。音を変えた名前も声に出してみると、よりしっくりくる名前が見つかるかもしれません。

遺伝子の配合とは不思議なものです。ほとんどの赤ちゃんが、親の望む性質のうちのいくつかをちゃんともって生まれてきます。したがって、「こういう子になってほしい」という名前をつければ、ほぼ間違いがありません。

発音のしやすさも確認する

注意点もあります。それは、いちじるしく発音しにくい名前は避けること。いいにくい名前や聞きとりにくい名前は、発音体感《はつおんたいかん》の恩恵《おんけい》を得られないからです。

また、名前を名乗ったときの口元の形にも気を配ってあげてほしいものです。つばが飛びすぎたり、口が開きっぱなしになったりしていないかどうか、よく確認するようにしてください。

日本語ならではの特徴も活かして

日本語は、文字のない音だけの時代が長かった言語です。先に名前の音（読み）を決め、あとから漢字を当てはめる方法は、現代的であると同時に、昔からの伝統を受けついだ、ことばの本質にのっとった方法ともいえるのです。

また、日本語の表記と音には下記のような特徴があります。名前の音や漢字の読みを決めるときに参考にしてみてください。

日本語の表記と音の関係

「ぢ」「づ」は「じ」「ず」と読まれる。語感《ごかん》も同じ ▶	例 いづみ＝いずみ ゆづき＝ゆずき ＊本来の発音では「ぢ」「づ」のほうが奥まった音で、しとやかな印象になる。
「はひふへほ」は「あいうえお」と読まれることがある ▶	例 かほる→かおる／かほる ゆふた→ゆうた／ゆふた （そのまま読む場合もある） ＊先頭字は変わらない。 ふきと→ふきと（×うきと）
「○」＋「おん」が「○のん」となることがある ▶	例 は（芭）＋おん（音） →はのん／はおん り（理）＋おん（恩） →りのん／りおん
２つの語が結びつくとき、あとの語の最初が濁音《だくおん》になることがある ▶	例 ゆう（宥）＋し（士）→ゆうじ か（嘉）＋つき（月） →かづき／かつき （そのまま読む場合もある）

人気の音がわかる！

男の子の名前の音ベスト10

最近人気の男の子の名前の音（読み）と表記の例を紹介します。軽快で温かさのある「は」、のびやかな「あ」、しっかりした印象の「と」を止め字に使うのが人気です。

		表記の例
1位	はると	陽翔／遥斗
2位	みなと	湊／南斗
3位	ゆいと	結都／優斗
4位	あおと	碧斗／蒼翔
	りく	陸／凌空
6位	そうた	颯太／奏多
7位	そら	空／蒼空
8位	あおい	蒼／葵唯
9位	そう	奏／蒼
10位	はるき	春輝／陽稀

11位～20位の音は……

11位	はる
12位	あお
13位	ひなた
14位	さく
15位	りつ
16位	そうすけ そうま
18位	あさひ かいと
20位	かなた

出典：明治安田生命ホームページ　2023年度データ

この音は
どんな
イメージ？

50音のもつ語感

名づけをはじめる前に、50音がどのような語感《ごかん》をもっているのか、知っておきましょう。

各音の語感は、先頭字と止め字に分けて解説しています。中字は先頭字の欄で確認してください。

あ

あが先頭にくる場合

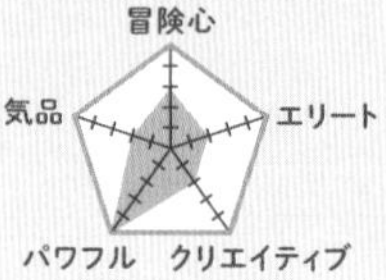

明るく自然体で才能発揮

先頭字の「あ」 アキヒロ、アツシなど

アは、喉《のど》の奥までさらけ出して、素《す》のままに発声する母音。そのため、幼いころから飾ることなく自然体で、のびやかに自己表現をし、才能を発揮します。明るいムードメーカーで、どこにいても人気者です。

止め字の「あ」 トア、ルキアなど

過去にこだわらない感じがあり、転じて未来の希望を感じさせます。口を開けた状態で終わるので、あどけない印象も。

い

いが先頭にくる場合

一途《いちず》なヒーロー

先頭字の「い」 イチロウ、イブキなど

前向きの強い力をもつイの音からはじまる名前の人は、一途で正義感の強いヒーロー。楽しそうにがんばるので、周囲はつい応援したくなります。極限までがんばっても悲壮感はなく、ユーモアたっぷりです。

止め字の「い」 ダイ、テッペイなど

きっぱりした潔さを感じさせます。躊躇《ちゅうちょ》なくいいたいことが言える、正義の人。ときに余計なひと言を言っちゃうのもご愛嬌《あいきょう》。

うが先頭にくる場合

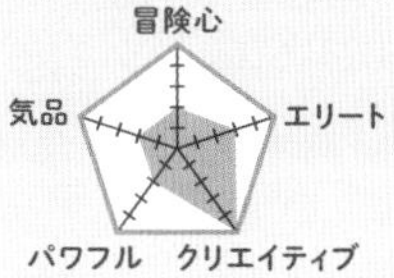

才能豊かなクリエイター

う

先頭字の「う」 ウキョウ、ウシオなど

ウは内向きに集中する音。思いつめて何かを熟成させるため、音楽、芸術、科学などの分野で早くから才能を発揮します。オタク的要素もありますが、そこが何ともミステリアスで人々を魅了します。

止め字の「う」 カナウ、リウなど

パワーを内に秘めた「心優しき力もち」の印象。何かすごいことをやってくれそうな期待を集め、見事に実現する人生に。

えが先頭にくる場合

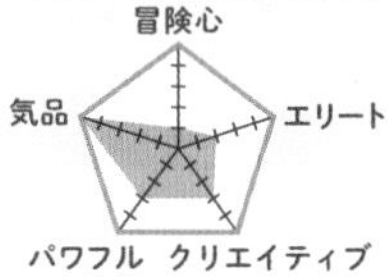

本質を見抜く洞察力

え

先頭字の「え」 エイスケ、エツジなど

遠くはるかな感じのエではじまる名前の人は、広い世界を悠々と眺める人。エレガントで、洞察力があります。物事の本質を見抜くのが得意なため、周囲から何かと頼りにされる存在に。

止め字の「え」 クニエ、サカエなど

エレガントで知的。教養を感じさせ、早くから自立した賢さを身につけます。人を育てるのがうまく、一目置かれる存在に。

おが先頭にくる場合

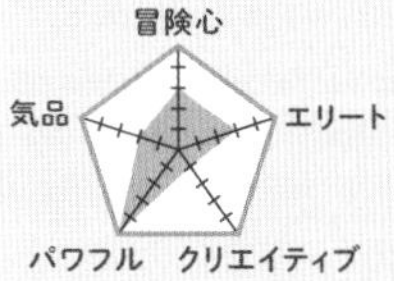

おおらかな親分肌

お

先頭字の「お」 オウガ、オサムなど

オの音は、偉大さや包みこむような優しさを感じさせます。おおらかで包容力があり、おっとりと居心地のいい感じ。親分として慕《した》われる人。器用なタイプではなく、その不器用さも周囲から愛されます。

止め字の「お」 アキオ、タオなど

しっかりした存在感を残します。責任感のある大人に育つでしょう。包みこむような素朴《そぼく》な優しさで、目下から慕われます。

かが先頭にくる場合

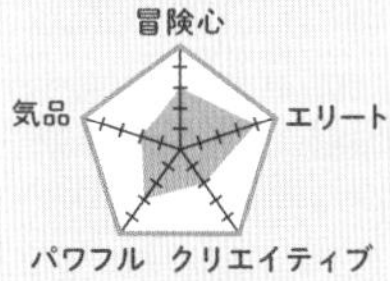

行動派リーダー

か

先頭字の「か」 カイ、カツヤなど

軽やかでスピード感のあるカの音のとおり、明るくフットワークの軽いスポーツ少年に育ちます。どろどろした人間関係に巻きこまれにくく、正義感の強いまっすぐな性格。ポジティブな人生をおくります。

止め字の「か」 ホダカ、ヨシタカなど

正義感の強い硬派な印象です。誇り高く、自信家。「本気になれば何でもできる」と信じ、実際にそう生きていくことに。

イケイケ個性派少年

き

きが先頭にくる場合

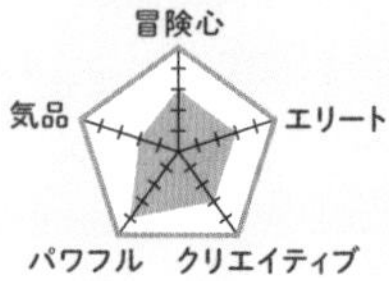

先頭字の「き」 キッペイ、キョウヘイなど

キは息の発射力が最も強い音。生命力にあふれ、自己主張が強い、突出《とっしゅつ》した個性のもち主です。人目をひくパフォーマンスが得意で、ほしいものを鮮やかに入手。自立心が強く、成功への道を突き進みます。

止め字の「き」 ユウキ、ダイキなど

自分をしっかりもち、他人の評価に左右されずに思いをつらぬく人。人を巻きこまない潔さをもつ、独立独歩《どくりつどっぽ》の冒険者です。

ミステリアスな貴公子

く

くが先頭にくる場合

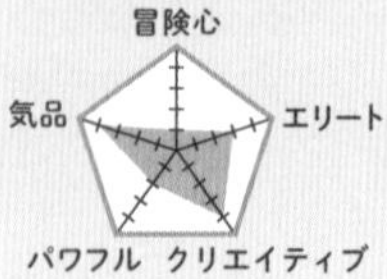

先頭字の「く」 クウガ、クニヒロなど

外に破裂するKと内向するウという矛盾した要素をあわせもつクの音は、ミステリアス。どうも気にかかる存在です。バランスのとれた印象は、気品につながります。努力をいとわず、抜群の信頼を得る人生に。

止め字の「く」 タスク、リクなど

周囲に安心感を与えます。いきすぎない、バランスのよさが、この人にまかせておけば大丈夫という気にさせるのです。

気高きエリート

け

けが先頭にくる場合

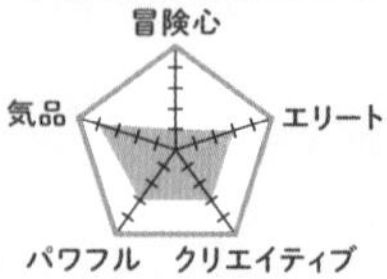

先頭字の「け」 ケイタ、ケンイチなど

息を下に吐くケは、逆に斜め後方への上昇を感じさせます。軽やかに高みに上っていくその感覚は、しがらみや逆境に負けない気高さをもたらします。スピード感とドライさが心地よいエリートネーム。

止め字の「け」 ユウスケ、ノリタケなど

潔い印象を与えます。また、瞬発力を感じさせ、出世するイメージも。りりしい男性名をつくる締めの一音です。

機転がきく行動派

こ

こが先頭にくる場合

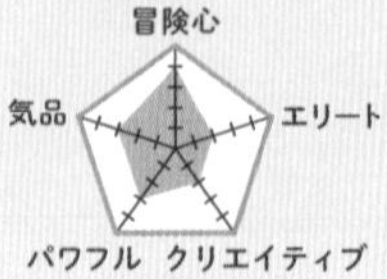

先頭字の「こ」 コウイチ、コタロウなど

まとまりがよく、小柄でキュート、かつ機敏な印象のコの音。まるで、少年剣士のようです。頭の回転が速く行動も素早い。目上に取り立てられ、出世する運のもち主。いつまでも若々しく、機敏さで成功します。

止め字の「こ」 アキヒコ、ヨシヒコなど

機敏な印象。特に四文字めのコはフットワークの軽さと若さが感じられます。つかみもよく、目上の人間にかわいがられます。

さ

さわやかな挑戦者

さが先頭にくる場合

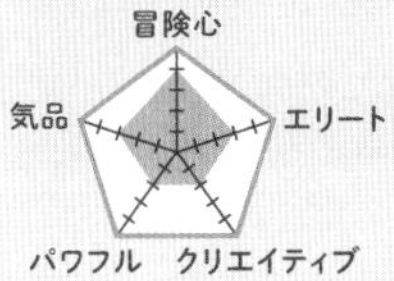

先頭字の「さ」 サスケ、サトシなど

サは、さわやかで、憧《あこが》れを誘うスター性をもつ音。こんな名前で呼ばれれば、颯爽《さっそう》としたスポーツ少年に育ちます。友情を信じ、困難なことにも笑顔で挑戦するスピリットは見事。国際的に活躍することも。

止め字の「さ」 カズサ、トモヒサなど

スター性を感じさせます。颯爽として、いつも先頭に立つ人。困難にもソフトな笑顔で立ち向かう姿は、憧れの存在に。

し

憧れのアスリート

しが先頭にくる場合

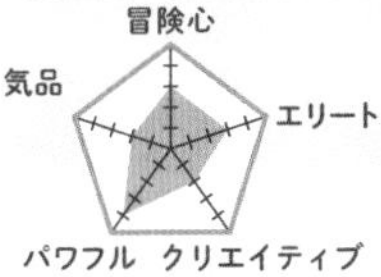

先頭字の「し」 シュン、ショウヘイなど

シャワーのように噴射《ふんしゃ》されるシの音は、まぶしい光のよう。キラキラした生命力にあふれ、華やかなパフォーマンスが得意なスポーツマン。押しが強い勝ち組なのに、周囲が支援してくれるスター性があります。

止め字の「し」 サトシ、タカシなど

強い意志を感じさせます。若いころから高い志をもち、努力をいとわず、颯爽と活躍していく人。その推進力は周囲の憧れに。

す

胸キュンスイートボーイ

すが先頭にくる場合

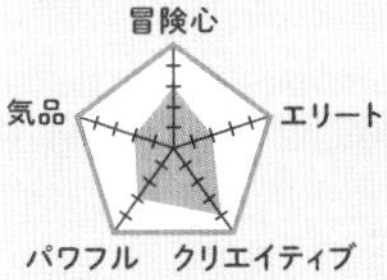

先頭字の「す」 ススム、スバルなど

颯爽としたSと、内向するウの組み合わせは、シャイな雰囲気をつくり、胸キュンのスイートボーイの印象に。この名の人の頼み事は、断れません。目上にかわいがられ、ほしいものを手に入れる人生に。

止め字の「す」 アキヤス、トモヤスなど

フレッシュな印象。いつまでも若々しくて、生活感や疲れが見えず、よどみません。停滞した場所に風を起こす人生に。

せ

エレガントな知性派

せが先頭にくる場合

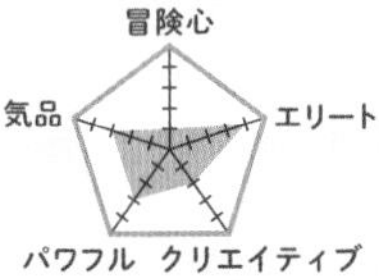

先頭字の「せ」 セイ、セイジ、セイヤなど

セの音は、慎重で、あまねく行き渡るイメージ。繊細《せんさい》な配慮を感じさせる、ソフトな知性派です。全体を見渡して、仲間はずれの人や陰《かげ》の功労者に気づける人。気品と優しさで、周囲の敬愛を集めます。

止め字の「せ」 ハルセ、ミナセなど

繊細な印象を残す人。敬愛される優しさのもち主です。物事を俯瞰《ふかん》する印象から、科学に強い、理知的なイメージも。

そが先頭にくる場合

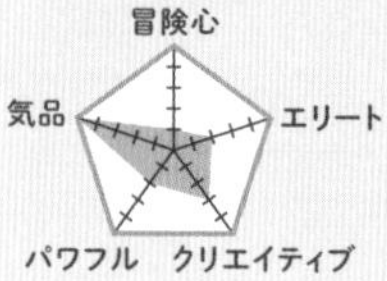

なでるような癒《いや》しの魔法

そ

先頭字の「そ」 ソウスケ、ソウマなど

ソを発音すると、口腔《こうくう》の内側を、ソフトになでるように風が渡ります。やわらかな手のひらで肌をなでてもらったような、頰《ほお》をそっと包みこんでもらったような、なんとも心地よい優しさを感じるはず。

このため、ソではじまる名前のもち主は、ソフトな包容力ですべてを包みこむ感じがします。人を癒す、魔法のような名前なのです。

たが先頭にくる場合

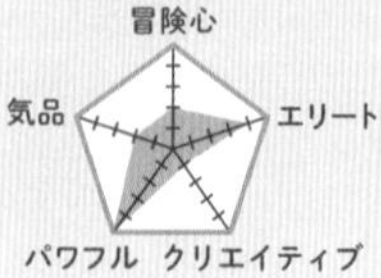

タフなヒーロー

た

先頭字の「た」 タイガ、タケシなど

タは、充実感と、アグレッシブなパワー、口腔を高く上げた感じが特徴的。高みを目指すタフなチャレンジャーです。周囲の理解を得られなくても志をつらぬき通す、孤高の精神をもつタフなヒーローなのです。

止め字の「た」 ケンタ、ショウタなど

若々しく元気。タフで頼りになるがんばり屋さん。みんながダメだと思ったことをやり遂げるような、奇跡《きせき》を起こすことも。

ちが先頭にくる場合

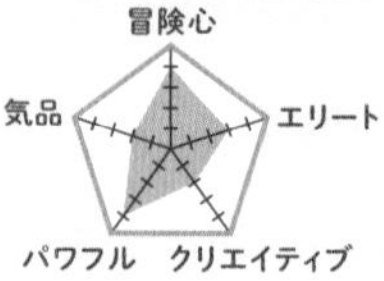

輝く人間力

ち

先頭字の「ち」 チカラ、チハヤ、チヒロなど

舌がふくらむときの充実感と、弾《はじ》き出すときの躍動するパワーが、チではじまる名前の特徴です。生命力にあふれ、充実し、輝き、しかも機敏《きびん》な印象。いくつになっても少年のような輝きを失わない人に。

止め字の「ち」 タイチ、ケンイチなど

自分をアピールできる人。短いけれど、魅力的なことばを選ぶ才覚があり、初対面の人にも、思いをしっかり伝えられます。

つが先頭にくる場合

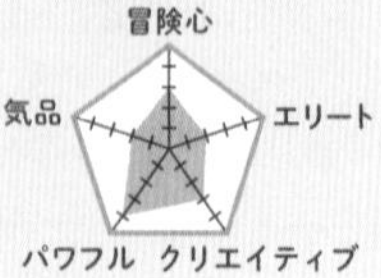

ミステリアスパワー

つ

先頭字の「つ」 ツバサ、ツヨシなど

ツから感じるのは、超人的なほどに強い集中力。芯の強さと、内側に満ちるパワーは、月光のように静かなオーラに。物静かなのに、とんでもないことをやってのける、ミステリアスパワーのもち主です。

止め字の「つ」 ヒデカツ、ヨシミツなど

強い意志で普通ではないことをやり遂げます。物静かなのに、てこでも動かない印象は、警戒されることもあるほど超人的。

ひるまない行動派

て

てが先頭にくる場合

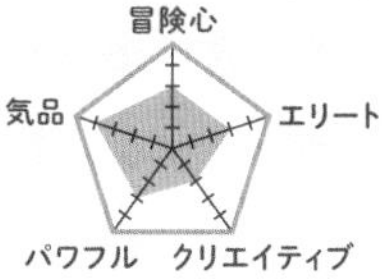

先頭字の「て」 テツ、テルキ、テンマなど

テは、体中に元気がみなぎる、爽快《そうかい》な音。リズミカルにしゃべる、はつらつとした行動派です。みんなが迷っていると「まず、やってみようよ」と言える人。周囲のムードメーカーで、頼られる人になります。

止め字の「て」 ハヤテなど

かけっこのスタートダッシュのような機動力を感じさせます。決めたら後ろを振り返らない、プロジェクトの明るい推進役。

優しいしっかり者

と

とが先頭にくる場合

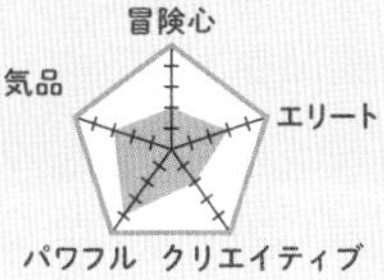

先頭字の「と」 トシ、トシノリ、トモキなど

トは、おおらかでしっかりした印象。優しく、頼りがいがあります。理想が高く、ここ一番で踏ん張れる精神力の持ち主。たゆまぬ努力で出世し、アニキのような存在として慕《した》われる人。政治家や企業家の器《うつわ》も。

止め字の「と」 カズヒト、マサトなど

しっかりした印象。おおらかなのに、ここ一番で踏ん張れるタフガイ。職場ではこの人なしでは動けないアンカーパーソンに。

スイートな貴公子

な

なが先頭にくる場合

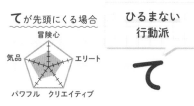

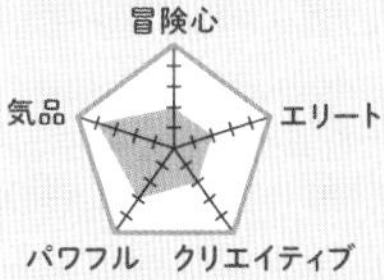

先頭字の「な」 ナオト、ナツキなど

ナは、温かい親密感をつくります。初対面でも家族のような親密感を抱かせ、やわらかくのびやか。呼ぶたびに心地よい親密感が生まれ、周囲は冷たくできません。みんなに愛され、人と人をつなぐ人に。

止め字の「な」 セナ、ダイナなど

親しみをこめて手のひらで頭にぽんとふれるような、心地よい親密感。多くの友達に囲まれ、明るく面倒見のいいアニキに。

愛しのハニカミボーイ

に

にが先頭にくる場合

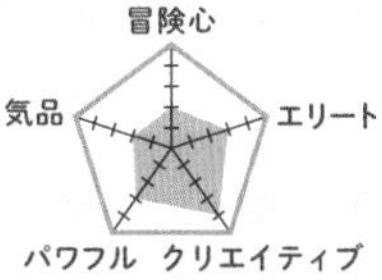

先頭字の「に」 ニイル、ニチカなど

ニは、親密で秘密主義的な印象の音です。恥ずかしがり屋で、人なつっこいのにはにかむ感じが、なんとも愛らしい人。周囲から大切にされます。デザインや工芸などクリエイティブな才能を発揮します。

止め字の「に」 クニなど

ハニカミ屋。人なつっこく、恥ずかしがり屋で、なんとも愛しい名前です。友人や恋人と、大切にしあう関係を築きます。

温かくてマイペース

ぬが先頭にくる場合

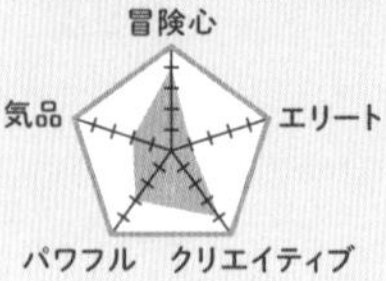

ぬ

先頭字の「ぬ」　ヌイなど

　ヌは、舌で上あごを優しくなでるNに、内向する母音ウを合わせた音。プライベートな空間に招き入れられたような、居心地のよさがあります。上あごにゆっくりと触る舌は温かく、輪郭《りんかく》がはっきりしないので、少し得体の知れない感じも。

　温かく、ミステリアスなのが、ヌではじまる名前のイメージです。不思議な温かさで、周囲を慰撫《いぶ》します。

平和主義のトップリーダー

ねが先頭にくる場合

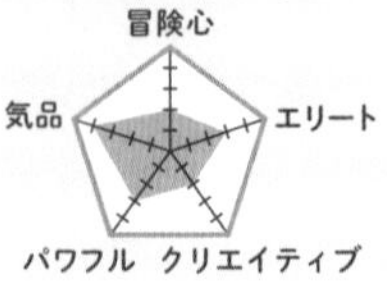

ね

先頭字の「ね」　ネオ、ネンジなど

　ネは、やわらかく温かく、親密で、体を覆《おお》う毛布のようなやすらぎを感じる音。ねばり強く、一歩もひかない一面があり、周囲を思いどおりに動かす術《すべ》に長けています。争わずに、トップリーダーに。

止め字の「ね」　ミネ、ヨシカネなど

　やすらぎと温かさがある一方で、押しの強いところも。人情に厚く組織を統率するリーダーシップがあります。

包みこむような優しさ

のが先頭にくる場合

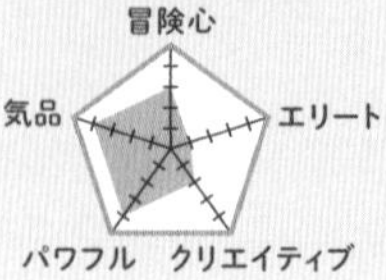

の

先頭字の「の」　ノア、ノゾム、ノリユキなど

　ノは、やわらかいもので、大切に包まれたような音。大好きな人に、頬《ほお》を手のひらでそっと包まれたような安心感、優しさがあります。牧歌的なのどかさもあり、何事にもあわてず、感情的にならない人格に。

止め字の「の」　ウノ、シラノなど

　包みこむような優しさを感じさせる、のどかで、どこかなつかしい印象。あわてず騒がず、淡々と自分の責任を果たす人に。

憧《あこが》れのオールラウンダー

はが先頭にくる場合

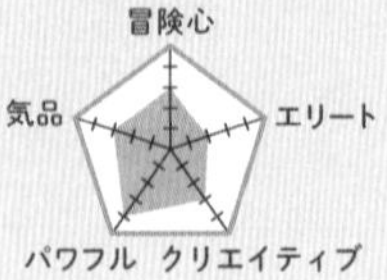

は

先頭字の「は」　ハヤト、ハルヒサなど

　「すばやく、温かく、あと腐《くさ》れのない」のが、ハの音の特徴。軽快で温かく、こだわりがありません。スポーツも冒険も勉強も軽やかにこなす憧れの君。オールラウンドプレーヤーです。

止め字の「は」　イチハ、コノハなど

　フットワークが軽くドライな印象。遺恨《いこん》を残さず、潔く、働き者で、華があります。事業家や芸事などの表舞台に立つ人に。

ひが先頭にくる場合

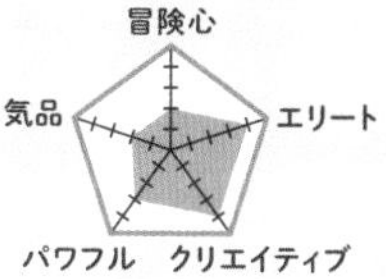

カリスマ
ヒーロー

ひ

先頭字の「ひ」 ヒカル、ヒナタ、ヒロなど

ヒは、喉に熱く、唇《くちびる》に冷たい不思議な音。情熱と冷静をあわせもち、カリスマ性を感じさせるヒーローネームです。魔法のように周囲を動かし、場を仕切る一方で、美しき一匹狼の風情を漂わせて魅力的です。

止め字の「ひ」 アサヒ、ハルヒなど

パワフルでドライな印象。情熱的で、タフで、物事に執着しないドライさも。事業家や格闘家になったら最強です。

ふが先頭にくる場合

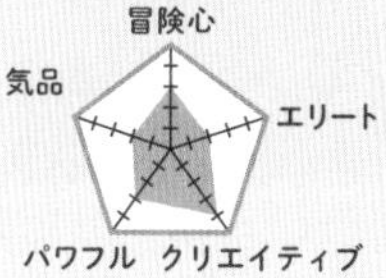

風雅な
貴公子

ふ

先頭字の「ふ」 フウガ、フミヤなど

フは唇の摩擦音。息がふわっとしたかたまりになり、口元から霧散します。それは、ふわりと浮かび、はかなく消える夢幻《ゆめまぼろし》のよう。現実感がなく、せつないほど魅力的。富裕なイメージにもつながります。

フからはじまる名前で呼ばれる人は、周囲に大切にされる傾向が。人々に、この人には苦労をさせたくないと思わせ、貢《みつ》がせてしまう不思議な人です。

へが先頭にくる場合

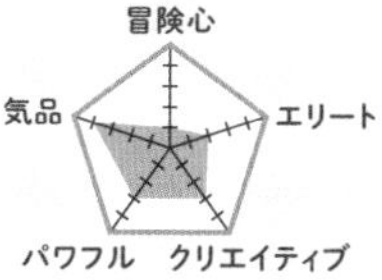

割り切りの
いい行動派

へ

先頭字の「へ」 ヘイスケ、ヘイタなど

へは、肺の中の息をすばやく口元に運ぶHに、口腔《こうくう》を低く使う母音エの組み合わせ。吹っ切れたような爽快《そうかい》感をともないます。いやなことがあったとき「へっ」というと吹っ切れる、あの感じです。

やんわりしながらも割り切りがよく、ぐずぐずしたり、根回ししたり、嘘《うそ》や秘密は大嫌い。単刀直入な物言いが信頼され、グローバルに活躍します。

ほが先頭にくる場合

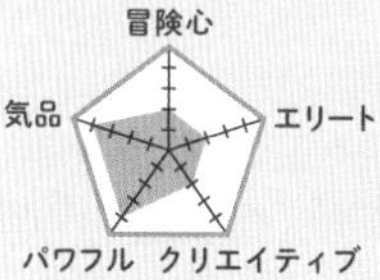

くつろぎを
与える自由人

ほ

先頭字の「ほ」 ホウセイ、ホクトなど

居心地のよい家庭でほっとくつろぐ印象のホ。その印象どおりの名前です。どんな大舞台でも緊張せず、だれにでも温かい人。競争の列に加わらず、自分の好奇心をマイペースに追求。独自の立場を築《きず》きます。

止め字の「ほ」 カズホ、ヒデホなど

温かなくつろぎを感じさせます。実体のない、つかめない感じも。自由人でいることを許される人生を歩みます。

ま

心優しきエリート

まが先頭にくる場合

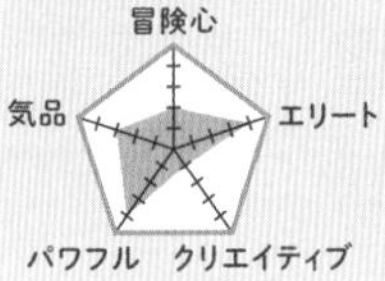

先頭字の「ま」 マコト、マサヒロなど

マは、Mのもつ甘くやわらかい満ち足りた印象を、最も強く感じさせます。満ち足りた雰囲気があり、競争意識に駆られず、じっくりと物事を見つめられる人。がむしゃらではないのに成績優秀。面倒見がよく、弱者に優しいエリートに。

止め字の「ま」 カズマ、テンマなど

優しいエリートのイメージ。宇宙全体を包みこむような、幻想的な存在感も。

み

フレッシュ＆スイート

みが先頭にくる場合

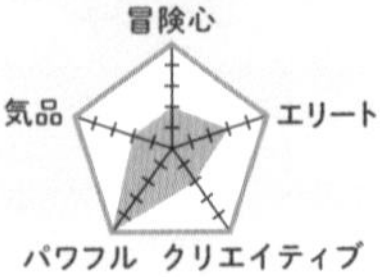

先頭字の「み」 ミキヒサ、ミチルなど

ミは、果実のようにみずみずしく甘く、フレッシュな音です。フレッシュ＆スイート。イキイキ・キラキラしていて、周囲が愛さずにはいられません。多少ナルシストですが、そのおかげで才能を発揮します。

止め字の「み」 アキフミ、マサオミなど

みずみずしく愛らしく、年下からもかわいがられるアイドルネーム。自分大好き。だからこそ、努力を惜しまない人です。

む

戦略力抜群のプロフェッショナル

むが先頭にくる場合

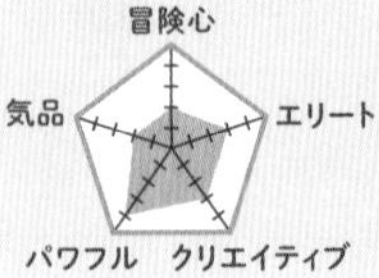

先頭字の「む」 ムサシ、ムツキなど

ムは、思慮深さと果てしない潜在力を感じさせる音。想像を超える方法を編み出し、世の中を変えていくタフな戦略家をイメージさせる名前です。何かの道を究《きわ》め、その道の第一人者になっていく人でしょう。

止め字の「む」 オサム、ススムなど

信頼感があります。語尾のムは広げたものをすっと結んだ印象。まとめ上手、とりなし上手、まかせておけば安心です。

め

上品な成功者

めが先頭にくる場合

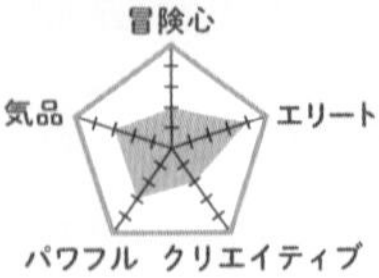

先頭字の「め」 メイセイ、メイタなど

ふっくらとした豊かさが広がるメの発音《はつおん》体感《たいかん》は、まさに豊饒《ほうじょう》＝恵みのイメージ。豊かさは、上流のイメージにつながります。

メではじまる名前には、貴族的な印象があります。あくせくするのを嫌い、おっとりとしていますが、上昇志向があるので、自分を高めることに手を抜きません。

また、それをアピールする才覚もあり、品のよい成功者に。

甘い微笑みのプリンス

もが先頭にくる場合

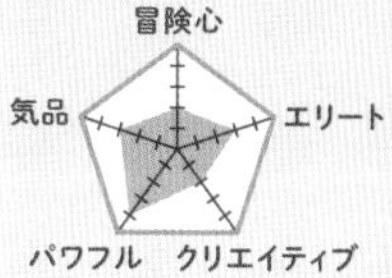

も

先頭字の「も」 モトハル、モトヤなど

モは、口いっぱいに果実を頬張《ほおば》ったような、まったりした音。人当たりがよく、おっとりしていますが、ねばり強さで結局は勝ちぬきます。周囲によく目が届き、面倒見がよく、迫力や品がある「できた人」。

止め字の「も」 トモ、ヨリトモなど

まったりして豊か。甘く愛らしい印象と、堂々とした存在感がミックスされた高貴なプリンス。頼られ、かわいがられる人生に。

気品あるナイト

やが先頭にくる場合

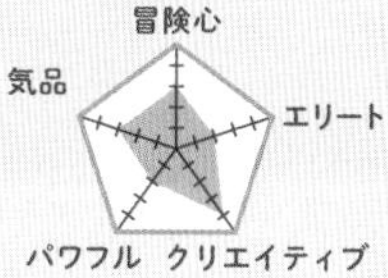

や

先頭字の「や」 ヤスアキ、ヤマトなど

ヤは、緊張感のイから、開放感のアへの変化で出す音。優しく清潔な開放感に満ちています。ヤは明るく気さくなのに、何ともいえない品があります。気品あるナイトのような頼もしい存在感を見せてくれます。

止め字の「や」 カズヤ、タクヤなど

優しい開放感にあふれ、ウェルカムな印象を与えます。ヤのあどけなさがきわだって強く、永遠の少年に。

大器晩成《たいきばんせい》、意外な大物

ゆが先頭にくる場合

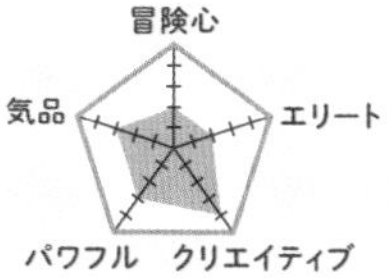

ゆ

先頭字の「ゆ」 ユウキ、ユウスケなど

ユは、外へ向かうイから、内へ向かうウへの変化で出す音。口元に、優しく受け入れる感じをつくりだします。この感覚はまた、観察力と深い思考力をもたらします。心優しき哲学者にして、大器晩成の大物に。

止め字の「ゆ」 コレフユ、タダフユなど

思慮深く、大器晩成。ウの内に秘めて熟成する感じが強まり、将来は意外な大物に。

懐《ふところ》の深い学者肌

よが先頭にくる場合

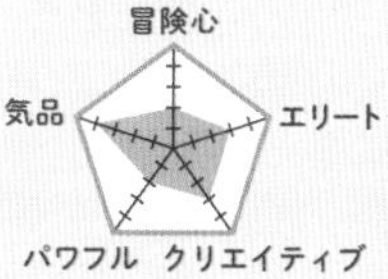

よ

先頭字の「よ」 ヨウヘイ、ヨシユキなど

ヨは、緊張感あるイから、包容力あるオへの変化で出す音。この変化は、否定から肯定《こうてい》に移るイメージ＝容認の印象です。「よーし」といわれると、しっかりと認められた感じがするでしょう。

ヨではじまる名前は、奥行きを感じさせ、発言も深く受け止められ尊重されます。何事もまず受けいれて吟味《ぎんみ》するので、学びの多い、学者肌です。

華麗なる若き王

ら

らが先頭にくる場合

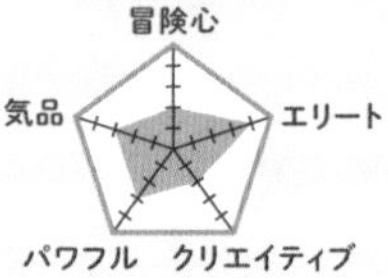

先頭字の「ら」 ライタ、ライトなど

ラは爽快《そうかい》感あふれる音。しなやかで強く、颯爽《さっそう》としていて華やかな、敬愛される若い王のよう。周囲もこの人の反応を見て行動するはずです。早くから自分の見え方を知り、それにふさわしくなるよう努力します。

止め字の「ら」 アキラ、タカラなど

しなやかな強さと、ドラマチックな印象をあわせもっています。格闘家のような艶《つや》のある、男気を失わずに生きる人に。

りりしき戦士

り

りが先頭にくる場合

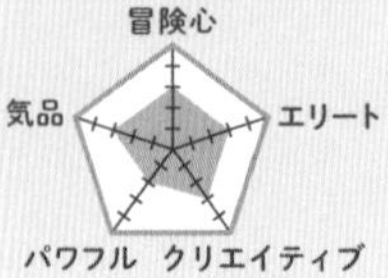

先頭字の「り」 リョウマ、リンタロウなど

リの口腔《こうくう》形は、細長い筒《つつ》の先に花開くユリの花のよう。花開くまでの努力や、思いの深さを感じさせます。思慮深く理知的、力強く、ひたすら前向き。一度戦いを挑んだらひかない、深い瞳のりりしき戦士です。

止め字の「り」 カズナリ、マサノリなど

りりしく、思慮深く、力強い人。何より、努力をいといません。社会の役に立ちたいという意志も強い人です。

魅惑のハニカミ王子

る

るが先頭にくる場合

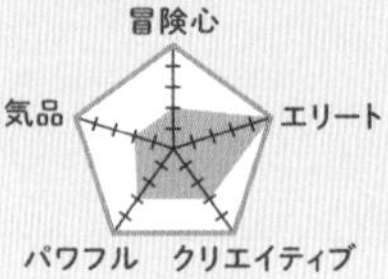

先頭字の「る」 ルイ、ルカなど

可憐《かれん》さとセクシーさ、力がしっかりとたまるのがルの音です。ちょっと思わせぶりな態度を見せるハニカミ王子。一方で、たゆまぬ努力で、スポーツや勉強、ビジネスでトップクラスに。魅惑的な成功者です。

止め字の「る」 カオル、ワタルなど

華やかで力強い印象。幼いころから努力して、多くの実りを手に入れる、自分に厳しい人です。

高貴なプリンス

れ

れが先頭にくる場合

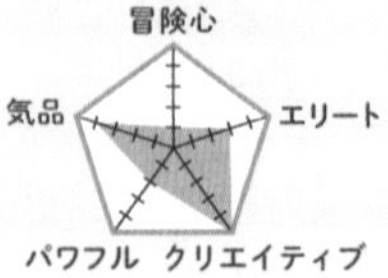

先頭字の「れ」 レイ、レオ、レンタロウなど

レは、舌を技巧的に使うRと、物事を俯《ふ》瞰《かん》するエを合わせた音。遠くはるかな印象で、憧《あこが》れの存在に。本人も憧れに向かって、はるかな旅をいといません。洗練されたイメージもあり、デザインやスポーツなどの才能で、国際的に活躍します。

止め字の「れ」 ニレ、ハレなど

華やかで洗練されています。ほかのラ行音に比べ、高貴でオシャレな印象。

ろが先頭にくる場合

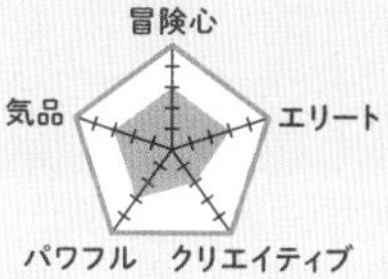

夢見る本格派

ろ

先頭字の「ろ」 ロイ、ロクロウなど

ロの音は、心に秘めた大きな夢を感じさせるとともに、中身の濃い、落ち着いた印象も。華麗さと落ち着きをあわせもち、いぶし銀の魅力をはなちます。ロマンチストなのに、地に足のついた本格派のイメージ。

止め字の「ろ」 タカヒロ、マサヒロなど

華やかさと落ち着きをもつ、ロマンチストにして本格派。中身のしっかりした、いぶし銀の魅力をはなつ人です。

わが先頭にくる場合

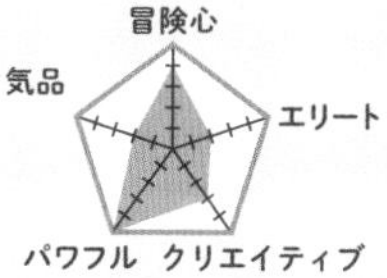

エスプリ満載、楽しい人！

わ

先頭字の「わ」 ワカトシ、ワタルなど

膨張《ぼうちょう》していくイメージのワの音。ワクワク感は、まさに膨張していく期待感です。些細《ささい》なこともおもしろおかしく表現できる天才で、生まれつきのエンターテイナー。どんな事態でも飄々《ひょうひょう》としていられる人です。

止め字の「わ」 トワなど

ワクワクする楽しげな気分を残します。夢見る力を周囲に授ける表現者。エンターテイナーや小説家にも似合う名前です。

んが中字にくる場合

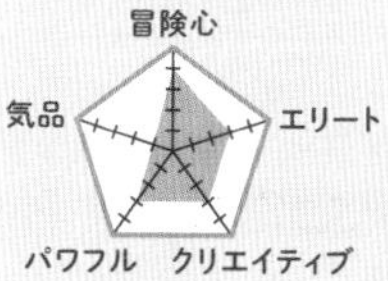

朗《ほが》らか、盛り上げ上手

ん

中字の「ん」 ケンジ、シンヤなど

ンの音は、スキップしたときのような弾《はず》む気持ちをつくり出します。ンを含む名前のもち主は、人あたりがよいのが特長。幼いころから、みんなを明るい気分に。おしゃべり上手で盛り上げ上手。ユーモアもたっぷりです。

止め字の「ん」 ケン、ジンなど

甘えん坊な印象。語尾のンのもつ密着感とスイートさを、周囲は放っておけません。

が行が先頭にくる場合

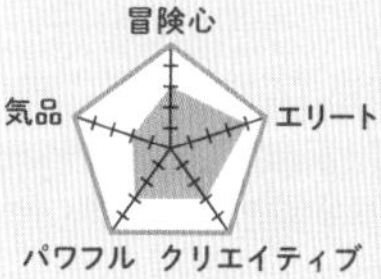

男気《おとこぎ》の強い人情家

が行

先頭字の「が」行 ガクト、ギンジ、ゲンキなど

ガ行音は、迫力と偉大さに、甘えん坊な感じもともないます。ガ行音ではじまる名前のもち主は、強さと愛嬌《あいきょう》、男気と人情味を感じさせ、男もほれる男に。クラスや業界の人気者になります。

止め字の「が」行 シンゴ、タイガなど

ゴージャスでスイート。強く、迫力があるのに、甘い印象で、胸キュンのヒーローに。だれもが応援したくなる闘う男です。

ざ行が先頭にくる場合

上品、信頼される

ざ行

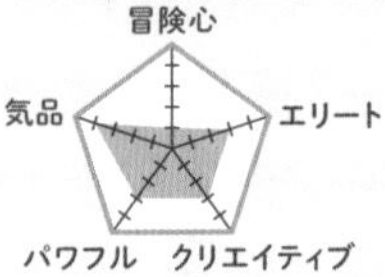

先頭字の「ざ」行　ジュンイチ、ジンなど

ザ行音には、歴史の長さや財を成す印象があります。ザ行音の名前の人は、お金持ちの旧家で大切に育てられたかのような印象に。ざっくばらんな言動でも、なぜか品を感じさせ、周囲に大切にされます。

止め字の「ざ」行　カズ、シンジなど

大切に育てられたイメージがあり、わがままな発言も、当然のように許されます。信頼度が高いのも、大きな特長です。

だ行が先頭にくる場合

堂々とした存在感

だ行

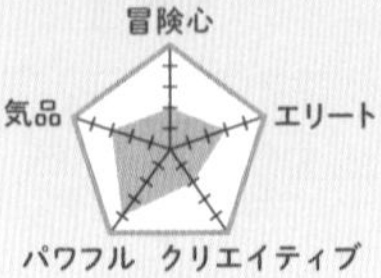

先頭字の「だ」行　ダイキ、ダイナなど

ダ行をつくるD音は豊かでなめらかな潤《うるお》いとともに、くつろぎを感じさせます。なめらかな潤いは、セクシーな印象。だから、ダ行ではじまる名前の人は、堂々とした存在感とセクシーさをあわせもつのです。

止め字の「だ」行　ノブヒデ、ヒデなど

堂々としていてセクシー。周囲に一目置かれ、それにふさわしい自分になろうと努力して、一流になっていきます。

ば・ぱ行が先頭にくる場合

魅力あふれるパワフルガイ

ば・ぱ行

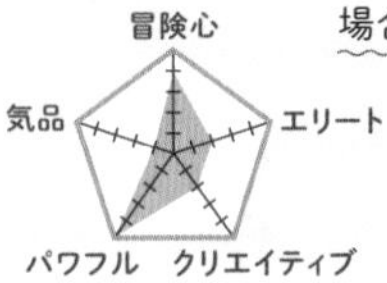

先頭字の「ば・ぱ」行　ビン、ブンタなど

バ行をつくるB音、パ行をつくるP音には、強いパワーと、あと腐《くさ》れのない割り切りのよさがあります。この音ではじまる名前の人は、人間的魅力あふれるパワフルガイ。割り切りのよさで、しぜんとボス役に。

止め字の「ば・ぱ」行　アオバ、マサノブなど

元気で割り切りのいい印象。歯に衣《きぬ》着せぬ物言いをしても、遺恨《いこん》を残しません。人間的魅力あふれるパワフルガイです。

赤ちゃんにぴったりの音をさがそう

名前にふさわしい 音と名前のリスト

赤ちゃんの名前にふさわしい音と、それぞれの音に漢字やかなを当てた表記の例を挙げました。50音のもつ語感《ごかん》とあわせてイメージを広げたり、候補の名前の表記を考えたりするのに役立ちます。

リストの見方

リストは50音順に並んでいます。

50音のもつ語感

その音の語感の説明が載っているページを示しています。

あ

P 56

Aiki

あいき

娃輝
愛生
愛葵
碧粋
藍輝
藍樹
亜依季

名前の例

音に漢字やかなを当てた表記の例です。

- **漢字の意味を知りたいとき**：漢字一覧（→P433）で漢字の読みから知りたい漢字の画数を調べてPART 4（→P217）へ。
- **運勢を知りたいとき**：漢字一覧から漢字の画数を調べて、PART 5（→P353）へ。

ローマ字表記

ヘボン式のローマ字表記（→P478）を掲載。

あ

↓ P56

あいき Aiki
娃輝 愛生 愛葵 碧粋 藍輝 藍樹 亜依季

あいと Aito
娃人 愛斗 愛翔 碧仁 藍斗 藍都 亜維斗

あいや Aiya
娃也 愛弥 愛哉 碧矢 藍也 藍弥 阿維耶

あおい Aoi
葵 蒼 碧 青依 葵威 蒼唯 碧衣

あおし Aoshi
青史 青志 蒼司 蒼志 碧思 亜雄士 阿於士

あおと Aoto
青人 青翔 阿音 葵仁 蒼刀 蒼斗 碧斗

あおば Aoba
青波 青馬 青葉 蒼羽 蒼馬 碧波 碧葉

あきお Akio
秋緒 朗夫 晃生 哲雄 暁生 陽緒 輝央

あきおみ Akiomi
秋臣 彬臣 陽臣 晶臣 彰臣 諒臣 明音好

あきてる Akiteru
明皓 亮照 秋輝 晃輝 瑛照 暁輝 晶燿

あきと Akito
壮斗 秋斗 晃翔 晶翔 煌人 彰登 亜希人

あきとし Akitoshi
明俊 秋慧 晃利 朗敏 晃聖 哲駿 晶舜

あきなり Akinari
昭也 秋成 晃斉 暁成 暁哉 彰也 聡哉

あきのぶ Akinobu
秋信 晃進 章暢 瑛惟 陽喜 暁喜 煌伸

あきひこ Akihiko
日彦 晃久 爽彦 晶人 暁彦 秋比古 暁比古

あきひさ Akihisa
明久 秋久 晃尚 暁恒 聡久 彰恒 輝寿

あきひと Akihito
秋人 晃一 章人 章仁 瑛仁 暁仁 煌人

あきひろ Akihiro
明寛 晃大 晃弘 章裕 陽大 暁大 耀優

あきまさ Akimasa
秋正 明雅 晃政 章昌 晄匡 陽正 輝雅

あきみち Akimichi
秋充 晃道 瑛通 暁道 煌路 聡理 彰道

あきよし Akiyoshi
明由 明良 秋芳 陽好 暁芳 滉亮 彰善

あきら Akira
玲 晃 瑛 暁 慧 秋良 暁良

あさと Asato
安里 亜慧 阿郷 旭斗 麻智 麻翔 朝人

あさひ
Asahi

旭 旭飛 旭陽 麻陽 朝日 朝陽 亜佐陽

あすか
Asuka

飛鳥 亜寿佳 明日哉 明日夏 明日嘉 阿寿加 阿須賀

あたる
Ataru

中 当 能 中塁 中瑠 当琉 亜太塁

あつき
Atsuki

充輝 厚樹 敦紀 蒼月 碧月 篤生 篤希

あつし
Atsushi

淳 睦 篤 淳士 惇司 敦史 温志

あつと
Atsuto

淳人 温人 敦斗 渥徒 睦翔 篤人 篤斗

あつとし
Atsutoshi

充利 敦俊 敦慧 渥敏 篤寿 篤敏 亜都俊

あつのり
Atsunori

充則 淳則 敦紀 温徳 睦矩 睦規 篤則

あつひこ
Atsuhiko

宏久 淳人 渥彦 温彦 睦彦 篤人 睦比古

あつひろ
Atsuhiro

充寛 厚浩 淳宏 渥尋 敦大 睦博 篤弘

あつまさ
Atsumasa

淳昌 渥政 敦政 敦雅 温匡 睦将 篤雅

あつむ
Atsumu

侑 淳夢 敦武 渥夢 睦夢 諄武 篤武

あつや
Atsuya

厚弥 淳也 淳弥 惇弥 敦也 敦矢 篤哉

あつろう
Atsuro

功朗 充朗 陸郎 淳朗 温郎 敦郎 篤郎

あもん
Amon

亜文 亜門 吾紋 亜聞 吾聞 阿文 阿聞

あやき
Ayaki

文希 文樹 彩紀 絢希 絢起 綾毅 吾也樹

あやと
Ayato

文斗 文杜 紋仁 彩音 彩翔 綾人 有矢斗

あゆと
Ayuto

歩人 歩斗 歩徹 鮎飛 鮎登 亜唯斗 歩優斗

あゆむ
Ayumu

歩 歩武 歩務 歩夢 鮎夢 亜優武 愛由夢

あらた
Arata

新 改太 改汰 嵐太 新太 新汰 阿良太

あらや
Araya

改也 改矢 嵐也 新也 新弥 新哉 愛良弥

ある
Aru

在 有 或 有留 亜瑠 阿留 歩瑠

あんり
Anri

安利 安哩 杏里 杏理 晏稟 庵李 庵莉

い

P 56

Io いお

維偉惟唯依伊庵
央央生大音緒

Iori いおり

偉維庵依伊衣庵
央織里織織織
利

Iku いく

依育伊伊幾郁育
久久空久

Ikuto いくと

偉郁郁育育行生
玖斗人都人都翔
斗

Ikuya いくや

伊伊郁郁育育生
空久矢也弥矢哉
矢哉

Isato いさと

依勲偉唯以一一
紗人郷諭智聡悟
人

Isami いさみ

伊勲勲勇勇功勇
佐海実美海実
実

Izumi いずみ

偉和伊一一一泉
澄泉純澄隅純

Itaru いたる

致至諄格到周至
塁琉

Ichigo いちご

都壱壱一一一一
悟呉午護期悟冴

Ichiyo いちよう

都壱壱壱一一一
洋耀陽庸鷹耀葉

Ichiro いちろう

伊伊壱市一一一
智知朗朗楼朗郎
朗郎

Itsuki いつき

樹樹偉逸依五樹
希生月生月毅

Ikki いっき

逸逸壱壱一一一
樹希貴喜騎輝季

Ikken いっけん

逸壱一一一一一
謙賢賢健兼剣研

Ikko いっこう

逸壱壱一一一一
耕晃功皓幸光巧

Issa いっさ

逸逸壱壱一一一
爽作爽紗茶砂佐

Isshin いっしん

壱壱壱一一一一
慎真信新芯伸心

Issei いっせい

逸壱一一一一一
聖成清晟星成世

Itto いっと

逸逸逸逸一一一
翔都徒斗翔登兜

Ippei いっぺい

逸逸壱壱市一一
兵平兵平平兵平

Ina いな

偉唯威威依伊伊
奈那梛七那南那

Ibuki いぶき

偉惟勇威依伊生
蕗吹吹吹吹吹吹

う

P 57

ういち
Uichi

右壱 宇一 羽一 有一 宇壱 初智 雨市

うきょう
Ukyo

右京 右響 宇匡 有亨 有恭 宇郷 有響

うしお
Ushio

汐 潮 右汐 生潮 有潮 宇汐 宇潮

うた
Uta

唄 歌 謡 海太 海汰 音楽 唄汰

うたき
Utaki

唄起 唱希 唱喜 詠基 詠輝 歌生 謡樹

うみ
Umi

海 洋 湖 生海 羽海 有望 遊真

うみと
Umito

海人 洋人 海斗 海都 湖翔 羽巳登 有弥斗

え

P 57

えい
Ei

永 英 映 栄 瑛 詠 叡

えいき
Eiki

永輝 英来 英希 映季 栄喜 瑛希 瑛記

えいきち
Eikichi

永吉 泳吉 英吉 映吉 栄吉 瑛吉 詠吉

えいご
Eigo

永護 英冴 英悟 映吾 瑛吾 詠吾 瑛悟

えいさく
Eisaku

永策 英作 映索 栄策 詠作 瑛朔 英佐久

えいし
Eishi

永志 英史 映志 栄志 瑛士 瑛史 瑛詩

えいじ
Eiji

永児 英慈 栄二 詠士 瑛次 瑛治 詠時

えいしん
Eishin

永進 英紳 映心 栄心 栄信 瑛心 瑛真

えいす
Eisu

永州 英主 英守 栄守 映素 瑛主 詠守

えいすけ
Eisuke

永輔 英介 英輔 栄介 詠佑 瑛祐 瑛輔

えいた
Eita

永太 英太 映汰 瑛大 詠汰 鋭大 叡太

えいたろう
Eitaro

永太郎 英太郎 映太郎 栄汰郎 瑛太郎 詠太朗 衛多朗

えいと
Eito

永翔 英仁 映人 栄翔 瑛斗 瑛翔 衛斗

えいや
Eiya

永弥 英哉 映也 栄弥 詠也 瑛耶 叡弥

えさと
Esato
恵慧慧得恵笑依
才郷悟智聡郷聡
人

えつと
Etsuto
瑛絵恵越悦悦悦
津都都斗翔斗人
人斗斗

えつや
Etsuya
恵閲謁越悦悦悦
津弥也矢耶哉也
弥

えつろう
Etsuro
恵閲謁越悦悦悦
津朗郎郎狼朗郎
郎

えもん
Emon
慧瑛栄英英衣永
門聞文紋門門門

お

P57

おうが
Oga
鷗凰桜旺旺央央
我牙芽河我雅芽

おうき
Oki
凰桜桜皇旺欧央
月樹輝毅貴季生

おうすけ
Osuke
應桜桜皇旺央央
介典介助佑輔亮

おうせい
Osei
應凰桜欧欧旺央
成生聖星青世醒

おうた
Ota
鷗應凰桜皇旺欧
太大太多汰汰太

おうたろう
Otaro
鷗凰桜皇旺欧央
太太太太太太太
郎郎朗郎朗郎郎

おうと
Oto
鷗應凰桜旺央央
翔斗人翔音斗人

おおすけ
Osuke
凰凰大大大大大
亮助宥亮祐甫佑

おさむ
Osamu
総統治統修紀治
務夢武

おと
Oto
緒雄於旺央大音
杜斗仁斗人都

おとや
Otoya
緒緒凰央音音音
翔斗斗斗哉弥矢
弥矢矢哉

か

P57

かい
Kai
嘉夏櫂魁開海快
惟依

かいき
Kaiki
櫂開海恢海海快
輝希輝貴紀己希

かいし
Kaishi
櫂櫂魁開海海快
嗣司志史史士志

かいしゅう
Kaishu
櫂魁開桧海海快
修秀洲宗州舟秀

かいせい
Kaisei
魁開開海海快快
星世生征成聖政

かいた
Kaita
櫂魁開海界海快
汰大太汰大大太

かいと Kaito
快斗 海都 海渡 恢翔 魁斗 魁登 櫂人

かいや Kaiya
快乎 恢也 海矢 開弥 魁矢 魁弥 櫂也

かいよう Kaiyo
快陽 快耀 海洋 海陽 海鷹 開容 魁耀

かいり Kairi
浬 快李 快理 海吏 海里 開理 櫂利

かいる Kairu
快留 海琉 皆瑠 開琉 魁留 櫂琉 夏依瑠

かえで Kaede
楓 かえで 佳慧天 香枝天 夏恵天 夏恵照 夏慧丁

かおる Kaoru
香 郁 薫 馨 佳織 香瑠 薫留

かけひさ Kakehisa
架久 翔久 翔尚 翔弥 駆久 駈尚 懸寿

かける Kakeru
翔 駆 駈 架琉 翔光 駆琉 駈翔

かず Kazu
一 千 主 和 葛 数 佳守

かずあき Kazuaki
一秋 一晃 千耀 主明 和暁 和瑛 葛旭

かずお Kazuo
一凰 一雄 千麻 和夫 和生 和旺 数緒

かずき Kazuki
一希 一貴 一輝 和希 和紀 和喜 数樹

かずし Kazushi
一志 一資 千史 千詩 和史 和志 数司

かずたか Kazutaka
一尭 一高 千峻 千隆 和孝 和貴 和鷹

ネーミングストーリー

櫂《かい》人《と》くん

お兄ちゃんの強い希望に両親が根負け……

長男と同じ「と」が止め字になる、呼びやすい名前がいいと夫婦で候補を声に出して考えていました。すると、「かいと、がいい」と長男。候補に入れつつ折々でほかの名前を口にしていると、「もう決まったの！ 絶対にかいと！」とまったく譲らない様子。熟慮の末、そこまで言うならと「かいと」に。両親の想いは漢字にこめました。（奈津子ママ）

かずと Kazuto

和和千一一一一
翔音翔翔登斗仁

かずとし Kazutoshi

憲和和千千一一
利肇寿俊年駿敏

かずなり Kazunari

数萬紀和千一一
也成成成生成也

かずはる Kazuharu

萬和和司千一一
晴陽遥陽悠晴春

かずひこ Kazuhiko

和加千数和千一
比瑞比彦彦彦彦
古彦古

かずひで Kazuhide

春和寿千千一一
栄英英英秀栄秀

かずひと Kazuhito

加数数和和千一
瑞仁一仁人仁仁
人

かずひろ Kazuhiro

和和和壱千千一
比紘大寛裕紘弘
呂

かずふみ Kazufumi

和一葛和和一一
扶二史史文史文
実三

かずま Kazuma

数和和和一一一
摩磨真馬磨真馬

かずまさ Kazumasa

和和和千千一一
将匡正優勝将昌

かずや Kazuya

春和和千万一一
哉哉矢弥也矢也

かずゆき Kazuyuki

和和和千千一一
幸行之幸之行之

かずよし Kazuyoshi

和和和千千一一
善良芳能佳凱芳

かつき Katsuki

雄勝桂活香克克
貴希季輝月樹紀

かつた Katsuta

勝勝葛活活克克
多太大汰大汰太

かつと Katsuto

勝葛桂活克克克
斗斗人斗翔迅人

かつなり Katsunari

勝勝葛活克克克
斉成成哉哉成也

かつひさ Katsuhisa

勝勝雄勝克克且
弥尚永久寿久尚

かつひと Katsuhito

勝勝凱活克克一
仁人人人仁人仁

かつまさ Katsumasa

豪勝勝克克克且
優将允将柾昌雅

かつや Katsuya

勝雄勝活克克克
耶矢也也哉弥也

かつよし Katsuyoshi

雄勝勝活克克且
義良芳能佳芳善

かなた Kanata

夏奏奏要奏叶叶
向汰多太大多太

かなと
Kanato
叶斗 叶翔 哉斗 哉音 奏音 奏翔 鼎人

かなめ
Kaname
要 叶芽 叶夢 要明 要夢 奏芽 奏夢

かふう
Kafu
可富 佳風 河風 果楓 荷風 夏楓 嘉風

かんき
Kanki
完輝 勘紀 貫紀 寛季 寛喜 幹貴 環生

かんくろう
Kankuro
完久郎 官九郎 勘久朗 寛九郎 幹貢朗 歓玖郎 観久郎

かんご
Kango
完冴 勘吾 貫悟 寛吾 幹護 環吾 観悟

かんじ
Kanji
莞爾 貫児 貫路 堪治 寛智 寛慈 歓治

かんすけ
Kansuke
完輔 貫亮 勘助 寛介 寛助 寛輔 環亮

かんた
Kanta
栞太 勘大 貫太 敢太 幹太 寛多 寛汰

かんたろう
Kantaro
完太郎 勘太郎 貫太朗 寛大郎 環汰郎 観太郎 鑑太郎

き

P 58

きいち
Kiichi
希一 季一 紀壱 喜一 貴市 輝一 輝壱

きしん
Kishin
希信 紀信 紀真 喜真 喜新 輝臣 輝真

きっぺい
Kippei
吉平 吉兵 桔平 桔兵 鋒平 橘平 橘兵

きょうご
Kyogo
共悟 亨護 京梧 恭吾 喬吾 響冴 響悟

きょうすけ
Kyosuke
共祐 京介 恭助 恭輔 喬甫 響介 響亮

きょうせい
Kyosei
共生 匡世 京世 京誠 恭成 響成 響星

きょうた
Kyota
匡太 共汰 亨太 杏太 京太 恭大 喬大

きょうたろう
Kyotaro
共太郎 匡多郎 京太朗 恭太郎 教太朗 響太郎 響多郎

きょうへい
Kyohei
匡平 京丙 恭平 恭兵 郷平 教平 響平

きょうや
Kyoya
匡哉 京矢 京弥 恭哉 恭弥 響也 響哉

きら
Kira
晃 煌 希良 綺良 輝良 輝來 騎羅

きらと
Kirato
晄斗 晃翔 煌人 煌仁 煌斗 燦仁 希良翔

く

P 58

くうが Kuga

空空空空久久久
雅芽我牙賀峨我

くうご Kugo

空空空空久久久
瑚悟吾冴護悟吾

くうま Kuma

空空空空久久久
舞摩馬真磨真馬

くおん Kuon

矩貢紅穹功久久
遠恩音音温遠音

くにひろ Kunihiro

國都国邦邦州州
寛宏浩博紘尋広

くにまさ Kunimasa

國國郁郁国国邦
将昌雅政将正優

くらのしん Kuranoshin

蔵鞍蔵椋倉倉倉
之乃乃之之之乃
辰進心慎真信紳

くらまさ Kuramasa

蔵鞍蔵椋倉倉倉
優雅昌政賢匡允

け

P 58

けい Kei

慧慶継啓恵京圭

けいいち Keiichi

慧慶敬渓啓恵圭
一一一壱一一壱

けいいちろう Keiichiro

慶敬渓啓恵佳圭
壱一一一一一壱
郎朗郎郎朗郎郎

けいき Keiki

慶慶慧啓恵京圭
樹喜喜暉生麒輝

けいご Keigo

慧慶渓啓恵奎圭
悟悟梧吾五伍冴

けいし Keishi

慶敬啓渓恵奎圭
士史司士嗣志史

けいじ Keiji

慶慧蛍啓恵恵圭
次二慈児滋治慈

けいしょう Keisho

慶慶慧敬啓恵京
晶尚祥将翔頌匠

けいしろう Keishiro

慶景啓渓恵桂圭
市士志史司士士
朗郎郎朗郎郎郎

けいすけ Keisuke

慧慶継敬啓啓佳
侑介甫介祐亮輔

けいた Keita

慶慧敬渓啓恵圭
多大太太太汰太

けいたろう Keitaro

慶啓敬蛍渓恵奎
大多太太太太太
郎郎朗郎郎朗朗

けいと Keito

慶慧敬啓恵奎圭
翔斗人途人斗人

けん Ken

顕謙賢憲健拳研

けんいち
Kenichi

建一 研壱 拳一 健一 憲一 賢市 謙壱

けんいちろう
Kenichiro

研一郎 拳一朗 健壱郎 憲壱朗 賢一郎 謙一朗 謙市朗

けんご
Kengo

兼吾 剣護 健吾 絢吾 憲吾 賢悟 謙吾

けんごう
Kengo

研剛 剣豪 健剛 堅剛 憲剛 賢郷 顕轟

けんし
Kenshi

剣仕 拳史 健志 健嗣 絢史 賢士 賢司

けんじ
Kenji

研治 拳児 健治 堅慈 賢次 憲嗣 謙司

けんしょう
Kensho

研晶 剣生 拳翔 健照 賢勝 賢彰 顕正

けんしろう
Kenshiro

建士朗 研史郎 剣士郎 拳志郎 健獅郎 絢士朗 憲司郎

けんしん
Kenshin

剣信 剣真 健心 健晋 賢伸 憲信 謙信

けんすけ
Kensuke

建助 兼亮 健介 健輔 絢介 憲佑 顕侑

けんせい
Kensei

研成 剣聖 健清 健誠 絢晴 賢星 謙世

けんぞう
Kenzo

研造 剣三 健蔵 絢造 賢三 謙蔵 顕造

けんた
Kenta

剣汰 健太 堅太 絢太 献大 賢多 謙太

けんたろう
Kentaro

研太郎 兼太朗 拳太狼 健太郎 賢大郎 憲大朗 謙太朗

けんと
Kento

建都 拳斗 剣登 健人 絢都 賢斗 賢飛

けんのすけ
Kennosuke

建之介 研之亮 剣ノ輔 健之助 賢之介 謙ノ介 顕乃佐

けんや
Kenya

研弥 剣矢 健哉 絢弥 賢也 憲哉 謙哉

こ

P58

こう
Ko

公 巧 光 晃 紘 航 煌生

こういち
Koichi

公一 功壱 洸一 倖一 浩壱 滉市 鴻一

こういちろう
Koichiro

弘壱朗 昂一郎 航一浪 紘一朗 晃市朗 皓一朗 煌一郎

こうえい
Koei

功瑛 亘栄 洸映 航英 康永 康栄 滉叡

こうが
Koga

功雅 光牙 穹雅 航我 凰牙 煌月 煌賀

こうき
Koki
浩晃昂幸昊功弘
暉生輝喜希貴基

こうげん
Kogen
煌康航洸宏光巧
源元玄弦原玄元

こうざぶろう
Kozaburo
興康耕晃幸孝巧
三三三三三三三
郎朗狼朗郎滝郎

こうし
Koshi
煌皓紘晃浩亘光
士嗣志史司獅志

こうじ
Koji
浩耕晃虹孝孝光
蒔治司児慈治二

こうじゅん
Kojun
煌康晃耕幸光巧
純純淳旬潤隼洵

こうしろう
Koshiro
煌倖幸宏光功甲
士四志司士志子
郎朗郎郎郎朗郎

こうじろう
Kojiro
皓康浩晃幸孝巧
次慈二二次侍治
朗朗郎郎郎朗郎

こうしん
Koshin
煌皓航倖晃孝光
真慎進臣心心信

こうすけ
Kosuke
興航晃虹幸功公
佑輔侑介祐典亮

こうせい
Kosei
煌康倖晃洸恒光
世正誠生星晟誓

こうた
Kota
康耕紘浩航虹幸
汰太太太大太多

こうだい
Kodai
鴻皓航晃孝功広
大代大大醍大大

こうたろう
Kotaro
耕航浩香孝光功
太大太汰太太多
郎浪郎郎朗郎郎

こうのすけ
Konosuke
鴻康航晃幸昂孝
乃之之ノ之之之
介佑介祐助介助

こうへい
Kohei
滉航浩恒洸考公
平兵平平平兵平

こうま
Koma
煌皓耕恒香幸光
眞摩真磨麻真馬

こうめい
Komei
興晃恒幸亘公孔
銘明銘明明盟明

こうや
Koya
煌紘耕皇幸昊光
椰野哉哉弥也耶

こうよう
Koyo
康晃航恒幸光公
容耀洋陽陽洋庸

こお
Ko
瑚湖琥湖虎虎虎
雄桜生央旺央王

こじろう
Kojiro
琥湖虎虎虎小己
次二治次二次次
郎朗朗郎郎郎郎

こたろう
Kotaro
鼓琥琥湖虎小己
太汰太太太太太
郎朗朗郎郎朗郎

こはく
Kohaku
鼓琥湖虎虎光光
博珀白伯白博柏

さ

P59

さいと Saito
才人 才斗 采人 采杜 彩人 彩斗 彩都

さえま Saema
冴真 冴馬 冴磨 佐栄馬 佐恵磨 紗江真 皐江摩

さき Saki
才希 才喜 早葵 佐喜 紗輝 祥樹 皐紀

さきと Sakito
咲人 咲大 祥斗 閃登 魁人 魁斗 佐紀斗

さく Saku
作 朔 索 策 咲玖 朔久 紗功

さくたろう Sakutaro
作太郎 咲大朗 咲太郎 朔太朗 桜多朗 策太郎 佐久太郎

さくと Sakuto
作人 咲人 咲都 咲翔 桜仁 朔音 策斗

さくはる Sakuharu
作治 咲春 咲温 咲遥 桜大 朔晴 朔陽

さくや Sakuya
作也 咲夜 咲耶 朔也 朔哉 佐久弥 紗久也

さすけ Sasuke
佐介 佐助 沙祐 紗侑 紗亮 颯丞 颯佑

さだお Sadao
正旺 成緒 治生 貞朗 真雄 禎郎 憲雄

さちや Sachiya
幸弥 幸椰 祥也 祥矢 倖耶 倖哉 早智也

さつき Satsuki
五月 冴月 咲月 皐月 爽月 颯生 颯希

さとし Satoshi
怜 敏 聡 賢 悟史 智志 聡士

さとる Satoru
知 悟 哲 聡 理光 智琉 諭児

さはく Sahaku
沙白 冴珀 沙博 紗博 早羽駆 沙羽久 紗波公

さやた Sayata
爽大 爽太 爽多 爽汰 小弥太 紗耶太 皐也太

さやと Sayato
爽人 爽都 爽翔 早矢都 沙耶斗 紗弥人 皐也斗

さわや Sawaya
爽 爽矢 爽弥 爽哉 才和也 沙和矢 佐和哉

し

P59

しおん Shion
心温 司穏 汐音 至遠 志恩 紫苑 詩音

しき Shiki
織 四季 史希 至玖 志紀 梓希 獅來

しげと
Shigeto
樹繁繁滋重茂茂
仁十人斗人杜人

しげひろ
Shigehiro
繁滋滋重茂茂成
浩宥弘紘寛広尋

しど
Shido
慈志志至史司士
斗努斗渡登努都

しどう
Shido
詩慈獅獅滋至士
瞳道童堂童道道

しのぶ
Shinobu
詩紫志史司毅忍
喜惟暢信永

しもん
Shimon
シ獅梓志至史士
モ門文門聞門紋
ン

しゅう
Shu
脩修柊秋周秀州

しゅういち
Shuichi
脩修柊周秀宗州
壱市一壱一一一

しゅうご
Shugo
脩修柊周宗秀州
伍悟吾護吾梧吾

しゅうじ
Shuji
修修柊柊宗周秀
滋司治二嗣慈司

しゅうじろう
Shujiro
脩修柊周宗秀州
二児二次二士治
郎朗郎郎郎郎朗

しゅうすけ
Shusuke
就脩修周宗秀舟
輔介介宥助輔亮

しゅうせい
Shusei
修柊秋柊周宗秀
成聖清生誓世世

しゅうた
Shuta
脩崇秋柊周宗秀
汰太太大汰太太

しゅうと
Shuto
蹴脩修修柊秀舟
翔人迅斗音人斗

しゅうへい
Shuhei
集脩修秋柊周秀
平平平兵平平平

しゅうま
Shuma
就脩修柊周秀州
摩馬馬馬磨真馬

しゅうや
Shuya
朱修柊柊周宗秀
羽也耶矢弥也哉
哉

しゅり
Shuri
蹴趣楢修珠朱守
利理浬吏璃李璃

しゅん
Shun
瞬駿舜隼峻俊旬

しゅんいちろう
Shunichiro
瞬駿舜隼峻俊旬
一一一壱一市一
郎郎朗郎郎郎郎

しゅんき
Shunki
瞬駿舜隼俊春旬
貴希毅輝軌己希

しゅんじ
Shunji
駿舜隼峻俊春旬
二嗣史士慈滋司

しゅんすけ
Shunsuke
瞬駿舜竣隼俊俊
亮介祐介佑輔介

しゅんた Shunta

旬汰 俊太 峻大 隼太 淳多 駿太 瞬太

しゅんと Shunto

旬人 俊仁 隼人 峻登 舜斗 駿斗 瞬斗

しゅんのすけ Shunnosuke

旬之亮 俊之介 峻乃佑 隼之介 竣乃介 舜之祐 駿乃介

しゅんぺい Shumpei

旬平 春平 俊兵 峻平 隼兵 駿平 瞬平

しゅんや Shunya

旬哉 俊也 春也 峻矢 隼冶 舜弥 駿弥

しょう Sho

尚 将 渉 笙 翔 照 奨

しょういちろう Shoichiro

正一郎 尚市郎 将一郎 祥壱郎 渉一朗 笙壱朗 翔一郎

しょうえい Shoei

昇永 昭栄 将英 捷瑛 湘映 翔瑛 彰栄

しょうき Shoki

昭喜 祥希 将貴 翔紀 翔軌 勝毅 奨紀

しょうご Shogo

匠吾 省吾 将午 祥悟 渉吾 頌吾 彰吾

しょうじ Shoji

正司 尚治 昇二 昭二 将司 奨司 樟二

しょうすけ Shosuke

尚祐 省輔 将介 笑介 祥佑 翔介 翔亮

しょうせい Shosei

尚生 将成 将星 祥聖 渉世 章正 翔星

しょうた Shota

正太 尚大 昇汰 昭太 翔大 翔太 彰太

しょうだい Shodai

尚大 将大 祥大 渉大 勝大 翔大 奨大

名前エピソード

葵也《あおや》くん

新生児のときの泣き声がまるで自分の名前

「あお」のひびきや色のイメージに、生まれ月の植物である「葵」の字を当てました。先頭字が「あ」行、止め字も母音が「あ」だったせいか、月齢が低いときの泣き声が自分の名前を呼んでいるようで、葵也が泣くたびに、家族みんなで大笑い。「気に入ってくれているね」「練習しているのかな」と話題はつきませんでした。（美子ママ）

しょうたろう
Shotaro

正太朗　匠多朗　昇太郎　将太郎　笙大朗　章太郎　翔太郎

しょうと
Shoto

尚杜　省斗　将十　笙音　翔斗　翔飛　晶都

しょうのすけ
Shonosuke

匠ノ祐　庄之介　昌之助　尚之亮　将ノ佑　翔之介　奨之丞

しょうへい
Shohei

正平　昇丙　尚兵　渉平　将平　翔平　彰平

しょうま
Shoma

正真　匠磨　将馬　祥真　捷馬　翔摩　彰眞

しょうむ
Shomu

尚武　将武　章武　笙夢　翔夢　晶夢　彰務

しょうや
Shoya

尚也　昌哉　将矢　祥哉　翔也　翔哉　奨弥

しりゅう
Shiryu

士劉　至龍　志柳　紫龍　獅竜　詩琉　嗣龍

しん
Shin

心　伸　信　真　深　慎　新

しんいち
Shinichi

心一　伸一　信一　真一　森市　慎一　新壱

しんいちろう
Shinichiro

心一郎　伸市郎　信一朗　津壱郎　真一郎　新一朗　慎壱郎

しんご
Shingo

心護　伸吾　信五　真冴　紳吾　深悟　慎吾

しんじ
Shinji

心滋　伸二　信士　真司　深治　慎司　新嗣

しんすけ
Shinsuke

心亮　伸丞　真祐　晋輔　森宥　慎介　新輔

しんせい
Shinsei

心生　信誠　真星　真誠　進世　深青　紳聖

しんたろう
Shintaro

伸太郎　晋太朗　真汰朗　進太郎　慎多郎　榛太郎　親太朗

しんと
Shinto

心人　伸飛　信斗　真途　紳斗　慎斗　新翔

しんのすけ
Shinnosuke

心之介　伸之介　真之祐　晋之輔　進ノ佑　慎乃介　榛之丞

しんぺい
Shimpei

心平　伸平　信兵　晋平　深平　新平　慎丙

しんや
Shinya

伸也　辰哉　信也　真矢　紳弥　新耶　慎哉

す

P59

すいげん
Suigen

水顕　帥舷　粋玄　彗弦　翠元　翠舷　穂弦

すぐる
Suguru

克　卓　俊　逸　勝　豪　卓琉

すずまさ Suzumasa
紗允 紗昌 涼柾 涼雅 鈴雅 寿々匡 珠子将

すすむ Susumu
侑 将 晋 皐 進 奨 進武

すずや Suzuya
紗夜 紗椰 涼弥 涼哉 寿々也 寿津矢 寿須矢

すばる Subaru
昴 寿春 昴琉 昴瑠 素晴 須春 スバル

すみと Sumito
純人 純斗 清土 清杜 維仁 澄人 澄杜

すみや Sumiya
純矢 純弥 清耶 統也 澄夜 須美也 諏見弥

せ

P59

せい Sei
生 成 星 晟 惺 聖 静

せいいち Seiichi
征一 清市 晴一 聖一 誠一 静一 誓市

せいき Seiki
生希 星祈 星輝 晟貴 清輝 聖葵 誓起

せいご Seigo
正醐 成碁 征悟 政吾 星梧 清胡 誠湖

せいじ Seiji
成治 星児 晟慈 清慈 惺士 誠司 靖侍

せいた Seita
成太 征太 星太 晴多 誠大 靖太 精汰

せいたろう Seitaro
成太郎 斉太朗 星多郎 晴太郎 聖太郎 誠汰郎 誓太朗

せいと Seito
生澄 星斗 星翔 晟人 晴十 誠人 聖斗

せいのすけ Seinosuke
征之介 星之亮 晴之祐 靖乃輔 誠之介 勢之助 聖之助

せいや Seiya
正也 成哉 星夜 盛哉 晴也 誠也 聖矢

せな Sena
世名 星七 星南 清凪 惺七 聖那 瀬名

せら Sera
世羅 星良 清来 晴良 惺楽 聖礼 瀬楽

せんり Senri
千利 千里 千理 仙利 仙理 泉李 閃李

そ

P60

そう So
壮 奏 爽 創 想 蒼 颯

そういちろう Soichiro
壮一朗 宗一郎 奏壱郎 創一朗 蒼一郎 想壱郎 聡一朗

そうき Soki
奏希 創生 湊葵 蒼紀 想輝 颯貴 颯樹

そうご Sogo
聡蒼想創奏荘宗
悟梧五吾護悟吾

そうし Soshi
颯聡蒼想創奏壮
矢司志士史詩志

そうじろう Sojiro
聡颯想創奏宗壮
二二二治次次二
郎郎郎郎郎郎郎

そうすけ Sosuke
颯蒼想創爽宗壮
祐亮侑介輔佑典

そうた Sota
漱颯想蒼惣爽奏
太大太大太太多

そうたろう Sotaro
颯総漱想惣奏壮
太太大太太太多
朗郎郎郎朗郎朗

そうと Soto
颯蒼想創湊爽宗
斗透十登斗人人

そうま Soma
総聡蒼想創湊壮
麻馬真眞将真馬

そうや Soya
聡颯想惣奏宗壮
哉也矢弥弥也哉

そら Sora
颯曽奏大昊宙空
来良良空

た

↓ P 60

たいが Taiga
泰泰太大大大大
雅河雅雅賀河我

たいき Taiki
泰太太大大大大
己暉基輝葵貴来

たいし Taishi
大泰泰太太大大
維嗣司至志志士
志

たいしん Taishin
泰泰太大大大大
晨心慎榛真信心

たいすけ Taisuke
泰泰代太太大大
助介佑亮介輔典

たいせい Taisei
泰泰太大大大大
生正星誠晴征成

たいぞう Taizo
戴泰泰泰代太大
造蔵造三蔵造三

たいち Taichi
泰泰太太大大大
知地智一智知治

たいと Taito
泰泰帯代太大大
翔斗人十渡都杜

たいへい Taihei
大鯛泰泰太大大
維平兵丙平兵平
平

たいよう Taiyo
泰太太大大大大
耀陽遥鷹耀庸洋

たいら Taira
泰平平平太太平
羅羅等良羅良

たかあき

Takaaki

嵩貴隆峻高昂孝

晶明昭彰暁明尭

たかお

Takao

鷹貴隆峻威尭孝

緒緒朗男旺生雄

たかかず

Takakazu

鷹尊隆高昂尭孝

一和和寿一一和

たかし

Takashi

尊隆崇峨岳孝天

たかと

Takato

鷹貴崇岳考天天

斗翔仁登人翔斗

たかのり

Takanori

貴崇隆峻昂孝考

律紀典法則紀典

たかひろ

Takahiro

尊敬貴隆高峻尭

寛浩洋宏廣尋弘

たかふみ

Takafumi

貴隆崇高尭孝考

史章文文史史史

たかみ

Takami

誉貴敬隆峻尭孝

己海己己深実洋

たかや

Takaya

鷹尊貴隆峻尭孝

矢哉哉哉耶哉也

たかゆき

Takayuki

嵩貴貴隆崇峻尭

倖幸之行之雪之

たから

Takara

多鷹貴隆昂尭宝

加来礼楽良良

良

たく

Taku

多巧琢託啄拓卓

久久

たくと

Takuto

琢琢拓拓卓拓巧

都仁音斗斗人翔

たくま

Takuma

太琢拓拓卓匠巧

玖磨摩馬真馬真

真

たくみ

Takumi

逞拓卓拓巧匠巧

実実海己海

たくや

Takuya

拓卓拓卓沢匠巧

哉矢也也也弥耶

たくろう

Takuro

琢啄拓拓卓匠巧

郎郎朗郎郎楼郎

たけし

Takeshi

剛岳孟毅健武壮

士志司

たけと

Taketo

毅猛健剛岳武岳

斗十人仁登利人

たけのり

Takenori

毅偉健孟武岳丈

規功憲徳教紀則

たけひろ

Takehiro

雄偉健建武武丈

弘大裕寛紘宏博

たけふみ

Takefumi

崇健剛勇武壮丈

文文史郁記文章

たけよし

Takeyoshi

毅崇岳武孟武丈

由義嘉義能吉善

たける
Takeru

偉丈丈尊猛威武
流瑠琉

たすく
Tasuku

祐匡輔資将佑匡
久駈

ただあき
Tadaaki

維資唯惟忠直伊
彰暁晃玲耀朗耀

ただおみ
Tadaomi

資惟貞忠伸由正
臣臣臣臣臣臣臣

ただし
Tadashi

惟忠義格直匡正
司司

ただずみ
Tadazumi

唯理格直忠直正
純純清澄澄純澄

ただつぐ
Tadatsugu

欽理格忠直忠正
承亜次継貢次嗣

ただひで
Tadahide

唯理忠直伸匡正
栄英栄秀秀英秀

ただひろ
Tadahiro

喬唯格忠忠伊匡
大洋寛弘広紘宏

たつき
Tatsuki

樹龍達達竜立樹
稀城輝貴樹樹

たつのすけ
Tatsunosuke

龍樹達竜竜辰辰
之乃之之乃之乃
助亮祐介助助輔

たつのり
Tatsunori

龍樹達竜建辰辰
範徳則紀規憲矩

たつひこ
Tatsuhiko

達龍樹達竜辰立
比彦彦彦彦彦彦
古

たつひろ
Tatsuhiro

龍達達起竜武辰
比弘広浩洋裕大
呂

たっぺい
Tappei

龍樹達竜起辰立
平平平兵平兵平

たつや
Tatsuya

龍樹達達達竜辰
哉也弥矢也矢弥

たもん
Tamon

汰汰多多匠太大
聞門聞紋門紋門

たろう
Taro

多汰太太太大大
朗朗滝郎良狼郎

ち

P
60

ちあき
Chiaki

馳智祐知地千千
旺秋旭晃映彰暁

ちかや
Chikaya

知千千千千親親
佳歌華夏佳哉也
耶弥弥也哉

ちから
Chikara

智千千親誓力力
佳夏加良良良
礼良良

ちさと
Chisato

千智知知千千千
佐里慧聡智郷里
斗

ちせ
Chise

智智知千千千千
聖星勢瀬聖星世

ちはや
Chihaya
千早 千隼 千颯 知隼 知颯 智早 知羽矢

ちひろ
Chihiro
千弘 千紘 千尋 治広 知洋 智央 智裕

ちゅうや
Chuya
中弥 沖哉 宙也 忠矢 宙耶 忠哉 宙数

ちょうじ
Choji
兆児 長司 頂治 跳志 肇二 暢治 寵次

ちょうたろう
Chotaro
長太郎 重太郎 重汰朗 超太郎 暢太朗 澄多郎 蝶太郎

つ

P60

つかさ
Tsukasa
士 司 主 吏 典 政 司紗

つきと
Tsukito
月人 月斗 月飛 月登 槻人 槻斗 津希斗

つづみ
Tsuzumi
鼓 葛実 葛弥 鼓巳 鼓実 鼓弥 都々実

つとむ
Tsutomu
力 孜 勉 務 勤 敦 勤武

つなき
Tsunaki
統貴 統輝 綱希 綱紀 緑喜 繋生 繋樹

つねひこ
Tsunehiko
久彦 典彦 恒久 経久 庸彦 統人 恒比古

つばさ
Tsubasa
翼 大翼 光翼 飛翔 椿咲 翼爽 都羽沙

つむぐ
Tsumugu
紡 摘弘 摘倶 積弘 津夢弘 都夢倶 つむぐ

つよし
Tsuyoshi
剛 強 健 豪 剛士 剛史 豪志

て

P61

ていじ
Teiji
定滋 帝治 貞慈 逞児 艇弐 禎爾 鄭志

てつ
Tetsu
哲 鉄 綴 徹 哲津 哲都 禎通

てつあき
Tetsuaki
哲晟 哲陽 哲彰 鉄朗 鉄輝 徹玲 徹暁

てつお
Tetsuo
哲夫 哲央 哲男 鉄央 鉄生 徹雄 徹緒

てった
Tetta
哲大 哲太 哲汰 鉄太 鉄多 徹太 徹泰

てつと
Tetsuto
哲人 哲門 鉄人 鉄斗 徹飛 徹途 徹登

てつのしん
Tetsunoshin
哲ノ心 哲之真 鉄乃進 鉄之信 鉄之慎 徹乃晋 徹之紳

てつのすけ Tetsunosuke
徹徹徹鉄鉄哲哲
之之乃之之之ノ
輔佐亮助丞佑介

てつはる Tetsuharu
徹徹鉄鉄哲哲哲
明治晴栄陽春治

てっぺい Teppei
徹徹綴鉄鉄哲哲
兵平平兵平兵平

てつや Tetsuya
徹徹徹鉄鉄哲哲
哉冶也弥矢哉也

てるうみ Teruumi
耀輝照照瑛晃光
海海洋海海洋海

てるき Teruki
耀燿輝照瑛瑛晃
紀生喜希季己希

てるひこ Teruhiko
照耀輝照瑛晃映
比彦彦彦久人人
古

てるもと Terumoto
輝輝煌照瑛映央
宗心規基元素基

てんしん Tenshin
槙展展典天天天
森慎進心真信伸

てんせい Tensei
槙展展典典天天
星誠晴生正誓晟

てんた Tenta
槙展展典典天天
太汰大多太高大

てんどう Tendo
槙典典天天天天
道道堂瞳憧道童

てんま Temma
槙展展典天天天
摩磨眞真磨真馬

と

P 61

とあ Toa
翔翔渡都永斗十
秋亜亜朱愛空愛

とういちろう Toichiro
藤燈統登透桐冬
一壱一一一一壱
郎郎郎郎郎朗朗

とうが Toga
燈統登透桐東冬
雅賀雅河芽峨雅

とうご Togo
統塔登桐透冬刀
吾冴午悟吾護冴

とうじ Toji
謄統登陶透桐冬
史爾治滋児二慈

とうしろう Toshiro
鬪橙棟統登透冬
志士志史司士獅
郎郎郎朗郎朗郎

とうすけ Tosuke
燈統登桐透東冬
亮祐介佑介甫亮

とうた Tota
瞳燈統登透桐冬
大太汰多太太太

とうま Toma
燈登兜桐透冬斗
満真真磨馬真馬

とうや Toya
燈董統棟透冬刀
哉矢也也弥耶哉

とおる
Toru

澄遥徹達透通亨
琉瑠

とき
Toki

翔杜迅斗斗時季
希貴紀稀希

ときお
Tokio

登翔斗時時季迅
喜希希央生生雄
男生央

ときたか
Tokitaka

登朝隆時時季世
紀敬貴隆孝貴崇
貴

ときと
Tokito

翔登斗十時時季
輝紀貴輝斗人人
人斗仁斗

ときや
Tokiya

翔仁土時時季季
貴貴岐弥矢哉也
也哉耶

ときろう
Tokiro

翔登斗時時季季
貴喜輝狼郎朗郎
郎郎狼

としあき
Toshiaki

駿歳隼敏俊俊利
晃朗暁哲明旭亮

としお
Toshio

駿歳稔敏隼俊利
雄央夫朗生郎夫

Column

語尾母音のもつ印象

「はるき」と「はるく」、「きよた」と「きよと」。似ているけれど、少し印象が違います。この違いは語尾母音《ごびぼいん》(名前の最後の音の母音)が生み出すもの。名前の最後の音(止め字)の印象を、語尾母音別にまとめてみました。P56〜68の各音の止め字の説明とあわせて、参考にしてください。

語尾母音が

- **ア段** あかさたな はまやらわ → いつでも自然体で無邪気。能力を発揮しやすい。
- **イ段** いきしちに ひみり → キュートで一途《いちず》。アグレッシブで意志が強い。
- **ウ段** うくすつぬ ふむゆる → 潜在《せんざい》能力と集中力、ナイーブな愛らしさがある。
- **エ段** えけせてね へめれ → 広さと遠さを感じさせ、洗練されていてエレガント。
- **オ段** おこそとの ほもよろ → おおらかな存在感、包容力とおさまりのよさがある。

としかず
Toshikazu
駿駿敏隼俊利利
数和主一和寿一

としき
Toshiki
歳隼隼俊俊利迅
起貴己樹喜輝希

としたか
Toshitaka
駿敏隼俊俊利仁
高尭天鷹貴隆隆

としつぐ
Toshitsugu
駿稔敏隼俊季利
二継承亜次嗣嗣

としなり
Toshinari
歳敏隼俊紀寿利
斉成也哉成成也

としのり
Toshinori
駿歳稔敬隼俊利
則範祝法紀典宣

としひで
Toshihide
稔捷峻敏俊利迅
栄秀栄英秀秀英

としみつ
Toshimitsu
歳稔隼敏俊利利
晄実充允光満光

としや
Toshiya
稔歳隼敏俊利寿
椰也矢也哉弥八

とむ
Tomu
登渡都杜斗土十
夢陸武務武夢夢

とも
Tomo
杜斗朝智朋知友
茂望

ともあき
Tomoaki
智智登朋知朋友
彰玲明輝暁晃陽

ともあつ
Tomoatsu
智智朝知朋友友
篤厚敦温淳篤厚

ともかず
Tomokazu
智朝智朋知朋友
数教一和一一和

ともき
Tomoki
智智朝朋知友友
輝軌来騎基樹希

ともすけ
Tomosuke
朝智朋朋知友友
輔介亮侑甫祐丞

ともたか
Tomotaka
智朝智朋知友友
貴峻孝貴隆鷹高

ともちか
Tomochika
義智智知友友丈
周親慶親誓信周

ともつぐ
Tomotsugu
智智倫知朋朋友
継次世嗣嗣二貢

ともとし
Tomotoshi
智智倫朋知友友
敏隼聖稔俊寿利

とものり
Tomonori
智智知朋知友友
憲規寛矩則徳紀

ともはる
Tomoharu
智朝知朋宝友友
遼遥暖陽治晴春

ともひと
Tomohito
智智知宝朋朋友
仁人等仁仁人士

ともひろ Tomohiro
友宏 友尋 友博 朋弘 知洋 智寛 智優

ともや Tomoya
友哉 知也 朋矢 倫弥 智也 智哉 睦也

ともゆき Tomoyuki
友之 那行 朋之 知幸 朋倖 知雪 智行

ともよし Tomoyoshi
友良 知佳 朋善 倫由 倫芳 智好 朝圭

ともろう Tomoro
友朗 朋郎 知郎 朋楼 倫朗 朝郎 智朗

とよはる Toyoharu
茂春 茂悠 富治 富晴 豊春 豊晴 豊陽

とらき Toraki
虎牙 虎紀 虎毅 寅己 彪生 彪輝 寅樹

とらじ Toraji
虎治 虎滋 虎爾 寅二 寅地 彪児 彪慈

とらのすけ Toranosuke
虎乃祐 虎之左 虎之助 彪ノ佑 寅之介 彪之丞 寅之輔

とらやす Torayasu
虎保 虎祥 虎泰 彪安 寅康 寅靖 彪寧

とわ Towa
斗我 永遠 杜和 飛羽 透和 都和 翔波

な

P61

ないと Naito
乃斗 乃都 祢都 騎士 七生翔 名維人 那伊十

なお Nao
尚 直 七生 波央 直央 南旺 南雄

なおき Naoki
直生 尚希 尚城 直葵 直暉 尚輝 尚毅

なおと Naoto
尚人 尚斗 尚杜 直音 直都 治登 治翔

なおひさ Naohisa
尚久 直久 尚寿 直寿 尚弥 直恒 尚悠

なおひろ Naohiro
尚大 直大 直宏 尚拓 尚洋 直紘 順博

なおまさ Naomasa
尚允 直正 直匡 尚柾 直将 尚雅 順昌

なおや Naoya
尚也 直也 直矢 直弥 尚哉 順耶 那央也

なおゆき Naoyuki
尚之 直之 尚行 尚侑 直幸 直雪 順行

なぎさ Nagisa
汀 渚 汀皐 凪沙 凪砂 凪爽 渚紗

なぎと Nagito
汀人 凪杜 凪飛 凪渡 渚人 渚斗 渚翔

なごむ Nagomu
和 和歩 和武 和務 和夢 なごむ 那吾武

Natsuki なつき

捺夏夏夏夏夏那
樹輝貴希生己月

Natsume なつめ

南凪ナな捺夏夏
津都ツつ萌要芽
萌芽メめ

Nanato ななと

奈那七七七七七
々々奈翔都杜斗
翔斗翔

Nayuta なゆた

梛夏南奈奈那那
諭由勇優悠由由
太太太太太多他

Narimasa なりまさ

稔哉哉斉成成也
柾匡正真雅将雅

Naru なる

南奈那那鳴稔成
琉留瑠琉

Naruki なるき

那稔成成匠成成
琉希樹貴希生己
紀

Naruto なると

奈七鳴匠成成匠
瑠琉斗翔杜斗人
澄翔

Naruhito なるひと

那七稔稔成匠成
琉瑠仁人仁仁一
人人

Naruya なるや

稔稔完匠匠成成
哉也也哉弥矢也

に

P 61

Niiru にいる

仁丹新新新弐仁
唯以瑠琉留入流
留琉

Nijito にじと

弐仁虹虹虹虹虹
路治翔渡登音斗
人斗

Nichika にちか

児弐丹仁二仁仁
知智知千千爾周
香嘉佳華夏

ね

P 62

Neo ねお

寧寧祢祢音音音
生乎緒於緒雄央

Nenji ねんじ

燃稔然然念年年
爾侍智児滋慈治

の

P 62

Noa のあ

望望埜望希乃乃
愛吾亜合亜吾亜

Nozomi のぞみ

望望望望希希希
洋美海実望弥壬

Nozomu のぞむ

望望希希希望希
務武夢陸武

Nobuaki のぶあき

暢惟惟展宣信伸
哲顕彰彬彰明晃

Nobuo のぶお

野暢惟展信恒伸
武生男央雄生夫
雄

Nobuteru のぶてる

暢惟展信宣延伸
晃煌耀輝煌照瑛

のぶなお Nobunao
伸直 宜巨 信直 信尚 展尚 惟尚 暢直

のぶひろ Nobuhiro
伸宏 信博 展大 進紘 惟寛 暢弘 暢裕

のぶや Nobuya
亘也 伸耶 宜也 信弥 展也 惟哉 暢矢

のぶゆき Nobuyuki
伸行 延侑 信幸 展之 惟征 暢之 暢倖

のぼる Noboru
上 昇 登 暢 昇琉 登瑠 暢琉

のりたけ Noritake
典威 則武 紀剛 紀毅 矩丈 範岳 憲武

のりと Norito
文音 永人 礼士 尭門 恭斗 愛翔 賢都

のりひこ Norihiko
典人 法彦 紀久 則彦 範彦 紀比古 憲比古

のりひろ Norihiro
典弘 法宥 則紘 倫尋 敬洋 徳皓 憲祐

のりよし Noriyoshi
法由 典義 律芳 則佳 紀禎 規嘉 憲吉

は

↓ P62

はくと Hakuto
白飛 白都 珀翔 舶人 羽玖人 羽馳斗 波久斗

はじめ Hajime
一 元 初 孟 朔 源 肇

はづき Hazuki
芭月 杷月 波槻 琵槻 葉津希 覇都己 はづき

はやお Hayao
駿雄 迅郎 勇男 剣生 隼央 颯夫 駿夫

はやた Hayata
迅太 快太 速太 隼汰 逸多 颯太 駿太

はやて Hayate
隼汀 疾風 捷禎 颯天 颯風 駿汀 ハヤテ

はやと Hayato
勇都 勇翔 隼人 隼斗 颯人 颯翔 駿斗

はる Haru
春 悠 晴 陽 遥 遼 波琉

はるあき Haruaki
春暁 悠旭 遥晟 開彬 晴章 陽皓 遼玲

はるおみ Haruomi
治臣 栄臣 悠臣 晴臣 遥臣 陽臣 遼於弥

はるか Haruka
悠 遥 遼 悠香 遥夏 遙圭 遼河

はるき Haruki
日稀 治貴 春輝 悠希 温紀 陽基 晴樹

Haruku はるく
遼晴陽陽遥悠春
功空空来玖久玖

Haruta はるた
暖陽晴遥悠春治
太汰太太大太多

Haruto はると
晴遥晴陽温治大
登斗仁大人仁翔

Haruhi はるひ
波遼晴遥悠春東
留比燈翔飛陽陽
日

Haruhisa はるひさ
温遥晴陽悠春治
尚弥寿久尚尚久

Haruhiro はるひろ
遼陽遥晴温春大
尋洋広弘大寛紘

Haruma はるま
遼陽陽遥悠春春
馬舞摩眞真馬真

Harumichi はるみち
暖遥開晴陽悠春
通充道満充道路

Haruya はるや
暖晴陽悠悠春春
也野哉椰也夜弥

Haruyuki はるゆき
遼暖陽晴遥悠春
征幸倖之行之雪

ひ
P63

Hikaru ひかる
輝光輝晄閃晃光
流琉

Hisashi ひさし
悠寿久尚寿永久
司志史

Hisamu ひさむ
悠恒弥尚央永久
務夢夢夢武武睦

Hidaka ひだか
陽陽飛飛飛飛日
高尭隆峻高昂天

Hideaki ひであき
愛彬栄栄英秀成
光晶彰暁瞭玲明

Hideo ひでお
栄栄英英秀秀秀
雄央桜旺緒央生

Hideki ひでき
栄栄英英秀秀秀
毅紀樹葵輝記己

Hidetaka ひでたか
彬彪栄英英秀秀
隆貴敬隆考崇尊

Hidetsugu ひでつぐ
彪英英英秀秀秀
継嗣継次嗣継次

Hideto ひでと
栄英英英英秀秀
登翔杜斗人斗人

Hidetoshi ひでとし
英英季英秀秀秀
駿敏俊寿俊利年

Hidetora ひでとら
豪英英英秀秀秀
虎彪寅虎彪寅虎

Hidenao ひでなお
豪栄栄英英秀秀
有脩尚直治直巨

ひゅうが Hyuga
日向 陽向 日向我 比勇雅 日優芽 飛優牙 陽悠雅

ひゅうま Hyuma
彪馬 日悠真 飛有真 飛勇馬 飛雄馬 陽由真 陽有磨

ひょうが Hyoga
氷河 兵雅 豹牙 彪我 彪芽 彪峨 彪雅

ひろ Hiro
央 弘 宥 紘 尋 裕 比呂

ひろあき Hiroaki
大晃 弘明 央晄 広晶 宏明 浩彰 啓顕

ひとき Hitoki
一来 一葵 人基 仁紀 仁稀 均貴 等輝

ひとし Hitoshi
仁 均 恒 等 舜 一史 仁志

ひなた Hinata
日向 陽太 陽向 雛太 雛汰 日菜太 陽奈太

ひなと Hinato
陽斗 陽登 陽渡 日向人 比奈斗 陽向斗 陽菜人

ひびき Hibiki
響 心響 響己 響生 響笛 響貴 日々輝

ひでのり Hidenori
秀法 秀則 秀紀 英典 英矩 英憲 栄紀

ひでまさ Hidemasa
秀正 秀匡 英柾 英将 英雅 栄昌 栄征

ひでみ Hidemi
秀巳 秀実 秀海 英弥 英美 栄未 栄深

ひでゆき Hideyuki
秀之 寿行 秀幸 秀雪 英之 英行 英倖

ひでよし Hideyoshi
秀吉 秀佳 秀義 英好 英善 英葦 栄良

ネーミングストーリー

紡《つむ》久《ぐ》くん

自分らしく、人とのご縁も大事に。音に願いをこめて

音のひびきがいいなと思い、男の子だったら「つむぐ」、女の子だったら「つむぎ」と決めていました。早い段階で男の子だとわかり、「糸を紡ぐ」の「紡」と、「長く続く」という意味の「久」に「ぐ」の音を当てました。自分らしい物語を紡いでいけますように、そして人とのご縁を長く紡いでいけますようにと、２つの願いをこめて。(翔子ママ)

ひろかず
Hirokazu
寛博紘洋宏弘大
一一千和和数和

ひろき
Hiroki
寛啓宙拓広丈大
樹紀樹己記貴季

ひろし
Hiroshi
宙大寛皓浩拓弘
史志

ひろたか
Hirotaka
博紘浩拓広大大
貴隆高孝尊孝天

ひろと
Hiroto
寛空宙弘広大大
斗翔飛登人翔仁

ひろとし
Hirotoshi
啓浩宙拓広弘大
稔駿敏俊慧敏寿

ひろなり
Hironari
尋啓紘浩宥洋弘
也成成令斉成哉

ひろのぶ
Hironobu
寛尋浩紘宥宏弘
信伸信宜惟伸暢

ひろのり
Hironori
寛博浩宏広弘大
則規則典教矩紀

ひろひさ
Hirohisa
寛紘祐拓宏弘広
久悠寿玖央尚久

ひろみ
Hiromi
蒼尋紘浩祐宏央
王民海己史生望

ひろむ
Hiromu
紘洋拓拓広大大
夢務武歩夢夢歩

ひろや
Hiroya
寛博紘弘広丈大
弥也耶哉弥弥矢

ひろゆき
Hiroyuki
寛裕洋宙宏広大
幸幸之行行之行

ひより
Hiyori
橙緋陽斐飛枇灯
由尚依時依以頼

ふ

P 63

ふうが
Fuga
楓楓楓富風風風
雅夏芽雅夏河牙

ふうじ
Fuji
楓楓楓富富風風
智治次慈智治二

ふうた
Futa
譜楓楓富風風風
歌汰太太詩汰太

ふうたろう
Futaro
楓楓楓富風風風
汰多太太汰太大
郎稜朗郎朗郎郎

ふうと
Futo
楓楓楓富風風風
翔杜刀斗翔音人

ふうま
Fuma
楓楓楓富風風風
磨真馬真磨真馬

ふとし
Futoshi
布太太太太太太
都獅志至司士
志

Fumikazu ふみかず
郁郁郁史史文文
寿主一和一和一

Fumitaka ふみたか
郁郁史史文文文
貴崇喬貴鷹貴隆

Fumito ふみと
郁郁郁史史文文
翔徒斗仁人杜人

Fumiya ふみや
章郁郁史史文文
也耶弥弥也哉也

Fuyuki ふゆき
風那冬冬冬冬冬
幸樹毅輝貴希木

へ
P63

Heiji へいじ
陛兵兵平平丙平
治爾滋慈治児次

Heisuke へいすけ
兵兵兵平平平平
輔恭助輔亮祐侑

Heizo へいぞう
陛兵兵兵平平平
造蔵造三蔵造三

Heita へいた
陛兵兵兵平平丙
太多太大汰太太

Heima へいま
陛兵兵平平平平
真磨摩磨眞馬真

ほ
P63

Hoga ほうが
鳳萌峰芳邦芳芳
牙芽賀雅河画我

Hosuke ほうすけ
峰法朋法宝邦芳
甫輔祐宥佑祐亮

Hosei ほうせい
豊法朋邦芳芳方
成誓星靖聖生正

Hokuto ほくと
北北北北北北北
登翔都飛杜仁斗

Hoshihiko ほしひこ
穂穂星保歩星斗
志士比士志彦彦
彦彦古彦彦

Hodaka ほだか
穂穂歩歩甫帆帆
崇高隆岳貴聖天

Honoka ほのか
穂保歩歩甫邦炎
之之之乃之之夏
嘉佳香日佳加

Homare ほまれ
穂誉歩芳帆誉玲
稀礼稀希稀

ま
P64

Maito まいと
真舞舞舞舞枚枚
伊翔音斗人登斗
斗

Mao まお
磨麻真真真真真
央生緒凰旺央生

Maki まき
磨磨摩真真槙牧
輝毅貴樹来

まさひと
Masahito

優雅理真将政匡
仁人人等人仁一

まさひろ
Masahiro

雅理眞真将昌正
弘拓祥広大大宏

まさむね
Masamune

雅聖将政昌壮正
宗志旨宗棟宗宗

まさや
Masaya

優聖雅将将柾昌
弥矢也哉矢也耶

まさゆき
Masayuki

優雅理真将征匡
幸之行幸之行行

まさよし
Masayoshi

優雅理真将匡正
圭芳良芳吉佳義

まさる
Masaru

優壮大優潤勝大
琉留琉

まさたか
Masataka

優雅将政昌正正
孝貴崇隆高敬孝

まさと
Masato

優雅誠理政征匡
都斗人音登翔仁

まさとし
Masatoshi

優勝真征昌正正
利利稔駿敏俊寿

まさなり
Masanari

優雅理真将柾匡
斉也成成生也哉

まさのぶ
Masanobu

優聖理将真政匡
允信延惟信信伸

まさはる
Masaharu

優雅理眞将政匡
春陽晴遥治晴遼

まさひこ
Masahiko

優雅誠聖真将匡
比彦彦彦彦彦彦
古

まさひで
Masahide

優諒誠理将昌匡
秀英瑛英秀英秀

まきと
Makito

麻真槙槙蒔蒔牧
貴輝杜斗都人人
人斗

まこと
Makoto

諒誠眞真洵信実

まさお
Masao

雅理真将柾匡正
緒央雄央郎旺男

まさおみ
Masaomi

柾優雅将征昌匡
央臣臣臣臣臣臣
海

まさかげ
Masakage

聖雅真将柾昌正
影景景景影影景

まさかず
Masakazu

優雅真容将柾正
一一和和寿一和

まさき
Masaki

優優将真匡正正
貴記輝咲樹輝基

まさし
Masashi

優雅将征匡雅匡
志史士司史

Masumi ますみ
磨潤満麻真真真
純弥実清澄清純

Masuya ますや
潤勝満滋勉益斗
弥哉也也哉弥耶

Matoi まとい
真真真摩真的纏
登都斗樋問射
惟伊偉

Manato まなと
優真愛愛愛愛学
和奈翔都叶斗人
人斗

Manabu まなぶ
磨真ま学学学学
那奈な舞武歩
歩武ぶ

Mahiro まひろ
摩麻真真真万万
尋紘洸洋大博洋

Mamoru まもる
護真守護衛葵守
児守琉

Mayato まやと
磨麻眞眞真真茉
也弥哉弥矢也哉
斗登仁人斗翔斗

み

P 64

Mio みお
満望深泉海未生
央生渚旺夫緒臣

Mikita みきた
美未樹樹樹幹幹
樹樹汰太大太大
太太

Mikito みきと
未樹樹樹幹幹幹
樹都杜人斗刀人
斗

Mikiya みきや
美未樹樹樹幹幹
城来哉弥矢哉也
也也

Miku みく
箕深望深海海壬
玖空功久駆空空

Mikuto みくと
深海海実実未未
久空来貢玖来来
斗人斗斗音翔人

Mikoto みこと
深望海海弥実弥
殊功詞信琴琴殊

Mizuki みずき
瑞瑞瑞瑞泉泉水
樹喜季希紀己樹

Michitaka みちたか
路理理通通充充
峻尊孝聖高貴隆

Michiyuki みちゆき
路道道満通迪充
征幸行之倖之幸

Michiru みちる
路道理倫充碩満
流留光留琉

Mitsuki みつき
満晃美実充光光
樹希月輝輝輝希

Mitsutoshi みつとし
潤満実光充光光
慧利稔駿俊寿年

Mitsuharu みつはる
満満晄実充光光
春治悠治暖晴栄

Mitsuhiro みつひろ
潤満実充光充光
紘洋裕博浩祐宙

Mitsuya みつや
潤舜満実光充光
也冶耶也哉弥矢

Mitsuru みつる
満弥実充光満充
瑠鶴瑠瑠琉

Minaki みなき
湊港湊湊南南南
輝旗軌紀輝貴凪

Minato みなと
海湊湊湊南湊港
七翔登人斗
音

Minoru みのる
稔実穣實稔秋実
留瑠

Miharu みはる
深望真海美弥史
晴知陽遥陽晴榛

Mihiro みひろ
深海美究実実未
寛拓宏熙裕央尋

Miyabi みやび
雅雅雅雅宮実雅
陽琵毘弥陽雅

Mirai みらい
望美南弥光未未
来雷来頼雷來来

む

P 64

Musashi むさし
夢夢武武武ム武
咲早紗咲者サ蔵
志士志支士シ

Mutsuki むつき
睦夢睦陸陸陸六
樹月月喜紀生月

Mutsuto むつと
陸睦睦睦睦六六
奥翔都杜人翔斗
登

Mutsuhiko むつひこ
睦夢睦睦陸睦六
飛月日比奥彦彦
己彦児己彦

Mutsumi むつみ
睦睦睦睦六六睦
海美実生美実

Muneta むねた
棟棟宗宗志志志
高太太大汰多太

Muneto むねと
棟棟宗宗宗志志
翔登都斗人翔登

Munehiko むねひこ
夢陸武宗棟宗志
音祢祢比彦彦彦
彦彦彦古

Murai むらい
夢夢夢陸武武武
雷來礼礼雷来礼

め

P 64

Meisei めいせい
銘盟冥明明芽明
征成靖誠清星生

Meitaro めいたろう
銘盟命明明明明
太太汰多太太大
朗郎朗郎朗郎良

Megumu めぐむ
龍恵竜恵龍竜恵
夢務武武

も

P65

もちはる Mochiharu
望望望将保茂茂
遥悠大春治陽晴

もちひこ Mochihiko
望操庸望将保茂
比彦彦彦彦彦彦
古

もとあき Motoaki
基基規素元元元
輝玲明晶慧映亮

もとき Motoki
幹基基素元元元
基紀希輝輝基己

もとなり Motonari
資基基素元元元
也哉成哉勢斉成

もとはる Motoharu
基基素元心心元
陽晴悠晴晴悠春

もとひろ Motohiro
基基素元元心心
裕洋寛博浩拓宏

もとむ Motomu
源基基元心元要
武陸武務武武

もとや Motoya
源基基素元心元
哉弥矢也哉哉弥

ももた Momota
桃桃桃李李百百
汰多太太大多太

もりす Morisu
護森森盛杜杜守
守進主須須主洲

もりと Morito
護森森杜杜守守
徒斗人都人登人

もりひと Morihito
護森盛杜守守司
仁史人仁寛一仁

や

P65

やすあき Yasuaki
寧靖康泰祥保安
亮光明輝晃昭顕

やすお Yasuo
寧靖康泰保育安
雄央旺生央生緒

やすき Yasuki
寧靖康恵晏保安
樹毅起樹基軌希

やすけ Yasuke
泰耶弥弥弥矢八
祐甫資宥助亮輔

やすし Yasushi
靖康泰泰寧康泰
史司志士

やすてる Yasuteru
寧靖康泰祥保安
晃照耀輝晃照瑛

やすと Yasuto
誉靖裕泰恵祥育
士人翔登斗人翔

やすひさ Yasuhisa
靖裕康泰祥保快
久仙尚玖央永久

やすひで Yasuhide
靖誉康泰恵保育
秀秀継英英寿英

やすひと Yasuhito

保等 泰仁 晏仁 康一 靖仁 寧士 慶仁

やすひろ Yasuhiro

安宏 保宙 泰寛 康裕 靖大 寧広 慶大

やすゆき Yasuyuki

快幸 泰之 恵行 康倖 靖之 誉行 寧行

やひろ Yahiro

八尋 文洸 夜蒼 弥大 哉央 耶都 やひろ

やまき Yamaki

山貴 山輝 和生 和紀 和基 弥槙 和樹

やまと Yamato

和 倭 大和 和都 和翔 弥真斗 哉真人

ゆ

P 65

ゆい Yui

由 唯 結 由尉 唯以 雄偉 諭伊

ゆいと Yuito

由斗 唯人 唯斗 唯翔 結人 結士 結翔

ゆいま Yuima

由眞 由摩 唯馬 唯真 唯満 結馬 結磨

ゆう Yu

有 佑 勇 悠 遊 雄 裕宇

ゆうあ Yua

友愛 佑亜 侑亜 悠阿 遊吾 裕空 優空

ゆういち Yuichi

有一 佑市 祐一 悠壱 雄一 裕壱 優一

ゆうが Yuga

有雅 勇牙 悠河 悠雅 釉雅 優芽 優河

ゆうき Yuki

友貴 祐希 勇樹 裕紀 湧輝 優希 優輝

ゆうぎ Yugi

夕祇 友儀 祐宜 勇義 悠義 裕宜 優義

ゆうけい Yukei

友圭 侑敬 勇慶 悠啓 裕肇 雄桂 優京

ゆうご Yugo

友吾 佑吾 悠悟 裕梧 雄護 優五 優冴

ゆうさく Yusaku

友作 有咲 佑策 侑作 悠朔 雄作 優作

ゆうし Yushi

友志 有思 佑志 悠士 裕心 雄獅 優史

ゆうじ Yuji

友慈 侑次 勇治 悠治 裕二 裕侍 優二

ゆうじろう Yujiro

友嗣郎 佑二郎 侑次朗 悠治郎 結二郎 裕次郎 雄滋郎

ゆうしん Yushin

友伸 佑臣 悠慎 湧心 雄真 裕進 優心

ゆうすけ Yusuke

友輔 佑典 勇佑 悠介 湧介 雄祐 優佑

ゆうや
Yuya
優雄裕悠勇侑佑
矢耶哉也弥也弥

ゆうり
Yuri
優裕悠勇祐侑有
里莉李凛吏李理

ゆきと
Yukito
由由順雪幸幸乃
樹貴翔斗翔登登
斗人

ゆきひさ
Yukihisa
由幸幸行行千乃
貴永久悠尚寿久
久

ゆきひろ
Yukihiro
雪倖幸幸幸征行
博宏寛拓宏大尋

ゆうひ
Yuhi
優雄雄遊悠勇友
斐緋陽飛陽飛飛

ゆうひさ
Yuhisa
雄裕悠勇侑友夕
久尚久央尚玖央

ゆうひと
Yuhito
優裕悠祐勇郁夕
仁人仁人公一仁

ゆうふみ
Yufumi
優雄裕悠勇侑友
詞史文文史章郁

ゆうま
Yuma
優裕雄悠祐佑有
磨眞馬磨摩馬真

ゆうせい
Yusei
優雄悠悠悠佑友
成星聖惺生星晟

ゆうた
Yuta
由優裕雄宥佑有
宇汰太太大太汰
大

ゆうだい
Yudai
優雄裕湧悠勇侑
大大大大大大大

ゆうと
Yuto
優悠悠勇勇佑佑
斗翔人登斗登人

ゆうのすけ
Yunosuke
優雄裕湧悠勇友
乃之之ノ乃之乃
助祐介佑介丞介

名前エピソード

壱《いち》くん

会う人会う人から、「1番目指してね！」

音とひびき、年齢を重ねても違和感がないことを重視しました。ほかの子と同じ名前にならないことも、意識したように思います。「何事も1番に」という思いは全く なかったのですが、小児科の先生や知り合いなど、名前を聞いた人はみんな「1番目指して大きくなってね」と声をかけてくれます。ポジティブに受け取ってもらえてうれしいです。（桂ママ）

ゆきまさ Yukimasa

雪倖幸幸征幸行
真允雅昌将匡勝

ゆきや Yukiya

雪幸征幸行由之
弥哉弥冶哉也哉

ゆずき Yuzuki

諭柚柚柚柚柚柚
主子子輝貴紀希
紀樹季

ゆずと Yuzuto

優佑柚柚柚柚柚
寿寿翔登都斗人
斗人

ゆずる Yuzuru

結柚祐柚柚由弓
弦瑠絃琉光絃弦

ゆたか Yutaka

豊雄友穣優豊裕
貴敬駿

ゆつき Yutsuki

諭結勇祐由由弓
月槻月月槻月月

ゆづき Yuzuki

雄裕悠悠唯柚柚
月月槻月月樹月

ゆめと Yumeto

夢夢夢夢夢夢夢
翔登徒飛音十人

よ

P
65

よいち Yoichi

嘉誉良世予与与
智一一壱一市一

よう Yo

耀燿遥陽庸要洋
宇

よういち Yoichi

鷹耀瑶遥陽要洋
一一壱壱一市一

ようえい Yoei

燿陽陽遥庸容洋
永瑛映英栄叡瑛

ようが Yoga

鷹耀葉遥陽庸洋
牙芽雅河我賀雅

ようこう Yoko

耀擁遥陽庸要洋
幸高昂光晃巧弘

ようじ Yoji

耀揚陽遥庸容洋
滋治次二児慈治

ようすけ Yosuke

耀楊陽遥陽要洋
介甫亮祐介佑介

ようた Yota

耀擁遥陽遥葉要
太太汰太太大太

ようたろう Yotaro

鷹耀遥陽庸要洋
太太汰多太太太
郎朗郎郎朗朗郎

ようへい Yohei

蓉陽葉庸容要洋
平平平平平丙平

よしあき Yoshiaki

慶嘉義善佳芳由
明秋暁昭玲明晃

よしお Yoshio

慶嘉喜祥佳芳圭
旺雄生夫緒央雄

よしかず Yoshikazu

禎義佳芳良圭好
和一和和和和一

よしき
Yoshiki

慶嘉喜祥佳良好
希騎樹希輝樹輝

よしさと
Yoshisato

慶義佳良芳圭由
吏智都慧悟聡賢

よししげ
Yoshishige

嘉義能良圭由礼
成茂重茂成滋茂

よしずみ
Yoshizumi

喜祥佳佳良芳芳
純清澄純澄澄清

よした
Yoshita

嘉禎善佳芳吉由
汰太大多太太汰

よしたか
Yoshitaka

慶義喜祥佳良好
孝岳峻嵩鷹隆貴

よしたけ
Yoshitake

嘉義善恭佳芳良
壮武岳岳毅竹丈

よしただ
Yoshitada

嘉義佳良吉圭由
匡惟正直唯忠公

よしてる
Yoshiteru

義喜祥佳圭吉由
光映瑛耀輝照晃

よしと
Yoshito

嘉義善祥佳圭由
斗人杜翔音斗人

よしとも
Yoshitomo

慶嘉義祥良圭由
朋丈智公倫友知

よしとら
Yoshitora

慶義善喜克寿克
寅虎彪虎彪虎虎

よしなり
Yoshinari

嘉義喜祥佳吉令
哉斉斉成也功成

よしのしん
Yoshinoshin

嘉義禎善佳芳吉
乃乃ノ之之ノ之
進心慎心真新紳

よしのぶ
Yoshinobu

慶禎義理佳芳由
伸宣信信展伸信

よしのり
Yoshinori

慶義喜恭佳良吉
教則矩功紀徳則

よしはる
Yoshiharu

嘉義善佳芳吉由
遥春悠晴春栄晴

よしひこ
Yoshihiko

善慶嘉葦義芳良
比彦彦彦彦久人
古

よしひさ
Yoshihisa

嘉義佳良圭吉由
久央寿悠久玖尚

よしひで
Yoshihide

慶義喜佳克良由
英秀英英英秀栄

よしひろ
Yoshihiro

慶嘉義喜佳良由
弘広博洋尋宏紘

よしふみ
Yoshifumi

義凱理祥佳良由
郁史文文史史文

よしほ
Yoshiho

嘉喜善祥佳芳令
保甫秀帆歩穂歩

よしま
Yoshima
嘉葦佳芳吉由令
眞真馬麻茉磨真

よしまさ
Yoshimasa
義禎理佳芳克由
将正昌真雅政雅

よしみ
Yoshimi
嘉喜祥佳良芳令
生充弥巳実生美

よしみち
Yoshimichi
嘉義善佳芳良由
迪道倫道満理道

よしみつ
Yoshimitsu
慶嘉佳良圭吉由
三満晃充光実充

よしむね
Yoshimune
嘉義佳良圭吉由
宗宗志斉宗宗志

よしや
Yoshiya
葦義禎典佳吉令
弥弥矢哉也哉也

よしゆき
Yoshiyuki
慶静愛義善良由
幸之之之行行幸

ら

P 66

らい
Rai
良蕾頼雷徠来礼
惟

らいが
Raiga
頼雷萊来来礼礼
賀牙雅雅河雅牙

らいき
Raiki
頼雷徠来来来礼
生輝貴輝暉希季

らいこう
Raiko
雷雷來来来礼礼
煌光恒晃幸耕洸

らいた
Raita
頼雷萊來来礼礼
多太汰太汰多太

らいたろう
Raitaro
頼蕾雷徠来礼礼
汰太太多太多太
郎朗郎朗郎朗郎

らいと
Raito
頼輝雷来来礼礼
仁斗音翔斗翔人

らいどう
Raido
蕾頼雷来来来礼
童道童瞳憧堂道

らいむ
Raimu
蕾頼雷徠萊来礼
夢武武武武夢武

らくと
Rakuto
楽楽楽楽絡洛洛
翔都斗人十都人

らん
Ran
ラ覽欄蘭藍覧嵐
ン

り

P 66

りいち
Riichi
璃理莉李李利吏
一壱一壱一一市

りう
Riu
璃理理莉李利吏
羽宇生有雨宇生

りお
Rio
稜理理莉莉倫里
央雄和桜夫王央

りおん
Rion
璃璃凛理理李吏
遠恩音恩音温音

りき
Riki
璃理梨莉凌力力
輝樹希樹己輝

りきと
Rikito
理利吏力力力力
紀基貴翔登飛斗
人斗都

りきや
Rikiya
理里吏力力力力
紀希貴哉弥矢也
也矢哉

りく
Riku
凛陸梨律利里陸
空玖来空琥久

りくと
Rikuto
莉吏陸陸陸陸陸
久玖翔登斗仁人
斗士

りくや
Rikuya
理利力陸陸陸陸
久玖駈哉弥矢也
弥也也

りつき
Ritsuki
凛理律律律立立
月月樹輝貴樹起

りつと
Ritsuto
律律律律立立立
翔門斗人登都斗

りと
Rito
璃理理李利利吏
仁翔斗都飛人人

りゅう
Ryu
琉竜龍劉隆琉竜
宇生

りゅういち
Ryuichi
龍龍劉隆琉琉竜
宇壱一壱市一一
一

りゅうおう
Ryuo
龍琉隆竜竜竜立
央皇旺桜皇王央

りゅうが
Ryuga
龍琉琉隆竜竜立
賀芽牙我雅牙峨

りゅうき
Ryuki
龍龍龍琉隆琉竜
騎希生希来己輝

りゅうご
Ryugo
龍龍劉琉隆琉竜
呉冴悟護吾吾琥

りゅうじ
Ryuji
理龍龍琉隆隆竜
佑児二爾慈治次
司

りゅうすけ
Ryusuke
龍龍隆琉隆竜竜
助介亮甫介助介

りゅうせい
Ryusei
龍龍隆琉流竜竜
聖生誠惺星成生

りゅうたろう
Ryutaro
龍劉隆琉竜柳立
太太太太太太太
郎郎郎郎朗郎郎

りゅうと
Ryuto
龍龍劉琉琉隆竜
翔斗仁翔都斗斗

りゅうのしん
Ryunoshin
龍劉瑠琉隆隆竜
ノ之之之之乃之
真真新親真信心

りゅうのすけ
Ryunosuke
龍龍劉琉隆竜柳
之乃之之乃之ノ
輔佑助介介介丞

りゅうへい
Ryuhei
龍劉隆琉竜竜柳
平平平平兵平平

りゅうま
Ryuma
龍隆琉琉竜竜立
真磨真茉磨馬馬

りゅうや
Ryuya
流龍龍琉隆竜柳
羽哉也矢矢也弥
矢

りょう
Ryo
瞭遼諒涼凌亮良

りょうが
Ryoga
龍遼諒涼崚凌亮
雅河我雅牙雅我

りょうすけ
Ryosuke
瞭諒稜椋涼亮良
介助輔祐介佑祐

りょうせい
Ryosei
遼椋涼凌凌亮良
成正晴清成世誠

りょうた
Ryota
燎遼諒椋涼亮良
太汰太太太太多

りょうだい
Ryodai
遼諒稜涼凌亮良
大大大大大大大

りょうたろう
Ryotaro
遼諒稜涼凌亮良
太太多太太太太
朗郎朗郎朗朗郎

りょうへい
Ryohei
遼諒稜椋涼凌亮
平平平平平平平

りょうま
Ryoma
龍諒稜涼凌凌亮
馬真摩馬磨舞眞

りょうや
Ryoya
嶺龍諒遼稜涼凌
也也哉弥也矢哉

りん
Rin
麟凜輪綸稟琳倫

りんたろう
Rintaro
麟凜鈴稟琳倫林
太太汰太太太太
郎朗郎朗郎朗郎

りんと
Rinto
麟凜凜綸倫倫林
斗翔斗音登叶都

りんのすけ
Rinnosuke
麟凜綸稟鈴琳倫
ノ之乃之之乃之
輔介助佑介祐介

る

↓ P 66

るい
Rui
瑠琉琉留光類塁
偉唯生以威

るおん
Ruon
ル瑠瑠琉琉琉流
オ恩音遠温音音
ン

るか
Ruka
瑠瑠琉琉流留光
華伽楓海夏佳加

るき
Ruki
瑠瑠琉琉琉留留
葵己輝貴希樹生

るきと
Rukito
瑠瑠瑠琉琉琉留
樹輝喜貴希己起
斗人斗人都翔斗

るきや
Rukiya
瑠瑠瑠琉琉琉留
葵希己輝貴希生
弥弥也哉矢也弥

るしん
Rushin

留心 留真 琉新 琉慎 瑠信 瑠紳 瑠槙

れ

P 66

れい
Rei

礼 伶 玲 零 黎 嶺 玲偉

れいじ
Reiji

礼滋 怜次 怜治 玲弐 零治 嶺治 麗仁

れいと
Reito

令翔 怜杜 怜音 玲途 零人 嶺人 麗翔

れいや
Reiya

礼弥 令哉 伶也 玲弥 零也 黎耶 嶺也

れお
Reo

礼央 令於 怜生 玲雄 蓮央 零央 麗朗

れおん
Reon

礼恩 令遠 伶音 怜恩 玲音 羚音 嶺遠

れの
Reno

礼乃 令紀 励乃 伶埜 玲之 蓮之 零之

Column

呼び名も名前選びの材料に

呼び名も人間関係を左右する

名前と同じように、姓やニックネームも、呼んだり呼ばれたりするときに「周囲の暗黙の期待感」を生み、性格や人間関係を左右します。つまり、人は姓や名前、ニックネーム、「部長」「先生」などの肩書きを使って、自分のイメージを演出できるのです。

大リーグで活躍したイチロー選手が、姓抜きの登録名にしたのは大英断でした。「イチロー」は、せつないほどに一途《いちず》で、キラキラ輝く本格派のスター名だからです。

だれにどの名前を呼んでもらうのかは意外に大事。結婚で姓が変わり、仕事がしづらくなったという話も少なくありません。

親子の関係が呼び方で変わることもあります。「お兄ちゃん」ではなく名前で呼んだり、年齢に応じて呼び方を変えてみたりして、呼び名を上手に利用しましょう。

子ども時代はニックネームで

かわいい名前をつけたいけれど、将来、弁護士や博士になったら違和感があるかも……。そんな心配があるなら、名前は大人向きにして、幼いころは「あっちゃん」「ゆうくん」「みいちゃん」のように愛称で呼ぶのもいいでしょう。

呼び名の演出も、名前選びの材料に加えてみては？

げん
Gen

駿源絃原言玄元

げんいちろう
Genichiro

駿絃源原言玄元
一一一壱壱一一
郎郎朗郎郎朗朗

げんき
Genki

厳源現弦元元元
己樹起輝輝紀気

げんた
Genta

厳源舷彦弦玄元
太大汰多大太太

げんや
Genya

厳源舷弦玄玄元
也哉也矢埜也弥

ごう
Go

剛轟豪郷強剛昂
生

ごうき
Goki

轟豪豪強郷剛剛
生樹喜輝記紀希

ごうし
Goshi

轟豪豪強郷剛剛
士嗣史志司志司

わかと
Wakato

環輪倭和我湧若
佳華佳歌香斗人
人人斗人翔

わかとし
Wakatoshi

新湧湧若若王王
駿敏寿駿稔利迅

わかな
Wakana

倭和環湧若若王
加可哉那奈那叶
梛那

わかはる
Wakaharu

新湧湧若若王王
陽悠春遥晴悠春

わこう
Wako

環輪輪和和我吾
幸晃幸晃孝皓昂

わたる
Wataru

渉航亘渡渉航亘
琉流瑠

が行

P 67

がくと
Gakuto

楽楽岳岳学学学
翔斗登仁翔仁人

れん
Ren

レ錬練漣蓮廉連
ン

れんたろう
Rentaro

錬練蓮蓮廉連連
太太汰太大多太
朗朗朗郎郎朗郎

れんと
Rento

錬漣練蓮蓮廉連
斗渡斗翔登人人

ろ

P 67

ろい
Roi

蕗滝路朗呂呂良
生威衣生維偉威

ろくや
Rokuya

麓緑緑禄禄鹿六
野弥也哉矢弥夜

わ

P 67

わいち
Waichi

環輪輪倭和和我
一壱一市市一壱

Daito だいと

橙醍大大大乃乃
杜斗翔登斗都斗

ば・ぱ行

P68

Binto びんと

秤敏秤敏敏秤敏
翔翔都仁斗斗人

Bungo ぶんご

聞聞豊豊文文文
護吾悟五冴吾伍

Bunshiro ぶんしろう

聞聞豊豊文文文
史士知志司史四
郎郎郎郎朗朗郎

Bunta ぶんた

聞聞豊豊文文文
汰多汰太汰多太

Bunto ぶんと

聞豊豊文文文文
音都士翔杜仁斗

Jin じん

尋陣甚臣迅壬仁

Jinichiro じんいちろう

尋陣甚臣迅壬仁
一一壱市一壱一
朗朗郎郎郎朗郎

だ行

P68

Daiki だいき

橙太大大大大乃
樹輝葵喜貴起希

Daigo だいご

橙太大大大大乃
冴吾護悟冴吾梧

Daishi だいし

橙太大大大大乃
士志嗣志史司史

Daisuke だいすけ

大大大大大大大
輔将祐亮甫助介

Daichi だいち

大大大大大大大
馳智致知治池地

ざ行

P68

Juri じゅり

樹樹樹樹壽寿寿
理里李利李理利

Jun じゅん

潤順絢惇淳純隼

Junichi じゅんいち

潤準順淳隼純旬
市一一壱壱一一

Jumpei じゅんぺい

諄潤順淳隼純旬
平平兵平兵平平

Junya じゅんや

潤諄順淳純純旬
哉也弥也矢也哉

Jo じょう

譲錠壌城成丞丈

Joji じょうじ

譲穣盛城成丞丈
爾治次智慈二治

ひびきから考える名前

音から名前を考える場合でも、止め字の音から考える、男の子ならではの力強い音やスケールの大きなひびきから選ぶなど、さまざまな方法があります。

止め字の音から考える

先頭字の音に次いで、最後の音も名前の印象の決めてとなります。呼び終わりの口の動きが余韻《よいん》となり、強い印象を残すのです。ここでは名前の最後の音に注目して、名前の例を紹介。親子で、きょうだいで、止め字の音をそろえたいときにも役立ちます。

あ
未来の希望を感じさせる

がいあ
こあ
せいあ
だいあ
ちあ
のあ
ゆうあ

い
きっぱりとした潔い正義感

あおい
かい
がい
こうだい
だい
みらい
ゆうだい
りゅうい
るい

お
しっかりした存在感がある

いさお
きみお
すなお
たかお
たかなお
たつお
てつお
てるお
としお
ともお
なお
なつお
のぶお
のりお
はお
はるお
ひさお
ひでお
ふみお
まお
まさお
まさなお
みちお
みちなお
みつお
みなお
もとお
やすお
ゆきお
よしお
りお
れお

か
正義感が強く硬派な印象

あきたか
かずたか
きよたか
これたか
しげたか
ともたか
ともちか
なおたか
にちか
のぶたか
のりたか
はるか
はるたか
ひだか
ひろたか
ほたか
まさたか
みつたか
やすたか
ゆたか
よしたか

き
潔い独立独歩の冒険者

あやき
いつき
いっき
いぶき
えいき
おうき
かいき
がいき
かずき
かずとき
かつき
きずき
くにあき
げんき
こうき
しげき
しげゆき
そうき
たいき
だいき
たかとき
たけき
ただあき
たつき
ちあき
てつあき
てるき
としあき
としき
ともき
ともゆき
なおき
なつき
ななき
なみき
なるき
のぶき
のりあき
はるき
はるとき
ひでき
ひびき
ひろあき
ひろき
ふみき
ふゆき
まさき
まさゆき
みずき
みつき
もとき
やすあき
ゆうき
ゆずき
よしき
りき
りつき
りゅうき

く
周囲に安心感を与える

いく
えいさく
がく
けいかく
けんさく
こうさく
こはく
さく
しゅうさく
だいさく
たいりく
たく
たすく
はく
はるく

ひらく
ゆうさく
りく
りはく
りゅうく
りょうく
りんく
るうく
わく

け

瞬発力があり潔い感じ

あいのすけ
えいすけ
かずたけ
きょうすけ
ぎんのすけ
くらのすけ
けいすけ
げんすけ
こうすけ
さすけ
しゅうすけ
じゅんのすけ
しょうすけ
しんのすけ
そうすけ
だいすけ
たつのすけ
とらのすけ
なおたけ
のぶたけ
のりたけ
はるのすけ
ひでたけ
ひろのすけ
まさたけ
ゆうすけ
ようすけ
よしたけ
りゅうすけ
りょうすけ
りんのすけ
れんすけ

こ

機敏さと若さのある印象

あつひこ
かずひこ
かつひこ
きよひこ
くにひこ
しげひこ
たかひこ
たつひこ
つねひこ
てるひこ
としひこ
ともひこ
なおひこ
なつひこ
のぶひこ
はるひこ
ひでひこ
ひろひこ
ふみひこ
まさひこ
まなひこ
みつひこ
むねひこ
やすひこ
よりひこ
いっこう
えいこう
だいこう
てんこう
ようこう
わこう

さ

スター性のある挑戦者

あずさ
いっさ
かずさ
かずまさ
きよひさ
これまさ
たかひさ
つかさ
つばさ
てるひさ
ときまさ
としまさ
ともひさ
なおまさ
なぎさ
なりまさ
のぶまさ
のりひさ
はやぶさ
はるひさ
ひろまさ
みつまさ
やすひさ
ゆきひさ
よりまさ

し

強い意志と推進力がある

あかし
あきよし
あつし
あらし
えいし
がくし
かずし
かずとし
かつし
きざし
きみとし
きよし
けいし
けんし
ごうし
さとし
しげよし
すみよし
そうし
たいし
だいし
たかとし
たくし
たけし
ただし
たつよし
つよし
てつし
てるよし
ともよし
なおよし
なつし
なりとし
のぶよし
はるし
ひさし
ひでよし
ひろし
ふみよし
まさし
みつよし
むさし
もとし
やすし
ゆうし

す

若々しくフレッシュな印象

あきやす
えいす
くろす
ともやす
のぶやす
のりやす
ひでます
ひろやす
まさやす
よしやす

せ

繊細で優しいイメージ

ちとせ
ななせ
はるせ
みなせ
いっせい
こうせい
たいせい
りゅうせい
りょうせい

た

タフで若々しく元気な印象

あらた
いった
うた
えいた
おうた
かなた
かんた
きょうた
ぎんた
けいた
げんた
こうた
さくた
しゅうた
しょうた
しんた
じんた
せいた
そうた
そなた
てった
なゆた
はやた
はるた
ひなた
ふうた
ぶんた
ももた
ゆうた
ようた
らいた
りゅうた
りょうた
りんた
れいた

ち

自分をアピールできる人

えいきち
えいち
かんいち
きいち
きょういち
きよみち
けいいち
けんきち
けんち
こういち
こうち
しゅんいち
じゅんいち
しょういち
しんきち
せいいち
せんいち
そうきち
たいち
だいち
たかみち
としみち
とらきち
なおみち
のりみち
はるみち
ひさみち
ひろみち
まさみち
ゆういち
ゆきち
よういち
よしみち
りいち
りょういち

つ

超人的で強い意志をもつ

あきみつ
あつ
こてつ
しげみつ
たけかつ
ともみつ
のりみつ
はるみつ
ひでみつ
まさかつ
よしかつ
よしみつ
りつ

と

おおらかなしっかり者

あきひと
あさと
あつと
あやと
いくと
いちと
うみと
えいと
おと
かいと
がいと
がくと
かずひと
かつと
きみひと
きよと
けんと
さくと
さなと
しげと
しゅうと
じょうと
すみと
そらと
たかひと
たくと
たけと
ちさと
つきと
てると
ともひと
ないと
なおと
なぎと
なつと
なるひと
はやと
はると
ひさひと
ひでと
ひろと
ふみと
ふゆと
ほくと
まこと
まさと

まなと
むつと
むねひと
やまと
ゆうと
ゆめと
りきと
りくと
りと
りひと
りょうと
りんと
れんと
わかと

な

心地よい親密感を抱かせる

いとな
せいな
せな
だいな
れおな

に

愛しくなるハニカミ屋

かずくに
ただくに
としくに
とよくに
まさくに
みくに
よしくに

ね

父性型のリーダーシップ

あきむね
いつね
たかつね
はるみね
ひろつね
まさつね
みつむね
みね
むつむね
やすむね
よしつね

は

深く働き者で華がある

いちは
うるは
かずは
このは
なつは
やすは
ゆうは

ひ

パワフルでドライな印象

あさひ
ともひ
はるひ
ゆうひ
りゅうひ

ほ

温かなくつろぎと自由さ

かずほ
かなほ
たかほ
はるほ
ひでほ

ま

優しいエリートのイメージ

あずま
いくま
かずま
かつま
きょうま
きよま
くうま
けいま
こうま
さくま
しゅうま
しゅんま
しょうま
そうま
たくま
てつま
とうま
はるま
ふうま
ゆうま
りゅうま
りょうま

み

みずみずしく愛らしい

あきふみ
あゆみ
いさみ
いつみ
かずみ
かつみ
たかふみ
たくみ
ただふみ
たつみ
なおみ
なつみ
のぞみ
はるふみ
はるみ
ひでみ
ひろふみ
ひろみ
まさふみ
まさみ
ますみ
まゆみ
やすふみ
よしふみ

む

信頼感あるイメージ

あつむ
あとむ
あゆむ
いさむ
おさむ
かなむ
すすむ
つとむ
どうむ
とむ
のぞむ
ひろむ
めぐむ
らいむ

も

まったりした豊かな感じ

あつとも
ありとも
いくも
いずも
たかとも
つなとも
てるとも
まさとも
みつとも
やくも
やすとも
よしとも

や

優しい開放感にあふれる

あつや
いくや
かずや
かつや
くうや
けんや
こうや
しゅうや
しゅんや
しんや
じゅんや
すみや
せいや
そうや
だいや
たくや
たつや
ちはや
てつや
としや
ともや
のりや
はるや
ひでや
ひろや
ふみや
まさや
みきや
みちや
もとや
ゆうや
ゆきや
よしや
りきや
りくや
りゅうや
りょうや
れいや

ゆ

思慮深く大器晩成

これふゆ
ちふゆ
まふゆ
けんしゅう
たいしゅう
ましゅう

ら

強くドラマチックな印象

あおぞら
あきら
いら
おおぞら
かげとら
きら
こうら
ことら
しげとら
しとら
しんら
すみひら
せら
そうら
そら
たいら
たかとら
ちから
はるとら
ひでとら
まさとら
ゆきひら

り

りりしく思慮深いイメージ

あきなり
あつのり
あんり
いおり
かいり
かずなり
かつのり
きみのり
しげなり
しゅんり
せんり
たかより
たつのり
つねのり
とうり
としなり
とものり
ともり
のぶなり
はるのり
ばんり
ひかり
ひさなり
ひでのり
ふみなり
まさのり
みちなり
みのり
むねのり
もとなり
やすのり
ゆうり
ゆきなり
よしのり

る

華やかで力強い印象に

あきてる
あたる
いたる
いちる
いつる
かいる
かおる
かける
かずはる
きみはる
きよてる
さとる
しげはる
しげる
すばる
たかてる
たける
ただはる
ちはる
とおる
ともはる
ともる
なおはる
なる
のぶてる
のぼる
はる
ひかる
まさはる
まさる
まもる
みちる
みつる
みのる
やすはる
ゆずる
よしてる
わたる

れ

オシャレで洗練された印象

しぐれ
にれ
はれ
ほまれ

※「ろう」の「う」のような止め字の長音は省略。「しょう」の「う」なども省略となり、「ょ」が止め字（→P50）。
ただし、長音の最後の母音をはっきり発音する場合は、それぞれ該当の母音の止め字を参照（→P56〜57）。

ろ
華やかさと落ち着きをもつ

あつひろ
かずひろ
くにひろ
たかひろ
たつひろ
ちひろ
としひろ
なおひろ
のりひろ
ひいろ
ふみひろ
まさひろ
まひろ
みちひろ
やすひろ
ゆきひろ
かんたろう
けいしろう
こたろう
ごろう
さくたろう
しゅんじろう
せいしろう
そうたろう
たくろう
とうしろう
なおたろう
はるたろう
ゆうたろう
よういちろう
りょうたろう
りんたろう

ん
甘えん坊なイメージ

あもん
あれん
いっしん
えいしん
がもん
くおん
けん
げん
けんしん
さもん
しおん
じおん
しもん
しゅん
じゅん
しん
じん
ぜん
だいもん
たつのしん
たもん
ちしん
てつのしん
ゆうしん
ゆきのしん
りおん
りん
れおん
れん
わおん

が行
ゴージャスでスイート

えいが
おうが
ぎんが
こうが
しゅうが
たいが
とうが
ひゅうが
ゆうが
りょうが
せいぎ
ゆうぎ
あきつぐ
いつぐ
なおつぐ
ひでつぐ
まさつぐ
みつぐ
よしつぐ
かずしげ
こかげ
たかしげ
たけしげ
ちかげ
はるしげ
ひろしげ
まさしげ
みつしげ
いちご
えいご
きょうご
けいご
けんご
しゅうご
じゅんご
しょうご
しんご
だいご
ひゅうご
ゆうご
りゅうご
えいごう
けんごう
せいごう
だいごう
ゆうごう

ざ行
大切に育てられたイメージ

えいじ
えつじ
かいじ
きゅうじ
ぎんじ
けいじ
げんじ
こうじ
しゅうじ
じゅんじ
しょうじ
しんじ
せいじ
てつじ
はんじ
ゆうじ
りゅうじ
れんじ
きよかず
さだかず
ただかず
ちかず
としかず
ともかず
のりかず
ひでかず
ひろかず
ふみかず
まさかず
むねかず
もとかず
よりかず
みかぜ
いちぞう
けいぞう
けんぞう
しゅうぞう
しゅんぞう
しょうぞう
しんぞう
たいぞう
ゆうぞう
りゅうぞう
りんぞう

だ行
堂々としていてセクシー

かいだ
ひろただ
みちただ
ゆきただ
よしただ
あきひで
かえで
かずひで
かつひで
かなで
たかひで
なおひで
まさひで
ゆきひで
よしひで
くらんど
しど
まさかど
もんど
ゆうど
らいど
りいど
ろうど
いちどう
かいどう
がどう
くんどう
しどう
しんどう
たいどう
てんどう
らんどう

ば・ぱ行
元気で割り切りのいい

いなば
きば
しんば
あいび
あきのぶ
かずのぶ
しげのぶ
しのぶ
しょうぶ
としのぶ
はるのぶ
ひさのぶ
ひろのぶ
みちのぶ
よしのぶ
よりのぶ
いっぺい
かんぺい
きっぺい
くんぺい
しゅんぺい
じゅんぺい
しんぺい
てっぺい

ネーミングストーリー

幹太《かんた》くん 創太《そうた》くん 耕太《こうた》くん

２人の兄と止め字をそろえて、わが家らしく

長男、次男ともに、止め字を「太」にしたので、３人めも同じようにと考えていました。太のつく名前はいろいろあるけれど、わが家らしいと思える名前が浮かばず、苦労しました。最終的には「太」に合う音から漢字をあたり、「コツコツと地道にがんばれる人に」という夫婦の願いにあった「耕」の字から「耕太」としました。（萌ママ）

3音・2音を1字に当てる

音は3音、2音でも、表記は漢字1字にして、名前の見た目のバランスをすっきりさせることもできます。漢字1字で名づける方法は、ここ数年人気が上昇。音に当てる字を考えるときの候補に加えてみてください。

漢字1字の名前ベスト5

- 1位　碧　あおい／あお
- 2位　暖　はると／だん
- 3位　律　りつ
- 4位　蒼　あお／そう
- 5位　蓮　れん

出典：明治安田生命ホームページ
2023年度データ

2音の名前

英　えい　湖洋海　うみ　有在　ある　鑑燿顕彬哲映旭　あき　碧蒼青　あお

歓漢幹寛敢莞完　かん　櫂魁開絵桧海恢快介　かい　衛鋭詠瑛栄映

慶敬啓桂恵京佳圭　けい　煌晄晃　きら　響競喬強恭京亨匡　きょう　環

咲作　さく　煌康晃洸虹昊孝光巧　こう　顕謙賢憲健拳剣建　けん　慧

昇尚　しょう　瞬駿舜隼峻春俊旬　しゅん　脩修柊祝宗周秀舟　しゅう　索朔

奨翔晶勝祥将
しん　慎進紳真晋信伸心
せい　整静誓誠晴清政成

そう　颯蒼想湊創爽奏壮
そら　穹昊宙空天
たく　琢啄拓卓
てつ　哲

徹
とし　慧敏俊利寿
とも　朝智倫朋知友
なお　真斉直尚巨
なぎ　凪

梛
なつ　懐捺夏
のぶ　信宜延伸亘
はく　舶珀白
はる　温遥晴悠春治

遙暖陽
ひで　季英秀
ひろ　優寛宙拓弘広央
ゆう　湧悠祐勇侑佑有

優裕
よう　鷹耀燿曜陽遥庸要洋
らい　頼雷徠礼
らん　藍嵐
りき　力

りく　陸
りゅう　龍劉隆琉竜立
りょう　龍燎遼諒稜涼凌亮良
りん　倫林

麟臨凜輪綸稟琳
るい　類塁
れい　麗嶺澪黎羚玲励礼令
れん　廉連

練漣蓮
ろく　麓緑六
わく　湧枠
がい　鎧凱
がく　楽学岳
ぎょう　堯暁尭

げん　源弦玄元
ごう　轟豪郷強剛
じゅん　諄潤順絢惇淳純巡
じょう　丈

丞
じん　尋陣臣迅仁
ぜん　禅善全
だい　大乃
だん　暖弾
ばん　磐萬万

3音の名前

あおい	蒼葵青
あきら	耀彰煌陽晶彬晃明
あさひ	旭
あつし	篤温敦惇淳厚
あまね	周
あゆむ	歩
あらし	嵐
あらた	新改
いさお	勲烈功力
いさみ	敢勇
いさむ	力 魁敢勇武
いたる	致造格到周至
いつき	厳樹
いわお	巖巌磐
おさむ	修治乃 統理倫
かおる	馨薫郁
かける	駈駆翔
かたし	堅拳
かなめ	要
きざし	兆
きよし	純 潔廉聖晴清
こころ	心
こはく	琥
さとし	諭聡聖智哲悟
さとる	暁覚悟知学 聡
しげる	繁慈滋茂成
しのぶ	毅忍
すぐる	優豪逸俊卓克
すすむ	晋歩亨丞 奨進
すなお	順淳素純直
すばる	昴
たかし	嵩尊敬隆崇剛高尚孝
たくみ	巧 匠
たけお	猛
たけし	毅雄猛彪健剛孟武壮
たける	尊猛建威武
たすく	佑匡 翼輔奨資将
ただし	禎規政忠匡正
たつき	樹
たつみ	巽
たつる	樹建
たもつ	有 維惟保完
ちかし	周史
ちから	力
つかさ	政典長吏主司
つとむ	務勉励努孜

勤

つばさ　翼

つむぎ　紬紡

つよし　毅敢猛彪健強剛威

とおる　徹貫透通享亨

なぎさ　渚汀

なごむ　和

のぞむ　臨望希

のぼる　登昇昂

はじめ　朝朔東始初元一

肇

はやて　颯

はるか　遼遙遥悠

はるき　開

ひかり　光

ひかる　輝晄晃光

ひさし　永久

恒斉尚寿

ひじり　聖

ひとし　整等結均仁

ひびき　響

ひろし　寛博浩洋宏弘広

ふとし　太

ほまれ　誉玲

まこと　諒誠慎眞真信実充允

まさし　政匡正

まさる　大

優勝捷

まなぶ　学

まもる　護衛守

みちる　碩満庚

みつる　碩爾満充光

みなと　港

湊

みのる　穣穂稔実

みやび　雅

めぐむ　龍萌竜恵

もとき　幹基

やすし　泰恭保欣

寧靖康

やまと　倭和

ゆずる　譲謙

ゆたか　優稔豊裕富温

わたる　渡渉航弥亘

ネーミング
ストーリー

湊《みなと》くん

音、ひびきを第一に、生まれた季節、両親の趣味から考えました

優しいひびき、穏やかなひびきをもつ名前がいいと思い、候補をいくつか考えていました。夏生まれであることや、両親の趣味がサーフィンであることから、海にまつわる名前にすることに。いろいろなものを受けいれる「港」のように、度量の大きな人になってほしいという想いもこめて、「湊」と名づけました。（あずみママ）

ひびきから考える名前

広がりのある長音を活かして

悠然とした大物感のある「ゆう」、おおらかで落ち着きのある「ろう」。音を伸ばす「長音」を活かした名前は、広がりがあり、スケールの大きい名前です。伸ばす音の母音のもつ語感を強めます。

おう・おお

- おうき　王騎　央樹
- おうせい　旺誠　皇成
- おうすけ　央介　桜輔
- おうた　欧太　凰汰
- おうたろう　央太朗　鷗太郎
- おおすけ　大祐　大輔
- りゅうおう　竜王　龍凰
- るおう　琉王　瑠皇

きゅう

- きゅうた　究汰　球太
- きゅうま　久真　久馬

きょう

- きょうご　京悟　恭吾
- きょうしろう　京四郎　恭士郎
- きょうへい　匡平　恭平

くう

- くうが　久雅　空牙
- くうご　久呉　空伍
- くうま　久真　空磨

けい

- けいき　京樹　慶喜
- けいすけ　圭佑　敬輔
- けいた　恵太　敬太
- けいたろう　恵多朗　慶太郎

こう

- いっこう　一巧　壱幸
- こうじ　光二　孝次
- こうしろう　光子郎　航史郎
- こうた　耕太　康太
- こうたろう　幸太郎　鋼太郎
- こうへい　公平　洸平
- こうよう　光洋　向陽
- ようこう　洋光　陽高
- わこう　和幸　湧光

しゅう

- しゅう　秀　脩
- しゅういちろう　秀一朗　修一郎
- しゅうと　周都　修斗
- しゅうへい　周平　修平
- しゅうま　秀真　脩馬

しょう・じょう

- けいしょう　啓勝　慶翔
- けんしょう　剣勝　賢将
- じょういち　城市　譲一
- しょうた　省太　翔太

せい

- いっせい　一世　壱正
- せいま　正摩　誠真
- せいや　青哉　聖矢
- ゆうせい　悠正　雄星
- りゅうせい　流星　隆正

そう

- そうき　創紀　想樹
- そうご　奏吾　総悟
- そうすけ　壮介　宗介
- そうた　草大　蒼汰
- そうたろう　宗太郎　湊太郎
- そうへい　草平　創平
- そうま　創真　綜馬

そうや　創哉　想也

ちゅう

ちゅうや　宙矢　忠弥

ちょう

ちょうじろう　兆志郎　長次郎

ちょうすけ　兆輔　跳介

とう・どう

てんどう　天道　展堂

とうが　透雅　闘牙

とうすけ　斗輔　藤助

とうま　冬馬　登磨

どうむ　道武　童夢

らいどう　雷道　頼堂

ひゅう

ひゅうが　日向　飛河

ひゅうご　彪吾　日向悟

ひゅうま　飛雄馬　陽佑真

ひょう

ひょうが　豹牙　彪賀

ふう

ふうと　風斗　楓登

ふうま　風磨　富真

へい

しょうへい　将平　翔兵

へいぞう　平蔵　兵造

へいた　平太　兵汰

ゆう

ゆうが　悠雅　雄牙

ゆうき　佑樹　優基

ゆうじ　祐司　雄二

ゆうた　勇太　祐汰

ゆうたろう　悠太郎　結太朗

ゆうと　友登　裕翔

ゆうひ　悠陽　雄飛

ゆうま　裕馬　遊真

ゆうや　悠哉　優弥

よう

いちよう　一洋　壱陽

かいよう　快耀　海陽

ようたろう　庸太朗　陽太郎

ようへい　洋平　曜平

ようま　洋摩　陽馬

りゅう

しりゅう　史竜　志龍

りゅうと　隆登　龍斗

りゅうのしん　隆乃真　龍之進

りょう

りょうへい　亮平　稜兵

りょうま　涼真　龍馬

ろう

いちろう　一郎　伊知郎

えいたろう　永太朗　栄太郎

かんくろう　勘九郎　貫久朗

けいいちろう　圭一郎　慶一朗

しんたろう　晋太朗　慎太郎

せいしろう　星司郎　清史郎

たくろう　匠郎　拓朗

たろう　太郎　汰朗

てつろう　哲郎　徹朗

ともろう　友郎　朋朗

ネーミングストーリー

京介《きょうすけ》くん

広がる音、ひびき、印象にひかれて決めました

　早くから画数や漢字の意味を調べたり、両親から募集したりと気合満々。しかし、いくつか候補が出たところでどれも決め手に欠け……。互いの両親と親戚、私たちで投票を行うことにしました。そこで、音、ひびき、印象のよさから選ばれたのが「京介」です。理系の夫はスーパーコンピュータにちなんで「大きな男になる！」と言っています。（紗和子ママ）

ひびきから考える名前

濁音の入った強い音で

「が」や「ざ」「だ」といった濁音は、胸郭《きょうかく》を振動させる、強いパワーをもつ音です。濁音を使った名前をもつ人は、迫力があり、元気いっぱいのイメージ。男の子におすすめの、力強い名前です。

が

おうが	央雅　旺我
がいや	凱也　鎧矢
がくと	学人　岳斗
がもん	我聞　嘉門
がりゅう	牙隆　我龍
くうが	空牙　空雅
こうが	光牙　航雅
たいが	大河　太牙
とうが	冬牙　登雅
ゆうが	佑牙　悠雅
らいが	雷牙　良衣雅
りょうが	亮雅　諒牙

ぎ

なぎと	凪翔　薙斗
ゆうぎ	勇儀　雄義

ぐ

すぐる	勝　優瑠
なおつぐ	尚次　直嗣
ひろつぐ	宏次　尋嗣

げ

げん	元　源
げんき	元気　玄樹
げんじ	元次　原二
げんたろう	弦太朗　厳太郎
げんや	弦也　源矢
しげと	重人　繁都
しげひこ	成彦　重比古

ご

えいご	永悟　英吾
えいごう	永剛　英豪
かんご	勘悟　寛吾
きょうご	京五　恭吾
くうご	久護　空冴
けいご	圭吾　慶悟
けんご	健吾　賢吾
けんごう	剣剛　健毅
ごいち	吾市　悟一
ごう	剛　豪
ごうき	剛毅　豪希
ごうし	剛志　郷士
ごうすけ	剛介　豪祐
ごうた	剛大　豪太
しゅうご	秀悟　修五
しゅんご	俊悟　舜五
じゅんご	純悟　準五
しんご	真呉　慎吾
せいご	正悟　誠吾
そうご	宗悟　奏伍
だいご	大吾　太護
とうご	斗吾　透悟
ひゅうご	彪悟　飛羽伍
ゆうご	勇伍　由宇悟
らいご	雷伍　頼悟
りょうご	良悟　菱伍

ざ

かざと	風斗　風翔
みちざね	道真　路実

じ

えいじ	英二　栄史

かいじ	海司	開次
きんじ	欣二	錦司
けいじ	啓司	敬二
こうじ	浩二	耕史
こうじろう	幸治郎	康二郎
じげん	次弦	慈源
しゅうじ	宗治	修司
じゅんいち	純一	隼一
じゅんき	順基	潤樹
しゅんじ	隼二	駿史
じょう	丈	譲
じょうじ	丈二	貞治
じょうや	錠也	穣矢
じん	仁	迅
じんせい	仁誠	尽正
せいじ	星二	誠司
そうじろう	宗次郎	蒼司郎
たいじ	太司	泰志
ちょうじ	兆治	朝司
ゆうじ	裕司	雄志
ゆうじん	勇仁	優人
ようじ	陽司	耀司
りゅうじ	流司	隆二
りゅうじん	琉仁	龍陣
りょうじ	亮司	涼志
れんじ	怜治	蓮司
ず		
かず	壱	和
かずあき	一彰	和昭
かずお	寿雄	和夫
かずき	一輝	和樹
かずし	和史	佳寿志
かずたか	一孝	和鷹
かずと	壱斗	紀登
かずひろ	千広	和博
かずま	一馬	和真
かずや	一也	寿哉
よしずみ	由澄	吉寿美
ぜ		
ぜん	善	禅
ぞ		
いぞう	伊蔵	威蔵
いちぞう	一造	一蔵
しゅうぞう	修造	脩三
たいぞう	太蔵	泰造
ゆうぞう	祐三	悠造
りゅうぞう	竜蔵	龍三
れんぞう	蓮三	廉造
だ		
えいだい	永大	瑛大
こうだい	宏大	皇大
しゅんだい	舜太	瞬大
しょうだい	将大	勝太
だい	大	太威
だいき	大輝	大樹
だいし	大史	太志
だいじゅ	大樹	太寿
だいすけ	大祐	大輔
だいち	大地	太一
だいと	大斗	大翔
ただし	正	忠志
ゆうだい	雄大	優大
りゅうだい	琉太	龍大
りょうだい	諒大	遼太
で		
ひでお	秀生	英雄
ひでき	秀樹	栄喜
ひでと	秀斗	英登
ど		
しどう	志道	獅童
どうじ	童二	道治
ゆうど	悠土	雄努
ば		
あおば	青葉	蒼羽
つばさ	翼	都羽沙
ばんり	万里	萬利
び		
ひびき	響	陽日樹
びんと	敏人	敏斗
ぶ		
あきのぶ	明信	晃伸
いぶき	伊吹	勇吹
のぶと	信都	展人
のぶや	伸弥	延哉
のぶゆき	信行	暢之
ぶいちろう	歩一郎	武市朗
ぶんご	文吾	文悟
ぶんしろう	文士郎	聞史朗
ぶんた	文太	聞太
まなぶ	学	学武

ひびきから考える名前

音読みのりりしさを活かして

「一輝」を「かずき」ではなく「いっき」、「悠生」を「はるお」ではなく「ゆうせい」。音読みを活かした呼び名は、男の子に身につけてほしい知性やりりしさを感じさせます。

いっき	一樹 壱騎
いっけい	一啓 一慶
いっこう	一航 壱幸
いっしん	一新 壱真
いっせい	一成 逸征
えいこう	英孝 栄光
えいしん	英真 栄信
かいしゅう	海舟 魁秀
かいせい	快誠 魅星
かいと	快翔 海斗
かいや	海也 魁矢
かいよう	海陽 櫂八
かいる	海瑠 開琉
きしん	紀信 輝心
くうが	久雅 空牙
けいき	圭樹 景紀
けいし	敬志 慶史
けんしん	憲真 謙信
けんせい	剣星 賢生
こうえい	幸栄 航英
こうせい	光成 孝誠
こうだい	広太 高代
こうめい	孔明 広盟
こうよう	広葉 光洋
しどう	志道 獅童
しゅうえい	秀栄 修英
しゅうめい	周明 柊明
しゅんき	俊紀 舜樹
しょうだい	章太 翔大
しんせい	信誠 真成
せいが	星雅 誠賀
せいりゅう	正隆 聖龍
たいし	太史 泰志
たいせい	大成 太星
たいと	太斗 泰翔
たいよう	大燿 太陽
ちゅうや	宙矢 忠哉
てんゆう	天勇 展祐
てんりゅう	天竜 典隆
とうが	冬我 登雅
はくと	舶斗 博翔
ひりゅう	日龍 飛竜
ふうが	風我 富雅
ほうせい	芳正 邦生
めいせい	明成 明誠
ゆうし	有司 祐史
ゆうしゅん	悠俊 優駿
ゆうしん	勇進 優信
ゆうせい	有誠 悠正
ゆうだい	悠大 雄大
ようこう	洋高 庸孝
ようせい	洋誠 陽正
りゅうき	竜樹 隆紀
りゅうと	隆斗 劉都
りょうえい	良永 諒英
りょうが	稜賀 諒我
りょうせい	亮正 涼誠
りょうだい	良大 亮代
れいと	礼斗 玲翔
わこう	和孝 和幸

PART 3

＼ 想い、想像力を駆使して ／

イメージ・願いから

基礎知識

想像力を豊かにはたらかせて

イメージにぴったりな漢字やひびきを

名前をつけるときに、最も考えつきやすいきっかけが「イメージ」でしょう。夫婦の共通の思い出の場所、赤ちゃんが生まれた季節などを自由にイメージして考えます。

あなたが思い描くイメージから名前の連想を広げていきましょう。

具体的には、まず好きなものや思い出に関することを思いつくだけ挙げてください。思いついたものを書き出してみると、イメージを整理しやすくなります。たとえば、夫婦で行った思い出の場所が海であれば、「海」から連想できる漢字やことばをきっかけにすればよいのです。

イメージは、名づけのヒントになりやすく、親の思いと結びつきやすい名前にもなります。赤ちゃんに対する思いが充分に伝わる名前をつけたいものです。

「名前にふさわしい漢字と名前のリスト」（→P225～347）から意味を調べて、どの漢字を選ぶか、なぜその漢字がよいのかをよく考え、愛情のこもった名前をつけましょう。

未来への願いや希望を名前にこめて

イメージと並んで名づけのヒントになりやすいのが、「こんな人に育ってほしい」「こういう人生を歩んでほしい」という親から赤ちゃんへの「願い」です。

願いから名前を考えるときには、それに合う漢字やひびきをさがすとよいでしょう。将来歩んでほしい道や、尊敬する歴史上の人物、好きな作品の登場人物からもヒントが得られます。

イメージから考える名前

好きなもの、夫婦が出会った季節など、思いつくイメージをいろいろ挙げてみてください。わが子にぴったりのイメージがきっと見つかります。

天気・気象

晴れた日、雪の日、台風の日など、子どもの生まれたときの情景を切りとって名づけてみては。

天気

風

晴れ

名前例

青空 あおぞら　照太 しょうた　晴輝 はるき
照天 あきと　澄櫂 すかい　晴空 はるく
一晴 いっせい　澄天 すみたか　陽天 はるたか
快晴 かいせい　晴一 せいいち　悠晴 ゆうせい
和気 かずき　晴天 せいてん　陽気 ようき
昊輝 こうき　蒼天 そうま　良天 よしたか
燦多 さんた　照陽 てるひ　璃空 りく

雨・曇り

1 キーワードを見つける

イメージの基本となるキーワードです。思い浮かんだイメージに当てはまるものをさがしてみましょう。

2 イメージに合う漢字を調べる

基本となるイメージから連想される漢字の例です。「四季」と「暦」（→P130～161）では、その季節の自然や行事も紹介しています。

3 音や名前の読み方をチェックする

イメージから連想される名前と読み方の例です。あなたのイメージに合った名前を見つけてください。

生まれた日は
桜が満開
だったから……

願いから考える名前

どんな子になってほしいか、思いつくだけ具体的にキーワードを挙げます。その中で特に重視したいのはどれかを考えましょう。きっと、願いに合った名前と出会えるでしょう。

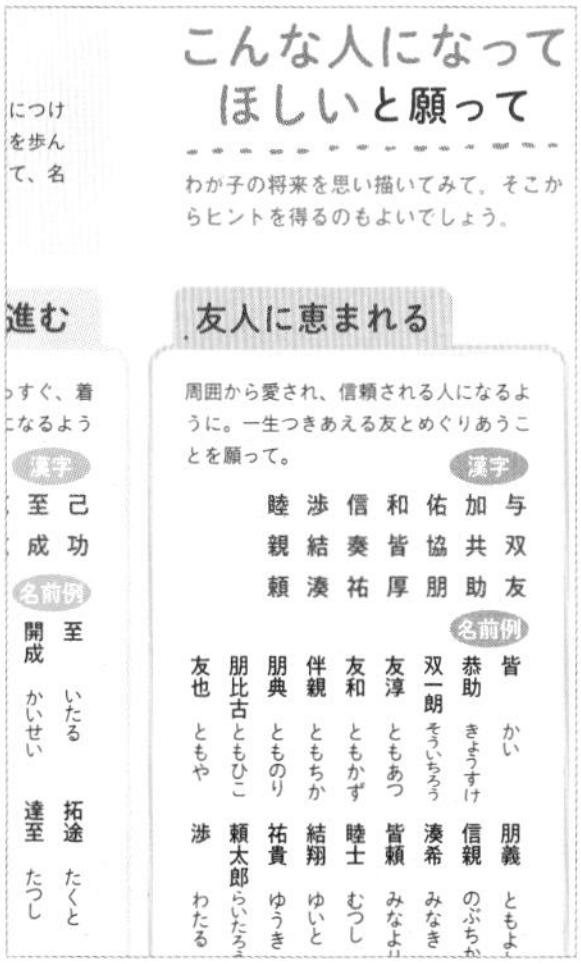
こんな人になってほしいと願って

わが子の将来を思い描いてみて。そこからヒントを得るのもよいでしょう。

進む

友人に恵まれる

周囲から愛され、信頼される人になるように。一生つきあえる友とめぐりあうことを願って。

漢字

与 加 佑 和 信 渉 睦
双 共 協 皆 奏 結 親
友 助 朋 厚 祐 湊 頼

名前例

皆 かい　朋義 ともよ
恭助 きょうすけ　信親 のぶちか
双一朗 そういちろう　湊希 みなき
友淳 ともあつ　皆頼 みなより
友和 ともかず　睦士 むつし
伴親 ともちか　結翔 ゆいと
朋典 とものり　祐貴 ゆうき
朋比古 ともひこ　頼太郎 らいたろう
友也 ともや　渉 わたる

1 キーワードを見つける

願いや思いついた項目に合うキーワードをさがしてみましょう。

2 キーワードから漢字を調べる

願いや項目から連想される漢字の例です。PART4の「名前にふさわしい漢字と名前のリスト」（→P225～347）で、漢字の詳細を確認するのもおすすめです。

3 音や名前の読み方をチェックする

願いや項目から連想される名前と読み方の例です。読み方を変えるなどして検討し、ぴったりの名前を見つけてください。

スポーツ選手
みたいな
活発な子がいいな

四季からイメージして

生まれた月や季節にちなんだ名前をつけるのは人気がある方法のひとつ。日本には四季折々、たくさんの美しいことばがあります。キーワードを眺めて想像をふくらませてみて。

春

暖かくなり雪が解け、植物が芽吹き明るく前向きなイメージの春。季節の行事や、色鮮やかな草花などから考えてみては。

生き物

うぐいす　蝶《ちょう》
兎《うさぎ》　雲雀《ひばり》
鯉《こい》　鱒《ます》
鯛《たい》　繭《まゆ》
燕《つばめ》　雉《きじ》

春の季語

麗《うらら》か　踏青《とうせい》
おぼろ月《づき》　耕《たがやし》
風車　種蒔《たねまき》
しゃぼん玉　茶摘《ちゃつみ》
春愁《しゅんしゅう》　摘草《つみくさ》
春眠《しゅんみん》　野《の》遊《あそび》

樹木

梓《あずさ》　杉《すぎ》
梶《かじ》　榛《はしばみ》
桂《かつら》　檜《ひのき》
樺《かば》　椋《むく》
桐《きり》　柳《やなぎ》

春の名前

漢字

芽 8	桃 10	晴 12
若 8	梅 10	陽 12
始 8	皐 11	暖 13
咲 9	爽 11	蕗 16
春 9	萌 11	蕾 16
桜 10	菫 11	麗 19

名前例

梓	あずさ
暖春	あつはる
彩斗	あやと
一茶	いっさ
梅季	うめき
桜丞	おうすけ
和爽	かずさ
和陽	かずはる
喜春	きはる
桐彦	きりひこ
橙春	ともはる
始	はじめ
萌	はじめ
初音	はつね
春	はる
春明	はるあき
春季	はるき
春空	はるく
波瑠汰	はるた
陽都	はると

草花

- あやめ
- 杏《あんず》
- かすみ草
- 桜
- シクラメン
- すずらん
- 菫《すみれ》
- タンポポ
- 土筆《つくし》
- つつじ
- 椿《つばき》
- なずな
- 藤《ふじ》
- 牡丹《ぼたん》
- 木蓮《もくれん》
- やまぶき

果物・野菜

- あさつき
- いちご
- 伊予柑《いよかん》
- 木《こ》の芽《め》
- 菜の花
- 三つ葉
- 蓬《よもぎ》
- 山葵《わさび》

連想するもの

- スタート
- フレッシュ
- 出会いと別れ
- ぽかぽかとした陽気
- パステルカラー
- 彩り
- 初々しさ

- 菫次　きんじ
- 桂汰　けいた
- 恒芽　こうが
- 耕志　こうし
- 皐亮　こうすけ
- 皐真　こうま
- 咲哉　さくや
- 春　しゅん
- 春輔　しゅんすけ
- 春野　しゅんや
- 新平　しんぺい
- 晴市　せいいち
- 青吾　せいご
- 清梓　せいし
- 爽太　そうた
- 大芽　たいが
- 皐　たかし
- 暖　だん
- 千暖　ちはる
- 土筆　つくし
- 桃馬　とうま
- 知陽　ともはる
- 晴翔　はると
- 晴典　はるのり
- 春日　はるひ
- 春仁　はるひと
- 春哉　はるや
- 陽向　ひなた
- 蕗夜　ふきや
- 邦芽　ほうが
- 蒔人　まきと
- 真咲　まさき
- 真菫　ますみ
- 繭巳　まゆみ
- 芽吹　めぶき
- 山吹　やまぶき
- 優桜　ゆうさく
- 陽太　ようた
- 蕾斗　らいと
- 柳　りゅう
- 椋一　りょういち
- 麗壱　れいいち
- 麗次朗　れいじろう
- 若葉　わかば

3月のイメージ

3/3 桃の節句

雛《ひな》祭りや上巳《じょうし》の節句とも呼ばれます。女の子の健やかな成長を祈るお祭りです。ひな人形を飾り、ひし餅《もち》、白酒、桃の花などを供えて祝います。

名前例

桃吾 とうご
桃矢 とうや
桃李 とうり
雛太 ひなた
三春 みつはる
桃太 ももた
優巳 ゆうし

別名

弥生《やよい》、佳月《かげつ》、桜月《さくらづき》、夢見月《ゆめみづき》、早花咲月《さはなさづき》

星座

魚座
（2/19～3/20）
牡羊座
（3/21～4/19）

誕生石

アクアマリン
コーラル（珊瑚《さんご》）

『名前例』

藍貴 あいき
生弥 いくや
晩春 かげかず
嘉月 かづき

啓 けい
功三 こうぞう
咲弥 さくや
珊瑚 さんご
春也 しゅんや
春樹 はるき

三季 みつき
三弥 みつや
夢月 ゆづき
夢蒔 ゆめじ
羊治 ようじ
佳弥 よしや

3月の自然

東風《こち》
春光《しゅんこう》
春雷《しゅんらい》
水温《みずぬる》む
麗《うらら》か
春の野
春疾風《はるはやて》
雪間

72候

桃始笑 ももはじめてさく
蟄虫啓戸 すごもりむしとをひらく
草木萌動 そうもくめばえいずる

24節気

啓蟄《けいちつ》
（3/6ごろ）

3月のくらし

ひな人形	ホワイトデー
ひし餅	お彼岸《ひがん》
ぼた餅	春場所
卒業式	春日祭

〚雪間〛

雪の晴れ間や、積もった雪のところどころ消えた所を指すことばです。雪解けがはじまり春の訪れを感じさせます。

桜始開
さくらはじめてひらく

雀始巣
すずめはじめてすくう

菜虫化蝶
なむしちょうとなる

春分《しゅんぶん》
(3/21ごろ)

4月のイメージ

花見

平安時代から続く行事で、風に舞う花びらや夜桜を愛《め》でる風流な慣習です。豊作《ほうさく》を祈願《きがん》して、春の農作業の前に宴《うたげ》を催したのがはじまりです。

名前例

桜史郎 おうしろう
桜太 おうた
桜太郎 おうたろう
花斗 はなと
花稀 はるき
舞斗 まいと
桜亮 ようすけ

別名

卯月《うづき》、清和月《せいわづき》、麦秋《ばくしゅう》、夏端月《なつはづき》、夏半《かはん》

星座

牡羊座
(3/21～4/19)
牡牛座
(4/20～5/20)

誕生石

ダイヤモンド
(金剛石《こんごうせき》)

4月のくらし

花祭り
入学式
新学期
いちご狩り
潮干狩り
仏生《ぶっしょう》会《え》
エイプリルフール

『名前例』

陽水 あきみ
麗 あきら
卯壱 ういち
卯太 うた
卯月 うづき
霞 かすみ
清明 きよあき
清遥 きよはる
剛輝 ごうき
滉四 こうし
桜也 さくや
志月 しづき
大哉 だいや
夏端 なつは
花太郎 はなたろう
正温 まさはる

『桜』

和歌にも詠《よ》まれ、古くから日本人に愛されています。「しだれ桜」や「染井吉野《そめいよしの》」「八重《やえ》桜《ざくら》」などさまざまな品種があります。

72候

鴻雁北 こうがんかえる
玄鳥至 つばめきたる
雷乃発声 かみなりすなわちこえをはっす

24節気

清明《せいめい》
(4/5ごろ)

4月の自然

曙《あけぼの》
菜種梅雨《なたねづゆ》
桜《さくら》 前線《ぜんせん》
花冷《はなび》え
清明風《せいめいふう》
長閑《のどか》

春霞《はるがすみ》

春の大地から微細な水滴がたちのぼり白く曇る様子のことです。「霞」ということばには春の暖かさがあります。

山笑う

草花が芽吹きはじめて、明るく華やかになった春の山。のどかで生命力にあふれた自然の様子を表します。

霜止出苗
しもやみてなえいずる

葭始生
あしはじめてしょうず

虹始見
にじはじめてあらわる

穀雨《こくう》
（4/20ごろ）

5月のイメージ

別名

皐月《さつき》、早苗月《さなえづき》、雨月《うげつ》、梅月《ばいげつ》、橘月《たちばなづき》

星座

牡牛座
（4/20〜5/20）
双子座
（5/21〜6/21）

誕生石

エメラルド（翠玉《すいぎょく》、緑玉《りょくぎょく》）
ヒスイ（翡翠《ひすい》）

5/5 端午《たんご》の節句

男の子の立身出世を願う行事です。鯉《こい》のぼりや五月人形を飾ってお祝いします。邪気《じゃき》をはらうため菖蒲湯《しょうぶゆ》に入ることもあります。

名前例

鎧	がい
柏	かしわ
健午	けんご
菖汰	しょうた
尚武	しょうぶ
勇兜	ゆうと
鯉太郎	りたろう

『菖蒲《しょうぶ》』

葉には芳香があり、病気や厄《やく》をはらう植物として古くから用いられてきました。読み方が「尚武」「勝負」と同じなので、勇ましさの象徴とされています。

『名前例』

五希	いつき
雨月	うづき
柏	かしわ
橘平	きっぺい
薫平	くんぺい
憲太	けんた
皐祐	こうすけ
皐平	こうへい
茶介	さすけ
皐築	さつき
早亮	そうすけ
端午	たんご
憲和	のりかず
開明	はるあき
陽翠	ひすい
翠	みどり

72候

蚯蚓出
みみずいずる

蛙始鳴
かわずはじめてなく

牡丹華
ぼたんはなさく

24節気

立夏《りっか》
(5/5ごろ)

5月の自然

五月晴れ	光風《こうふう》
翠雨《すいう》	凱風《がいふう》
余花《よか》	青風《せいふう》

〚風薫る〛

青葉の香りを運ぶ5月のやわらかな風のこと。薫風《くんぷう》とも呼ばれます。

〚五月晴《さつきば》れ〛

もとは旧暦5月の梅雨《つゆ》の晴れ間のことをいいましたが、現在は5月のよく晴れた日の意味で使われています。

5/15 葵祭《あおいまつり》

京都の三大祭りのひとつ。古くは賀茂祭《かものまつり》と呼ばれましたが、冠《かんむり》や牛車《ぎっしゃ》などに葵を飾る風習が根づき、葵祭となりました。五穀豊穣《ごこくほうじょう》を祈るお祭りで、平安時代の王朝行列が再現されます。

名前例

葵	あおい
晃賀	あきひろ
葵寅	きとら
茂人	しげひと
稔由	なるよし
葵琉	まもる
豊基	よしのり

5月のくらし

こどもの日	八十八夜
柏餅	鯉のぼり
ちまき	新茶
母の日	みどりの日
ゴールデンウィーク	

夏

大地を潤《うるお》す恵みの雨と、梅雨《つゆ》明け後の照り輝く太陽に象徴されるように、慈《いつく》しみ深く、元気なイメージです。季節の行事や、太陽の光を浴びて輝くみずみずしい自然の姿から名前を考えてみては。

樹木

竹《たけ》
椰子《やし》
椎《しい》
楠《くすのき》
橘《たちばな》
篠《しの》
芭蕉《ばしょう》
榊《さかき》

生き物

カブトムシ
蛍《ほたる》
鳶《とんび》
蝶《ちょう》
鮎《あゆ》
蟬《せみ》
鷗《かもめ》
鷺《さぎ》
鷹《たか》
蛇《へび》
金魚《きんぎょ》

夏の季語

青田《あおた》
炎昼《えんちゅう》
鹿《か》の子
納涼《すずみ》
盛夏《せいか》
月涼《つきすず》し
夏草
夏木立《なつこだち》
虹
白夜《はくや》
氷室《ひむろ》
短夜《みじかよ》
夕立
若葉

夏の名前

漢字

漢字	画数
帆	6
麦	7
青	8
昊	8
茂	8
海	9
砂	9
南	9
虹	9
夏	10
蛍	11
渚	11
葵	12
葉	12
雷	13
碧	14
輝	15
繁	16

名前例

葵　あおい
碧斗　あおと
青葉　あおば
麻生　あさき
鮎夢　あゆむ
嵐　あらし
泉　いずみ
植樹　うえき
羽海　うみ
雨龍　うりゅう
納涼　すずみ
涼水　すずみ
盛夏　せいか
青梧　せいご
晴夏　せな
壮輝　そうき
颯介　そうすけ
昊　そら
大夏　たいか
太陽　たいよう

〚果物・野菜〛

麦
杏《あんず》
さくらんぼ
スイカ
李《すもも》
パイナップル
夏みかん
バナナ
枇杷《びわ》
桃
きゅうり

〚草花〛

朝顔
杜若《かきつばた》
ジャスミン
百日紅《さるすべり》
ダリア
蓮《はす》
牡丹《ぼたん》
向日葵《ひまわり》
マーガレット
松葉牡丹《まつばぼたん》
百合《ゆり》
若竹《わかたけ》

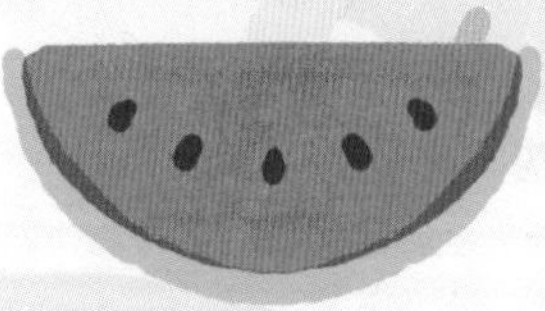

〚連想するもの〛

海
甲子園
トロピカル
かき氷
うちわ
せんす
照りつける太陽

羽涼 うりょう
炎 えん
鷗介 おうすけ
夏惟 かい
海成 かいせい
海人 かいと
夏弦 かいと
兜 かぶと
柑治 かんじ
蛍 けい
蛍斗 けいと
昊壱 こういち
昊我 こうが
光輝 こうき
恍葵 こうき
虹太 こうた
昊平 こうへい
小麦 こむぎ
榊 さかき
砂月 さつき
繁輝 しげき
茂采 しげと

鷹弥 たかや
太楠 たくす
輝元 てるもと
直葵 なおき
渚 なぎさ
夏暉 なつき
夏也 なつや
白夜 はくや
日向 ひなた
氷室 ひむろ
帆昂 ほたか
昌竹 まさたけ
真夏 まなつ
南斗 みなと
南海 みなみ
悠帆 ゆうほ
友李 ゆうり
葉一 よういち
雷太 らいた
雷太郎 らいたろう
琉夏 るか
蓮 れん

6月のイメージ

梅雨《つゆ》

梅の実が熟すころに降る雨なので、こう呼ばれます。約1か月にわたって降り続く、稲を育てるための恵みの雨です。

名前例

露楽 あきら
雨太 うた
梅季 うめき
季雨 きさめ
露貴 つゆき
禾露士 ひろし
雨利 ふるとし

『紫陽花《あじさい》』

色が白や青、紫やピンクに変化するので、「七変化《しちへんげ》」とも呼ばれます。

別名

水無月《みなづき》、風待月《かぜまちづき》、鳴神《なるかみ》月《づき》、涼暮月《すずくれづき》、松風月《まつかぜづき》

星座

双子座
（5/21～6/21）
蟹座
（6/22～7/22）

誕生石

パール（真珠《しんじゅ》）
ムーンストーン
（月長石《げっちょうせき》）

『名前例』

葵 あおい
葵壱 きいち
幸葵 こうき
繁杜 しげと
繁 しげる
珠宇 しゅう
潤 じゅん
紫陽 しよう
常夏 じょうか
涼鳴 すずなり
露季 つゆき
松風 まつか
水月 みづき
水無斗 みなと
六季 むつき
恵風 よしかぜ

6月のくらし

衣がえ
(6/1)
夏越《なごし》の祓《はらえ》
(6/30)
ジューンブライド
父の日
青梅《あおうめ》
蛍狩り

72候

腐草為蛍
ふそうほたるとなる

蟷螂生
かまきりしょうず

麦秋至
むぎのときいたる

24節気

芒種《ぼうしゅ》
（6/6ごろ）

〚五月雨《さみだれ》〛

旧暦5月に降る雨。「梅雨」が季節を指すことが多いのに対し、「五月雨」は雨そのもののことをいいます。

6月の自然

送り梅雨　蛍《ほたる》
山背風《やませかぜ》　雨蛙《あまがえる》
黒南風《くろはえ》　夏の川

〚梅雨《つゆ》晴《ば》れ〛

もともとは梅雨明け直後の晴れの意味でしたが、梅雨の間に訪れる晴天の意味でも使われます。

菖蒲華
あやめはなさく

乃東枯
なつかれくさかるる

梅子黄
うめのみきばむ

夏至《げし》
(6/21ごろ)

7月のイメージ

7/7 七夕

年に一度、織姫《おりひめ》と彦星《ひこぼし》が天の川にかかる橋を渡って会える日です。二人の逢瀬《おうせ》を「星合《ほしあい》」や「星の恋」ともいいます。裁縫や書道の上達を願った5色の短冊や七夕飾りを笹《ささ》につるします。

名前例

天嶺 あまね
牽都 けんと
星司朗 せいしろう
天馬 てんま
牽嗣 としつぐ
七織斗 なおと
星彦 ほしひこ

別名

文月《ふみづき》、蘭月《らんげつ》、七夕月《たなばたづき》、七夜月《ななよづき》、秋初月《あきそめづき》

星座

蟹座
（6/22〜7/22）
獅子座
（7/23〜8/22）

誕生石

ルビー（紅玉《こうぎょく》）

7月の自然

半夏雨《はんげあめ》　銀河
白南風《しらはえ》　星映し
入道雲《にゅうどうぐも》　虹

祇園祭《ぎおんまつり》

京都の八坂神社《やさかじんじゃ》で1か月にわたって行われる代表的な夏祭り。32基の山鉾《やまぼこ》が巡行する「山《やま》鉾巡行《ぼこじゅんこう》」が有名です。

名前例

文杜 あやと
紅汰 こうた
樹來 じゅらい
夏輝 なつき

七樹 ななき
七斗 ななと
七実 ななみ
七夜 ななや
初秋 はつあき
文月 ふづき

文明 ふみあき
文槻 ふみき
文哉 ふみや
祭 まつり
遥七 ようしち
蘭真 らんま

72候

蓮始開
はすはじめてひらく

温風至
おんぷういたる

半夏生
はんげしょうず

24節気

小暑《しょうしょ》
（7/7ごろ）

海開き

その年、海水浴場を初めて開くこと。明るい海のイメージで。

名前例

潮 うしお
櫂 かい
櫂治 かいじ
海斗 かいと
海風 かいふう
海琉 かいる

舵 かじ
珊瑚 さんご
汐音 しおん
湊市 そういち
拓海 たくみ
渚斗 なぎと

波琉 はる
波流斗 はると
洋行 ひろゆき
港 みなと
海之琉 みのる
浪汰 ろうた

7月のくらし

海開き　夏休み
土用の丑《うし》の日　暑中見舞い
天神祭　帰省

土潤溽暑《つちうるおうてむしあつし》
桐始結花《きりはじめてはなをむすぶ》
鷹乃学習《たかすなわちがくしゅうす》

大暑《たいしょ》
(7/23ごろ)

8月のイメージ

別名

葉月《はづき》、木染月《こぞめづき》、清月《せいげつ》、月見月《つきみづき》、桂月《けいげつ》、紅染月《べにぞめづき》

星座

獅子座
（7/23〜8/22）
乙女座
（8/23〜9/22）

誕生石

ペリドット（橄欖石《かんらんせき》）
サードオニクス

名前例

秋立　あきたち
桂　かつら
桂司　けいじ
桂寿　けいじゅ

木染　こぞめ
清秋　せいしゅう
壮太　そうた
壮磨　そうま
染埜　そめや
竹春　たけはる

旅斗　たびと
葉月　はづき
八朔　やさく
葉太　ようた
葉平　ようへい
涼　りょう

海水浴

海辺で水泳や砂遊びを楽しむ、夏のレジャーの代表です。

夏祭り

夏の風物詩。伝統芸能でもある阿波《あわ》おどり（徳島）や、七夕を祝うねぶた祭（青森）などが有名です。

名前例

祝夜　しゅうや
孝輿　たかお
灯哉　とうや
跳雄　とびお
羽人　はねと
祭利　まつり
踊治　ようじ

お盆《ぼん》

8月15日（または7月15日）前後に、祖先をうやまう行事が各地でおこなわれます。地域によってお盆の期間や行事の内容が違います。

72候

寒蟬鳴《ひぐらしなく》
涼風至《すずかぜいたる》
大雨ノ時行《たいうときどきにふる》

24節気

立秋《りっしゅう》
(8/7ごろ)

8月の自然

雲の峰	夕凪 <small>ゆうなぎ</small>
青嶺 <small>あおね</small>	流星
慈雨 <small>じう</small>	炎天

[[旅行]]

夏休みやお盆休みには
里帰りや避暑で、旅行
をする家族が多いです。

8月のくらし

八朔(8/1) <small>はっさく</small>	盆踊り
花火	蟬しぐれ <small>せみ</small>
風鈴	精霊流し <small>しょうりょう</small>
浴衣 <small>ゆかた</small>	

天地始粛	綿柎開	蒙霧升降
てんちはじめてさむし	わたのはなしべひらく	ふかききりまとう

処暑 <small>しょしょ</small>

秋

実り豊かで食欲の湧く季節です。心地よい風や、やわらかい日ざしには、落ち着いた雰囲気も感じられます。季節の行事や山を色づかせる樹木などから、名前を考えてみては。

秋の季語

赤とんぼ
桐《きり》一《ひと》葉《は》
秋麗《あきうらら》
秋《しゅう》思《し》
稲刈《いねかり》
新涼《しんりょう》
色鳥《いろどり》
水《みず》澄《す》む
霧《きり》
夜《よ》長《なが》

樹木

楓《かえで》
栃《とち》
樫《かし》
銀杏《いちょう》
金木犀《きんもくせい》
竹

生き物

猪
雀
馬
とんぼ
雁《かり》
椋鳥《むくどり》
鹿
きりぎりす
鈴虫
こおろぎ

秋の名前

漢字

漢字	画数
月	4
玄	5
里	7
実	8
紅	9
秋	9
昴	9
桐	10
菊	11
涼	11
萩	12
楓	13
豊	13
稔	13
稲	14
穂	15
錦	16
穣	18

名前例

茜	あかね
秋樹	あき
秋斗	あきと
秋成	あきなり
秋仁	あきひと
彰人	あきひと
秋穂	あきほ
秋雅	あきまさ
秋良	あきら
朱杜	あやと
穣治	じょうじ
昴	すばる
澄水	すみ
犀夜	せいや
茜吏	せんり
汰樫	たかし
千秋	ちあき
千菊	ちあき
月飛	つきと
天馬	てんま

草花

芦《あし》
茜《あかね》
荻《おぎ》
桔梗《ききょう》
菊《きく》
藤袴《ふじばかま》
撫子《なでしこ》
コスモス
蔦《つた》
萩《はぎ》
鬼灯《ほおずき》
蘭《らん》

果物・野菜

イチジク
芋《いも》
柿《かき》
カリン
栗《くり》
胡桃《くるみ》
ざくろ
梨《なし》
葡萄《ぶどう》
きのこ
林檎《りんご》
レンコン

連想するもの

スポーツの秋
芸術の秋
読書の秋
食欲の秋
センチメンタル
焼き芋

偉月　いつき
稲穂　いなほ
楓　かえで
和穂　かずほ
菊史　きくし
菊次郎　きくじろう
霧斗　きりと
桐葉　きりは
錦哉　きんや
栗樹　くりき
啓柿　けいし
月光　げっこう
玄起　げんき
玄太郎　げんたろう
紅太　こうた
紅葉　こうよう
里司　さとし
実彦　さねひこ
重陽　しげはる
萩澄　しゅうと
秋兵　しゅうへい
蕉　しょう
橙空　とあ
秋生　ときお
豊寛　とよひろ
錦　にしき
楓雅　ふうが
楓汰　ふうた
楓馬　ふうま
豊成　ほうせい
穂鷹　ほたか
実人　まこと
眞里　まさと
実月　みつき
実　みのる
稔　みのる
穣　みのる
癒月　ゆづき
喜秋　よしあき
善穂　よしほ
義実　よしみ
蘭丸　らんまる
涼平　りょうへい
椋真　りょうま

9月のイメージ

中秋《ちゅうしゅう》の名月《めいげつ》

十五夜《じゅうごや》とも呼ばれます。空気が澄んで、美しく見える満月（望月《もちづき》）を愛《め》でながら秋の収穫に感謝する行事です。月見団子や里芋、秋の七草などを楽しみます。

名前例

里獅	さとし
天望	たかもち
大月	たつき
月都	つきと
天夜	てんや
望	のぞむ
満瑠	みつる

別名

長月《ながつき》、菊月《きくづき》、色取月《いろどりづき》、涼秋《りょうしゅう》、梢《こずえ》の秋《あき》

星座

乙女座（8/23～9/22）
天秤座（9/23～10/23）

誕生石

サファイア（青玉《せいぎょく》）

9月のくらし

味覚狩り　菊酒《きくざけ》
お彼岸《ひがん》　秋社《しゅうしゃ》
おはぎ　流鏑馬《やぶさめ》

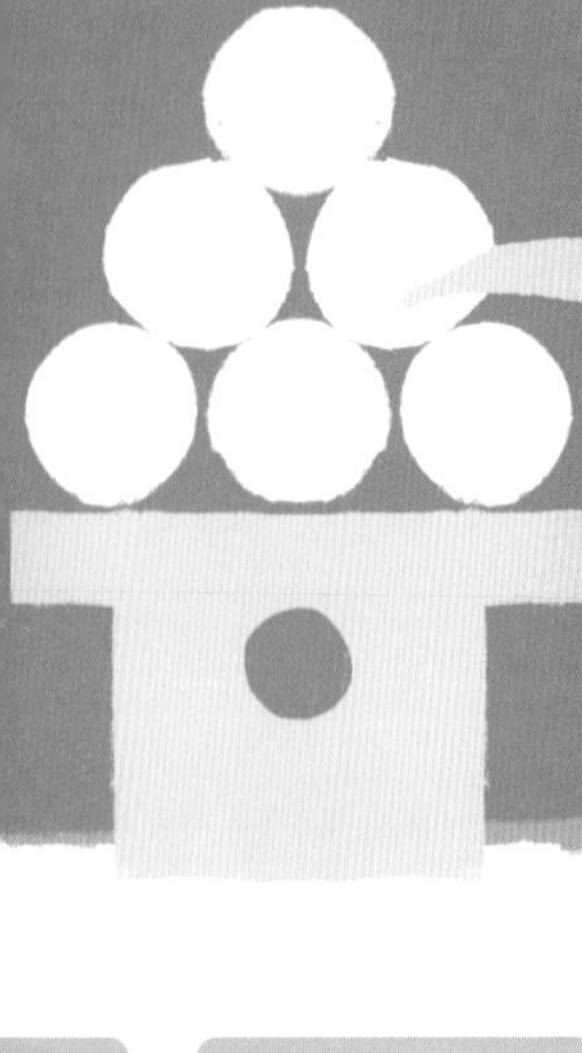

9月の自然

初涼《しょりょう》　葉風《はかぜ》
野分《のわき》　秋の長雨《ながあめ》
宵闇《よいやみ》　いわし雲

【名前例】

彩翔	あやと
菊士	きくじ
菊翔	きくと
玄一郎	げんいちろう
玄紀	げんき
玄多	げんた
梢	こずえ
重陽	しげはる
秋月	しゅうげつ
梢陽	しょうよう
長治	ちょうじ
長月	ながつき
野分	のわき
白露	はくろ
夕月	ゆづき
義禾	よしか

72候

禾乃登　こくものすなわちみのる
草露白　くさつゆしろし
鶺鴒鳴　せきれいなく

24節気

白露《はくろ》（9/8ごろ）

9/9 重陽《ちょうよう》の節句

五節句のひとつで、菊の節句、栗の節句、お九日《くんち》とも呼ばれます。長寿と無病《むびょう》息災《そくさい》を祈る節句で、菊花を観賞しながら菊酒《きくざけ》を飲んだり、栗ごはんを食べたりします。

名前例

菊寿 あきひさ
寿比古 かずひこ
菊重 きくしげ
菊夜 きくや
重暢 しげのぶ
陽登 はると
栗騎 りつき

〖 虫の声 〗

秋の季語でもあります。鈴虫やこおろぎ、松虫などが一斉に鳴く声を「虫時雨《むししぐれ》」といいます。

蟄虫坏戸《むしかくれてとをふさぐ》

雷乃収声《かみなりすなわちこえをおさむ》

玄鳥去《つばめさる》

秋分《しゅうぶん》
(9/23ごろ)

10月のイメージ

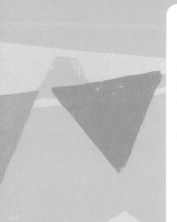

スポーツの日

「体育の日」から名前が変わった「スポーツの日」は、運動をして、健やかな心と体をつくる日です。スポーツを行うことで、ルールを守り、相手を大切にする心も育ちます。

名前例

健心 けんしん
瞬介 しゅんすけ
翔馬 しょうま
卓 すぐる
祐玖 たすく
速斗 はやと
守琉 まもる

別名

神無月《かんなづき》、小春《こはる》、時雨月《しぐれづき》、陽月《ようげつ》、亥冬《がいとう》

星座

天秤座
（9/23～10/23）
蠍座
（10/24～11/21）

誕生石

オパール（蛋白石《たんぱくせき》）
トルマリン（電気石《でんきせき》）

『名前例』

秋十 あきと
秋弥 あきや
秋良 あきよし
天高 あまたか
育人 いくと
亥 がい
神無翔 かなと
神那 かんな
紅葉 こうよう
小陽 こはる
時雨 しぐれ
十真 とおま
陽月 ようげつ
吉十 よしと
英陽 よしはる
栗木 りつき

『秋晴れ』

秋のよく晴れた日のこと。空高く澄み渡っている秋の心地よさを表しています。

72候

菊花開
きっかひらく

鴻雁来
こうがんきたる

水始涸
みずはじめてかる

24節気

寒露《かんろ》
（10/8ごろ）

10月のくらし

衣がえ（10/1）
えびす講（10/20）
ハロウィン（10/31）
運動会
ぶどう狩り
栗拾い

10月の自然

鱗雲《うろこぐも》
天高《てんたか》し
秋澄《あきす》む
釣瓶落《つるべお》とし
羊雲《ひつじぐも》
風爽《かぜさや》か

霎時施
こさめときどきふる

霜始降
しもはじめてふる

蟋蟀在戸
きりぎりすとにあり

霜降《そうこう》
（10/23ごろ）

11月のイメージ

小春日和

晩秋なのに春のように暖かい日のこと。季節を忘れさせる束の間の暖かさへの喜びがこもっています。

紅葉狩り

山野に出かけ、赤や黄色に色づく葉の美しさを楽しむこと。もともとは宮廷ではじまった雅《みやび》やかな遊びです。銀杏《いちょう》や蔦漆《つたうるし》、みずきなどが代表的な木です。

名前例

- **秋歩** あきほ
- **秋雅** あきまさ
- **椛寿樹** かずき
- **紅樹** こうき
- **黄葉** こうよう
- **蔦雅** つたまさ
- **楓丞** ふうすけ

別名

霜月《しもつき》、神楽月《かぐらづき》、暢月《ちょうげつ》、露隠《つゆごもり》の葉月《はづき》、雪待月《ゆきまちづき》

星座

蠍座
（10/24〜11/21）
射手座
（11/22〜12/21）

誕生石

トパーズ（黄玉《おうぎょく》）

名前例

- **楓** かえで
- **神楽** かぐら
- **勤志** きんじ
- **紅黄** こうき
- **朔治** さくはる
- **朔摩** さくま
- **朔也** さくや
- **重一** しげかず
- **士暢** しのぶ
- **霜太郎** そうたろう
- **霜平** そうへい
- **霜弥** そうや
- **千歳** ちとせ
- **椛** もみじ
- **雪哉** ゆきや
- **立冬** りっと

11月の自然

時雨《しぐれ》
初霜《はつしも》
氷《ひ》雨《さめ》
木《こ》枯《が》らし
水《みず》澄《す》む
照《てり》葉《は》

72候

地始凍　ちはじめてこおる
山茶始開　つばきはじめてひらく
楓蔦黄　もみじつたきばむ

24節気

立冬《りっとう》
（11/7ごろ）

11月のくらし

酉《とり》の市
千《ち》歳《とせ》飴《あめ》
勤労感謝《きんろうかんしゃ》の日
十日《とおかん》夜《や》
袴《はかま》着《ぎ》
文化の日

『霜柱《しもばしら》』

冬に近づき、気温がぐっと下がった寒い日に、土中の水分が地面から染み出てできる細い氷の柱です。秋に小さな白い花を咲かせる同名の植物があります。

『11/15 七五三』

数え年で３歳と５歳の男児、３歳と７歳の女児が氏神様《うじがみさま》に参詣《さんけい》し、成長と加《か》護《ご》を願うお祝いです。

朔風払葉
さくふうはをはらう

虹蔵不見
にじかくれてみえず

金盞香
きんせんかさく

小雪《しょうせつ》
（11/22ごろ）

冬

美しく雪が舞い、寒さの中で凜《りん》とした空気に身の引きしまる季節。澄みきった清らかなイメージがあります。季節の行事や、銀世界に映える草花などから名前を考えてみては。

〚連想するもの〛

こたつ　年末年始
鍋料理　雪景色
イルミネーション

〚冬の季語〛

神楽《かぐら》　春隣《はるとなり》
寒昴《かんすばる》　冬晴《ふゆばれ》
垂《しず》り　冬北斗《ふゆほくと》
氷柱《つらら》　冬芽

〚生き物〛

兎《うさぎ》　鴻《こう》
狼《おおかみ》　鷺《さぎ》
鴨《かも》　鶴《つる》
白鳥　隼《はやぶさ》
鯨《くじら》　鷲《わし》

冬の名前

漢字

正5	柚9	皓12
冬5	朔10	聖13
白5	隼10	詣13
北5	凌10	銀14
冴7	深11	澄15
柊9	雪11	凜15

名前例

晶雪	あきゆき
晶	あきら
白羅	あきら
伊朔	いさく
一冴	いっさ
音柊	おと
神楽	かぐら
冬夜	かずや
一雪	かずゆき
純澄	きよすみ
大哉	だいや
焚弥	たくや
冬芽	とうが
冬吾	とうご
冬馬	とうま
橙真	とうま
澄	とおる
冬羽	とわ
野瑛琉	のえる
白翔	はくと

果物・野菜

蕪《かぶ》
芹《せり》
ねぎ
白菜《はくさい》
大根《だいこん》
橙《だいだい》
蜜《み》柑《かん》
柚《ゆず》
酸《す》橘《だち》
林《りん》檎《ご》

草花

カトレア
山茶花《さざんか》
水仙《すいせん》
寒椿《かんつばき》
福寿草《ふくじゅそう》
葉《は》牡《ぼ》丹《たん》
侘助《わびすけ》
蕾《つぼみ》

樹木

梅《うめ》
欅《けやき》
柊《ひいらぎ》
松《まつ》
モミ
柳《やなぎ》

聖彦 きよひこ
霧雪 きりゆき
銀河 ぎんが
銀次 ぎんじ
慶駕 けいが
詣志 けいし
蛍雪 けいせつ
詣太 けいた
鴻葵 こうき
皓雪 こうせつ
冴輝 さえき
冴磨 さえま
志音 しおん
静瑠 しずる
柊真 しゅうま
柊夜 しゅうや
隼平 しゅんぺい
深哉 しんや
昴 すばる
聖一郎 せいいちろう
静夜 せいや
大聖 たいせい
初 はじめ
初彦 はつひこ
温樹 はるき
氷海 ひうみ
冬樹 ふゆき
冬澄 ふゆと
北斗 ほくと
聖純 まさずみ
正人 まさと
聖夜 まさや
雅雪 まさゆき
真柊 まひろ
実鶴 みつる
優冴 ゆうご
由紀斗 ゆきと
雪宏 ゆきひろ
雪弥 ゆきや
柚樹 ゆずき
義雪 よしゆき
凛冬 りと
凌介 りょうすけ
凜斗 りんと

12月のイメージ

クリスマス

キリストの降誕祭《こうたんさい》。クリスマスツリーを飾ったり、プレゼントを交換したりして祝います。

名前例

- **伊吹** いぶき
- **聖** きよし
- **久里栖** くりす
- **燦太** さんた
- **聖樹** せいじゅ
- **聖夜** せいや
- **聖生** としき

別名

師走《しわす》、春待月《はるまちづき》、
暮古月《くれこづき》、極月《ごくづき》、弟月《おとづき》

星座

射手座
（11/22～12/21）
山羊座
（12/22～1/19）

誕生石

ターコイズ（トルコ石）
ラピスラズリ（瑠璃《るり》）

『名前例』

- **聖** あきら
- **極** きわむ
- **暮斗** くれと
- **時暮** しぐれ
- **柊** しゅう
- **志和** しわ
- **聖矢** せいや
- **冬至** とうじ
- **歳行** としゆき
- **春街** はるまち
- **宙極** ひろみち
- **冬季** ふゆき
- **末季** まつき
- **雪輝** ゆき
- **柚瑠** ゆずる
- **瑠璃都** るりと

12月のくらし

柚子湯《ゆずゆ》
餅《もち》つき
大掃除
除夜《じょや》の鐘
年越し
鍋料理

72候
- **橘始黄** たちばなはじめてきばむ
- **閉塞成冬** そらさむくふゆとなる
- **熊蟄穴** くまあなにこもる

24節気
- **大雪《たいせつ》**（12/7ごろ）

12/31 大晦日《おおみそか》

大晦日は厄《やく》を落とし、心身を清める日です。「大つごもり」ともいいます。

名前例

清嗣 きよつぐ
獅撞 しどう
鐘汰 しょうた
清爾 せいじ
鐘夢 どうむ
寿祈 としき
匡末 まさひろ

六花《ろっか》

雪のことで、「りっか」と読むこともあります。結晶の六角形を花びらに見立てた名前です。雪はよく花にたとえられ、晴天の日に舞う雪のことを「風花《かざはな》」と呼びます。

12月の自然

山眠る《やまねむ》　小雪《こゆき》
朔風《さくふう》　初雪《はつゆき》
北風《きたかぜ》　樹氷《じゅひょう》

柊《ひいらぎ》

柊には白い花をつけるモクセイ科のものと、赤い実をつける西洋柊（ホーリー）があります。クリスマスの飾りには西洋柊が使われます。

麋角解
さわしかのつのおつる

乃東生
なつかれくさしょうず

鱖魚群
さけのうおむらがる

冬至《とうじ》
（12/22ごろ）

1月のイメージ

別名

睦月《むつき》、初月《はつづき》、泰月《たいげつ》、
新春《しんしゅん》、初春《はつはる》

星座

山羊座
（12/22～1/19）
水瓶座
（1/20～2/18）

誕生石

ガーネット（柘榴石《ざくろいし》）

『名前例』

新	あらた
壱朗	いちろう
集	しゅう
慎一	しんいち
泰賀	たいが
一	はじめ
始	はじめ
初詞	はつし
初日	はつひ
正月	まさき
正陽	まさはる
睦月	むつき
睦也	むつや
元春	もとはる
泰	やすし
夢祈	ゆめき

正月

特に元日から７日までの松の内までのことです。「正」という字には年のはじめの意味があるためです。新年とともにやってくる年神様《としがみさま》を迎えるため、門松《かどまつ》や鏡餅《かがみもち》などを用意します。

名前例

旦輝	あきてる
壱節	かずよし
元	げん
松耀	しょうよう
新太郎	しんたろう
正	ただし
元遙	もとはる

『七草』

芹《せり》、薺《なずな》、御形《ごぎょう》、繁縷《はこべら》、仏座《ほとけのざ》、菘《すずな》、蘿蔔《すずしろ》の７種の菜のことです。１月７日の人日の節句には、健康と長寿を願ってこれらを粥《かゆ》にした七草粥《ななくさがゆ》を食べます。

1月のくらし

初詣《はつもうで》
新年会
初日の出
おせち料理
年賀
かるた
百人一首
鏡開き
人日《じんじつ》の節句（1/7）
成人式

72候

雪下出麦
ゆきわたりてむぎいずる

芹乃栄
せりすなわちさかう

水泉動
すいせんうごく

24節気

小寒《しょうかん》
（1/5ごろ）

1月の自然

初茜《はつあかね》　細雪《ささめゆき》
風花《かざはな》　初日影
氷柱《つらら》　霧氷《むひょう》

〚初詣《はつもうで》〛

新年にはじめて寺社にお参りすることです。氏神様《うじがみさま》のまつられている、またはその年の恵方《えほう》にある寺社に参り、一年の幸福を祈ります。

水沢腹堅
さわみずこおりつめる

款冬華
ふきのはなさく

雉始雊
きじはじめてなく

大寒《だいかん》
(1/20ごろ)

2月のイメージ

稲荷社《いなりしゃ》

五穀豊穣《ごこくほうじょう》から諸願成就《しょがんじょうじゅ》まで、あらゆる願いに応じてくれる稲荷神《いなりのかみ》を祭った社のことです。狐《きつね》を神使《しんし》とするため、狛犬《こまいぬ》のかわりに狐が置かれています。

別名

如月《きさらぎ》、麗月《れいげつ》、梅見月《うめみづき》、仲春《ちゅうしゅん》、木芽月《このめづき》

星座

水瓶座
（1/20～2/18）
魚座
（2/19～3/20）

誕生石

アメジスト（紫水晶《むらさきすいしょう》）

初音《はつね》

鳥がはじめてその季節に鳴く声のことですが、春は、声の美しさから特に鶯《うぐいす》の声を指します。鶯は春告鳥《はるつげどり》とも呼ばれ、春の訪れを感じさせます。

2/3ごろ　節分

季節の分け目という意味ですが、現在では立春の前日を指します。鬼をはらう豆をまいたり、鰯《いわし》の頭と柊《ひいらぎ》の枝でつくる魔除《まよ》けを用意したりします。

名前例

嘉豆樹 かずき
柊都 しゅうと
春來 しゅんき
節春 ともはる
福来 ふくき
福継 ふくつぐ
真芽太 まめた

名前例

麗 あきら
如春 いくはる
梅見 うめみ
如月 きさらぎ

紫水 しすい
二郎 じろう
直如 なおゆき
仲陽 なかはる
梅庵 ばいあん
春仲 はるなか

春信 はるのぶ
春文 はるふみ
福 ふく
水城 みずき
令次 れいじ
麗弥 れいや

72候
黄鶯睍睆《うぐいすなく》
東風解凍《とうふうこおりをとく》
鶏始乳《にわとりはじめてとやにつく》

24節気
立春《りっしゅん》
（2/4ごろ）

三寒四温《さんかんしおん》

冬から春になるころ、寒い日が３日続くと温かい日が４日続くように、７日周期で温暖が入れ替わることを言います。

初午《はつうま》

２月の最初の午の日に行われる稲荷社の祭日のことです。伏見稲荷大社《ふしみいなりたいしゃ》の神様が伊奈利山《いなりやま》にはじめて降りてきたのが初午の日だったことに由来しています。

名前例

晃奈利 あきなり
伊奈杜 いなと
士稲 しいな
初馬 はつま
禾利 ひでとし
穂多荷 ほだか
八尋 やひろ

２月のくらし

豆まき
恵方巻《えほうま》き
福豆
うるう年
バレンタインデー

２月の自然

霰《あられ》
寒明《かんあけ》
ダイヤモンドダスト
三寒四温
春信《しゅんしん》
霜夜《しもよ》
春一番
雪解け

霞始靆
かすみはじめてたなびく

土脉潤起
どみゃくうるおいおこる

魚上氷
うおこおりをいずる

雨水《うすい》
(2/19ごろ)

宝石・鉱物

宝石や鉱石など華やかに輝くイメージです。神秘性と未来への可能性を感じさせます。

漢字

銀　瑶　琳　琉　珊　圭
輝　瑳　琥　瑛　玲　玖
璃　瑠　瑚　貴　珀　金
錫　翠　瑞　晶　珠　珂

名前例

瑛貴	えいき
銀佳	かねよし
圭祐	けいすけ
琥金	こがね
琥珀	こはく
晶真	しょうま
瑞晶	ずいしょう
大哉	だいや
環	たまき
輝貴	てるき
瑳玖	てるひさ
瑶平	ようへい
琳登	りんと
玲紫	れいし

自然からイメージして

生命の源である雄大で美しい自然。そのエネルギーをいただくような気持ちで赤ちゃんにぴったりの名前を考えてみましょう。

山と川

たくましさや荘厳さを感じさせる大地、すべての生命を支えている清らかな水をヒントに考えて。

山・森・大地

しっかりと根を張っている落ち着いた雰囲気があります。緑豊かでさわやかな印象も。

漢字

大　木　地　邑　里　杜　岳　拓　芽　枝　茂　柊　耕
峰　郷　渓　崇　野　埜　陸　峻　梢　彬　登　森　葉
嵯　嵩　漠　稜　幹　緑　樹　嶺　麓　巌

名前例

碧葉	あおば
彬登	あきと
樹	いつき
逸樹	いつき
巌	いわお
岳翔	がくと
花麓	かろく
幹一	かんいち
木一	きいち
渓芽	けいが
晄野	こうや
嵯桐	さぎり
郷志	さとし
繁貴	しげき
茂杜	しげと
森平	しんぺい
森羅	しんら
奏樹	そうじゅ
大地	だいち
崇理	たかとし
拓枝	たくし
登史彦	としひこ
杜萌	とも
春杜	はると
漠希	ひろき
峰月	ほうげつ
眞大	まひろ
深稜	みかど
幹樹	もとき
茂里也	もりや
唯柊	ゆいしゅう
邑治朗	ゆうじろう
葉	よう
陸	りく
峻平	りょうへい
嶺二	れいじ

水

清らかでみずみずしく、潤《うるお》いのある雰囲気です。清流のように澄んだ心をもった子に。

漢字

水 洸 浩 透 流 雫 清 満 湧 溢 源 瑞 滝 滉 漱 滴 潔 潤 澄 澪 濡 瀬 瀧 露

名前例

和水	かずみ
源溢	げんずい
滉雅	こうが
洸希	こうき
浩清	こうせい
雫	しずく
秋水	しゅうすい
潤也	じゅんや
水夢	すいむ
澄都	すみと
清昇	せいしょう
瀬那	せな
滝路	たきじ
琢水	たくみ
武流	たける
汰澪	たみお
透矢	とうや
透琉	とうる
洋澄	ひろと
水輝	みずき
瑞采	みずと
水遥	みずはる
水都	みなと
湧	ゆう
陽水	ようすい
流	りゅう
凌清	りょうせい
露依	ろい

海・川・湖

海や川はいのちの生まれる場所です。深い包容力と、清らかで涼しいイメージに。

漢字

汀 江 汐 凪 帆 沙 沢 波 河 岬 泉 海 砂 珊 津 洋 浬 流 航 浜 浪 渓 舷 渚 港 湖 湘 湊 湧 瑚 漣 潮 澄 櫂 瀬 瀧

名前例

泉	いずみ
出流	いずる
汐	うしお
江漣	えれん
海音	かいと
海渡	かいと
海澄	かいと
櫂斗	かいと
渓	けい
源流	げんりゅう
航海	こうかい
砂寿	さとし
沢杜	さわと
珊寺	さんじ
昇舷	しょうげん
湘利	しょうり
泉大朗	せんたろう
瀧司	たきじ
津留彦	つるひこ
汀慈	ていじ
凪	なぎ
渚	なぎさ
七海	ななみ
万浬	ばんり
帆希	ほまれ
真澄	ますみ
岬	みさき
泉輝	みずき
海鶴	みつる
海凪	みなぎ
湊瀬	みなせ
海龍	みりゅう
湧采	ゆうと
洋人	ようと
漣次	れんじ
航	わたる

空・天体

いつも私たちを見守ってくれている空。その壮大さにさまざまな思いをはせて名づけてみては。

光・太陽

希望や未来への期待を思い起こさせてくれる、明るく前向きなイメージです。

名前例

- 暁　あかつき
- 旭斗　あきと
- 暁則　あきのり
- 明昌　あきまさ
- 晃　あきら
- 日明　あきら
- 朝輝　あさき
- 旭日　あさひ
- 歩輝　あるき
- 煌仁　きらと
- 元輝　げんき
- 光一　こういち
- 昊翔　こうが
- 晃雅　こうが
- 晄輝　こうき
- 煌大　こうだい
- 光平　こうへい
- 煌矢　こうや
- 燦　さん
- 隼暉　しゅんき
- 照平　しょうへい
- 閃一　せんいち
- 大輝　だいき
- 陽人　たかと
- 煌輝　てるき
- 光　ひかり
- 燿　ひかり
- 日陽　ひなた
- 浩光　ひろみつ
- 眞陽　まさや
- 陽浩　ようこう
- 耀汰　ようた
- 頼人　らいと
- 李陽人　りひと

漢字

日　旦　旭　光　灯　旺　昊　昌
明　映　昭　晃　晄　閃　晟　晨
暁　景　晴　朝　陽　皓　照　暉
煌　輝　熙　燦　曙　曜　燿　耀

●月の満ち欠け

月の満ち欠けの形には和名があります。生まれた日の月をヒントに、情緒あふれる名前をつけてみてはいかがでしょうか。

- 新月　しんげつ
- 朔　さく
- 三日月　みかづき
- 若月　わかづき
- 上弦の月　じょうげんのつき
- 弓張り月　ゆみはりづき
- 十三夜　じゅうさんや
- 小望月　こもちづき
- 待宵　まつよい
- 満月　まんげつ
- 望月　もちづき

- 十六夜　いざよい
- 立待月　たちまちづき
- 居待月　いまちづき
- 下弦の月　かげんのつき
- 下の弓張　したのゆみはり
- 二十六夜　にじゅうろくや

名前例

- 新　あらた
- 朔夜　さくや
- 十夜　とおや
- 望　のぞむ
- 待月　まつき
- 満月　みつき
- 弓月　ゆづき
- 弓弦　ゆづる
- 若月　わかつき

空・宇宙

どこまでも果てなく続く空は雄大で自由。未知なる宇宙は未来への夢を感じさせます。

名前例

- 青空　あおぞら
- 晶恒　あきつね
- 晏里　あんり
- 空雅　くうが
- 彗　けい
- 昊陽　こうよう
- 朔一　さくいち
- 昇遥　しょうよう
- 晴天　せいてん
- 星哉　せいや
- 空汰　そらた
- 天翔　たかと
- 孝広　たかひろ
- 翼　つばさ
- 天河　てんが
- 晴空　はるく
- 宙斗　ひろと
- 真宙　まひろ
- 箕星　みぼし
- 八雲　やくも
- 夕月　ゆづき
- 雷斗　らいと
- 流星　りゅうせい
- 凜空　りんく

漢字

夕　月　天　斗　広　宇　穹　河　空　昇
青　宙　昊　恒　星　虹　昴　晏　朔　晦
彗　望　雲　晶　新　蒼　雷　銀　箕　霞　翼

天気・気象

晴れた日、雪の日、台風の日など、子どもの生まれたときの情景を切りとって名づけてみては。

天気

青空は明るくさわやかな、大地を潤《うるお》す雨は慈愛に満ちたイメージ。雪の白さは純真さを思わせます。

漢字

空 雨 虹 晄 雪 雫 雲 晴 陽 暉 照 雷 輝 霞 霧

晴れ

名前例

- 青空 あおぞら
- 照天 あきと
- 一晴 いっせい
- 快晴 かいせい
- 和気 かずき
- 昊輝 こうき
- 燦多 さんた
- 照太 しょうた
- 澄櫂 すかい
- 澄天 すみたか
- 晴一 せいいち
- 晴天 せいてん
- 蒼天 そうま
- 照陽 てるひ
- 晴輝 はるき
- 晴空 はるく
- 陽天 はるたか
- 悠晴 ゆうせい
- 陽気 ようき
- 良天 よしたか
- 璃空 りく

風

吹きぬける風はさわやかで心地よいイメージです。力強さや自由さも感じさせます。

漢字

迅 凪 吹 飛 風 疾 隼 爽 涼 渡 揺 嵐 翔 楓 鈴 鳶 颯 撫 舞 薫 翼 瞬 翻 鷗

名前例

- 偉吹 いぶき
- 翔真 しょうま
- 瞬一 しゅんいち
- 迅 じん
- 爽平 そうへい
- 颯馬 そうま
- 迅雄 としお
- 凪斗 なぎと
- 颯 はやて
- 疾風 はやて
- 迅人 はやと
- 風雅 ふうが
- 風真 ふうま
- 舞斗 まいと
- 嵐 らん
- 嵐丸 らんまる

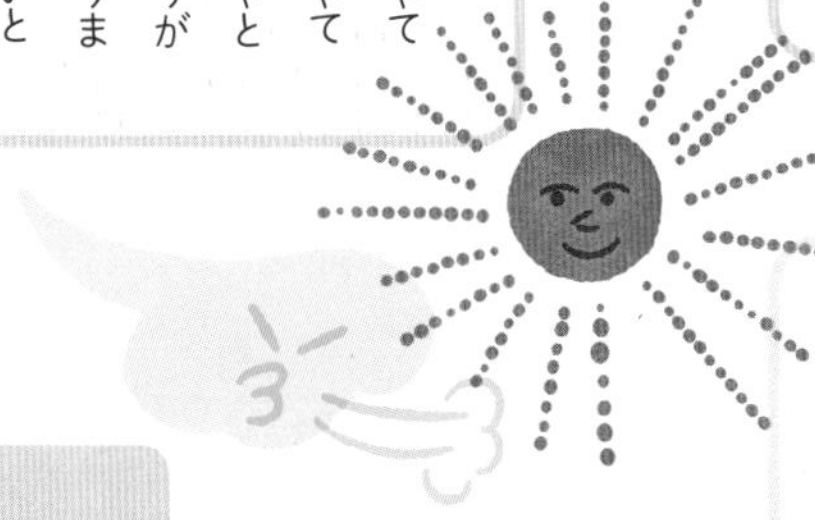

雨・曇り

名前例

- 吾嵐 あらん
- 雨京 うきょう
- 霞 かすみ
- 霧弥 きりや
- 洸雲 こううん
- 時雨 しぐれ
- 閃翔 せんと
- 蒼雲 そううん
- 霧雅 むが
- 弥雲 やくも
- 夕雨 ゆう
- 雷飛 らいと
- 嵐樹 らんじゅ
- 嵐道 らんどう

雪

名前例

- 晶 あきら
- 和雪 かずゆき
- 寒一 かんいち
- 雪斗 きよと
- 銀世 ぎんせい
- 雪輝 せつき
- 白馬 はくま
- 白埜 はくや
- 氷翔 ひしょう
- 雅雪 まさゆき
- 雪ノ丞 ゆきのじょう
- 雪月 ゆづき

生き物

地球上には、数えきれないほどの生き物がいます。
その個性的な姿をヒントにしてみては。

陸の生き物

伝説の動物は尊《とうと》さや勇ましさを、身近な動物は親しみやすさや愛嬌《あいきょう》を感じさせます。

漢字

鷹 麒 龍 獅 象 凰 彪 寅 竜 馬 虎 辰
麟 鶴 駿 鳳 琥 犀 羚 鳥 鹿 豹 隼 兎

名前例

彪 あきら
飛鳥 あすか
兎吉 うきち
凰史郎 おうしろう
和虎 かずとら
功象 こうぞう
虎太郎 こたろう
琥徹 こてつ
犀次 さいじ
駿麒 しゅんき
象悟 しょうご
獅竜 しりゅう
大獅 たいし
鷹志 たかし

鷹翔 たかと
辰樹 たつき
龍典 たつのり
汰鶴 たつる
寅治 とらじ
隼人 はやと
豹牙 ひょうが
彪我 ひょうが
勇龍 ゆうたつ
勇馬 ゆうま
竜斗 りゅうと
麟 りん
麟太郎 りんたろう
羚慈 れいじ

水辺の生き物

海や川、水辺にすむ生き物には、陸上の生き物とはまた違った個性や魅力があります。

漢字

貝 泳 蛍 魚 亀 睦 漁
鮎 礁 蟹 鯨 鯛 鴎 鱒

名前例

朝吏 あさり
鮎汰 あゆた
鮎夢 あゆむ
入架 いるか
泳汰 えいた
海老蔵 えびぞう
鴎介 おうすけ
貝斗 かいと
勝男 かつお
亀治 かめじ

蛍夜 けいや
珊瑚 さんご
礁 しょう
泰我 たいが
鯛暉 たいき
辰悟 たつご
蛍 ほたる
鱒男 ますお
睦夫 むつお
漁 りょう

生まれたときからイメージして

誕生の瞬間や方角を名前に刻むのもおすすめです。十二支を使って日本古来の方角や時間を表すと古風で凛とした印象になります。

方角

方角は陰陽道《いんようどう》などともかかわりが深いため、神秘的な印象もある名前になります。

名前例

東	あずま
中	あたる
乾	いぬい
右京	うきょう
右近	うこん
瑚南	こなん
左京	さきょう
西治	せいじ
巽	たつみ
辰巳	たつみ
東悟	とうご
南央希	なおき
南旺哉	なおや
南斗	なんと
西樹	にしき
北斗	ほくと
真央	まお
南	みなみ

時刻

朝焼けや夕焼け、真夜中の静けさなど、共通の情景が浮かびやすく、親しみやすい印象があります。

名前例

暁彦	あきひこ
暁紘	あきひろ
昼	あきら
曙	あきら
朝十	あさと
旭日	あさひ
和木	かずき
金弥	きんや
暮人	くれと
正午	しょうご
泰土	たいと
月翔	つきと
日哉	にちや
晩	ばん
晩翔	ばんと
水稀	みずき
夕吾	ゆうご
祐午	ゆうご
夕治	ゆうじ
夕日	ゆうひ
夕也	ゆうや
留火	るか

干《え》支《と》

生まれ年の干支からヒントをもらい、記念すべき年を印象づけてみてもいいのでは。

漢字

子 巳 午 丑 卯 申 未 亥 羊
兎 辰 酉 虎 馬 竜 猪 寅 龍

名前例

猪雅	いが
亥紗斗	いさと
壱馬	かずま
虎空	こあ
子太郎	こたろう
虎太郎	こたろう
琥鉄	こてつ
琥南	こなん
子希	しき
志龍	しりゅう
申平	しんぺい
辰実	たつみ
伯燕	ともき
寅一	とらいち
寅吉	とらきち
酉康	ながやす
丑也	ひろや
未里	みさと
巳波	みなみ
酉	みのる
優午	ゆうご
酉太郎	ゆうたろう
勇馬	ゆうま
羊太	ようた
竜侍	りゅうじ
龍平	りゅうへい

生まれた場所からイメージして

はじめて赤ちゃんと出会った場所や、自身のルーツである場所など、思い入れのある土地の名前から。

故郷

のどかで優しい雰囲気があります。故郷を大切にする思いやりのある子になることを願って。

名前例

在土 あると
街 がい
郷 きょう
郷祐 きょうすけ
郷平 きょうへい
邦明 くにあき
邦人 くにと
国彦 くにひこ
堅土 けんと
古都 こと
里也 さとや
州平 しゅうへい
荘平 そうへい
真里 まさと
邑 ゆう
邑希 ゆうき
邑人 ゆうと
里都 りと

●日本の旧国名

９世紀ごろから明治時代までの日本国内の地方行政区分が旧国名です。

名前例

伊賀 いが
壱岐 いき
甲斐 かい
長門 ながと
播磨 はりま
武蔵 むさし
大和 やまと

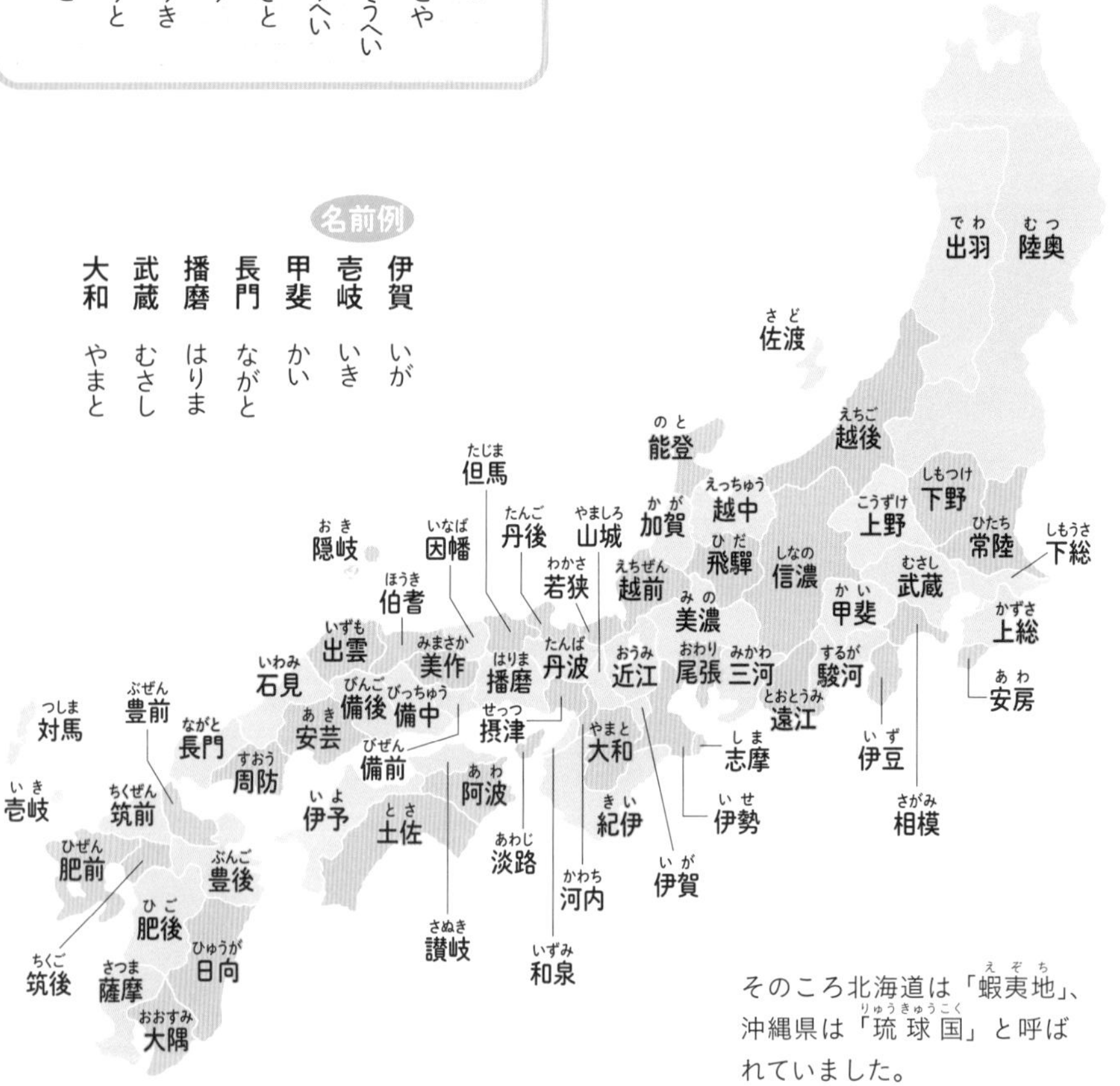

そのころ北海道は「蝦夷地《えぞち》」、沖縄県は「琉球国《りゅうきゅうこく》」と呼ばれていました。

日本の地名

古くからある地名を使えば、古風な印象に。土地のもつ歴史を感じさせる名前になります。

名前例

赤穂 あこう
旭 あさひ
飛鳥 あすか
吾妻 あずま
有馬 ありま
出雲 いずも
伊吹 いぶき
右京 うきょう
球磨 きゅうま

桐生 きりゅう
湘南 しょうなん
空知 そらち
武生 たけお
千歳 ちとせ
天竜 てんりゅう
十勝 とかち
豊明 とよあき
十和 とわ

那智 なち
日高 ひだか
比良 ひら
富士 ふじ
摩周 ましゅう
弥彦 やひこ
結城 ゆうき
遊佐 ゆさ
和光 わこう

ネーミングストーリー

柏翔《はくと》くん

私の地元・鳥取にちなんで名前をつけました

里帰り出産だったので、地元にちなんだ名前もいいなと考えていたところ、京都と鳥取をつなぐ特急列車「スーパーはくと」を思い出し、音をもらいました。鳥取で「はくと」というと、特急列車と因幡の白兎があまりにも有名で恥ずかしいような気もしますが、住まいは名古屋。連想する人も少なく、いいエピソードになると思い決めました。(春菜ママ)

世界の地名

思い出の海外の地名をヒントにおしゃれで異国情緒のある名前を考えてみては。

名前例

印渡 あきと
露 あきら
亜夢 あむ
伊太瑠 いたる
英都 えいと
加那太 かなた
韓亮 かんすけ
豪 ごう
西都 さいと

壮琉 そうる
泰 たい
独磨 とくま
幡玖 ばんく
倫敦 みちとし
米都 みつと
蘭摩 らんま
呂須 ろす
論渡 ろんど

文化や文学からイメージして

古今東西さまざまな文化や文学には、名づけのヒントも満載。お気に入りの作品や登場人物などに、わが子の未来を重ね合わせてみて。

神話

人類誕生の歴史とともに世界で語り継がれている神話。神秘的な魅力をもつ子になることを願って。

世界の神話

神話に登場する神々や英雄の名前から。勇猛《ゆうもう》果敢《かかん》に挑戦し続ける人になるように。

名前例

- **旺伝** おうでん [ゲルマン神話のオーディンから]
- **悟空** ごくう [中国の神話の孫悟空から]
- **士具琉** しぐる [ゲルマン神話のシグルズから]
- **秀** しゅう [エジプト神話のシューから]
- **眞** しん [メソポタミア神話のシンから]
- **世宇須** ぜうす [ギリシア神話のゼウスから]
- **星斗** せと [エジプト神話のセトから]
- **徹** とおる [ゲルマン神話のトールから]
- **寅朗** とらろう [アステカ神話のトラロックから]
- **甫琉主** ほるす [エジプト神話のホルスから]
- **真有偉** まうい [マウイの神話から]
- **真也** まや [マヤ文明から]

日本の神話

日本古来の神々の名前や地名から。自然を愛し、和の心を尊《とうと》ぶ子に育つように願って。

名前例

- **阿礼** あれい [古事記の語り部稗田阿礼から]
- **出雲** いずも [出雲神話から]
- **維想太** いそた [イソタケルノミコトから]
- **伊凪** いなぎ [イザナギノミコトから]
- **海彦** うみひこ [ニニギの子ども海幸彦から]
- **神武** じんむ [神武天皇から]
- **須旺** すおう [スサノオノミコトから]
- **高千** たかち [天孫降臨の場所高千穂から]
- **天照** たかてる [天照大神から]
- **高天** たかま [天上の国高天原から]
- **尊** たける [ヤマトタケルから]
- **月世** つくよ [ツクヨミノミコトから]
- **日向** ひゅうが [天照の孫・ニニギが降りた場所から]
- **尊斗** みこと [神の名前につける尊称から]
- **八太** やた [神武天皇の道案内をした八咫烏から]
- **八尋** やひろ [神々がつくった八尋殿から]
- **大和** やまと [ヤマトタケルから]
- **山彦** やまひこ [ニニギの子ども山幸彦から]

宗教

信仰に関することばから。人や自然を慈《いつく》しみ、愛される人になるように願いをこめて。

名前例

- **亜大武** あだむ [聖書のアダムから]
- **救世** くぜ [救世観音から]
- **玄武** げんぶ [四神のひとつ玄武から]
- **虎白** こはく [四神のひとつ白虎から]
- **賛美** さんび [キリスト教の賛美歌から]
- **朱雀** すざく [四神のひとつ朱雀から]
- **青竜** せいりゅう [四神のひとつ青竜から]
- **草薙** そうな [三種の神器草薙剣から]
- **能亜** のあ [旧約聖書ノアの箱舟の物語から]
- **勾斗** まがと [三種の神器勾玉から]
- **聖人** まさと [キリスト教の位から]
- **光明** みつあき [神聖な光を表す光明から]
- **龍樹** りゅうじゅ [龍樹菩薩から]
- **蓮** れん [仏の智慧や慈悲の象徴である蓮から]

和歌・中国文学

先人たちが古くから親しんできた、教養の証《あかし》である漢詩文や、恋心を伝える和歌をヒントに。

論語・漢詩

歴史の長い中国の文化や思想から。知性にあふれ、思いやりのある人になるように。

名前例

- 和貴　かずたか　［協調する「和」の精神から］
- 孝一　こういち　［年長者を敬うという教えから］
- 孔史　こうし　［孔子の名前から］
- 江楓　こうふう　［張継の「楓橋夜泊」の一節から］
- 十哲　じってつ　［孔子の特に優秀な弟子の総称から］
- 湘　しょう　［李白の「洞庭湖に遊ぶ」の一節から］
- 仁　じん　［人を思いやる「仁」の教えから］
- 秦時　しんじ　［王昌齢の「従軍行三首」の一節から］
- 千里　せんり　［杜牧の「江南の春」の一節から］
- 壮士　そうし　［李白の「蜀道難」の一節から］
- 泰宗　たいしゅう　［杜甫の「望岳」の一節から］
- 岳陽　たけはる　［杜甫の「岳陽楼に登る」の一節から］
- 春城　はるき　［杜甫の「春望」の一節から］
- 聖人　まさひと　［理想の人物像である「聖人」から］
- 道仁　みちひと　［仁につながる「道」の意から］
- 義信　よしのぶ　［正義感を優先する「義」の教えから］

三国志

中国の代表的な古典をもとに。時代を切りひらくような、心身ともに強い男性になることを願って。

名前例

- 惇斗　あつと　［魏の武将夏侯惇から］
- 葛明　かつあき　［諸葛孔明から］
- 関羽　かんう　［蜀漢の武将関羽から］
- 国志　こくし　［「三国志」から］
- 周泰　しゅうたい　［呉の武将周泰から］
- 惇　じゅん　［魏の武将夏侯惇から］
- 徐光　じょこう　［魏の武将徐晃から］
- 曹志　そうし　［魏の建国者曹操から］
- 曹仁　そうじん　［魏の武将曹仁から］
- 孫憲　そんけん　［呉の建国者孫権から］
- 太史　たいし　［呉の武将太史慈から］
- 張飛　ちょうひ　［蜀漢の武将張飛から］
- 法正　のりまさ　［蜀漢の側近法正から］
- 劉飛　りゅうと　［蜀漢の建国者劉備から］
- 遼　りょう　［魏の武将張遼から］
- 良馬　りょうま　［蜀漢の参謀馬良から］

和歌

悠久のときを経てもなお、広く愛される子に。また、豊かな表現力もあわせもつように。

名前例

- 秋近　あきちか　［「古今和歌集」紀友則の歌から］
- 庵都　あんと　［「古今和歌集」喜撰法師の歌から］
- 衛士　えいし　［「詞花和歌集」大中臣能宣の歌から］
- 忍　しのぶ　［「後撰集」参議等の歌から］
- 信夫　しのぶ　［「新古今和歌集」在原業平の歌から］
- 瀬鳴　せな　［「万葉集」柿本人麻呂の歌から］
- 武士　たけし　［和歌の枕詞「もののふの」から］
- 竜太　たつた　［「後拾遺集」能因法師の歌から］
- 辰巳　たつみ　［「古今和歌集」喜撰法師の歌から］
- 旅人　たびと　［歌人大伴旅人から］
- 豊旗　とよき　［「万葉集」天智天皇の歌から］
- 夏来　なつき　［「新古今和歌集」持統天皇の歌から］
- 風渡　ふうと　［「山家集」西行法師の歌から］
- 真幸　まさゆき　［「万葉集」有間皇子の歌から］
- 八雲　やくも　［「古事記」スサノオの歌から］
- 由良　ゆら　［「新古今和歌集」曽禰好忠の歌から］

古典文学

洗練されたことばが織りなすさまざまな文学作品から、知性あふれる人になることを願って。

平安文学

絢爛豪華《けんらんごうか》な王朝文化のもとで花開いた文学をヒントに、風雅《ふうが》を解する人になるように。

名前例

和泉	いずみ	「和泉式部日記」から
嘉牙里	かがり	「源氏物語」篝火から
源治	げんじ	「源氏物語」から
蓬生	しげお	「源氏物語」蓬生から
昴星	すばる	「枕草子」の一節から
光	ひかる	「源氏物語」の主人公の名前から
桐紫	ひさし	「枕草子」の一節から
大和	やまと	「大和物語」から

中世文学

戦乱や天変地異《てんぺんちい》など激動の中、無常観が広まった時代。物事に動じず、落ち着いた子になるように。

名前例

高良	あきよし	「徒然草」の一節から
出雲	いずも	「徒然草」の一節から
右京	うきょう	「建礼門院右京大夫集」から
和仁	かずひと	「徒然草」の一節から
兼好	かねよし	兼好法師から
十六	とむ	「十六夜（いざよい）日記」から
長明	ながあき	鴨長明から
方丈	ほうじょう	「方丈記」から

軍記物語

「平家物語《へいけものがたり》」や「太平記《たいへいき》」をはじめとする軍記《ぐんき》物語。勇猛果敢《ゆうもうかかん》な武士のように力強い子になるよう願って。

名前例

名虎	あきたけ	「平家物語」名虎から
明秀	あきひで	「平家物語」の登場人物から
早馬	そうま	「平家物語」早馬から
曾我	そうわ	「曾我物語」から
唯春	ただはる	「平家物語」の一節から
直実	なおざね	「平家物語」の登場人物から
平太	へいた	「太平記」から
義経	よしつね	「義経記」から

近世文学

義理・人情に厚い人々の世話物《せわもの》や滑《こっ》稽《けい》話が好まれていました。ユーモアがあり、情の深い人に。

名前例

一茶	いっさ	俳人小林一茶から
喜多	きた	「東海道中膝栗毛」の登場人物から
現八	げんぱち	「南総里見八犬伝」の登場人物から
勝間	しょうま	「玉勝間」から
荘助	そうすけ	「南総里見八犬伝」の登場人物から
芭蕉	ばしょう	俳人松尾芭蕉から
馬琴	まこと	滝沢馬琴から
弥次	やじ	「東海道中膝栗毛」の登場人物から

伝統芸能

人々の生活とともに発展し、洗練されてきた伝統芸能や文化から。誇りや気品のある人になることを願って。

能《のう》・狂言《きょうげん》

幽玄の美をそなえた芸術性の高い芸能のように、懐《ふところ》の深い人になるように。

漢字

玄 言 序 松 直
急 能 笛 猿 楽
鼓 歌 舞 謡 鏡

名前例

- **和泉** いずみ［狂言の流派から］
- **冠太** かんた［狂言の登場人物 太郎冠者から］
- **世弥** せいや［能の作者 世阿弥から］
- **元雅** もとまさ［能の作者 観世元雅から］
- **楽人** がくと
- **玄楽** げんら
- **至能** しの
- **松丞** しょうすけ
- **宗玄** そうげん
- **直喜** なおき
- **謡多** ようた
- **能直** よしなお

歌舞伎《かぶき》

庶民文化の中で育った芸能です。義理や人情に厚く、人の気持ちに寄り添える人になるように。

漢字

左 伎 団 花 見 取
奈 廻 座 得 菊 隈
道 幕 歌 舞

名前例

- **桜助** おうすけ［「助六由縁江戸桜」から］
- **景清** かげきよ［「景清」の主人公から］
- **吉三** きちざ［「三人吉三巴白浪」から］
- **忠信** ただのぶ［「義経千本桜」の主人公から］
- **富樫** とがし［「勧進帳」から］
- **道成** みちなり［「京鹿子娘道成寺」から］
- **光秀** みつひで［「絵本太功記」の主人公から］
- **盛綱** もりつな［「盛綱陣屋」の主人公から］
- **菊悟** きくご
- **獅童** しどう
- **染五** そめご
- **太隈** たくま
- **団治** だんじ
- **団十** だんと
- **舞左杜** まさと
- **見伎孝** みきたか

文楽《ぶんらく》

人形をまるで生きているかのように魅せる芸能です。表現力豊かな人になることを願って。

漢字

人 三 太 文 夫 世
味 音 浄 義 節 楽
瑠 語 璃 線

名前例

- **出雲** いずも［浄瑠璃作者 竹田出雲から］
- **宗輔** そうすけ［浄瑠璃作者 並木宗輔から］
- **忠臣** ただおみ［「仮名手本忠臣蔵」から］
- **由良助** ゆらのすけ［「仮名手本忠臣蔵」の主人公から］
- **音文** おとふみ
- **世楽** せら
- **直音** なおと
- **節夫** のりお
- **文太** ぶんた
- **雅瑠** まさる
- **義三** よしみ
- **楽斗** らくと

近・現代文学

お気に入りの作家や大好きな作品のように、人々を魅了する人になることを願って名づけてみては。

森鷗外《もりおうがい》

名前例

- 鷗雅　おうが
- 純一　じゅんいち
- 豊太郎　とよたろう
- 舞暉　まいき
- 正道　まさみち
- 林太郎　りんたろう

芥川龍之介《あくたがわりゅうのすけ》

名前例

- 柑路　かんじ
- 龍之　たつゆき
- 杜司　とし
- 杜子春　としはる
- 羅門　らもん
- 良平　りょうへい

夏目漱石《なつめそうせき》

名前例

- 寒月　かんげつ
- 金之助　きんのすけ
- 健三　けんぞう
- 三四郎　さんしろう
- 漱石　そうせき
- 東風　とうふう

井上靖《いのうえやすし》

名前例

- 鮎太　あゆた
- 恭太　きょうた
- 洪作　こうさく
- 光太郎　こうたろう
- 闘吾　とうご
- 靖　やすし

川端康成《かわばたやすなり》

名前例

- 栄吉　えいきち
- 薫　かおる
- 菊治　きくじ
- 邦雪　くにゆき
- 信吾　しんご
- 康成　やすなり

三浦しをん《みうらしをん》

名前例

- 走　かける
- 灰二　はいじ
- 春彦　はるひこ
- 真幌　まほろ
- 光也　みつや
- 与喜　よき

村上春樹《むらかみはるき》

名前例

- 築　きずき
- 作　つくる
- 天吾　てんご
- 亨　とおる
- 昇　のぼる
- 祐二　ゆうじ

伊坂幸太郎《いさかこうたろう》

名前例

- 泉水　いずみ
- 久遠　くおん
- 椎那　しいな
- 轟　とどろき
- 春　はる
- 富士夫　ふじお

大江健三郎《おおえけんざぶろう》

名前例

- 勇魚　いさな
- 恢次　かいじ
- 健三郎　けんざぶろう
- 古義人　こぎと
- 千樫　ちかし
- 鳥治　ちょうじ

江國香織《えくにかおり》

名前例

- 明信　あきのぶ
- 順正　じゅんせい
- 徹信　てつのぶ
- 哲哉　てつや
- 透　とおる
- 睦月　むつき

有川浩《ありかわひろ》

名前例

- 篤　あつし
- 樹　いつき
- 誠治　せいじ
- 大祐　だいすけ
- 史貴　ふみたか
- 幹久　みきひさ

東野圭吾《ひがしのけいご》

名前例

- 恭一郎　きょういちろう
- 浩介　こうすけ
- 脩平　しゅうへい
- 大五郎　だいごろう
- 番造　ばんぞう
- 学　まなぶ

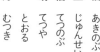

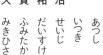

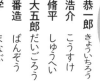

児童文学

幼いころ、夢中になって読みふけった物語の主人公のようになるように思いをはせて。

名前例

藍治 あいはる 〔グウィン「ゲド戦記」のアイハルから〕
江瑠真 えるま 〔ガネット「エルマーのぼうけん」から〕
雄瑞 おず 〔ボーム「オズの魔法使い」から〕
銀河 ぎんが 〔宮沢賢治「銀河鉄道の夜」から〕
久里須 くりす 〔ミルン「くまのプーさん」のクリストファー・ロビンから〕
小五郎 こごろう 〔江戸川乱歩「怪人二十面相」の明智小五郎から〕
慎 しん 〔「千夜一夜物語」のシンドバッドから〕
翠海 すいみ 〔レオニ「スイミー」から〕
貴良 たから 〔スティーブンソン「宝島」から〕
暖 だん 〔ローリング「ハリー・ポッター」のダンブルドアから〕

嗣実 つぐみ 〔グリム兄弟「つぐみのひげの王さま」から〕
燕 つばめ 〔ワイルド「しあわせの王子」から〕
斗夢 とむ 〔トウェイン「トム・ソーヤーの冒険」から〕
祢呂 ねろ 〔ウィーダ「フランダースの犬」から〕
星詩 ほし 〔サン＝テグジュペリ「星の王子さま」から〕
磨秀 ましゅう 〔モンゴメリ「赤毛のアン」のマシューから〕
麻也 まや 〔ボンゼルス「みつばちマーヤの冒険」から〕
道雄 みちお 〔作家竹山道雄から〕
良平 りょうへい 〔那須正幹「ズッコケ三人組」の八谷良平から〕
蕗敏 ろびん 〔デフォー「ロビンソン・クルーソー」から〕

作家の名前から

知的で想像力豊かな人になることを願い、作家の名前をヒントに名づけてみては。

名前例

西尾維新《にしおいしん》 **維新** いしん
石田衣良《いしだいら》 **衣良** いら
三上延《みかみえん》 **延** えん
泉鏡花《いずみきょうか》 **鏡花** きょうか
北方謙三《きたかたけんぞう》 **謙三** けんぞう
萩原朔太郎《はぎわらさくたろう》 **朔太郎** さくたろう
伊集院静《いじゅういんしずか》 **静** しずか
有島武郎《ありしまたけお》 **武郎** たけお

中原中也《なかはらちゅうや》 **中也** ちゅうや
北村透谷《きたむらとうこく》 **透谷** とうこく
東川篤哉《ひがしがわとくや》 **篤哉** とくや
森見登美彦《もりみとみひこ》 **登美彦** とみひこ
宮沢賢治《みやざわけんじ》 **賢治** けんじ
志賀直哉《しがなおや》 **直哉** なおや
京極夏彦《きょうごくなつひこ》 **夏彦** なつひこ
三島由紀夫《みしまゆきお》 **由紀夫** ゆきお

ネーミングストーリー

陽日斗《ひびと》くん

好きだったマンガの主人公の名前をきっかけに

子どもの名前を考えているとき、宇宙をテーマにした人気漫画を見かけ、昔よく読んでいたなと内容を回想。主人公の名前のひびきに惹かれ、もらうことにしました。「そこにいるだけで周りの人が明るく元気になる、人を照らすような子になってほしい」という願いから、太陽と日差しの「2つのヒ（陽と日）」が入る名前にしました。（直子ママ）

マンガ・アニメ・ゲーム

夢中になったり憧《あこが》れたりしたマンガやアニメ、ゲームの登場人物のように夢を与え続ける人になるように。

テニスの王子様

名前例

- 国光 くにみつ
- 蔵ノ介 くらのすけ
- 景吾 けいご
- 周助 しゅうすけ
- 精市 せいいち
- 崚馬 りょうま

名探偵コナン

名前例

- 吾笠 あがさ
- 快斗 かいと
- 小五郎 こごろう
- 琥南 こなん
- 進一 しんいち
- 平次 へいじ

ONE PIECE

名前例

- 燦治 さんじ
- 曽蕗 そろ
- 虎我 とらが
- 布藍 ふらん
- 麦 むぎ
- 琉風 るふ

新世紀エヴァンゲリオン

名前例

- 薫 かおる
- 源道 げんどう
- 真治 しんじ
- 冬次 とうじ
- 遼次 りょうじ
- 礼 れい

ドラゴンボール

名前例

- 加倫 かりん
- 悟空 ごくう
- 悟天 ごてん
- 犀耶 さいや
- 泰斗 たいと
- 武天 むてん

ジョジョの奇妙な冒険

名前例

- 譲 じょう
- 丈助 じょうすけ
- 承太郎 じょうたろう
- 徐倫 じょりん
- 典明 てんめい
- 初流乃 はるの

鬼滅の刃

名前例

- 義勇 ぎゆう
- 杏寿郎 きょうじゅうろう
- 輝利哉 きりや
- 玄弥 げんや
- 善逸 ぜんいつ
- 炭治郎 たんじろう
- 天元 てんげん

東京卍リベンジャーズ

名前例

- 堅 けん
- 大寿 たいじゅ
- 武道 たけみち
- 千冬 ちふゆ
- 鉄太 てった
- 春千夜 はるちよ
- 万次郎 まんじろう

大乱闘スマッシュブラザーズシリーズ

名前例

- 世瑠多 ぜるだ
- 音須 ねす
- 毬男 まりお
- 佳実 よしみ
- 類二 るいじ
- 蕗衣 ろい

ファイナルファンタジーシリーズ

名前例

- 架音 かいん
- 蔵人 くらうど
- 慈丹 じたん
- 志努 しど
- 須虎琉 すこる
- 六玖 ろっく

ガンダムシリーズ

名前例

- 依藍 えらん
- 叶未由 かみゆ
- 大和 やまと
- 唯 ゆい
- 凜久 りんく
- 玲 れい

スタジオジブリ作品

名前例

芦高 あしたか
亜蓮 あれん
庵利 あんり
寛太 かんた
皐月 さつき
燦 さん
志衣多 しいた
汐 しお
雫 しずく
司朗 しろう
二郎 じろう
聖司 せいじ

清太 せいた
宗介 そうすけ
辰緒 たつお
千尋 ちひろ
敏生 としお
とんぼ とんぼ
波宇瑠 はうる
羽空 はく
波論 ばろん
丸駆 まるく
武栖珂 むすか
類 るい

ディズニー作品

名前例

亜多夢 あだむ
新治 あらじ
衣世 いよ
音駆 いんく
有留采 うると
襟玖 えりく
和 かず
久利須 くりす
唆利 さり
芯波 しんば
澄須 すみす
多山 たざん

暖 だん
出瑠太 でるた
冬衣 とうい
成斗 なると
仁藻 にも
比衣太 ひいた
布留斗 ふると
帆世 ほせ
真郁 まいく
幹夫 みきお
頼人 らいと
羅留布 らるふ

映画

お気に入りの映画の中でドラマチックに生きる、憧れの登場人物の名前をヒントにしてみては。

スピルバーグの作品

名前例

宇宙 うちゅう
襟雄 えりお
樹良 じゅら
丈 じょう
芯努 しんど
未知 みち

新海誠の作品

名前例

克彦 かつひこ
草太 そうた
孝雄 たかお
貴樹 たかき
瀧 たき
帆高 ほだか

STAR WARS

名前例

或二 あるじ
帯人 おびと
時代 じだい
澄海 すかい
陽太 ようた
琉玖 るく

MARVEL作品

名前例

晏人 あんと
衛楠 えくす
壮 そう
鉄男 てつお
晴玖 はるく
礼努 れいど

好きな色からイメージして

赤は情熱、青は知性など、色と人の印象は強く結びついています。お気に入りの色や、理想のイメージをヒントにしてみては。

赤

情熱的でエネルギッシュ。燃えるような力強さや大胆さを感じる名前になります。

漢字

緋 椛 梅 桃 紅 茜 赤 朱 丹

名前例

朱翔	あけと
紅太	こうた
紅平	こうへい
朱有	しゅう
朱樹	しゅき
赤弥	せきや
紅都	べにと
丹	まこと

黄・橙《だいだい》

楽しく、元気いっぱいなイメージです。太陽や秋の実りなど、生命力あふれる印象があります。

漢字

曙 橙 萱 琥 菜 黄 柿 珀 柑

名前例

曙良	あきら
萱利	かやとし
柑馬	かんば
黄牙	こうが
琥太郎	こたろう
耀黄	てるき
橙吾	とうご
橙真	とうま
珀芭	はくば

白・黒

白や黒は意志が強く、ゆるぎないイメージ。キリリとした印象になります。

漢字

檀 黎 潔 墨 皓 黒 透 玖 白

名前例

壱黒	いっこく
皓雅	こうが
檀太	せんた
透矢	とうや
白玖	はく
白翔	はくと
真墨	ますみ
黎智	れいじ

緑

穏《おだ》やかな癒《いや》しの雰囲気です。木々のやすらぎや若々しさを感じさせてくれます。

漢字

緑 翠 葉 皐 柳 草 芽 苗 竹

名前例

稀緑	きろく
翠	すい
草太	そうた
竹雅	たけまさ
緑	みどり
葉治	ようじ
緑埜	ろくや
緑郎	ろくろう

色彩

カラフルで鮮やかな色彩を思わせる、情緒豊かな印象に。楽しげな雰囲気もあります。

漢字

鮮 絵 虹 采 色
燦 絢 彩 映 画

名前例

絢斗	あやと
一色	いっしき
絢汰	けんた
煌彩	こうさ
虹太	こうた
彩士	さいじ
虹采	ななと
陽色	ひいろ

日本の伝統色

渋くて繊細《せんさい》な、日本の伝統色の名前からインスピレーションを得てみてはいかがでしょうか。

- 浅黄色　あさぎいろ
- 伽羅色　きゃらいろ
- 群青色　ぐんじょういろ
- 紫苑色　しおんいろ
- 蘇芳　すおう
- 青磁色　せいじいろ
- 千草色　ちぐさいろ
- 露草色　つゆくさいろ
- 藤紫　ふじむらさき
- 山吹色　やまぶきいろ

名前例

- 浅黄　あさぎ
- 伽羅　きゃら
- 群青　ぐんじょう
- 紫苑　しおん
- 青磁　せいじ
- 千草　ちぐさ
- 山吹　やまぶき

金・銀

金や銀は光輝くゴージャスさを感じさせます。おめでたい、特別感のある色です。

漢字

鏡 錦 銀 金

名前例

- 金玖　かねひさ
- 銀河　ぎんが
- 金次　きんじ
- 銀治　ぎんじ
- 金太　きんた
- 銀之丞　ぎんのじょう
- 黄金　こがね
- 白銀　はくぎん

紫

古くから高貴で優雅な色とされてきました。神秘的で、謎めいた印象もあります。

漢字

藤 紫 萩 萄 菖 菫 梗 桔

名前例

- 貴菖　きしょう
- 聡紫　さとし
- 紫斗　しと
- 紫苑　しおん
- 紫門　しもん
- 蘇芳　すおう
- 聡紫　そうし
- 藤隆　ふじたか
- 紫樹　むらさき

青

クールで理知的なイメージです。海や空など、雄大な自然と関連の深い色でもあります。

漢字

藍 璃 瑠 碧 蒼 紺 青 空 水

名前例

- 藍希　あいき
- 藍志郎　あいしろう
- 碧　あお
- 青王　あお
- 蒼　あおい
- 蒼太郎　そうたろう
- 蒼守　そうま
- 碧冴　へきご
- 璃空　りく
- 琉青　りゅうせい

趣味から イメージして

あなたの好きなことや夫婦の共通の趣味をヒントに名前をつける手もあります。才能を発揮してほしい分野などもヒントにして。

アウトドア

ハイキングや釣り、園芸など、自然とふれあう趣味から。活動的で自然を愛する人に育つように。

漢字

潜 道 野 渓 峰 華 歩 花
嶺 園 埜 渚 峯 航 海 苑
麓 蒔 登 菜 峻 旅 泉 河

名前例

- 歩 あゆむ
- 海渡 かいと
- 岳登 がくと
- 和峯 かずみね
- 嘉苑 かのん
- 渓護 けいご
- 晃河 こうが
- 泉太郎 せんたろう
- 園哉 そのや
- 尭野 たかや
- 旅人 たびと
- 渚 なぎさ
- 菜治 なち
- 登 のぼる
- 峰正 ほうせい
- 雅嶺 まさみね
- 海岬 みさき
- 嶺登 みねと
- 雪埜 ゆきや
- 陽蒔 ようじ
- 崚河 りょうが
- 麓郎 ろくろう

球技

サッカーや野球などチームワークを大切にし、仲間と切磋琢磨《せっさたくま》できる子になることを願って。

漢字

蹴 鎧 塁 球 送 技 走 羽 玉
籠 闘 撞 弾 庭 卓 投 攻 打

名前例

- 亜拓 あたく
- 技之進 あやのしん
- 瑛須 えいす
- 鎧亜 がいあ
- 球 きゅう
- 球児 きゅうじ
- 球真 きゅうま
- 玖呂須 くろす
- 甲子朗 こうしろう
- 攻汰 こうた
- 剛瑠 ごうる
- 秀投 しゅうと
- 蹴斗 しゅうと
- 蹴平 しゅうへい
- 卓 すぐる
- 打一 だいち
- 塁志 たかし
- 拓琉 たくる
- 球貴 たまき
- 弾玖 だんく
- 庭壱 ていいち
- 闘吾 とうご
- 投眞 とうま
- 撞夢 どうむ
- 虎緯 とらい
- 翔羽 とわ
- 野駆 のく
- 必斗 ひっと
- 真籠 まかご
- 三塁 みつる
- 來采 らいと
- 塁 るい
- 令撞 れいどう

ダンス

リズムに乗って全身で表現をするダンスのように、表現力豊かな子になるように。

漢字

立 音 弾 跳 踊 踏 舞

名前例

黒栖 くろす
翔舞 しょうぶ
創瑠 そうる
暖 だん
弾須 だんす
知亜 ちあ
月歩 つきほ
踏也 とうや
虎玖 とらく
波宇須 はうす
舞論 ぶろん
歩芙 ほっぷ
舞人 まいと
舞音 まおと
真楠 まくす
夢宇舞 むうぶ
浬澄 りずむ
六玖 ろっく

陸上競技

走る、跳ぶなど、体力の限界に挑戦する陸上競技から、チャレンジ精神旺盛《おうせい》な子どもになるように。

漢字

迅 走 投 飛 高 疾 速 砲
陸 翔 跳 駆 槍 盤 瞬 競

名前例

晏禾 あんか
駆道 かけみち
駆琉 かける
希跳 きはね
競平 きょうへい
瞬 しゅん
迅 じん
走 そう
槍 そう
走太 そうた
高翔 たかと
投矢 とうや
速軌 はやき
盤飛 ばんと
飛翔 ひしょう
陸駆 りく
陸道 りくどう
楼土 ろうど

武道

心・技・体が鍛《きた》えられる武道を通し、強靭《きょうじん》な肉体と、研《と》ぎ澄まされた精神をそなえた子になるように。

漢字

刀 弓 手 矢 気 合 究
杖 空 武 柔 剣 拳 射
極 道 槍 薙 磨 鍛 護

名前例

合気 あいき
究道 きゅうどう
弓磨 きゅうま
究 きわむ
空也 くうや
拳 けん
剣士 けんじ
槍護 そうご
武空 たけあき
鍛志 たんじ
薙刀 なぎと
武一 ぶいち
将武 まさたけ
護 まもる
磨矢 まや
道極 みちむね
柔 やわら
幸乃杖 ゆきのじょう

ファッション

日々まとう服にこだわりをもつ人に。素朴でセンスのある雰囲気の名前になります。

漢字

繍 縫 綸 絹 裁 絢 紬 紡 染 衣 布
纏 織 維 綿 結 着 麻 紋 紗 服 糸

名前例

麻生 あさき
絢采 あやと
衣織 いおり
糸 いと
繍 いと
架紋 かもん
生成 きなり
着斗 きると
啓糸 けいと
絹 けん
絹斗 けんと
紗玖 さく
繍 しゅう
絢 じゅん
染太 せんた
織吏 せんり
染 ぜん
貴糸 たかし
紬 つむぎ
紡 つむぐ
冬維 とうい
布 ぬの
服志 ふくし
纏衣 まとい
纏 まとう
魅心 みしん
木綿 もめん
結維 ゆい
結 ゆう
結糸 ゆうし
結麻 ゆうま
綿也 わたや
綿瑠 わたる

インドア

映画や詩作、演劇など落ち着いた雰囲気の趣味にちなんで。文化的で情緒豊かな人になるように。

漢字

舞 綴 詞 詠 陶 映 吟 文
繍 踊 詩 硯 釉 栞 和 芸

名前例

映希 えいき
詠知 えいち
和芸 かずき
観詞 かんじ
吟詩 ぎんじ
硯佑 けんすけ
好映 こうえい
撮芸 さつき
繍朔 しゅうさく
笑詠 しょうえい
綴那 せつな
太踊 たいよう
綴 つづる
演文 ひろふみ
舞飛 まいと
雅映 まさあき
昌詞 まさし
文次朗 もんじろう

音楽

音楽のイメージや楽器、音楽用語をヒントに。豊かな感性と表現力をもつ子になるように。

漢字

曲 吟 伶 呂 弦 拍 音 奏 律 玲 唄 絃
唱 笙 笛 琴 琶 琵 琳 楽 鼓 歌 調 謡
鍵 譜 響

名前例

絃雅 いとまさ
宇響 うきょう
謡 うた
音郁 おとい
音也 おとや
可絃 かいと
楽斗 がくと
歌津雄 かづお
奏音 かなと
響祐 きょうすけ
吟 ぎん
琴司 きんじ
弦一朗 げんいちろう
鍵心 けんしん
琥唄 こうた
鼓由流 こゆる
詞音 しおん
笙 しょう
唱 しょう
調 しらべ
奏太 そうた
鼓 つづみ
音旺 ねお
拍亜 はくあ
響 ひびき
双琶 ふたば
譜実人 ふみと
悠唱 ゆうしょう
律 りつ
律紀 りつき
琳平 りんぺい
伶音 れのん
呂玖 ろっく

絵画・彫刻

積み重ねた努力と豊かな想像力で生み出す絵画や彫刻。クリエイティブな才能をもつ子になるように。

漢字

巧 世 色 芸 作 画 刻 采 美 造 展 彩 彫 描 絵 創 筆 塑 磨 藝

名前例

永徳　ながのり　［絵師狩野永徳から］
模音　もね　［画家クロード・モネから］
師宣　もろのぶ　［絵師菱川師宣から］
礼央奈　れおな　［画家レオナルド・ダ・ヴィンチから］
彩太　あやた
絵音　えのん
絵夢　えむ
絵惟　かい
絵斗　かいと
加音　かのん
巧作　こうさく
刻磨　こくま
采造　さいぞう
創太　そうた
泰画　たいが
巧磨　たくま
多色　たしき
彫遥　ちょうよう
創瑠　つくる
美展　よしのぶ

鉄道・電車

お気に入りの車両のように、素早く、ときに優雅に走り抜けるイメージの名前を。

名前例

赤城　あかぎ
梓　あずさ
恢時　かいじ
樫緒　かしお
架夢緯　かむい
銀河　ぎんが
琥玉　こだま
朔良　さくら
翼　つばさ
時和　ときわ
翔和衣　とわい
那夏　ななつ
望海　のぞみ
白鷹　はくたか
颯　はやて
隼　はやぶさ
遥　はるか
光　ひかり
北斗　ほくと
瑞穂　みずほ
碧　みどり
八雲　やくも

文字からイメージして

気に入った音に対してどうもしっくりくる漢字がないという場合は、ひらがなやカタカナにしてみるという方法もあります。男の子のひらがなやカタカナの名前は珍しいので、ほかの人と差をつける、個性的な名前にすることができます。

ひらがなのみの名前

ひらがなのみの名前は、やわらかく、親しみやすいイメージです。みんなに覚えてもらいやすい名前でもあります。

名前例

あゆむ　あらし　いさお　いずる　いっせい　いづる　いぶき　うだい　じゅん　すすむ

すばる　たまき　つかさ　つばさ　なつお　にお　のりたけ　みらい　むつお　るきと

カタカナのみの名前

カタカナのみの名前は、かっこよく、おしゃれなイメージです。海外でも通じるようなひびきの名前がおすすめです。

名前例

カイ　ケイ　ショウ　セナ　ユウジ　リク　リズム　リョウ　ルイ　レオ

ひらがなと漢字の名前

１文字だけ漢字にする方法もあります。こだわりのある、新鮮なイメージの名前になります。

名前例

かん平《ぺい》　けい汰《た》　進《すす》む　創《つく》る　とし哉《や》　はる樹《き》　光《ひか》る　響《ひび》き　まさ志《し》　よう太《た》

漢字づかいが新鮮な名前

人気の読みでも、ほかの人と違いを出したい、個性をもたせたいというときは、漢字づかいを工夫してみましょう。「音のひびき・読みからひける漢字一覧」(P434〜476)からつけたい音に当てはまる漢字を調べてみても。

名前例

中	あたる
椅	あづさ
育透	いくと
一煌	いつき
立樹	いつき
長夢	おさむ
介	かい
海音	かいと
主己	かずき
栞時	かんじ
鍵太郎	かんたろう
強助	きょうすけ
心志	きよし
蛍	けい
景	けい
剣	けん
絹冴	けんご
更	こう
虹	こう
昊翔	こうが
考己	こうき
網人	こうと
索	さく
左右	さすけ
舟	しゅう
洵丞	しゅんすけ
昇	しょう
笑	しょう
唱	しょう
定路	じょうじ
芯	しん
深	しん
森	しん
英	すぐる
窓	そう
蒼守	そうま
多夏	たか
尚年	たかとし
崇千	たかゆき
偉流	たける
嵩琉	たける
佐	たすく
助	たすく
璧宮	たまき
桐弥	とうや
伯季	ともき
尚呂己	ひろき
拓	ひろし
哩	まいる
真崎	まさき
甲	まさる
岬	みさき
海鶴	みつる
優木	ゆうき
有唯	ゆうた
右登	ゆうと
友惇	ゆうま
志陽	ゆきや
優	ゆたか
葉	よう
揺羽	よつば
柳平	りゅうへい
菱眞	りょうま
鈴平	りんぺい
励	れい
弥瑠	わたる

ネーミングストーリー

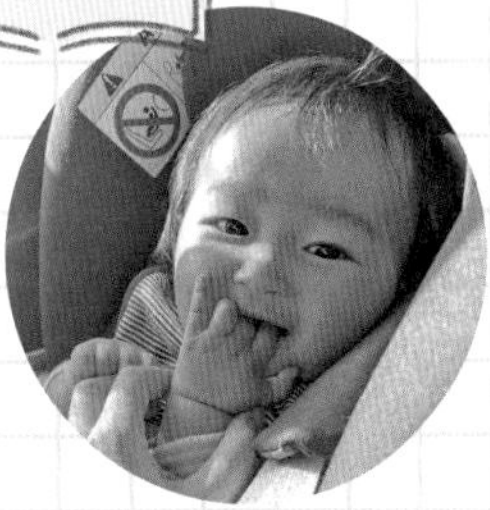

怜《れい》くん

夫婦で最初に一致した外国でも通じるカッコいい名前

外国に行っても通用するカッコいい名前がいいと思い、夫婦で候補を出しあうなか、最初に２人の意見が一致して「いいね！」となったのが「怜」でした。その後も考え続け、夫は使いたい別の漢字があったり、夫婦の名前をつなぐような名前もいいと考えたようですが、どれもしっくりこず。最初のフィーリングを大切にしようと決めました。(梨紗ママ)

画数の少ない名前

姓の画数が多い人は、画数の少ない名前がおすすめ。シンプルでわかりやすい名前にしたい人も参考にしてください。

漢字

一 乙 七 人 乃 八 了 力 丸 久 己 工 才
士 之 丈 夕 大 也 円 介 月 心 仁 天 斗
日 友 央 禾 広 世 平 未 由 光

名前例

一平 いっぺい
羽未 うみ
禾以 かい
一也 かずや
叶人 かなと
広大 こうだい
光平 こうへい
才史 さいじ
仁 じん
心平 しんぺい
世央 せお
大介 だいすけ
大一 だいち
工 たくみ
月斗 つきと
灯也 とうや
友生 ともき
七斗 ななと
一 はじめ
光 ひかる
久士 ひさし
日向 ひなた
広 ひろし
広之 ひろゆき
文才 ふみとし
冬人 ふゆと
北斗 ほくと
円 まどか
未来 みらい
百二 ももじ
由 ゆう
友三 ゆうぞう
夕月 ゆづき
由矢 よしや
力丸 りきまる
礼央 れお

画数の多い名前

姓の画数が少ない人には画数の多い名前が合います。重厚感のある名前をつけたい人にもおすすめ。

漢字

捷 凱 雅 嗣 誠 輔 毅 穂 蔵 徹 璃 緯 薫
醐 樹 龍 環 謙 燦 優 翼 瞭 瞬 櫂 類 織
瀬 巌 響 護 譲 耀 鶴 鷗 鷹 麟

名前例

緯織 いおり
凰輔 おうすけ
櫂 かい
凱哉 がいや
薫瑠 かおる
環慈 かんじ
蔵之輔 くらのすけ
慧護 けいご
聡嗣 さとし
燦路 さんじ
瞬哉 しゅんや
譲 じょう
澄櫂 すかい
誠壱 せいいち
瀬椰 せな
創麟 そうりん
醍醐 だいご
環樹 たまき
徹獅 てつし
耀樹 てるき
藤緯 とうい
捷渡 はやと
雅輝 まさき
護瑠 まもる
優輔 ゆうすけ
耀輔 ようすけ
龍騎 りゅうき
龍翼 りゅうすけ
瞭磨 りょうま
麟蔵 りんぞう
瑠璃都 るりと
廉輔 れんすけ

かっちり、すっきりした名前

横画や縦画などの直線が多い字は、決断力のある印象や、清廉《せいれん》で折り目正しい印象をかもしだします。強くまっすぐ生きていくよう、願いをこめて。

漢字

士 王 巧 司 世 正 圭 吾 臣 昌 直 門 音 皇 重 記 高 剛 隼 堂 理 皐 皓 詞 童 晴 博 嵩 聖 聞 輔 龍 瞳 曜 藍 轟

名前例

轟　ごう
博　ひろし
藍士　あいと
聖門　きよと
圭詞　けいじ
剛記　ごうき
皐輔　こうすけ
司童　しどう
隼吾　しゅんご
正吾　せいご
世輔　せいすけ
高臣　たかおみ
直皓　なおひろ
晴門　はると
博記　ひろき
理臣　まさおみ
曜王　ようき
龍司　りゅうじ

動きや流れのある名前

漢字の見た目も、名前のイメージをつくる要素です。はらいなどの曲線や斜めの画が目立つ字は、俊敏さやダイナミックさ、ソフトでおおらかな印象を感じさせます。

漢字

乃 力 大 之 久 夕 太 文 介 友 広 次 成 汐 希 究 汰 英 欣 侑 來 秋 俊 祐 凌 渓 渉 爽 窓 悠 愛 稔 楓 穂 燎 優

名前例

汐　うしお
稔　みのる
秋穂　あきほ
渓介　けいすけ
広次　こうじ
俊英　しゅんえい
渉太　しょうた
窓祐　そうすけ
乃希　だいき
俊爽　としあき
友來　ともき
成文　なるみ
悠希　はるき
久之　ひさし
楓大　ふうた
優友　まさと
侑汰　ゆうた
燎太　りょうた
欣乃介　きんのすけ

イメージワードから選ぶ名前の音

名前の語感《ごかん》の分析は、100語以上のイメージワードを使って行います。最近人気のある名前を分析し、よく出てくるワードを選出。そのイメージが強い名前を載せました。同じ名前の人を想像すると、なんとなく納得しませんか？　音と願いを組み合わせて考えてみてはいかがでしょうか。

優しい

穏《おだ》やかで思慮深い、癒《いや》し系の相談役に。

名前例

あまね
そう
そうすけ
はじめ
はやて
ひなた
ふく

ゆうすけ
ゆうせい
ゆうた
ゆうへい
ゆうま
ようすけ
ようへい

素直

嘘《うそ》が苦手で、飾らず開放的な人。いつのまにかスターになりそう。

名前例

あきら
あつや
かずや
しょう
せいや
そら

たいち
たかや
たくや
つかさ
ひろたか
みなと

のびのび

いつもマイペースで自然体、どこでも大活躍しそう。

名前例

こうへい
さとる
しゅうと
しょう
しょうご
しょうたろう
そう
そういちろう
そうた
そら
ひなた

ゆうが
ゆうじろう
よしひろ
りゅうたろう
りゅうのすけ
りゅうや
りょう
りょうた
りょうと
りょうへい
りょうや

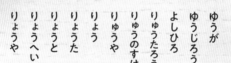

明るい

朗《ほが》らかで周囲を明るくさせる、友達の多いクラスの人気者。

名前例

あおい
あきと
あきひろ
あきまさ
あきら
あつし
かいと
しょうた
たいち
たかひろ
はるき
ひろむ
ふみや
まさき
まさし

元気

やる気と情熱でみんなを引っ張っていくリーダー的な存在に。

名前例

いつき
さとる
すばる
そういちろう
たいが
つばさ
はると
ひろむ
まさき
りく
りゅう
りゅうせい
りゅうと
りゅうのすけ
りょうへい

シャープ

明晰《めいせき》な頭脳と探究心で、華やかなエリートに。

名前例

あつき
けいすけ
けん
けんしん
けんすけ
けんた
こう
こうすけ
こうせい
こうへい
しゅん
たかゆき
はる
ゆうき
りょう

知的

豊かな知性と行動力で、有能なブレーンに。

名前例

いおり
いさみ
いぶき
かずひろ
こうせい
こうへい
そういちろう
そうま

たいせい
ひでき
ひでゆき
ひびき
みらい
ゆきひろ

責任感

几帳面《きちょうめん》さと根性で、何事も最後までやり遂げるアンカー役。

名前例

けいご
けんご
こうせい
こたろう
そうすけ
だいき
だいご
だいすけ

だいち
たくと
とおる
ともき
ともゆき
ゆうき
れお

キビキビ

俊敏《しゅんびん》な行動と判断力で、着実に成果を上げていく実力者。

名前例

かいと
かんた
けん
けんしろう
けんしん
けんた
けんたろう
こういちろう
こうた
こたろう
たいち
たくと
たける
てっぺい

信頼感

落ち着きと堅実さが、周囲に安心感を与えます。

名前例

こうだい
こうたろう
こたろう
だいご
だいすけ
だいち
たくと

たくみ
たろう
ともひろ
とわ
はるま
ひろと
やまと

おおらか

ゆったりと場を和ませる、懐《ふところ》の深いリーダーに。

名前例

あおい
あおと
こうた
こうたろう
こうや
こうよう
こたろう
しょうご

しょうすけ
そう
そうた
なおや
はる
ゆうご
ようた

人づきあいがいい

周囲の信頼と期待をパワーに変えて、出世できそう。

名前例

あおい
あゆむ
かずま
じゅんや
すばる
たいが
たくや

たつや
まなと
ゆうが
ゆうだい
りゅうた
りょうた
わたる

親しみやすい

気立てと面倒見のよさで、人から慕《した》われます。

名前例

あきら
あつし
あまね
あゆむ
つばさ
なおや
はるま

やまと
ゆいと
ゆうご
ゆうた
ゆうま
ようた
ようへい

豊か

満ち足りた印象とパワーで、企業のトップに。

名前例

あおい
あきと
けいと
こたろう
しょうご
たろう
とうま
とわ

まこと
まさと
まさひろ
まなと
ゆうせい
ゆうと
れお

個性的

存在感と独特な感性で、一目置かれる存在に。

名前例

あおい
えいと
げんた
こう
こたろう
じん
しんご
たいが
たかひろ
はる
ひろと
みらい
るい
れお
れん

力強い

たくましく男《おとこ》気《ぎ》にあふれた、頼れる親分肌。

名前例

けんご
ごう
こうが
しょうご
たいが
だいご
たくま
たける
つばさ
ひろと
ひろむ
やまと
ゆうご
りゅうと
れお

りりしい

前向きなパワーと知性にあふれるチャレンジャー。

名前例

いおり
いちろう
こうが
こうへい
しんたろう
たくと
はるま
みらい
ゆうり
りく
りくと
りゅうき
りょうへい
りん
りんたろう
れん

イキイキ

強い意志と広い視野で夢を実現できそう。

名前例

あおい
あきひろ
あつし
さとる
しんたろう
そういちろう
だいち
たかひろ
たくと
たくま
みなと
よしひろ
りくと
りょうへい

気品

洗練された魅力と知性で、憧《あこが》れの的に。

名前例

いおり
いさみ
しんいちろう
せいたろう
たいせい
ひでき
みなと
ゆうせい
ゆきひろ
りょうへい

さわやか

歯切れのいい明快さと颯爽《さっそう》とした姿でどこでもモテモテ。

名前例

あきら
あつし
さとし
しゅうへい
しゅん
しゅんすけ
しょうた
せいたろう

せいや
そうすけ
つかさ
はるき
ひかる
まさき
ゆうせい
りょうへい

清潔

不正や不公平を許さない強い意志のもち主で、みんなから信頼されます。

名前例

あきひろ
あつき
かん
けんすけ
さとし
しんいち
せい
せいたろう

そうすけ
たかし
つかさ
つよし
はるき
ひかる
ひでき
ひろあき

内に秘めた

落ち着いて思慮深く、物事の本質を見通せそう。

名前例

あゆむ
しゅう
だいすけ
たくと
てつや
とおる
ともゆき
とわ

ひろむ
まなと
ゆいと
ゆうが
ゆうじろう
ゆうと
りゅう
りゅうのすけ

将来イメージから選ぶ名前の音

名前を聞くだけで思わず信頼してしまう、名前を口にするだけでなんとなく気に入られてしまう……。名前の音には不思議な力があります。脳科学の理論に基づき、人生をうまく乗り切るパワーをもつ語感《ごかん》の名前を集めました。

癒し系

名前を口にするだけで、いらだった気分もホッと落ち着きます。

名前例

あおい
しゅうへい
そら
とも
ひなた
ふく
ふみや
みなと
ゆう
ゆうた

マイペースに生きていける

マイペースでも人から認められ、温かく見守ってもらえるかも。

名前例

いぶき
かい
けんし
しろう
そら
ひろと
ゆうき
りゅうと
りょうへい
りんたろう
れお

失敗しても許されちゃう

失敗しても、「チャレンジ精神が旺盛ゆえ」と思われる、お得なタイプ。

名前例

あきら
いち
かずや
けいた
じゅん
じゅんぺい
たいち
たくみ
てっぺい
ひろ
ひろや

目上にかわいがられて出世する

職場の上司や年長者から目をかけられ、着実に出世していきそう。

名前例

きょうた
こうたろう
こうへい
じゅんぺい
せいしろう
そうすけ
たくや
ちはる
てっぺい
はるま

あなたにならまかせたい

信頼が厚く「このプロジェクトは君にまかせた！」と指名されそう。

名前例

いおり
こうせい
こうへい
せいしろう
せいたろう

そうすけ
たかひろ
ともなり
まさひろ
りゅういちろう

イケメン

名前を聞くだけで「どんなイケメンが現れるんだろう!?」と思わず期待。

名前例

けいすけ
けんすけ
しゅん
しゅんすけ
たくや

つばさ
はる
ひかる
りょう
りょうへい

周りの人に恵まれる

助けてくれる人がしぜんと集まってきて、どんなことでも乗り切れそう。

名前例

あつし
いちろう
かずき
けいた
こたろう
じゅんのすけ
じゅんぺい
たいち
たくみ
ふく

人物像

将来しっかりした人間性を身につけて、理想的な、充実した人生を歩んでいけるようにと願いをこめて、名前を考えてみましょう。

こんな人になってほしいと願って

わが子の将来を思い描いてみて。そこからヒントを得るのもよいでしょう。

自分の道を突き進む

信念を曲げず、信じる道をまっすぐ、着実に進んでいく芯をもった子になるように願って。

漢字

己 功 至 成 克 志 実 拓 迪 勇 進 開 勝 達 遂 徹

名前例

至 いたる
開成 かいせい
開戸 かいと
克登 かつと
遂斗 かつと
克成 かつなり
成登 しげと
大志 たいし
拓人 たくと
拓途 たくと
達至 たつし
達成 たつなり
達行 たつゆき
仁志 ひとし
遂明 みちあき
迪人 みちと
勇進 ゆうしん
立己 りつき

友人に恵まれる

周囲から愛され、信頼される人になるように。一生つきあえる友とめぐりあうことを願って。

漢字

与 双 友 加 共 助 佑 協 朋 和 皆 厚 信 奏 祐 渉 結 湊 睦 親 頼

名前例

皆 かい
恭助 きょうすけ
双一朗 そういちろう
友淳 ともあつ
友和 ともかず
伴親 ともちか
朋典 とものり
朋比古 ともひこ
友也 ともや
朋義 ともよし
信親 のぶちか
湊希 みなき
皆頼 みなより
睦士 むつし
結翔 ゆいと
祐貴 ゆうき
頼太郎 らいたろう
渉 わたる

グローバルな活躍を

グローバルに世界中を飛びまわるパワフルな人に。自分の意見を堂々と表現している姿を想像して。

漢字

世 伊 印 亜 邦 英 周 法 界 南 飛 洋 航 晋 悠 遥 翔 椰 緯 蘭

名前例

英飛 あきと
周 あまね
亜蘭 あらん
洋知佳 うみちか
界人 かいと
輝翔 きしょう
航海 こうかい
周翼 しゅうすけ
翔伊 しょうい
晋椰 しんや
世伊亜 せいあ
世界 せかい
千洋 ちひろ
朋法 とものり
悠印 はるあき
遥河 はるが
遥旗 はるき
北翔 ほくと
真周 ましゅう
南都 みなと
悠緯 ゆうい
洋丞 ようすけ
洋渡 ようと
遥平 ようへい
禎遥 よしはる
露緯 ろい

幸せな人生をおくる

たくさんの幸せにあふれ、運に恵まれた人生がおくれるようにと願いをこめて。

漢字

慶 豊 富 倖 祐 佑 七
繁 嘉 満 祥 悦 欣 吉
穣 徳 禄 賀 華 幸 成
鶴 嬉 福 喜 恵 栄 寿

名前例

- 喜一 きいち
- 恵一 けいいち
- 慶吾 けいご
- 恵寿 けいじゅ
- 恵多 けいた
- 慶斗 けいと
- 倖輝 こうき
- 倖太 こうた
- 幸大 こうだい
- 祥太 しょうた
- 祥太郎 しょうたろう
- 寿広 としひろ
- 寿史 ひさし
- 福至 ふくし
- 福斗 ふくと
- 幸広 ゆきひろ
- 豊 ゆたか
- 喜人 よしと

人のために活躍する

正義感が強く、いつでも周囲のことを考えられるような、尊敬される人になるように。

漢字

謙 儀 節 敬 和 助 支 仁
優 範 嘉 寛 厚 良 正 公
譲 篤 徳 義 動 忠 志 友

名前例

- 厚志 あつし
- 篤大 あつひろ
- 篤良 あつろう
- 嘉輔 かすけ
- 寛大 かんた
- 儀一 ぎいち
- 敬吾 けいご
- 謙太 けんた
- 厚慈 こうじ
- 浩助 こうすけ
- 譲輔 じょうすけ
- 仁 じん
- 仁耶 じんや
- 助仁 すけひと
- 節弥 せつや
- 敬 たかし
- 太助 たすけ
- 儀 ただし
- 忠仁 ただひと
- 範丈 のりたけ
- 遥嘉 はるよし
- 寛支 ひろし
- 正臣 まさおみ
- 安寛 やすひろ
- 優助 ゆうすけ
- 譲 ゆずる
- 良和 よしかず
- 義徳 よしとく
- 義雅 よしまさ
- 儀康 よしやす

リーダーシップがある

周囲の人から一目置かれるカリスマ性のある人。みんなの中心に立って、人を導ける人になるように。

漢字

司 治 律 政 要 宰 将 崇
揮 尊 統 幹 魁 総 勲 導

名前例

- 勲 いさお
- 治 おさむ
- 宰 おさむ
- 統 おさむ
- 魁 かい
- 魁輝 かいき
- 一将 かずまさ
- 要 かなめ
- 幹市 かんいち
- 揮一 きいち
- 総 そう
- 総志 そうじ
- 崇 たかし
- 尊 たかし
- 尊史 たかし
- 武将 たけまさ
- 匡司 ただし
- 宰紘 ただひろ
- 司 つかさ
- 統真 とうま
- 智揮 ともき
- 治揮 はるき
- 勲斗 ひろと
- 政揮 まさき
- 政治 まさはる
- 宗統 むねのり
- 要一 よういち
- 律基 りつき

人柄

いったいどんな子に育つのだろうと、わが子には期待でいっぱい。こんな子になってほしいという願いをストレートに名前にこめてみては。

努力家

何事もひたむきに挑戦できる子。目標を達成するために努力を惜しまない強い意志をもつように。

漢字

徹 達 琢 勉 歩 孜 完
錬 練 務 貫 研 努 克
磨 毅 勤 基 修 励 志

名前例

一徹 いってつ
克志 かつし
貫一 かんいち
貫太郎 かんたろう
勤治 きんじ
研自 けんじ
修錬 しゅうれん
琢磨 たくま
努 つとむ
徹完 てつかん
徹己 てつき
徹志 てつし
徹矢 てつや
寛務 ひろむ
基毅 もとき
励汰 れいた
練 れん
練磨 れんま

行動的

自分で考え、行動に移せる実行派。自分のため、人のために積極的に動ける人になるように。

漢字

駿 渡 動 速 飛 昇 行
瞬 鋭 翔 捷 敏 歩 実

名前例

歩飛 あゆと
鋭吉 えいきち
鋭爾 えいじ
捷俊 かつとし
実敏 さねとし
駿 しゅん
駿貴 しゅんき
駿丞 しゅんすけ
瞬也 しゅんや
昇佑 しょうすけ
昇馬 しょうま
翔馬 しょうま
世渡 せいと
敏軌 としき
飛牙 ひゅうが
実翔 まこと
行嗣 ゆきつぐ
渡 わたる

聡明・賢い

頭の回転が速く、真の知性を身につけ、人生を賢く切りひらいていけるような人に。

漢字

才 見 冴 秀 利 伶 学 卓 知
怜 俊 俐 悟 殊 哲 能 敏 凌
逸 啓 理 達 智 斐 惺 資 聡
鋭 駕 慧 叡 賢 諭 優 顕 鏡

名前例

斐利 あやとし
逸人 いつひと
学人 がくと
鏡耶 きょうや
啓一 けいいち
賢治 けんじ
賢哉 けんや
聡明 さとあき
慧 さとし
秀悟 しゅうご
俊資 しゅんすけ
卓 すぐる
惺冴 せいご
太駕 たいが
智顕 ともあき
知樹 ともき
智明 ともはる
知紘 ともひろ
秀明 ひであき
秀能 ひでよし
学 まなぶ
資以 もとい
優才 ゆうさい
理一 りいち
理玖 りく
凌悟 りょうご

たくましい・元気

逆境に負けず、つねに元気な子。強い心をもち、堂々としていて頼りがいのある人になるように。

漢字

力 丈 大 牙 元 気 壮 虎
武 威 勇 剛 赳 竜 強 健
萊 逞 凱 勝 雄 勢 豪 毅

名前例

牙威	がい	丈雄	たけお
元気	げんき	武昌	たけまさ
健吾	けんご	武琉	たける
健亮	けんすけ	元	はじめ
健太	けんた	昌凱	まさかつ
豪毅	ごうき	元輝	もとき
丈	じょう	元矢	もとや
壮起	そうき	勇志	ゆうし
壮真	そうま	龍牙	りゅうが

明るい・活発

いつも前向きで元気いっぱい。いるだけで周りを明るくさせる子になるように願って。

漢字

元 快 芽 明 活 悦 起 晃
晄 笑 晋 朗 健 康 進 喜
晴 遊 陽 楽 照 勢 馳 輝

名前例

彩起	あやき	晴哉	せいや
悦朗	えつろう	大喜	だいき
快	かい	輝明	てるあき
源輝	げんき	照尚	てるなお
晃希	こうき	照也	てるや
康勢	こうせい	陽比古	はるひこ
皓陽	こうよう	元基	もとき
照瑛	しょうえい	勇輝	ゆうき
笑太	しょうた	快喜	よしき

優しくてまじめ

人の気持ちや立場を思いやれる、心の温かい人になることを願って。何事にも真摯《しんし》で誠実な子に。

漢字

円 公 心 仁 正 礼 匡 考 良 実 斉 忠
直 侑 和 恢 洵 信 保 宥 祐 律 亮 恵
真 倫 淳 滋 敦 博 寛 義 慈 慎 誠 靖
想 徳 諄 範 諒 憲 篤 優

名前例

篤	あつし	惇	すなお	誠	まこと
和徳	かずのり	素直	すなお	正和	まさかず
和雅	かずまさ	靖壱	せいいち	正純	まさずみ
寛太郎	かんたろう	誠一郎	せいいちろう	靖史	やすし
公範	きみのり	誠治	せいじ	優慈	ゆうじ
恒亮	こうすけ	祐久	たすく	祐輔	ゆうすけ
滋	しげる	忠寛	ただひろ	優人	ゆうと
正一	しょういち	直希	なおき	良純	よしずみ
信一	しんいち	直善	なおよし	義保	よしやす
心滋	しんじ	信之	のぶゆき	律	りつ
慎慈	しんじ	信義	のぶよし	礼一	れいいち
慎之介	しんのすけ	憲仁	のりひと	礼旺	れお

おもしろい・ユーモアがある

周りの空気を和やかにする、ユーモアとサービス精神のある人になるように。

漢字

明　笑　朗　莞　愉　喜　楽　歓　戯　諧

名前例

笑斗	えみと
円汰	えんた
諧	かい
莞爾	かんじ
歓児	かんじ
喜一	きいち
功喜	こうき
笑生	しょう
笑宇	しょう
翔戯	しょうぎ
笑汰	しょうた
勇楽	ゆうがく
愉宇太	ゆうた
愉楽	ゆら
喜季	よしき
吉朗	よしろう
楽太郎	らくたろう
羅芙	らふ

個性的

人に流されない独自のセンスをもった、才能あふれる人になるように願って。

漢字

一　才　有　我　壱　個　唯　逸　道　稀　極　創　感　顕

名前例

逸禾	いつか
一稀	かずき
我道	がどう
貫才	かんさい
感人	かんと
極夢	きわむ
個有	こう
才壱	さいいち
逸	すぐる
創	そう
創多	そうた
唯一	ただかず
才季	としき
穂稀	ほまれ
唯人	ゆいと
有	ゆう
有顕	ゆうけん
唯仁	ゆに

スケールが大きい

些細《ささい》なことには動じず、おおらかでゆったりした人。何か大きなことを成し遂げるように願って。

漢字

久　大　天　永　広　弘　地　汎　伸　甫　空　海　南　宥　紘　泰　展　悠　裕　遥　寛　遙　遼　環

名前例

和天	かずたか
久治	きゅうじ
広大	こうだい
広洋	こうよう
伸	しん
大空	そら
大河	たいが
泰貴	たいき
大聖	たいせい
貴大	たかひろ
千代遙	ちよはる
永遠	とわ
展雄	のぶお
展斗	のぶと
展広	のぶひろ
伸之	のぶゆき
悠	はるか
悠久	はるひさ
久	ひさし
寛仁	ひろと
紘野	ひろや
大	まさる
悠介	ゆうすけ
悠大	ゆうだい
遥	よう
遼大	りょうだい

平和

世界中の人々がひとつに結びつき、みんなが笑顔で穏《おだ》やかに暮らせる世界を願って。

漢字

円 平 安 祈 協 和 晏 泰 絆 悠 結 愛 衛 穏

名前例

愛斗	あいと
安悟	あんご
衛志	えいじ
和彦	かずひこ
和也	かずや
絆	きずな
協乙	きょういち
協護	きょうご
泰祐	たいすけ
穏也	としや
絆斗	はんと
結	ひとし
衛	まもる
安至	やすし
穏	やすま
穏行	やすゆき
結十	ゆいと
衛人	よしひと

大きな可能性を願って

大きな夢を胸に抱き、人々にも希望を与えるような人になるようにと期待をこめて。

自由・平等

自由で平等に生きられる理想の社会を実現してほしいという願いを託《たく》して。

漢字

平 由 羽 自 均 伸 弥 真 逸 翔 等 遊 遥 寛

名前例

逸紀	いつき
逸成	いっせい
和由	かずよし
均治	きんじ
幸平	こうへい
自由	じゆう
翔	しょう
達弥	たつや
等也	としや
等	ひとし
平太	へいた
真翔	まなと
遊成	ゆうせい
由斗	ゆうと
由翔	ゆうと
遊哉	ゆうや
遥斗	ようと
由寛	よしひろ

夢・未来

輝かしい夢や希望、前途《ぜんと》洋々《ようよう》たる未来の大きな可能性に期待をこめて名づけて。

漢字

可 叶 未 羽 希 志 来 昇 拓 歩 栄 挑 飛 将 進 望 徠 開 暁 創 朝 遥 翔 夢 黎 蕾 翼 瞭

名前例

開翔	かいと
叶夢	かなむ
光希	こうき
暁	さとる
進志	しんじ
創志	そうし
創太	そうた
拓夢	たくむ
望	のぞむ
希望	のぞむ
昇	のぼる
大夢	ひろむ
将希	まさき
将志	まさし
未来	みらい
徠人	らいと
瞭平	りょうへい
黎志	れいし

歴史上の人物のように なってほしいと願って

歴史上の偉大な人物にあやかるときは、名前をそのままとらずに漢字1字だけもらったり、ひびきだけ同じにするという方法もおすすめです。

貴族

権力争いの中で、中心的な役割を果たした人物から。強い心をもち、将来大成する人に。

名前例

押勝	おしかつ	「紫微中台の長官 恵美押勝から」
兼家	けんや	「一条天皇の摂政・関白の藤原兼家から」
聖太	しょうた	「推古天皇の摂政聖徳太子から」
藤太	とうた	「内大臣 藤原鎌足から」
不比等	ふひと	「聖武天皇の外戚 藤原不比等から」
冬嗣	ふゆつぐ	「初代蔵人頭 藤原冬嗣から」
信	まこと	「文徳天皇の 左大臣源信から」
真道	まさみち	「醍醐天皇の 右大臣菅原道真から」
道長	みちなが	「太政大臣 藤原道長から」
基経	もとつね	「初代関白 藤原基経から」

武士・武将

群雄割拠《ぐんゆうかっきょ》の乱世でも、自らの力を信じ、未来を切りひらいていった人物にあやかって。

名前例

氏綱	うじつな	「小田原の戦国大名 北条氏綱から」
景虎	かげとら	「越後の戦国大名 上杉謙信(景虎)から」
勝元	かつもと	「管領 細川勝元から」
勝家	かつや	「織田信長の武将 柴田勝家から」
謙信	かねしげ	「越後の戦国大名 上杉謙信から」
清正	きよさだ	「豊臣秀吉の武将 加藤清正から」
清衡	きよひら	「初代奥州藤原氏 藤原清衡から」
清盛	きよもり	「太政大臣 平清盛から」
貞義	さだよし	「源氏一門 新田義貞から」
高氏	たかうじ	「室町幕府初代将軍 足利高氏から」
経義	つねよし	「源頼朝の弟 源義経から」
時宗	ときむね	「鎌倉幕府8代執権 北条時宗から」
時頼	ときより	「鎌倉幕府5代執権 北条時頼から」
忠相	ただすけ	「江戸町奉行 大岡忠相から」
豊持	とよじ	「四職山名持豊 (宗全)から」
長政	ながまさ	「近江の戦国大名 浅井長政から」
斉昭	なりあき	「水戸藩主 徳川斉昭から」
信繁	のぶしげ	「戦国末期の武将 真田幸村から」
信長	のぶつね	「尾張の戦国大名 織田信長から」
信玄	のぶはる	「甲斐の戦国大名 武田信玄から」
秀臣	ひでおみ	「織田信長の武将 豊臣秀吉から」
将門	まさかど	「桓武平氏 平将門から」
正成	まさしげ	「河内国の豪族 楠木正成から」
正則	まさのり	「豊臣秀吉の武将 福島正則から」
政宗	まさむね	「陸奥の戦国大名 伊達政宗から」
真幸	まさゆき	「戦国末期の武将 真田幸村から」
道三	みちぞう	「美濃の戦国大名 斎藤道三から」
三成	みつなり	「五奉行の一人 石田三成から」
元親	もとちか	「土佐の戦国大名 長宗我部元親から」
元就	もとなり	「安芸の戦国大名 毛利元就から」
泰時	やすとき	「鎌倉幕府3代執権 北条泰時から」
康徳	やすのり	「江戸幕府初代将軍 徳川家康から」
義満	よしみつ	「室町幕府3代将軍 足利義満から」
頼仁	よりと	「鎌倉幕府初代 将軍源頼朝から」

思想家・学者

いつの時代も学問を広めたり、新しい考えを生んだりする人は尊敬されます。賢い子になれるように。

名前例

篤信	あつのぶ	「朱子学者 林篤信から」
作造	さくぞう	「政治学者 吉野作造から」
尊徳	たかのり	「農政家 二宮尊徳から」
白石	はくせき	「朱子学者 新井白石から」
英世	ひでよ	「細菌学者 野口英世から」
真備	まきび	「学者・政治家 吉備真備から」
匡房	まさふさ	「院政期の学者 大江匡房から」
宗純	むねずみ	「大徳寺派の禅僧 一休宗純から」
宅嗣	やかつぐ	「日本初の図書館の創設者石上宅嗣から」
諭吉	ゆきち	「思想家 福沢諭吉から」

幕末・維新に活躍

日本の転換期、高い志《こころざし》と信念を掲《かか》げ、実現させた人たちのように柔軟で行動力ある人になるように。

名前例

勇	いさみ	「新撰組局長 近藤勇から」
海舟	かいしゅう	「幕臣 勝海舟から」
馨	かおる	「外務卿 井上馨から」
敬助	けいすけ	「新撰組 山南敬助から」
松陰	しょういん	「松下村塾の 吉田松陰から」
晋作	しんさく	「長州藩士 高杉晋作から」
総司	そうじ	「新撰組 沖田総司から」
隆盛	たかもり	「薩摩藩士 西郷隆盛から」
歳三	としぞう	「新撰組 土方歳三から」
利通	としみち	「内務卿 大久保利通から」
具視	ともみ	「公家 岩倉具視から」
斉彬	なりあきら	「薩摩藩主 島津斉彬から」
一	はじめ	「新撰組 斎藤一から」
正弘	まさひろ	「幕末の老中 阿部正弘から」
慶喜	よしのぶ	「15代将軍 徳川慶喜から」
竜馬	りょうま	「土佐藩士 坂本竜馬から」

名前エピソード

玄《げん》くん

由来は、杉田玄白でも、武田信玄でもありません！

夫が学校の先生をしているため、「いままでの教え子にいない名前」を基本に、だれでも読めて呼びやすく、難しくない漢字１字の名前を考えていたところ、「玄」の字が。画数もよかったので即決しましたが、現代にはいなくても、歴史上には多々いるようで……。「医者の家系？」「パパは武将好き？」ととてもよく聞かれます。笑（路子ママ）

経営者

大企業を育てた敏腕経営者のように、人望が厚く商才にあふれる人物になることを願って。

名前例

- **昭夫** あきお ［ソニー創業者の一人 盛田昭夫から］
- **功** いさお ［ダイエー創業者 中内功から］
- **栄一** えいいち ［「日本資本主義の父」 渋沢栄一から］
- **和夫** かずお ［京セラ・KDDI 創業者稲盛和夫から］
- **喜一郎** きいちろう ［トヨタ自動車創業者 豊田喜一郎から］
- **幸之助** こうのすけ ［パナソニック創業者 松下幸之助から］
- **佐吉** さきち ［トヨタグループ創始者 豊田佐吉から］
- **宗一郎** そういちろう ［本田技研工業創業者 本田宗一郎から］
- **高利** たかとし ［三越創業者 三井高利から］
- **正** ただし ［ファーストリテイリング 創業者　柳井正から］
- **敏夫** としお ［東芝元代表取締役社長 土光敏夫から］
- **一人** ひとり ［銀座まるかん創業者 斎藤一人から］
- **溥** ひろし ［任天堂元代表取締役社長 山内溥から］
- **正義** まさよし ［ソフトバンク創業者 孫正義から］
- **百福** ももふく ［日清食品創業者 安藤百福から］
- **弥太郎** やたろう ［三菱財閥創業者 岩崎弥太郎から］

政治家

歴史に名を残す政治家のように、日本を変えるリーダーとなることを願って。

名前例

- **角栄** かくえい ［第64・65代内閣総理大臣 田中角栄から］
- **喜重郎** きじゅうろう ［第44代内閣総理大臣 幣原喜重郎から］
- **是清** これきよ ［第20代内閣総理大臣 高橋是清から］
- **重信** しげのぶ ［内閣総理大臣 大隈重信から］
- **茂** しげる ［第45・48・49・50・51代 内閣総理大臣吉田茂から］
- **純一郎** じゅんいちろう ［第87・88・89代内閣総理大臣 小泉純一郎から］
- **正造** しょうぞう ［栃木県県会議員 田中正造から］
- **孝允** たかよし ［参議 木戸孝允から］
- **湛山** たんざん ［内閣総理大臣 石橋湛山から］
- **毅** つよし ［内閣総理大臣 犬養毅から］
- **信介** のぶすけ ［第56・57代内閣総理大臣 岸信介から］
- **勇人** はやと ［第58・59・60代内閣 総理大臣池田勇人から］
- **密** ひそか ［政治家 前島密から］
- **博文** ひろぶみ ［初代・第5・7・10代内閣 総理大臣伊藤博文から］
- **宗光** むねみつ ［外相 陸奥宗光から］
- **行雄** ゆきお ［政治家 尾崎行雄から］

国民栄誉賞受賞者

芸術やスポーツなどを通して、たくさんの国民に愛され、社会に希望を与えてくれる人になれるように。

名前例

- **明** あきら ［映画監督 黒澤明から］
- **清** きよし ［俳優 渥美清から］
- **幸喜** こうき ［横綱大鵬 (納屋幸喜)から］
- **祥雄** さちお ［プロ野球選手 衣笠祥雄から］
- **慎吾** しんご ［車いすテニス選手 国枝慎吾から］
- **直己** なおみ ［冒険家 植村直己から］
- **丈夫** たけお ［歌手 増永丈夫から］
- **久彌** ひさや ［俳優 森繁久彌から］
- **貢** みつぐ ［横綱千代の富士 (秋元貢)から］
- **実** みのる ［作曲家 遠藤実から］
- **裕太** ゆうた ［囲碁棋士 井山裕太から］
- **良一** りょういち ［作曲家 服部良一から］

銀幕の大スター

白黒映画の時代からスクリーンを彩ってきた大スターがいます。華やかで人の心のよりどころになれる人に。

名前例

邦衛 くにえ [田《た》中《なか》邦《くに》衛《え》]
拳 けん [緒《お》形《がた》拳《けん》]
健一 けんいち [萩《はぎ》原《わら》健《けん》一《いち》]
新太郎 しんたろう [勝《かつ》新《しん》太《た》郎《ろう》]
敏郎 としろう [三《み》船《ふね》敏《とし》郎《ろう》]
正和 まさかず [田《た》村《むら》正《まさ》和《かず》]
優作 ゆうさく [松《まつ》田《だ》優《ゆう》作《さく》]
裕次郎 ゆうじろう [石《いし》原《はら》裕《ゆう》次《じ》郎《ろう》]

ノーベル賞受賞

世界に貢献するノーベル賞受賞者のように、国際的に認められる人物になることを願って。

名前例

● 物理学賞

秀樹 ひでき [湯《ゆ》川《かわ》秀《ひで》樹《き》]
振一郎 しんいちろう [朝《とも》永《なが》振《しん》一《いち》郎《ろう》]
玲於奈 れおな [江《え》崎《さき》玲《れ》於《お》奈《な》]
昌俊 まさとし [小《こ》柴《しば》昌《まさ》俊《とし》]
陽一郎 よういちろう [南《なん》部《ぶ》陽《よう》一《いち》郎《ろう》]
誠 まこと [小《こ》林《ばやし》誠《まこと》]
敏英 としひで [益《ます》川《かわ》敏《とし》英《ひで》]
勇 いさむ [赤《あか》﨑《さき》勇《いさむ》]
浩 ひろし [天《あま》野《の》浩《ひろし》]
修二 しゅうじ [中《なか》村《むら》修《しゅう》二《じ》]
隆章 たかあき [梶《かじ》田《た》隆《たか》章《あき》]
淑郎 しゅくろう [真《ま》鍋《なべ》淑《しゅく》郎《ろう》]

● 文学賞

康成 やすなり [川《かわ》端《ばた》康《やす》成《なり》]
健三郎 けんざぶろう [大《おお》江《え》健《けん》三《ざぶ》郎《ろう》]

● 平和賞

栄作 えいさく [佐《さ》藤《とう》栄《えい》作《さく》]

● 化学賞

謙一 けんいち [福《ふく》井《い》謙《けん》一《いち》]
英樹 ひでき [白《しら》川《かわ》英《ひで》樹《き》]
良治 りょうじ [野《の》依《より》良《りょう》治《じ》]
耕一 こういち [田《た》中《なか》耕《こう》一《いち》]
脩 おさむ [下《しも》村《むら》脩《おさむ》]
章 あきら [鈴《すず》木《き》章《あきら》]
英一 えいいち [根《ね》岸《ぎし》英《えい》一《いち》]

● 医学・生理学賞

進 すすむ [利《と》根《ね》川《がわ》進《すすむ》]
伸弥 しんや [山《やま》中《なか》伸《しん》弥《や》]
智 さとし [大《おお》村《むら》智《さとし》]
良典 よしのり [大《おお》隅《すみ》良《よし》典《のり》]
佑 たすく [本《ほん》庶《じょ》佑《たすく》]

和の心を大切に と願って

伝統文化や匠の技などから、和の心を大切にする思いをこめましょう。将来国際的に活躍することを見据え、日本らしく美しい名前をつけても。

古風な名前

最近は、あえて古風で伝統的な名前をつけける方法が人気。大和魂を感じさせる名前を考えてみては。

漢字

都 倭 京 虎 助 介
雅 将 奏 苑 和 吉

和のことばから

和の雰囲気を感じさせることばやひびきから考える名前は、渋くて風流なイメージです。

名前例

藍志郎 あいしろう
飛鳥 あすか
庵 いおり
伊織 いおり
樹 いつき
一茶 いっさ
一誠 いっせい
伊吹 いぶき
右京 うきょう
右近 うこん
雅楽 うた
桜志郎 おうしろう
神楽 かぐら
景虎 かげとら
奏和 かなと
奏都 かなと
鍵太郎 かんたろう
吉祥丸 きっしょうまる
京介 きょうすけ
清彦 きよひこ
蔵之助 くらのすけ
蔵人 くらんど
小次郎 こじろう
琥鉄 こてつ
左京 さきょう
佐助 さすけ
紫苑 しおん
将吉 しょうきち
志龍 しりゅう
清志郎 せいしろう
大雅 たいが
尊之進 たかのしん
匠 たくみ
岳丸 たけまる
丞 たすく
龍臣 たつおみ
多聞 たもん
寅吉 とらきち
肇 はじめ
春臣 はるおみ
絆太 はんた
光比古 みつひこ
武蔵 むさし
八雲 やくも
大和 やまと
倭人 やまと
蘭丸 らんまる
龍之介 りゅうのすけ

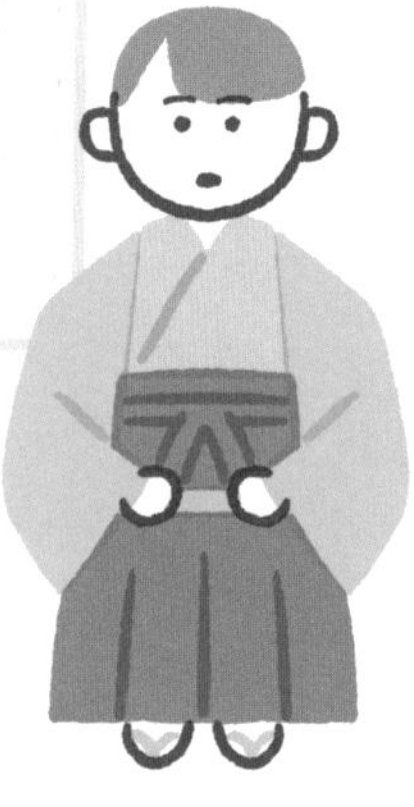

「太郎」がつく名前

昔ながらだけれど、根強い人気の「太郎」がつく名前。「汰」や「朗」の字を使って工夫することも。

名前例

旺太郎 おうたろう
桜太郎 おうたろう
柑太郎 かんたろう
吟太郎 ぎんたろう
虎太郎 こたろう
琥太郎 こたろう
朔太郎 さくたろう
慎太郎 しんたろう
奏太郎 そうたろう
春太郎 はるたろう
桃太郎 ももたろう
理太郎 りたろう

芸事・建築物・建造物

古くから人から人へ受け継がれている芸事や、人々を魅了し続ける歴史的な建築物をヒントにしてみては。

芸事

陶芸や三味線など、古きよき日本の芸事を大切にする人に。道を究《きわ》める一途《いちず》さも感じさせます。

漢字

巧 伎 匠 芸 華 紗 扇 紡
紋 紬 陶 絢 絵 創 釉 絹
踊 綺 綾 綸 舞 磨 繍 織

名前例

綺人	あやと
織也	おりや
研匠	けんしょう
絢大	けんた
巧真	こうま
左紋	さもん
繍二	しゅうじ
陶孝	すえたか
扇太朗	せんたろう
創磨	そうま
汰紡	たつむ
紬	つむぎ
雅芸	まさき
釉志郎	ゆうじろう
幸絹	ゆきまさ
踊壱	よういち
綾平	りょうへい
綸	りん

建築物・建造物

木材のみで建てられた寺や城には、匠《たくみ》の技《わざ》がこめられています。一本気でまじめな人になるように。

漢字

工 大 巧 伎 寺 匠 社 建
城 神 宮 堂 梁 塔 萱 築

名前例

斎城	いつき
神威	かむい
工真	こうま
聡伎	さとき
嗣堂	しどう
社央	しゃお
俊寺	しゅんじ
大槻	だいき
工	たくみ
匠	たくみ
建希	たつき
塔吾	とうご
堂夢	どうむ
奈築	なつき
尚巧	ひさよし
大	まさる
浬宮	りく
梁介	りょうすけ

至高の名品

何百年もの間、技術が受け継がれ、いまに伝わる一品があります。こだわりのある人になれるように。

刀剣

刀剣は武士の魂と呼ばれます。武器としてだけでなく、美術品として価値のあるものも。たくましく、美しい人になれるように。

名前例

- **景光** かげみつ
- **兼定** かねさだ
- **清光** きよみつ
- **清磨** きよまろ
- **国俊** くにとし
- **国広** くにひろ
- **虎徹** こてつ
- **貞宗** さだむね
- **左文字** さもんじ
- **忠広** ただひろ
- **長義** ちょうぎ
- **恒次** つねつぐ
- **藤四郎** とうしろう
- **朝尊** ともたか
- **長光** ながみつ
- **則宗** のりむね
- **政宗** まさむね
- **正国** まさくに
- **正秀** まさひで
- **宗近** むねちか
- **村正** むらまさ
- **光忠** みつただ
- **吉光** よしみつ
- **行平** ゆきひら

焼酎・日本酒

こだわりをもってつくられ、個性と深みをもった焼酎や日本酒の名前から考えてみては。

名前例

●焼酎
- **伊佐美** いさみ
- **伊蔵** いぞう
- **海王** かいおう
- **兼八** かねや
- **喜六** きろく
- **膳** ぜん
- **天珠** てんじゅ
- **白岳** はくたけ
- **侍士** ひとし
- **真王** まおう

●日本酒
- **新政** あらまさ
- **磯二** いそじ
- **凰美** おうみ
- **菊水** きくみ
- **九平次** くへいじ
- **蔵壱** くらいち
- **十四** とし
- **飛露喜** ひろき
- **真澄** ますみ
- **八海** やつみ

先人の教えを大切にするようにと願って

古くから使われてきた美しい日本語があります。赤ちゃんにとっても人生をはげましてくれる大切なことばになるでしょう。

故事成語

泰《たい》山《ざん》北《ほく》斗《と》

意味 その道の大家として最も高く尊ばれる人

名前例 **泰斗** たいと　**北斗** ほくと

螢《けい》雪《せつ》の功

名前例 **功雪** こうせつ　**螢** ほたる

快《かい》刀《とう》乱《らん》麻《ま》

意味 複雑な物事をてきぱきと手際よく解決すること

名前例 **快刀** かいと　**刀麻** とうま

四字熟語

桜《おう》梅《ばい》桃《とう》李《り》

名前例 **桃李** とうり　**李桜** りお

質《しつ》実《じつ》剛《ごう》健《けん》

名前例 **剛健** ごうけん　**実健** さねたけ

勇《ゆう》猛《もう》精《しょう》進《じん》

意味 勇敢に、そして一生懸命に物事を行うこと

名前例 **猛** たけし　**勇進** ゆうしん

雲《うん》外《がい》蒼《そう》天《てん》

意味 努力して困難を克服すれば、素晴らしい景色が望めること

名前例 **蒼雲** そううん　**蒼天** そうてん

英《えい》姿《し》颯《さっ》爽《そう》

意味 堂々としていて立派な容姿で、見ていて気持ちのよい様子

名前例 **英姿** えいじ　**爽姿** そうし

ことわざ

時は金なり

名前例 **金時** きんとき　**時成** ときなり

和を以て貴《たっと》しとなす

名前例 **和貴** かずき　**貴成** たかなり

勝って兜《かぶと》の緒を締めよ

名前例 **勝緒** かつお　**兜** かぶと

為《な》せば成る為さねば成らぬ何事も

名前例 **為成** ためなり　**成人** なると

実るほど頭《こうべ》の垂るる稲穂かな

名前例 **稲穂** いなほ　**実** みのる

きょうだい・ふたごで絆を感じられるように願って

きょうだいやふたごに、家族の絆を感じさせる名前をつけるのも根強い人気。呼んだときの語感をそろえる「音から」、共通の思いをこめる「イメージから」、名前を見たときの印象に関連をもたせる「漢字から」の３つの切り口を紹介します。また、それぞれの方法にはコツやポイントがあります。名前例をヒントに考えてみましょう。

漢字づかいが新鮮な名前

音から

「ゆうじ」と「えいじ」のようにひびきをそろえたり、止め字の音をそろえる方法。違いが聞き取りづらくなりがちなので、先頭字の母音は変えたほうがベター。

名前例

●止め字が「お」
和緒 かずお
奈雄 なお
蒔男 まきお

●止め字が「し」
功志 こうし
崇至 たかし
悠士 ゆうし

●止め字が「じ」
寛治 かんじ
翔司 しょうじ
遥路 ようじ

●止め字が「と」
奏采 かなと
秋登 しゅうと
北斗 ほくと

●止め字が「み」
辰巳 たつみ
英実 ひでみ
佳奈美 かなみ

●止め字が「や」
昊夜 こうや
朔弥 さくや
佑矢 ゆうや
諒也 りょうや
麻弥 まや

●3音で中字が長音
幸喜 こうき
祥司 しょうじ
蒼太 そうた
藤吾 とうご
徹 とおる
楓真 ふうま
勇気 ゆうき
悠馬 ゆうま
陽太 ようた
崚馬 りょうま
礼二 れいじ
紗彩 さあや
有子 ゆうこ
玲子 れいこ

●末字が長音
桐生 きりゅう
建秀 けんしゅう
司郎 しろう
真周 ましゅう
真優 まゆう
美有 みゆう

●2音で末字が長音
空宇 くう
功 こう
翔 しょう
譲 じょう
悠 ゆう
礼 れい
美依 みい

●2音で末字が「い」
海 かい
泰 たい
乃衣 のい
類 るい
舞 まい
美衣 みい
唯 ゆい

●2音で末字が「ん」
寛 かん
健 けん
慎 しん
門 もん
杏 あん
蘭 らん
凜 りん

●2音で末字が「ち」
那智 なち
街 まち
道 みち
幸 さち

●濁音
凱 がい
岳 がく
源 げん
剛 ごう
潤 じゅん
仁 じん
暖 だん
純 じゅん

●拗音
秀真 しゅうま
順治 じゅんじ
譲太 じょうた
勝利 しょうり
京子 きょうこ

●5音
健太郎 けんたろう
藤史郎 とうしろう
佑太朗 ゆうたろう

＊青字が男の子に、茶色の字が女の子に多くつけられる名前です。

同じイメージにする

イメージから

自然や色など、共通のイメージから考える方法。つながりをもたせながらも、全く違うひびきの名前にすることができるのもポイントです。

名前例

●自然
泉 いずみ
空 そら
陸 りく
林平 りんぺい
花香 はなか
光李 ひかり

●海
智波 ちなみ
凪斗 なぎと
湊 みなと
汐音 しおね
岬 みさき

●天気
晴吾 せいご
風太 ふうた
雪治 ゆきじ
美雨 みう
陽香 ようか

●宇宙
銀河 ぎんが
星一 せいいち
真宙 まひろ
月奈 つきな

●光
陽 あきら
燦 さん
輝季 てるき

●色
紫苑 しおん
勇青 ゆうせい
紅子 べにこ

●音楽
奏 かなで
弾 だん
結音 ゆおん

●和風
武虎 たけとら
武蔵 むさし
大和 やまと
琴乃 ことの
小百合 さゆり

●季節
春太郎 はるたろう
夏生 なつき
秋弥 しゅうや
冬吾 とうご
春菜 はるな

●訪れた土地
泰吾 たいご
真幌 まほろ
遥駆 ようく
論努 ろんど
天莉 あめり
葉和 はわ

●数字
一 はじめ
二葉 ふたば
雄三 ゆうぞう
四朗 しろう
祥五 しょうご
六夫 むつお
七海 ななみ
佑八 ゆうや
吏九 りく

●一・十・百
創壱 そういち
陽十 はると
百路 ももじ
一美 かずみ
十萌 とも
百華 ももか

●陸・海・空
海 かい
空哉 くうや
陸登 りくと

●右・左
右京 うきょう
左京 さきょう

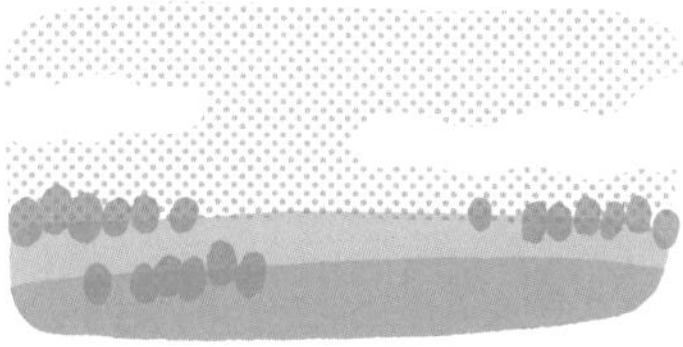

Column

きょうだい・ふたごでセットの名前

ひびきや意味がセットになる名前でつながりをもたせる方法も。工夫して、ほかの人とはひと味違う名前を考えてみてはいかがでしょうか。

1. つなげるとひとつのことばに

きょうだいの名前をつなげて読むと熟語や文になる名前。

公明 きみあき・正大 まさひろ → **公明正大** ／ 桜 さくら・朔 さく → **桜咲く**

気宇 きう・壮大 そうた → **気宇壮大** ／ 旭 あさひ・昇 のぼる → **朝日昇る**

2. 熟語から1文字ずつ

きょうだいの名前に、熟語から漢字を1文字ずつちりばめます。

正人 まさと・直人 なおと → **正直** ／ 真 まこと・心 こころ → **真心**

悠斗 ゆうと・久志 ひさし → **悠久** ／ 雪也 ゆきや・辰月 たつき・莉花 りか → **雪月花**

同じ漢字を入れる

漢字から

気に入った共通の漢字を入れる方法。ただし、先頭字の読みが同じだと略称で呼んだときに紛らわしいので、同じ漢字でも違う読みにするなどの工夫をしましょう。部首をそろえても。

名前例

● 大
広大　こうだい
大地　だいち
天大　たかひろ

● 心
心一　しんいち
裕心　ゆうしん
心　こころ

● 光
光輝　こうき
光　ひかり
光紀　みつき

● 希
希月　きづき
苑希　そのき
希美　のぞみ

● 虎
虎太郎　こたろう
虎二郎　とらじろう
正虎　まさとら

● 空
空我　くうが
空良　そら
晴空　はるく

● 海
羽海　うみ
海渡　かいと
心海　ここみ

● 勇
勇　いさむ
健勇　けんゆう
勇次　ゆうじ

● 真
真治　しんじ
橙真　とうま
真琴　まこと

● 悠
健悠　けんゆう
悠貴　はるき
悠斗　ゆうと
美悠　みゆ

● 琉
士琉　しりゅう
創琉　そうる
琉星　りゅうせい
琉香　るか

● 翔
翔　かける
翔吾　しょうご
勇翔　ゆうと
翔菜　しょうな

● 晴
一晴　いっせい
雅晴　まさはる
晴子　はるこ

● 陽
太陽　たいよう
陽人　はると
真陽　まひろ

● 蒼
蒼　あおい
蒼悟　そうご
蒼貴　ひろき

● 夢
斗夢　とむ
広夢　ひろむ
夢子　ゆめこ

● 颯
颯史　そうし
千颯　ちはや
颯　はやて

● 輝
晃輝　あきてる
輝哉　てるや
勇輝　ゆうき
輝葉　てるは

● 優
優　すぐる
優瑠　まさる
優樹　ゆうき
優香　ゆうか

文字数をそろえる

文字数をそろえると、統一感が出ます。姓の長さを見て、長い姓には漢字1文字の名前、短い姓には漢字3文字の名前をつけてみてもよいでしょう。

名前例

● 漢字1文字
中　あたる
櫂　かい
浬　かいり
圭　けい
豪　ごう
慎　しん
洋　よう
陸　りく
愛　あい
華　はな
澪　みお
結　ゆい

● 漢字3文字
伊知郎　いちろう
光一郎　こういちろう
晃之介　こうのすけ
志乃介　しのすけ
伸二郎　しんじろう
慎之助　しんのすけ
蒼太郎　そうたろう
汰佳斗　たかと
辰之進　たつのしん
日向采　ひなと
靖比古　やすひこ
由宇也　ゆうや

止め字を同じ漢字にする

同じ止め字を使う方法。「名前に使われる止め字」（P348〜349）から好きな止め字をさがして、さまざまなバリエーションを考えてみましょう。

名前例

●央
- 礼央　れお
- 那央　なお
- 未央　みお

●生
- 麻生　あさき
- 直生　なおき
- 真生　まき

●音
- 奏音　かなと
- 葉音　はのん
- 美音　みね

●我
- 功我　こうが
- 大我　たいが
- 亮我　りょうが

●吾
- 健吾　けんご
- 尚吾　しょうご
- 大吾　だいご

●季
- 直季　なおき
- 佑季　ゆうき
- 瑞季　みずき

●武
- 則武　のりたけ
- 英武　ひでたけ
- 昌武　まさたけ

●明
- 孝明　たかあき
- 寿明　ひさあき
- 弘明　ひろあき

●海
- 海　うみ
- 直海　なおみ
- 愛海　まなみ

●星
- 亜星　あせい
- 恒星　こうせい
- 勇星　ゆうせい

●真
- 空真　くうま
- 翔真　しょうま
- 蒼真　そうま

●雪
- 直雪　なおゆき
- 伸雪　のぶゆき
- 美雪　みゆき

●瑠
- 駆瑠　かける
- 十瑠　とおる
- 芽瑠　める

●穂
- 高穂　たかほ
- 和穂　かずほ
- 香穂　かほ

●輔
- 桜輔　おうすけ
- 康輔　こうすけ
- 虎之輔　とらのすけ

ネーミングストーリー

竜介《りゅうすけ》くん　虎太郎《こたろう》くん
天馬《てんま》くん

ファーストネームとミドルネームに日本とドイツの想いをこめて

日本で出産した長男は寅年生まれ。はじめての子育てに不安が大きかったため、「偉大な・丈夫な」という意味のドイツ語をファーストネームにして、ミドルネームは干支から「虎太郎」に。次男と三男はドイツ生まれなのでファーストネームを日本名で「竜介」「天馬」に。午年の三男は２人の兄（虎と竜）に負けないようペガサスのイメージです。（沙世子ママ）

世界中で親しまれるように願って

国際社会で活躍しやすいようにとふえているのが、外国語、特に英語でも呼びやすい名前。海外の人にも、発音しやすく親しまれやすい名前をつけるヒントを参考にしてみては。

1 外国語の名前や意味から

外国語の名前や意味から名づける方法です。

「Joe→譲《じょう》」、「Tiger→大河《たいが》」のように外国語の名前や単語をそのまま応用します。ただし、「魂」と書いて「ソウル」と読ませるような無理な名づけは避けたいものです。

2 短い愛称にできる名前に

短い名前はそのまま覚えてもらえます。長い名前でも、後ろを略して「けん」「しょう」などの短い愛称《あいしょう》に変えることもできます。

英語圏

世界の共通言語である英語からの名づけは人気があります。世界中の人から親しみをこめて呼んでもらえるように。

単語		意味	名前例			
サン	[sun]	太陽	賛	さん	燦	さん
ショア	[shore]	海岸	唱	しょう	翔宇	しょう
ジョー	[Joe]	人名	錠	じょう	譲	じょう
ジョージ	[George]	人名	丞治	じょうじ	譲二	じょうじ
スカイ	[sky]	空	栖海	すかい	澄快	すかい
ソウル	[soul]	魂	創瑠	そうる	蒼琉	そうる
タイガー	[tiger]	虎	大河	たいが	泰我	たいが
ダン	[Dan]	人名	弾	だん	暖	だん
ナイト	[knight]	騎士	祢斗	ないと	南紘	ないと
ノア	[Noah]	人名	乃阿	のあ	埜亜	のあ
ヒーロー	[hero]	英雄	紘	ひろ	陽呂	ひろ
マキシマム	[maximum]	最大	牧志	まきし	蒔士	まきし
ライト	[light]	光	雷斗	らいと	頼人	らいと
ロイ	[Roy]	人名	露惟	ろい	蕗以	ろい
ロード	[road]	道	労努	ろうど	楼土	ろうど

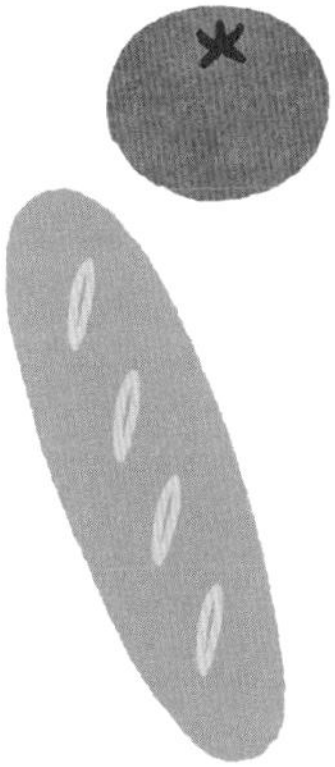

スペイン

世界で２番めに多くの人に話されているスペイン語。情熱的な国のイメージをこめて。

単語		意味	名前例	
アオラ	[ahora]	いま	**蒼羅**	あおら
アーロン	[Aarón]	人名	**亜論**	あろん
イサーク	[Isaac]	人名	**依作**	いさく
エネロ	[enero]	１月	**絵音呂**	えねろ
ソル	[sol]	太陽	**想琉**	そる
ノエ	[Noé]	人名	**乃絵**	のえ
リオ	[río]	川	**李央**	りお
ルス	[luz]	光	**瑠須**	るす
レイ	[rey]	王	**怜**	れい
レナト	[Renato]	人名	**玲那斗**	れなと

フランス

おしゃれなひびきのフランス語から、センスを感じさせる名前をつけてみては。

単語		意味	名前例	
アレクシ	[Alexis]	人名	**亜礼玖**	あれく
エテ	[été]	夏	**絵天**	えて
オンド	[onde]	波	**音渡**	おんど
シエル	[ciel]	天	**紫依琉**	しえる
テル	[terre]	地球	**耀**	てる
ナタン	[Nathan]	人名	**奈丹**	なたん
マエル	[Maël]	人名	**万絵琉**	まえる
マルス	[mars]	３月	**真瑠須**	まるす
リアン	[lien]	絆	**理安**	りあん
リヨン	[lion]	ライオン	**李勇**	りよん

韓国

日本語と似たことばも多い韓国語。ほかの人とはひと味違う名前をつけたい人に。

単語		意味	名前例	
ウッタ	[웃다]	笑う	**宇多**	うた
カン	[강]	川	**環**	かん
サジン	[사진]	写真	**佐仁**	さじん
サム	[삼]	3	**沙武**	さむ
ソジュン	[서준]	人名	**素純**	そじゅん
ノラン	[노랑]	黄色	**乃嵐**	のらん
ハン	[한]	人名	**範**	はん
ミスル	[미술]	美術	**実須琉**	みする
ヨルム	[여름]	夏	**夜夢**	よるむ
ヨンジ	[연지]	えんじ色	**四治**	よんじ

中国

中国には共通の漢字もあり、願いもこめやすいです。美しいひびきの名前に。

単語		意味	名前例	
カイ	[開]	開ける	**快**	かい
カイシン	[开心]	楽しい	**海新**	かいしん
シィアン	[香]	いい匂い	**志庵**	しあん
シュウ	[树]	樹木	**秋宇**	しゅう
シン	[星]	星	**芯**	しん
シンフー	[幸福]	幸福	**晋芙**	しんふ
タオ	[桃]	桃	**多央**	たお
チアン	[强]	強い	**智晏**	ちあん
ハオ	[好]	よい	**波緒**	はお
フゥ	[富]	金持ち	**楓**	ふう

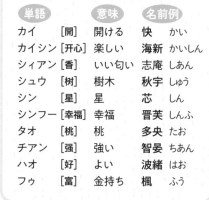

インド

インドの公用語、ヒンディー語をヒントにして、エキゾチックなイメージの名前にしてみては。

単語		意味	名前例	
エーク	[एक]	1	瑛玖	えいく
カマル	[कमल]	蓮	佳丸	かまる
サラク	[सड़क]	道	佐楽	さらく
シンフ	[सिंह]	ライオン	芯富	しんふ
ラルカ	[लड़का]	少年	良琉加	らるか

ハワイ

ひびきがかわいらしく、日本語ともよく似ているハワイ語からの名づけは最近大人気。美しくゆったりした楽園をイメージした名前をつけてみては。

単語		意味	名前例			
アオ	[ao]	光、日光、あけぼの	碧	あお	青緒	あお
イリマ	[ilima]	オアフ島の花	入眞	いりま	伊莉真	いりま
ウル	[ulu]	成長する	宇琉	うる	羽瑠	うる
カイ	[kai]	海	海	かい	櫂衣	かい
カラ	[kala]	ゆるめる、解きはなつ	加羅真	からま	夏羅麻	からま
ケイキ	[keiki]	子ども	圭輝	けいき	慶季	けいき
コア	[koa]	コアの木、勇敢な、兵士	光亜	こあ	琥空	こあ
コウ	[kou]	あなたの	昊	こう	晄	こう
ナル	[nalu]	波	成	なる	那琉	なる
ノア	[noa]	自由	乃亜	のあ	埜空	のあ
ヒロ	[hilo]	編む、より合わせる	紘	ひろ	比呂	ひろ
マウイ	[maui]	ハワイの島の名前	舞伊	まうい	真羽伊	まうい
ルアナ	[luana]	くつろぐ、満足する	留安奈	るあな	琉亜那	るあな
レア	[lea]	喜び、幸福	礼亜	れあ	伶空	れあ
レオ	[leo]	音声	礼雄	れお	怜央	れお

Column

注意したい名前

「あおい」のように母音が続く名前や、「つ」「すけ」「りゅう」は発音が難しいといわれます。また、一般的な名前でも、ローマ字で書くと違う意味になったり、外国語で思わぬ意味の単語になることもあるので、要チェックです。

発音が難しい名前の例

えいし　あつと　りゅうへい　りょうすけ

注意したい意味になる名前の例

カツオ → 男性器（イタリア語）

ケイジ → 監獄（英語）

コト → 排泄物《はいせつ》（ドイツ語）

コン → 女性器（フランス語）

タカシ → あなたの糞（フランス語）

ユウゴ → あっちに行け（英語）

PART 4

\ こだわりの文字を見つけて /

漢字から名づける

基礎知識

わが子にぴったりの漢字を見つけよう

２９９９字の漢字から選んでいく

８万字以上あるといわれる漢字のうち、名前に使えるのは２９９９字です。

人名に使える漢字は、「戸籍法《こせきほう》」という法律によって「子の名には、常用平易な文字を用いなければならない」と決められています。「常用平易な文字」とは、常用漢字と人名用漢字のことです。

常用漢字とは、一般の人が日常生活をおくるために必要な漢字の目安として定められたものです。

一方、人名用漢字は、特に人の名前に用いるために定められたもの。２００４年に、この人名用漢字が全面的に見直されました。

２０１０年には常用漢字が改定され、２００字近く追加されたため、現在人名に使える漢字は２９９９字となりました。

パパ・ママ世代が生まれたころに比べ、名前に使える漢字の選択肢はずっと広がっています。漢字をいろいろ見比べて、赤ちゃんの名前の漢字選びを楽しんでください。

「漢字と名前のリスト」から考えよう

常用漢字は、もともと人名を想定して定められたものではありません。人名用漢字も、一般からの要望に加えて、社会での使用頻度《ひんど》も考慮《こうりょ》して選ばれたものです。

そのため、「死」「病」「貧」などのマイナスの印象が強い字や、「胃」「腰」「尿」などの、実用的でも名前には向かない漢字が含まれています（→P352）。また、難しい旧字もたくさん入っています。

名づけに使える３０００字近くの漢字のうち、実際に名前の候補になるのは、その半分程度でしょう。P225からの「漢字と名前のリスト」では、特に名前にふさわしい漢字について解説しています。ぜひ役立ててください。

名前に使える漢字

常用漢字 2136 字

新聞や主な出版物をはじめとする、社会生活で使う漢字の目安。大部分は小・中学校で学習する。2010年に196字追加され、人名用漢字に5字移行した。

＋

人名用漢字 863 字

特に人名に使用できる漢字として定められている漢字。2004年に大幅に見直され、その後の追加や2010年の常用漢字の改定を経て、現在の863字となった。

これらの漢字のほか、ひらがなとカタカナ、長音記号(ー)と繰り返し記号（々、ゝ、ゞなど）も使用できる。

2999 字

使える漢字かチェックしよう

戸籍を管轄《かんかつ》する法務省のホームページでは、使いたい漢字が名前に使えるかどうかや、正しい字形を、確実にチェックすることができます。

「法務省戸籍統一文字情報」は以下のQRコードでも

1
- **「法務省戸籍統一文字情報」にアクセス**
- **「検索条件入力画面」へ**

2
- **「読み」に漢字の読みを入力**
- **「子の名に使える漢字」の人名用漢字、常用漢字にチェックを入れて 検索**

一般的な音《おん》読みや訓《くん》読みを入力するのがコツ。

3
- **使える漢字が表示される**

画数や部首などでも検索できるが、画数は本書の画数の数え方と違う場合もあるので注意。

ヒント

意味、形、字面……。楽しみながらさがそう

視覚的なイメージにも注目しよう

漢字を見て、意味はよく知らないけれど、形がなんとなく好き、と思ったことはありませんか？

漢字は、事物をかたどった絵が図案化されて、意味をもつ文字となったものです。そのため、言語的な意味を表すほか、画像的なイメージを呼び起こしたり、想像力をかきたてたりすることがあるのです。

漢字は、「圭」「容」のような左右対称の字、「鷲」「鑑」のような画数が多く黒っぽい字など、表情もいろいろ。また、「来」「灯」と、旧字の「來」「燈」では、受ける印象がずいぶん違います。

漢字を選ぶときは、意味はもちろん、形や字面《じづら》にも注目して、楽しみながらさがしてください。

部首は漢字の意味の手がかりになる

「山」や「火」「目」などの事物の形がそのまま図案化されたものを除き、ほとんどの漢字は、いくつかの部分が組み合わさってできています。

いちばん多いのは、意味を表す部分と音を表す部分とを組み合わせたものです。意味を表す部分である「部首」からは、漢字のおおよその意味を推測することができます。

たとえば「紗」の部首は「糹（いとへん）」。糸や織物に関する漢字です。ほかにも「木（きへん）」なら植物にかかわる漢字、「氵(さんずい)」

主な部首の意味

部首	意味	漢字の例	部首	意味	漢字の例
日 ひへん	太陽。	晴　暉	人 ひと	人。	佳　伶
木 きへん	木。植物。	樹　柘	亻 にんべん		
王 おうへん	玉。宝石。	珠　琥	心 こころ	心。精神の作用。	愛　恢
禾 のぎへん	稲。穀物。	秋　穂	忄 りっしんべん		
衤 ころもへん	衣服。	裕　襟	水 みず	水。流れ。	泉　汐
糸 いとへん	糸。織物。	紗　織	氵 さんずい		
言 ごんべん	ことば。	詩　謙	彡 さんづくり	模様。飾り。	彩　彰
貝 かいへん	金。財産。	財　賑	**注意したい部首**		
阝 おおざと	国。地域。	都　郷	犭 けものへん	犬。動物。	猿　狂
隹 ふるとり	鳥。	雅　雄	刂 りっとう	刃物。切る。	刑　別
宀 うかんむり	家。屋根。	宙　実	灬 れんが	火。	無　焦
艹 くさかんむり	草。植物。	英　葉	疒 やまいだれ	病気。	疲　痛
辶（辶） しんにょう	道。行く。進む。	達　遙	月 にくづき	体の部分。	腕　脂

＊つきへん（「服」など）と同じ形なので注意。

なら水に関連する漢字など、部首によって、漢字のだいたいの意味を推測できます。

音を表す部分も、チェックしましょう。

たとえば「苺（ボウ・バイ・マイ・いちご）」は、植物を表す「艹（くさかんむり）」と音を表す「母」の組み合わせ。母親の乳房《ちぶさ》の形をした植物、という意味を表します。かわいいだけでなく、母親の温かさをイメージさせる字でもあるんですね。

例1　晴

「青」音を表す

「日」意味を表す

例2　苺

「母」音を表す

「艹」意味を表す

まずは基本の読み方と意味をおさえて

漢字の読み方には、音《おん》読みと訓《くん》読み、名乗《なの》りがあります。

「蒼太《そうた》」のように音読みを使うと、かっちりとした感じに、「蒼《あおい》」のように訓読みを使うと、やわらかい感じになる傾向が。

ストレートに漢字の意味を表したいときや優しい印象にしたいときは、訓読みを使うのもおすすめです。

止め字から決めたり、万葉仮名を使う方法も

人気の漢字（→P224）には、「翔」や「大」など、止め字に使える字が多くランクインしています。止め字から決めてしまうのも手です。

「凪央人《なおと》」「莉玖《りく》」のように、漢字の音のみを利用する万葉仮名《まんようがな》のような当て字も、昔から使われている伝統的な手法です。

本書の「名前に使われる止め字」（→P348）、「万葉仮名風の当て字」（→P350）も参考にしてください。

似た漢字や表示しにくい漢字に注意

漢字は、部首が違ったり一画多かったりするだけで、意味がまったく変わってしまうことも。「似ている漢字に注意して！」（→P241）には、間違えやすい字をまとめています。

旧字が使える字もありますが（→P326）、２点しんにょう（⻍）や旧字体のしめすへん（⺬）など、画面に表示されにくい場合もあります。

難しい字や旧字を使いたいときは、さまざまな環境で複数の電子機器に入力してみるなど、表示されやすさも確認してから決めましょう。

漢字の読み方は３種類

音読み

中国語の読みをもとにした読み方。「朗」では「ロウ」。

訓読み

中国から伝わった漢字に、同じ意味の日本語（やまとことば）を当てた読み方。「朗」では「ほがらか」。

名乗り

人名の場合に使われる読み方。本来の読みからかけ離れたものも多い。「朗」では「あきら」「お」など。

例

朗

ロウ……音読み

ほがらか……訓読み

あきら・お…名乗り

重箱《ジュウばこ》読み・湯桶《ゆトウ》読み

２字以上の熟語で、音＋訓で読む読み方を重箱読み、訓＋音で読む読み方を湯桶読みという。「拓馬《タクま》」は重箱読み、「桃太《ももタ》」は湯桶読み。

漢和辞典を味方につけよう

名づけに大活躍するのが漢和辞典。発想が広がったり、思わぬ出会いに導かれたりすることも。最新の人名用漢字、常用漢字に対応した辞典を用意すると便利です。

＊用語や記号、情報の表示のしかたは、辞典ごとに多少違います。各辞典の凡例（辞典の最初にある使い方）にしたがってください。

9
【祐】
ネ 5
㊟人
ユウ
たすける

9
【祐】
礻 5

字解 形声。「たすける」意味を表す「右」に「示」を加えて、「神のたすけ」の意味を表す。

意味 ❶たすける。たすけ。❷天の与える幸福。

用例 【祐助】ユウジョ　天の助け。
【祐筆】ユウヒツ　文を書くこと。貴人に仕えて文書を書く役をした人。

名乗り さち・ち・ひろ・まさ・みち・ゆ・よし

漢字の起源。漢字のなりたちがわかる。

漢字の意味。意味が複数ある場合も多い。

名前特有の読み方。「人名」「名前」などのように示す場合もある。

漢字を使った熟語の例。漢字のイメージがより具体的になる。

総画数。辞典によって数え方が異なる場合がある。

部首と、部首を除いた画数。辞典によって分類が異なる場合も。

「人名用漢字」を表す印。常用漢字には㊖の印がある場合が多い。

音読みはカタカナ、訓読みはひらがなで示されている。

旧字や異体字。人名に使えるかどうかは別に確認が必要。

漢和辞典の３つのさくいん

● 音訓さくいん

漢字の音読みや訓読みからさがす。同じ読みの中は画数順に並んでいる。

● 部首さくいん

読めないが部首がわかるときに使う。部首の画数順に並んでいる。その部首のページを見て、部首を除いた画数からさがす。

● 総画さくいん

読み方も部首もわからないときに使う。見つからないときは、前後１〜２画も見る。

人気の漢字がわかる！

男の子の名前の漢字ベスト10

男の子の名前に使われる最近の人気の漢字と、その漢字を使った名前の例を紹介します。雄大さやさわやかさをイメージさせる字や、未来への希望を感じさせる字が人気です。

名前と読みの例

1位 翔……陽翔《はると》／悠翔《ゆうと》

2位 斗……結斗《ゆいと》／隼斗《はやと》

3位 陽……陽太《ようた》／陽向《ひなた》

4位 大……大翔《ひろと》／大和《やまと》

5位 太……奏太《そうた》／洸太《こうた》

6位 真……悠真《ゆうま》／颯真《そうま》

7位 蒼……蒼《そう》／蒼斗《あおと》

8位 人……健人《けんと》／篤人《あつと》

悠……悠《ゆう》／悠仁《ゆうじん》

10位 颯……颯《はやて》／颯太《そうた》

11位～20位の漢字は……

11位 空

12位 碧

13位 生

14位 晴

15位 一

琉

17位 湊

18位 奏

19位 希

20位 結

出典：明治安田生命ホームページ
2023年度データ参考

赤ちゃんにぴったりの漢字をさがそう

名前にふさわしい
漢字と名前のリスト

常用漢字・人名用漢字のうち、赤ちゃんの名前にふさわしい漢字を860字選んで、漢字の読み方と意味、名前の例を載せました。

リストの見方

リストは画数順に並んでいます。漢字の画数がはっきりしないときは、「漢字一覧」（→P434～476）を利用してください。

名づけのヒント

名づけでの人気度や使い方の傾向、読みの語《ご》感《かん》、気をつけたい熟語など、漢字を使った名づけのヒントになる情報です。読みの語感は、脳科学の理論に基づいて分析しました。

主な読み方

音《おん》読み（カタカナ）と訓《くん》読み（ひらがな）、主な名《な》乗《の》り（名前特有の読み方。名のあとに示しています）が順に載っています。

万

マン　バン
名 かず　かつ　すすむ　たか　ま　よろず
旧 萬 （→P313）

もとの字は「萬」。数の万。また、万事、万病のように数が多い意味を表す。欠点のない、万能の男性に。

ヒント 「ばん」の音はパワーと瞬発力、「まん」は満ち足りた幸福感を感じさせる。「ま」の音で万葉仮名風にも。

万希	かずき
万宏	かずひろ
万也	かつや
万夢	すすむ
万利	たかとし
年万	としかず
万里	ばんり
悠万	ゆうま
万鶴	よろず
万太郎	まんたろう

漢字

同じ画数の中は、原則として、最初にある読みの50音順に並んでいます。旧字や異体字も名づけに使える場合は、左記の旧のあとにその字を示しています。

名前の例

漢字を使った名前と読み方の例です。

意味

漢字のなりたちや主な意味、漢字のもつイメージなどが載っています。

＊リストにない漢字について知りたいときは、漢和辞典を利用してください（漢和辞典の使い方→P223）。

1画

一

イチ　イツ
ひと　ひとつ
名 かず　かつ
はじめ　ひで

ひとつ。また、はじめ、すべての意味もある。はじめての子、長男によく使う。何事も1番にと願って。
ヒント 「いち」「いつ(つ)」と読むと、前向きな印象が増す。リーダーを思わせる「かず」の音も人気。

一 はじめ
一郎 いちろう
一輝 いつき
一生 いっせい
一星 いっせい
一希 かずき
一重 かずしげ
一人 かずと
一斗 かずと
一馬 かずま

一矢 かずや
一実 かつみ
喜一 きいち
毅一 きいち
恭一 きょういち
啓一 けいいち
倖一 こういち
純一 じゅんいち
創一 そういち
太一 たいいち

貞一 ていいち
一昌 ひでまさ
一志 ひとし
優一 ゆういち
陽一 よういち
芳一 よしかず
一ノ介 いちのすけ
耕一郎 こういちろう
准一朗 じゅんいちろう
柚一郎 ゆういちろう

乙

オツ
名 いち　いつ
おと　くに
たか　つぎ
と　とどむ

十干《じっかん》の二番め、「きのと」。粋《いき》なこと、味なことの意味もあり、「乙な味」などという。個性的で、粋な男性に。
ヒント 「いつ」の読みはまっすぐで力強い印象。「おと」と読むと、おおらかで癒《いや》しを感じる名前に。

乙希 いつき
惟乙 いつぎ
乙人 いつと
乙葵 おとき
貴乙 きいち
乙一 くにかず
太乙 たいち
乙也 たかや
乙武 とどむ
悠乙 ゆうと

2画

九

キュウ　ク
ここのつ
名 かず　ただ
ちか　ちかし
ひさ　ひさし

九つ。数とされた。中国では神聖な数とされた。また、久しい、老いるなどの意味もある。長寿に恵まれることを願って。
ヒント 数が多いという意味もあり、スケールの大きなイメージ。「く」の読みで、先頭字や中字として使われる。

九 ひさし
明九 あきひさ
九寿 かずとし
九斗 きゅうと
九真 きゅうま
九里 ただ さと
唯九 ただちか
真九 まさひさ
幹九朗 かんくろう
太九人 たくと

七

シチ　なな
ななつ　なの
名 かず　な

七つ。「ラッキーセブン」ということばもあるように、幸せの象徴。幸福な人生をおくれるよう願いをこめて。
ヒント 多数という意味もあり、幸せに満ちたイメージ。「なな」「な」と読むと、やわらかく人なつっこいひびきに。

七巳 かずみ
倖七 こうしち
光七 こな
星七 せな
七生 なお
七瀬 ななせ
七斗 ななと
架七斗 かなと
七之助 しちのすけ
海七音 みなと

人

ジン　ニン
ひと
名 たみ　と
ひこ　ひとし

人が立っているのを横から見た形。人間、民、人柄などの意味を表す。ひとかどの人物になるよう願って。
ヒント 定番の止め字。「と」で終わる名前は、頼りがいが感じられる。「じん」の音は甘いのにスパイシー。

秋人 あきひと
綾人 あやと
界人 かいと
和人 かずひと
奏人 かなと
蔵人 くらんど
啓人 けいと
彩人 さいと
拓人 たくと
人基 たみき

人和 とわ
勇人 はやと
悠人 はると
帆人 はんと
人史 ひとし
人志 ひとし
英人 ひでひこ
宏人 ひろひと
蒔人 まきと
昌人 まさと

幹人 みきと
雄人 ゆうじん
祐人 ゆうと
義人 よしひと
竜人 りゅうじん
麗人 れひと
亜佐人 あさと
那衣人 ないと
真知人 まちと
眞奈人 まなと

十

ジッ　ジュウ
と　とお
名 かず　しげ
ただ　とみ

数の十のほか、十分、完全、全部の意味もある。なんでもパーフェクトにやり遂げられる有能な男性に。ヒント 「と」と読むと優しく頼りがいのある印象、「じゅう」と読むと育ちのいい印象になる。

十朗　かずろう
慧十　けいと
十希　しげき
十平　じっぺい
十斗　じゅうと
十海　とおみ
十哉　とおや
唯十　ゆいと
亮十　りょうと
真沙十　まさとみ

乃

ダイ　ナイ
すなわち　の
名 おさむ
のり　ゆき

そのまま、すなわち、なんじの意味に使う。ひらがなの「の」のもとになった字。「〜乃輔」のようにも使われる。ヒント 「虎乃介」のように中字に使うと和風の名前に。「だい」と読むと、堂々として風格のある印象。

乃　おさむ
乃　だい
秋乃　あきのり
衣乃　いのり
宇乃　うの
光乃　こうだい
詩乃　しの
乃樹　だいき
乃介　だいすけ
乃哉　だいや

丈乃　たけゆき
乃希　ないき
乃都　ないと
乃琉　ないる
乃亜　のあ
乃緒　のりお
乃人　のりと
乃彦　のりひこ
春乃　はるの
悠乃　はるゆき

乃男　ゆきお
乃爾　ゆきじ
乃治　ゆきはる
礼乃　れの
蔵乃輔　くらのすけ
伸乃介　しんのすけ
鷹乃助　たかのすけ
秀乃吏　ひでのり
実乃理　みのり
陸乃進　りくのしん

二

ニ　ふた
ふたつ
名 かず　さ
じ　すすむ
つぎ　つぐ

二つ。また、再び、並ぶなどの意味もある。二番めの子、次男によく使い、止め字にもなる。素直な子に育つように。ヒント 「無二《むに》の親友」のように、何ものにもかえがたい子への思いをこめて。「に」の読みは人なつっこい印象。

二季　かずき
慧二　けいじ
二郎　じろう
二霧　すすむ
二人　つぎと
二茂　にも
二葉　ふたば
吉二　よしつぐ
龍二　りゅうじ
佑二朗　ゆうじろう

八

ハチ　や
やつ　よう
名 かず　わ
わかつ

八つ。また、八重桜のように数の多いことを表す。日本では、末広がりで縁起のいい字。多くの幸運を願って。ヒント 末広がりの字形からも、おめでたいイメージのある字。「はち」の読みは、熱く、刺激的な印象。

八　わかつ
八也　かずや
希八　きはち
玄八　げんぱち
晃八　こうわ
八吉　やきち
八宏　やひろ
八斗　ようと
竜八　りゅうや
八十輔　やそすけ

力

リキ　リョク
ちから
名 いさお
いさむ　お
か　つとむ
よし

すきの形からできた字。田畑の耕作から、力、働き、努める、励むの意味に使う。がんばり屋に育つよう願って。ヒント 男の子にぴったりの力強い字。「りき」「りょく」と読むと、さらにパワフルで理知的な印象の名前に。

力　つとむ
力夢　いさむ
一力　いちりき
倖力　さちお
真力　まりき
力也　よしや
力哉　りきや
力駆　りく
知力羅　ちから
力起斗　りきと

3画

丸

ガン　まる
まるい
名 ま　まろ

まるい様子を表す。まるごと、全部の意味も。古風な止め字にも使われる。包容力のある男性になるように。ヒント 止め字の「まる」のほか、心優しい「ま」や、迫力と愛嬌《あいきょう》をあわせもつ「がん」の読みで使っても。

偉丸　いまる
一丸　かずま
丸治　がんじ
丸輔　がんすけ
鷹丸　たかまる
武丸　たけまる
丸治　まろじ
優丸　ゆうま
芳丸　よしまる
吉祥丸　きっしょうまる

弓

キュウ　ゆみ
名 ゆ　ゆう

弓、弓の形をしたものを意味する。また、弓なりに曲がる意味もある。狙ったものは確実に手に入れられる人に。ヒント 柔軟性と強さをあわせもつ字。「ゆみ」の音は、周囲の人に夢を与え、充実した世界へといざなう印象。

弓馬　きゅうま
眞弓　まゆみ
弓希　ゆうき
弓大　ゆうだい
弓人　ゆうと
弓弦　ゆづる
弓治　ゆみじ
弓彦　ゆみひこ
弓良　ゆら
弓太郎　ゆみたろう

久

キュウ　ク
ひさしい
名 くう　つね
なが　ひこ
ひさ　ひさし

永遠という意味を表す。人は永遠を求めるものなので、男女を問わずよく使われる。変わらぬ若さ、長寿を願って。
ヒント　字の縁起のよいイメージに、「く」で気品とミステリアスさが、「ひさ」でカリスマ性が加わる。

久　きゅう
明久　あきひさ
数久　かずひさ
克久　かつひさ
兼久　かねひこ
久真　きゅうま
久真　くうま
久遠　くおん
爽久　さく
隆久　たかひさ

侑久　たすく
達久　たつひさ
久也　つねなり
照久　てるひさ
友久　ともひさ
野久　のく
憲久　のりなが
悠久　はるく
久士　ひさし
久志　ひさし

久斗　ひさと
久都　ひさと
久延　ひさのぶ
久行　ひさゆき
吉久　よしひさ
瑠久　りく
凛久　りんく
希佐久　きさく
紗久也　さくや
汰久也　たくや

工

コウ　ク
たくみ
名 ただ
つとむ　のり
よし

工具の「さしがね」をかたどった字で、工具、工作、工作する人を表す。ものづくりに携わる人になることを願って。
ヒント　「たくみ」の音は、熟練の技や豊かな時間の積み重ねを感じさせる。

工　たくみ
工賀　こうが
工真　こうま
工真　たくま
工武　つとむ
仁工　ひとただ
柾工　まさのり
工希　よしき
利工　りく
伊工真　いくま

己

コ　キ
おのれ
名 おと　と
な　み

自分のことを意味する。十干《じっかん》の六番めの「つちのと」の意味も。自分を大切にして、人からも大事にされるように。
ヒント　凛《りん》としたイメージの字。読み方が多く止め字に使いやすいが、「こ」「き」などの音で先頭字や中字にも。

一己　かずみ
克己　かつみ
己一　きいち
己馬　きば
晃己　こうき
剛己　ごうき
坂己　さかき
大己　だいな
隆己　たかき
鷹己　たかみ

岳己　たけき
恒己　つねき
輝己　てるき
敏己　としき
友己　ともき
直己　なおと
隼己　はやと
遥己　はるき
英己　ひでき
秀己　ひでみ

響己　ひびき
舞己　まいき
瑞己　みずき
靖己　やすき
優己　ゆうき
由己　よしき
義己　よしみ
己太郎　こたろう
昌亜己　まさあき
耶志己　やしき

才

サイ
名 かた　さ
たえ　とし

重要な場所としてあるというのがもとの意味で、生まれつきの能力の意味を表す。豊かな才能を授かるよう願って。
ヒント　「さい」と読むとドライでスピード感のある印象、「さ」と読むとさわやかなリーダーの印象が加わる。

瑛才　えいさい
才輝　さいき
才治　さいじ
才蔵　さいぞう
才琉　さいる
才人　たえと
才季　としき
文才　ふみとし
真才　まさ
恵才人　えさと

三

サン　み
みっつ
名 さ　ざ　さ
ぶ　さむ　そ
ぞう　みつ

数の三。多くなる、集まるの意味を表す。日本では古来から縁起のよい数とされた。多くの幸運を望んで。
ヒント　颯爽《さっそう》としてさわやかな「さ」、満ち足りた印象の「み」などの読みで、万葉仮名風に使われることも多い。

勇三　いさむ
和三　かずみ
三朗　さぶろう
三太　さんた
準三　じゅんぞう
三楽　そら
三希　みつき
三哉　みつや
優三　ゆうぞう
孝三郎　こうざぶろう

士

シ
名 あき
あきら
おさむ　こと
つかさ　と
のり　ひと

さむらい、役人、裁判官、技能のある人などの意味を表す。また、立派な人の意味も。有能な人になるように。
ヒント　「国士無双《こくしむそう》」は、並ぶ者のないほど優秀な人物のこと。「し」や「と」の音で止め字にすることが多い。

士　あきら
晃士　こうし
聡士　さとし
士道　しどう
高士　たかあき
士尚　のりひさ
匡士　まさひと
実士　みこと
侑士　ゆうと
吏玖士　りくと

子

シ　ス　こ
名 ちか　つぐ
とし　ね　み
やす

子ども、子孫などの意味を表す。また、十二支の一番めの「ね」。男子の尊称にも。尊敬される人になるように。
ヒント　女の子の定番の止め字だが、スター性を感じさせる「し」の音で、男の子の先頭字や中字にも使いやすい。

子音　しおん
子門　しもん
子資　ちかし
子暉　つぐき
子路　としみち
子緒　ねお
子琴　みこと
子季　やすき
甲子郎　こうしろう
総子朗　そうしろう

巳

シ　み

蛇の形を表す字で、十二支六番めの「み」の意味に使う。止め字にも使われる。ねばり強い人になるように願って。
ヒント　イキイキとしてみんなから愛されるイメージの「み」の音を活かして、止め字でも、先頭字でも。

- 和巳　かずみ
- 聖巳　きよみ
- 巳貴　しき
- 貴巳　たかみ
- 琢巳　たくみ
- 竜巳　たつみ
- 輝巳　てるみ
- 皓巳　ひろし
- 巳起也　みきや
- 巳那斗　みなと

之

シ　この　これ　の　ゆく
名 のぶ　ひで　ゆき　よし

足跡の形からできた字で、行く、進むなどの意味を表す。止め字によく使われる。何事も積極的に取り組む人に。
ヒント　「ゆき」で終わる名前は思慮深い印象。中字の「の」で使うと、包みこむような優しさが加わる。

- 数之　かずゆき
- 聡之　さとし
- 繁之　しげのぶ
- 嵩之　たかゆき
- 武之　たけゆき
- 竜之　たつの
- 寿之　としひで
- 智之　ともゆき
- 紀之　のりゆき
- 春之　はるゆき

- 陽之　はるゆき
- 尚之　ひさゆき
- 秀之　ひでゆき
- 尋之　ひろゆき
- 将之　まさゆき
- 泰之　やすゆき
- 之采　ゆきと
- 之成　ゆきなり
- 芳之　よしの
- 慶之　よしゆき

- 蓮之　れの
- 綾之進　あやのしん
- 環之助　かんのすけ
- 皓之輔　こうのすけ
- 淳之介　じゅんのすけ
- 慎之介　しんのすけ
- 鉄之進　てつのしん
- 晴之輔　はれのすけ
- 悠之介　ゆうのすけ
- 琉之介　りゅうのすけ

小

ショウ　お　こ　ちいさい
名 さ　ささ

小さい、少し、若いなどの意味を表す。「小生」のように自分を謙遜することばにも。謙虚で誠実な男性に。
ヒント　先頭字によく使われる。「こ」と読むと機敏《きびん》な印象が、「さ」と読むとさわやかさが、プラスされる。

- 小海　こうみ
- 小武　こたけ
- 小吏　ささり
- 小助　さすけ
- 小路　しょうじ
- 小蔵　しょうぞう
- 小汰　しょうた
- 朋小　ともお
- 小次郎　こじろう
- 小太郎　こたろう

丈

ジョウ　たけ
名 とも　ひろ　ます

「杖」のもとの字で、がっちりした、強いなどの意味を表す。長さの単位の意味も。明るく健やかに育つことを願って。
ヒント　「大丈夫」には立派な男子の意味も。慈愛に満ちた「じょう」、力強く確実な「たけ」の読みなどで。

- 丈　じょう
- 丈我　じょうが
- 丈介　じょうすけ
- 丈史　たけし
- 丈翔　たけと
- 丈博　ともひろ
- 宏丈　ひろたけ
- 雅丈　まさたけ
- 丈夫　ますお
- 丈太朗　じょうたろう

刃

ジン　は
名 にん

もとの字は「刄」。刀の刃が光る形で、は、やいば、切るなどの意味を表す。頭の切れる子になるように。
ヒント　印象の強い字。「じん」と読むと甘いのにスパイシーな印象、「は」と読むと軽やかさと優しさが加わる。

- 刃　じん
- 刃輝　じんき
- 刃介　じんすけ
- 真刃　しんは
- 刃人　にんと
- 佑刃　ゆうじん
- 優刃　ゆうは
- 刃之助　じんのすけ
- 刃我音　はがね
- 刃瑠希　はるき

夕

セキ　ゆう
名 ゆ

夕方、日暮れどきといった意味を表す。夕方の月の形からできた字。夕日は大きく赤く見えるもの。情熱的な男性に。
ヒント　意味も字形も優雅で、和の雰囲気もある字。「ゆ」や「ゆう」は大人気の音で、ゆったりと優しい印象に。

- 夕　ゆう
- 一夕　いっせき
- 夕暉　ゆうき
- 夕大　ゆうだい
- 夕都　ゆうと
- 夕日　ゆうひ
- 夕真　ゆうま
- 夕弥　ゆうや
- 友夕　ゆうゆ
- 夕次郎　ゆうじろう

千

セン　ち
名 かず　ゆき

数の千のほか、数がたいへん多いことを表す。千金、千変、千秋、千歳などはこの用法。長寿と幸福を願って。
ヒント　字のもつ縁起のよさに、「ち」の音で少年のような輝きを、「かず」の音で賢さとたくましさを加えて。

- 千　せん
- 千　ゆき
- 瑛千　えいち
- 千冴　かずさ
- 千翔　かずと
- 千穂　かずほ
- 千巳　かずみ
- 千樹　せんじゅ
- 乃千　だいち
- 孝千　たかゆき

- 忠千　ただかず
- 千秋　ちあき
- 千畝　ちうね
- 千聖　ちせ
- 千颯　ちはや
- 千春　ちはる
- 千紘　ちひろ
- 智千　ともゆき
- 尋千　ひろかず
- 広千　ひろゆき

- 昌千　まさゆき
- 実千　みち
- 泰千　やすゆき
- 千男　ゆきお
- 千斗　ゆきと
- 千宏　ゆきひろ
- 千佳也　ちかや
- 千加良　ちから
- 尋未千　ひろみち
- 実千緒　みちお

大

ダイ　タイ
おお
おおきい
名 た　はる
ひろ　まさる

手足を広げて立つ姿を正面から見た形。大きい、優れた、豊かなどの意味を表す。スケールの大きな人物に。
ヒント　大人気の字。堂々とした「だい」、信頼感あふれる「たい」、落ち着きのある「ひろ」などの読みで。

大　まさる
宇大　うだい
大佑　おおすけ
健大　けんた
皓大　こうた
広大　こうだい
翔大　しょうた
尚大　しょうだい
大河　たいが
大賀　たいが

大輝　だいき
大悟　だいご
大輔　だいすけ
大成　たいせい
大地　だいち
大登　だいと
大哉　だいや
雄大　たけひろ
天大　てんた
紀大　のりひろ

大軌　はるき
大一　ひろかず
大翔　ひろと
大延　ひろのぶ
大夢　ひろむ
大和　やまと
勇大　ゆうた
優大　ゆうだい
琥大朗　こたろう
大治郎　だいじろう

万

マン　バン
名 かず　かつ
すすむ　たか
ま　よろず

(→P313)
旧 萬

もとの字は「萬」。数の万。また、万事、万病のように数が多い意味を表す。欠点のない、万能の男性に。
ヒント　「ばん」の音はパワーと瞬発力、「まん」は満ち足りた幸福感を感じさせる。「ま」の音で万葉仮名風にも。

万希　かずき
万宏　かずひろ
万也　かつや
万夢　すすむ
万利　たかとし
年万　としかず
万里　ばんり
悠万　ゆうま
万鶴　よろず
万太郎　まんたろう

也

ヤ　なり
また
名 あり　ただ

水を入れる器《うつわ》の形からできた字。ひらがなの「や」はこの字から出た。意志の強い男性にぴったり。
ヒント　定番の止め字。「や」の音は優しさと開放感の印象、「なり」の音は人なつっこさと理知が融合した印象。

也真　ありま
和也　かずなり
数也　かずや
空也　くうや
慧也　けいや
峻也　しゅんや
淳也　じゅんや
伸也　しんや
想也　そうや
拓也　たくや

唯也　ただあり
也士　ただし
徹也　てつや
也希　なりき
隼也　はやなり
裕也　ひろなり
史也　ふみや
将也　まさなり
雅也　まさや
麻也　まや

素也　もとなり
悠也　ゆうや
侑也　ゆきなり
芳也　よしなり
佳也　よしや
凛也　りんや
零也　れいや
寿々也　すずや
波也斗　はやと
也素志　やすし

与

ヨ　あたえる
名 あと　ため
とも　のぶ
よし

旧 與

もとの字は「與」。与えるのほか、ともにする、仲間などの意味を表す。親切で人から慕《した》われる人物をイメージさせる。
ヒント　「よ」と読むと懐《ふところ》深く、人を包みこむ印象、「よし」と読むと、やわらぎと清潔感をあわせもつ印象に。

和与　かずよし
与政　ためまさ
与大　ともひろ
与郎　のぶお
真与　まよ
由与　ゆあと
与一　よいち
与斗　よしと
季与志　きよし
真与志　まさよし

4画

允

イン
名 すけ　ただ
ちか　のぶ
まこと　まさ
みつ　よし

もとは問いただすことを表す字で、そこから、まこと、許すの意味が生まれた。誠実で、おおらかな人になるように。
ヒント　読み方が多く、先頭字、止め字どちらにも使われる。信頼感のある「まこと」の音で1字名にしても。

允　まこと
蔵允　くらまさ
圭允　けいん
晃允　こうすけ
允宏　ただひろ
允生　のぶき
誠允　まさちか
允瑠　みつる
優允　ゆうすけ
允緒　よしお

円

エン　まるい
名 のぶ　まど
まどか　みつ

旧 圓

まるい、まろやかのほか、角がない、穏《おだ》やか、欠けたところがないの意味も。温かい人柄で敬愛されるように。
ヒント　欠けていない「完全」さも感じさせる。「円満」「円熟」のことばのとおり、満ち足りた人生を願って。

円　まどか
円智　えさと
円也　えんや
慈円　じえん
円生　のぶお
円和　のぶかず
円希　のぶき
円大　まどひろ
円瑠　みつる
優円　ゆうえん

王

オウ
名 お　き　きみ　たか　み　わか

王のシンボルである「まさかり」の形から、王、君主のほか、栄えるの意味も。尊敬される威厳のある人物に。
ヒント 威厳のある字に、「お」の読みでさらに信頼感を加えて。「おう」の読みで包容力が感じられる名前に。

海王	うみ
王偉	おうい
王斗	きみと
聖王	きよみ
王雅	たかまさ
仁王	にお
羽王	はお
悠王	ゆうき
倫王	りお
王葉	わかば

介

カイ
名 あき　かたし　すけ　たすく

よろいを着けた人の形を表し、助ける、隔てる、堅いなどの意味に使う。「すけ」の読みで、安定した人気の止め字。
ヒント 「すけ」で終わる名前は、フットワークの軽い印象。「かい」や「たすく」の読みで1字名にしても新鮮。

介	かい
英介	えいすけ
桜介	おうすけ
介慈	かいじ
介人	かいと
介哉	かいや
介志	かたし
貫介	かんすけ
季介	きすけ
恭介	きょうすけ
圭介	けいすけ
皓介	こうすけ
佐介	さすけ
翔介	しょうすけ
颯介	そうすけ
泰介	たいすけ
介玖	たすく
灯介	とうすけ
凪介	なぎすけ
信介	のぶあき
樹介	みきすけ
由介	ゆうすけ
陽介	ようすけ
琉介	りゅうすけ
亮介	りょうすけ
鴻之介	こうのすけ
俊乃介	しゅんのすけ
洵之介	じゅんのすけ
慎之介	しんのすけ
悠之介	ゆうのすけ

牙

ガ　きば

上下が交わる牙の形を表し、きば、歯、かむの意味に使う。また「牙城」など、大将のいるところの意味も。強い男性に。
ヒント 「が」の音を使うと迫力が増すだけでなく、甘い印象も加わり、不思議な魅力のある名前に。

瑛牙	えいが
牙生	がお
牙門	がもん
牙人	きばと
功牙	こうが
大牙	たいが
豹牙	ひょうが
鳳牙	ほうが
釉牙	ゆうが
瞭牙	りょうが

月

ゲツ　ガツ　つき　づき
名 つぎ

月、月の光、年月などの意味を表す。三日月の形からできた字。今は欠けていてもこれから満ちる、将来性を願って。
ヒント 止め字として使うときは、静かな闘志を感じさせる「つき」、潤《うるお》いと輝きのある「づき」どちらでも。

亜月	あつき
偉月	いつき
惟月	いつぎ
凰月	おつき
香月	かつき
嘉月	かづき
如月	きさらぎ
季月	きづき
月牙	げつが
洸月	こうげつ
皐月	さつき
水月	すいげつ
太月	たつき
月寿	つきかず
月邦	つきくに
月翔	つきと
月彦	つきひこ
月久	つきひさ
月紘	つきひろ
月史	つきふみ
月雅	つきまさ
月丸	つきまる
凪月	なつき
葉月	はづき
風月	ふうげつ
光月	みつき
睦月	むつき
佑月	ゆづき
夏月渚	かづさ
佳月巳	かづみ

元

ゲン　ガン　もと
名 ちか　はじめ　はる

おおもと、はじめ、かしらなどの意味のほか、大きい、よい、正しいの意味にも。フロンティア精神をもつ人に。
ヒント バイタリティのある字の印象に、「げん」と読むと迫力と愛《あい》嬌《きょう》が、「もと」と読むと包容力がプラスされる。

元	はじめ
寛元	かんげん
元一	げんいち
元気	げんき
元稀	げんき
元悟	げんご
元助	げんすけ
元太	げんた
元地	げんち
光元	こうげん
次元	じげん
慈元	じげん
星元	せいげん
鷹元	たかもと
輝元	てるもと
智元	ともちか
元紀	はるき
元亮	もとあき
元偉	もとい
元和	もとかず
元希	もとき
元志	もとし
元伸	もとのぶ
元春	もとはる
元雅	もとまさ
元哉	もとや
優元	ゆうげん
諒元	りょうげん
元治朗	がんじろう
元太郎	げんたろう

五

ゴ　いつ
名 い　いず　かず　ゆき

数の五。また、五行《ごぎょう》(天地を構成する五つの元素=木、火、土、金、水)にもつながる。神秘的な数、字。
ヒント 「い」「いつ」の音は、一途《いちず》でがんばり屋さんの印象。「ご」の音は、迫力がありつつもチャーミング。

五里	いさと
五海	いずみ
五季	いつき
五稜	いつり
五真	かずま
圭五	けいご
五郎	ごろう
聖五	しょうご
大五	だいご
龍五	たつゆき

公

コウ　おおやけ
名 あきら　きみ　たか　ただし　とも　ひと

おおやけ、政府のほか、かたよらず公平で正しいことを表す。だれからも親しまれ、尊敬される人物になるよう願って。
ヒント　「こう」と読むと機敏《きびん》で思慮深い印象に。「公司」は中国語では会社の意味なので注意。

公	ただし
公來	あきら
公信	きみのぶ
公季	こうき
公太	こうた
公斗	こうと
公房	こうぼう
公康	たかやす
尚公	なおひと
永公	ながとも

心

シン　こころ
名 うら　きよ　なか　もと

心臓の形からできた字で、心、気持ちのほか、中心、真ん中の意味も。いつもスポットライトを浴びられるように。
ヒント　まっすぐな印象の「しん」の音で先頭字としても止め字としても。「心太」は「ところてん」と読むので要注意。

心	こころ
一心	いっしん
心楽	うらら
旺心	おうら
和心	かずもと
心斗	きよと
心春	きよはる
心史	きよふみ
胡心	こころ
心一	しんいち

心吾	しんご
心爾	しんじ
心璃	しんり
泰心	たいしん
唯心	ただきよ
心麻	なかま
心弥	なかや
春心	はるなか
紘心	ひろなか
真心	まさきよ

磨心	まなか
弥心	みきよ
心輔	もとすけ
心成	もとなり
心哉	もとや
悠心	ゆうしん
由心	ゆうら
芳心	よしなか
心一朗	しんいちろう
心之輔	しんのすけ

仁

ジン　ニ
名 ただし　と　とし　のぶ　ひと　ひとし　よし

もとの意味は、二人の間の親しみ。慈《いつく》しむ、恵むの意味も。聖人のように思いやりのある、立派な人になるように。
ヒント　カリスマ性のある「ひと」、甘いのにスパイシーな「じん」など、読み方でさまざまな表情になる。

仁	じん
仁	ひとし
恵仁	えじん
和仁	かずひと
奏仁	かなと
感仁	かんじん
公仁	きみひと
匡仁	きょうと
清仁	きよひと
圭仁	けいじん

汐仁	しおひと
仁義	じんぎ
仁吾	じんご
仁太	じんた
仁翔	じんと
仁志	ただし
匡仁	ただとし
仁希	にき
寿仁	ひさひと
仁司	ひとし

仁成	ひとなり
紘仁	ひろと
雅仁	まさひと
昌仁	まさよし
森仁	もりひと
康仁	やすのぶ
悠仁	ゆうじん
優仁	ゆうじん
勇仁	ゆに
善仁	よしひと

水

スイ　みず
名 お　たいら　な　み　みな　ゆ　ゆく

流れている水の形からできた字。水のほか、潤《うるお》う、平らなどの意味を表す。いつまでもみずみずしい人に。
ヒント　果実のようにみずみずしい「み」、静かで深い「みず」、透明感を感じさせる「すい」の音を活かして。

宇水	うすい
水心	すいしん
水來	たいら
琢水	たくみ
成水	なるみ
秀水	ひでお
水樹	みずき
水人	みなと
水隼	みはや
水李	ゆくり

太

タ　タイ　ふとい
名 おお　たか　と　ひろ　ふとし　もと

はなはだしい、豊か、大きいのほか、気が強い、いちばん尊《とうと》いなどの意味がある。勇気があり、大胆な男性に。
ヒント　大人気の字。「た」の音で、高みを目指すタフなチャレンジャーという、より力強い印象が加わる。

太	ふとし
太雅	おおが
圭太	けいた
航太	こうた
燦太	さんた
洵太	じゅんた
翔太	しょうた
蒼太	そうた
太雅	たいが
太輔	たいすけ

太一	たいち
太陽	たいよう
太志	たかし
天太	たかひろ
太呂	たろ
太郎	たろう
範太	はんた
睦太	むつた
太緒	もとお
勇太	ゆうた

陽太	ようた
琉太	りゅうた
稜太	りょうと
黎太	れいた
啓太郎	けいたろう
虎太郎	こたろう
朔太郎	さくたろう
慎太郎	しんたろう
佑太朗	ゆうたろう
凛太郎	りんたろう

天

テン　あま　あめ
名 かみ　そら　たか　たかし

空の意味のほか、天運など人の力の及ばないこともいう。小さなことにこだわらない、心の広い人になるように。
ヒント　神々しい雰囲気のある字。「てん」の音は独立独歩《どくりつどっぽ》のイメージ。「たか」の音は頂点を極《きわ》める印象。

天音	あまね
翔天	しょうま
蒼天	そら
天飛	そらと
天司	たかし
天斗	たかと
汰天	たかみ
天心	てんしん
天晟	てんせい
天馬	てんま

斗

ト
名 け ほし ます

柄《え》のついたひしゃくの形で、容量の単位、十升を表す。北の七星を北斗、南の七星を南斗という。止め字として大人気。

ヒント 「と」で終わる名前は、おおらかでしっかりした兄貴分の印象。先頭字としても。

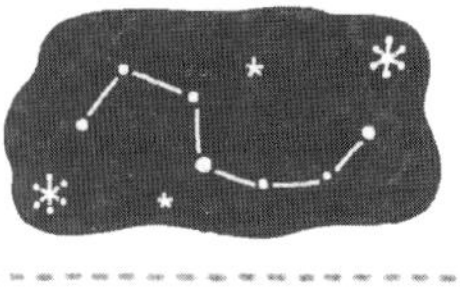

海斗 かいと
和斗 かずと
奏斗 かなと
斗偉 けい
景斗 けいと
絢斗 けんと
朔斗 さくと
修斗 しゅうと
泰斗 たいと
斗真 とうま

斗夢 とむ
斗望 とも
乃斗 ないと
七斗 ななと
隼斗 はやと
悠斗 はると
帆斗 はんと
楓斗 ふうと
文斗 ふみます
北斗 ほくと

斗暉 ほしき
港斗 みなと
優斗 ゆうと
来斗 らいと
龍斗 りゅうと
廉斗 れんと
紗南斗 さなと
聖七斗 せなと
斗志希 としき
麻奈斗 まなと

日

ニチ ジツ
ひ か
名 あき はる ひる

太陽の形からできた字で、太陽、光などの意味を表す。日にちの意味も。強く情熱的な人になるよう願って。

ヒント 「ひ」のほか、包容力のある「あき」の音などで。「明日」「日向」のような熟語を活かした名づけ方も。

日彦 あきひこ
旭日 あさひ
朝日 あさひ
明日 あした
春日 かすが
日陽 はるひ
日向 ひなた
真日 まひる
夕日 ゆうひ
明日登 あすと

巴

ハ ともえ
名 とも

うずまき模様を表す。巴御前《ともえごぜん》は、武勇に優れた美女として知られる。強さと美しさを兼ねそなえることを願って、男の子にも。

ヒント 「とも」の音は安心感がある。フットワーク軽く潔い印象の「は」の音でも。

巴 ともえ
青巴 あおば
和巴 かずは
皓巴 こうは
嵩巴 たかは
巴希 ともき
巴伸 とものぶ
巴哉 ともや
巴玖 はく
義巴 よしとも

比

ヒ くらべる
名 これ ちか たすく つな つね とも ひさ

人が二人並んだ様子を表す字で、親しむ、並べる、くらべるなどの意味にも。友達がたくさんできるよう願って。

ヒント 情熱と冷静さを兼ねそなえたカリスマ性のある印象の「ひ」の読みで、万葉仮名風に使われる。

藍比 あいひ
和比 かずとも
比周 これちか
比暉 つなき
比倫 つねみち
比志 ひさし
比呂 ひろ
比呂志 ひろし
昌比古 まさひこ
莉比人 りひと

夫

フ フウ
おっと
名 あき お すけ

まげにかんざしをさしている男の姿を表す。夫、一人前の男などの意味になる。止め字としてよく使われる。

ヒント 「お」の読みで古くから使われている字。「お」で終わる名前には、落ち着きと人の上に立つ風格がある。

功夫 いさお
数夫 かずお
孝夫 たかお
時夫 ときお
智夫 ともあき
則夫 のりすけ
遥夫 はるお
夫太 ふうた
優夫 まさお
康夫 やすお

文

ブン モン
ふみ
名 あや のぶ のり み や

模様の形からできた字で、飾り、彩りなどを表す。また、ことば、文章の意味も。文才に恵まれることを願って。

ヒント ふっくら温かい「ふみ」、あどけなく優しい「あや」、パワフルで魅力的な「ぶん」などの音で。

文樹 あやき
文人 あやと
文斗 あやと
惟文 いふみ
永文 えもん
数文 かずのぶ
我文 がもん
才文 さいもん
沙文 さもん
志文 しもん

詩文 しもん
慈文 じもん
崇文 たかふみ
太文 たもん
文采 のりと
博文 ひろぶみ
寛文 ひろみ
文緒 ふみお
文貴 ふみき
文月 ふみつき

文斗 ふみと
文哉 ふみや
文世 ふみよ
文治 ぶんじ
文晟 ぶんせい
文太 ぶんた
昌文 まさや
文司 もんじ
芳文 よしふみ
文次朗 もんじろう

木

ボク モク
き
名 こ しげ も

枝のある木の形からできた字。ありのままの意味も。素朴《そぼく》で、自然を愛する人に育つことを願って。

ヒント 個性的な「き」、活動的な「こ」の音などで、万葉仮名風。「しげ」は、清濁《せいだく》あわせのむ度量のある音。

木壱 きいち
木生 こう
太木 たもく
恒木 つねき
杜木 とも
陽木 はるき
将木 まさしげ
優木 ゆうき
悠木 ゆうぼく
祐木矢 ゆきや

友

ユウ　とも
名 すけ

友達、仲間のほかに、親しく交わる、仲がよいなどの意味にも使う。文字どおり友達や仲間に恵まれるように。
ヒント　「ゆう」は大人気の音。柔和で大器《たいき》晩成《ばんせい》型の印象に。優しさと力強さをあわせもつ「とも」も人気。

友	ゆう
和友	かずとも
嵩友	たかとも
匡友	ただとも
友惟	ともい
友治	ともじ
友晴	ともはる
友宏	ともひろ
友之	ともゆき
悠友	はるとも
友一	ゆういち
友賀	ゆうが
友希	ゆうき
友貴	ゆうき
友吾	ゆうご
友朔	ゆうさく
友士	ゆうし
友治	ゆうじ
悠友	ゆうすけ
友晟	ゆうせい
友人	ゆうと
友飛	ゆうひ
友真	ゆうま
友哉	ゆうや
友吏	ゆうり
友羽	ゆうわ
佳友	よしとも
友三朗	ともさぶろう
友一朗	ゆういちろう
友治朗	ゆうじろう

六

ロク　む
むい　むっつ
名 むつ

六つ。家の屋根と壁の形からできた字。六は、易の陰を代表する数である。神秘的な雰囲気の男性に似合う字。
ヒント　「む」と読むと、思慮深い印象に。「ろく」と読むと、ミステリアスなイメージがさらに加わる。

歩六	あゆむ
大六	ひろむ
六我	むが
六治	むつじ
六太	むった
六海	むつみ
六輔	ろくすけ
六也	ろくや
六甲	ろっこう
六平	ろっぺい

5画

以

イ
名 これ　さね
しげ　とも
のり　もち
ゆき　より

田畑を耕すのに使うすきの形がもとになっている。用いる、率いるなどの意味を表す。まじめで責任感の強い人に。
ヒント　前向きのパワーを感じさせる「い」の音で。「い」で終わる名前は人気。きっぱりした潔い印象になる。

以心	いしん
隆以	たかのり
嵩以	たかもち
以蔵	ともぞう
野以	のより
海以	みさね
以仁	もちひと
由以	よしゆき
龍以	りゅうい
琉以	るい

右

ウ　ユウ
みぎ
名 あきら
すけ　たか
たすく

右側のほか、助ける、尊《たっと》ぶなどの意味がある。左より上位とされることが多い。名参謀になれそうな字。
ヒント　思慮深く優しい「ゆう」の読みをもつ字。「う」の音はミステリアスな印象、「すけ」は活動派の印象。

右	たすく
右來	あきら
右京	うきょう
右近	うこん
晃右	こうすけ
佐右	さすけ
大右	だいすけ
右人	たかと
右平	ゆうへい
由右治	ゆうじ

永

エイ　ながい
名 つね　とお
のぶ　のり
ひさ　ひさし

流れる水の形からできた字で、長いこと、特に時間が長い意味を表す。幸福な人生が長く続くことを祈って。
ヒント　「えい」と読むと、懐《ふところ》深くおおらかな印象の名前になる。「永久《とわ》」の読みを活かしても。

永	ひさし
永吉	えいきち
慈永	じえい
昇永	しょうえい
永基	つねき
永治	とおじ
敏永	としのり
永輝	のぶき
永愛	とあ
永遠	とわ

央

オウ
名 あきら　お
ちか　てる
なか　ひさ
ひろ

真ん中のほか、広い、鮮やかの意味も。「お」と読んで止め字にも使う。いつも日の当たる場所にいられるように。
ヒント　止め字の「お」として人気。「お」で信頼感と風格が加わる。上質な熟成感のある「ひさ」などの音でも。

央	あきら
偉央	いお
央臥	おうが
央真	おうま
央人	おと
和央	かずお
真央	さなお
志央	しお
太央	たお
竜央	たつお
智央	ちひろ
央基	てるき
友央	ともちか
南央	なお
央芭	なかば
央悠	ひさはる
央希	ひろき
央人	ひろと
央則	ひろのり
文央	ふみお
槙央	まきお
匡央	まさちか
悠央	ゆうお
芳央	よしお
義央	よしてる
理央	りお
怜央	れお
季玖央	きくお
真央希	まおき
礼央奈	れおな

加

カ　くわえる
名 ます　また

「力」+「口」。くわえる、増す、くわわるのほか、仲間に入る意味も表す。社交的で人望のある人になるように。
ヒント　軽やかな行動派の「か」の音で万葉仮名風に。「ます」と読むと温かさとクールさをあわせもつ印象。

勇加　いさか
加偉　かい
和加　かずまた
加蘭　からん
加大　ますひろ
明日加　あすか
加寿希　かずき
加那人　かなと
多加志　たかし
千加良　ちから

可

カ
名 あり　とき
よし　より

「口」+「丁」で、神が願いを聞き入れることを表す。許す、できるなどの意味に使う。寛容な人物に。
ヒント「か」と読むと快活で行動力のある印象、「よし」と読むとやわらぎや清潔な癒《いや》しのある印象に。

可真　ありま
可偉　かい
奏可　かなとき
汰可　たか
可生　ときお
優可　ゆうか
可季　よしき
可紀　よしのり
可人　よりと
可士和　かしわ

巨

キョ
名 おお
おおきい
なお　まさ
み

直角に折れ曲がった定規の形で、大きい、多いなどの意味に使う。心身ともに大きな人物になるよう願って。
ヒント「巨匠《きょしょう》（その道の大家《たいか》）」のことばのように、一芸を極《きわ》めた人のイメージも。読みが多く使いやすい。

巨　おおき
巨樹　おおき
巨椋　おぐら
和巨　かずまさ
巨星　きょせい
唯巨　ただなお
久巨　ひさみ
巨士　まさし
巨人　まさと
巨宏　まさひろ

叶

キョウ
かなう
名 か　とも
やす

かなうという意味で、望みどおりになる、できるなどの意味を表す。大きな夢がかなうように、願いをこめて。
ヒント「きょう」の音は、強さと包容力を感じさせる。無邪気でキュートな「かな」の音を活かしても。

叶　かなう
宇叶　うきょう
叶依　かい
叶織　かおる
一叶　かずとも
叶偉　かない
叶太　かなた
叶出　かなで
叶人　かなと
叶芽　かなめ

叶助　きょうすけ
叶聖　きょうせい
叶汰　きょうた
叶平　きょうへい
叶哉　きょうや
叶篤　ともあつ
叶希　ともき
叶親　ともちか
叶文　ともふみ
叶也　ともや

則叶　のりとも
宏叶　ひろやす
基叶　もとやす
叶友　やすとも
叶夢　やすむ
叶依天　かえで
叶寿樹　かずき
叶史郎　きょうしろう
叶太郎　きょうたろう
叶比古　やすひこ

玄

ゲン
名 くろ　つね
とお　とら
はる　ひろ

糸を束ねた形を表し、黒い糸の意味。奥深い、静か、ひじょうに優れているの意味も。プロフェッショナルに。
ヒント　迫力と愛らしさの「げん」、力強い「ひろ」など、読みの多い字。「玄人《くろうと》」になることを願って。

環玄　かんげん
玄人　くろひと
玄慈　げんじ
晃玄　こうげん
嵩玄　たかつね
玄馬　とおま
玄太　はるた
玄武　ひろたけ
昌玄　まさとら
夢玄　むげん

乎

コ　か　かな
や
名 お　より

神や人を呼ぶための鳴《なる》子板《こいた》の形で、呼ぶの意味に使った。疑問や感嘆の気持ちを表す。友人に恵まれるように。
ヒント「か」「や」「こ」など、万葉仮名風に使いやすい読みの多い字。使用例が少ないので、個性的になる。

郁乎　いくや
乎登　かなと
絢乎　けんや
乎宇　こう
昊乎　こうや
星乎　せいや
遥乎　はるか
将乎　まさお
優乎　ゆうや
乎人　よりと

広

コウ　ひろい
名 お　たけ
ひろ　ひろし

旧 廣

広く大きい家から、広い、大きい、広めるなどの意味になった。スケールの大きい男性になるよう願って。
ヒント「ひろ」の読みで、落ち着きとたくましさが加わる。「こう」の読みは、繊細《せんさい》な愛らしさを感じさせる。

広　こう
晶広　あきひろ
数広　かずひろ
広我　こうが
広希　こうき
広治　こうじ
広輔　こうすけ
広大　こうだい
広平　こうへい
末広　すえひろ

貴広　たかひろ
広人　たけと
健広　たけひろ
尚広　なおひろ
広和　ひろかず
広季　ひろき
広志　ひろし
広重　ひろしげ
広史　ひろふみ
広海　ひろみ

広夢　ひろむ
広芽　ひろめ
広弥　ひろや
広行　ひろゆき
将広　まさお
真広　まひろ
康広　やすひろ
義広　よしひろ
広治朗　こうじろう
広太朗　こうたろう

功

コウ　ク
名 あつ　いさ　いさお　こと　つとむ　なり　のり

もとは農作業のことで、そこから仕事、いさお＝手柄の意味となった。功成り名遂げることができるよう願って。
ヒント「蛍雪《けいせつ》の功《こう》」のように努力を重ねて成功する印象。機敏《きびん》で愛らしい「こう」、気品のある「く」の音などで。

功　いさお
功喜　あつき
功壱　こういち
功雅　こうが
功和　こうわ
功夢　つとむ
真功　まこと
雅功　まさなり
恭功　よしのり
吏功　りく

弘

コウ　グ
ひろい
名 お　ひろ　ひろし　みつ　ゆき

もとは強い弓を表し、そこから広い、広める、大きいという意味になった。意志が強く、心の広い人に。
ヒント「広」と同様、意味のよい字。温かく包みこむような「ひろ」や、機敏《きびん》ながら思慮深い「こう」の音などで。

明弘　あきひろ
英弘　えいこう
一弘　かずお
兼弘　かねひろ
弘瑛　こうえい
弘我　こうが
弘葵　こうき
弘吉　こうきち
弘自　こうじ
弘輔　こうすけ

弘大　こうた
千弘　ちひろ
智弘　ともひろ
弘明　ひろあき
弘樹　ひろき
弘司　ひろし
弘嗣　ひろし
弘斗　ひろと
弘也　ひろなり
弘信　ひろのぶ

弘道　ひろみち
弘夢　ひろむ
弘哉　ひろや
雅弘　まさひろ
弘城　みつき
靖弘　やすゆき
弥弘　やひろ
弘埜　ゆきや
陽弘　ようこう
弘士朗　こうしろう

巧

コウ　たくみ
名 く　よし

たくみな技、たくみ、技が優れているなどの意味を表す。職人、またはエンジニアとして成功できそうな印象の字。
ヒント「こう」の音は少年のように機敏《きびん》な印象。「たくみ」と読むと豊かな時間の積み重ねと熟成した技を感じる。

巧　たくみ
巧我　こうが
巧貴　こうき
佐巧　さく
巧治　たくじ
巧人　たくと
巧真　たくま
巧瑠　たくる
優巧　まさよし
莉巧　りく

甲

コウ　カン
名 か　かつ　き　まさる

亀の甲羅の形を表し、かぶと、よろいの意味に使う。また十干《じっかん》の一番め、「きのえ」。自分や家族を守れるように。
ヒント 機敏《きびん》だが思慮深さも兼ねそなえた「こう」の音、まっすぐで快活な「か」の音などを活かして。

甲　まさる
永甲　えいこう
甲基　かつき
甲雅　こうが
甲輔　こうすけ
甲星　こうせい
甲大　こうた
佑甲　ゆうき
甲子朗　こうしろう
甲太郎　こうたろう

左

サ　ひだり
名 すけ

左側のほか、助けるの意味もある。右より下とされることもあるが左大臣は右大臣より上。名バイプレーヤーに。
ヒント「さ」の音は、颯爽《さっそう》として人の上に立つ印象。字の意味とともに、人を支えつつ引っ張るリーダーに。

寛左　かんすけ
左京　さきょう
左渾　さこん
左助　さすけ
左保　さほ
左門　さもん
秀左　しゅうすけ
優左　ゆうすけ
左千夫　さちお
左武郎　さぶろう

四

シ　よ　よん
名 ひろ　もち

四つ。数字の四のほか、四方＝東西南北の意味を表す。また、季節も四つである。時空間にわたる広がりを感じさせる。
ヒント 颯爽《さっそう》とした「し」の音で先頭字や中字として使われる。四つ葉のクローバーにちなんで、幸運を願って。

四季　しき
四龍　しりゅう
四朗　しろう
大四　たいし
貴四　たかひろ
嵩四　たかもち
四希　よつき
四葉　よつば
幸四朗　こうしろう
三四郎　さんしろう

司

シ
名 かず　じ　つかさ　もと　もり

もとは祈りの儀礼を示す字で、そこから、つかさどるの意味となった。見極《みきわ》めるの意味も。責任感が強くまじめな人に。
ヒント「し」の音で、輝くスターの印象、「じ」の音で、品のよさが増す。「公司」は中国語で会社の意なので注意。

司　つかさ
晏司　あんじ
司生　かずき
寛司　かんじ
菊司　きくじ
恭司　きょうじ
清司　きよもと
恵司　けいし
賢司　けんじ
光司　こうじ

司穏　しおん
司輝　しき
司堂　しどう
司真　しま
章司　しょうじ
星司　せいじ
総司　そうじ
泰司　たいし
嵩司　たかし
智司　ともり

尚司　なおし
将司　まさし
司朗　もとお
基司　もとし
祐司　ゆうじ
陽司　ようじ
玲司　れいじ
健司朗　けんしろう
皓司郎　こうしろう
実勇司　みゅうじ

市

シ　いち
名 ち　なが

市場を示す標識の形からできた字。市、売る、買うのほか、町、都市の意味にも使う。商才に恵まれるように。
ヒント 「いち」の音は、未来につき進み、困難にも楽しげに挑戦するイメージ。「一」のかわりに使っても。

市悟　いちご
市郎　いちろう
市成　いっせい
虹市　こうし
大市　たいし
太市　たいち
市輝　ちあき
市玲　ながれ
裕市　ゆういち
慶市郎　けいしろう

史

シ
名 ちかし
ひと　ふの
ふひと　ふみ
み

もとは祭りの意味で、やがて祭りをする人やその記録、歴史を表すようになった。文才に恵まれるよう願って。
ヒント 男の子定番の止め字。「し」の音は、華やかなスターの印象、「ふみ」の音は、ふっくら温かく豊かな印象。

史　ふみ
暁史　あきふみ
敦史　あつし
和史　かずふみ
環史　かんじ
敬史　けいし
健史　けんし
豪史　ごうし
里史　さとし
史音　しおん
史希　しき
史門　しもん
史郎　しろう
大史　たいし
拓史　たくし
史士　ちかし
野史　のぶみ
裕史　ひろふみ
史都　ふひと
史基　ふみき
史武　ふみたけ
史人　ふみと
史弥　ふみや
将史　まさし
匡史　まさふみ
真史　まふの
悠史　ゆうし
由史　よしひと
賢史郎　けんしろう
星史郎　せいしろう

矢

シ　や
名 ただ
ただし
ちかう　なお

矢の形からできた字。矢は神聖なもので、誓う、正しいなどの意味もある。まっすぐで、誠実な人に育つように。
ヒント 「や」の音で止め字として使われることが多い。「や」で終わる名前は、優しい開放感にあふれる印象に。

矢　ちかう
射矢　いるや
煌矢　こうや
爽矢　さわや
純矢　すみなお
聖矢　せいや
矢志　ただし
龍矢　たつや
直矢　なおや
隆矢　りゅうや

主

シュ　ス
おも　ぬし
名 かず
つかさ　もり

灯火の皿の上で燃える炎の形で、あるじ、かしら、主に、大事なものの意味に使う。人々の中心になるような人に。
ヒント 力強いヒーローの印象の「かず」のほか、「しゅ」や「す」の読みで万葉仮名風に使って。

主　つかさ
英主　えいす
主采　かずと
主浩　かずひろ
主弥　かずや
主善　しゅぜん
匡主　まさかず
主栖　もりす
主宇弥　しゅうや
主実輝　すみき

出

シュツ　スイ
だす　でる
名 いず
いずる

踏み出すときの足の形からできた字で、出発する、出る、行くなどの意味を表す。他に抜きんでる人に。
ヒント 「出雲《いずも》(現在の島根県)」「日出《い(ず)》づる国(日本のこと)」などのように、和のイメージ漂《ただよ》う名前にも。

出　いずる
出稀　いずき
出登　いずと
出海　いずみ
出夢　いずむ
出雲　いずも
出斗　すいと
哲出　てっすい
日出紀　ひでき
陽出正　ひでまさ

正

セイ　ショウ
ただしい
まさ
名 あきら
さだ　ただし
まさし

城砦《じょうさい》に進撃することを表す字で、そこからまっすぐ、正しい、正しくなどの意味になった。正義感の強い人に。
ヒント 透明感のある「せい」、ソフトな光のような「しょう」、信頼感のある「まさ」などの音で多様な表情に。

正　ただし
正楽　あきら
康正　こうせい
正悟　しょうご
悠正　はるまさ
正樹　まさき
正史　まさし
正宗　まさむね
悠正　ゆうせい
正之介　せいのすけ

世

セイ　セ　よ
名 つぎ　つぐ
とき　とし
よし

木の枝から新芽が生える形を表し、一生、寿命、時代、世の中などの意味に使う。長寿を祈って。止め字にも。
ヒント 「せ」「せい」で終わると、繊細《せんさい》で理知的な印象、「よ」で終わると、懐《ふところ》深く人を受けいれる印象に。

秋世　あきつぐ
綾世　あやせ
逸世　いつぐ
一世　いっせい
清世　きよつぐ
金世　きんとき
昊世　こうせい
世治　せいじ
世汰　せいた
世弥　せいや
世界　せかい
世斗　せと
世七　せな
世礼　せら
世実　つぐみ
天世　てんせい
世生　ときお
世都　ときと
征世　まさとし
昌世　まさよし
銘世　めいせい
優世　ゆうせい
世一　よいち
世緒　よしお
世人　よしと
藍世　らんぜ
竜世　りゅうせい
世重郎　せいじゅうろう
世士朗　せいしろう
世之介　せいのすけ

生

セイ　ショウ
いきる
うまれる　き
名 いく　う
お　なり　み

草がはえてきた形からできた字で、生まれる、育つ、生きるなどの意味を表す。すくすくと健康に育つように。
ヒント　さまざまな読みで止め字に。「お」で落ち着きが、「き」で力強さが、「せい」で広い知識が加わる。

- **秋生**　あきお
- **惟生**　いお
- **生翔**　いくと
- **生磨**　いくま
- **樹生**　いつき
- **逸生**　いっせい
- **長生**　おさお
- **数生**　かずなり
- **生一**　きいち
- **昂生**　こうせい
- **康生**　こうせい
- **琥生**　こお
- **柊生**　しゅう
- **生真**　しょうま
- **生吾**　せいご
- **生治**　せいじ
- **鷹生**　たかお
- **辰生**　たつき
- **旅生**　たびお
- **尚生**　なおき
- **直生**　なおき
- **信生**　のぶき
- **春生**　はるお
- **真生**　まさき
- **瑞生**　みずき
- **悠生**　ゆうき
- **勇生**　ゆうせい
- **芳生**　よしみ
- **龍生**　りゅうき
- **生偉斗**　ういと

仙

セン
名 たかし
のり　ひさ
ひと

山中で修行し、不老不死の術を身につけた人、仙人を表す。詩歌・書画の名人にも使う。文才に恵まれるように。
ヒント　「せん」の音で、寡黙《かもく》でそつのないイメージを、「のり」の音で優しさと知性あふれるイメージを加えて。

- **仙**　たかし
- **秋仙**　あきひさ
- **詩仙**　しせん
- **仙一**　せんいち
- **仙我**　せんが
- **仙斗**　せんと
- **嵩仙**　たかのり
- **仙道**　のりみち
- **芙仙**　ふひと
- **仙太郎**　せんたろう

代

ダイ　タイ
かわる　しろ
よ
名 とし　のり
より

かわる、入れかわるの意味がもとで、時代、世代、人の一生などの意味も表す。長く幸福な人生を願って。
ヒント　「だい」の音は、堂々とした存在感のある印象。懐《ふところ》深く人を受けいれる「よ」の音を活かしても。

- **一代**　かずより
- **晃代**　こうだい
- **千代**　せんだい
- **代我**　たいが
- **代吾**　だいご
- **代希**　としき
- **代介**　のりすけ
- **真代**　ましろ
- **八代**　やしろ
- **勇代**　ゆうだい

旦

タン
名 あき
あきら　あけ
あさ　かず
ただし

地平線の上に日が昇る形を表し、朝、夜明け、明日の意味がある。フレッシュなイメージで、未来への希望を感じさせる。
ヒント　「元旦」のイメージから、縁起のいい印象の字。元気で明るく朗《ほが》らかな「あき」の読みが使いやすい。

- **旦**　あきら
- **旦光**　あきみつ
- **旦人**　あけと
- **旦日**　あさひ
- **旦明**　かずあき
- **義旦**　ぎたん
- **旦志**　ただし
- **旦晴**　たんせい
- **秀旦**　ひであき
- **旦次郎**　たんじろう

汀

テイ　なぎさ
みぎわ

川や海の近くの平らな土地を表し、みぎわ、なぎさ、浜などの意味に使われる。ロマンチックなイメージのある字。
ヒント　「てい」と読むと、ねばり強さと前進する力強さを感じさせる。「渚」のかわりに使っても。

- **汀**　なぎさ
- **汀**　みぎわ
- **蒼汀**　そうてい
- **汀一**　ていいち
- **汀雲**　ていうん
- **汀雅**　ていが
- **汀吾**　ていご
- **汀星**　ていせい
- **汀斗**　なぎと
- **汀波**　なぎは

冬

トウ　ふゆ
名 かず　とし

一年の終わりの季節である冬の意味。寒く厳しいが、清らかなイメージもある。我慢強く、さわやかな人に。
ヒント　「ふゆ」の音で、初雪のような繊細《せんさい》さをさらに加えて。「とう」の音は、実直で人から頼られる印象。

- **冬真**　かずま
- **聖冬**　せいと
- **千冬**　ちふゆ
- **冬雅**　とうが
- **冬吾**　とうご
- **冬暉**　としき
- **冬樹**　ふゆき
- **冬人**　ふゆと
- **冬翔**　ふゆと
- **優冬**　まさと

平

ヘイ　ビョウ
たいら　ひら
名 なり
ひとし
まさる

たいらにするのほかに、やすらか、等しいなどの意味を表す。止め字としても人気が高い。平和な人生を祈って。
ヒント　古くからの定番の止め字。「へい」で終わる名前は、物事を大きくとらえる俯瞰《ふかん》力を感じさせる。

- **平**　たいら
- **一平**　いっぺい
- **和平**　かずひら
- **環平**　かんぺい
- **桔平**　きっぺい
- **恭平**　きょうへい
- **薫平**　くんぺい
- **恒平**　こうへい
- **三平**　さんぺい
- **修平**　しゅうへい
- **翔平**　しょうへい
- **心平**　しんぺい
- **泰平**　たいへい
- **範平**　はんぺい
- **平志**　ひとし
- **文平**　ぶんぺい
- **平吾**　へいご
- **平次**　へいじ
- **平助**　へいすけ
- **平祐**　へいすけ
- **平蔵**　へいぞう
- **平太**　へいた
- **優平**　まさなり
- **平瑠**　まさる
- **悠平**　ゆうへい
- **陽平**　ようへい
- **律平**　りっぺい
- **龍平**　りゅうへい
- **諒平**　りょうへい
- **倫平**　りんぺい

北

ホク　きた
名 た

二人の人が背を向けあっている形で、背中、背くの意味になり、方位の北を表す。厳しい環境に負けぬ強い人に。
ヒント　北斗七星のように輝く星の印象もある字。「ほく」は包容力と推進力があり、深い信頼感をもたらす音。

北海　きたみ
太北　たきた
北雅　ほくが
北輝　ほくき
北斎　ほくさい
北斗　ほくと
北陽　ほくよう
真北　まきた
唯北　ゆいた
優北　ゆうほく

未

ミ
名 いま　いや　ひで

枝のついた木の形からできた字。十二支の「ひつじ」の意味にも使う。おおいなる未来をイメージさせる字。
ヒント　未来の可能性を感じさせる字。先頭字にも止め字にも。「み」の音は、みずみずしくフレッシュな印象。

未生　いまき
海未　かいや
嵩未　たかみ
拓未　たくみ
未登　ひでと
雅未　まさみ
未崎　みさき
未來　みらい
未来翔　みくと
未知人　みちと

民

ミン　たみ
名 ひと　み　もと

神に仕える人の意味から、たみ、人を表すようになった。独立心が強く、なおかつ他人に優しい人になるように。
ヒント　「たみ」の音は、キュートさと、タフで充実した人間性とをあわせもつ。「み」の音で止め字として使っても。

太民　たみ
民生　たみお
民希　たみき
民人　たみと
秀民　ひでみ
紘民　ひろみ
民斗　みんと
民暉　もとき
遊民　ゆうみ
麗民　れひと

由

ユ　ユイ　ユウ　よし
名 ただ　ゆき　より

物事のおこり、わけ、〜による、したがう、頼るなどの意味を表す。組み合わせやすい字。思慮深い人に。
ヒント　やわらぎと優しさがあふれる「ゆう」、やわらかさと癒《いや》しを感じさせる「よし」など、どの音も温かな印象に。

由　とおる
和由　かずよし
一由　かずより
自由　じゆう
嵩由　たかよし
由寛　ただひろ
辰由　たつよし
光由　みつよし
由一　ゆいち
由士　ゆいと

由宇　ゆう
由我　ゆうが
由気　ゆうき
由吾　ゆうご
由路　ゆうじ
由人　ゆうと
由真　ゆうま
由吏　ゆうり
由寿　ゆきとし
由良　ゆら

由貴　よしき
由伸　よしのぶ
由瑛　よしひで
由仁　よしひと
由人　よりと
亜由人　あゆと
愛由夢　あゆむ
那由人　なゆと
由太郎　ゆうたろう
由紀夫　ゆきお

立

リツ　リュウ　たつ
名 たか　たかし　たる　はる

「大」と「一」を組み合わせた字で、一定の場所に立つ人を表す。つくるの意味もある。独立心の強い人に。
ヒント　凛《りん》としたイメージに「たつ」の音で、パワフルな行動力を。「りつ」でタフなりりしさをさらに加えて。

立　りつ
亜立　あたる
立哉　たかや
立貴　たつき
立海　はるみ
立来　りく
立樹　りつき
立太　りった
立斗　りつと
立志　りゅうじ

令

レイ
名 なり　のり　はる　よし　れ

もとは神のお告げのことで、命令、決まりなどの意味を表すが、美しいの意味もある。清潔で威厳のある人に。
ヒント　華やかで洗練された「れ」、きりっと理知的な「れい」の音で、気品ある字のイメージがよりアップ。

偉令　いれい
令貴　なりき
令弥　のりや
令翔　はると
雅令　まさはる
令歩　よしほ
令爾　れいじ
令於　れお
令音　れおん
令治朗　れいじろう

礼

レイ　ライ
名 あきら　なり　のり　ひろし　みち　ゆき　よし
旧 禮

もとの字は「禮」で、甘酒の意味。酒を使った儀式から、礼儀、敬うの意味に使う。まじめで礼儀正しい人に。
ヒント　華やかさと知性の「れい」、りりしくも気品のある「のり」、さわやかな癒《いや》しの「よし」などの音で。

礼　あきら
礼　らい
礼緒　あきお
礼芳　あきよし
有礼　ありのり
和礼　かずあき
寿礼　かずみち
樹礼　じゅらい
嵩礼　たかゆき
岳礼　たけみち

礼史　のりふみ
波礼　はれ
礼志　ひろし
昌礼　まさよし
礼緒　みちお
礼杜　みちと
海礼　みらい
武礼　むらい
康礼　やすなり
礼於　ゆきお

礼孝　よしたか
礼道　よしみち
礼斗　らいと
礼夢　らいむ
礼一　れいいち
礼央　れお
礼音　れおん
礼埜　れの
礼慈郎　れいじろう
礼於奈　れおな

6画

安

アン　やすい
名 さだ　やす　やすし

やすらかというのがもとの意味で、静か、楽しい、満足するなどの意味がある。穏《おだ》やかで落ち着きのある人に。
ヒント 「やす」の音は清潔な癒《いや》しに満ちている。「やすし」の読みで1字名にすると、はつらつとした印象に。

安　やすし
安仁　あんじん
兼安　かねやす
友安　ともさだ
柾安　まさやす
安喜　やすき
安彦　やすひこ
安宏　やすひろ
安綺羅　あきら
安二郎　やすじろう

伊

イ　これ
名 いさ　よし　ただ

もとは神降ろしをする者を表し、これ、かれなどの意味がある。イタリアの略にも使われる。おしゃれなイメージ。
ヒント 「い」と読むと一途《いちず》で一生懸命、周囲がつい応援したくなる名前に。「これ」や「ただ」の読みでも。

伊織　いおり
伊那　いさな
伊純　いずみ
伊空　いそら
伊吹　いぶき
海伊　かい
丈伊　じょうい
伊士　ただし
伊乃　よしの
伊知郎　いちろう

衣

イ　ころも
名 え　きぬ　そ

襟を合わせた衣の形からできた字で、ずばり、ころも、着物の意味。おしゃれでセンスのいい男性になるように。
ヒント 一途《いちず》ながんばり屋さんの「い」の音や、物事の本質を見抜く「え」の音で。男らしい字と組み合わせて。

衣織　いおり
衣良　いら
甲衣　かい
衣大　きぬた
衣斗　きぬと
衣那　そな
孝衣　たかえ
柚衣　ゆい
多衣士　たいし
真衣人　まいと

羽

ウ　は　はね
名 わ　わね

鳥の羽の形からできた字。翼の意味も表す。大空に自由に羽ばたくイメージ。のびやかに生きるよう祈って。
ヒント 意味のよい字で、男の子にもぴったり。「う」「は」「わ」の読みで万葉仮名風に使って。

蒼羽　あおば
色羽　いろは
羽生　うい
羽匡　うきょう
鏡羽　きょう
貴羽　きわね
慶羽　けいは
瑚羽　こう
晃羽　こうわ
嵯羽　さわね

凪羽　なぎは
埜羽　のわ
新羽　にいは
羽月　はづき
羽希　はねき
羽翔　はねと
深羽　みはね
由羽　ゆう
悠羽　ゆうわ
遊羽　ゆは

理羽　りう
羽壱　わいち
羽叶　わかな
羽晃　わこう
可士羽　かしわ
虎羽汰　こうた
司琉羽　しりゅう
羽我音　はがね
羽玖登　はくと
羽瑠斗　はると

宇

ウ
名 たか　のき

家の軒《のき》の意味を表す字で、家、屋根などのほか、大きい、天、空などの意味も。スケールの大きな人になるように。
ヒント 「う」の音は独自の世界観でクリエイティブな才能を発揮する印象。「たか」の音は頂点を極《きわ》める印象。

宇吉　うきち
宇大　うだい
宇宙　うちゅう
紀宇　きう
昂宇　こうう
奏宇　そのき
宇良　たから
由宇　ゆう
耀宇　よう
流宇星　りゅうせい

気

旧 氣

キ　ケ
名 おき

もとの字は「氣」。空気や息、自然現象のほか、すべての生命力の源、心のはたらきをも表す。神秘的な字。
ヒント 「き」の音で止め字に。「き」で終わる名前のもち主は、他人の評価に左右されず思いをつらぬく人。

逸気　いつき
環気　かんき
気宇　きう
元気　げんき
皓気　こうき
紀気　のりき
陽気　はるき
雅気　まさき
勇気　ゆうき
加寿気　かずおき

伎

キ　ギ　わざ
名 くれ　し　たくみ

人が舞う姿から、わざ、俳優、芸者などの意味がある。芸術・芸能の才に恵まれるよう願って。
ヒント 歌舞伎の「伎」。生命力にあふれ強い個性を感じさせる「き」や、迫力と愛嬌《あいきょう》をあわせもつ「ぎ」の音で。

伎　たくみ
麻伎　あさき
歌伎　うたき
伎一　きいち
伎都　くれと
伎季　しき
孝伎　たかき
成伎　なりき
優伎　ゆうぎ
麗伎　れいき

吉

キチ　キツ
名 さち　とみ　はじめ　よ　よし

祈りのことばにまじないを組み合わせた字で、よい、めでたい、幸せなどの意味を表す。そのものずばり、幸福を祈って。
ヒント　機転がきいて小粋《こいき》な印象の「きち」、明るくさわやかな「よし」の音で、先頭字にも止め字にも使われる。

吉　はじめ
晃吉　あきよし
健吉　けんきち
吉緒　さちお
祥吉　しょうきち
実吉　みとみ
弥吉　やきち
吉斗　よしと
吉彦　よしひこ
吉利人　きりと

共

キョウ　とも
名 たか

両手に物を捧げもつ形で、ともに、一緒にのほか、つつしむ、うやうやしいの意味も表す。うやうやしい友達に恵まれるように。
ヒント　「きょう」の音はパワフルだが優しいイメージ。「とも」の音を活かすと、豊かな人間性をもつ名前に。

共一　きょういち
共志　きょうじ
共平　きょうへい
左共　さきょう
共生　たかお
共偉　ともい
共希　ともき
共晴　ともはる
共広　ともひろ
義共　よしとも

匡

キョウ
すくう
ただす
名 たすく
ただし　まさ
まさし

物事を正すこと、正して明らかにすることのほか、助けるという意味もある。正義感の強い人に育つことを願って。
ヒント　「きょう」の音はパワフルで華やかな印象。「ただし」「まさし」など、1字名に使いやすい読みも多い。

匡　ただし
匡　まさし
数匡　かずまさ
匡平　きょうへい
匡駈　たすく
秀匡　ひでまさ
広匡　ひろまさ
寛匡　ひろただ
匡仁　まさと
匡之助　きょうのすけ

Column

似ている漢字に注意して！

漢字は、ちょっと形が違うだけでまったく意味が変わってしまうことも。
使いたい漢字の意味や形を正確に把握しておきましょう。

[例]

大[3]—丈[3]—太[4]—犬[4]
巳[3]—已[3]—己[3]
天[4]—夫[4]
右[5]—石[5]
永[5]—氷[5]
史[5]—央[5]
功[5]—巧[5]
未[5]—末[5]
広[5]—宏[7]
州[6]—洲[9]
杜[7]—社[7]
李[7]—季[8]
伶[7]—怜[8]

亨[7]—享[8]
宜[8]—宣[9]
昂[8]—昴[9]
拓[8]—柘[9]
弥[8]—祢[9]
昊[8]—晃[10]
茉[8]—茱[10]
郎[9]—朗[10]
祐[9]—裕[12]
峻[10]—崚[11]
紋[10]—絞[12]

菫[11]—董[12]
梛[11]—椰[13]
菅[11]—管[14]
軒[10]—幹[13]
惺[12]—煌[13]
瑞[13]—端[14]
堅[12]—竪[14]
綱[14]—網[14]
瑠[14]—璃[15]
徹[15]—撤[15]
諄[15]—諒[15]

幡[15]—播[15]
摩[15]—磨[16]
隠[14]—穏[16]
還[16]—環[17]
彌[17]—禰[19]
擢[17]—櫂[18]
麗[19]—麓[19]
燿[18]—耀[20]
響[20]—饗[22]
艦[21]—鑑[23]
麟[24]—鱗[24]

出生届《しゅっしょうとどけ》を出す前に、もう一度よく確認しよう。

旭

キョク　あさひ
名 あき　あきら　あさ　てる

朝日の昇る様子からできた字で、ずばり朝日を意味する。フレッシュなイメージとともに神々しさも感じさせる。**ヒント** 1字名「あさひ」は心地よくさわやかなイメージ。「あきら」と読むと、輝く希望を感じさせる名前に。

旭　あさひ
旭慶　あきよし
旭良　あきら
旭飛　あさひ
一旭　かずてる
旭明　てるあき
旭希　てるき
俊旭　としあき
嶺旭　みねあき
旭太郎　あきたろう

圭

ケイ　かど　たま
名 か　きよ　きよし　け　よし

もとは玉器の形からできた字で、玉を意味する。字形は幾何学《きかがく》的な線からなりたっている。まっすぐ育つように。**ヒント** 「けい」の音は、潔く気品のある知性派のイメージ。「きよ」と読むと、潔さと優しさが融合した印象。

圭　けい
一圭　いっけい
圭偉　かい
海圭　かいけい
圭史　きよし
圭斗　きよと
圭楽　きよら
圭偉　けい
圭吾　けいご
圭史　けいし

圭翔　けいしょう
圭佑　けいすけ
圭晟　けいせい
圭三　けいぞう
圭太　けいた
圭人　けいと
圭哉　けいや
圭來　けいら
春圭　しゅんけい
辰圭　たつよし

圭輝　たまき
昌圭　まさかど
圭希　よしき
圭威人　かいと
圭那人　かなと
圭一郎　けいいちろう
圭史郎　けいしろう
圭治郎　けいじろう
圭太郎　けいたろう
圭之助　けいのすけ

伍

ゴ　くみ
名 いつ　とも　ひとし

人が組になって交わることから、交わる、組、仲間の意味に使う。多くの友達、仲間に恵まれることを願って。**ヒント** 「ご」の音で止め字に。迫力がありながら甘い印象もともなうため、だれもが応援したくなる人に。

伍　ひとし
伍希　いつき
景伍　けいご
伍空　ごくう
伍大　ごだい
翔伍　しょうご
仁伍　じんご
大伍　だいご
伍暉　ともき
雄伍　ゆうご

光

コウ　ひかり　ひかる
名 あきら　てる　みつ　みつる　る

人の頭上の火を表し、そこから光、輝くの意味になった。恵み、栄えの意味も。栄光を手に入れることを願って。**ヒント** 「こう」の音は、機敏《きびん》で愛らしい印象。「ひかり」「ひかる」の読みは、パワフルで熱い情熱を感じさせる。

光　ひかる
光來　あきら
一光　いっこう
瑛光　えいこう
数光　かずみつ
光一　こういち
光我　こうが
光翼　こうき
光弦　こうげん
光治　こうじ

光瞬　こうしゅん
光佑　こうすけ
光馬　こうま
光明　こうめい
光貴　てるき
光孝　てるたか
光彦　てるひこ
光基　てるもと
光良　てるよし
俊光　としみつ

光希　みつき
光晴　みつはる
光雅　みつまさ
光吉　みつよし
光瑠　みつる
陽光　ようこう
射光矢　いるや
光史郎　こうしろう
光二郎　こうじろう
光太郎　こうたろう

向

コウ　むく
名 ひさ

もとは神をむかえる窓を意味した。むかう、むくのほかに、進む、志すの意味もある。努力家になるよう願って。**ヒント** 「日向」で「ひなた」と読むのが人気。セクシーで温かい印象。「こう」の音は、知的で愛らしさがある。

向壱　こういち
向我　こうが
向自　こうじ
向星　こうせい
向人　こうと
向陽　こうよう
志向　しこう
夏向　なつひさ
向志　ひさし
日向　ひなた

好

コウ　このむ　すく
名 すみ　たか　み　よし　よしみ

「女」+「子」。母親が子を抱く姿から、美しい、好ましい、さらに仲がいい、上手などの意味に。愛される人に。**ヒント** 「好男子《こうだんし》」「好《こう》漢《かん》」のように、男性にも印象のいい字。さわやかな「よし」の音を活かして。

和好　かずみ
兼好　けんこう
好哉　こうや
好夢　このむ
大好　ひろたか
優好　まさよし
真好　ますみ
好明　よしあき
好伸　よしのぶ
好実　よしみ

江

コウ　え
名 きみ　ただ　のぶ

大きな川の意味で、特に中国の長江《ちょうこう》を表す。スケール感のある字。のびやかにおおらかに育つことを願って。**ヒント** 「え」の音で万葉仮名風に。「え」の音を活かすと、観察眼があり、物事の本質を見抜く人に。

江聞　えもん
江琉　える
江人　きみと
江河　こうが
江生　こうき
大江　たいこう
江佑　ただすけ
江希　のぶき
伶江　れいこう
孝江門　たかえもん

考

コウ
かんがえる
名 たか　ただ
ちか　とし
よし

子どもが老人に仕える、がもとの意味。考える、試すのほか、長生きするの意味もある。知的で思慮深い男性に。
ヒント 「こう」の音は知的で繊細《せんさい》な愛らしさを、「たか」の音はやる気と思いやりのあるリーダーの印象。

考	こう
壱考	いっこう
考樹	こうき
考平	こうへい
考士	たかし
考人	ただと
考生	としき
昌考	まさちか
充考	みつよし
考之介	こうのすけ

行

コウ　ギョウ
アン　いく
おこなう
名 き　のり
みち　ゆき

十字路の形を表す字で、そこから、行く、歩く、行うの意味になった。心身を鍛《きた》える意味も。止め字にも使う。
ヒント 「ゆき」で終わる名前は、思慮深さと意志の強さを感じさせる。「こう」の音は、機敏《きびん》な知性派の印象。

行翔	いくと
克行	かつゆき
行季	こうき
翔行	しょうき
貴行	たかのり
真行	まいく
将行	まさみち
泰行	やすゆき
裕行	ゆうこう
行斗	ゆきと

亘

コウ　セン
わたる
名 とおる
のぶ

旧 亙

建物の周りの垣の形から、めぐるの意味に用い、渡る、述べるなどの意味を表す。誠実で信念をもった男性に。
ヒント 圧倒的な存在感の「わたる」、愛らしさの中に落ち着きと品のある「とおる」の音で1字名に。

亘	とおる
亘我	こうが
亘治	こうじ
亘晟	こうせい
亘和	こうわ
亘貴	のぶき
亘輝	のぶてる
竜亘	りゅうこう
亘瑠	わたる
亘三朗	こうざぶろう

合

ゴウ　カッ
ガッ　あう
名 あい　かい
はる

器《うつわ》と蓋《ふた》が合う形からできた字で、ひとつになる、混じるなどの意味を表す。かなうの意味もあり、合格はこの用法。
ヒント 「ごう」の音は圧倒的な強さや偉大さを感じさせる。「あい」と読むと、なつかしさを感じる名前に。

合気	あいき
合悟	あいご
合夢	あいむ
合人	かいと
合騎	ごうき
合悟	ごうご
秀合	しゅうごう
登合	とうご
合刀	はると
力合	りきご

在

ザイ　ある
名 あき
あきら　あり
すみ　たみ
とお　みつる

神聖なものとして「ある」のがもとの意味。田舎の意味もある。しっかりと自己主張できる人になるように。
ヒント 「あり」「ある」の音を活かすと、自然体で華やかな印象が加わる。「みつる」と読んで1字名にも。

在	ある
在羅	あきら
在朋	ありとも
在都	あると
一在	かずあき
泰在	たいざい
在緒	たみお
在真	とおま
実在	みすみ
在流	みつる

次

ジ　シ　つぎ
つぐ
名 ちか　なみ
ひで

つぎ、つぐのほか、宿るの意味もある。また、二番め、第二位の意味も。次男によく使われ、止め字にもなる。
ヒント 「つぐ」の音を活かすと、豊かな発想力で、豊かさを手にする人に。上品な印象の「じ」の音でも。

慶次	けいじ
皓次	こうじ
次郎	じろう
忠次	ただひで
次志	ちかし
次晴	つぐはる
恒次	ひさつぐ
実次	みなみ
蓮次	れんじ
勇次郎	ゆうじろう

至

シ　いたる
名 じ　ちか
のり　みち
むね　ゆき
よし

矢が到達したことを表し、至るの意味になった。極《きわ》める、最高の意味もある。つねに高い目標を求める人に。
ヒント 物事を極めるイメージ。「し」や「じ」の音で止め字や万葉仮名風に。「いたる」の読みで1字名にも。

至	いたる
環至	かんじ
健至	けんし
惟至	これちか
至織	しおり
至遠	しおん
士至	しのり
真至	しんじ
壮至	そうし
高至	たかのり
鷹至	たかよし
至良	ちから
柊至	とうじ
智至	ともちか
直至	なおゆき
至丈	のりたけ
秀至	ひでゆき
大至	ひろみち
雅至	まさむね
弥至	みちか
至瑠	みちる
深至	みよし
至秋	むねあき
至男	むねお
至於	ゆきお
至貴	よしき
至充	よしみ
洸至郎	こうしろう
由紀至	ゆきむね
柚至朗	ゆしろう

守

シュ　ス
まもる　もり

「宀」+「寸」。重要な建物を守ることをいい、守る、大切にするなどの意味。家族や友人を大事にするように。
ヒント 1字名「まもる」は、ほのぼのとなつかしい印象。「もり」と読むと、大きく丸く、豊潤《ほうじゅん》なイメージ。

守	まもる
慈守	しげもり
守宇	しゅう
森守	しんじゅ
友守	ともり
守利	まもり
守貴	もりき
守人	もりと
守仁	もりひと
守道	もりみち

州

シュウ　す
名 くに

川の中州の形からできた字で、州、陸地の意味を表す。周囲に流されることなく、自分をつらぬくイメージ。
ヒント 「しゅう」の音は俊敏《しゅんびん》さと落ち着きが共生した印象。「くに」と読むと頼りがいのあるリーダーに。

州	しゅう
海州	かいしゅう
州和	くにかず
黒州	くろす
沙州	さしゅう
州一	しゅういち
州治	しゅうじ
州生	しゅうせい
州人	しゅうと
大州	だいす

舟

シュウ　ふね
ふな
名 のり

ふねの形からできた字。小型のふねを表す。すいすいと軽快に人生の荒波を乗り切っていくことを願って。
ヒント 秀逸《しゅういつ》なバランスをもち、洗練された美しさのある「しゅう」の音で、先頭字、止め字、1字名に。

舟	しゅう
海舟	かいしゅう
和舟	かずのり
颯舟	さっしゅう
舟造	しゅうぞう
舟人	しゅうと
舟真	しゅうま
嵩舟	たかのり
麻舟	ましゅう
弥舟	みふね

旬

ジュン
シュン
名 ただ　とき
ひとし　ひら
まさ

十日間の意味。広く行き渡るの意味もあり、また物事の最も生きのいい時期のこともいう。みずみずしく元気な子に。
ヒント やわらかく弾《はず》むような愛らしさのある「しゅん」、人なつっこくセクシーな印象の「じゅん」の音で。

旬	しゅん
一旬	かずひら
圭旬	けいしゅん
旬貴	しゅんき
旬汰	しゅんた
旬平	じゅんぺい
旬夫	ときお
旬志	ひとし
旬生	まさき
旬太郎	しゅんたろう

充

ジュウ
あてる
名 あつ
たかし
まこと　みち
みつ　みつる

太った人の形からできた字で、満ちる、満たすの意味。中身のぎっしりつまった有能な人になるように。
ヒント 「みち」「みつ」「あつ」などの読みが使いやすい。「まこと」「みつる」など、1字名に使える読みも多い。

充	たかし
充	みつる
明充	あきみつ
充志	あつし
充人	あつと
充彦	あつひこ
景充	かげみつ
和充	かずみち
清充	きよみつ
充吾	じゅうご
充冴	じゅうざ
寿充	としみつ
知充	ともあつ
大充	はるみち
裕充	ひろみつ
充都	まこと
柾充	まさみち
充虎	みつとら
充太	みちた
充瑠	みちる
充輝	みつき
充成	みつなり
充琉	みつる
幸充	ゆきみつ
義充	よしみち
充比古	あつひこ
貴充朗	きじゅうろう
充士郎	じゅうしろう
宏於充	ひろおみ
充津邦	みつくに

匠

ショウ
名 たくみ
なる

もとは曲げ物をする人をいい、たくみ、職人、芸術に優れた人などの意味になった。芸術的才能に恵まれるように。
ヒント 「たくみ」の音で、満ち足りた充実感を与える人に。ソフトな光を感じさせる「しょう」の音で使っても。

匠	たくみ
健匠	けんしょう
匠吾	しょうご
匠路	しょうじ
匠馬	しょうま
匠吏	しょうり
匠人	たくと
匠弥	たくや
匠希	なるき
匠太郎	しょうたろう

庄

ショウ
名 まさ

もとは地が平らかの意味で、村里、田舎を表す。気どらずに、のびのびと育つことを願って。
ヒント 「しょう」の音は、新しい何かを秘めている印象。人気の「翔」などのかわりに使うと個性的な名前になる。

庄	しょう
庄吾	しょうご
庄司	しょうじ
庄造	しょうぞう
庄汰	しょうた
庄矢	しょうや
庄里	しょうり
庄弥	まさや
美庄	よしまさ
庄之助	しょうのすけ

丞

ジョウ
たすける
名 すけ
すすむ

穴に落ちた人を救い上げる形で、救う、助けるなどの意味になった。名補佐するの意味も。名バイプレーヤーに。
ヒント フットワークの軽い「すけ」の音で止め字に。温かく慈愛に満ちた「じょう」の音を活かしても。

丞	すすむ
瑛丞	えいすけ
颯丞	さすけ
丞誠	じょうせい
丞太	じょうた
帯丞	たいすけ
亮丞	りょうすけ
銀之丞	ぎんのじょう
雪乃丞	ゆきのじょう
龍之丞	りゅうのすけ

迅

ジン
名 と　とき
とし　はや

「卂」の部分は鳥のハヤブサの飛ぶ形で、そこから速い、激しいの意味になった。元気で活発な子になるように。
ヒント 甘いのにスパイシーな「じん」、穏《おだ》やかで柔和《にゅうわ》な「はや」の音で。「とき」「とし」の「と」の音を使っても。

迅	じん
逸迅	いつとし
克迅	かつと
修迅	しゅうと
迅吾	じんご
迅登	じんと
迅馬	ときま
迅瀬	はやせ
迅人	はやと
裕迅	ゆうじん

成

セイ　ジョウ
なる
名 あきら
さだ　しげる
なり　ひで
よし

でき上がる、完成する、成し遂げるの意味を表す。また、実るという意味もある。どんな道でも成功できるように。**ヒント**「なり」の音は、人なつっこさと理知が融合した印象。世界へ打って出るイメージの「せい」の音でも。

成	しげる
成來	あきら
壱成	いっせい
音成	おとなり
海成	かいせい
和成	かずしげ
禾成	かなる
輝成	きなり
煌成	こうせい
成緒	さだお
成基	さだき
沙成	さなり
旬成	しゅんせい
成哉	せいや
泰成	たいせい
辰成	たつよし
成覇	なりは
成生	なるき
成詩	なるし
成海	なるみ
成嘉	なるよし
成季	ひでき
成斗	ひでと
成矢	ひでや
史成	ふみひで
雅成	まさよし
悠成	ゆうせい
成人	よしと
成郎	よしろう
伶於成	れおな

汐

セキ　うしお
しお
名 きよ　せ

夕方のしおの満ち干の意味。朝の満ち干は「潮」。ロマンチックなイメージで、神秘的な印象もある字。**ヒント**「しお」と読むと、イキイキとした生命力と新鮮さが加わる。「うしお」と読むと、おおらかで物おじしない人に。

汐	うしお
汐太	きよた
汐海	きよみ
汐世	しおせ
汐羽	しおは
汐真	しおま
汐音	しおん
汐羅	せら
孝汐	たかきよ
真汐	ましお

壮

ソウ
名 あき　お
たけ　たけし
まさ　もり

旧 壯

「士」の部分は戦士の意味で、そこから強い、盛んなどの意味になった。健康で強い子に育つよう願って。**ヒント**「壮健」のように、はつらつとした印象。颯爽《さっそう》とした「そう」、力強く信頼感のある「たけし」の音で。

壮	そう
壮斗	あきと
真壮	さなお
壮吾	そうご
壮琉	そうる
壮士	たけし
壮流	たける
壮人	まさと
倖壮	ゆきもり
壮多朗	そうたろう

早

ソウ　サッ
はやい
名 さ　さき

時間・時刻が早いほかに、若い、夜明け、朝の早い時間などの意味もある。フレッシュなイメージの字。**ヒント**「そう」の音は透明な光を、「はや」の音は温かい息吹を感じさせる。「さ」と読んで万葉仮名風にも。

勇早	いさき
早葵	さき
早斗	さきと
早暉	さつき
早雲	そううん
早輔	そうすけ
早平	そうへい
早人	はやと
真早	まさき
早智人	さちと

多

タ　おおい
名 かず　とみ
な　なお
まさ　まさる

「夕」を二つ重ねて、多い、たくさんの意味を表す。また、勝るという意味もある。多くの成功を願って。**ヒント** 止め字の「た」は、若々しく元気な印象を残す人に。「多聞《たもん》天《てん》」は、福をもたらす神、毘沙門《びしゃもん》天《てん》の別名。

多	まさる
奏多	かなた
翔多	しょうた
多聞	たもん
多実	なおみ
信多	のぶかず
紘多	ひろかず
康多	やすとみ
瞭多	りょうた
日夏多	ひなた

ネーミング
ストーリー

パパとママの名前の漢字を1字ずつとって

日和《ひなた》くん

夫婦それぞれの名前の漢字から、「日」と「和」をとって「日和」にしました。生まれた日が11月にしてはとても暖かく気持ちのいい日だったので、晩秋から初冬のころ、不意に訪れる穏やかな天気を意味する「小春日和」にも由来しています。ポカポカした温かな人になってほしいという願いから、読みは「ひなた」にしました。（映乃ママ）

地

チ　ジ
名 くに　ただ

土、大地、場所のほか、ありのまま、生まれつきなどの意味もある。のびのびと大きな人間に育つように。
ヒント　しっかりと地に足をつけた力強い印象のある字。機敏《きびん》な印象の「ち」の音で止め字にして。

凱地	がいち
地久	くにひさ
地実	くにみ
晟地	せいじ
泰地	たいち
大地	だいち
寅地	とらじ
柾地	まさただ
悠地	ゆうじ
地加來	ちから

竹

チク　たけ
名 たか

竹の葉が垂れている形を表す字で、タケの意味を表す。地面にしっかり根を張った、しなやかな強さのイメージ。
ヒント　字のもつすくすくとまっすぐ育つイメージに、「たけ」の音で力強く確かな信頼感を加えて。

竹生	たかお
竹雄	たけお
竹史	たけし
竹未	たけみ
竹夢	たけむ
竹琉	たける
則竹	のりたけ
英竹	ひでたけ
真竹	まさたけ
竹乃心	ちくのしん

灯

トウ　ひ
名 あかり
旧 燈 (→P339)

ともしび、明かり、火をともす道具の意味。周囲を明るくするような、明朗で魅力的な人になることを願って。
ヒント　字のもつ温かい印象に、「とう」の音で努力家のイメージを、「ひ」の音でカリスマ性を加えて。

灯士	あかし
灯偉	とうい
灯吾	とうご
灯治	とうじ
灯真	とうま
灯也	とうや
灯蕗	ひろ
悠灯	ゆうひ
灯二郎	とうじろう
灯可瑠	ひかる

凪

なぎ
名 な

日本でつくられた国字で、「風」が「止」まることを表す。自然現象を表す字は人気がある。優しい人に。
ヒント　「なぎ」の音を活かすと、かわいがられて出世する人に。「な」の音でも。穏《おだ》やかな海を連想させる字。

凪	なぎ
依凪	いな
香凪	かなぎ
翔凪	しょうな
瀬凪	せな
大凪	だいな
都凪	つなぎ
凪紘	ないと
凪生	なお
凪音	なおと
凪沙	なぎさ
凪多	なぎた
凪人	なぎと
凪彦	なぎひこ
凪文	なぎふみ
凪羅	なぎら
凪月	なつき
凪那	なな
凪豊	なゆた
凪琉	なる
新凪	にいな
海凪	みなぎ
瑠凪	るな
伊佐凪	いざな
夏凪汰	かなた
守凪緒	すなお
南凪於	ななお
日凪太	ひなた
真凪歩	まなぶ
深凪斗	みなと

弐

ニ
名 じ　すけ

数字の書き直しを防ぐために「二」のかわりに用いられる。次男や二番めの子に使われることもある。
ヒント　止め字に使うと個性的。「じ」の音は大切に育てられた印象、「すけ」の音は即戦力のイメージ。

漢弐	かんじ
皓弐	こうじ
脩弐	しゅうすけ
大弐	だいすけ
弐暉	にき
弐志	にし
弐平	にへい
優弐	ゆうすけ
陽弐	ようすけ
弐太郎	にたろう

年

ネン　とし
名 かず　ちか　と　とせ　ね　みのる

豊かな実りを願う人の形から実りの意味となり、そこから「とし」の意味もできた。実り豊かな人生に。
ヒント　「とし」の音は、確かな信頼感の印象。「かず」の読みはたくましいカリスマヒーローのイメージ。

瑳年	さとし
千年	ちとせ
年輝	としき
豊年	とよかず
年児	ねんじ
寿年	ひさとし
柾年	まさちか
光年	みつとし
年瑠	みのる
悠年	ゆうと

帆

ハン　ほ

風を受けて舟を走らせる布や、その舟を意味する。海好きには人気のある字。のびやかに育つことを願って。
ヒント　「ほ」の音で止め字に使うと、温かなくつろぎを感じさせる。海や夏のイメージの字と組み合わせても。

和帆	かずほ
風帆	かぜほ
舟帆	しゅうほ
晴帆	せいはん
飛帆	たかほ
陽帆	はるほ
帆路	はんじ
帆輔	はんすけ
帆太	はんた
秀帆	ひでほ

汎

ハン　うかぶ　ひろい
名 みな

もとは風に流れることで、浮く、漂《ただよ》うの意味から、広い、あまねしの意味にも。物事にこだわらない大きな人に。
ヒント　「ひろ」と読むと、周囲にくつろぎを与える名前に。「はん」の音を活かすとすばやく動き、跳ねる印象になる。

友汎	ともひろ
汎路	はんじ
汎輔	はんすけ
汎斗	はんと
汎平	はんぺい
汎輝	ひろき
汎晟	ひろてる
汎音	ひろと
汎季	みなき
汎次郎	はんじろう

百

ヒャク
名 お と も
もも

「白」の上に「一」を加えた形。数の百を表し、すべて、多数などの意味にも使われる。多くの幸福を願って。
ヒント 「もも」の音で、ほのぼのとした素朴《そぼく》な印象の名前に。「お」の音は、おおらかで包容力のある印象になる。

和百	かずお
奏百	かなと
鷹百	たかと
敏百	としお
十百	とも
百一	ひゃくいち
百瀬	ひゃくせ
百郎	ひゃくろう
百健	ひゃっけん
雅百	まさお
水百	みなも
百祢	もね
百和	ももかず
百季	ももき
百吾	ももご
百路	ももじ
百輔	ももすけ
百年	ももとし
百俊	ももとし
百福	ももふく
百哉	ももや
采百雄	ともお
百茂成	ともなり
奈百仁	なおと
百斗季	もとき
百都志	もとし
百太朗	ももたろう
百之助	もものすけ
八百稔	やおとし
百合斗	ゆりと

名

メイ ミョウ
な
名 あきら
かた もり

子の成長を報告する儀式から、名、名づけるの意味に。ほまれの意味もある。世に名を成す人になるように。
ヒント 「な」の音は、のびやかで親密さを感じさせる。「めい」の音で使うと、穏《おだ》やかで包容力のある印象に。

名來	あきら
名志	かたし
瀬名	せな
爽名	そうめい
名緒	なお
名我	もりが
加名斗	かなと
名於斗	なおと
名由汰	なゆた
日名多	ひなた

有

ユウ ウ
ある
名 あり すみ
たもつ なお
なり り

肉をもって神に供える形から、もつ、ある、保つなどの意味を表す。ものに恵まれ、豊かな暮らしができるように。
ヒント 優しさにみちた「ゆう」の音のほか、ナチュラルさと華やかさをあわせもつ「あり」「ある」の音などで。

有	たもつ
有文	ありふみ
琥有	こう
有采	すみと
朋有	ともなり
有人	なおと
有吏	ゆうり
有音	りおん
琉有	るう
玖有哉	くうや

吏

リ
名 おさ さと
つかさ

もとは祭りをつかさどる人を意味し、そこから役人、おさめるなどの意味になった。平和で堅実な人生を望んで。
ヒント りりしさと力強さを感じさせる「り」の音で。「つかさ」と読むと、パワフルで信頼感のある名前に。

吏	つかさ
晏吏	あんり
庵吏	いおり
吏夢	おさむ
海吏	かいり
采吏	さいり
吏志	さとし
吏理	さとり
千吏	せんり
吏冴	つかさ
塔吏	とうり
知吏	ともり
万吏	ばんり
真吏	まおさ
磨吏	まさと
雅吏	まさり
稔吏	みのり
祐吏	ゆうり
吏市	りいち
吏宇	りう
吏音	りお
吏規	りき
吏玖	りく
吏人	りひと
日可吏	ひかり
萌吏仁	もりひと
吏歩武	りあむ
吏駆斗	りくと
吏寿夢	りずむ
吏太郎	りたろう

7画

亜

ア
名 つぎ つぐ
旧 亞

次ぐ、第二などの意味のほかに、亜細亜（アジア）の略にも使われる。昔なつかしいイメージがある字。
ヒント 「あ」ではじまる名前は飾らずのびやかなイメージ。「あ」で終わると、未来への希望を感じさせる名前に。

亜音	あおん
亜星	あせい
亜聖	あせい
亜人	あと
亜門	あもん
亜琉	ある
亜廉	あれん
亜蓮	あれん
逸亜	いつぎ
圭亜	けいあ
虎亜	こあ
純亜	すみあ
智亜	ちあ
亜晴	つぐはる
冬亜	とうあ
乃亜	のあ
聖亜	まさつぐ
悠亜	ゆうあ
怜亜	れあ
亜希斗	あきと
亜規來	あきら
亜玖里	あぐり
亜佐斗	あさと
亜太瑠	あたる
亜津暉	あつき
亜斗夢	あとむ
亜悠都	あゆと
孝亜希	たかあき
秀亜貴	ひであき
吏仁亜	りにあ

杏

アン　キョウ
あんず

木の枝に実をつけた形からできた字で、アンズを表す。実はおいしく、花も美しい。花も実もある人に。
ヒント「きょう」は、名前に使いやすい音。輝くような強さと優しさを兼ねそなえた名前に。

杏路　あんじ
杏珠　あんじゅ
杏璃　あんり
一杏　いっきょう
宇杏　うきょう
杏吾　きょうご
杏司　きょうじ
杏平　きょうへい
康杏　こうあん
聖杏　せいあん

壱

イチ
名 かず　さね　もろ

もとの字は「壹」で、専らの意味。書きかえを防ぐため「一」のかわりに使われる。物事に打ちこんで成功する人に。
ヒント　個性を出したいとき「一」のかわりに使っても。「いち」の音は難題にも楽しげに挑戦し、成功する印象。

壱悟　いちご
壱朗　いちろう
壱成　いっせい
壱馬　かずま
貴壱　きいち
壱人　さねと
汰壱　たいち
羽壱　はもろ
春壱　はるかず
慎壱朗　しんいちろう

伽

カ　ガ　とぎ

サンスクリット語の音訳語として仏教用語によく使われる字。御《お》伽噺《とぎばなし》の「とぎ」にも。夢のある子に育つように。
ヒント「か」の音は、止め字として使うと、正義感の強い硬派な印象に。「とぎ」と読むと新鮮味のある名前に。

伽偉　かい
皓伽　こうが
千伽　せんが
童伽　どうか
伽人　とぎひと
伽文　とぎふみ
良伽　りょうか
瑠伽　るか
伽寿也　かずや
伽那斗　かなと

我

ガ　わ　われ

もとは刃がぎざぎざの鋸《のこぎり》を意味したが、われ、自分の意味に使われるようになった。自我をしっかり持つように。
ヒント「が」と読むと、字の強さに迫力と愛嬌《あいきょう》が加わる。「雅」などのかわりに止め字に使っても。

我紋　がもん
我聞　がもん
我蘭　がらん
煌我　こうが
泰我　たいが
斗我　とわ
夢我　むが
悠我　ゆうが
亮我　りょうが
我人　われと

快

カイ　こころよい
名 はや　やす
よし

病気が治ることから、気持ちがいいの意味になった。速い、鋭いの意味もある。健康で頭のいい子になるように。
ヒント　気持ちのよいイメージの字。りりしい知性派の「かい」や、清潔な癒《いや》しのイメージの「よし」の音で。

快　かい
快政　かいせい
快音　かいと
快也　かいや
瀬快　せかい
豪快　たけよし
快人　はやと
快彦　やすひこ
快貴　よしき
快晴　よしはる

完

カン
名 さだ
たもつ　なる
ひろ　ひろし
まさ　みつ
ゆたか

廟《びょう》の中で行われる儀礼に関する字で、まっとうする、成し遂げるの意味を表す。決めたことはやり通すように。
ヒント　気は優しくて力もちのイメージの「かん」の音で先頭字に。「たもつ」などの読みで1字名にも。

完　たもつ
大完　おおまさ
完児　かんじ
完介　かんすけ
完汰　かんた
完成　さだなり
完由　なるよし
完士　ひろし
完雅　みつまさ
完歌　ゆたか

希

キ　のぞむ
名 まれ

もとは珍しい、まれの意味で、願う、望むの意味にも使う。「稀」の書きかえにも。未来に希望を託《たく》して。
ヒント「き」で終わる名前は潔く、わが道を進むイメージ。「のぞむ」と読むと、物事を熟考する人を思わせる。

希　のぞむ
絢希　あやき
五希　いつき
一希　かずき
希一　きいち
希良　きら
晃希　こうき
剛希　ごうき
坂希　さかき
里希　さとき

苑希　そのき
孝希　たかき
達希　たつき
輝希　てるき
斗希　とき
友希　ともき
直希　なおき
希望　のぞみ
陽希　はるき
秀希　ひでき

文希　ふみき
穂希　ほまれ
希偉　まれい
希雄　まれお
希介　まれすけ
基希　もとき
勇希　ゆうき
亮希　りょうき
亜希來　あきら
美希斗　みきと

求

キュウ
もとめる
名 き　ひで
まさ　もと

もとは毛皮の服を表し、もとめるの意味に使うように。望む、願うの意味もある。たくさんの幸福を願って。
ヒント「きゅう」の音はなめらかな求心力でしぜんに注目を集める個性派に。「もと」の音はおっとりした印象。

一求　いっきゅう
求悟　きゅうご
求真　きゅうま
武求　たけもと
英求　ひでき
求幸　ひでゆき
求仁　まさと
求利　まさとし
求威　もとい
求夢　もとむ

究

キュウ
きわめる
名 さた　さだ　すみ　み

究《きわ》める、深くたずねて究めつくすの意味を表す。研究者にぴったりの字。努力家になるよう願いをこめて。
ヒント　物事をつきつめ、究めていくイメージがある。「きゅう」は、なめらかな求心力のある個性派の印象。

藍究　あいき
晃究　あきさだ
究児　きゅうじ
究真　きゅうま
究理　さだみち
究人　すみと
究哉　すみや
秀究　ひでみ
真究　ますみ
義究　よしさだ

玖

キュウ
名 き　く　たま　ひさ

黒く光る玉のように美しい石のこと。また、「九」の代用としても使われる。きらりと輝きをはなつように。
ヒント　キュートでミステリアスな印象の「く」で終わる名前は、周囲に安心感も与える。「久」のかわりに使うと新鮮。

愛玖　あいく
伊玖　いく
雅玖　がく
玖雅　くうが
玖音　くおん
咲玖　さく
詩玖　しき
汰玖　たく
玖季　たまき
埜玖　のく

羽玖　はねひさ
晴玖　はるく
玖貴　ひさたか
玖史　ひさふみ
真玖　まき
柾玖　まさひさ
巳玖　みく
祐玖　ゆうき
陽玖　ようき
頼玖　らいく

琉玖　りく
凜玖　りんく
瑠玖　るく
怜玖　れく
寛玖郎　かんくろう
桜玖哉　さくや
太玖真　たくま
大玖未　たくみ
埜玖斗　のくと
羽玖人　はくと

亨

キョウ　コウ
とおる　にる
名 あきら　すすむ　とし　なり

煮炊きに使う器《うつわ》の形からできた字で、煮るのほか、とおる、祭る、奉るなどの意味を表す。支障なき人生を願って。
ヒント　「とおる」「あきら」「すすむ」などの読みで1字名に。「享」と字形も読みも似ているので注意。

亨　すすむ
亨來　あきら
和亨　かずとし
亨次　きょうじ
亨成　こうせい
亨平　こうへい
亨明　こうめい
亨琉　とおる
正亨　まさとし
善亨　よしなり

芹

キン　せり
名 き　まさ　よし

植物のセリの意味を表す。セリは中国では祭事に使われ、日本では春の七草のひとつ。神秘的な力のある植物。
ヒント　華やかさのある「せり」の読みで使える唯一の字。「きん」は、輝きと茶目《ちゃめ》っ気《け》を感じさせる音。

芹　せり
芹路　きんじ
芹也　きんや
洸芹　こうき
芹緒　せりお
芹羽　せりは
芹哉　せりや
高芹　たかまさ
芹人　まさと
芹野　よしの

均

キン
名 お　ただ　なお　なり　ひとし　ひら　まさ

土をならして平らにすることをいい、ならす、等しくする、等しいなどの意味を表す。均整のとれた体と心に。
ヒント　「ひとし」の音は、パワーと清楚《せいそ》な気品を兼ねそなえた印象。バランスのとれた人になるように。

均　ひとし
均也　きんや
孝均　たかお
均昌　ただまさ
均人　なおと
均実　なりみ
宏均　ひろき
将均　まさひら
善均　よしなり
均之輔　きんのすけ

近

キン　コン
ちかい
名 とも　もと

都から距離的にちかいことを表す字で、のちに時間的にちかい意味にも使うようになった。友達に恵まれるように。
ヒント　「ちか」の音は無邪気でやんちゃな印象。「きん」の音は高いアピール力のあるエンターテイナーに。

右近　うこん
近江　おうみ
左近　さこん
近士　ちかし
近洸　ちかひろ
近来　ともき
智近　ともちか
近哉　ともや
真近　まさちか
近央　もとお

吟

ギン
名 あきら　おと　こえ

詩や歌をうたうこと、また、詩などの趣《おもむき》を味わう意味を表す。文学や芸能の才能に恵まれることを願って。
ヒント　「ぎん」と読む、数少ない字のひとつ。「ぎん」の音は、茶目《ちゃめ》っ気《け》と凄《すご》みとをあわせもつ印象。

吟　あきら
逸吟　いこえ
吟偉　おとい
吟弥　おとや
和吟　かずあき
吟賀　ぎんが
美吟　びぎん
悠吟　ゆうぎん
吟次朗　ぎんじろう
吟之助　ぎんのすけ

君

クン　きみ
名 きん　こ　すえ　なお　よし

神事をつかさどる人の長から、君主、統治者の意味になった。立派な人の意味もある。尊敬される人物になるように。
ヒント　「きみ」の音は、知的でありながら甘さがある印象。秘めたパワーを感じさせる「くん」の音でも。

君明　きみあき
君人　きみと
君侍　きんじ
君治　くんじ
君堂　くんどう
君平　くんぺい
君宇　こう
君伸　すえのぶ
孝君　たかよし
泰君　やすなお

見

ケン　みる

名 あき　あきら　ちか　み

大きな目をもった人の形からできた字で、見る意味を表す。会う、悟るの意味も。物事を見通す人になるように。

ヒント　みずみずしい印象の「み」、元気で明るい印象の「あき」、永遠の少年のような「けん」の音などで。

- 見義　あきよし
- 見來　あきら
- 和見　かずみ
- 見助　けんすけ
- 見哉　けんや
- 剛見　ごうけん
- 孝見　たかみ
- 義見　よしちか
- 見次郎　けんじろう
- 見太朗　けんたろう

呉

ゴ

名 くに　くれ

舞いながら祈る人の形で、楽しむの意味を表す。中国の国名、地名に使われた。明るい子になるように願って。

ヒント　「ご」の音を使うと、迫力と甘さをあわせもつ名前に。「くに」と読むと、頼りがいのあるリーダーに。

- 瑛呉　えいご
- 呉仁　くにひと
- 呉伊　くれい
- 呉雄　くれお
- 呉太　くれた
- 呉椰　くれや
- 呉空　ごくう
- 小呉　こぐれ
- 紫呉　しぐれ
- 悠呉　ゆうご

吾

ゴ　わが　われ

名 あ　みち

「五」+「口」で、守る、防ぐの意味を表す。また、われ、自分の意味にも使う。家族や友達を大事にする人に。

ヒント　「ご」は、男の子の止め字の定番。「ご」の音は、ゴージャスでスイートな印象になる。

- 吾紋　あもん
- 奎吾　けいご
- 吾一　ごいち
- 吾郎　ごろう
- 頌吾　しょうご
- 真吾　しんご
- 望吾　のあ
- 吾琉　みちる
- 悠吾　ゆうご
- 亮吾　りょうご

冴

ゴ　こおる　さえる

名 さ　さえ

寒さのためにものが凍るという意味から、さえるの意味を表す。クールでスマートなイメージの字。

ヒント　「ご」の音で止め字に使うと、新鮮味がある。さわやかな「さ」の音で万葉仮名風に使っても。

- 一冴　いちご
- 健冴　けんご
- 冴瑠　こおる
- 冴朗　ごろう
- 冴希　さえき
- 冴人　さえと
- 冴真　さえま
- 大冴　だいご
- 勇冴　ゆうご
- 龍冴　りゅうご

孝

コウ

名 あつ　たか　たかし　なり　のり　みち　ゆき　よし

親によく仕える意味を表す。「孝」は儒教では最も大切な徳目《とくもく》だった。親を大切にする子に育つよう願って。

ヒント　「こう」と読むと知的で愛らしい印象が、「たか」と読むと頂点を極《きわ》める印象が加わる。

- 孝　たかし
- 孝志　あつし
- 叶孝　かのり
- 孝輝　こうき
- 孝司　こうじ
- 孝瑛　たかあき
- 理孝　みちなり
- 孝洋　ゆきひろ
- 吉孝　よしみち
- 孝太郎　こうたろう

宏

コウ　ひろい

名 あつ　ひろ　ひろし

もとは奥深い建物を表し、そこから広い、大きいの意味ができた。スケールの大きい人物になるように。

ヒント　「こう」の音で、思慮深い印象に。たくましさと包容力のある「ひろ」の音は、先頭字でも止め字でも。

- 宏　ひろし
- 宏哉　あつや
- 和宏　かずあつ
- 宏我　こうが
- 宏大　こうだい
- 宏斗　こうと
- 宏基　ひろき
- 宏巳　ひろみ
- 真宏　まひろ
- 宏志郎　こうしろう

Column

組み合わせると決まった読み方をする漢字

２字以上まとまると特定の読みや意味になる漢字も、名づけのいいヒント。「ひなた」と読みたい場合、「日向」のようにそのまま使うほか、「陽向《ひなた》」や、「日向人《ひなと》」のように一部を借りるのもオススメです。

［例］

- 和泉　いずみ
- 息吹　いぶき
- 桔梗　ききょう
- 蔵人　くろうど
- 東風　こち
- 独楽　こま
- 時雨　しぐれ
- 東雲　しののめ
- 土筆　つくし
- 柘植　つげ
- 朱鷺　とき
- 疾風　はやて
- 日向　ひなた
- 琵琶　びわ
- 武蔵　むさし
- 猛者　もさ
- 紅葉　もみじ
- 大和　やまと

更

コウ　さら　ふける
名 つぐ　とお　のぶ

変える、改める、さらに、深くなるなどの意味を表す。過去にとらわれない、進歩的な人物にぴったりの字。
ヒント 「こう」と読むと知性と繊細《せんさい》な愛らしさを感じさせる。「のぶ」と読むとやんちゃで甘えん坊のイメージ。

秋更	あきつぐ
季更	きさら
更輝	こうき
更士	こうじ
更平	こうへい
更蘭	こうらん
更偉	さらい
更斗	さらと
更海	とおみ
更宏	のぶひろ

克

コク
名 いそし　かつ　かつみ　すぐる　なり　まさる　よし

能力がある、成し遂げる、勝つなどの意味を表す。困難に負けず、運命を切りひらくことができるように。
ヒント 積極的で勝負強い印象の「かつ」の音で。「克己《こっき》」のことばのとおり、自らに打ちかつ人になるように。

克	かつみ
克士	いそし
克紀	かつき
克迅	かつと
克典	かつのり
克哉	かつや
克琉	すぐる
秀克	ひでなり
克留	まさる
克明	よしあき

佐

サ
名 すけ　たすく　よし

「左」に「人」を加えた字で、助けるの意味を表す。バイプレーヤーとして能力を発揮しそうな字である。
ヒント 颯爽《さっそう》としたスターの印象の「さ」の音で。「すけ」と読むと、つかみがよくフットワークが軽い印象に。

佐	たすく
貴佐	きすけ
京佐	きょうすけ
賢佐	けんすけ
佐助	さすけ
佐俊	さとし
大佐	だいすけ
勇佐	ゆうすけ
佐貴	よしき
佐玖也	さくや

沙

サ　シャ　すな
名 いさ　す

水辺の砂の意味を表す。「砂」より細かい「すな」である。字形、意味ともロマンチックな印象。海好きに人気がある字。
ヒント 颯爽《さっそう》としたリーダーを思わせる「さ」の音で、先頭字、止め字、万葉仮名風に。「いさ」の音でも。

沙斗	いさと
晃沙	こうさ
沙吉	さきち
沙敏	さとし
沙羅	しゃら
沙晴	すばる
凪沙	なぎさ
南沙	なさ
沙那斗	さなと
沙未人	すみと

作

サク　サ
つくる
名 あり　とも　なお　なり

あらゆるものをつくる意味から、事を起こす、営む、成すなどの意味にも使われる。創造的な仕事ができるように。
ヒント 「さく」で終わると、賢い活動派のイメージに。さわやかな風のような「さ」の音を活かしても。

作友	ありとも
維作	いさく
耕作	こうさく
慎作	しんさく
作哉	ともや
作佑	なおすけ
将作	まさなり
優作	ゆうさく
竜作	りゅうさく
作太郎	さくたろう

孜

シ　つとめる
名 あつ　しげ　ただす　つとむ　ます

子を戒め、努力させることを表す字で、努める、励むなどの意味に使う。ずばり、努力家にふさわしい字。
ヒント 颯爽《さっそう》として個性的な「し」の音で万葉仮名風に。「つとむ」とすると、内向する充実した力を連想させる。

孜	ただす
孜文	あつふみ
孜哉	あつや
和孜	かずしげ
郷孜	さとし
孜龍	しりゅう
孜武	つとむ
杜孜	とし
紘孜	ひろあつ
孜朗	ますろう

志

シ
こころざし　こころざす
名 さね　むね　もと　ゆき

心がある方向に向かうことを表し、こころざすの意味となる。夢や目標に向かって一生懸命努力するように。
ヒント 字のもつこころざしのイメージに、「し」の音で、颯爽《さっそう》と活躍して憧《あこが》れられる印象をさらに加えて。

瑛志	えいじ
環志	かんじ
洸志	こうし
志高	さねたか
燦志	さんじ
志道	しどう
志埜	しの
志伸	しのぶ
志真	しま
志門	しもん
志龍	しりゅう
志郎	しろう
蒼志	そうし
大志	たいし
拓志	たくし
丈志	たけし
剛志	つよし
陽志	はるゆき
人志	ひとし
広志	ひろし
政志	まさむね
志太	むねた
志彦	むねひこ
志以	もとい
雄志	ゆうし
有志	ゆうじ
稜志	りょうじ
清志郎	きよしろう
拳志郎	けんしろう
大維志	たいし

児

ジ　ニ
名 こ　のり　はじめ　る

旧 兒

子どもの髪型をした人の形で、子、小さい子どもを表す。若者の意味もある。元気で活発な子になるように。
ヒント 「じ」の音で止め字として使われる。字のもつ元気な子のイメージに、育ちのいい印象が加わる。

児	はじめ
瑛児	えいじ
岳児	がくじ
児龍	こりゅう
旬児	しゅんじ
壮児	そうじ
健児	たける
児夫	のりお
悠児	ゆうじ
陽児	ようじ

寿

ジュ　ことぶき

名 かず　す　とし　のぶ　ひさ　ひさし　ひで　よし

旧 壽

人の長生きを祈ることから、いのち、久しい、祝うの意味になった。長く幸福な人生をおくれるように願って。

ヒント 「とし」は優しさと頼りがいを、「ひさ」は高いカリスマ性を、「じゅ」は癒《いや》しと気品を感じさせる音。

寿　ひさし
寿哉　かずや
圭寿　けいじゅ
寿成　としなり
寿幸　のぶゆき
陽寿　はるひさ
寿俊　ひでとし
寿人　よしと
寿実季　すみき
寿比呂　としひろ

秀

シュウ　ひいでる

名 さかえ　しげる　すえ　ひで　ほ　みつ　よし

穀物の穂が垂れて花が咲いている形で、ひいでる、優れる、抜きんでるの意味に使う。才気の光る子に。

ヒント 根強い人気の字。「ひで」の音でりりしさと格調高さを、「しゅう」の音でさわやかな風と光を感じさせて。

秀　しゅう
一秀　かずひで
健秀　けんしゅう
秀栄　さかえ
秀琉　しげる
秀司　しゅうじ
秀助　しゅうすけ
秀人　しゅうと
秀徳　しゅうとく
秀馬　しゅうま

秀哉　しゅうや
嵩秀　たかほ
敏秀　としすえ
秀明　ひであき
秀夏　ひでか
秀輝　ひでき
秀吾　ひでご
秀隆　ひでたか
秀俊　ひでとし
秀寅　ひでとら

秀海　ひでみ
文秀　ふみひで
秀稀　ほまれ
真秀　ましゅう
道秀　みちひで
秀瑠　みつる
森秀　もりひで
秀暉　よしき
秀吾郎　しゅうごろう
秀佑貴　ひでゆき

初

ショ　うい　そめる　はじめ　はつ

名 もと

「衣」+「刀」で、布を裁って衣をつくることから、はじめ、はじめての意味となった。フロンティア精神をもった人物に。

ヒント 熱い情熱とパワーのある「はつ」や、信頼感のある「もと」の読みなどで。「はじめ」と読んで1字名にも。

初　はじめ
初市　ういち
太初　たいしょ
照初　てるもと
初輝　はつき
初志　はつし
初範　はつのり
初吉　もときち
初史　もとし
初太郎　はつたろう

助

ジョ　すけ　たすける

名 たすく　ひろ　ます

もとは耕作をたすける意味で、そこからたすける、手伝うなどの意味に使う。親切な人に。

ヒント 「すけ」と読む男の子の止め字の定番。「すけ」で終わる名前は、即戦力になるイメージ。

助　たすく
恭助　きょうすけ
佐助　さすけ
泰助　たいすけ
大助　だいすけ
助人　ひろひと
助巳　ますみ
陽助　ようすけ
竜助　りゅうすけ
晋之助　しんのすけ

伸

シン　のびる

名 ただ　のぶ

人が体をのび縮みさせることを表す字で、のびる、のばすの意味になった。文字どおり、のびのびと育つように。

ヒント 甘え上手でやんちゃな「のぶ」や、生まれたての光をイメージさせる「しん」の音を活かして。

賢伸　けんしん
伸一　しんいち
伸悟　しんご
伸直　のぶなお
伸之　のぶゆき
大伸　はるのぶ
英伸　ひでただ
広伸　ひろのぶ
匡伸　まさのぶ
伸之輔　しんのすけ

臣

シン　ジン

名 う　お　おみ　きん　しげ　たか　とみ

上を見る目の形で、神に仕える者を表す。立派な主人に仕えられれば幸福だと考えて使う人が多い。

ヒント 「しん」と読むと、まっすぐな心をもつ子に。育ちのよさを感じさせる「おみ」の音で止め字にしても。

彰臣　あきたか
光臣　こう
臣賢　しげたか
臣吾　しんご
臣平　じんぺい
隆臣　たかお
龍臣　たつおみ
晴臣　はるおみ
宏臣　ひろとみ
悠臣　ゆうじん

芯

シン

もとは灯火の芯になる草の名で、そこから中心、芯の意味を表す。いつも組織、人々の中心になる人に。

ヒント 「しん」と読む字として違いを出したいときに。中心の意味に、まっすぐ生きる人のイメージが加わる。

一芯　いっしん
輝芯　きしん
芯吾　しんご
芯太　しんた
芯斗　しんと
芯波　しんば
芯弥　しんや
泰芯　たいしん
優芯　ゆうしん
芯乃介　しんのすけ

辰

シン　たつ

名 とき　のぶ　よし

貝が殻から足を出している形で、時、日、朝の意味に使う。十二支の五番めの「たつ」の意味も。竜のように強い子に。

ヒント 「たつ」の音は、王者のような力強さと信頼感がある。一途《いちず》に道を進む「しん」の音を活かしても。

玄辰　げんしん
辰吾　しんご
辰樹　たつき
辰吉　たつきち
辰巳　たつみ
辰徳　ときのり
辰大　のぶひろ
浩辰　ひろよし
北辰　ほくしん
辰之進　たつのしん

吹

スイ　ふく
名　かぜ　ふ　ふき　ぶき

「欠」は大きく口を開けた人の形で、「吹」で吹く、吹きかけるの意味。自由にのびやかに生きることを願って。

ヒント　ロマンチックなイメージの「ふき」、前向きな印象の「ぶき」のほか、「ふ」と読んで万葉仮名風にも。

伊吹　いぶき
笛吹　うすい
恵吹　えふ
詩吹　しぶき
吹太　ふうた
吹彦　ふきひこ
吹志　ふくし
松吹　まつかぜ
芽吹　めぶき
山吹　やまぶき

宋

ソウ
名　おき　くに　すえ　そ

中国の国名や王朝名、また、人名に用いられた字。宋時代は、経済や文化が栄えた時代なので、あやかりたい人に。

ヒント　「そう」の音を使うと、潔く颯爽《さっそう》とした印象の名前に。「そ」の音で万葉仮名風に使っても。

宋　そう
亜宋　あそう
宋史　おきふみ
宋大　くにひろ
宋嵩　すえたか
宋輝　そうき
宋司　そうじ
宋馬　そうま
宋良　そら
宋太郎　そうたろう

男

ダン　ナン
おとこ
名　お

「田」+「力」で、おとこの意味を表す。息子という意味もある。男らしい子を願って。

ヒント　定番の止め字。「お」で終わる名前は、落ち着きと存在感があり、人から慕《した》われる大人の男性の印象。

男志　おとし
嘉男　かなん
純男　すみお
拓男　たくお
男平　だんぺい
正男　まさお
満男　みつお
芳男　よしお
加寿男　かずお
玲男那　れおな

汰

タ

もとは米を洗ってとぐことで、悪いものをより分ける意味を表す。選ばれた特別な子であることを願って。

ヒント　人気の字。「た」ではじまる名前は、タフなヒーローのイメージ。「た」で終わると、若々しく元気な印象に。

海汰　うた
英汰　えいた
哉汰　かなた
圭汰　けいた
賢汰　けんた
昂汰　こうた
朔汰　さくた
純汰　じゅんた
翔汰　しょうた
成汰　せいた
蒼汰　そうた
汰詩　たいし
汰一　たいち
汰斗　たいと
汰玖　たく
汰佑　たすけ
汰門　たもん
汰呂　たろ
春汰　はるた
絆汰　はんた
陽汰　ひなた
楓汰　ふうた
睦汰　むつた
湧汰　ゆうた
優汰　ゆうた
遥汰　ようた
竜汰　りゅうた
亮汰　りょうた
昊汰朗　こうたろう
那由汰　なゆた

杜

ト　もり
名　あり

樹木のヤマナシがもとの意味。神社などの木が茂るもりの意味に使う。自然の豊かな恵みを感じさせる字。

ヒント　「と」の音で止め字に。「と」で終わる名前は、おおらかなのに、ここ一番で踏ん張れるアニキの印象。

彩杜　あやと
杜真　ありま
空杜　くうと
兼杜　けんと
晴杜　はると
真杜　まもり
杜生　もりお
杜人　もりと
優杜　ゆうと
怜杜　れいと

努

ド　つとめる
名　つとむ

農耕につとめることから、つとめる、励む、力を尽くすなどの意味を表す。努力家になることを願って。

ヒント　「つとむ」の音で1字名として。独特の世界をつくり上げる、クリエイティブな才能がある人に。

努　つとむ
英努　えいど
快努　かいど
賢努　けんど
翔努　しょうど
泰努　たいど
努夢　つとむ
将努　まさど
遊努　ゆうど
実努理　みどり

那

ナ
名　とも　ふゆ　やす

なんぞ、何など疑問の意味を表すのに使う。多い、美しいなどの意味もある。学者、研究者にぴったりの字。

ヒント　「な」の音で万葉仮名風に。「な」の音は、のびやかで心地のよい親密感を感じさせる。

瑚那　こな
星那　せな
那雄　ともお
那智　なち
那月　なつき
那波　ななみ
那生　ふゆき
那春　やすはる
奈那斗　ななと
那由太　なゆた

芭

バ
名　は

草の名のバショウを表す。中国原産の大きな草である。俳人・松尾芭蕉がすぐに連想される。風雅を解する粋《いき》な男性に。

ヒント　「は」の音は、温かくて気風《きっぷ》がよく、潔い印象の名前に。人間味あふれる「ば」の音で使っても。

愛芭　あいば
青芭　あおば
環芭　かんば
空芭　くうば
大芭　だいば
芭央　はお
芭蕉　ばしょう
芭瑠　はる
良芭　りょうば
芭琉樹　はるき

扶

フ
名 すけ
たもつ　もと

助ける、手を貸す、支える、守るなどの意味を表す。責任感が強く、家族を大切にする人になるよう願って。
ヒント　富裕なイメージにもつながる「ふ」の音で万葉仮名風に。「すけ」の音で止め字にしても新鮮味がある。

扶　たもつ
慶扶　けいすけ
航扶　こうすけ
扶成　すけなり
扶人　すけひと
扶駆　ふく
扶士　もとし
侑扶　ゆうすけ
扶未斗　ふみと
扶実也　ふみや

兵

ヘイ　ヒョウ
名 たけ　ひと
むね

斧を振りかざす形で武器をもつ人、兵隊、つわもの、戦争などの意味を表す。闘志あふれる男性に。
ヒント「へい」の音で止め字に。「へい」の音で終わる名前は、物事を大きくとらえる俯瞰《ふかん》力を感じさせる。

一兵　いっぺい
薫兵　くんぺい
太兵　たいへい
兵人　たけと
鉄兵　てっぺい
陽兵　はるひと
兵瑛　ひょうえ
兵春　むねはる
諒兵　りょうへい
新兵衛　しんべえ

甫

ホ　はじめ
名 かみ　すけ
とし　のり
まさ　もと
よし

田に苗を植えることを表す。また、大きい、広いなどの意味もある。スケールの大きい人物に。
ヒント　フットワークが軽く、つかみがよい「すけ」の読みで、止め字として。「輔」などのかわりに使っても。

甫　はじめ
公甫　きみのり
創甫　そうすけ
嵩甫　たかほ
汰甫　たかみ
常甫　つねもと
甫海　としみ
甫生　まさき
甫乃　よしの
琉甫　りゅうすけ

芳

ホウ
かんばしい
名 か　かおる
はな　ふさ
みち　もと
よし

よい香りの花を意味する字で、かんばしい、香りがよいなどの意味を表す。清潔感のある優しい男性に。
ヒント「よし」の音でよく使われる。「よし」と読むと、朗《ほが》らかでさわやかな癒《いや》しに満ちあふれた名前に。

芳　かおる
数芳　かずみち
芳人　はなと
芳一　ほういち
芳基　もとき
芳緒　よしお
由芳　よしふさ
芳巳　よしみ
芳ノ新　よしのしん
芳裕貴　よしゆき

邦

ホウ
名 くに

領土、くにの意味を表す。ほかのことばの上について、わが国のという意味にも使う。国際人になることを願って。
ヒント「くに」の音で先頭字にも止め字にも。自立心を感じさせる、頼りがいのあるリーダーに。

起邦　おきくに
邦暁　くにあき
邦郎　くにお
邦彦　くにひこ
邦人　くにひと
邦実　くにみ
栄邦　ひさくに
邦雅　ほうが
友邦　ゆうほう
吉邦　よしくに

邑

ユウ　むら
名 くに　さと
さとし　すみ

もとは都の意味で、村、里の意味を表す。素朴《そぼく》でなつかしいイメージがある。率直で心優しい人になるように。
ヒント　人気の「ゆう」の音で使うと新鮮。「くに」の音を活かすと頼りがいのあるリーダーに。

邑　さとし
邑巳　くにみ
宏邑　こうゆう
邑里　さとり
大邑　だいゆう
真邑　ますみ
邑我　ゆうが
邑人　ゆうじん
邑吏　ゆうり
邑之介　ゆうのすけ

佑

ユウ
たすける
名 すけ
たすく

助け、助けるの意味を表す。天佑（天の助け）、神佑（神の助け）などのことばがある。幸運に恵まれそうな字。
ヒント　優しさに満ちた「ゆう」の音のほか、即戦力になるイメージの「すけ」で止め字として使うのも人気。

佑　たすく
佑　ゆう
貴佑　きすけ
圭佑　けいすけ
皓佑　こうすけ
剛佑　ごうすけ
佐佑　さすけ
俊佑　しゅんすけ
翔佑　しょうすけ
蒼佑　そうすけ

泰佑　たいすけ
範佑　はんすけ
佑樹　ゆうき
佑吾　ゆうご
佑治　ゆうじ
佑介　ゆうすけ
佑星　ゆうせい
佑太　ゆうた
佑飛　ゆうと
佑馬　ゆうま

佑矢　ゆうや
佑吏　ゆうり
陽佑　ようすけ
竜佑　りゅうすけ
亮佑　りょうすけ
蓮佑　れんすけ
准乃佑　じゅんのすけ
創之佑　そうのすけ
佑一朗　ゆういちろう
龍之佑　りゅうのすけ

来

ライ
きたる　くる
名 き　く　こ
な　ゆき　ら

（→P267）
旧 來

もとの字は「來」。麦の形からできた字。来る、近づくのほか、未来の意味も表す。未来の幸運、幸福を願って。
ヒント「らい」の音は、輝くような華やかさと知性を兼ねそなえた印象。「き」「く」「ら」の音を活かしても。

魁来　かいら
来亜　こあ
瀬来　せな
晴来　はるき
未来　みらい
侑来　ゆうき
来耶　ゆきや
来夢　らいむ
未来也　みきや
来太郎　らいたろう

利

リ　きく
名 さと　とし　のり　まさ　みち　みのる　よし

「禾（穀物）」+「刀」で、穀物を刈り取ることから利益の意味となった。鋭いの意味もある。利発な子になるように。
ヒント 「利発」のように、頭がいいイメージ。「とし」の音を活かすと、まじめで信頼感があり、格調高い印象。

利　みのる
利貴　さとき
勝利　しょうり
武利　たけよし
利雄　としお
友利　とものり
利隆　まさたか
利琉　みちる
悠利　ゆうり
利一　りいち

里

リ　さと
名 さとし　のり

「田」+「土」でできた字で、田の神を祭る場所を表す。村里、田舎の意味。なつかしいふるさとのイメージの字。
ヒント 凛《りん》とした印象の「り」の音で男の子にも使われる。さわやかさと温かさを感じさせる「さと」の音でも。

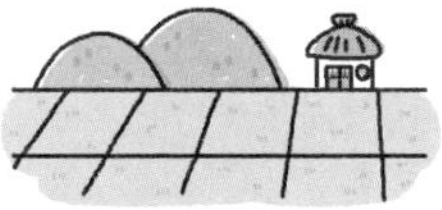

吾里　あさと
一里　いちり
海里　かいり
奏里　かなり
郷里　きょうり
空里　くうり
圭里　けいり
琴里　ことり
里基　さとき
里志　さとし

里弥　さとや
里行　さとゆき
里吏　さとり
里瑠　さとる
准里　じゅんり
千里　せんり
智里　ちさと
灯里　ともり
万里　ばんり
馬里　まさと

観里　みさと
勇里　ゆうり
善里　よしのり
里一　りいち
里央　りお
里貴　りき
里久　りく
里人　りと
真里志　まさとし
里玖斗　りくと

李

リ　すもも
名 き　もも

「木」+「子」。樹木の名で、スモモを表す。果実は桃に似ているが、酸味がある。優しさの中に鋭さを秘めた男性に。
ヒント りりしさと力強さを感じさせる「り」、自分をしっかりもっている個性派の印象の「き」の音でよく使われる。

郁李　いくり
李壱　きいち
旬李　しゅんき
大李　だいき
桃李　とうり
友李　ともり
李太　ももた
優李　ゆうり
李玖　りく
李三郎　りさぶろう

良

リョウ　よい
名 あきら　かず　たか　まこと　よし　ら　ろう

穀物の中からよいものを選ぶ道具の形で、よい、優れているなどの意味を表す。ずばりよい子に育つように。
ヒント 透明感と清涼感にあふれる「りょう」の音のほか、しなやかな強さがある「ら」の読みで使っても。

良　りょう
藍良　あいら
明良　あきよし
晃良　あきら
衣良　いら
海良　かいら
良哉　かずや
綺良　きら
相良　さがら
澄良　すみよし

世良　せら
空良　そら
良人　たかと
辰良　たつよし
敏良　としろう
友良　ともかず
陽良　はるよし
良斗　まこと
結良　ゆら
良秋　よしあき

良臣　よしおみ
良輝　よしき
良伸　よしのぶ
良未　よしみ
良治　りょうじ
良祐　りょうすけ
良太　りょうた
良磨　りょうま
良哉　りょうや
千加良　ちから

呂

リョ　ロ
名 おと　とも　なが

銅のかたまりを並べた形で、鐘を表し、背骨の意味もある。また、律呂《りつりょ》とは音階を表す。音楽の才能に恵まれるように。
ヒント 「ろ」の音で万葉仮名風に使って。「ろ」の音は、ロマンチストにして落ち着いた本格派の印象。

呂哉　おとや
和呂　かずろ
太呂　たろ
呂礼　ながれ
陽呂　ひろ
雅呂　まさとも
一麻呂　かずまろ
悠太呂　はるたろ
比呂志　ひろし
呂太郎　りょたろう

伶

レイ
名 とし　れ

舞楽で神に奉仕した人をいい、楽師、俳優の意味を表す。また、賢いの意味もある。芸能方面の才能に恵まれるように。
ヒント 洗練された印象の「れ」の音で万葉仮名風に。「れい」の音は華やかさと知性を兼ねそなえたイメージ。

伶　れい
玖伶　くれい
伶糾　としき
誉伶　ほまれ
真伶　まさとし
伶壱　れいいち
伶雄　れお
伶音　れおん
伶埜　れの
伶央那　れおな

励

レイ　はげむ
名 つとむ

はげむ、努める、はげます、勧めるなどの意味を表す。激励、奨励などのように使う。努力家で優しい人になるように。
ヒント 視野の広い考え方をし、冷静な判断力をもった「れい」の音を活かして。「つとむ」と読んで1字名にも。

励　つとむ
吾励　あれい
将励　しょうれい
励樹　れいき
励士　れいじ
励心　れいしん
励輔　れいすけ
励斗　れいと
励弥　れいや
励次郎　れいじろう

8画

阿

ア　おもねる
名　くま　ひさ

川の入りくんだ所、曲がり角の意味を表す。また、しなやかの意味も。紆余曲折の多い人生を柔軟に乗りきって。

ヒント　字のもつしなやかさに「あ」の音で明るさやのびやかさを加えて。「亜」のかわりに使っても。

阿煌　あきら
凱阿　がいあ
大阿　だいあ
阿斗　ひさと
宏阿　ひろあ
悠阿　ゆうあ
阿久也　あくや
阿須加　あすか
阿斗夢　あとむ
阿弥斗　あやと

依

イ　エ
名　よ　より

「人」+「衣」で、人がよりかかることから、よる、頼るの意味に。「そのまま」の意味も。飾らない人に。

ヒント　「い」「え」「よ」の読みで、万葉仮名風に使って。「より」と読むと、静かでゴージャスな印象に。

依央　いお
依織　いおり
依角　いずみ
依吹　いぶき
一依　かずより
栄依　さかえ
冬依　とうい
由依　ゆい
依人　よりと
依志雄　よしお

育

イク　そだつ
はぐくむ
名　すけ　なり
なる　やす

子どもが生まれる形からできた字で、生む、育てる、育つなどの意味がある。すくすくと成長するように。

ヒント　「いく」の音はキュートさと、果敢《かかん》なチャレンジ精神をあわせもつ印象。名乗りを活かして止め字にも。

育　いく
育斗　いくと
旺育　おうすけ
大育　だいすけ
育也　なりや
育希　なるき
真育　まいく
育生　やすお
優育　ゆうすけ
育三郎　いくさぶろう

英

エイ
名　あきら
すぐる
たけし　てる
とし　ひで
よし

もとは美しい花のことで、そこから優れるの意味になった。イギリスの略にも使う。才能豊かな子になるように。

ヒント　字のもつ優れた印象に、「えい」と読むと飾らない優しさが、「ひで」と読むと包容力と信頼感が加わる。

英　すぐる
英來　あきら
英一　えいいち
英吉　えいきち
英心　えいしん
英太　えいた
英翔　えいと
英徳　えいとく
英真　えいま
英門　えもん

康英　こうえい
慈英　じえい
英士　たけし
龍英　たつひで
英貴　てるき
英吾　てるみち
敏英　としひで
英朗　としろう
尚英　なおひで
英明　ひであき

英和　ひでかず
英輝　ひでき
英人　ひでと
英俊　ひでとし
英靖　ひでやす
昌英　まさひで
英暉　よしき
英一朗　えいいちろう
英次郎　えいじろう
英比古　ひでひこ

延

エン　のびる
名　すけ
すすむ
ただし　とお
なが　のぶ

まっすぐのびる道の意味から、のびる、のばすなどの意味になった。のびのび育つ元気な子になるよう願って。

ヒント　「のぶ」の音は、やんちゃな甘えん坊のイメージ。先頭字にも止め字にも使われる。

延　すすむ
延斗　えんと
延児　えんる
和延　かずのぶ
直延　ただすけ
延也　とおや
延年　のぶとし
延彦　のぶひこ
昌延　まさなが
芳延　よしのぶ

苑

エン　オン
その
名　あや　しげ

草原の広がる園、牧場、庭園などの意味を表す。芸術の世界の意味も。のどかで牧歌的なイメージ。心の大きな人に。

ヒント　壮大な世界観を感じさせる「おん」の音で使える字。「その」の音は、さわやかで温かな風を思わせる。

苑采　あやと
苑杜　えんと
久苑　くおん
紫苑　しおん
詩苑　しおん
苑葉　しげは
苑我　そのが
苑季　そのき
李苑　りおん
伶苑　れおん

於

オ　おいて
名　うえ

鳥を追うときの声を表した字で、感動詞の「ああ」に用いる。また「〜において」の意味にも。元気で活発な子に。

ヒント　おおらかで居心地のよさを感じさせる「お」の音を活かして、止め字にしても新鮮な印象に。

偉於　いお
於季　うえき
嵩於　たかお
音於　ねお
羽於　はお
真於　まお
芳於　よしお
理於　りお
令於　れお
玲於奈　れおな

旺

オウ
名 あき あきら お

精気が盛んになるのがもとの意味で、盛んなさまを表す。美しい光という意味も。元気で玉のような子に。
ヒント 包容力を感じさせる「おう」や「お」の音で使って。元気で明るい「あき」の音を活かしても。

旺 あきら
旺臣 あきおみ
旺斗 あきと
旺文 あきふみ
旺良 あきら
旺雅 おうが
旺貴 おうき
旺史 おうし
旺輔 おうすけ
旺盛 おうせい

旺汰 おうた
一旺 かずあき
邦旺 くにあき
虎旺 こお
直旺 すなお
醒旺 せお
玉旺 たまお
敏旺 としあき
南旺 なお
波旺 はお

紘旺 ひろあき
真旺 まお
未旺 みおう
昌旺 まさあき
芳旺 よしあき
里旺 りお
旺汰郎 おうたろう
旺斗哉 おとや
樹実旺 きみお
志旺李 しおり

河

カ ガ かわ

「可」は曲がるの意味で、曲がって流れる黄河を表し、大きな川の意味にも使う。天の川の意味も。壮大なイメージ。
ヒント 止め字に使われることが多い。字のもつスケールの大きさに、「が」の音で男気と人情味を加えて。

銀河 ぎんが
宏河 こうが
河内 こうち
千河 せんが
蒼河 そうが
大河 たいが
悠河 ゆうが
陽河 ようか
麗河 れいが
河太郎 かわたろう

佳

カ
名 けい よし

「圭」は美しい玉を表し、「人」がついて、よい、美しい、優れているの意味になった。才色兼備の人に。
ヒント 「けい」と読むと、りりしく知的な印象、「よし」と読むと、やわらぎと清潔な癒《いや》しに満ちた印象の名前に。

昌佳 あきよし
一佳 いっけい
佳依 かい
佳月 かつき
佳一 けいいち
佳基 けいき
佳吾 けいご
佳士 けいし
佳佑 けいすけ
佳人 けいと

佳哉 けいや
嵩佳 たかよし
智佳 ともよし
遥佳 はるか
久佳 ひさよし
文佳 ふみよし
円佳 まどか
宗佳 むねよし
佳雄 よしお
佳和 よしかず

佳輝 よしき
佳友 よしとも
佳範 よしのり
佳宏 よしひろ
佳真 よしまさ
佳也 よしや
諒佳 りょうか
佳一郎 かいちろう
佳名斗 かなと
佳二郎 けいじろう

芽

ガ め
名 めい

地面から植物の芽が出てくることから、芽、芽ぐむなどの意味に。すくすく成長するように願って。
ヒント 女の子の使用例が多いが、迫力と愛《あい》嬌《きょう》のある「が」の音で男の子にも。「め」の音は豊かで上品な印象。

栄芽 えいが
叶芽 かなめ
功芽 こうが
詩芽 しめい
創芽 そうが
泰芽 たいが
夏芽 なつめ
初芽 はじめ
芽吹 めぶき
勇芽 ゆうが

学

ガク まなぶ
名 あきら さと さとる たか のり ひさ みち

もとの字は「學」。学ぶための建物の形に「子」が合わさって、まなぶの意味になった。勉強のできる子に。
ヒント 「がく」「まなぶ」のほか、「さと」「のり」などの名乗りでも。「がく」は迫力と偉大さを感じさせる音。

学 がく
学來 あきら
学斗 がくと
一学 かずたか
学志 さとし
利学 としみち
智学 とものり
悠学 はるひさ
学志 ひさし
学歩 まなぶ

岳

ガク たけ
名 おか たか たかし たけし

もとの字は「嶽」。嵩山という中国の山の古い名で、高く大きな山の意味に使う。スケールの大きな人物に。
ヒント 山好きな人に人気。迫力ある「がく」、信頼感のある「たけ」、やる気と思いやりのある「たか」の音などで。

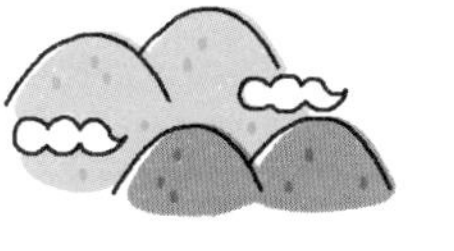

岳 がく
秋岳 あきたけ
有岳 ありたけ
岳惟 おかい
岳夢 おかむ
岳偉 がくい
岳児 がくじ
岳進 がくしん
岳人 がくと
岳斗 がくと

霧岳 きりたけ
研岳 けんがく
志岳 しがく
茂岳 しげたけ
岳生 たけお
岳臣 たけおみ
岳志 たけし
岳采 たけと
岳虎 たけとら
岳道 たけみち

岳瑠 たける
秀岳 ひでたけ
大岳 ひろたか
碧岳 へきがく
真岳 まおか
正岳 まさたけ
勇岳 ゆうがく
陽岳 ようがく
厳岳 よしたか
岳一朗 たけいちろう

祈

キ　いのる

旧 祈

神にいのり願うことを表し、いのる、神仏に願う、求めるなどの意味になった。敬虔《けいけん》な人物になるよう願って。

ヒント　生命力にあふれ、個性的なイメージの「き」の音で、先頭字や止め字に使って。使用例が少なく、新鮮。

- 祈　いのり
- 祈一　きいち
- 祈将　きしょう
- 元祈　げんき
- 昊祈　こうき
- 准祈　じゅんき
- 真祈　まき
- 康祈　やすき
- 悠祈　ゆうき
- 祈太郎　きたろう

季

キ

名 すえ　とき　とし　ひで

実った稲をもって豊作を祝う子どもの姿から、若い、末の意味になった。時、季節の意味も。末っ子によく使う。

ヒント　自分をしっかりもっている印象の「き」の音で止め字にすることが多い。「とき」「とし」などの読みでも。

- 季　とき
- 和季　かずひで
- 季月　きづき
- 四季　しき
- 季嵩　すえたか
- 季郎　ときお
- 知季　ともき
- 陽季　はるき
- 宏季　ひろとし
- 瑞季　みずき

宜

ギ

名 き　すみ　なり　のぶ　のり　まさ　やす　よし

廟《びょう》の中に肉を供えて祖先を祭ることを表し、そこから、よろしいの意味になった。幸福な家庭を築けるように。

ヒント　情熱的な印象の「のぶ」、りりしく気品がある「のり」、人をソフトに癒《いや》す「よし」の読みなどで。

- 秋宜　あきよし
- 好宜　こうき
- 宜希　すみき
- 宜彦　のぶひこ
- 宜嗣　のりつぐ
- 宜永　まさなが
- 昌宜　まさなり
- 宜希　やすき
- 宜郎　よしろう
- 龍宜　りゅうぎ

穹

キュウ　ク　コウ　あめ　そら

もとはアーチ型(弓形)の穴の意で、そら、大空のこと。極《きわ》めるの意味も。大空のようにスケールの大きな人に。

ヒント　機敏《きびん》で思慮深い「こう」や、気品のある「く」の音で。華やかで理知的な「そら」の音を活かしても。

- 穹　こう
- 穹彦　あめひこ
- 穹真　きゅうま
- 穹也　きゅうや
- 穹雅　こうが
- 穹樹　こうき
- 穹祐　こうすけ
- 穹良　そら
- 律穹　りく
- 穹一郎　こういちろう

京

キョウ　ケイ

名 あつ　ちか　おさむ　たかし　ひろし

アーチ型の門の形から、都を表す。大きい、高いの意味もあり、京都や東京の略にもなる。古風で都会的な感じ。

ヒント　和の印象のある字。「きょう」の音で明るい強さと包容力を、「けい」の音でクールな知性を加えて。

- 京　たかし
- 京希　あつき
- 京翔　あつと
- 一京　いっけい
- 右京　うきょう
- 京務　おさむ
- 京霧　おさむ
- 季京　ききょう
- 京壱　きょういち
- 京賀　きょうが
- 京吾　きょうご
- 京嗣　きょうじ
- 京介　きょうすけ
- 京世　きょうせい
- 京真　きょうま
- 京也　きょうや
- 京來　きょうら
- 京禾　けいか
- 京悟　けいご
- 京路　けいじ
- 京蔵　けいぞう
- 京太　けいた
- 京斗　けいと
- 左京　さきょう
- 京志　ちかし
- 京詩　ひろし
- 京志郎　きょうしろう
- 京太郎　きょうたろう
- 京之介　きょうのすけ
- 京壱朗　けいいちろう

享

キョウ

名 あきら　たか　すすむ　とおる　みち　ゆき

先祖を祭る建物の形で、祭る、受ける、受けいれる、もてなすなどの意味を表す。楽しみの多い人生を願って。

ヒント　「きょう」の音は、快活で器《うつわ》が大きい印象。「あきら」「すすむ」の音で1字名としてもよく使われる。

- 享　すすむ
- 享楽　あきら
- 享一　きょういち
- 享介　きょうすけ
- 享泰　きょうた
- 享平　きょうへい
- 享生　たかお
- 享琉　とおる
- 則享　のりみち
- 宗享　むねゆき

協

キョウ

名 やす

力を合わせて耕すことから、合わせる、ともにする、かなうの意味になった。だれとでも仲良くできる子に。

ヒント　「きょう」の音には、パワーと包容力がある。「やす」と読むと、親切で清潔感にあふれたイメージに。

- 公協　きみやす
- 協一　きょういち
- 協吾　きょうご
- 協志　きょうじ
- 協助　きょうすけ
- 協蔵　きょうぞう
- 協太　きょうた
- 協人　きょうと
- 協和　やすかず
- 協気　やすき

尭

ギョウ　たかい

名 あき　たか　たかし　のり

旧 堯

高い、豊かなどの意味を表す。中国古代の伝説的聖王の名でもある。尊敬される人物になるように願って。

ヒント　元気で明るい「あき」、信頼感と気立てのよさが光る「たか」。「ぎょう」の音を活かすと個性的。

- 尭　たかし
- 尭成　あきなり
- 尭彦　あきひこ
- 和尭　かずあき
- 尭世　ぎょうせい
- 尭晃　たかあき
- 尭二　たかじ
- 尭彦　のりひこ
- 史尭　ふみあき
- 好尭　よしあき

欣

キン
よろこぶ
名 やすし
よし

もとは笑い喜ぶことで、喜ぶ、楽しむなどの意味を表す。喜びの多い、幸福な人生をおくれることを願って。
ヒント 「喜」と意味も似ているので、「喜」のかわりに使っても。「よし」の音は清潔感がありさわやかな印象。

欣　やすし
欣一　きんいち
欣次　きんじ
欣大　きんた
欣哉　きんや
孝欣　たかやす
欣喜　やすき
欣生　よしき
欣伸　よしのぶ
欣英　よしひで

空

クウ　そら
あく　から
名 あ　く
たか　ら

もとは穴の意味で、そこからあく、からなどの意味になり、そらにも使った。大空のようにスケールの大きな人物に。
ヒント 「そら」の音は、すがすがしい光に包まれるような印象に。「あ」「く」「ら」の音で万葉仮名風にしても。

空　くう
藍空　あいく
空亜　あくあ
空音　あのん
歩空　あるく
偉空　いそら
大空　おおぞら
海空　かいあ
空雅　くうが
空悟　くうご

空舞　くうま
空也　くうや
空瑠　くうる
琥空　こあ
治空　じくう
翔空　そら
空希　そらき
空飛　そらと
空詩　たかし
空大　たかひろ

斗空　とあ
希空　のあ
羽空　はく
晴空　はるく
真空　まそら
希空　まれたか
海空　みく
悠空　ゆうあ
吏空　りく
凛空　りんく

弦

ゲン　つる
名 いと　お
ふさ

弓のつるの意味から、楽器の弦、さらに弓張り月のこともいう。ロマンチックで、芸術的才能に恵まれそうな字。
ヒント 音楽にかかわりの深い字。音、意味ともに名前にぴったり。「げん」の音には、迫力と愛嬌《あいきょう》がある。

澄弦　すみお
青弦　せいげん
多弦　たつる
弦人　ふさと
真弦　まいと
光弦　みつる
優弦　ゆうと
夕弦　ゆづる
結弦　ゆづる
弦一郎　げんいちろう

虎

コ　とら
名 たけ

トラの形からできた字で、猛獣のトラを表す。古代中国では神聖な獣とされた。強くパワフルな男性に。
ヒント 「とら」の音で、円熟した職人のイメージが増す。「こ」の音で機敏《きびん》で活動的な印象を加えても。

秋虎　あきとら
壱虎　いっこ
景虎　かげとら
和虎　かずとら
希虎　きとら
虎央　こお
虎助　こすけ
虎徹　こてつ
虎南　こなん
虎伯　こはく

成虎　しげとら
鷹虎　たかとら
武虎　たけとら
虎瑠　たける
龍虎　たつとら
虎生　とらい
虎一　とらいち
虎毅　とらき
虎慈　とらじ
虎汰　とらた

弐虎　にこ
白虎　びゃっこ
正虎　まさとら
康虎　やすとら
雪虎　ゆきとら
義虎　よしとら
有留虎　うるとら
虎次朗　こじろう
虎太郎　こたろう
虎之助　とらのすけ

幸

コウ
さいわい
さち
しあわせ
名 たか　ひで
ゆき　よし

しあわせの意味のほか、恵み、特に自然の恵みの意味もある。「海の幸」はこの用法。恵みの多い人生を祈って。
ヒント 定番の字。やわらかさと強さをあわせもつ「ゆき」、知的で繊細《せんさい》な愛らしさのある「こう」の音などで。

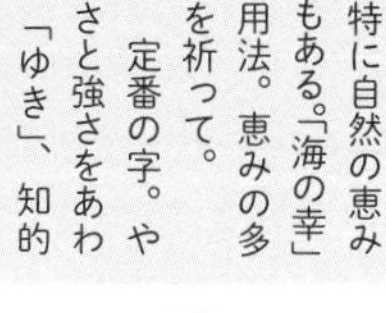

一幸　いっこう
英幸　えいこう
数幸　かずひで
幸一　こういち
幸賀　こうが
幸貴　こうき
幸児　こうじ
幸進　こうしん
幸大　こうた
幸和　こうわ

幸杜　さちと
幸弥　たかや
崇幸　たかゆき
陽幸　はるゆき
秀幸　ひでよし
尋幸　ひろゆき
史幸　ふみゆき
優幸　まさゆき
実幸　みさち
嶺幸　みねゆき

宗幸　むねよし
元幸　もとゆき
悠幸　ゆうこう
幸路　ゆきじ
幸拓　ゆきひろ
幸正　ゆきまさ
由幸　よしゆき
来幸　らいこう
幸二郎　こうじろう
幸之輔　こうのすけ

庚

コウ　かのえ
名 か　つぐ
みちる
みつる　やす

きねをもって脱穀する形から、きねでつく意味を表す。十干《じっかん》の第七位「かのえ」の意味も。長寿と幸福を願って。
ヒント 「こう」や「やす」の読みを活かすと使いやすい。使用例が少なく、新鮮。「康」と間違えやすいので注意。

庚　みつる
庚一　こういち
庚雅　こうが
庚暉　こうき
庚介　こうすけ
正庚　まさつぐ
庚瑠　みちる
庚申　やすのぶ
庚那斗　かなと
庚士朗　こうしろう

昂

コウ　ゴウ　たかい
名 あき　あきら　たか　のぼる

意気が上がる、高いというのがもとの意味で、たかぶる、明らかなどの意味もある。感受性の豊かな子になるように。**ヒント** 「昂然《こうぜん》」のように、勢いのある印象。どの読みも名前に使いやすい。「昴」と似ているので要注意。

- 昂　あきら
- 昂人　あきと
- 昂輝　こうき
- 昂生　こうせい
- 昂大　こうだい
- 昂矢　こうや
- 昂秀　たかひで
- 昂巳　たかみ
- 昂康　たかやす
- 昂流　のぼる

昊

コウ　そら
名 あきら　とお　ひろし

空、大空、天の意味。また、大きい様子、盛んな様子なども表す。度量の大きな人物になることを願って。**ヒント** スケールの大きさを感じさせる字。「こう」「そら」「あきら」「ひろし」の読みで、1字名にしても。

- 昊　そら
- 昊徠　あきら
- 昊輝　こうき
- 昊世　こうせい
- 昊也　こうや
- 昊洋　こうよう
- 昊斗　そらと
- 昊海　とおみ
- 昊志　ひろし
- 昊汰朗　こうたろう

国

コク　くに
名 とき
旧 國

もとの字は「國」で、武装した村を表し、くにの意味に使う。ふるさとの意味もある。国際人になるよう願って。**ヒント** 頼りがいのあるリーダーの印象の「くに」の読みなどで。旧字の「國」と字形や画数で使い分けて。

- 一国　いっこく
- 国明　くにあき
- 国夫　くにお
- 国人　くにと
- 国実　くにみ
- 国哉　くにや
- 国我　こくが
- 国芳　ときよし
- 優国　まさくに
- 善国　よしくに

采

サイ　とる
名 あや　こと

木の実を手で採取することから、とるの意味を表す。また、色、彩り、姿などの意味もある。イケメンになるように。**ヒント** 「采配《さいはい》」のイメージから、リーダーシップも感じさせる字。「あや」と読んで「彩」のかわりに使っても新鮮。

- 采　さい
- 采杜　あやと
- 瑛采　えいさい
- 貴采　きさい
- 煌采　こうさい
- 采希　さいき
- 采洸　さいこう
- 采治　さいじ
- 采介　さいすけ
- 真采　まこと

始

シ　はじめる
名 とも　はじめ　はる　もと

出生することをいい、はじめる、はじまる、おこりなどの意味になった。フロンティア精神をもった人物に。**ヒント** 柔和《にゅうわ》でエレガントな「はじめ」の音で1字名に。「し」の音で止め字にすると強い意志を感じさせる名前に。

- 始　はじめ
- 始勇　しゆう
- 太始　たいし
- 始気　ともき
- 始郎　はるろう
- 始偉　もとい
- 始志　もとし
- 始輔　もとすけ
- 悠始　ゆうし
- 恭始郎　きょうしろう

侍

ジ　さむらい
名 ひと

はべる、身分の高い人のそばに仕えるという意味を表す。また、「さむらい」の意味にも使う。勇敢な人に。**ヒント** 「じ」の音で止め字にすると、字のもつ日本男児のイメージに、品のある印象がプラスされる。

- 景侍　けいじ
- 賢侍　けんじ
- 光侍　こうじ
- 侍人　さむと
- 誠侍　せいじ
- 武侍　たけひと
- 稔侍　ねんじ
- 侍士　ひとし
- 勇侍　ゆうじ
- 夢侍　ゆめじ

治

ジ　チ　おさめる　なおる
名 おさむ　さだ　ただす　はる

水を治める儀礼を表し、おさめるの意味になった。整える、なおすの意味もある。平穏な暮らしを願って。**ヒント** 品のある「じ」、生命力と躍動感のある「はる」の音で使われる定番の止め字。「おさむ」の音で1字名にも。

- 賢治　けんち
- 治生　さだお
- 治弦　じげん
- 澄治　すみはる
- 治栖　ただす
- 治仁　はると
- 雅治　まさはる
- 悠治　ゆうじ
- 怜治　れいじ
- 星治朗　せいじろう

実

ジツ　み　みのる
名 さね　ちか　つね　のり　まこと　みつ
旧 實

豊かな供え物を表し、満ちる、実るの意味となった。まこと、真心などの意味もある。誠実な人になるよう願って。**ヒント** みずみずしい印象の「み」の音で、止め字にも先頭字にも。「みのる」「まこと」の読みで、1字名にも。

- 実　みのる
- 厚実　あつざね
- 勇実　いさみ
- 数実　かずみ
- 克実　かつみ
- 兼実　かねみ
- 実則　さねのり
- 実彦　さねひこ
- 鷹実　たかみ
- 巧実　たくみ

- 実和　つねかず
- 鶴実　つるみ
- 照実　てるみ
- 尚実　なおざね
- 秀実　ひでみ
- 実人　まこと
- 政実　まさちか
- 実琴　みこと
- 実月　みつき
- 実輝　みつき

- 実俊　みつとし
- 実晴　みつはる
- 実央　みひろ
- 実森　みもり
- 基実　もとざね
- 佳実　よしのり
- 義実　よしみ
- 芙実彦　ふみひこ
- 実貴夫　みきお
- 実弥治　みやじ

若

ジャク
ニャク
もしくは
わかい
名 なお　まさ
よし　より

神に祈る女性の形を表し、神意に「したがう」の意味になった。もちろん若いの意味もある。ずばり、元気で活発な子に。

ヒント　若葉のようにみずみずしいイメージ。「わか」は、人に夢と希望を与える太陽のような存在感のある音。

武若　たけわか
若生　なおき
若純　なおずみ
若也　なおや
若志　まさし
泰若　やすわか
若朗　よしお
若人　よりと
若敏　わかとし
若葉　わかば

周

シュウ
まわり
めぐる
名 あまね
いたる　かね
ちか　ちかし
なり　まこと

あまねく行き渡る、めぐる、まわりなどの意味を表す。中国古代王朝の周は約800年続いた。スケール感のある字。

ヒント　「しゅう」の音は、俊敏《しゅんびん》さと落ち着きをあわせもつ印象。「あまね」「いたる」などの音で1字名にも。

周　あまね
周瑠　いたる
周翔　しゅうと
周平　しゅうへい
汰周　たかね
友周　ともちか
周人　まこと
真周　ましゅう
恭周　やすなり
周一郎　しゅういちろう

宗

シュウ　ソウ
名 かず
たかし　とき
とし　のり
むね　もと

「宀」+「示」で、みたまやを表し、祖先、本家、宗教などの意味。尊《とうと》いの意味もある。敬虔《けいけん》な人になるように。

ヒント　懐《ふところ》深く包みこむ「むね」、清涼感のある「そう」の音で。さわやかな風と光を思わせる「しゅう」の音でも。

宗　しゅう
宗輝　かずき
宗祐　そうすけ
宗來　そうら
宗士　たかし
宗生　ときお
宗秋　のりあき
真宗　まさとし
宗貴　むねたか
宗路　もとみち

尚

ショウ
名 たか
たかし　なお
なり　ひさ
ひさし　よし
より

「向」+「八」で、神の気配がすること。尊《たっと》ぶ、高い、久しいの意味を表す。気高く、立派な人になるように。

ヒント　温かい光と夢のような「しょう」、優しく癒《いや》す「なお」、情熱と冷静さをあわせもつ「ひさ」の音などで。

尚　ひさし
尚悟　しょうご
尚詩　たかし
友尚　ともなり
尚希　なおき
尚哉　なおや
則尚　のりよし
義尚　よしたか
尚斗　よりと
尚太郎　しょうたろう

昌

ショウ
さかん
名 あき
あきら　あつ
さかえ　すけ
まさ　まさる

「日」+「日」で太陽の光を表し、明らか、盛んの意味を表す。草の名のアヤメの意味も。輝く将来を願って。

ヒント　満ち足りた印象とさわやかさのある「まさ」、キュートで明るい「あき」の音で。1字名にも向く字。

昌　あきら
昌輝　あつき
瑛昌　えいしょう
皓昌　こうすけ
昌英　さかえ
昌路　しょうじ
昌星　しょうせい
昌俊　まさとし
昌哉　まさや
昌行　まさゆき

昇

ショウ
のぼる
名 かみ
すすむ　のり

日がのぼるときに使う字で、のぼる、上がるなどの意味を表す。上昇志向をもった子になるよう願って。

ヒント　「しょう」の音は、ソフトで深い光のイメージ。「のぼる」の音は、独自の世界をつくり上げていく印象。

昇　のぼる
瑛昇　えいしょう
昇慧　しょうけい
昇陽　しょうよう
昇夢　すすむ
汰昇　たかみ
龍昇　たつのり
昇利　のぼり
昇斗　のりと
昇一郎　しょういちろう

名前エピソード

泰之《やすゆき》くん

同じ名前の大先輩がくらしのアチコチに

昭和を感じる名前がいいなと思い、夫の名前を一字とって「泰之」に。ある日、ほうれん草を買おうと生産者名を見ると、息子と同じ泰之さん。見ていた昭和の名作映画のスタッフにも泰之さん。くらしのなかに50歳以上の泰之さんがたくさんいました！　笑。先輩たちのように、さまざまなかたちで社会貢献できる人になってほしいです。（佐知子ママ）

松

ショウ　まつ
名 ときわ　ます

植物のマツの意味を表す。マツは常緑樹で高く生長し、縁起のいいものとされる。健やかで幸せな人生を願って。
ヒント　「まつ」の音には、この人にまかせて大丈夫という安心感が。「しょう」は深く優しい光を感じさせる。

松　ときわ
壱松　いちまつ
松一　しょういち
松治　しょうじ
松輔　しょうすけ
松暉　ますき
松昭　まつあき
松鷹　まつたか
松葉　まつば
松利　まつり

征

セイ
名 さち　そ　ただし　ただす　まさ　もと　ゆき

攻める、討つの意味を表す。また、遠くへ行く、旅に出るの意味もある。ファイティングスピリットの旺盛な人に。
ヒント　「せい」の音ですがすがしさを、「まさ」の音で満ち足りた印象を、「ゆき」の音で芯の強さをプラスして。

征　ただし
煌征　こうせい
征緒　さちお
征矢　せいや
征徠　そら
大征　たいせい
秀征　ひでゆき
征輝　まさき
征哉　もとや
征悦　ゆきよし

青

セイ　ショウ
あお　あおい
名 きよ　はる

あおい色のほかに、春、若い時代などの意味も表す。青春はこの用法による。フレッシュなイメージの字。
ヒント　空や海の広がりを感じさせる字。透明感のある「せい」、ソフトな光のような「しょう」の音を活かして。

青偉　あおい
青希　あおき
一青　いっせい
千青　かずはる
青海　きよみ
青嗣　せいじ
青空　そら
天青　たかはる
悠青　ゆうせい
青志郎　せいしろう

斉

セイ
名 きよ　ただし　とし　なお　なり　ひさし　ひとし　まさ　むね
旧 齊

もとは整うの意味。等しい、そろう、つつしむ、正しいなどの意味も表す。謙虚で公正な人になるように。
ヒント　「せい」は、みずみずしく神聖な印象の音。人なつっこく理知的な「なり」などの名乗りを活かしても。

斉　ただし
斉來　きよら
公斉　こうせい
斉貴　としき
斉人　なおと
斉良　なりよし
斉司　ひさし
優斉　まさきよ
斉秋　むねあき
斉太朗　せいたろう

拓

タク
名 ひら　ひろ　ひろし

未開の地を切りひらくことから、ひらく、切りひらく、広げるなどの意味を表す。フロンティア精神を表す字。
ヒント　パワフルで頼りがいのある印象の「たく」や、たくましさとやすらぎを感じさせる「ひろ」の音で。

拓　ひろし
亜拓　あたく
拓玖　たく
拓生　たくお
拓志　たくし
拓路　たくじ
拓斗　たくと
拓磨　たくま
拓心　たくみ
拓哉　たくや

拓野　たくや
拓郎　たくろう
拓一　ひろかず
拓気　ひろき
拓登　ひろと
拓未　ひろみ
拓夢　ひろむ
拓矢　ひろや
拓行　ひろゆき
昌拓　まさひろ

道拓　みちひら
宗拓　むねひろ
基拓　もとひろ
康拓　やすひろ
優拓　ゆうたく
幸拓　ゆきひら
雪拓　ゆきひろ
義拓　よしひろ
龍拓　りゅうたく
亮拓　りょうたく

卓

タク
名 すぐる　たか　たかし　まこと　まさる

高いところにいる鳥をとらえることから、高い、勝るなどの意味になった。抜群の才能をもった子になることを願って。
ヒント　「たく」の音には緻密《ちみつ》さと気品、「たか」の音には高い信頼感が。「すぐる」などの音で1字名にも。

卓　すぐる
卓大　たかひろ
卓治　たくじ
卓斗　たくと
卓実　たくみ
卓武　たくむ
卓也　たくや
卓人　まこと
将卓　まさたか
卓瑠　まさる

知

チ　しる
名 あきら　かず　さと　さとる　ちか　とし　とも　のり　はる

「矢」+「口」で、神に祈る、誓うことから、知る、悟る、知恵の意味。知人、交友の意味も。賢い子になるように。
ヒント　「とも」で温かいやすらぎを、「ち」でキュートさと生命力を、「さと」でさわやかさと聡明《そうめい》さを加えて。

知楽　あきら
海知　かいち
知志　さとし
知風　ちかぜ
知新　ちしん
知亮　としあき
知李　ともり
知秀　はるひで
実知　みのり
悠知　ゆうち

忠

チュウ
名 あつし　きよし　ただ　ただし　なり　のり

心をつくす、真心、正しいなどの意味を表す。主君に真心を尽くす儒教の思想も表す。まじめで誠実な人に。
ヒント　信頼感と重厚感のある「ただ」の音を活かして。「ただし」などの読みで、1字名にもぴったり。

忠　きよし
忠実　あつみ
一忠　かずただ
忠雄　ただお
忠志　ただし
忠秀　ただひで
忠弘　ただひろ
忠義　ただよし
真忠　まさなり
康忠　やすのり

宙

チュウ
名 おき　そら
ひろ　みち

広い、広いものの意味で、宇宙で果てしなく広がる空間を表す。物事にこだわらない、スケールの大きな人物に。
ヒント　「ひろ」の音で熱い息吹《いぶき》と風格を、「そら」の音で華やかさと鮮やかな印象をプラスして。

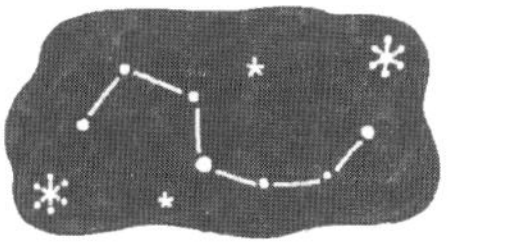

- 宙　そら
- 蒼宙　あおぞら
- 秋宙　あきひろ
- 宙邦　おきくに
- 数宙　かずひろ
- 希宙　きそら
- 清宙　きよみち
- 宇宙　そら
- 宙輝　そらき
- 宙都　そらと
- 孝宙　たかひろ
- 貴宙　たかみち
- 忠宙　ただおき
- 宙太　ちゅうた
- 宙大　ちゅうだい
- 宙也　ちゅうや
- 那宙　なおき
- 直宙　なおひろ
- 紀宙　のりひろ
- 久宙　ひさみち
- 宙人　ひろと
- 宙幸　ひろゆき
- 史宙　ふみひろ
- 真宙　まさみち
- 万宙　まひろ
- 宙広　みちひろ
- 宙斗　みちと
- 由宙　よしみち
- 未宙　みひろ
- 理宙　りひろ

長

チョウ
ながい
名 おさ
たけし
つかさ　つね
のぶ　ひさし
まさ

長髪の人の形から、ながい、身長の意味になった。また、かしら、尊《たっと》ぶなどの意味も表す。上に立つ人になるように。
ヒント　読みが多く、先頭字としても止め字としても。武将の織田信長のように、「なが」の音で止め字にしても。

- 長　たけし
- 長武　おさむ
- 清長　せいちょう
- 長沙　つかさ
- 長大　つねひろ
- 長輔　のぶすけ
- 長志　ひさし
- 長博　まさひろ
- 康長　やすなが
- 泰長　やすまさ

直

チョク　ジキ
ただちに
なおす
名 あたい
すぐ　すなお
ただし　ちか

不正を正すことから、正す、なおす、まっすぐなどの意味を表す。ずばり、素直でまっすぐな子になるように。
ヒント　「なお」の音で、素朴《そぼく》で優しく、人を癒《いや》す印象が増す。信頼感と着実性のある「ただ」の音などでも。

- 直　ただし
- 秋直　あきなお
- 直瑠　あたる
- 一直　いっちょく
- 朔直　さくなお
- 素直　すなお
- 武直　たけなお
- 知直　ともちか
- 直生　なお
- 直和　なおかず
- 直毅　なおき
- 直志　なおし
- 直治　なおじ
- 直滋　なおしげ
- 直澄　なおずみ
- 直人　なおと
- 直寿　なおとし
- 直春　なおはる
- 直久　なおひさ
- 直大　なおひろ
- 直実　なおみ
- 直道　なおみち
- 直弥　なおや
- 直之　なおゆき
- 玖直　ひさなお
- 英直　ひでなお
- 広直　ひろなお
- 政直　まさなお
- 真直　ますぐ
- 直太郎　なおたろう

定

テイ　ジョウ
さだめる
名 つら　やす

さだめる、決まりのほか に、落ち着く、しずめる、変わらないなどの意味がある。安定した人生を願って。
ヒント　裏表のない一《いち》途《ず》な印象の「さだ」や、包容力があり、温かく慈愛に満ちた「じょう」の音を活かして。

- 歌定　かつら
- 定一　さだかず
- 定登　さだと
- 定成　さだなり
- 定夢　さだむ
- 定雅　じょうが
- 秀定　ひでさだ
- 真定　まさやす
- 定志　やすし
- 吉定　よしさだ

迪

テキ　みち
名 すすむ
ただ　ひら
ふみ

道、道を行くなどの意味を表す。また、教え導くという意味もある。信じる道をまっすぐに進んでいくように。
ヒント　生命力にあふれた「みち」や、ふっくらと温かい「ふみ」の音を活かして。「道」のかわりにも。

- 迪　すすむ
- 亮迪　あきひら
- 迪雅　ただまさ
- 博迪　ひろみち
- 迪哉　ふみや
- 迪夫　みちお
- 迪太　みちた
- 迪敏　みちとし
- 迪行　みちゆき
- 迪瑠　みちる

典

テン
名 すけ
つかさ　つね
のり　みち
よし　より

台の上に書物を置く形から、ふみ、書物の意味を表す。決まり、よりどころの意味もある。学問好きの子に。
ヒント　「のり」の音でりりしさやキュートさを加えて。即戦力になる印象の「すけ」の読みで止め字にしても。

- 典　つかさ
- 功典　こうすけ
- 駿典　しゅんすけ
- 鷹典　たかみち
- 典明　てんめい
- 英典　ひでのり
- 雅典　まさつね
- 洋典　ようすけ
- 典雄　よしお
- 典人　よりと

東

トウ　ひがし
名 あきら
あずま　き
はじめ　はる
ひで　もと

方位の名である東を表す。古代中国で東は、四季では春、色では青に配される。日の出のフレッシュなイメージ。
ヒント　朗《ほが》らかな「はる」、格調高い「ひで」など、名乗りの多い字。「ひがし」「あずま」などの音で1字名にも。

- 東　あずま
- 東來　あきら
- 大東　だいき
- 東輔　とうすけ
- 東真　とうま
- 東芽　はじめ
- 東生　はるお
- 東彦　はるひこ
- 東貴　ひでき
- 東暉　もとき

到

トウ
名 いたる ゆき よし

至る、行き着くのほかに、行き渡る、抜かりない、極《きわ》まるの意味を表す。注意深く、慎重に物事にあたる人に。
ヒント 極めるイメージに、「いたる」の読みで強い集中力を加えて。「とう」の音は信頼される努力家の印象。

- 到 いたる
- 一到 いっとう
- 到吾 とうご
- 到治 とうじ
- 到輔 とうすけ
- 到也 とうや
- 真到 まさよし
- 到達 ゆきと
- 到実 よしみ
- 琥到惟 ことい

奈

ナ いかん
名 なに なん

神事に使われる果樹の意味を表す。いかん、なんぞなど、疑問の意味を表すのにも使う。研究者にぴったりの字。
ヒント 「な」の音を活かすと、のびやかでやわらかい名前になる。温かい親密感から、人と人をつなぐ役割に。

- 瑛奈 えいな
- 琥奈 こなん
- 世奈 せな
- 奈雄 なお
- 奈音 なおと
- 陽奈 ひなに
- 良奈 りょうな
- 佳奈太 かなた
- 奈良生 ならお
- 怜央奈 れおな

波

ハ なみ

なみ、波立つ、波打つなどの意味を表す。波のように伝わる意味も。海につながり、ロマンチックなイメージ。
ヒント 気風《きっぷ》のよい人情家のイメージの「は」の音のほか、親しみやすくキュートな「なみ」の音で使っても。

- 青波 あおば
- 新波 あらは
- 頑波 がんば
- 波央 なお
- 波斗 なみと
- 波郷 はきょう
- 波輝 はてる
- 波紋 はもん
- 南波 みなみ
- 海波 みなみ

Column

左右対称の名前

バランスがとれて落ち着いた印象を与える左右対称の漢字。タテ割れ姓の人は、名に左右対称の字を入れると安定感が増します。止め字だけ使っても。

【漢字の例】

- 一1 二2 人2 工3 士3
- 大3 元4 太4 天4 日4
- 文4 介4 央5 市5 出5
- 平5 未5 由5 宇6 吉6
- 圭6 亘6 早6 亜7 克7
- 来7 里7 英8 宜8 京8
- 尭8 空8 幸8 昊8 実8
- 尚8 青8 斉8 宗8 宙8
- 典8 東8 奈8 茉8 門8
- 栄9 音9 宣9 春9 草9
- 南9 亮9 晃10 高10 晋10
- 真10 泰10 基11 章11 爽11
- 崇11 堂11 貴12 喜12 森12
- 童12 楽13 寛13 嵩13 豊13

【名前の例】

- 尚 ひさし
- 斉 ひとし
- 寛 ひろし
- 亜門 あと
- 天音 あまね
- 宇京 うきょう
- 英二 えいじ
- 克典 かつのり
- 吉平 きっぺい
- 京亮 きょうすけ
- 圭太 けいた
- 晃市 こういち
- 亘貴 こうき
- 幸亮 こうすけ
- 士堂 しどう
- 森市 しんいち
- 晋介 しんすけ
- 草太 そうた
- 崇大 そうた
- 爽南 そな
- 宇宙 そら
- 嵩士 たかし
- 貴寛 たかひろ
- 晃実 てるみ
- 宣士 のぶと
- 春人 はると
- 英門 ひでと
- 央基 ひろき
- 文典 ふみのり
- 元宜 もとき
- 泰真 やすま
- 由真 ゆうま
- 由基 よしき
- 亜早人 あさと
- 尭由貴 たかゆき
- 日出人 ひでと

杷

ハ

穀物を集めたり、地面をならしたりするのに使う「さらい」の意味。果樹のビワにも使う。我慢強い人に。

ヒント 軽快で温かく、あとくされがない印象を与える「は」の音で。止め字にすると、潔いイメージに。

佐杷　さわ
慎杷　しんは
杷壱　はいち
杷央　はお
杷月　はづき
杷瑠　はる
泰杷　やすは
勇杷　ゆうは
良杷　りょうは
杷也斗　はやと

弥

ビ　ミ　いや　いよいよ
名 ひさし　み　や　よし　わたる

旧 彌

もとの字は「彌」。長寿、多幸を祈る儀礼を表し、久しい、あまねしなどの意味になった。のびやかな成長を願って。

ヒント 優しく清潔感あふれる「や」の音で、止め字や万葉仮名風に。「み」の音を使うとフレッシュなイメージ。

弥　わたる
明弥　あきよし
歩弥　あゆみ
郁弥　いくや
和弥　かずや
空弥　くうや
慧弥　けいや
咲弥　さくや
柊弥　しゅうや
澄弥　すみよし
壮弥　そうや
大弥　だいや
匠弥　たくみ
希弥　のぞみ
弥詩　ひさし
文弥　ふみや
繭弥　まゆみ
弥琴　みこと
弥月　みつき
弥哉　みや
弥紘　やひろ
弥生　やよい
弥資　やすけ
弥季　よしき
弥裕　よしひろ
怜弥　れいや
諒弥　りょうや
亜弥貴　あやき
真寿弥　ますみ
弥太郎　やたろう

枇

ビ
名 ひ

果樹のビワ、また、弦楽器の琵琶の意味にも使う。音楽、芸術、芸能方面の才能に恵まれることを願って。

ヒント 「ひ」の音には情熱と冷静さを兼ねそなえたカリスマ性がある。人間的魅力のあふれる「び」の音でも。

朝枇　あさひ
枇瑛　びえい
枇人　びひと
枇平　びへい
枇蕗　ひろ
悠枇　ゆうび
琉枇　りゅうび
凛枇　りんび
枇那斗　ひなと
枇呂樹　ひろき

武

ブ　ム
名 いさむ　たけ　たけし　たける　たつ

「戈」+「止」で、強い、勇ましい、いくさ、武器のほか、武士、武芸などの意味を表す。強くて勇敢な男性に。

ヒント 男の子らしい字に、「たけ」の音で力強さと信頼感を、「ぶ」でパワフルガイのイメージをさらにプラス。

武　たけし
勇武　いさむ
伊武　いぶ
王武　おうぶ
総武　おさむ
玄武　げんぶ
武明　たけあき
武一　たけいち
武雄　たけお
武臣　たけおみ
武邦　たけくに
武重　たけしげ
武悠　たけはる
武彦　たけひこ
武博　たけひろ
武丸　たけまる
武瑠　たける
武登　たつと
望武　のぞむ
憲武　のりたけ
悠武　はるたけ
広武　ひろむ
武流　ぶりゅう
真武　まなぶ
実武　みたけ
武蔵　むさし
頼武　らいむ
亜斗武　あとむ
佐武郎　さぶろう
津斗武　つとむ

歩

ホ　ブ　フ　あゆむ　あるく
名 すすむ

旧 步

左右の足跡を連ねた形で、あるく、行く、前進するなどの意味を表す。前向きに努力する人になるように。

ヒント 「ほ」の音は、温かなくつろぎを感じさせる。「あゆ」の音は、自然体の強さと大胆さをあわせもつ印象に。

歩　あゆむ
歩　すすむ
晃歩　あきほ
歩季　あゆき
歩徹　あゆと
歩真　あゆま
歩実　あゆみ
歩夢　あゆむ
育歩　いくほ
一歩　いっぽ
和歩　かずほ
気歩　きほ
朔歩　さくほ
忍歩　しのぶ
昇歩　しょうほ
進歩　しんぽ
高歩　たかほ
拓歩　たくほ
健歩　たけほ
龍歩　たつほ
陽歩　はるほ
英歩　ひでほ
尋歩　ひろほ
歩澄　ほずみ
歩稀　ほまれ
学歩　まなぶ
裕歩　ゆうほ
令歩　よしほ
南歩利　なぽり
歩久人　ほくと

宝

ホウ　たから
名 かね　たかし　たけ　とみ　とも　みち　よし

室内に供え物のある様子から、宝物、大切なものの意味になった。みんなから大切にされる人になるように。

ヒント 「たか」の音は、周囲の人から信頼されるリーダーの印象。「たかし」と読んで1字名にしても。

宝　たかし
海宝　かいほう
純宝　すみよし
汰宝　たかね
宝良　たから
宝蔵　たけぞう
宝輝　ともき
宝誠　ほうせい
宝瑠　みちる
巳宝　みとみ

朋

ホウ　とも

貝を二列に連ねた形から、友人、仲間などの意味を表すように。友達がたくさんできることを願って。
ヒント　友に恵まれるイメージ。優しさと力強さをあわせもつ「とも」の読みで、人間性豊かな愛される人に。

希朋　きぼう
朋昭　ともあき
朋樹　ともき
朋嗣　ともつぐ
朋春　ともはる
朋弘　ともひろ
朋矢　ともや
朋之　ともゆき
久朋　ひさとも
吉朋　よしとも

法

ホウ　ハッ
ホッ
名かず　つね
のり

おきて、決まり、のっとる、方法などの意味を表す。フランスを「法蘭西」と書き、おしゃれなイメージもある。
ヒント　「のり」の音でよく使われる。りりしさと気品、キュートさを兼ねそなえた名前に。

厚法　あつのり
和法　かずのり
法生　つねお
智法　とものり
法斗　のりと
法文　のりふみ
法行　のりゆき
法流　ほうる
雅法　まさのり
義法　よしかず

牧

ボク　まき

牛をはなし飼いにすることを表し、牛飼い、養うなどの意味に使う。教え導くの意味も。のびやかに育つように。
ヒント　牧場のように、のんびりとした印象のある字。「まき」の音は、充実感とパワフルな輝きにあふれる。

太牧　たまき
牧埜　ぼくや
牧陽　ぼくよう
牧輝　まき
牧郎　まきお
牧志　まきし
牧次　まきつぐ
牧人　まきと
牧仁　まきひと
牧太郎　まきたろう

茉

マツ
名ま

茉莉、茉莉花はジャスミンの一種で、茶に入れると芳香を楽しめるし、白い花も美しい。魅力的な男性になるように。
ヒント　女の子の使用例が多いが、「ま」の音で万葉仮名風に用いても。天真爛漫《てんしんらんまん》で笑顔あふれる印象に。

郁茉　いくま
和茉　かずま
秀茉　しゅうま
統茉　とうま
播茉　はりま
茉登　まつと
悠茉　ゆうま
亮茉　りょうま
茉樹也　まきや
茉那斗　まなと

岬

みさき
名さき

もとは山と山の間を表し、山あいの意味。日本では岬の意味に使われる。さわやかなイメージを与える字。
ヒント　「さき」の音を活かすと、シャープな輝きのある名前に。「みさき」と読むと、潔く芯のある印象。

岬　みさき
岬斗　さきと
岬來　さきら
真岬　まさき
磨岬　まさき
雅岬　まさき
岬暉　みさき
海岬　みさき
魅岬　みさき
弥岬　やさき

茂

モ　しげる
名しげ　とも
とよ　もち
もと　ゆた

草木の盛んに茂ることで、そこから、優れる、立派な、美しいの意味にも用いる。すくすくと健康に育つように。
ヒント　「しげ」の音は、人情味があってパワフルな印象。人当たりがよく豊かな「も」の音でも。

茂　しげる
一茂　かずもち
茂杜　しげと
茂森　しげもり
茂一　ともかず
昌茂　まさとよ
茂吉　もきち
茂樹　もとき
茂莉　もり
茂歌　ゆたか

明

メイ　ミョウ
あかり
あかるい
あきらか
名くに　てる
はる　みつ

もとは窓から差しこむ月の光を表し、あかり、あかるい、あきらかなどの意味になった。明るくて賢い子に。
ヒント　「あき」は、明るくキュートなイメージの音。人気の「はる」の音で使うと、生命力あふれる印象に。

明　あきら
明司　あかし
明祢　あかね
明雄　あきお
明陽　あきはる
明哉　あきや
明良　あきら
晃明　こうめい
秀明　しゅうめい
貴明　たかあき

千明　ちあき
明季　てるき
明信　てるのぶ
冬明　とあ
智明　ともあき
信明　のぶあき
明希　はるき
明人　はると
英明　ひであき
博明　ひろあき

優明　まさあき
明紀　みつき
宗明　むねあき
明星　めいせい
康明　やすあき
由明　よしくに
頼明　らいめい
明日貴　あすき
明日斗　あすと
明日真　あすま

孟

モウ
名たけ
たけし
つとむ　とも
なが　はじめ
はる　もと

生まれた子に産湯を使わせる形で、はじめの意味になった。儒教の聖人・孟子の略称でもある。尊敬される人に。
ヒント　確かさと力強さを感じさせる「たけ」の音で使われることが多い。「たけし」などの音で1字名にも。

孟　つとむ
君孟　きみなが
孟臣　たけおみ
孟稀　たけき
孟人　たけと
武孟　たけはる
孟紀　とものり
孟生　はるお
昌孟　まさたけ
孟司　もとし

門

モン　かど
(名) と　ひろ　ゆき

両開きの扉の形で、もん、出入り口を表す。また、一族、教育を受けるところなどの意味もある。学者にぴったり。

ヒント　抜かりがない印象を与える「もん」や、優しさと頼りがいのある印象の「と」の音で止め字に。

亜門 あもん
瑛門 えいと
禾門 かもん
采門 さいもん
詩門 しもん
多門 たもん
門之 ひろゆき
門土 もんど
龍門 りゅうもん
怜門 れいと

侑

ユウ　すすめる　たすける
(名) あつむ　すけ　すすむ　ゆき

「人」+「有」で、勧める、助ける、支えるなどの意味を表す。心の優しい、親切な人になることを願って。

ヒント　大人気の「ゆう」の音で使える字。「ゆう」の音は、その場を和ませる優しさに満ちたイメージ。

侑 あつむ
和侑 かずゆき
邦侑 くにゆき
昊侑 こうすけ
隼侑 しゅんすけ
侑夢 すすむ
恒侑 つねゆき
敏侑 としゆき
直侑 なおゆき
陽侑 はるゆき

侑威 ゆうい
侑市 ゆういち
侑我 ゆうが
侑来 ゆうき
侑悟 ゆうご
侑朔 ゆうさく
侑志 ゆうし
侑助 ゆうすけ
侑祐 ゆうすけ
侑星 ゆうせい

侑三 ゆうぞう
侑汰 ゆうた
侑翔 ゆうと
侑歩 ゆうほ
侑真 ゆうま
侑也 ゆうや
侑李 ゆうり
侑楽 ゆら
善侑 よしゆき
侑太郎 ゆうたろう

來

ライ　くる　きたる
(名) き　く　こ　な　ゆき　ら

「来」のもとの字。こちらへ来る意味や将来のことを表す。明日への期待のイメージがあり、人気の字。

ヒント　「来」と同じ意味、読みをもつ字。組み合わせる字や姓とのバランス、画数でどちらの字か選んで。

來 らい
伊來 いら
雅來 がく
貴來 きら
來馬 くうま
來音 くおん
心來 しんら
聖來 せいな
世來 せな
蒼來 そら

大來 だいな
助來 たすく
忠來 ただゆき
夏來 なつき
晴來 はるき
陽來 はるく
羽來 はく
紘來 ひろき
昌來 まさき
未來 みらい

來路 ゆきじ
來采 らいと
來堂 らいどう
來武 らいむ
理來 りく
胡羽來 こはく
千嘉來 ちから
深來斗 みくと
理芭來 りはく
玲央來 れおな

林

リン　はやし
(名) き　きみ　きん　ふさ　もと　もり

「木」+「木」で、林。「はやし」は生やしで、物事、人が多く集まるところの意味もある。仲間に恵まれるように。

ヒント　かわいさと潔さが共存する「りん」の読みで使って。「き」の音で止め字にしても個性的な名前に。

林 りん
林杜 きみと
林人 きんと
広林 こうき
花林 はなぶさ
将林 まさもと
未林 みもり
勇林 ゆうき
林輔 りんすけ
林太郎 りんたろう

怜

レイ　あわれむ　さとい
(名) さとし　とき　れ

神のお告げを聞いて悟ることを表し、賢い、さといの意味に使う。慈《いつく》しむの意味もある。優しく賢い子に。

ヒント　理知的でスマートな「れい」、素朴《そぼく》で優しい「さとし」の音で。「れ」の音だけを活かして万葉仮名風にも。

怜 れい
怜詩 さとし
怜男 ときお
怜治 れいじ
怜太 れいた
怜也 れいや
怜生 れお
怜恩 れおん
怜太郎 れいたろう
怜雄那 れおな

和

ワ　オ　なごむ　やわらぐ
(名) かず　たか　やすし　やまと

戦争をやめて平和にすることを表し、やわらぐ、仲良くするなどの意味になる。また、日本の意味も。温和な人に。

ヒント　定番の字。「わ」はワクワクするような楽しいイメージ、「かず」はタフなリーダーのイメージの音。

和 やまと
有和 ありたか
和樹 かずき
和詩 かずし
和鷹 かずたか
和人 かずと
和彦 かずひこ
和仁 かずひと
和大 かずひろ
和真 かずま

和実 かずみ
和哉 かずや
和行 かずゆき
季和 きわ
邦和 くにお
航和 こうわ
澄和 すみたか
和見 たかみ
友和 ともかず
十和 とわ

羽和 はわ
優和 まさかず
基和 もとお
和志 やすし
大和 やまと
悠和 ゆうわ
吉和 よしかず
和音 わおと
和幸 わこう
和声 わせい

9画

映

エイ　うつる
はえる
名 あき
あきら　てる
みつ

日に照り映えた光に映し出されることを表し、映る、映える、輝くなどの意味に使う。きらっと輝く才能を願って。きら
ヒント　飾らない優しさのある「えい」の音や、元気で明るい印象の「あき」の音を活かして。

映　あきら
映暉　えいき
映太　えいた
映人　えいと
映美　えいび
翔映　しょうえい
映季　てるき
大映　ひろあき
映瑠　みつる
吉映　よしてる

栄

エイ
さかえる
はえ
名 え　たか
はる　ひさし
ひで　ひろ
まさ

旧 榮

もとの字は「榮」。かがり火の燃え盛る様子で、さかえる、華やぐなどの意味もある。華やかな生涯をおくれるように。
ヒント　自然体で心地よい癒《いや》しのある「えい」の音で。懐《ふところ》の深さを感じさせる「え」の音で万葉仮名風にも。

栄　ひさし
栄一　えいいち
栄治　えいじ
栄門　えもん
和栄　かずえ
是栄　これひで
栄光　たかみつ
栄都　はると
栄知　まさとも
竜栄　りゅうえい

珂

カ
名 たま　てる

昔の宝である玉の名、特に白めのうを表す。また、馬具のくつわの意味もある。魅力的で活発な子に。
ヒント　クールでスピード感のある「か」の音で。「てる」で終わると、艶《つや》と賢さを感じさせる。

珂惟　かい
珂威　たまい
珂輝　たまき
珂明　てるあき
珂士　てるじ
碧珂　へきか
真珂　まさてる
悠珂　ゆうか
陽珂　ようか
佳珂　よしてる

威

イ
名 あきら　たけ
たか
たけし
たける
つよし　なり

「戉」+「女」。おごそか、恐れさせる、恐ろしいのほか、強い、力の意味もある。周囲から一目置かれる人に。
ヒント　一途《いちず》な印象がある「い」、手堅く力強い印象の「たけ」の音で。「たけし」「つよし」などの1字名にも。

威　たける
威來　あきら
威信　いしん
威吹　いぶき
海威　かい
翔威　しょうい
威杜　たかと
威揮　たけき
威詩　つよし
優威　まさなり

郁

イク
名 か　かおる
くに　たかし
ふみ　ゆう

よく香る様子、よく茂る様子を表す。また、盛ん、文化が栄えるという意味も。教養と元気さを兼ねそなえて。
ヒント　未来につき進む印象の「いく」、優しく温かな「ふみ」の音で。「かおる」などの読みで1字名にも。

郁　かおる
亜郁　あいく
郁斗　いくと
郁真　いくま
郁生　くにお
郁詩　たかし
武郁　たけふみ
郁人　ふみと
郁弥　ふみや
郁羽　ゆうわ

音

オン　イン
おと　ね
名 お　と
なり

音、音楽のほかに、ことば、訪れなどの意味がある。芸術、特に音楽、文学方面の才能に恵まれることを願って。
ヒント　壮大な世界観を感じさせる「おん」や、しっかりした印象の「と」の音などで、男の子の止め字にも。

蒼音　あお
暁音　あきお
麻音　あさと
天音　あまね
癒音　いおん
絵音　えのん
音惟　おとい
音成　おとなり
海音　かいと
風音　かざね

奏音　かのん
久音　くおん
慧音　けいと
冴音　さえと
詩音　しおん
翔音　しょおん
凪音　なぎと
音緒　ねお
寧音　ねおん
初音　はつね

勇音　はやなり
海音　みお
幹音　みきと
湊音　みなと
颯音　はやと
陽音　はると
來音　らいん
凜音　りんと
玲音　れおん
音太郎　おとたろう

迦

カ

サンスクリット語の仏教用語の音訳によく使われる字。お釈迦《しゃか》様の「迦」もそれである。神秘的で深遠なイメージ。
ヒント　「か」の音で、万葉仮名風に使って。正義感が強く、快活な印象になる。「お釈迦様」の印象も強い字。

迦偉　かい
迦那　かな
迦弥　かみ
迦葉　かよう
迦羅　から
悟迦　さとか
多迦　たか
弐迦　にか
瑠迦　るか
迦名人　かなと

臥

ガ　ふせる

「臣」は下を向く目を表し、「臥」は人が目を下に向けている様子。ふせてやすむ意。落ち着いた人生を願って。
ヒント 男の子に人気の止め字「が」の音で使える字。「が」は、迫力と甘さをあわせもつ不思議な魅力の音。

臥偉　がい
臥龍　がりゅう
航臥　こうが
燦臥　さんが
星臥　せいが
泰臥　たいが
勇臥　ゆうが
稜臥　りょうが
蓮臥　れんが
臥玖斗　がくと

恢

カイ
名 ひろ

広い、大きい、広めるなどの意味を表す。元どおりになる意味もあり、回復はもとは「恢復」と書いた。度量の広い人に。
ヒント 「かい」の音は、りりしく知的な印象。「ひろ」の音は、落ち着きと積極性をあわせもつ印象。

恢希　かいき
恢治　かいじ
恢心　かいしん
恢人　かいと
恢雄　かいゆう
恢琉　かいる
須恢　すかい
天恢　たかひろ
恢貴　ひろき
恢郷　ひろさと

界

カイ　さかい

田と田を仕切るさかいを表す。かぎり、はての意味も。世界をまたにかけるスケールの大きな人になるように。
ヒント 「かい」の音は、りりしく知性的で行動力のあるイメージ。使用例があまり多くないので、新鮮。

界　かい
界介　かいすけ
界誠　かいせい
界人　かいと
界翔　かいと
界帆　かいほ
界也　かいや
界瑠　かいる
世界　せかい
誓界　ちかい

海

カイ　うみ
名 あま　うな　み
旧 海

海のほか、海のように広く大きいものを表す。スケール感とともにロマンチックなイメージもあり、人気の字。
ヒント 「かい」の音で人気の字。「かい」は、困難にも果《か》敢《かん》に挑戦する印象。「み」の音は、みずみずしいイメージ。

海　かい
明海　あきみ
浅海　あさみ
海音　あまね
郁海　いくみ
逸海　いつみ
海翔　うみと
海紀　かいき
海慈　かいじ
海舟　かいしゅう

海心　かいしん
海知　かいち
海斗　かいと
海夢　かいむ
海陽　かいよう
海里　かいり
海琉　かいる
和海　かずみ
克海　かつみ
聖海　きよみ

澄海　すかい
拓海　たくみ
辰海　たつみ
淡海　たんみ
知海　ちうな
望海　のぞみ
悠海　はるみ
秀海　ひでみ
海凪　みなぎ
海偉良　かいら

活

カツ
名 いく

イキイキとした生命力を表し、生きる、勢いがいいなどの意味に使う。元気で活発な子に育つことを願って。
ヒント 「かつ」の音で、積極性と強さを加えて。「いく」と読むと、前につき進む強さをもつ名前に。

活馬　いくま
活生　かつき
活貴　かつき
活志　かつし
活太　かつた
活海　かつみ
活也　かつや
活佳　かつよし
昌活　まさかつ
好活　よしかつ

柑

カン

果樹の名で、ミカンの一種を表す。柑橘系といえば、コロンの代表的な香りを表す。おしゃれな男性にぴったり。
ヒント フレッシュさに、「かん」の音で、知性と無邪気さをあわせもつ、永遠の少年のような魅力をプラス。

柑　かん
柑一　かんいち
柑橘　かんき
柑吉　かんきち
柑滋　かんじ
柑多　かんた
柑葉　かんば
瑞柑　みずか
芳柑　よしか
柑太郎　かんたろう

紀

キ
名 あき　おさむ　かず　つぐ　とし　のり　もと　よし

糸巻きに糸を巻き取ることから、治めるの意味になった。また、筋道、書き記すの意味もある。文才を願って。
ヒント 和のイメージもある字。「き」の音は、個性と生命力を感じさせる。「のり」は、気品が香り立つ印象の音。

紀　おさむ
秋紀　あきのり
樹紀　いつき
逸紀　いつぐ
和紀　かずき
克紀　かつき
紀一　きいち
紀祐　きすけ
清紀　きよのり
慧紀　けいき

洸紀　こうき
純紀　じゅんき
澄紀　すみのり
大紀　だいき
崇紀　たかとし
輝紀　てるもと
西紀　にしき
信紀　のぶき
紀生　のりお
紀武　のりたけ

紀彦　のりひこ
陽紀　はるあき
裕紀　ひろのり
正紀　まさかず
雅紀　まさき
光紀　みつき
侑紀　ゆうき
紀人　よしひと
亜紀來　あきら
三紀彦　みきひこ

軌

キ
名のり

車の両輪の間隔をいう。それが決められていたことから、規則、手本の意味にも使う。素直でまじめな子になるように。
ヒント 「き」の音で止め字として使われる。字のもつ模範的な印象に、潔くわが道を進む強さをプラスして。

軌一 きいち
光軌 こうき
翔軌 しょうき
大軌 だいき
直軌 なおき
軌道 のりみち
広軌 ひろき
正軌 まさき
稀軌 まれき
湧軌 ゆうき

祇

ギ シ ただ
名き けさ のり まさ もと やす

もとは氏族を保護する神のことで、土地の神の意味。また、大きい、やすらかの意味もある。神秘的なイメージのある字。
ヒント 名乗りが多く、使用例は少ないが、工夫しだいで個性的に。「ぎ」「し」「き」の音で万葉仮名風にも。

祇一 ぎいち
祇堂 ぎどう
祇斗 けさと
蒼祇 そうし
唯祇 ただし
祇守 まさもり
宗祇 むねのり
祇明 もとあき
祇人 やすと
芳祇 よしまさ

奎

ケイ
名ふみ

「大」+「圭」で、玉を表す。また、アンドロメダ座を指す。文章をつかさどるといわれる星座。文才を願って。
ヒント 「けい」と読むとりりしく知性的な印象。「圭」などのかわりにも。ふっくらと温かい「ふみ」の音でも。

奎一 けいいち
奎輝 けいき
奎悟 けいご
奎丞 けいすけ
奎星 けいせい
奎翔 けいと
埜奎 のぶみ
奎人 ふみと
奎那 ふみな
奎弥 ふみや

研

ケン とぐ
名あき かず きし きよ よし

磨く、研ぐの意味で、究《きわ》める、深く調べるの意味にも使う。自分を磨き、道を究める人になるように。
ヒント 物事を究める人のイメージ。「けん」の読みで、好奇心と探究心あふれる印象がプラスされる。

研 けん
研澄 あきずみ
研己 かずき
研葉 きしは
研志 きよし
研春 きよはる
研斗 けんと
真研 まきし
巳研 みよし
研士郎 けんしろう

建

ケン コン たてる
名たけ たけし たける たつる

「聿」+「廴」で、建てる、成し遂げるの意味を表す。意見を申し立てるの意味も。大きな仕事をする人に。
ヒント 永遠の少年のような「けん」、手堅く信頼感のある「たけ」の音で。「たけし」「たける」の音で1字名も。

建 けん
建季 けんき
建吾 けんご
建志 けんし
建佑 けんすけ
建智 けんち
建人 けんと
建哉 けんや
剛建 ごうけん
秀建 しゅうけん

澄建 すみたけ
建城 たけき
建史 たけし
建英 たけふさ
建未 たけみ
建留 たける
建樹 たつき
建巳 たつみ
建夢 たつむ
建瑠 たつる

建基 たてき
恒建 つねたけ
則建 のりたけ
英建 ひでたけ
広建 ひろたけ
柾建 まさたけ
実建 みたけ
悠建 ゆうけん
義建 よしたけ
建太朗 けんたろう

彦

ゲン ひこ
名お さと のり ひろ やす よし

男性の成人儀礼を表す字で、ひこ=成人男子の意味。才徳の優れた男子になるように。止め字によく使われる。
ヒント 定番の止め字。「ひこ」で終わる名前は、カリスマ性とキュートさをあわせもち、将来性を感じさせる。

敦彦 あつひろ
彦輝 げんき
滋彦 しげお
晴彦 はるひこ
彦一 ひこいち
彦丸 ひこまる
真彦 まさと
雅彦 まさやす
慶彦 よしのり
彦佑貴 ひこゆき

胡

コ えびす なんぞ
名ご ひさ

中国では、西方や北方の異民族のことを意味した。エキゾチックな雰囲気のある漢字。
ヒント 「ひさ」の読みは、情熱と冷静さをあわせもち、カリスマ性を感じさせる。独特の強い魅力のある名前に。

胡月 こづき
胡那 こな
蒼胡 そうご
胡己 ひさき
胡人 ひさと
胡斗 ひさと
胡寿 ひさとし
雅胡 まさひさ
芳胡 よしひさ
孝比胡 たかひこ

恰

コウ あたかも
名きょう

ねんごろ、あたかも、ちょうどなどの意味を表す。格好は恰好とも書く。思いやりのある人になるように。
ヒント 知性と繊細《せんさい》さをあわせもつ「こう」、輝くような強さと優しさにあふれる「きょう」の音を活かして。

恰 あたか
恰志 きょうじ
恰平 きょうへい
恰我 こうが
恰気 こうき
恰士 こうし
恰介 こうすけ
恰成 こうせい
恰也 こうや
成恰 せいこう

厚

コウ　あつい
名 あつし　ひろ

祖先を手厚く祭ることから、あつい、丁寧、あつくするなどの意味を表す。礼儀正しく、親切な人に。
ヒント 「あつ」の音は、朗《ほが》らかでおおらかな印象。「あつし」「こう」の読みで、1字名にしても。

厚	あつし
厚樹	あつき
厚志	あつし
厚人	あつと
厚哉	あつや
厚己	こうき
厚司	こうじ
厚介	こうすけ
宏厚	ひろあつ
厚弥	ひろや

恒

旧 恆

コウ
名 ちか　つね　のぶ　ひさ　ひさし　ひとし

弓張り月の様子を表し、つね、久しいなどの意味に使う。心変わりしない、誠実な人になるように願って。
ヒント 「こう」の音は、知的で繊細《せんさい》な愛らしさを感じさせる。「つね」は、品と力強さのある王者のイメージ。

恒	ひとし
彰恒	あきひさ
恒希	こうき
恒晟	こうせい
恒明	こうめい
恒陽	こうよう
隆恒	たかひさ
恒史	ちかし
恒夫	つねお
恒太郎	こうたろう

皇

コウ　オウ
名 すべ　すめら

もとは輝くの意味で、天子、君主、王のことを表す。大きい、美しいの意味も。おごそかで神々しいイメージ。
ヒント 高貴な印象に、「こう」の音で機敏《きびん》さと思慮深さを、「おう」の音で包みこむような優しさを加えて。

皇	すめら
魁皇	かいおう
雅皇	がおう
皇賀	こうが
皇輝	こうき
皇成	こうせい
皇太	こうた
汰皇	たおう
悠皇	ゆうこう
琉皇	りゅうおう

香

コウ　キョウ　か　かおり　かおる
名 かが　たか　よし

芳しい香りで神に祈ることを表す字で、香り、芳しいなどの意味。高雅なもののたとえにも。エレガントな人に。
ヒント 「こう」「きょう」「たか」「よし」の読みを活かすと、男の子にも使いやすい。男性らしい字と合わせて。

香	かおる
香利	かがり
香一	きょういち
香平	こうへい
香矢	こうや
誠香	せいか
芳香	よしたか
香人	よしと
香那人	かなと
香太郎	こうたろう

紅

コウ　ク　べに　くれない
名 あか　いろ　くれ　もみ

桃の花のような白みのある赤色を表し、くれない、べにの意味に使う。おしゃれで華のある人に。
ヒント ミステリアスな印象の「く」の音や、機敏《きびん》さと思慮深さのある「こう」の音で、男の子にも使える字。

紅	くれない
紅偉	くれい
紅羽	くれは
紅明	こうめい
紅陽	こうよう
真紅	しんく
陽紅	ひいろ
紅雄	べにお
紅葉	もみじ
凛紅	りく

虹

コウ　にじ

雨上がりに空にかかる虹の意味を表す。昔は天にすむ竜だと考えられていた。美しく、かつ強い男性に。
ヒント 「こう」の音は愛らしく知的で繊細《せんさい》なイメージ。「にじ」と読むと、甘えん坊ながらパワフルな印象。

虹市	こういち
虹輝	こうき
虹晴	こうせい
虹大	こうた
虹道	こうどう
虹竜	こうりゅう
虹渡	にじと
虹彦	にじひこ
虹人	にじひと
遥虹	ようこう

ネーミングストーリー

夫婦それぞれがつけたかった漢字を合わせて

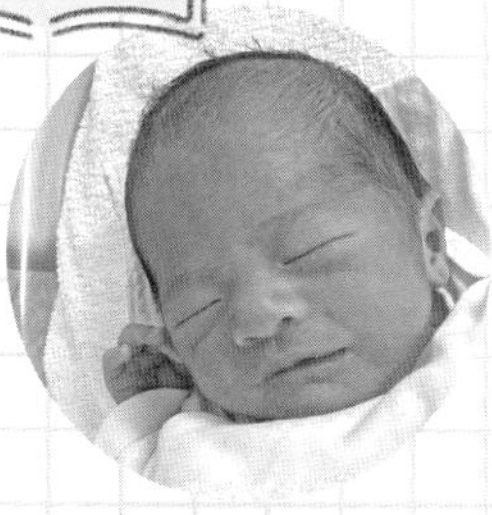

咲友《さくと》くん

私は、「笑う」という意味がある「咲」の字をつけたいと思っていました。一方、夫は「友」の字をつけたいというので、合わせて「咲友」にしました。「友」の字にこだわったのは、私たち夫婦が幼馴染で、長年友達だったからです。字画もよかったし、いい友達に恵まれてたくさん笑ってほしいという願いをこめました。（佳代ママ）

洸

コウ　ひろ

名 たけし　ひろし

水がゆれ動いて光る様子、水が押し寄せる様子、水が深く広い様子を表す。行動的な人になるよう願って。

ヒント 機敏《きびん》さと思慮深さを兼ねそなえた「こう」、たくましいがやすらげる「ひろ」の音で。1字名にも。

洸	ひろし
瑛洸	あきひろ
洸瑛	こうえい
洸葵	こうき
洸月	こうげつ
洸慈	こうじ
洸陽	こうよう
洸士	たけし
洸道	ひろみち
洸夢	ひろむ

砂

サ　シャ　すな

名 いさご

貝などがくだけてできた砂を表す。白く広がる砂浜を思い起こさせるような、健康的でさわやかな人に。

ヒント 颯爽《さっそう》としたリーダーの印象の「さ」の音で使える。「沙」や「紗」に比べて使用例が少ないので、新鮮。

吾砂	あすな
一砂	いっさ
和砂	かずさ
貴砂	きさ
光砂	こうさ
砂介	さすけ
砂夫	すなお
凪砂	なぎさ
麻砂志	まさし
真砂彦	まさひこ

哉

サイ　か　かな　や

名 えい　すけ　とし　なり

新しい矛をはらい清める儀礼を表し、はじめる、はじめの意味になった。フレッシュなイメージの字である。

ヒント 定番の止め字の「や」の音で。優しい開放感にあふれ、あどけなく、永遠の少年のイメージの名前に。

篤哉	あつや
哉介	えいすけ
和哉	かずや
哉斗	かなと
秋哉	しゅうすけ
智哉	ともなり
直哉	なおとし
珀哉	はくや
愉哉	ゆうや
梨稀哉	りきや

咲

さく

名 さき

笑うという意味を表し、現在では花がひらく、咲くの意味に使う。明るく華やかな雰囲気の男性になるように。

ヒント 女の子に人気の字だが、「さく」の音は、困難も軽々と乗り越える印象で男の子にもぴったり。

咲	さく
吾咲	あさき
伊咲	いさく
一咲	いっさ
瑛咲	えいさく
和咲	かずさ
久咲	きゅうさく
健咲	けんさく
洸咲	こうさく
咲刀	さきと
咲也	さきや
咲玖	さく
咲翔	さくと
咲春	さくはる
咲磨	さくま
咲実	さくみ
咲耶	さくや
咲月	さつき
柊咲	しゅうさく
晋咲	しんさく
大咲	だいさく
千咲	ちさき
凪咲	なぎさ
陽咲	ひさく
真咲	まさき
弥咲	みさき
優咲	ゆうさく
琉咲	りゅうさく
依咲那	いざな
咲太郎	さくたろう

珊

サン

名 さ　たま

装飾品に利用される珊《さん》瑚《ご》の意味を表す。珊瑚礁を連想させ、夏や海の好きな人は使ってみたくなる字である。

ヒント 「さん」の音と漢字から、さわやかなイメージの名前に。「さ」の音で万葉仮名風に使っても。

珊雅	さんが
珊暉	さんき
珊瑚	さんご
珊治	さんじ
珊樹	さんじゅ
珊佑	さんすけ
珊太	さんた
珊平	さんぺい
珊希	たまき
珊志郎	さんしろう

洲

シュウ　す

名 くに

「州」の俗字。川の中州、島、大陸の意味に使う。流れる川の中の小さな島は、忍耐強さをイメージさせる。

ヒント 「しゅう」は颯爽《さっそう》とした様子、「す」はスイートボーイ、「くに」は、自立心を感じさせる印象の音。

暁洲	あきくに
興洲	おきくに
黒洲	くろす
洲輝	しゅうき
洲二	しゅうじ
洲介	しゅうすけ
洲平	しゅうへい
洲也	しゅうや
洲守	すもり
大洲	たいしゅう

秋

シュウ　あき

名 あきら　とし　とき　みのる

もとの字は豊作を祈る儀礼を表し、実るの意味。儀礼の行われる季節から秋の意味になった。実り豊かな人生に。

ヒント キュートで明るく輝きのある「あき」の音や、明るく若々しく、聡明《そうめい》さも兼ねそなえた「しゅう」の音で。

秋	みのる
秋生	あきお
秋親	あきちか
秋杜	あきと
秋成	あきなり
秋葉	あきは
秋史	あきふみ
秋海	あきみ
秋路	あきみち
秋由	あきよし
秋良	あきら
和秋	かずとし
慶秋	けいしゅう
秋路	しゅうじ
秋水	しゅうすい
秋佑	しゅうすけ
秋平	しゅうへい
秋哉	しゅうや
澄秋	すみあき
泰秋	たいしゅう
千秋	ちあき
照秋	てるあき
翔秋	とあ
秋央	ときお
敏秋	としあき
友秋	ともあき
陽秋	はるあき
正秋	まさあき
宗秋	むねあき
靖秋	やすとし

柊

シュウ
ひいらぎ

日本では、常緑樹のヒイラギを表す。西洋ヒイラギはクリスマスの装飾にも使われるので、ロマンチックな名前になる。
ヒント 「しゅう」の音は俊敏《しゅんびん》さと落ち着きをあわせもつ印象。「ひ」の音を活かすとカリスマ性のある名前に。

柊 しゅう
朝柊 あさひ
和柊 かずひ
貴柊 きしゅう
柊宇 しゅう
柊一 しゅういち
柊芽 しゅうが
柊悟 しゅうご
柊志 しゅうじ
柊輔 しゅうすけ

柊聖 しゅうせい
柊都 しゅうと
智柊 ともひ
陽柊 はるひ
柊貴 ひいらぎ
柊露 ひいろ
柊冴 ひさ
柊暖 ひだん
柊時 ひとき
柊路 ひろ

真柊 ましゅう
悠柊 ゆうひ
竜柊 りゅうひ
廉柊 れんしゅう
和柊 わしゅう
柊太郎 しゅうたろう
柊ノ介 しゅうのすけ
柊南斗 ひなと
雅柊照 まさひで
由柊呂 よしひろ

重

ジュウ
チョウ　え
おもい
かさねる
名 あつし
かず　かたし
しげ

袋に入れた荷物を表し、おもいの意味になった。大切にするという意味もある。威厳があり、敬われる人になるように。
ヒント 「しげ」の音で先頭字にも止め字にも。「しげ」の音は、たゆまぬ努力で出世する人になる。

重 あつし
和重 かずしげ
重志 かたし
重希 しげき
重里 しげさと
重弥 しげや
重瑠 しげる
重斗 じゅうと
雅重 まさしげ
八重志 やえし

祝

シュク
シュウ
いわう
名 とき　のり
はじめ　ほう
よし

旧 祝

「示」+「兄」で、神を祭ることを表し、祈る、いわうの意味になった。めでたいことの多い人生を祈って。
ヒント 使用例は少ないが、使いやすい読みも多い。「のり」の音を活かすと、りりしく気品がある名前に。

祝 はじめ
祝雄 いわお
祝輔 しゅうすけ
祝人 しゅうと
貴祝 たかのり
祝弥 ときや
祝一 のりかず
祝寿 のりとし
祝芽 ほうが
祝知 よしとも

俊

シュン
名 すぐる
たか　たかし
とし　まさる
よし

人の賢いこと、才知の優れていることを表す。俊足は足の速いこと。心身とも他に抜きんでることを願って。
ヒント 「しゅん」は、周囲に爽快《そうかい》感を与え、鮮やかな活躍をする印象の音。「とし」の音は、信頼されるイメージ。

俊 しゅん
昭俊 あきとし
篤俊 あつとし
郁俊 いくとし
景俊 かげとし
克俊 かつとし
佐俊 さとし
俊市 しゅんいち
俊我 しゅんが
俊伍 しゅんご

俊介 しゅんすけ
俊亮 しゅんすけ
俊太 しゅんた
俊人 しゅんと
俊平 しゅんぺい
俊真 しゅんま
俊琉 すぐる
俊哉 たかや
俊旭 としあき
俊貴 としき

俊邦 としくに
俊英 としひで
俊匡 としまさ
俊郎 としろう
尚俊 なおとし
俊琉 まさる
幹俊 みきとし
光俊 みつよし
優俊 ゆうしゅん
俊太郎 しゅんたろう

洵

ジュン
まこと
名 のぶ
ひとし

まこと、まことにの意味を表す。等しい、涙が流れるなどの意味もある。誠実で公正な人になることを願って。
ヒント 「じゅん」「まこと」などの音で1字名にしても。「順」「淳」などのかわりに使っても。

洵 まこと
耕洵 こうじゅん
洵一 じゅんいち
洵路 じゅんじ
洵平 じゅんぺい
洵弥 じゅんや
清洵 せいじゅん
洵気 のぶき
洵志 ひとし
洵之介 じゅんのすけ

春

シュン　はる
名 あずま
あつ　かす
かず　す
とき　はじめ

四季の春の意味を表す。また、若い年ごろの意味もあり、青春はこの使い方。活力にあふれた子に育つように。
ヒント 「はる」の音で、さらに温かく、明るく朗《ほが》らかな雰囲気に。「しゅん」は、爽快感と愛らしさがある印象。

春 あずま
春規 あつき
音春 おとはる
春日 かすが
春哉 かずや
稀春 きはる
慶春 けいしゅん
成春 しげはる
春季 しゅんき
春悟 しゅんご

春水 しゅんすい
春佑 しゅんすけ
春哉 しゅんや
澄春 すみはる
智春 ともはる
春芽 はじめ
春市 はるいち
春樹 はるき
春玖 はるく
春翔 はると

春野 はるの
春陽 はるひ
春彦 はるひこ
春真 はるま
春夢 はるむ
春郎 はるろう
雅春 まさとき
光春 みつはる
芳春 よしはる
春一郎 しゅんいちろう

昭

ショウ
名 あき　あきら　てる　はる

明らか、現す、輝くなどの意味を表す。よく治まるの意味もあり、昭和の年号に使われた。レトロな感じの字。
ヒント　やわらかく温かい光のような「しょう」、明るく輝く印象の「あき」。「あきら」の読みで1字名にも。

昭　あきら
昭和　あきかず
昭暉　しょうき
昭太　しょうた
昭平　しょうへい
昭真　しょうま
昭嘉　てるよし
大昭　ひろあき
光昭　みつあき
善昭　よしはる

城

ジョウ　しろ
名 き

はらい清められた城壁の中の都市を表し、築くという意味にも使う。一国一城の主、トップになれるよう願って。
ヒント　潔くわが道を進む印象の「き」の音で。「じょう」の音を使うと、包容力があり、慈愛に満ちた名前に。

城　じょう
城壱　きいち
城雅　じょうが
城輝　じょうき
城彦　しろひこ
弘城　ひろき
真城　ましろ
来城　らいき
竜城　りゅうき
城之輔　じょうのすけ

津

シン　つ
名 す　ず

港、船着き場、渡し場などの意味を表す。潤《うるお》う、あふれるなどの意味も。才知のあふれ出るような人にふさわしい。
ヒント　芯の強い「つ」、育ちのよい印象の「ず（づ）」の読みで。まっすぐで正直な印象の「しん」の音でも。

津　しん
栄津　えいしん
津吾　しんご
津平　しんぺい
津也　しんや
偉津人　いつと
架津也　かずや
津乃介　しんのすけ
津実季　すみき
汰津治　たつじ

信

シン
名 こと　さだ　さね　しげ　しな　ちか　のぶ　まこと

「人」＋「言」で、人との約束を表し、信じるの意味になった。まこと、すくすくとのびる意味も。誠実な人に。
ヒント　「しん」の音は、まっすぐで前向きな印象。「のぶ」と読むと甘えん坊ながらエネルギッシュな行動派に。

信　まこと
瑛信　えいしん
貴信　きさね
聖信　きよのぶ
健信　けんしん
煌信　こうしん
信也　さだなり
信理　しなり
志信　しのぶ
信吉　しんきち

信吾　しんご
信蔵　しんぞう
信太　しんた
信平　しんぺい
辰信　たつのぶ
信秋　のぶあき
信貴　のぶき
信志　のぶし
信介　のぶすけ
信鷹　のぶたか

信近　のぶちか
信成　のぶなり
信未　のぶみ
信弥　のぶや
悠信　はるちか
基信　もとしげ
有信　ゆうしん
慶信　よしのぶ
信一郎　しんいちろう
信乃介　しんのすけ

甚

ジン
名 しげ　たね　とう　はなはだ　やす

鍋をのせたかまどの形で、はなはだしい、激しいの意味を表す。ひじように楽しいの意味も。楽しみの多い人生になるように。
ヒント　「じん」の音は、品を感じさせる。「しげ」と読むと、たゆまぬ努力で出世する人に。

甚　じん
甚人　しげと
甚喜　じんき
甚吾　じんご
甚多　じんた
甚吏　とうり
尚甚　なおたね
優甚　ゆうじん
幸甚　ゆきやす
甚三朗　じんざぶろう

是

ゼ
名 これ　すなお　ただし　つな　ゆき　よし

さじの形からできた字。正しい、よいの意味に使う。「非」の反対語。正義感の強い人になるよう願って。
ヒント　使いやすい名乗りの多い字だが、使用例がさほど多くなく、新鮮。「すなお」「ただし」の音で1字名にも。

是　すなお
是清　これきよ
是周　これちか
泰是　たいぜ
是志　ただし
是紘　ただひろ
是希　つなき
優是　ゆうぜ
是人　ゆきひと
是行　よしゆき

星

セイ　ショウ
名 とし　ほし

空に見える星の意味を表す。また、重要人物、文字どおりスターの意味にも使う。きらりと輝く人物に。
ヒント　透明な光を思わせる「せい」の音で、さわやかで清潔感あふれるスターの印象をさらに増して。

亜星　あせい
一星　いっせい
快星　かいせい
希星　きほし
剣星　けんせい
煌星　こうせい
瞬星　しゅんせい
翔星　しょうせい
星夢　しょうむ
星空　せいあ

星一　せいいち
星河　せいが
星吾　せいご
星治　せいじ
星那　せいな
星夜　せいや
星嵐　せいらん
星稜　せいりょう
星良　せら
智星　ちせ

哲星　てっせい
星輝　としき
七星　ななせ
星彦　ほしひこ
星巳　ほしみ
未星　みせい
佑星　ゆうせい
流星　りゅうせい
涼星　りょうせい
星太朗　せいたろう

政

セイ　ショウ
まつりごと
名 おさ　ただし　つかさ　のぶ　まさ　まさし

強制して正すことから、納める、政治という意味になった。正しくするの意味もある。心のまっすぐな人に。
ヒント「せい」の音は純粋でひたむきな印象、「まさ」の音は高い視点で動静を見渡す総司令官のような印象に。

政 つかさ
政武 おさむ
快政 かいせい
政士 せいじ
政資 ただし
政葵 のぶき
政貴 まさき
政志 まさし
勇政 ゆうせい
凛政 りんせい

省

セイ　ショウ
かえりみる　はぶく
名 あきら　かみ　み　よし

もとは巡察することを表し、そこから、見る、かえりみるの意味に。よく調べるという意味も。学者、研究者にぴったり。
ヒント「しょう」と読むとやわらかい光のようなイメージ。「せい」の音を活かすとひたむきで誠実な印象に。

省 あきら
一省 いっせい
省生 かみお
省壱 しょういち
省吾 しょうご
省三 しょうぞう
省平 しょうへい
省也 せいや
拓省 たくみ
省行 よしゆき

宣

セン
名 すみ　つら　のぶ　のり　ひさ　ふさ　むら　よし

述べる、広める、考えを知らせるなどの意味を表す。明らかの意味にも使う。自己主張できる人になるように。
ヒント「のぶ」の音は、スイートだが情熱的なイメージ。「のり」と読むと、りりしく気品のある印象に。

宣 せん
宣司 せんじ
隆宣 たかのり
雄宣 たけひさ
宣行 つらゆき
利宣 としのぶ
宣久 のりひさ
真宣 ますみ
宣親 むらちか
宣一 よしかず

泉

セン　いずみ
名 い　きよし　み　みず　もと

崖の下から流れる水の形で、いずみ、湧き水の意味を表す。源の意味もある。澄んだ美しいイメージの字。
ヒント「いずみ」の音は、まっすぐ一途《いちず》なイメージ。「せん」の音ですがすがしく、しなやかな印象に。

泉 いずみ
藍泉 あいせん
泉斗 いずと
和泉 いずみ
泉水 きよみ
泉吉 せんきち
泉介 せんすけ
泉平 みずひら
泉雅 もとまさ
悠泉 ゆうせん

草

ソウ　くさ
名 かや　しげ

草、草深いところのほか、はじめ、はじめるの意味もある。フロンティア精神があり、雑草のように強い人に。
ヒント さわやかな草原のイメージに、「そう」の音でソフトな優しさを加えて、さらに人を癒《いや》す名前に。

草仁 かやと
草樹 しげき
草実 しげみ
草輝 そうき
草路 そうじ
草輔 そうすけ
草太 そうた
草平 そうへい
利草 りそう
草太郎 そうたろう

荘

ソウ　ショウ
名 これ　しげ　たか　たかし　ただし　まさ

旧 莊

おごそか、重々しい、盛んなどの意味のほか、別宅という意味もある。威厳のある人になるように願いをこめて。
ヒント 重厚なイメージに、「そう」の音でさわやかさをプラス。「そう」「たかし」などの音で1字名にも。

荘 たかし
雄荘 かずまさ
荘重 これしげ
荘司 そうじ
荘太 そうた
荘平 そうへい
荘馬 そうま
唯荘 ただしげ
荘秋 まさあき
荘士 まさし

奏

ソウ
かなでる
名 かな

物を捧げて献上する形で、勧める、差し上げるの意味。また、成し遂げる、演奏するの意味も。何事もやり通す人に。
ヒント「そう」と読むと、透明感のある名前になる。「かな」の音は、永遠の少年のようなスイートな印象に。

奏 そう
奏偉 かない
奏生 かなう
奏緒 かなお
奏太 かなた
奏出 かなで
奏人 かなと
奏音 かなと
奏羽 かなは
奏帆 かなほ

奏巳 かなみ
奏夢 かなむ
奏芽 かなめ
奏李 かなり
奏一 そういち
奏詩 そうし
奏治 そうじ
奏輔 そうすけ
奏汰 そうた
奏杜 そうと

奏平 そうへい
奏真 そうま
奏海 そうみ
奏哉 そうや
奏徠 そうら
奏流 そうる
奏乃 その
奏楽 そら
多奏 たかな
奏那太 そなた

則

ソク
名 つね　とき　のり　みつ

決まり、おきて、手本、手本にするなどの意味を表す。ルールを守る、まじめな子になることを願って。
ヒント「のり」の読みで先頭字にも止め字にも。「のり」の音は、落ち着いた気品の香り立つイメージ。

天則 あまつね
伊則 いのり
孝則 たかつね
則雅 ときまさ
友則 とものり
則斗 のりと
則道 のりみち
則哉 のりや
則琉 みつる
実則 みのり

貞

テイ
名 さだ　ただ
ただし
ただす　つら
みさお

もとは鼎《かなえ》を使って神意を問うこと。占う、正しいなどの意味も表す。正義感が強く、まっすぐな人になるように。
ヒント 「さだ」の音は、裏表なく一《いち》途《ず》な印象。「てい」の音は、まじめで芯があり、出世しそうな名前に。

貞 ただし
禾貞 かつら
貞雄 さだお
貞俊 さだとし
貞春 さだはる
貞吾 ていご
貞生 みさお
倫貞 みちさだ
芳貞 よしさだ
貞之輔 ていのすけ

南

ナン　ナ
みなみ
名 あけ　なみ
よし

方位の南を表す。暖かい方角なので、よく成長するイメージがある。すくすくと育つよう願いをこめて。
ヒント 「な」の音はのびやかで心地よい親密感がある。「みな」と読むと、幸せで満ち足りたなつかしい印象に。

南人 あけと
活南 かつよし
胡南 こなみ
虎南 こなん
星南 せな
晴南 せな
隆南 たかよし
辰南 たつよし
俊南 としなみ
南生 なお

南音 なおと
七南 ななみ
南季 なみき
南空 みそら
南緒 みなお
南輝 みなき
南路 みなじ
南斗 みなと
南海 みなみ
南人 みなんど

由南 ゆなん
南和 よしかず
南紀 よしき
琉南 るな
架南汰 かなた
夏南斗 かなと
南緒貴 なおき
南太郎 なんたろう
日南太 ひなた
怜央南 れおな

祢

旧 禰

ネ
名 ない

「禰」の俗字。父の霊を祭るみたまやを意味する。日本では神官のことを禰《ね》宜《ぎ》という。神秘的な意味をもつ字。
ヒント やすらぎと温かさを感じさせる「ね」の音で、リーダーになる名前に。「弥」と字形が似ているので要注意。

和祢 かずね
祢斗 ないと
祢雄 ねお
祢琉 ねる
未祢 みね
茂祢 もね
芳祢 よしね
来祢 らいね
祢惟斗 ねいと
壬祢人 みねと

珀

ハク
名 すい　たま

琥《こ》珀《はく》は、地質時代の樹脂などが地中で固まってできた玉の一種。透明感のある字。きらりと輝く人になるように。
ヒント 「はく」の音は、リーダーの風格を感じさせる。「たま」と読むと、優しくタフで人間性豊かな印象に。

琥珀 こはく
翠珀 すいはく
珀夢 すいむ
珀輝 たまき
灯珀 とうはく
都珀 とはく
珀斗 はくと
珀哉 はくや
珀竜 はくりゅう
李珀 りはく

毘

ヒ　ビ
たすける
名 すけ　てる
とも　ひで
まさ　やす

助けるの意味を表す。毘《び》沙《しゃ》門《もん》天《てん》は仏法守護の四天王のひとつで、七福神にも入っている。慈悲深い人物に。
ヒント 情熱と冷静さをあわせもつ「ひ」の音が使いやすい。荼《だ》毘《び》は火葬のことなので要注意。

環毘 かんすけ
毘人 てると
毘貴 ともき
毘郎 ひでお
毘利 ひとし
毘門 まさかど
毘隆 やすたか
裕毘 ゆうひ
琉毘 るび
日毘斗 ひびと

美

ビ
うつくしい
名 きよし
はる　ふみ
み　みつ
よし　よしみ

大きな羊から、うつくしい、うまい、よい、ほめるなどの意味になった。心が美しく、行動も立派な男性に。
ヒント 「み」と読むと、みずみずしい印象。和やかに人を癒《いや》し、清潔感のある「よし」の音を活かしても。

和美 かずよし
美海 きよか
拓美 たくみ
美輔 はるすけ
美瑛 びえい
秀美 ひでみ
美統 ふみと
美揮 みつき
美朋 よしとも
佳美 よしみ

飛

ヒ　とぶ
名 たか　と

鳥が飛ぶ形からできた字。飛ぶ、跳ね上がる、飛ぶように速いなどの意味を表す。元気で活発な子に育つように。
ヒント 「ひ」の読みを活かすと、カリスマヒーローのイメージがさらに増す。止め字の「と」として使っても。

蒼飛 あおと
朝飛 あさひ
飛鳥 あすか
天飛 あまと
一飛 いっと
和飛 かずたか
清飛 きよたか
賢飛 けんと
澄飛 すみたか
飛志 たかし

鷹飛 たかと
飛帆 たかほ
飛羽 とわ
陽飛 はるひ
飛翔 ひしょう
飛翼 ひよく
飛来 ひらい
飛竜 ひりゅう
史飛 ふみたか
穂飛 ほたか

真飛 まなと
勇飛 ゆうと
雄飛 ゆうひ
柚飛 ゆたか
義飛 よしたか
來飛 らいと
吏飛 りと
蓮飛 れんと
飛雄馬 ひゅうま
飛呂紀 ひろき

風

フウ　フ　かぜ　かざ
名 か

天上の竜が起こす風から、かぜの意味。また、習わし、しきたり、上品な味わいなどの意味も。さわやかな男性に。
ヒント　温かく包んでくれるような「ふう」の音を活かして。軽やかな「か」の音で使っても。

風斗　かざと
風見　かざみ
荷風　かふう
汰風　たか
風雅　ふうが
風稀　ふうき
風太　ふうた
風翔　ふうと
風真　ふうま
風太朗　ふうたろう

保

ホ　たもつ
名 お　もち　もり　やす　やすし　より

赤ちゃんをおんぶする形から、守る、たもつ、やすらかにする、請け合うなどを意味する。責任感の強い人に。
ヒント　「ほ」の音は、温かなくつろぎを感じさせる。「やす」の音は、初夏の光のような清潔な癒《いや》しに満ちた印象。

保　たもつ
秋保　あきやす
公保　きんもち
澄保　すみやす
隆保　たかほ
龍保　たつお
恒保　つねやす
友保　ともやす
直保　なおやす
成保　なりやす

則保　のりやす
陽保　はるやす
秀保　ひでもり
寛保　ひろほ
弘保　ひろやす
史保　ふみより
保高　ほたか
宗保　むねやす
基保　もとやす
保晃　やすあき

保夫　やすお
保臣　やすおみ
保希　やすき
保聖　やすきよ
保志　やすし
保彦　やすひこ
保仁　やすひと
幸保　ゆきより
嘉保　よしやす
保次郎　やすじろう

昴

ボウ　すばる

星座のすばるを表す。おうし座のプレアデス星団のことで、農耕の星とされた。ひときわ輝きをはなつ人に。
ヒント　「すばる」の音は革新と繁栄をもたらす潜在能力をもつ印象。「ぼう」の音は無限の可能性を秘めた印象。

昴　すばる
輝昴　きぼう
昴琉　すばる
昴瑠　すばる
乃昴　のぼう
昴雅　ぼうが
昴大　ぼうだい
勇昴　ゆうぼう
龍昴　りゅうぼう
瑠昴　るぼう

柾

名 まさ　ただ

日本でつくられた字。木の正目のこと。また、常緑樹のマサキを表す。正目のようにまっすぐに育つように。
ヒント　優しさとさわやかさを感じさせる「まさ」の音で。「征」の字と間違えないよう注意。

和柾　かずまさ
柾介　ただすけ
直柾　なおまさ
柾樹　まさき
柾志　まさし
柾人　まさと
柾英　まさひで
柾也　まさや
柾吉　まさよし
柾吏　まさり

耶

ヤ　か

父親の意味がある。耶蘇《キリスト》のほか、耶馬台国の「耶」。「……であろうか」の意味も。よき父になれるよう願って。
ヒント　「や」の音で、止め字や万葉仮名風に。「や」で終わる名前は、優しい開放感にあふれるイメージに。

惇耶　あつや
一耶　かずや
哉耶　かなや
健耶　けんや
昊耶　こうや
淳耶　じゅんや
真耶　まや
琉耶　りゅうや
玲耶　れいや
耶馬斗　やまと

宥

ユウ　なだめる　ゆるす
名 すけ　ひろ

祖先の霊に肉を供えて許しを請うことから、許す、なだめる、広いなどの意味を表す。寛大な人になるように。
ヒント　人気の音「ゆう」で使える字。「裕」などのかわりに使っても。「すけ」「ひろ」の音で止め字にも。

宥　ひろ
賢宥　けんゆう
大宥　だいすけ
宥人　ひろと
宥祐　ゆうすけ
宥成　ゆうせい
宥汰　ゆうた
宥辰　ゆうたつ
宥斗　ゆうと
善宥　よしひろ

勇

ユウ　いさむ
名 いさお　いさみ　たけ　たけし　つよ　とし　はや

いさましい、強いのほか、思い切りがよい、心が奮い立つなどの意味を表す。元気いっぱいの子に育つように。
ヒント　字のもつ勇ましいイメージに、「ゆう」の音で、その場を和ませる優しさに満ちた印象をプラスして。

勇　いさみ
勇夫　いさお
勇気　いさき
勇武　いさたけ
勇夢　いさむ
勇吹　いぶき
健勇　けんゆう
勇瑠　たける
勇詩　つよし
勇治　としはる

勇汰　はやた
勇人　はやと
勇成　はやなり
武勇　ぶゆう
勇一　ゆういち
勇牙　ゆうが
勇輝　ゆうき
勇吾　ゆうご
勇作　ゆうさく
勇詩　ゆうし

勇心　ゆうしん
勇生　ゆうせい
勇太　ゆうた
勇斗　ゆうと
勇平　ゆうへい
勇真　ゆうま
勇里　ゆうり
勇和　ゆうわ
美勇志　みゆうじ
勇之介　ゆうのすけ

祐

ユウ
たすける
名 すけ　ち
ひろ　みち
ゆ　よし

旧 祐

神の助けを求めることを表し、助ける、天の助けの意味。「祐筆」は秘書、書記のこと。よきバイプレーヤーに。
ヒント　大人気の「ゆう」「ゆ」の読みで使える字。フットワークが軽い印象の「すけ」の音で止め字にしても。

彰祐　あきみち
瑛祐　えいすけ
貴祐　きすけ
慧祐　けいすけ
昂祐　こうすけ
詩祐　しゆう
祐久　たすく
天祐　てんゆう
友祐　ともひろ
波祐　なみすけ

祐斗　ひろと
琉祐　みちる
素祐　もとすけ
祐一　ゆういち
祐我　ゆうが
祐基　ゆうき
祐輔　ゆうすけ
祐太　ゆうた
祐仁　ゆうと
祐真　ゆうま

祐也　ゆうや
祐和　ゆうわ
祐心　ゆしん
陽祐　ようすけ
祐貴　よしき
龍祐　りゅうすけ
凌祐　りょうすけ
真乃祐　しんのすけ
祐歌良　ちから
祐次朗　ゆうじろう

柚

ユウ　ゆず
名 ゆ

果樹のユズを表す。果実は酸っぱく、香りが強いので、料理の味を引き立てる。優しく個性的な人になるように。
ヒント　優しさで人を和ませる「ゆう」、大《たい》器《き》晩《ばん》成《せい》型の「ゆ」、思いやりと風格がある「ゆず」の音を活かして。

柚　ゆず
柚介　ゆうすけ
柚太　ゆうた
柚也　ゆうや
柚希　ゆずき
柚吉　ゆずきち
柚瑠　ゆずる
柚一郎　ゆういちろう
柚香士　ゆかし
柚太禾　ゆたか

洋

ヨウ
名 うみ　きよ
なみ　ひろ
ひろし　み

大きな海、大きな波、また、広く大きい様子を表す。西洋の意味もある。スケールの大きな人になるように。
ヒント　「よう」の音は、おおらかで思いやりのある印象、「ひろ」の音は、周囲にくつろぎを与える印象に。

洋音　うみね
和洋　かずみ
洋志　きよし
昊洋　こうよう
太洋　たいよう
陽洋　はるひろ
洋樹　ひろき
真洋　まひろ
海洋　みなみ
洋瑛　ようえい

律

リツ　リチ
名 ただし
ただす　のり

決まり、定め、法律の意味を表す。また、音楽や詩の調子の意味もある。芸術的な才能を授かることを願って。
ヒント　「りつ」の音は理知的でパワフルなイメージ。気品とりりしさを感じさせる「のり」の音を活かしても。

律　ただす
律　りつ
明律　あきただ
篤律　あつのり
克律　かつのり
公律　きみのり
律士　ただし
律守　ただす
律泰　ただやす
智律　とものり

律広　のりひろ
律之　のりゆき
陽律　はるのり
紘律　ひろただ
史律　ふみのり
雅律　まさのり
満律　みちただ
深律　みのり
泰律　やすのり
征律　ゆきただ

由律　よしのり
吏律　りつ
律貴　りつき
律輝　りつき
律士　りつじ
律成　りっせい
律太　りつた
律人　りつと
律平　りっぺい
律哉　りつや

要

ヨウ　いる
かなめ
名 とし　め
もとむ　やす

腰骨の形から、「かなめ」の意味になった。しめくくる、求めるなどの意味を表す。重要人物になれるように。
ヒント　「よう」の音は、おおらかで思いやりのある印象。「かなめ」と読むと、エレガントで優しいイメージに。

要　かなめ
要斗　かなと
要弥　かなみ
大要　だいよう
要基　としき
要治　やすじ
要人　やすと
要一　よういち
要祐　ようすけ
要太　ようた

亮

リョウ
あきらか
すけ　まこと
名 あきら
かつ　とおる
よし

明らか、まこと、助けるなどの意味。大宝令では長官を補佐する官のこと。バイプレーヤーとして成功しそう。
ヒント　「りょう」の音で、1字名や先頭字として。透明感と清涼感のある芸術的な雰囲気が漂《ただよ》う名前になる。

亮　りょう
亮臣　あきおみ
亮信　あきのぶ
亮晴　あきはる
亮仁　あきひと
亮楽　あきら
和亮　かずあき
貫亮　かんすけ
貴亮　きすけ
慧亮　けいすけ

皓亮　こうすけ
実亮　さねあき
駿亮　しゅんすけ
創亮　そうすけ
孝亮　たかあき
亮琉　とおる
亮人　まこと
稀亮　まれすけ
基亮　もとすけ
夕亮　ゆうすけ

亮明　よしあき
佳亮　よしかつ
亮我　りょうが
亮希　りょうき
亮祐　りょうすけ
亮誠　りょうせい
亮汰　りょうた
亮磨　りょうま
亮哉　りょうや
晴之亮　はるのすけ

俐

リ　さとい
名 さと

賢い意味を表す。特に弁舌の巧みなことをいう。字の組み合わせ方で、気のきいた感じの名前になる。
ヒント 「さと」と読むと、さわやかで温かく、聡明《そうめい》なイメージに。「り」の音は、りりしくて理知的な印象。

- 天俐　あまり
- 俐李　さとり
- 麻俐　まさと
- 雄俐　ゆうり
- 俐央　りお
- 俐音　りおん
- 俐貴　りき
- 俐玖　りく
- 俐人　りひと
- 俐亜夢　りあむ

玲

レイ
名 あきら　たま　ほまれ　れ

玉のふれあう美しい音、玉のように光り輝く美しさを表す。顔も声も美しい少年に成長することを願って。
ヒント エレガントで洗練された印象の「れ」、理知的で気品あるイメージの「れい」の音で先頭字に使うのが人気。

- 玲　あきら
- 玲　れい
- 玲良　あきら
- 亜玲　あれい
- 希玲　きれい
- 忠玲　ただあき
- 玲緒　たまお
- 玲貴　たまき
- 玲海　たまみ
- 千玲　ちあき
- 仁玲　にれ
- 波玲　はれ
- 玲礼　ほまれ
- 真玲　まれい
- 由玲　よしあきら
- 玲空　れあ
- 玲偉　れい
- 玲一　れいいち
- 玲司　れいじ
- 玲太　れいた
- 玲人　れいと
- 玲弥　れいや
- 玲央　れお
- 玲遠　れおん
- 玲埜　れの
- 玲音　れのん
- 志玖玲　しぐれ
- 玲太郎　れいたろう
- 玲於那　れおな
- 玲久斗　れくと

柳

リュウ
やなぎ

樹木のヤナギを表す。ヤナギは幹や枝に弾力性があることが特徴。しなやかな強さをもつ男性になるよう願って。
ヒント パワーのある「りゅう」の音が使いやすい。知性が光る、若々しくて躍動感にあふれた名前になる。

- 柳　りゅう
- 一柳　かずや
- 柳樹　やなき
- 柳惟　りゅうい
- 柳治　りゅうじ
- 柳助　りゅうすけ
- 柳太　りゅうた
- 柳人　りゅうと
- 柳也　りゅうや
- 柳之丞　りゅうのすけ

郎

ロウ
名 お

旧 郞

よい男のことをいい、男、若者などの意味に使う。止め字として変わらない人気がある。男らしい印象を与える。
ヒント 昔からの止め字。知的な印象を残す「ろう」、人の上に立つ風格がある印象の「お」、どちらでも。

- 淳郎　あつお
- 育郎　いくろう
- 逸郎　いつお
- 三郎　さぶろう
- 崇郎　たかお
- 拓郎　たくろう
- 武郎　たけお
- 太郎　たろう
- 寿郎　としろう
- 晴郎　はるろう
- 英郎　ひでお
- 郁郎　ふみお
- 睦郎　むつお
- 基郎　もとお
- 佳郎　よしろう
- 藍志郎　あいしろう
- 一郎太　いちろうた
- 旺志郎　おうしろう
- 勘九郎　かんくろう
- 貫太郎　かんたろう
- 菊治郎　きくじろう
- 清志郎　きよしろう
- 慧史郎　けいしろう
- 謙次郎　けんじろう
- 煌士郎　こうしろう
- 信久郎　しんくろう
- 蒼一郎　そういちろう
- 悠太郎　ゆうたろう
- 洋二郎　ようじろう
- 李太郎　りたろう

10画

晏

アン　おそい　やすい
名 さだ　はる　やす

やすらか、静かの意味を表す。また、空が晴れ渡る、鮮やか、美しいの意味もある。明るく穏《おだ》やかな子になるように。
ヒント 「あん」の音は、素朴《そぼく》で親しみやすく、信頼感がある。「さだ」「はる」「やす」の名乗りを活かしても。

- 晏吾　あんご
- 晏治　あんじ
- 晏吏　あんり
- 皓晏　こうあん
- 貴晏　たかはる
- 友晏　ともやす
- 尚晏　なおさだ
- 晏樹　はるき
- 晏貴　やすき
- 吉晏　よしやす

益

エキ　ヤク
名 あり　のり　ます　み　よし

皿に水があふれる形がもとで、増すの意味を表す。役に立つこと、もうけの意味もある。起業家を目指して。
ヒント 静かな情熱を内に秘めた「ます」の音で使うほか、みずみずしく輝く印象の「み」の音で止め字にも。

- 益我　ありが
- 益知　ありとも
- 隆益　たかみ
- 益行　のりゆき
- 昌益　まさよし
- 益治　ますじ
- 益寛　ますひろ
- 益貴　よしき
- 益孝　よしたか
- 益人　よしと

悦

エツ
名 のぶ よし

神が乗り移ってうっとりしている心をいい、喜ぶ、楽しむなどの意味に使う。喜びの多い人生になるよう祈って。
ヒント タフさを感じさせる「えつ」の音は、一気に走り抜ける印象。さわやかで癒《いや》しのある「よし」の音でも。

悦司 えつし
悦郎 えつろう
隆悦 たかよし
悦雄 のぶお
悦樹 のぶき
悦春 のぶはる
陽悦 はるよし
雅悦 まさよし
義悦 よしのぶ
悦紀 よしのり

桜

オウ さくら
旧 櫻

樹木のサクラの意味を表す。日本を代表する花で、春のシンボルでもある。温かい人になるように願って。
ヒント 桜の季節の明るいイメージのある字。「おう」と読むと、親しみやすく、周囲を包みこむような印象に。

暁桜 あきお
梓桜 あずさ
依桜 いお
一桜 いっさ
英桜 えいさく
桜雅 おうが
桜輝 おうき
桜祐 おうすけ
桜多 おうた
桜海 おうみ

桜李 おうり
桜杜 おと
和桜 かずさ
桜伊 さい
桜人 さくと
桜哉 さくや
司桜 つかさ
那桜 なお
凪桜 なぎさ
陽桜 ひさ

万桜 まお
匡桜 まさ
悠桜 ゆうさく
理桜 りお
竜桜 りゅうおう
怜桜 れお
維桜莉 いおり
桜史郎 おうしろう
香桜琉 かおる
桜太郎 さくたろう

恩

オン
名 おき しだ
のん めぐみ

恵み、慈《いつく》しみ、大切にする、かわいがるなどの意味を表す。いつくしみの心をもつ人に育つよう願って。
ヒント 壮大な世界観を感じる「おん」、自由で楽しそうな「のん」の音のほか、「めぐみ」と読んで1字名にも。

恩 めぐみ
癒恩 いおん
玖恩 くおん
詩恩 しおん
恩李 しだり
初恩 しょおん
辰恩 たつおき
智恩 ちおん
羽恩 はおん
礼恩 れおん

夏

カ ゲ なつ

冠を着けて舞う人の形からできた字。季節の夏を表す。夏は生命活動が最も活発な時期。元気な子に育つように。
ヒント 「か」の音で、利発で快活な都会派の印象、「なつ」の音で、元気で明るい働き者の印象を加えて。

夏惟 かい
夏壱 かいち
夏絃 かいと
夏楓 かふう
慧夏 けいか
星夏 せな
汰夏 たか
夏偉 なつい
夏夫 なつお
夏己 なつき

夏輝 なつてる
夏虎 なつとら
夏乃 なつの
夏陽 なつひ
夏彦 なつひこ
夏海 なつみ
夏哉 なつや
夏然 なつれ
風夏 ふうか
真夏 まなつ

勇夏 ゆうか
瑠夏 るか
夏那太 かなた
夏奈斗 かなと
志夏斗 しげと
夏太郎 なつたろう
夏之介 なつのすけ
日夏多 ひなた
海禾夏 みかげ
由汰夏 ゆたか

峨

ガ
名 たかし

山の稜線がぎざぎざになっていることをいい、山が高い、険《けわ》しいの意味に使う。威厳のある立派な人に。
ヒント 「が」の音で止め字に使うと、ゴージャスでスイートな印象。「たかし」の読みで1字名にしても新鮮。

峨 たかし
峨丞 がじょう
晃峨 こうが
大峨 たいが
峨明 たかあき
峨登 たかと
灯峨 とうが
夢峨 むが
悠峨 ゆうが
凌峨 りょうが

桧

カイ ひのき
旧 檜

もとの字は「檜」。樹木の名であるヒノキを表す。きめが細かく、耐久性のある建築材である。我慢強い人に。
ヒント 「ひ」は、情熱と冷静さをあわせもち、カリスマ性のある音。りりしく知性的な「かい」の音でも。

桧 かい
桧作 かいさく
桧児 かいじ
桧助 かいすけ
桧太 かいた
桧都 かいと
桧哉 かいや
桧寿 ひとし
由桧 ゆかい
桧太郎 かいたろう

格

カク コウ
名 いたる ただ ただし つとむ のり まさ

神が天から降りてくる形で、至るの意味がある。また、正す、決まり、戦うなどの意味も。正義感の強い人に。
ヒント 知的で繊細《せんさい》な「こう」、信頼感のある「ただし」など、1字名に使いやすい読みが多い。

格 ただし
格瑠 いたる
格斗 かくと
格我 こうが
成格 せいこう
貴格 たかまさ
格人 ただと
格務 つとむ
正格 まさのり
格亘 まさのぶ

莞

カン いぐさ

草の名で、イグサの意味を表す。むしろを織るのに使われる。にっこり笑う意味もある。素朴《そぼく》で明るい子に。
ヒント 笑顔に満ちあふれたイメージの字。「かん」の読みで、人なつっこく甘い無邪気さのある名前に。

- 永莞 えいかん
- 莞一 かんいち
- 莞吉 かんきち
- 莞爾 かんじ
- 莞介 かんすけ
- 莞多 かんた
- 莞大 かんだい
- 亮莞 りょうかん
- 莞二郎 かんじろう
- 莞太郎 かんたろう

栞

カン しおり
名 けん

「幵」+「木」で、木を削ってつくった道標《みちしるべ》を表す。本に挟むしおり、ガイドの意味も。文学少年にぴったり。
ヒント 「かん」は、みなから愛される無邪気さと知性とをあわせもつ音。探究心に満ちた「けん」の読みでも。

- 栞 けん
- 栞路 かんじ
- 栞祐 かんすけ
- 栞生 かんせい
- 栞太 かんた
- 栞那 かんな
- 栞助 けんすけ
- 栞杜 けんと
- 栞哉 けんや
- 道栞 どうかん

記

キ しるす
名 とし なり のり ふさ ふみ よし

順序よく整理して、書きとめる、しるすの意味を表す。おぼえる、心に刻むの意味も。頭のいい子になるように。
ヒント 突出《とっしゅつ》した個性を感じさせる「き」の音で止め字や万葉仮名風に。りりしく気品のある「のり」の音でも。

- 玲記 あきなり
- 和記 かずき
- 恒記 こうき
- 記志 しるし
- 記生 としき
- 駿記 としふさ
- 広記 ひろなり
- 昌記 まさのり
- 芳記 よしき
- 記史 よしふみ

起

キ おきる たつ
名 かず ゆき

おきる、立つ、はじめる、盛んになるなどの意味を表す。運命を切りひらく人になることを願って。積極的に
ヒント 前向きなイメージの字に、「き」の音で、生命力にあふれ、自分をしっかりもつ独《どく》立独歩《りつどっぽ》の印象をプラス。

- 起人 かずと
- 起一 きいち
- 元起 げんき
- 大起 だいき
- 起瑠 たつる
- 基起 もとき
- 勇起 ゆうき
- 起也 ゆきや
- 加寿起 かずき
- 力起斗 りきと

桔

キツ

草の名で、秋の七草のひとつのキキョウを表す。花は美しく、根は漢方薬に。魅力的で有能な男性に。
ヒント 「きつ」の音は、自分をしっかりもった個性派の印象。「き」の音は生命力あふれる個性派な人に。

- 桔梗 ききょう
- 桔治 きつじ
- 桔太 きった
- 桔斗 きっと
- 桔也 きつなり
- 桔彦 きつひこ
- 桔尋 きつひろ
- 桔平 きっぺい
- 桔郎 きつろう
- 桔之介 きつのすけ

赳

キュウ
名 たけ たけし つよし

強い様子、たけだけしい様子、勇ましい様子を意味する。負けず嫌いで勇気がある子に育つよう願って。
ヒント 「たけ」と読むと確かさを感じさせ、多くの人に信頼される印象。「たけし」などの音で1字名にも。

- 赳 たけし
- 赳生 たけお
- 赳毅 たけき
- 赳斗 たけと
- 赳広 たけひろ
- 赳郎 たけろう
- 赳志 つよし
- 則赳 のりたけ
- 英赳 ひでたけ
- 昌赳 まさたけ

恭

キョウ うやうやしい
名 すけ たかし ちか のり やす やすし ゆき よし

神を拝むときの心を表す。つつしむ、うやうやしい、へりくだるなどの意味に使う。謙虚で礼儀正しい人に。
ヒント 輝くほどの強さと包容力のある「きょう」、周囲が指示を仰ぎたがるような印象の「やす」の音などで。

- 恭 やすし
- 有恭 うきょう
- 一恭 かずよし
- 恭我 きょうが
- 恭吾 きょうご
- 恭治 きょうじ
- 恭祐 きょうすけ
- 恭平 きょうへい
- 恭吏 きょうり
- 佐恭 さきょう

- 恭史 たかし
- 隆恭 たかやす
- 則恭 のりすけ
- 悠恭 はるゆき
- 英恭 ひでやす
- 史恭 ふみやす
- 雅恭 まさちか
- 正恭 まさのり
- 聖恭 まさゆき
- 峰恭 みねよし

- 元恭 もとゆき
- 恭記 やすき
- 恭斗 やすと
- 康恭 やすゆき
- 勇恭 ゆうすけ
- 恭彦 ゆきひこ
- 恭哉 ゆきや
- 依恭 よりゆき
- 恭士郎 きょうしろう
- 恭太郎 きょうたろう

矩

ク さしがね
名 かね ただし つね のり

「矢」+「巨」。巨は定規の形。大工の使う差し金を表す。また、決まり、法則の意味も。律儀《りちぎ》でまじめな人に。
ヒント 「つね」と読むと、品があるのに力強い王者の名前に。「のり」の音は、やわらかくきれいなイメージ。

- 矩 ただし
- 隆矩 たかのり
- 汰矩 たく
- 矩貴 つねき
- 矩惟 つねのぶ
- 矩基 つねもと
- 矩隆 のりたか
- 真矩 まさかね
- 規矩 もとのり
- 佳矩 よしつね

恵

ケイ　エ
めぐむ
名 さとし　しげ　とし　やす　よし

旧 惠

めぐむ、慈《いつく》しむのほかに、賢い、素直、美しいなどの意味もある。素直で賢い子に成長するように願って。
ヒント 「けい」は、気品とやんちゃさをあわせもつ音。「めぐ」と読むと、幸福感にあふれ、力強い印象が増す。

恵	さとし
一恵	いっけい
恵扶	えふ
恵門	えもん
恵壱	けいいち
恵貴	けいき
恵吾	けいご
恵史	けいし
恵助	けいすけ
恵汰	けいた
恵人	けいと
恵杜	しげと
恵政	しげまさ
隆恵	たかえ
辰恵	たつよし
恵矢	としや
智恵	ともやす
恵夢	めぐむ
恵琉	めぐる
恵晶	よしあき
恵己	よしき
恵斗	よしと
恵徳	よしとく
恵雅	よしまさ
恵巳	よしみ
恵才人	えさと
恵史朗	けいしろう
恵太朗	けいたろう
多恵人	たえと
乃恵瑠	のえる

桂

ケイ　かつら
名 かつ　よし

樹木のカツラを表す。中国では常緑の香木を指すが、日本では別の木をいう。材は腐《くさ》りにくい。ねばり強い人に。
ヒント クールなりりしさを感じさせる「けい」、やわらぎと清潔な癒《いや》しを感じさせる「よし」の音を活かして。

桂	けい
桂彦	かつひこ
桂治	けいじ
桂介	けいすけ
桂三	けいぞう
桂太	けいた
桂斗	けいと
秀桂	ひでよし
龍桂	りゅうけい
桂一郎	けいいちろう

兼

ケン　かねる
名 かず　かた　かね　とも

もとの字は「兼」。二本の稲を手にもつ形から、合わせる、兼ねるの意味を表す。友人に恵まれるように。
ヒント 「けん」の音で、好奇心と探求心あふれる名前に。「かず」や「かね」の音を活かしても。

兼	けん
兼人	かねと
兼康	かねやす
兼行	かねゆき
兼吉	けんきち
兼治	けんじ
兼弥	ともや
直兼	なおかた
弘兼	ひろかず
嘉兼	よしとも

剣

ケン　つるぎ
名 あきら　つとむ　はや

旧 劍

もとの字は「劍」。つるぎ（両刃で反りのない刀）を表す。剣術、切るの意味もある。強く、頭も切れる子に。
ヒント 「けん」と読むと、やんちゃな少年のような印象の名前に。「あきら」「つとむ」の音で1字名にも。

剣	つるぎ
剣良	あきら
剣吾	けんご
剣真	けんしん
剣斗	けんと
千剣	ちはや
剣武	つとむ
剣汰	つるた
剣登	はやと
剣成	はやなり

拳

ケン　こぶし
名 かたし　つとむ

手のひらを握って固める形で、こぶし、握るの意味を表す。力、勇気の意味もある。格闘技好きに人気がある字。
ヒント 力強さに、「けん」の音で、つきない探究心とやんちゃな魅力をプラスして。「つとむ」の音で1字名にも。

拳	かたし
拳一	けんいち
拳児	けんじ
拳亮	けんすけ
拳汰	けんた
拳辰	けんたつ
拳人	けんと
大拳	だいけん
拳武	つとむ
拳志郎	けんしろう

悟

ゴ　さとる
名 さと　さとし　のり

さとる、はっきりわかる、迷いから覚めるなどの意味を表す。心にかかわる字で、哲学的、宗教的なイメージがある。
ヒント 止め字の「ご」の音は、ゴージャスでスイートな印象。「さと」と読むと、さわやかで温かい印象に。

悟	さとる
彬悟	あきのり
一悟	いさと
恭悟	きょうご
圭悟	けいご
健悟	けんご
悟市	ごいち
悟空	ごくう
悟助	ごすけ
悟郎	ごろう
悟史	さとし
燦悟	さんご
秀悟	しゅうご
彰悟	しょうご
慎悟	しんご
大悟	だいご
隆悟	たかのり
灯悟	とうご
俊悟	としのり
悟永	のりひさ
範悟	はんご
尚悟	ひさのり
英悟	ひでのり
峰悟	みねご
宗悟	むねひさ
優悟	ゆうご
洋悟	ようご
嘉悟	よしのり
龍悟	りゅうご
亮悟	りょうご

倖

コウ
こいねがう
さいわい
名 さち　ゆき

「幸」から分化した字で、幸いの意味を表す。特に、思いがけない幸いの意味もあり、幸運に恵まれそうな字。
ヒント 「幸」と読みも意味も似ているので、かわりに使っても。強く優しい「ゆき」、俊《しゅん》敏《びん》な「こう」の音で。

倖一	こういち
倖我	こうが
倖人	こうと
倖雄	さちお
聖倖	たかゆき
大倖	はるゆき
守倖	もりゆき
倖紀	ゆきのり
倖哉	ゆきや
祥倖	よしゆき

浩

コウ ひろい
名 いさむ きよし はる ひろ ひろし ゆたか

もとは水の豊かな様子をいい、大きい、多いなどの意味を表す。のびのびとおおらかに育つように。
ヒント 「ひろ」の音で、たくましさと積極性を増して。「こう」の音は、知的で繊細《せんさい》な愛らしさを感じさせる。

浩 ゆたか
有浩 ありひろ
浩夢 いさむ
和浩 かずはる
一浩 かずひろ
浩詩 きよし
浩市 こういち
浩貴 こうき
浩汰 こうた
浩人 こうと
浩真 こうま
浩也 こうや
浩陽 こうよう
浩和 こうわ
智浩 ともひろ
浩登 はると
浩輝 ひろき
浩志 ひろし
浩斗 ひろと
浩則 ひろのり
浩歩 ひろむ
浩之 ひろゆき
史浩 ふみひろ
雅浩 まさきよ
峰浩 みねひろ
宗浩 むねひろ
元浩 もとひろ
嘉浩 よしひろ
浩太郎 こうたろう
浩之介 こうのすけ

耕

コウ たがやす
名 おさむ つとむ やす

たがやす、田畑の土を掘り返すのほかに、働く、平らにするなどの意味を表す。勤勉な子になることを願って。
ヒント 雄大さも感じさせる字のイメージに、知性あふれる「こう」の音で、俊敏《しゅんびん》さと思慮深さをプラスして。

耕 おさむ
耕一 こういち
耕基 こうき
耕作 こうさく
耕生 こうせい
耕平 こうへい
成耕 せいこう
耕武 つとむ
尋耕 ひろやす
耕太郎 こうたろう

晃

コウ あきらか
名 あき きら てる ひかる みつ
旧 晄 (→P283)

「日」+「光」。太陽の光が輝くことで、明らか、光る、輝くなどの意味を表す。日光のように明るい子に。
ヒント 知性と思慮深さをあわせもつ「こう」、明るく包容力のある「あき」の音で。「あきら」の音で1字名にも。

晃 あきら
明晃 あきてる
晃人 あきと
晃実 あきみ
晃芳 あきよし
晃斗 きらと
晃路 こうじ
晃大 こうだい
晃瑠 ひかる
裕晃 ひろみつ

晄

コウ あきらか
名 きら てる ひかる みつ

「晃」の異体字。太陽の光が輝くことで、明らか、光る、輝くなどの意味に。日光のように明るい子に育つように。
ヒント 「晃」と意味も読みも同じだが、使用例が少ないので新鮮。情熱と知性のある「ひかる」の音でも。

晄 ひかる
晄斗 きらと
晄輝 こうき
晄助 こうすけ
唯晄 ただあき
俊晄 としみつ
晄貴 みつき
晄春 みつはる
由晄 よしてる
晄太郎 こうたろう

紘

コウ
名 ひろ ひろし

弓を引き絞って張る状態から、ひも、綱の意味を表す。広い、大きいの意味も。スケールの大きい人に。
ヒント 「こう」の音は繊細《せんさい》な愛らしさを、「ひろ」の音は、くつろぎの中に積極性を感じさせる。

紘 ひろし
紘大 こうた
隆紘 たかひろ
千紘 ちひろ
紘輝 ひろき
紘実 ひろみ
紘夢 ひろむ
真紘 まひろ
峰紘 みねひろ
紘一郎 こういちろう

航

コウ
名 かず つら わたる

もとは舟で川を渡ることをいい、舟、渡るなどの意味になった。現在は空を渡ることもいう。国際人に。
ヒント 広い世界に進出していくイメージに、「こう」の音で、機敏《きびん》さとじっくり考える思慮深さが加わる。

航 わたる
一航 いっこう
英航 えいこう
航斗 かずと
航水 かずみ
珂航 かつら
航河 こうが
航海 こうかい
航希 こうき
航志 こうじ
航助 こうすけ
航生 こうせい
航汰 こうた
航知 こうち
航人 こうと
航波 こうは
航平 こうへい
航真 こうま
航耶 こうや
航洋 こうよう
航行 つらゆき
波航 なみかず
広航 ひろかず
雅航 まさかず
悠航 ゆうこう
幸航 ゆきつら
嘉航 よしかず
航貴 わたき
航琉 わたる
航之介 こうのすけ

貢

コウ ク
みつぐ
名 すすむ つぐ

生産品を納めることをいい、みつぐ、差し上げる、みつぎ物の意味を表す。推薦するという意味も。親切な人に。
ヒント 「こう」「みつぐ」「すすむ」の音で、1字名にすることが多い。「すすむ」の音には内面の充実感がある。

貢 みつぐ
貢佑 こうすけ
貢矢 こうや
貢霧 すすむ
貢夢 つぐむ
庸貢 ようこう
頼貢 らいこう
唯貢馬 いくま
汰貢斗 たくと
吏貢人 りくと

高

コウ　たか
たかい
名 あきら
すけ　たかし
たけ

高いの意味を表す。高いものとしては、位置、丈、身分、年齢、人柄、評判などがある。さまざまな願いをこめて。

ヒント　思いやりとやる気に満ちた「たか」の音は、リーダーの器《うつわ》を感じさせる。「たかし」などの音で1字名にも。

- 高　たかし
- 高來　あきら
- 峻高　しゅんすけ
- 高志　たかし
- 高春　たかはる
- 友高　ともたか
- 裕高　ひろたけ
- 正高　まさたか
- 柚高　ゆたか
- 嘉高　よしたか

剛

ゴウ
名 かたし
たかし　たけ
たけし
つよし　ひさ
まさ　よし

「岡」+「刀」。かたい、力が強いの意味から、気が強い、くじけないなどの意味も表す。心身ともに強い人に。

ヒント　男の子に根強い人気。パワーを秘めた印象の「ごう」、信頼感のある印象の「たけ」「たけし」の音で。

- 剛　つよし
- 剛士　かたし
- 剛毅　ごうき
- 剛剣　ごうけん
- 剛心　ごうしん
- 茂剛　しげまさ
- 清剛　せいごう
- 剛志　たかし
- 剛央　たけお
- 剛臣　たけおみ

- 剛師　たけし
- 剛路　たけじ
- 剛澄　たけずみ
- 剛蔵　たけぞう
- 剛周　たけちか
- 剛人　たけと
- 剛友　たけとも
- 剛則　たけのり
- 丈剛　たけひさ
- 剛雅　たけまさ

- 剛吉　たけよし
- 友剛　ともたけ
- 紀剛　のりたけ
- 英剛　ひでたけ
- 将剛　まさよし
- 実剛　みたけ
- 基剛　もとたけ
- 康剛　やすまさ
- 悠剛　ゆうごう
- 善剛　よしたけ

紗

サ　シャ
うすぎぬ
名 すず　たえ

うすぎぬの意味を表す。薄くて目の粗い織物のことである。エキゾチックなイメージを感じさせてくれる字。

ヒント　「さ」の音は颯《さっ》爽《そう》としていて、人の先頭に立つ憧《あこが》れの人を思わせる。「すず」と読むと、ソフトな印象に。

- 紗玖　さく
- 紗亮　さすけ
- 紗雅　すずまさ
- 紗矢　すずや
- 紗暉　たえき
- 惟紗久　いさく
- 紗久也　さくや
- 紗登誌　さとし
- 紗那斗　さなと
- 紗弥人　さやと

朔

サク
ついたち
名 きた
はじめ　もと

月の「ついたち」をいい、そこからすべてのはじめの意味に使う。方位の北の意味も。フレッシュなイメージ。

ヒント　「さく」の音は、抜群の集中力で、確かな方向性を導き出す印象。「はじめ」と読んで1字名にしても。

- 朔　はじめ
- 英朔　えいさく
- 久朔　きゅうさく
- 朔杜　さくと
- 朔真　さくま
- 朔也　さくや
- 真朔　まきた
- 朔樹　もとき
- 優朔　ゆうさく
- 朔太郎　さくたろう

索

サク
名 もと

縄をなう形からできた字で、縄、なうの意味を表す。また、さがす、求めるなどの意味も。研究者にぴったり。

ヒント　「さく」の音は、決断力とさばく力で困難を乗り越える印象。「もと」の音は、包容力とパワーの印象。

- 貴索　きさく
- 功索　こうさく
- 索矢　さくや
- 秀索　しゅうさく
- 大索　だいさく
- 索哲　もとあき
- 索幸　もとゆき
- 優索　ゆうさく
- 陽索　ようさく
- 索之介　さくのすけ

時

ジ　とき
名 これ　ちか
はる　もち
ゆき　よし
より

ときの意味だが、季節、時の流れ、時代、めぐり合わせ、機会、そのときなど多くの意味を含む。深遠な雰囲気。

ヒント　格調高い「とき」の音は、信頼感に満ちた印象。「じ」と読むと、品のよさを感じさせる名前に。

- 詠時　えいじ
- 時尚　これひさ
- 貞時　さだもち
- 唯時　ただちか
- 時宗　ときむね
- 時矢　ときや
- 時紀　はるき
- 時央　ゆきお
- 芳時　よしはる
- 時人　よりと

修

シュウ　シュ
おさめる
名 おさむ
なお　のぶ
のり　まさ
やす

修めるの意味を表す。この修めるは、特に、学問技芸を身につける意味で使う。文芸、芸術方面で成功できそう。

ヒント　「しゅう」の音は、俊敏《しゅんびん》さと落ち着きが共生した印象。「おさむ」の音は、生命力あふれるイメージ。

- 修　おさむ
- 修巳　おさみ
- 魁修　かいしゅう
- 貴修　きしゅう
- 澄修　きよのり
- 剣修　けんしゅう
- 志修　しのぶ
- 修伍　しゅうご
- 修作　しゅうさく
- 修聖　しゅうせい

- 修斗　しゅうと
- 修徳　しゅうとく
- 修平　しゅうへい
- 修帆　しゅうほ
- 修馬　しゅうま
- 修也　しゅうや
- 大修　たいしゅう
- 修己　なおき
- 修紘　なおひろ
- 修貴　のぶき

- 修道　のぶみち
- 修敦　のりあつ
- 羽修　はのり
- 雅修　まさなお
- 匡修　まさのり
- 修実　まさみ
- 真修　ましゅう
- 修暉　やすき
- 嘉修　よしのぶ
- 修治郎　しゅうじろう

峻

シュン
けわしい
たかい
名 たかし ちか とし みち みね

もとは山が高く険《けわ》しいことを表し、そこから、高い、険しい、厳しいなどの意味に使う。抜きんでる人に。
ヒント 厳しい印象の字に、「しゅん」の音でフレッシュな風の爽快《そうかい》感とやわらかく弾《はず》むような愛らしさをプラス。

峻 たかし
和峻 かずみね
峻助 しゅんすけ
峻登 しゅんと
峻徳 たかのり
峻貴 としき
栄峻 はるみち
雅峻 まさちか
悠峻 ゆうしゅん
峻太郎 しゅんたろう

隼

シュン
ジュン
はやぶさ
名 とし はや

鳥が速く飛ぶ形からできた字。鳥のハヤブサの意味を表す。勇猛で敏速な鳥。俊敏《しゅんびん》で勇気のある子になるように。
ヒント 「しゅん」の音には、爽快《そうかい》感と弾《はず》むような愛らしさが。温かな息吹や寛容さを感じさせる「はや」の音でも。

隼 しゅん
栄隼 えいしゅん
瑛隼 えいと
隼偉 しゅんい
隼貴 しゅんき
隼作 しゅんさく
隼翼 しゅんすけ
隼星 しゅんせい
隼翔 しゅんと
隼真 しゅんま

隼也 じゅんや
千隼 ちはや
輝隼 てるとし
隼臣 としおみ
隼樹 としき
隼巳 としみ
隼哉 としや
隼朗 としろう
隼雄 はやお
隼手 はやて

隼人 はやと
隼成 はやなり
隼秀 はやひで
隼雅 はやまさ
隼未 はやみ
英隼 ひでとし
史隼 ふみとし
雅隼 まさとし
茂隼 もとし
幸隼 ゆきとし

准

ジュン
シュン
なぞらえる
名 のり

「準」の俗字だが、公文書などで習慣的に、よる、許すなどの意味で使われる。心の大きな人に。
ヒント 人なつっこくて愛される「じゅん」の音で使える字。使用例が少ないので、新鮮な印象に。

准 じゅん
郁准 いくのり
興准 おきのり
准一 じゅんいち
准貴 じゅんき
准路 じゅんじ
准平 じゅんぺい
創准 そうじゅん
俊准 としのり
准乃介 じゅんのすけ

純

ジュン
名 あつ あつし いたる きよし すなお とう よし すみ まこと

混じりけのないこと、偽りのないこと、美しいなどの意味を表す。純粋な心をもった子になることを願って。
ヒント 「じゅん」の音は、甘くやわらぎを感じさせる。スマートに生き抜く印象の「すみ」の音を活かしても。

純 すなお
純基 あつき
純瑠 いたる
清純 きよすみ
純弥 じゅんや
純人 すみと
唯純 ただよし
純吾 とうご
純杜 まこと
真純 ますみ

祥

ショウ
名 あきら さき さち ただ なが やす よし

旧 祥

羊を供えて占い、よい結果を得ることで、幸い、めでたいしるしを表す。縁起のいい、おめでたいイメージの字。
ヒント 縁起のいいイメージで、「しょう」「さち」「よし」の音でよく使われる。「あきら」の音で1字名にも。

祥 あきら
祥杜 さきと
祥央 さちお
祥偉 しょうい
祥太 しょうた
祥吏 しょうり
祥平 ただひら
真祥 まさよし
泰祥 やすなが
祥輝 よしき

将

ショウ
名 すけ すすむ たすく ただし のぶ まさ まさる もち ゆき

旧 將

もとは神に肉を供えて祭る人を表し、将軍、率いるなどの意味に使う。上に立つ人になるように期待をこめて。
ヒント 「まさ」の音で精神的な強靭《きょうじん》さを、「しょう」の音で聡明《そうめい》な精神と勝負強さを感じさせる印象を増して。

将 しょう
明将 あきゆき
亜将 あゆき
季将 きすけ
光将 こうすけ
将吉 しょうきち
将吾 しょうご
将祐 しょうすけ
将太 しょうた
将大 しょうだい

将真 しょうま
将吏 しょうり
将武 すすむ
高将 たかのぶ
将玖 たすく
将史 ただし
知将 ちゆき
将房 のぶふさ
陽将 はるもち
英将 ひでまさ

将臣 まさおみ
将生 まさき
将人 まさと
将那 まさな
将彦 まさひこ
将道 まさみち
将基 まさもと
将矢 ゆきや
芳将 よしもち
将之介 しょうのすけ

笑

ショウ
わらう えむ
名 え えみ

巫女《みこ》が舞い踊る形で、神を楽しませることから、わらうの意味に。花が咲く意味も。明るい人気者になるように。
ヒント 「しょう」の音は、深くソフトな光を、「えみ」の音は、心の広さと充実した明るさで、癒《いや》しを感じさせる。

笑也 えみや
笑吉 しょうきち
笑介 しょうすけ
笑真 しょうま
笑哉 しょうや
惺笑 せいしょう
千笑 ちえみ
直笑 なおえ
笑以一 えいいち
笑太郎 しょうたろう

真

シン　ま

名 さだ　さな　ちか　なお　まこと　まさ　み

旧 眞 （→P286）

もとの字は「眞」。まこと、真実、ありのまま、本物などの意味を表す。誠実で、飾りけのない人に育つよう願って。**ヒント** 「ま」の音は満ち足りた雰囲気にあふれる印象、「しん」の音は、迷いなくまっすぐつき進むイメージに。

真　まこと
在真　ありま
織真　おりま
和真　かずみ
功真　こうま
真人　さなと
真一　しんいち
真吾　しんご
真司　しんじ
真輔　しんすけ
真太　しんた
真也　しんや
拓真　たくま
斗真　とうま
朋真　ともちか
真都　なおと
真心　まこ
真斗　まさと
真琉　まさる
真弥　まや
杜真　もりさだ
勇真　ゆうしん
悠真　ゆうま
陽真　ようま
龍真　りゅうま
亮真　りょうま
真治郎　しんじろう
真乃介　しんのすけ
真知人　まちと
真那斗　まなと

眞

シン　ま

名 さだ　さな　ちか　なお　まこと　まさ　み

「真」のもとの字。まこと、真実、本物、正しいなどの意味を表す。まじめで誠実な人に育つことを願って。**ヒント** 「真」とは読み、意味、画数ともに共通なので、字形の好みで選んで。「ま」の音で優しい印象に。

眞　まこと
一眞　いっしん
和眞　かずま
眞人　さなと
颯眞　そうま
眞志　ちかし
眞実　なおみ
広眞　ひろみ
眞貴　まさき
眞澄　ますみ

晋

シン　すすむ

名 あき　くに　つき　ゆき

もとは矢を表す字だったが、進む、進めるの意味に使うように。積極的で活発な子になることを願って。**ヒント** 「しん」の音は生まれたての光の、
「すすむ」の音は爽快《そうかい》な風の印象。「くに」「すすむ」の音を活かしても。

晋　すすむ
晋紘　あきひろ
晋史　あきふみ
晋哉　くにや
謙晋　けんしん
晋路　しんじ
汰晋　たつき
晴晋　はるくに
晋也　ゆきや
晋太朗　しんたろう

秦

シン　はた

もとはきねで穀物を打つことをいう。中国の国の名で、始皇帝のとき天下を統一。スケールの大きい人物に。**ヒント** 「しん」と読むと、まっすぐな人生を送るイメージ。「はた」と読むと、あきらめない情熱家になる印象。

壱秦　いっしん
秦一　しんいち
秦史　しんじ
秦亮　しんすけ
秦太　しんた
大秦　だいしん
秦貴　はたき
元秦　もとはた
一之秦　いちのしん
秦之祐　しんのすけ

陣

ジン

名 つら

軍隊の集まっているところをいい、いくさ、戦いの意味を表す。ひとしきりの意味も。ファイトのある子に。**ヒント** 勇敢な男の子にぴったりの字。「じん」の音で、優しく和やかなのにちょっと手強いイメージを加えて。

陣　じん
恵陣　えじん
莞陣　かんじん
陣我　じんが
陣輔　じんすけ
陣大　じんだい
陣人　じんと
彪陣　たけつら
陣征　つらゆき
勇陣　ゆうじん

粋

スイ　いき

名 きよ　ただ

旧 粹

もとの字は「粹」で、混じりけがないという意味を表す。野暮に対して「いき」の意味もある。風流で粋《いき》な人に。**ヒント** 「きよ」の音は、清潔で柔和《にゅうわ》な、品のあるリーダーの印象。「ただ」の音には確かな信頼感と高級感がある。

亜粋　あいき
一粋　いっすい
粋人　きよと
粋彦　きよひこ
粋己　きよみ
粋來　きよら
太粋　たいき
雅粋　まさきよ
陽粋　ようすい
良粋　よしただ

晟

セイ　あきらか

名 あきら　てる　まさ

明らか、盛んの意味を表す。日光が満ち満ちていることを表す字である。明るく元気な子になることを願って。**ヒント** 使用例が少なく、新鮮な印象。すがすがしく神聖な「せい」、明るく華やかな「あきら」の音で1字名にも。

晟　あきら
明晟　あきてる
亜晟　あせい
一晟　いっせい
昂晟　こうせい
唯晟　ただあき
晟季　てるき
晟仁　まさひと
勇晟　ゆうせい
亮晟　りょうせい

閃

セン　ひらめく　ひかる

名 さき　みつ

「門」+「人」で、門の中に人が見え隠れする状態をいい、ひらめくの意味に使われる。頭のいい子になるように。**ヒント** すばらしいアイデアを思いつく、頭のいいイメージ。「せん」の音で、すがすがしさとしなやかさをプラス。

閃　ひかる
邦閃　くにみつ
閃斗　さきと
閃次　せんじ
高閃　たかみつ
智閃　ともみつ
春閃　はるみつ
将閃　まさき
昌閃　まさみつ
閃一郎　せんいちろう

朗

ロウ　ほがらか
名 あき　あきら　お　とき
旧 朗

明るい、明らか、ほがらかなどの意味を表す。明るくユーモアに富んだ子にぴったり。健康で元気な子に。
ヒント 男の子の名の止め字の定番。「ろう」で終わる名前は、有意義な情報をしっかりたくわえた知的な印象に。

朗　あきら
朗生　あきお
育朗　いくお
一朗　いちろう
清朗　きよあき
国朗　くにあき
史朗　しろう
澄朗　すみお
崇朗　たかあき
拓朗　たくろう
赳朗　たけお
朗夫　ときお
徳朗　とくろう
暢朗　のぶお
葉朗　はお
悠朗　はるろう
英朗　ひでお
郁朗　ふみあき
嶺朗　みねお
基朗　もとお
善朗　よしあき
寛治朗　かんじろう
欣次朗　きんじろう
健太朗　けんたろう
信士朗　しんじろう
直太朗　なおたろう
愛太朗　まなたろう
佑太朗　ゆうたろう
竜太朗　りゅうたろう
涼太朗　りょうたろう

浪

ロウ
名 なみ

水の音を写した字で、波、波立つのほか、さすらう、気ままなどの意味を表す。自由な人生をおくれるように。
ヒント たのもしく知的なリーダーの印象の「ろう」や、親しみやすさとキュートさのある「なみ」の音で。

偉浪　いなみ
汰浪　たろう
千浪　ちなみ
浪輝　なみき
浪音　なみと
深浪　みなみ
癒浪　ゆなみ
由浪　よしろう
浪太　ろうた
浪漫　ろまん

11画

庵

アン　いお
いおり

草ぶきの小さな家、いおりを表す。粗末な家だが、風流な生活をおくるためのもの。文才に恵まれるように。
ヒント 「あん」の音には、ずっとそばにいてほしくなる優しい安心感が。「いおり」の読みで1字名にしても。

庵　いおり
庵吾　あんご
庵路　あんじ
庵敦　あんとん
庵里　あんり
維庵　いあん
詩庵　しあん
慈庵　じあん
樹庵　じゅあん
凌庵　りょうあん

惟

イ　おもう
これ　ただ
名 あり
たもつ　のぶ
よし

鳥占いで神意を問うことをいい、思うの意味を表す。「ただ」「これ」などの意味もある。思慮深い人に。
ヒント 使用例が少なく、新鮮味がある。何事にも一生懸命な「い」、確かな実力と信頼感のある「ただ」の音で。

惟　たもつ
玲惟　あきのぶ
惟仁　ありひと
惟生　いお
加惟　かい
惟久　これひさ
惟人　ただと
暢惟　のぶよし
匡惟　まさただ
竜惟　りゅうい

逸

イツ
名 すぐる
とし　はや
まさ　やす
旧 逸

走る、逃げる、速いなどの意味を表す。のんびり楽しむという意味もある。のびのびと育つように願って。
ヒント 「秀逸《しゅういつ》」「逸材《いつざい》」のように、抜きんでた能力とスターのイメージがある。寛大な印象の「はや」の読みも人気。

逸　すぐる
逸禾　いつか
逸樹　いつき
逸路　いつじ
逸真　いつま
逸朗　としあき
宣逸　のぶやす
逸翔　はやと
秀逸　ひでとし
逸海　まさみ

寅

イン　とら
名 とも　のぶ

十二支の三番めの「とら」を表す。つつしむ、敬うなどの意味も。寅さんのイメージが強い。人情に厚い人に。
ヒント 強い意志と深い思いやりを感じさせる「とら」の音で、頼りがいのあるリーダーの印象に。

志寅　しとら
丈寅　たけとら
寅治　ともはる
寅康　ともやす
寅威　とらい
寅一　とらいち
寅直　とらなお
雅寅　まさとら
将寅　まさのぶ
寅之介　とらのすけ

凰

オウ
おおとり
名 お

「オオトリ」の意味を表す。想像上の霊鳥である鳳凰の雌。雄は鳳。めでたい鳥なので、あやかりたいもの。
ヒント 幸運な王者のイメージ。「おう」の音は、包みこむようなおおらかな印象。止め字の「お」としても新鮮。

凰牙　おうが
凰貴　おうき
凰祐　おうすけ
凰太　おうた
凰海　おうみ
凰矢　おうや
太凰　たお
貴凰　たかお
祥凰　よしお
竜凰　りゅうおう

貫

カン
つらぬく
名 とおる
やす

貝のお金をひとつに連ねることから、つらぬくの意味に。やり通すの意味も。意志強く物事を成し遂げる人に。

ヒント 茶目《ちゃめ》っ気《け》と信頼感のある「かん」の読みで使うことが多い。ぶれない強さを感じさせる字。

貫 とおる
貫壱 かんいち
貫作 かんさく
貫爾 かんじ
貫太 かんた
徹貫 てっかん
信貫 のぶつら
道貫 みちやす
貫禾 やすか
雪貫 ゆきつら

菅

カン ケン
すげ
名 すが

草のカヤを表す。履き物や縄、家の屋根の材料になる。日本では草のスゲを指す。技芸の才能に恵まれるように。

ヒント しなやかな強さの印象に、「かん」の音では茶目《ちゃめ》っ気《け》と頼りがいを、「けん」の音でやんちゃな魅力を加えて。

佳菅 かすが
菅一 かんいち
菅司 かんじ
菅作 けんさく
菅汰 けんた
菅人 けんと
香菅 こうけん
悠菅 ゆうかん
良菅 りょうかん
菅一郎 かんいちろう

規

キ
名 ただし
ただす ちか
なり のり
み もと

もとは円を描くコンパスを指し、決まり、手本、正す、戒めるなどの意味を表す。ルールをきちんと守る子に。

ヒント 「よりどころ」の意味もあり、信頼されるイメージ。「のり」の音は気品とりりしさをあわせもつ印象。

規 ただし
准規 じゅんき
規範 ちかのり
智規 ともき
文規 ふみのり
昌規 まさき
真規 まさなり
規宙 もとひろ
有規 ゆうき
芳規 よしみ

基

キ もと
もとい
名 のり
もとき

建物の四角い土台のことをいい、もと、土台、物事のはじめなどの意味になった。心身ともにしっかりした子に。

ヒント 「き」と読むと、オンリーワンの印象に。「もと」は、おっとりしていながら結局は勝ち抜いてゆく印象。

基 もとい
敦基 あつき
逸基 いつき
永基 えいき
和基 かずき
賢基 けんき
煌基 こうき
辰基 たつもと
常基 つねもと
知基 ともき

直基 なおき
信基 のぶき
基浩 のりひろ
悠基 はるき
響基 ひびき
紘基 ひろき
史基 ふみき
真基 まさき
瑞基 みずき
基一 もとかず

基貴 もとき
基邦 もとくに
基志 もとし
基成 もとなり
基晴 もとはる
基光 もとみつ
裕基 ゆうき
芳基 よしのり
竜基 りゅうき
穂津基 ほづき

菊

キク
名 あき ひ

花のキク。中国から花と呼び名と字が同時に伝わった。菊花酒はわざわいをはらうと信じられた。縁起のいい字。

ヒント 秋に美しい花を咲かせる菊は日本の代表的な花。和のイメージに「きく」の音で突出《とっしゅつ》した個性をプラス。

菊吉 あきよし
菊彦 きくひこ
耀菊 てるき
徳菊 のりあき
久菊 ひさあき
薫菊 ひであき
史菊 ふみあき
悠菊 ゆうひ
菊吾朗 きくごろう
菊治郎 きくじろう

球

キュウ たま
名 まり

丸いものをいう語で、また、「たま」の意味を表す。魂にも通じる。穏《おだ》やかで、だれからも好かれるように。

ヒント しぜんと周りの注目を集める「きゅう」、優しさとたくましさを感じさせる「たま」の読みを活かして。

一球 いっきゅう
偉球 いまり
球壱 きゅういち
球冴 きゅうご
球児 きゅうじ
星球 せいきゅう
球惟 たまい
球央 たまお
球貴 たまき
球彦 まりひこ

強

キョウ ゴウ
つよい
しいる
名 あつ かつ
たけ つよし

「弘」+「虫」。弓の弦が強いことから、強いの意味になった。努めるという意味もある。努力ができる子に。

ヒント 「ごう」と読むと圧倒的な強さと偉大さを、「たけ」と読むと艶《つや》と輝きがあり、ゆるぎない強さを感じさせる。

強 つよし
強己 あつき
強治 かつじ
強平 きょうへい
強憲 ごうけん
強人 ごうと
強斗 たけと
斉強 なりかつ
将強 まさたけ
志強 むねたけ

教

キョウ
おしえる
おそわる
名 かず たか
なり のり
みち

若者を年長者がみちびき励ますことから、教えるという意味になった。勉強家に育つように期待をこめて。

ヒント 武将の名前にもよく使われる「のり」の読みを活かすと、りりしさと気品、華やかさが感じられる。

宇教 うきょう
教司 きょうじ
教平 きょうへい
慈教 しげなり
教志 たかし
孝教 たかのり
英教 ひでなり
史教 ふみかず
教嗣 みちつぐ
教太郎 きょうたろう

郷

キョウ　ゴウ
名 あき　あきら　さと　のり

もとの字は「鄕」。村里、田舎、ふるさとなどの意味を表す。素直で素朴《そぼく》な子になるよう願いをこめて。
ヒント 「ごう」と読むと圧倒的な力強さ、「さと」と読むと、さわやかさと頼りがい、思いやりのある印象が加わる。

郷	ごう
安郷	あさと
聖郷	きよあき
郷平	きょうへい
郷季	さとき
郷志	さとし
郷稔	のりとし
真郷	まさと
実郷	みさと
悠郷	ゆうごう

啓

ケイ
名 さと　さとし　たか　のぶ　のり　はじめ　はる　ひろ　ひろし　よし

ひらく、明らかにする、教え導く、申し上げるなどの意味を表す。先頭に立つような、頭のいい子になるように。
ヒント フットワークが軽く知的な印象の「けい」の音のほか、「さと」「ひろ」「はる」などの音を活かしても。

啓	さとし
明啓	あきのり
晃啓	あきひろ
和啓	かずひろ
啓我	けいが
啓護	けいご
啓志	けいし
啓祥	けいしょう
啓輔	けいすけ
啓太	けいた

啓辰	けいたつ
啓智	けいち
啓人	けいと
啓真	けいま
啓矢	けいや
澄啓	すみひろ
鷹啓	たかのぶ
輝啓	てるよし
智啓	ともはる
啓之	のりゆき

啓芽	はじめ
啓季	はるき
啓斗	はると
啓杜	ひろと
啓道	ひろみち
啓夢	ひろむ
啓貴	よしき
芳啓	よしはる
啓一朗	けいいちろう
啓志朗	けいしろう

渓

ケイ

山間の谷、谷川の意味を表す。清らかな流れのイメージを与える。山歩きの好きな人におすすめの字。
ヒント 「渓流」のように、すがすがしい印象。「けい」の読みで知的でクールなイメージの名前に。

渓	けい
一渓	いっけい
渓吾	けいご
渓士	けいし
渓介	けいすけ
渓汰	けいた
渓杜	けいと
渓竜	けいりゅう
清渓	せいけい
渓太郎	けいたろう

経

ケイ　キョウ　へる
名 おさむ　つね　のぶ　のり

織機の縦糸を表し、ほかにへる、営む、筋道、経典などの意味がある。勉強好きの子になるよう願って。
ヒント 芯の通ったイメージ。「きょう」の音は個性的な才能で輝く印象、「のぶ」の音は元気で甘え上手な印象。

経	おさむ
哲経	あきのぶ
在経	ありつね
経吾	きょうご
経兵	きょうへい
経一	けいいち
経太	けいた
聡経	さとのり
経貴	つねき
経義	のぶよし

蛍

ケイ　ほたる

もとの字は「螢」。虫の名で、ホタルを表す。「蛍雪《けいせつ》の功《こう》」とは、苦学して成功すること。努力家に似合う字。
ヒント 日本的な情緒のある字。「けい」の音で潔い気品と知性をプラス。生命力に満ちた「ほたる」の1字名も。

蛍	ほたる
蛍雅	けいが
蛍紀	けいき
蛍光	けいこう
蛍将	けいしょう
蛍雪	けいせつ
蛍太	けいた
蛍翔	けいと
蛍矢	けいや
蛍太郎	けいたろう

健

ケン　すこやか
名 かつ　きよし　たけ　たけし　つよし　とし　やす

「人」+「建」。すこやか、強い、雄々しい、したたかなどの意味を表す。心身ともに健康な子に育つよう願って。
ヒント 男の子に根強い人気。「たけ」の読みで確かな実力を、「けん」の読みで少年のような無邪気さを感じさせる。

健	たけし
晃健	あきやす
健志	きよし
健澄	きよすみ
健壱	けんいち
健吉	けんきち
健吾	けんご
健翼	けんすけ
健太	けんた
健人	けんと

剛健	ごうけん
澄健	すみたけ
健紀	たけき
健斗	たけと
健宏	たけひろ
健実	たけみ
健瑠	たける
健史	つよし
敏健	としかつ
健春	としはる

則健	のりたけ
英健	ひでたけ
将健	まさたけ
正健	まさとし
峯健	みねやす
健道	やすみち
由健	よしたけ
凌健	りょうけん
健志朗	けんしろう
健太郎	けんたろう

牽

ケン　ひく
名 とき　とし

「牛」+「玄」。牛に索をつけた形で、ひく、引っ張る、率いるなどの意味になった。リーダーにふさわしい字。
ヒント 七夕の男星、ひこぼしを「牽牛星《けんぎゅうせい》」という。「けん」と読むと、やんちゃな魅力を感じさせる名前に。

牽一	けんいち
牽午	けんご
牽祐	けんすけ
牽汰	けんた
牽人	けんと
星牽	せいけん
牽騎	としき
将牽	まさとし
宗牽	むねとき
悠牽	ゆうけん

絃

ゲン　いと
名 お　つる
ふさ

糸、弦楽器に張った糸、また、その楽器や楽器を弾くことを表す。ずばり、音楽的才能に恵まれることを願って。
ヒント　「げん」の音は覇気《はき》があってりりしく、「いと」の音は格調高く上品。「お」と読むと面倒見のよい印象に。

渓絃　けいと
絃生　げんき
達絃　たつお
千絃　ちづる
那絃　ないと
真絃　まいと
悠絃　ゆうげん
柚絃　ゆづる
由絃　よしふさ
絃一郎　げんいちろう

梧

ゴ　あおぎり
名 ひろ

樹木のアオギリを表す。樹皮は緑色で、材は家具や琴に使われる。支え柱の意味もある。頼られる人に。
ヒント　先頭字でも止め字でも。「ご」の音は迫力と甘さをあわせもち、「ひろ」の音は力強さとやすらぎの印象に。

恭梧　きょうご
梧一　ごいち
梧灯　ごとう
梧朗　ごろう
秀梧　しゅうご
晋梧　しんご
青梧　そうご
梧茂　ひろしげ
梧夢　ひろむ
辰梧朗　たつごろう

梗

コウ　キョウ
やまにれ
名 たけし
つよし　なお

樹木の名で、ヤマニレを表す。とげのある木。また、桔梗は秋草のキキョウのこと。強い、正しいの意味も。
ヒント　芯の強さを感じさせる字。「きょう」の音で輝く強さと優しさが、「なお」の音で親しみや温かさが加わる。

梗　つよし
桔梗　ききょう
梗平　きょうへい
梗賀　こうが
梗介　こうすけ
梗和　こうわ
天梗　たかなお
梗詩　たけし
梗季　なおき
光梗　みつなお

康

コウ
名 みち　やす
やすし　よし

「庚」＋「米」で、精米を表す。やすらか、丈夫のほか、仲がよい、楽しむの意味も。健やかな人生を願って。
ヒント　「こう」の読みは、少年のような愛《あい》嬌《きょう》と信頼感を、「やす」の音は、さわやかで優しい癒《いや》しを感じさせる。

康　やすし
晶康　あきみち
康生　こうせい
康汰　こうた
康陽　こうよう
則康　のりみち
晴康　はるみち
康暉　よしき
義康　よしやす
康ノ助　こうのすけ

皐

コウ
名 さ　すすむ
たか　たかし

もとは白く輝くの意味で、沢、高いなどの意味を表す。五月の古語「さつき」は皐月とも書く。五月生まれに。
ヒント　「こう」と読むと俊敏《しゅんびん》さと思慮深さをあわせもつ印象、「さ」と読むと颯爽《さっそう》としたリーダーの印象に。

皐　すすむ
五皐　いっさ
和皐　かずさ
一皐　かずたか
清皐　きよたか
皐暉　こうき
皐亮　こうすけ
皐陽　こうよう
皐依　さい
皐玖　さく

皐介　さすけ
皐月　さつき
皐敏　さとし
皐白　さはく
茂皐　しげたか
皐生　たかき
皐志　たかし
皐杜　たかと
皐道　たかみち
皐也　たかや

司皐　つかさ
智皐　ともたか
凪皐　なぎさ
紀皐　のりたか
春皐　はるたか
真皐　まさ
由皐　ゆたか
能皐　よしたか
和皐　わこう
皐太郎　こうたろう

彩

サイ
いろどる
名 あや　さ
たみ

いろどり、模様、輝き、美しい、あやがあるなどの意味を表す。美術の才能に恵まれるよう願いをこめて。
ヒント　「あや」の音は、無邪気さとミステリアスな印象。さわやかな風のような「さ」の音で万葉仮名風にも。

彩太　あやた
彩人　あやと
彩文　あやふみ
彩夢　あやむ
煌彩　こうさ
彩翔　さいと
彩門　さいもん
彩斗　たみと
千彩　ちあや
凌彩　りょうさい

砦

サイ　とりで

柴でつくった柵、まがきをいい、さらに石や岩を使った「とりで」を表す。家族や仲間を守れる人に。
ヒント　頼りがいのあるイメージの字。ドライでスピード感のある「さい」の音は、戦略の高さを感じさせる。

砦　とりで
瑛砦　えいさい
煌砦　こうさい
砦一　さいいち
砦児　さいじ
砦蔵　さいぞう
砦太　さいた
砦斗　さいと
勇砦　ゆうさい
砦太郎　さいたろう

梓

シ　あずさ

樹木のアズサを表す。建築材として優れている。また、本を出版することを上梓《じょうし》という。文学青年にぴったりの字。
ヒント　颯爽《さっそう》と個性を発揮する「し」の音で使うと新鮮。信頼感とミステリアスさが共存する「あず」の音でも。

梓　あずさ
敦梓　あつし
梓温　しおん
梓暉　しき
梓真　しま
梓門　しもん
賢梓　たかし
正梓　まさし
悠梓　ゆうし
世梓希　よしき

偲

シ　しのぶ

強い、賢い意味を表す。また、「亻(人)」+「思」で、人を思う、しのぶの意味に。ロマンチックな印象の字。
ヒント　颯爽《さっそう》として個性的な「し」の音で使える字。「しの」と読むと、やわらかさと優しさをあわせもつ印象。

偲	しのぶ
明偲	あかし
憲偲	けんし
偲畝	しうね
偲朗	しろう
孝偲	たかし
真偲	ましの
基偲	もとし
靖偲	やすし
勇偲	ゆうし

視

シ　みる
名 のり　み

一点に目をとめてじっと見る意味。いたわる、つかさどる、示すなどの意味も。物事の本質を見すえる人に。
ヒント　年上年下を問わず愛される印象の「み」の音や、りりしさとキュートさのある「のり」の音で。

梓視	あずみ
重視	おもし
和視	かずみ
耕視	こうし
剛視	ごうし
孝視	たかし
視明	のりあき
視人	のりと
道視	みちのり
芳視	よしみ

脩

シュウ
おさめる
名 すけ　なお
なが　のぶ
はる

乾し肉のことで、長いの意味もある。また「修」と通じて、修める、飾るの意味にも使う。学問好きな人に。
ヒント　俊敏《しゅんびん》さと落ち着きをあわせもった「しゅう」の音は、颯《さっ》爽《そう》と物事を極《きわ》める印象。先頭字や1字名として。

脩	しゅう
脩人	しゅうと
脩真	しゅうま
武脩	たけはる
脩礼	ながれ
脩一	のぶかず
脩己	はるき
真脩	まさなお
眞脩	ましゅう
龍脩	りゅうすけ

淑

シュク
名 きみ
きよし　すえ
すみ　とし
ひで　ふかし
よし

人柄がよい、しとやか、美しいの意味を表す。淑女は上品な女性。修養して立派になる意味も。品格のある人に。
ヒント　「とし」と読むと、華やかで信頼感と知性のある印象。「よし」と読むと、清潔な癒《いや》しにあふれる印象。

淑	きよし
亜淑	あきみ
秋淑	あきよし
淑人	きみと
淑弘	すえひろ
淑祢	としね
淑歩	ひでほ
淑志	ふかし
真淑	ますみ
淑臣	よしおみ

淳

ジュン
あつい
名 あき　あつ
きよし
しゅん
すなお
ただし　とし
よし

もとは、こして清めることで、あつい、濃い、まこと、素直などの意味を表す。情に厚い人になるよう願って。
ヒント　「じゅん」と読むと育ちがよく人なつっこい印象、「あつ」と読むと自然体でオープンなイメージに。

淳	じゅん
淳尚	あきひさ
淳貴	あつき
淳士	あつし
淳斗	あつと
淳成	あつなり
淳人	あつひと
淳巳	あつみ
淳夢	あつむ
淳郎	あつろう
和淳	かずとし
淳來	きよら
国淳	くによし
淳一	じゅんいち
淳吾	しゅんご
淳介	しゅんすけ
淳平	じゅんぺい
淳吏	しゅんり
淳緒	すなお
壮淳	そうじゅん
淳志	ただし
辰淳	たつよし
淳行	としゆき
渚淳	なぎとし
則淳	のりよし
宗淳	むねよし
良淳	よしあき
淳朗	よしろう
淳太郎	じゅんたろう
淳之輔	じゅんのすけ

惇

ジュン　トン
あつい
名 あつ
すなお　とし
つとむ
まこと　よし

神に酒食を供えるときの気持ちを表し、あつい、まことなどの意味を表す。誠実で人情が厚い人になるように。
ヒント　「じゅん」と読むと高級感がありつつも愛される印象、「あつ」と読むと自然体でおおらかな印象に。

惇	まこと
惇也	あつや
安惇	あんとん
実惇	さねよし
惇矢	じゅんや
惇雄	すなお
惇武	つとむ
直惇	なおとし
惇生	よしき
惇一郎	じゅんいちろう

渚

ショ　なぎさ
名 お　さ

旧 渚

なぎさ、みぎわの意味も表す。ロマンチックなイメージで、ひびきも美しい。海好きには特に人気のある字。
ヒント　「なぎさ」と読むと元気な甘えん坊の印象。おおらかで落ち着いた「お」、さわやかな「さ」の音でも。

渚	なぎさ
渚斗	おと
和渚	かずさ
小渚	こなぎ
渚久	さく
渚人	なぎと
真渚	まお
零渚	れお
亜渚人	あさと
七渚人	なおと

唱

ショウ
となえる
名 うた

歌、歌う、唱える、読み上げる、意見をいうなどの意味を表す。しっかりと主張できる子になるよう願って。
ヒント　「しょう」の音を使うと、深く優しい光のような印象に。「うた」と読むと、元気でたのもしいイメージ。

唱	うた
唱惟	うたい
高唱	こうしょう
唱次	しょうじ
唱介	しょうすけ
唱三	しょうぞう
唱太	しょうた
唱音	しょおん
素唱	そうた
唱之介	うたのすけ

捷

ショウ　かつ
はやい
名さとし
すぐる　とし
まさる

速やか、速い、すばやいの意味を表す。また、賢い、勝つの意味も。敏捷《びんしょう》で頭がよく、困難に負けないように。**ヒント** 俊敏《しゅんびん》で勝負強さを感じさせる字。「しょう」の音で、温かい光と夢を秘めた印象をプラスして。

捷	すぐる
捷貴	かつき
捷斗	かつと
捷志	さとし
捷威	しょうい
捷馬	しょうま
捷尋	としひろ
捷人	はやと
英捷	ひでかつ
捷瑠	まさる

梢

ショウ
こずえ
名すえ　たか

木の幹や枝の先端をいい、こずえ、末端の意味を表す。高く流れる雲を梢雲という。しなやかに成長するイメージ。**ヒント** 「しょう」の音は深くやわらかい光のよう。「たか」と読むと、思いやりの深いリーダーの印象が加わる。

梢	こずえ
梢一	しょういち
梢瑛	しょうえい
梢太	しょうた
梢平	しょうへい
梢吏	しょうり
梢暉	すえき
梢士	たかし
梢文	たかふみ
弘梢	ひろたか

紹

ショウ
名あき　つぎ

糸をつなぐことを表し、継ぐ、受け継ぐの意味を表す。引き合わせるの意味もある。社交的な子になるように。**ヒント** 人の縁に恵まれるイメージ。「あき」と読むと明るく輝く印象、「しょう」と読むとソフトな印象が加わる。

紹斗	あきと
紹将	あきまさ
紹哉	あきや
紹芳	あきよし
紹侍	しょうじ
紹輔	しょうすけ
紹平	しょうへい
悠紹	はるき
広紹	ひろあき
芳紹	よしつぐ

章

ショウ
名あき
あきら　き
たか　とし
のり　ふみ
ゆき

あや、美しい模様、明らか、しるし、手本などの意味を表す。詩文の一節の意味もある。文才を授かるように。**ヒント** 「あき」と読むと、クリアな思考力のある印象、「しょう」と読むと、洗練された聡明さをもつ印象に。

章	あきら
章生	あきお
章人	あきと
章朋	あきとも
晶章	あきのり
章彦	あきひこ
章巳	あきみ
章良	あきよし
吉章	きっしょう
健章	けんしょう
剛章	ごうしょう
章英	しょうえい
章吾	しょうご
章介	しょうすけ
章太	しょうた
章大	しょうだい
章哉	しょうや
章貴	たかき
千章	ちあき
章仁	としひと
英章	ひでたか
尋章	ひろゆき
文章	ふみき
章季	ふみき
章斗	ふみと
将章	まさあき
匡章	まさたか
佳章	よしのり
依章	よりふみ
章次郎	しょうじろう

菖

ショウ
名あやめ

草の名で、ショウブを表す。香気があるので、邪気をはらうものとされた。神秘的な力を感じさせる字である。**ヒント** 和のイメージのある字。「しょう」と読むと、新鮮なひらめきで、鮮やかに物事を解決する印象が加わる。

菖	あやめ
菖惟	しょうい
菖一	しょういち
菖輝	しょうき
菖吾	しょうご
菖介	しょうすけ
菖太	しょうた
菖野	しょうや
清菖	せいしょう
菖太郎	しょうたろう

渉

ショウ
名さだ　たか
ただ　わたる

旧 渉

「水」+「歩」で、渡るの意味を表す。広く見聞きする、かかわるなどの意味もある。社交的な人になるように。**ヒント** たくましく生きるイメージのある字。はつらつとした印象の「わたる」の音で、圧倒的な存在感が加わる。

渉	わたる
瑛渉	えいしょう
渉洋	さだひろ
渉平	しょうへい
渉磨	しょうま
渉貴	たかき
渉司	たかし
渉寿	たかとし
渉尚	たかひさ
悠渉	はるただ

深

シン　ふかい
名とお　み

水中のものをさがすことから、ふかいの意味になった。奥深い、優れるなどの意味も。思慮深い人になるように。**ヒント** 「しん」と読むと強くまっすぐな印象。みずみずしくイキイキした印象の「み」の音を使うと新鮮。

深	しん
深自	しんじ
深哉	しんや
照深	てるみ
深悟	とおご
英深	ひでみ
宏深	ひろみ
真深	まさみ
深倖	みゆき
深一郎	しんいちろう

紳

シン
名おび

礼装用の帯をいい、大帯、大帯を使える人を表す。現在は、教養、地位がそなわった人をいう。紳士になれるように。**ヒント** 教養ある上品な男性を思わせる字。「しん」の音で、まっすぐな光のような印象をプラスして。

紳	しん
一紳	いっしん
恒紳	こうしん
紳吾	しんご
紳祐	しんすけ
紳弥	しんや
貴紳	たかおび
勇紳	ゆうしん
紳一朗	しんいちろう
紳之介	しんのすけ

進

シン　すすむ
名 す　のぶ　みち　ゆき

進軍することをいい、すすむ、すすめるの意味を表す。よくなる、優れるなどの意味もある。積極的な子に。
ヒント 先頭字の「しん」の音は、一途《いちず》に道をつらぬく人に。止め字に使うと、周囲が放っておけない印象に。

進	すすむ
晃進	あきのぶ
一進	いっしん
隆進	たかみち
寛進	ひろみち
大進	ひろゆき
進人	みちと
侑進	ゆうしん
藍之進	あいのしん
進未人	すみと

晨

シン　あさ　あした
名 あき　とき　とよ

日の出をむかえる儀礼を表し、朝、明日の意味に使う。フレッシュなイメージ。元気で活発な子になるように。
ヒント 「あさ」の音でさわやかさが、「あき」の音で明るさと輝きが、「しん」の音でまっすぐな印象が加わる。

晨斗	あきと
晨良	あきら
晨吾	しんご
晨治	しんじ
晨也	しんや
晨央	ときお
晨文	とよふみ
秀晨	ひであき
悠晨	ゆうしん
晨太郎	しんたろう

彗

スイ　ケイ

もとは、ほうきの意味を表し、現在ではほうき星＝彗星に使われる。宇宙のロマンを感じさせる字である。
ヒント 「けい」の音は気品にあふれ、知的でクールな印象、「すい」の音はさわやかでソフト、透明な光を思わせる。

彗	けい
彗一	けいいち
彗雅	けいが
彗人	けいと
航彗	こうすい
秀彗	しゅうすい
彗河	すいが
彗星	すいせい
耀彗	ようすい
流彗	りゅうすい

崇

スウ
名 かた　し　たか　たかし　たけ

尊《とうと》い、気高い、尊《たっと》ぶ、あがめるの意味を表す。また、山が高い、満たすの意味も。威厳があり尊敬される人に。
ヒント 気高さを感じさせる字。「たか」と読むとやる気と思いやりが、「し」と読むと意志の強さが加わる。

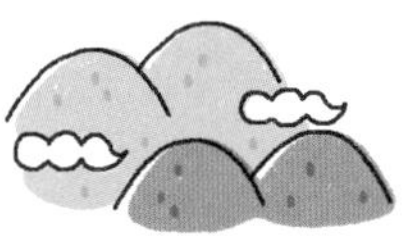

崇	たかし
青崇	あおし
亨崇	あきたか
瑛崇	えいし
介崇	かいし
一崇	かずたか
賢崇	けんし
惟崇	これたか
崇恩	しおん
崇貴	しき
茂崇	しげたか
崇都	しど
澄崇	すみたか
壮崇	そうし
崇士	たかし
崇仁	たかひと
崇清	たけきよ
崇義	たけよし
知崇	ともたか
直崇	なおたか
信崇	のぶたか
伸崇	のぶたけ
紀崇	のりたか
秀崇	ひでたけ
宏崇	ひろたか
保崇	ほたか
将崇	まさたけ
宗崇	むねかた
裕崇	ゆたか
由崇	よしたか

盛

セイ　ジョウ　さかん　もる
名 しげ　しげる　たけ　もり

もる、もり上げる、いっぱいにするのほか、さかん、栄えるの意味を表す。成功者になれるよう祈りをこめて。
ヒント 「しげ」の音は力強さと人情味を感じさせる。武将名に多い「もり」の音は思慮深さと信頼感がある。

盛	しげる
盛貴	しげき
盛人	しげと
盛徳	しげのり
盛哉	せいや
恒盛	つねたけ
栄盛	ひでたけ
真盛	まもり
満盛	みつしげ
盛一郎	せいいちろう

清

セイ　ショウ　きよい
名 きよし　すが　すみ

水が澄む意味を人の性質に当てはめ、きよい、明らかの意味に使う。心の清らかな人になるように。
ヒント 「せい」の音で透きとおった光のイメージの、「きよ」の音で優しいがしっかりした印象の名前に。

清	きよし
一清	いっせい
歌清	かすが
清明	きよあき
清和	きよかず
清人	きよと
清平	きよひら
清正	きよまさ
清巳	きよみ
清道	きよみち
清良	きよら
貞清	さだすみ
清亜	しょうあ
清亮	すみあき
清斗	すみと
清一	せいいち
清吉	せいきち
清吾	せいご
清剛	せいごう
清司	せいじ
清純	せいじゅん
清南	せいな
清矢	せいや
清來	せいら
清涼	せいりょう
清南	せな
高清	たかきよ
雅清	まさきよ
清志朗	せいしろう
清太郎	せいたろう

雪

セツ　ゆき
名 きよ　きよみ

空から雪が舞い落ちる形からできた字で、雪、雪が降るという意味を表す。すすぐ、清めるの意味も。清潔感ある人に。
ヒント 純白の美と強さのイメージに、「ゆき」の音で優しさに秘めた強さを、「せつ」の音で気品と優しさを加えて。

雪	きよみ
雪哉	きよなり
雪彦	きよひこ
邦雪	くにきよ
尚雪	なおゆき
雅雪	まさきよ
雪緒	ゆきお
雪路	ゆきじ
芳雪	よしゆき
雪之丞	ゆきのじょう

曽

旧 曾

ソウ　ソ
かつて　すなわち
名 つね　なり　ます

「曾」の異体字。こしきの形からできた字で、重ねる、ふえるなどの意味を表す。子孫が代々栄えるよう願って。
ヒント　おおらかな優しさの「そ」、人なつっこさと理知のある「なり」、たおやかな印象の「ます」の音で。

曽季　そうき
曽史　そうし
曽樹　そうじゅ
曽輔　そうすけ
曽太　そうた
曽徠　そら
俊曽　としなり
永曽　ながつね
成曽　なります
泰曽　やすなり

爽

ソウ
さわやか
名 あきら　さ
さや

明らか、明るい、美しい、すがすがしいなどの意味を表す。文字どおり、明るくさわやかな子になるように。
ヒント　吹き抜ける風のイメージに、「そう」の音で透明な光の清涼感を、「さ」の音で颯《さっ》爽《そう》とした印象を足して。

爽　あきら
爽良　あきら
乙爽　いっさ
瑛爽　えいそう
和爽　かずさ
爽依　さい
爽季　さき
爽玖　さく
爽月　さつき
爽白　さはく
爽弥　さや
爽気　さやき
爽翔　さやと
爽楽　さら
茂爽　しげあき
爽悟　そうご
爽志　そうし
爽介　そうすけ
爽生　そうせい
爽真　そうま
爽矢　そうや
千爽　ちあき
緑爽　つかさ
智爽　ともあき
凪爽　なぎさ
正爽　まさあき
真爽　まさや
爽季也　さきや
爽士郎　そうじろう
爽太郎　そうたろう

窓

ソウ　まど

もとは天窓をいい、まどの意味。光や空気が入ってくるところで、新鮮で開放的なイメージ。社交的な子に。
ヒント　広がりを感じさせる字。「そう」と読むと、すっきりしたさわやかさをもちつつ、充実感のある名前に。

窓貴　そうき
窓士　そうし
窓寿　そうじゅ
窓祐　そうすけ
窓太　そうた
窓大　そうだい
窓良　そうら
美窓　びそう
悠窓　ゆうそう
窓治朗　そうじろう

舵

ダ　かじ

船の方向を定める道具である「かじ」を表す。船好きにはおすすめ。人生の舵取りをうまくできるよう願って。
ヒント　自ら切りひらくイメージ。「かじ」の音は、小技がきいてパワフルな印象。堂々としてセクシーな「だ」の音でも。

愛舵　あいだ
海舵　かいだ
舵雄　かじお
舵道　かじみち
佳舵　かだ
舜舵　しゅんだ
舵一　だいち
太舵　たかじ
舵以知　だいち
舵伊那　だいな

梛

ダ　ナ
名 なぎ

樹木の名だが、もとの木は不明。日本ではナギという樹木を指す。材はきめが細かく有用な木。まっすぐ正直な子に。
ヒント　堂々とした存在感の「だ」、温かく親密感のある「な」の音で。「なぎ」と読むと、温かくスマートな印象。

偉梛　いな
航梛　こうな
星梛　せな
梛惟　だい
大梛　だいな
梛夢　だむ
梛人　なぎと
梛央斗　なおと
梛由太　なゆた
梛瑠貴　なるき

琢

旧 琢

タク　みがく
名 たか　たつ

もとの字は「琢」。玉を磨くことをいい、磨く、たたくの意味を表す。技や徳を磨く意味にもなる。努力家に。
ヒント　「切《せっ》磋《さ》琢《たく》磨《ま》」のように、絶え間なく努力し続けるイメージ。「たく」の音で、パワフルで頼れる親分肌に。

亜琢　あたく
琢爾　たくじ
琢斗　たくと
琢磨　たくま
琢実　たくみ
琢弥　たくや
琢朗　たくろう
時琢　ときたか
敏琢　としたか
浩琢　ひろたつ

逞

テイ
たくましい
名 とし　ゆき
よし

たくましい、強い、勇ましいの意味を表す。また、快い、楽しいなどの意味もある。明るくたくましい子に。
ヒント　強く優しい印象の「ゆき」、知的で華やかな「とし」、さわやかな癒《いや》しを与える「よし」の音などで。

孝逞　たかよし
岳逞　たけよし
逞規　としき
逞哉　としや
逞之　としゆき
逞朗　としろう
暢逞　のぶゆき
宏逞　ひろとし
逞長　ゆきなが
逞輝　よしき

兜

トウ　かぶと

かぶとを着けた人の形で、かぶとの意味を表す。帽子、包むなどの意味もある。人生の荒波から守られるように。
ヒント　パワーを感じさせる字。「とう」の読みで堅実で豊かな印象をプラス。「かぶと」の音で1字名にも。

兜　かぶと
兜闘　かぶと
冴兜　ごとう
高兜　たかとう
兜規　とうき
兜路　とうじ
兜太　とうた
兜馬　とうま
兜吾郎　とうごろう
兜士郎　とうしろう

都

トツ
みやこ
名 いち くに さと ひろ
旧 都

周囲に垣をめぐらした大きな集落をいい、「みやこ」の意味になった。「すべて」の意味もある。都会的な子に。
ヒント 雅《みやび》やかな和のイメージに、「と」の音で、おおらかな優しさと頼りがいをあわせもつ印象を加えて。

都	みやこ
彩都	あやと
郁都	いくと
音都	おと
一都	かずと
奏都	かなと
都彦	くにひこ
慧都	けいと
絢都	けんと
光都	こうと

都志	さとし
都琉	さとる
脩都	しゅうと
太都	たいち
智都	ちさと
都夢	とむ
都萌	とも
都和	とわ
大都	はると
史都	ふみひろ

雅都	まさくに
湊都	みなと
佑都	ゆうと
美都	よしくに
隆都	りゅうと
稜都	りょうと
紗那都	さなと
汰都斗	たつと
正都志	まさとし
望都規	もとき

陶

トウ
名 すえ よし

神への供え物を入れる焼き物から、焼き物の意味を表す。養う、うっとりするの意味も。技芸の才能を願って。
ヒント 文化的な字。「とう」と読むと自然体で芯の強い大物の印象が、「よし」と読むとやわらかさが加わる。

一陶	かずよし
滋陶	しげよし
陶貴	すえき
陶寛	すえひろ
陶護	とうご
陶美	とうみ
陶哉	とうや
春陶	はるよし
正陶	まさよし
陶治郎	とうじろう

堂

ドウ
名 たか たかし

高く土を盛った場所、その上の大きな建物や広間を表す。大きくて立派という意味もある。何事にも動じない人に。
ヒント 「どう」と読むとさらに大物感が。「たか」の音は、思いやりと信頼感のあるリーダーの器の印象に。

義堂	ぎどう
獅堂	しどう
真堂	しんどう
堂嗣	たかし
堂人	たかと
堂賀	どうが
堂夢	どうむ
芳堂	よしたか
蘭堂	らんどう
隆堂	りゅうどう

絆

ハン
ほだし きずな
名 き

馬をつなぐ綱をいい、きずな、つなぐなどの意味に使う。離れがたい思いのこともいう。真の友ができるように。
ヒント スピード感があり、侮《あなど》れない感じのする「はん」、個性的な印象の「き」の音を活かすと使いやすい。

絆	きずな
絆希	きずき
友絆	ともき
絆路	はんじ
絆汰	はんた
絆人	はんと
絆平	はんぺい
雄絆	ゆうき
絆一郎	はんいちろう
絆太郎	はんたろう

梶

ビ かじ
名 こずえ すえ み

もとはこずえのことで、船の方向をとるかじの意味。和紙の原料の樹木カジノキの意味も。リーダーになる人に。
ヒント 「かじ」の音でさらに頼りがいのある印象に。満ち足りた印象のある「み」の音を活かしても。

梶介	かじすけ
梶汰	かじた
梶夢	かじむ
和梶	かずみ
梶夫	すえお
梶源	びげん
真梶	まかじ
夕梶	ゆうび
梶太郎	かじたろう
梶乃輔	かじのすけ

彪

ヒョウ
名 あきら たけし つよし とら ひで よし

虎の皮のまだらが美しいことをいい、まだら、模様、明らかなどの意味を表す。強く美しい少年になるように。
ヒント 力強いイメージ。「ひょう」の読みを使うと個性的な印象。「あきら」「たけし」などの読みの1字名も。

彪	たけし
秋彪	あきよし
彪來	あきら
獅彪	しとら
彪牙	ひょうが
弘彪	ひろひで
光彪	みつよし
彪郎	よしろう
彪三郎	とらさぶろう
彪次郎	とらじろう

彬

ヒン
名 あき あきら ひで もり よし

「林」＋「彡」。木立が美しいことから、明らか、美しいなどの意味になる。心身ともに美しい男性になるように。
ヒント 「あき」と読むと未来を切りひらく先駆者のイメージ。「ひで」「もり」「よし」の音を活かしても。

彬	あきら
彬仁	あきひと
茂彬	しげもり
隆彬	たかあきら
達彬	たつあき
輝彬	てるよし
憲彬	のりあき
尚彬	ひさひで
彬生	よしき
彬彦	よしひこ

逢

ホウ あう
名 あ

不思議なものに出会うことをいい、会う、出会うの意味を表す。大きいの意味もある。おおらかな子に育つように。
ヒント 穏《おだ》やかなくつろぎを感じさせる「ほう」、明るく自然体ではつらつとした「あ」で、万葉仮名風に。

逢生	あいおい
逢人	あいと
逢葉	あいば
逢槻	あづき
太逢	たいほう
逢月	ほうげつ
逢原	ほうげん
逢朔	ほうさく
悠逢	ゆうほう
連逢	れんほう

萌

ホウ　きざす　めぐむ　もえる
名 め　めぐ　めぐみ　も　もえ　もゆ

旧 萠

草の芽の出はじめをいい、萌える、きざす、芽が出る、芽生えなどの意味に使う。生命力を感じさせる字。
ヒント 女の子に人気だが、幸福感とエネルギーに満ちた「めぐ」、迫力と品のある「も」の音などで男の子にも。

萌	きざし
叶萌	かなめ
杜萌	ともえ
仁萌	にも
元萌	はじめ
萌生	ほうせい
萌瑠	めぐる
萌希	もえき
萌彦	もえひこ
萌琉	もゆる

望

ボウ　モウ　のぞむ
名 み　も　もち

のぞむ、望み見る、待ち望む、願うなどの意味を表す。人気、評判という意味もある。人望のある人に。
ヒント 「のぞむ」と読むと充実感と包容力あふれる名前に。ほのぼのとした「も」、新鮮で甘い「み」の音でも。

望	のぞむ
一望	かずみ
杜望	とも
望海	のぞみ
弘望	ひろみ
真望	まさもち
望太	もた
望温	もちはる
望広	もちひろ
斗望也	ともや

眸

ボウ　ひとみ
名 む

目のひとみ、また、目を表す。明眸《めいぼう》（澄んだ美しいひとみ。美人）などのことばもある。透明感のある字。
ヒント 「む」と読むと、信頼感があり、静かに物事を極《きわ》める印象に。「ひとみ」と読んで1字名にしても。

眸	ひとみ
修眸	おさむ
叶眸	かなむ
拓眸	たくむ
斗眸	とむ
眸巳	ひとみ
広眸	ひろむ
眸斗	むと
眸來	むらい
眸早士	むさし

麻

マ　あさ
名 お　ぬさ

植物のアサを表す。皮の繊維《せんい》から採った糸で布を織る。しびれるの意味もある。自然の温かさを感じさせる字。
ヒント 「あさ」の音はさわやかでフレッシュな印象。「ま」の音は、満ち足りた優しさと天真爛漫《てんしんらんまん》さを感じさせる。

麻緒	あさお
麻生	あさき
麻人	あさと
麻陽	あさひ
麻巳	あさみ
麻道	あさみち
麻充	あさみつ
麻夢	あさむ
麻哉	あさや
依麻	いお
和麻	かずま
光麻	こうま
秀麻	しゅうま
准麻	じゅんま
祥麻	しょうま
卓麻	たくま
辰麻	たつま
冬麻	とうま
麻架	ぬさか
麻純	ますみ
麻弘	まひろ
麻弥	まや
悠麻	ゆうま
陽麻	ようま
藍麻	らんま
琉麻	りゅうま
諒麻	りょうま
麻太郎	あさたろう
麻左也	まさや
麻那人	まなと

務

ム　つとめる
名 かね　ちか　つとむ　つよ　なか　みち

農耕に努めることをいい、努める、励む、仕事、責任などの意味を表す。責任感の強い人になるように。
ヒント 「む」と読むと、思慮深く、潜在力のある印象。「つとむ」の音はクリエイティブな才能を感じさせる。

務	つとむ
篤務	あつむ
和務	かずみち
汰務	たかね
尭務	たかみち
務士	ちかし
務志	つよし
宏務	ひろむ
真務	まなか
吉務	よしみち

猛

モウ
名 たか　たけ　たけお　たけし　たける　つよし

もとは猛犬の意味を表し、たけだけしい、強い、激しいなどの意味を表す。バイタリティにあふれた男性に。
ヒント 力強い字のイメージに、「たけ」の音で品格と輝きを、「たか」の音でリーダーのイメージをプラス。

猛	たける
倭猛	かずたか
矩猛	かねたけ
猛斗	たかと
猛道	たかみち
猛士	たけし
猛夢	たけむ
猛誌	つよし
英猛	ひでたけ
将猛	まさたけ

野

ヤ　ショ　の
名 とお　なお　ぬ　ひろ

旧 埜 （→P300）

社《やしろ》のある林・田畑をいい、のち野原、田舎、里などの意味になった。飾らない自然のままの子に育つように。
ヒント 素朴《そぼく》さ、素直さを感じさせる字。「や」の音で止め字に使うと、優しい開放感にあふれた印象に。

広野	こうや
駿野	しゅんや
澄野	すみや
拓野	たくや
利野	としや
野行	なおゆき
万野	まひろ
源野	もとなお
野十郎	とおじゅうろう
実野留	みのる

埜

ヤ　ショ　の
名 とお　なお　ぬ　ひろ

「野」の古字。「林」+「土」で、野、野原、田舎などの意味を表す。素朴《そぼく》で活発な子に育つよう願って。
ヒント 「や」の音で優しい開放感を、「の」の音で温かさと優しさを、「ひろ」の音で落ち着きとたのもしさを加えて。

数埜	かずや
脩埜	しゅうや
龍埜	たつの
埜真	とおま
埜玖	のく
埜斗	ひろと
紘埜	ひろや
雅埜	まさなお
裕埜	ゆうや
新埜介	しんのすけ

唯

ユイ　イ
名 ただ

「ただ」「それだけ」の意味のほかに、「はい」と丁寧に返事をすることを表す。素直な子に育つよう願って。

ヒント　場を和ませる「ゆい」の音でのびのびと大事をやり遂げる人に。「い」と読むと一《いち》途《ず》ながんばり屋の印象。

唯	ゆい
蒼唯	あおい
明唯	あきただ
唯央	いお
唯久	いく
唯純	いずみ
唯月	いつき
唯吹	いぶき
佳唯	かい
季唯	きい
琴唯	ことい
乃唯	だい
唯緒	ただお
唯信	ただのぶ
唯実	ただみ
纏唯	まとい
満唯	みちただ
唯伊	ゆい
唯人	ゆいと
唯真	ゆいま
唯宇	ゆう
唯杜	ゆず
唯月	ゆづき
唯萌	ゆめ
唯楽	ゆら
佳唯	よしただ
礼唯	らい
竜唯	りゅうい
琉唯	るい
唯太郎	ゆたろう

庸

ヨウ
名 つね　のぶ
のり　もち
やす

用いる、雇う、つね、普通、並、平凡などの意味を表す。中庸《ちゅうよう》はかたよらないこと。平凡でも幸福な人生を。

ヒント　おおらかで思いやりのある「よう」、りりしく華やかな「のり」、精力的で情熱的な「のぶ」の音で。

天庸	たかのり
高庸	たかもち
庸暉	つねき
斉庸	なりやす
庸行	のぶゆき
柾庸	まさのぶ
庸一	よういち
庸介	ようすけ
庸太	ようた
庸之介	ようのすけ

悠

ユウ
名 ちか　はる
はるか　ひさ

みそぎによって落ち着いた心をいい、ゆったりした様子を表す。はるか、遠いの意味も。のびやかに育つように。

ヒント　優しく思いやりにあふれた「ゆう」の読みで人気の字。フレッシュな息吹のような「はる」の音も人気。

悠	ゆう
明悠	あきひさ
有悠	ありちか
桧悠	かいゆう
智悠	ちはる
友悠	ともはる
直悠	なおひさ
悠市	はるいち
悠臣	はるおみ
悠可	はるか
悠希	はるき
悠翔	はると
大悠	はるひさ
悠道	はるみち
悠基	はるもと
悠志	ひさし
悠都	ひさと
将悠	まさはる
悠一	ゆういち
悠河	ゆうが
悠樹	ゆうき
悠吾	ゆうご
悠助	ゆうすけ
悠汰	ゆうた
悠辰	ゆうたつ
悠人	ゆうと
悠馬	ゆうま
悠李	ゆうり
悠太郎	ゆうたろう
悠之介	ゆうのすけ

徠

ライ　くる
名 とめ

来るの意味のほかに、ねぎらう、いたわるなどの意味も表す。字形、音ともしゃれた感じ。心の優しい子に。

ヒント　華やかでバイタリティのある「らい」のほか、キュートでミステリアスな「く」と読む字としても新鮮。

大徠	たく
覇徠	はく
実徠	みとめ
未徠	みらい
徠佳	らいか
徠人	らいと
徠道	らいどう
徠夢	らいむ
律徠	りく
徠太郎	らいたろう

理

リ
名 おさむ
さと　すけ
ただし　とし
のり　まさ
みち

玉を磨いて筋目を現すことをいい、筋、磨く、治めるの意味を表す。物事のことわりの意味も。頭のよい子に。

ヒント　読みが多く使いやすい字。「おさむ」「ただし」などで1字名にも。「り」の音は、思慮深く理知的な印象。

理	ただし
理夢	おさむ
照理	てるとし
理季	としき
理央	のりお
拓理	ひろみち
真理	まさとし
道理	みちまさ
耀理	ようすけ
理遠	りおん

陸

リク
名 あつ　たか
みち　む
むつ

陸地のほかに、丘、道などの意味を表す。まっすぐ、きちんとしているなどの意味も。スケールの大きな人に。

ヒント　「りく」と読むと、身体の内側にたくわえた大きな力を感じさせる、シックな気品のある名前に。

陸	りく
陸希	あつき
陸信	あつのぶ
陸彦	あつひこ
陸哉	あつや
陸朗	あつろう
治陸	おさむ
叶陸	かなむ
陸士	たかし
陸翔	たかと
陸大	たかひろ
陸野	たかや
卓陸	たくむ
秀陸	ひでたか
浩陸	ひろみち
大陸	ひろむ
真陸	まりく
陸汰	みちた
陸人	みちと
陸瑠	みちる
陸夫	むつお
陸志	むつし
陸登	むつと
征陸	もとあつ
吉陸	よしたか
陸玖	りく
陸治	りくじ
陸斗	りくと
陸也	りくや
陸之進	りくのしん

琉

リュウ　ル

琉璃《るり》は古代インドで珍重された宝玉のこと。琉球《りゅうきゅう》は沖縄の別称である。さわやかな南国のイメージのある字。

ヒント　「る」の音は、華やかだが努力家の印象。「りゅう」の音は、チャレンジ精神と躍動感を感じさせる。

亘琉　あたる
壱琉　いちる
羽琉　うる
海琉　かいる
翔琉　かける
剛琉　ごうる
郷琉　さとる
志琉　しりゅう
昴琉　すばる
創琉　そうる

丈琉　たける
透琉　とおる
音琉　ねる
波琉　はる
迪琉　みちる
琉偉　りゅうい
琉一　りゅういち
琉爾　りゅうじ
琉仁　りゅうじん
琉介　りゅうすけ

琉星　りゅうせい
琉汰　りゅうた
琉人　りゅうと
琉平　りゅうへい
琉偉　るい
琉楓　るか
琉稀　るき
航琉　わたる
葉琉斗　はると
琉太郎　りゅうたろう

菱

リョウ　ひし

水草のヒシを表す。池や沼に自生するもので、白い花をつけ、菱形《ひしがた》の実は食用にされる。花も実もある人生に。

ヒント　「りょう」と読む漢字として、新鮮味がある。「りょう」の音は賢く気品のある印象。

清菱　せいりょう
菱斗　ひしと
菱一　りょういち
菱希　りょうき
菱吾　りょうご
菱介　りょうすけ
菱太　りょうた
菱平　りょうへい
菱真　りょうま
菱太郎　りょうたろう

崚

リョウ

名 たかし

山の高く険《けわ》しい様子を表す。越えるのが困難な山の様子である。だれにも越えられない高みに行くことを願って。

ヒント　品のよさと賢さを感じさせる「りょう」、トップランナーの印象の「たか」の音で使われる。1字名にも向く。

崚　たかし
秋崚　あきたか
崚我　りょうが
崚慈　りょうじ
崚佑　りょうすけ
崚聖　りょうせい
崚汰　りょうた
崚達　りょうたつ
崚登　りょうと
崚一郎　りょういちろう

隆

リュウ

名 お　おき　しげ　たか　たかし　とき　なが　もり　ゆたか

高い、盛ん、豊か、大きい、尊《とうと》いなどの意味を表す。向上心が高そう。家、家業がますます栄えることを願って。

ヒント　「りゅう」は若々しく、理知的でパワフルな印象、「たか」は豊かで思いやりがあり、頂点を極《きわ》める印象。

隆　たかし
衛隆　えもり
隆邦　おきくに
奏隆　かなお
隆矢　しげや
志隆　しりゅう
澄隆　すみなが
隆生　たかき
隆嗣　たかつぐ
隆信　たかのぶ

隆丸　たかまる
隆巳　たかみ
隆哉　たかや
正隆　ただもり
隆雄　ときお
隆礼　ながれ
文隆　ふみなが
槙隆　まきお
雅隆　まさおき
隆歌　ゆたか

吉隆　よしたか
隆以　りゅうい
隆臥　りゅうが
隆希　りゅうき
隆翼　りゅうすけ
隆汰　りゅうた
隆都　りゅうと
隆乃　りゅうの
隆平　りゅうへい
隆之介　りゅうのすけ

涼

リョウ

すずしい

名 あつ　すけ

旧 凉

すずしい、すがすがしいのほかに、物寂しい、悲しむなどの意味も表す。クールな雰囲気の男性にぴったりくる字。

ヒント　頼りがいのある「りょう」の音で、ソフトなさわやかさと明晰《めいせき》さを感じさせ、品のある名前に。

涼　りょう
涼希　あつき
涼仁　あつひと
涼巳　あつみ
涼霧　あつむ
涼哉　あつや
恭涼　きょうすけ
慧涼　けいすけ
晃涼　こうすけ
涼志　すずし

涼近　すずちか
涼斗　すずと
涼晴　すずはる
涼雅　すずまさ
清涼　せいりょう
湧涼　ゆうすけ
洋涼　ようすけ
涼我　りょうが
涼季　りょうき
涼吉　りょうきち

涼作　りょうさく
涼心　りょうしん
涼佑　りょうすけ
涼星　りょうせい
涼太　りょうた
涼人　りょうと
涼平　りょうへい
涼馬　りょうま
涼夢　りょうむ
涼弥　りょうや

羚

レイ

かもしか

名 れ

カモシカを表す。足が速い動物のイメージがある。クールで、スポーツ万能な子になるのを願って。

ヒント　軽やかなイメージ。「れい」の音で、凜《りん》とした美しさと知性をプラス。洗練された印象の「れ」の音でも。

亜羚　あれい
羚輝　れいき
羚午　れいご
羚滋　れいじ
羚介　れいすけ
羚多　れいた
羚斗　れいと
羚哉　れいや
羚央　れお
羚太朗　れいたろう

12画

渥

アク　あつい
名 あつし

水中に深くつけることから、浸す、潤《うるお》う、厚い、恵み、美しいなどの意味がある。誠実な人になるように。
ヒント「あつ」と読むと、朗《ほが》らかさとおおらかさを内包した印象が加わる。「あつし」の音で1字名にしても。

渥	あつし
渥貴	あつき
渥斗	あつと
渥巳	あつみ
渥夢	あつむ
渥哉	あつや
渥朗	あつろう
澄渥	すみあつ
友渥	ともあつ
広渥	ひろあつ

偉

イ　えらい
名 いさむ　たけ　より

えらい、優れている、大きくて立派であるなどの意味を表す。男らしい印象を与える字。尊敬されるような人に。
ヒント 前向きで一途《いちず》に努力を重ねる印象の「い」の音で。止め字にすると、きっぱりした潔さを感じさせる。

偉	いさむ
晶偉	あきより
偉央	いお
海偉	かい
穣偉	じょうい
偉大	たけひろ
偉留	たける
偉斗	よりと
瑠偉	るい
玲偉	れい

椅

イ
名 あづさ　よし

樹木の名で、イイギリのこと。桐に似た木で、琴などをつくる。椅子、腰掛けの意味もある。癒《いや》しのイメージ。
ヒント「い」の音で前向きのパワーをもつ正義のヒーローに。「よし」の音はやわらぎと優しさにあふれた印象。

椅	あづさ
椅音	いおん
椅玖	いく
椅介	いすけ
椅來	いら
春椅	はるよし
正椅	まさよし
幸椅	ゆきよし
龍椅	りゅうい
加椅也	かいや

雲

ウン　くも
名 も　ゆく

くも。また、くものように盛ん、多い、遠い、高い、優れている、美しいなどの意味を表す。のびのび育つように。
ヒント「も」の音は、豊かな優しさと甘い愛らしさをあわせもつ。止め字の「うん」の音は物事を教え諭《さと》す人に。

郁雲	いくも
出雲	いずも
光雲	こううん
志雲	しうん
白雲	はくも
青雲	はるも
実雲	みくも
八雲	やくも
雲緒	ゆくお
雲海	ゆくみ

詠

エイ　よむ
名 うた　かね　なが

声を長くのばして詩歌をうたうことをいう。また、詩歌をつくる意味もある。文芸方面の才能に恵まれるように。
ヒント「えい」と読むと広い心で飾らない優しさがあふれる印象、「なが」と読むと親密感のある名前に。

詠時	うたとき
詠一	えいいち
詠慈	えいじ
詠汰	えいた
光詠	こうえい
慈詠	じえい
詠嗣	ながつぐ
寿詠	ひさなが
文詠	ふみかね
詠太朗	えいたろう

瑛

エイ
名 あき　あきら　え　たま　てる

「王（玉）」＋「英（美しい花）」で、水晶のような透明な玉、美しい玉の光をいう。玉のような美少年に。
ヒント「えい」の音は飾らない優しさと癒《いや》しを感じさせる。明るく未来を切りひらく印象の「あき」の音でも。

瑛	あきら
晶瑛	あきてる
瑛采	あきと
瑛一	えいいち
瑛賀	えいが
瑛吉	えいきち
瑛作	えいさく
瑛路	えいじ
瑛主	えいす
瑛祐	えいすけ
瑛太	えいた
瑛智	えいち
瑛徹	えいてつ
瑛斗	えいと
瑛夢	えいむ
恭瑛	きょうえい
翔瑛	しょうえい
隆瑛	たかてる
瑛朗	たまお
瑛貴	たまき
智瑛	ちえい
瑛臣	てるおみ
瑛基	てるき
瑛志	てるし
瑛斗	てると
瑛秀	てるひで
優瑛	まさてる
悠瑛	ゆうえい
佳瑛	よしてる
瑛二郎	えいじろう

温

オン　あたたかい
名 あつ　あつし　ただす　はる　まさ　みつ　やす　ゆたか　よし
旧 溫

温かい、穏《おだ》やか、優しい、大切にするなどの意味がある。ぬくもりを感じさせる心の温かい人になるよう願って。
ヒント「はる」の音は素朴《そぼく》で温かくこだわりのない印象。「あつ」の音は相手を認める度量の深さを感じさせる。

温	あつし
志温	しおん
温志	ただし
温輝	はるき
温人	はると
温登	まさと
温暉	みつき
心温	みよし
温大	やすひろ
温架	ゆたか

賀

ガ
名 か　しげ　のり　ます　よし　より

物を贈って祝うこと。喜ぶ、ねぎらうなどの意味を表す。縁起のいい字。喜びの多い人生を願って。
ヒント 迫力と愛らしさをあわせもつ「が」、快活な「か」の音で。さわやかな癒《いや》しに満ちた「よし」の音でも。

- 漢賀　かんが
- 光賀　こうが
- 大賀　たいが
- 貴賀　たかしげ
- 寿賀　ひさのり
- 悠賀　ゆうが
- 賀紀　よしのり
- 嘉賀　よします
- 賀祈　よりき
- 涼賀　りょうが

絵

カイ　エ

もとの字は「繪」。織物の模様の意味から、絵、描く、彩る、模様などの意味になった。美術の才に恵まれるように。
ヒント 「かい」の音は、りりしく行動力のあるイメージ。「え」の音を使うと、エレガントで懐《ふところ》が深い印象に。

- 絵采　えと
- 絵音　えのん
- 絵霧　えむ
- 絵蓮　えれん
- 絵治　かいじ
- 絵人　かいと
- 絵弥　かいや
- 絵理　かいり
- 孝絵　たかえ
- 乃絵瑠　のえる

開

カイ　ひらく
あく
名 はる　はるき　ひら

両手で門をあけるの意味から、ひらく、切りひらく、はじめるの意味を表す。フロンティア精神をもった子に。
ヒント 広い世界や未来の印象に「かい」の音で行動力と明晰《めいせき》さが、「はる」の音で朗《ほが》らかさと温かさが加わる。

- 開　ひらく
- 開祐　かいすけ
- 開生　かいせい
- 開智　かいち
- 開人　かいと
- 澄開　すみひら
- 斉開　なりひら
- 開己　はるき
- 開空　はるく
- 道開　みちはる

凱

ガイ　やわらぐ
名 かつ　とき　やす　よし

勝ちどき（戦いに勝ったときに上げる声）、楽しむなどの意味を表す。勝利と喜びに満ちた人生を願って。
ヒント 勝利や成功のイメージのある字。「がい」の音は、集中力と力強さを感じさせる挑戦者の印象。

- 凱　がい
- 凱亜　がいあ
- 凱矢　がいや
- 凱斗　かつと
- 凱生　ときお
- 季凱　ときやす
- 陽凱　はるよし
- 雅凱　まさとき
- 康凱　やすとき
- 凱憲　よしのり

覚

カク　おぼえる
さます
名 あき　あきら　さだ　さと　さとる　ただし　よし

もとの字は「覺」。悟る、目覚める、さめる、おぼえる、現れるなどの意味がある。鋭敏で頭のよい子に。
ヒント 確かな知性のイメージ。「さと」の音には聡明《そうめい》さと温かさが。「あき」の音で明るいリーダーの印象に。

- 覚　さとる
- 覚久　あきひさ
- 覚良　あきら
- 覚自　かくじ
- 覚眞　かくま
- 惟覚　これよし
- 覚志　ただし
- 利覚　としさだ
- 正覚　まさあき
- 光覚　みつよし

葛

カツ　くず
つづら
名 かず　かつら　かど　さち

つる草のクズを表す。茎の繊維《せんい》で布を織り、根からクズ粉をつくる。草木のつるの意味も。すくすく育つように。
ヒント 利発で快活な印象の「かつ」、自ら切りひらいて財を成すイメージの「かず」の音が使いやすい。

- 葛　かつら
- 葛弥　かずや
- 葛貴　かつき
- 葛人　かつと
- 葛峰　かつみね
- 葛哉　かつや
- 葛生　さちお
- 茂葛　しげかど
- 裕葛　ひろかず
- 葛太郎　かつたろう

敢

カン
名 いさみ　いさむ　つよし

あえてするのほか、勇ましい、思い切ってするの意味がある。勇敢で、進取の精神に富んだ子になるよう願って。
ヒント 果敢《かかん》に挑戦する印象。茶目《ちゃめ》っ気《け》と頼りがいのある「かん」、さわやかな風や光のような「いさ」の音で。

- 敢　いさむ
- 一敢　いっかん
- 敢市　かんいち
- 敢吉　かんきち
- 敢司　かんじ
- 敢兵　かんぺい
- 大敢　だいかん
- 敢士　つよし
- 勇敢　ゆうかん
- 敢太郎　かんたろう

雁

ガン　かり

鳥の名で、カリ、ガンを表す。秋に日本に来て春に去る渡り鳥である。のびのびと育つよう願いをこめて。
ヒント 「がん」の音は不器用でも頼りがいのある印象。「かり」の音には宝石のようなエリート感と華やかさが。

- 偉雁　いかり
- 雁祐　かりすけ
- 雁太　かりた
- 雁飛　かりと
- 雁慈　がんじ
- 雁汰　がんた
- 渡雁　とがん
- 飛雁　ひがん
- 雁次郎　がんじろう
- 雁之介　がんのすけ

喜

キ　よろこぶ
名 このむ　のぶ　はる　ひさ　ゆき　よし

太鼓を打って神を楽しませる意味から、喜ぶ、楽しむ、好むなどの意味になった。喜びの多い人生を願って。
ヒント 「よし」の音は、自然体でさわやかな印象。「き」の音には、人に左右されずに自分をつらぬく印象がある。

- 陽喜　あきのぶ
- 一喜　かずき
- 喜一　きいち
- 喜巳　のぶみ
- 喜人　はると
- 裕喜　ひろゆき
- 光喜　みつき
- 芳喜　よしひさ
- 喜也　よしや
- 瑠喜斗　るきと

葵

キ　あおい
名 まもる

食用草のアオイ、また、観賞用の草花のアオイを表す。観賞用のアオイの花は日光に向く。誠実な人に。
ヒント 和の美を感じさせる字。「き」と読むと生命力あふれる個性派の印象に。「まもる」と読んで1字名にも。

葵 あおい
葵 まもる
愛葵 あいき
葵唯 あおい
葵杜 あおと
葵葉 あおば
文葵 あやき
乙葵 いつき
瑛葵 えいき
克葵 かつき

葵伸 きしん
葵由 きよし
葵來 きら
晃葵 こうき
純葵 じゅんき
咲葵 さき
詩葵 しき
大葵 だいき
辰葵 たつき
環葵 たまき

夏葵 なつき
晴葵 はるき
真葵 まき
葵琉 まもる
葵吏 まもり
悠葵 ゆうき
理葵 りき
葵一郎 きいちろう
皐都葵 さつき
向日葵 ひまわり

幾

キ　いく
名 おき　ちか
のり

兆し、かすか、近いなどのほかに、いくら、いくつなどの意味を表す。学者、研究者などにぴったりの字。
ヒント 生命力にあふれる「き」、未来へつき進む「いく」、りりしさと華やかさをもつ「のり」の音で使われる。

幾多 いくた
幾真 いくま
幾索 きさく
幾祐 きすけ
知幾 ともおき
尋幾 ひろちか
正幾 まさちか
倫幾 みちのり
幾次郎 いくじろう
幾太郎 きたろう

揮

キ

手を振る、振り回す、指図するなどの意味を表す。リーダーになる人にふさわしい字。
ヒント 「指揮」「発揮」のとおり、能力を十二分に活かす人に。「き」の音は、生命力あふれるスターの印象。

愛揮 あいき
一揮 かずき
揮佑 きすけ
剛揮 ごうき
朋揮 ともき
瑞揮 みずき
基揮 もとき
泰揮 やすき
侑揮 ゆうき
揮十郎 きじゅうろう

貴

キ　たっとい
とうとい
名 あつ　たか
たかし　たけ
よし

「貝」+「臼」。貝は貨幣に用いられ、物がたっといという意味から、身分や地位が高い意味になった。
ヒント 「き」の音は潔く自らの道を進み成功する印象、「たか」の音はやる気と思いやりのあるリーダーの印象。

貴 たかし
貴朗 あつお
貴気 あつき
貴宏 あつひろ
彩貴 あやき
音貴 おとき
和貴 かずき
貴一 きいち
昂貴 こうき
坂貴 さかき

純貴 じゅんき
澄貴 すみき
苑貴 そのき
大貴 だいき
貴明 たかあき
貴敏 たかとし
貴行 たかゆき
達貴 たつき
智貴 ともあつ
秀貴 ひでき

寛貴 ひろき
洋貴 ひろたけ
舞貴 まいき
柾貴 まさたか
基貴 もとき
雄貴 ゆうき
吉貴 よしたか
貴翔 よしと
瑠貴 るき
威武貴 いぶき

稀

キ　ケ
まれ

もとは苗がまばらなことをいい、少ない、まれ、薄いなどの意味になった。個性がきらりと光る子に。
ヒント オンリーワンのイメージ。自分らしさを発揮する「き」や、豊かなものがあふれ出すような「まれ」の音で。

麻稀 あさき
一稀 かずき
稀晶 きしょう
稀平 きへい
斗稀 とき
遙稀 はるき
稀以 まれい
光稀 みつき
吉稀 よしき
稀以太 けいた

喬

キョウ
たかい
名 すけ　ただ
のぶ　もと

目印の木を立てた城門をいい、高い、高くそびえるの意味に使う。自信に満ちあふれた、成功しそうな字。
ヒント 優しくパワフルな「きょう」、温かくやる気いっぱいの「たか」、華やかで頼れる「もと」の音で。

宇喬 うきょう
喬慈 きょうじ
宗喬 そうすけ
喬志 たかし
喬斗 ただと
喬文 ただふみ
輝喬 てるもと
喬生 のぶお
喬悠 のぶはる
喬之介 きょうのすけ

暁

ギョウ
あかつき
名 あき
あきら
さとし
さとる　とき
とし
旧 曉

夜明け、明け方をいい、物の形も明らかになるので悟るの意味もある。明るい未来になるよう願いをこめて。
ヒント 「あき」の音は未来に駆けていく印象。「さと」の音はさわやかさを感じさせる。1字名にも。

暁 さとる
暁耶 あきや
暁行 あきゆき
暁良 あきら
一暁 かずとし
暁哉 ときや
暁生 としき
暁郎 としろう
知暁 ともあき
秀暁 ひでとき

極

キョク　ゴク
きわめる
名 なか　のり
みち

きわめる、きわまる、物事の最高・最上・最終、きわめて、この上なくなどの意味を表す。極上の人生を願って。
ヒント りりしく華やかな「のり」、芸術家肌の「きわ」、充実感と生命力のある「みち」の音などを活かして。

極巳	きわみ
極武	きわむ
理極	さとみち
孝極	たかのり
極久	のりひさ
極吉	のりよし
真極	まなか
極生	みちお
光極	みつのり
吉極	よしみち

勤

キン　ゴン
つとめる
名 いそし
つとむ　とし
のり

旧 勤

農耕に努めることから、努める、働く、いそしむなどの意味にもなった。努力する人にぴったりの字。
ヒント 充実した力を連想させる「つとむ」の音で1字名に。「きん」の音は、茶目《ちゃめ》っ気《け》と輝きを感じさせる。

勤	つとむ
勤志	いそし
勤士	きんじ
勤弥	きんや
勤平	ごんぺい
忠勤	ただとし
勤貴	としき
勤朗	としろう
直勤	なおのり
恭勤	やすのり

欽

キン
うやまう
つつしむ
名 ただ
ひとし
まこと　よし

神に接するときの態度をいい、つつしむ、敬うなどの意味を表す。また、天子に敬意を表してつける語。
ヒント 「きん」の音は、機転《きてん》がきく華やかな人の印象。「まこと」「ひとし」の読みで1字名にも。

欽	まこと
明欽	あきただ
欽一	きんいち
欽甫	きんすけ
欽哉	きんや
敬欽	たかただ
欽志	ただし
尚欽	ひさよし
欽司	ひとし
欽貴	よしき

琴

キン　こと

弦楽器の「こと」を表す。神聖な楽器で、材料も最高のものが使われた。和のイメージもある字。
ヒント 「きん」の音は、輝きと茶目《ちゃめ》っ気《け》を感じさせる。知性と信頼感のある「こと」の音で止め字にしても。

琴吾	きんご
琴汰	きんた
琴臣	ことおみ
琴志	ことし
琴葉	ことば
琴迪	ことみち
琴來	ことら
琴吏	ことり
真琴	まこと
実琴	みこと

卿

ケイ　キョウ
名 あきら
きみ　のり

饗宴に招かれる者をいい、君、大臣、高位の臣などの意味を表す。めでたいの意味もある。社会で成功するように。
ヒント 「けい」と読むと、ドライで知性的なエリートの印象、「きょう」と読むと、強さと優しさをあわせもつ印象に。

卿	あきら
有卿	うきょう
卿人	きみと
卿吾	きょうご
卿平	きょうへい
卿佑	けいすけ
卿汰	けいた
卿斗	けいと
貞卿	さだきみ
美卿	よしのり

敬

ケイ
うやまう
名 あき　かた
さとし　たか
たかし　とし
のり

敬う、つつしむ、かしこまる、うやうやしいなどの意味を表す。礼儀正しく、謙虚で誠実な人になるよう願って。
ヒント 「けい」と読むと、りりしく知性的で公平さのあるイメージに。「たかし」「さとし」の音で1字名にも。

敬	たかし
一敬	かずとし
敬太	けいた
敬詩	さとし
敬久	としひさ
直敬	なおかた
浩敬	ひろあき
崇敬	むねのり
雄敬	ゆたか
龍敬	りゅうけい

景

ケイ
名 あきら
かげ　ひろ

光の意味を表し、そこから、影、景色、ありさま、風情などの意味に使う。はきはきした子になるように。
ヒント 「風景」のように穏《おだ》やかなイメージ。「けい」と読むと気品と知性が、「ひろ」の音で情熱と力強さが加わる。

景	あきら
煌景	あきひろ
一景	いっけい
景貴	かげき
景虎	かげとら
景志	けいし
景介	けいすけ
景都	けいと
千景	ちかげ
季景	ときひろ

結

ケツ　むすぶ
ゆう
名 かた
ひとし　ゆ
ゆい

結ぶ、つなぎ合わせる、集まる、約束する、固めるなどの意味を表す。友達がたくさんできることを願って。
ヒント 人気の「ゆ」「ゆい」「ゆう」の音で使える字。「ゆい」は、おおらかで、のびのびと能力を発揮する印象。

結	ひとし
朋結	ともかた
結枇	むすび
結我	ゆいが
結気	ゆいき
結糸	ゆいと
結磨	ゆいま
結海	ゆいみ
結雅	ゆうが
結輝	ゆうき

結吾	ゆうご
結朔	ゆうさく
結士	ゆうし
結次	ゆうじ
結心	ゆうしん
結仁	ゆうじん
結生	ゆうせい
結多	ゆうた
結杜	ゆうと
結穂	ゆうほ

結真	ゆうま
結矢	ゆうや
結吏	ゆうり
結隆	ゆたか
結月	ゆづき
結絃	ゆづる
結良	ゆら
亜結人	あゆと
実結斗	みゆと
結太朗	ゆうたろう

萱

ケン　かや
わすれぐさ
名 ただ　まさ

草の名で、ワスレグサ。憂いを忘れさせてくれるという。屋根をふく草、カヤの意味も。楽天家に育つように。
ヒント　「けん」の音は好奇心と探求心が強い少年の印象、「かや」の音は無邪気さと公平さで人を魅了する印象。

萱人　かやと
萱音　かやね
萱一　けんいち
萱作　けんさく
萱杜　けんと
萱真　けんま
萱照　ただてる
知萱　ちかや
守萱　もりまさ
保萱　やすただ

絢

ケン　あや
名 じゅん　はる

目がくらむほど美しい織物の模様、あや糸のことで、あや、美しいの意味に使う。美少年にふさわしい字。
ヒント　好奇心旺盛《おうせい》な印象の「けん」、優雅で落ち着いた「あや」、やわらぎとお茶目さをもつ「じゅん」の音で。

絢人　あやと
絢斗　あやと
絢壱　けんいち
絢信　けんしん
絢矢　けんや
絢太　じゅんた
千絢　ちはる
絢彦　はるひこ
文絢　ふみはる
絢一郎　じゅんいちろう

堅

ケン　かたい
名 かたし　すえ　たか
つよし　み
よし

かたい、かためる、強い、しっかりしているなどの意味を表す。信念をもって生きる人になるよう願って。
ヒント　リーダーの器《うつわ》の「たか」、やんちゃな魅力の「けん」、清潔な癒《いや》しを感じる「よし」の音などで。

堅　つよし
堅司　かたし
清堅　きよたか
堅吾　けんご
堅志　けんじ
堅太　けんた
剛堅　ごうけん
実堅　さねよし
堅利　すえとし
卓堅　たくみ

硯

ケン　すずり
名 げん

もとは滑らかな石をいい、墨をする道具のすずりを表す。昔は最も基本的な文具のひとつ。文筆家にふさわしい字。
ヒント　「けん」の音は、冴《さ》えた目で新しい発想をする印象。「げん」と読むと、覇気《はき》とりりしさのある印象に。

硯一　けんいち
硯冴　けんご
硯慈　けんじ
硯亮　けんすけ
硯人　けんと
硯磨　けんま
硯哉　げんや
浩硯　こうけん
宥硯　ゆうけん
硯太郎　けんたろう

琥

コ　こはく
名 く　たま

虎の文様のある玉、虎の形をした祭祀用の玉器、また、琥珀《こはく》の意味を表す。虎のように強く美しい男性に。
ヒント　機敏《きびん》な印象の「こ」、タフでおおらかな「たま」で。「く」の音で止め字にすると、安心感を与える名前に。

琥　こはく
雅琥　がく
琥壱　こいち
琥亜　こあ
琥宇　こう
琥徹　こてつ
琥珀　こはく
琥南　こなん
琥嵐　こらん
嵯琥　さく

佐琥　さこ
晶琥　しょうご
汰琥　たく
助琥　たすく
琥央　たまお
琥希　たまき
大琥　だいご
仁琥　にこ
芭琥　はく
春琥　はるく

開琥　ひらく
巳琥　みく
勇琥　ゆうご
利琥　りく
竜琥　りゅうく
鈴琥　りんく
和琥　わく
琥太郎　こたろう
琥次郎　こじろう
弥琥斗　みこと

湖

コ　みずうみ
名 うみ　ひろし

みずうみ、湖水の意味を表す。池、沼よりも大きく、水も澄んだイメージがある。清純な子に育つよう願って。
ヒント　「ひろし」「うみ」などの1字名としても新鮮。「こ」の音で周囲から頼りにされ、かわいがられる人に。

湖　ひろし
湖采　うみと
央湖　おうみ
湖斗　こと
湖南　こなん
透湖　とうみ
湖々呂　こころ
湖次郎　こじろう
湖太郎　こたろう
青日湖　はるひこ

港

コウ　みなと

水の上の道の意味から、「みなと」の意味を表すように。人の集まるところ。多くの友達に恵まれるよう願って。
ヒント　「こう」の音を活かすと、俊敏《しゅんびん》さと思慮深さをあわせもつ印象。充実感と親密感のある「みな」でも。

港　みなと
港市　こういち
港士　こうじ
港太　こうた
港希　みなき
港祐　みなすけ
港未　みなみ
友港　ゆうこう
擁港　ようこう
港之介　こうのすけ

皓

コウ　しろい
名 あき　あきら　つぐ
てる　ひかる
ひろ　ひろし

白い、光る、清い、明らかなどの意味を表す。皓歯《こうし》とは白い歯であるが、美人の意味もある。清く美しい人に。
ヒント　「ひろ」と読むと穏《おだ》やかだがたくましい印象、「こう」と読むと知的で繊細《せんさい》な印象に。

皓　ひろし
瑛皓　あきてる
皓我　こうが
皓気　こうき
皓夜　こうや
汰皓　たつぐ
皓正　てるまさ
皓瑠　ひかる
皓之　ひろゆき
皓太郎　こうたろう

犀

サイ
名 かた

「尾」+「牛」で、獣のサイを表す。角は薬、皮は甲冑に使われる。文豪・室生犀星の犀。バイタリティのある人に。
ヒント 「犀利《さいり》」のとおり、頭の働きが鋭い人に。「さい」の音は、ドライでスピード感のある戦略家の印象。

瑛犀 えいさい
恒犀 こうさい
犀希 さいき
犀次 さいじ
犀佑 さいすけ
犀三 さいぞう
犀斗 さいと
寿犀 ひさかた
優犀 ゆうさい
犀太郎 さいたろう

紫

シ むらさき
名 むら

色の紫を表す。日本では、ムラサキ草の根から紫色の染料を採った。古代には高貴な色とされた。高貴な人に。
ヒント 優美で気品のあるイメージ。颯爽《さっそう》としていてスター性を感じさせる「し」の読みで使われることが多い。

清紫 きよし
暁紫 さとし
紫雲 しうん
紫音 しおん
紫紋 しもん
貴紫 たかむら
悠紫 ゆうし
玲紫 れいし
廉紫 れんし
紫衣耶 しいや

詞

シ
名 こと なり
のり ふみ

神に祈ることばを表し、ことば、文章、言う、説くなどの意味に使う。文学的才能に恵まれるよう願って。
ヒント 文学的なイメージに、「し」の音できらきらした生命力を、「こと」の音で信頼感と知性をプラス。

彩詞 あやふみ
詞葉 ことば
詞貴 しき
詞音 しおん
詞人 のりと
弘詞 ひろし
詞希 ふみき
真詞 まこと
友詞 ゆうじ
幸詞 ゆきなり

滋

ジ
名 あさ しげ
しげる ふさ
ます

ふえる、増すの意味から、草木が茂る、潤《うるお》す、養うなどの意味になった。おいしい味の意味も。元気で活発な人に。
ヒント 人情味がありパワフルな印象の「しげ」、育ちがよく上品な「じ」の音で。「しげる」の音で1字名にも。

滋 しげる
滋生 あさき
環滋 かんじ
堅滋 けんじ
滋人 しげと
滋彦 しげひこ
智滋 ともあさ
暢滋 のぶふさ
匡滋 まさじ
滋弘 ますひろ

萩

シュウ はぎ

草の名で、カワラヨモギを表す。また日本では、秋の七草のひとつ、ハギのことをいう。風流な人になるよう願って。
ヒント 「しゅう」の音は俊敏《しゅんびん》さと落ち着きをあわせもつ。「はぎ」の音は笑顔が気になるがんばり屋さんの印象。

斉萩 さいしゅう
萩伊 しゅうい
萩一 しゅういち
萩慈 しゅうじ
萩斗 しゅうと
萩平 しゅうへい
萩也 しゅうや
萩緒 はぎお
萩哉 はぎや
真萩 ましゅう

竣

シュン
おえる
名 たか
たかし

神聖な儀礼の場が完成することを表し、終わる、仕事を成し終えるの意味に使う。何事かを成し遂げる人に。
ヒント 「しゅん」の音はさわやかでやわらかい風を、「たか」の音はリーダーシップを感じさせる。

竣 たかし
賢竣 けんしゅん
竣我 しゅんが
竣己 しゅんき
竣吾 しゅんご
竣亮 しゅんすけ
竣太 しゅんた
竣斗 しゅんと
竣也 たかや
竣之介 しゅんのすけ

閏

ジュン
うるう
名 うる

「うるう」の意味。「うるう」とは、日数や月数を普通より多くすること。今の暦にも閏年がある。個性的な子に。
ヒント 「じゅん」の音はチャーミングな印象。内に秘めた才覚を感じさせる「うる」の音を使っても新鮮。

閏 うるう
閏斗 うると
功閏 こうじゅん
閏一 じゅんいち
閏輝 じゅんき
閏吾 じゅんご
閏時 じゅんじ
閏亮 じゅんすけ
閏哉 じゅんや
曽閏 そうる

順

ジュン
名 おさむ
しげ すなお
とし なお
のぶ のり
ゆき

もとは神意にしたがうことを表し、そこからしたがう、素直、正しいなどの意味に。順風《じゅんぷう》満帆《まんぱん》な人生を願って。
ヒント 育ちのよさと人なつっこさをあわせもつ「じゅん」、重厚感と信頼感のある「のり」の音などを活かして。

順 すなお
礼順 あきのぶ
順武 おさむ
和順 かずとし
順吉 じゅんきち
順一 としかず
久順 ひさなお
史順 ふみしげ
正順 まさのり
順也 ゆきや

勝

ショウ かつ
まさる
名 すぐる
とう のり
ます よし

勝つ、まさる、優れる、盛んのほか、耐える、ことごとくの意味もある。人生の勝利者になれるよう願いをこめて。
ヒント 「かつ」と読むと、強いリーダーシップの印象が増す。「しょう」の音は、ソフトで深い光を感じさせる。

勝 まさる
勝幸 かつゆき
重勝 しげよし
勝平 しょうへい
勝琉 すぐる
勝矢 とうや
正勝 まさかつ
行勝 ゆきのり
芳勝 よしのます
勝之介 しょうのすけ

晶

ショウ
名 あき あきら てる まさ

星の光を三つ組み合わせた形で、明らか、輝くの意味に。水晶の意味もある。クールな輝きをはなつ男性に。

ヒント 時代を切りひらく「あき」、新鮮なひらめきの印象の「しょう」、満ち足りてさわやかな「まさ」の音で。

晶	あきら
晶人	あきと
晶憲	あきのり
晶巳	あきみ
希晶	きしょう
晶輝	てるき
晶磨	てるま
智晶	ともてる
広晶	ひろあき
雪晶	ゆきまさ

翔

ショウ
かける とぶ
名 と

鳥が羽を広げてゆっくり飛ぶことで、飛ぶ、翔ける、めぐる、さまようなどの意味に使う。のびのび育つように。

ヒント 深い優しさと新鮮な英知をあわせもつ「しょう」の音のほか、おおらかでしっかり者の「と」の音でも。

翔	かける
旭翔	あさと
天翔	あまと
瑛翔	えいと
海翔	かいと
翔久	かけひさ
一翔	かずと
慶翔	けいと
虹翔	こうと
翔惟	しょうい
翔吾	しょうご
翔二	しょうじ
翔太	しょうた
翔大	しょうだい
翔吏	しょうり
翔音	しょおん
涼翔	すずと
澄翔	すみと
拓翔	たくと
翔空	とあ
翔志	とし
翔和	とわ
颯翔	はやと
晴翔	はると
広翔	ひろと
雅翔	まさと
愛翔	まなと
湊翔	みなと
悠翔	ゆうと
翔太郎	しょうたろう

湘

ショウ

中国にある川の名。湘水。日本では、なんといっても湘南である。きらめくビーチ、海、夕日のイメージ。

ヒント 「しょう」の音には、やわらかく優しい光に満ちあふれた印象がある。使用例が少なく、新鮮味がある。

湘	しょう
輝湘	きしょう
湘吉	しょうきち
湘吾	しょうご
湘介	しょうすけ
湘太	しょうた
湘波	しょうは
湘真	しょうま
海湘	みしょう
雄湘	ゆうしょう

森

シン もり
名 しげ しげる

木を三つ組み合わせた形で、森、茂るの意味。静か、おごそかの意味もある。神秘的な印象もある字。

ヒント 「しん」と読むとまっすぐな光の印象、「もり」と読むと豊潤《ほうじゅん》で艶《つや》やかなイメージが加わる。

森	しげる
琥森	こもり
森也	しげや
森一	しんいち
森吾	しんご
森次	しんじ
森羅	しんら
俊森	としもり
森主	もりす
森人	もりひと

尋

ジン
たずねる
名 ちか つね のり ひろ ひろし みつ

左と右を上下に組み合わせた形で、たずねる、さぐるなどの意味。長さの単位「ひろ」の意味も。止め字にも。

ヒント 穏《おだ》やかさとたくましさのある「ひろ」、優しさと手強さをあわせもつ「じん」の音を活かして。

尋	じん
千尋	ちひろ
尋輝	つねき
智尋	ともちか
尋仁	ひろと
尋光	ひろみつ
尋也	ひろや
万尋	まひろ
尋希	みつき
光尋	みつのり

晴

セイ はれる
名 きよし てる なり はる

もとの字は「晴」。晴れる、晴れ、晴れやかなどの意味を表す。のびのびとした明るい子に育つよう願って。

ヒント 「はる」の音で、華やかさと活気がある印象を増して。透明なしずくを思わせる「せい」の音でも。

晴	きよし
秋晴	あきてる
吾晴	あきよし
一晴	いっせい
快晴	かいせい
素晴	すばる
晴吉	せいきち
晴作	せいさく
晴翔	せいと
晴那	せいな
晴也	せいや
晴良	せら
知晴	ちはる
智晴	ともはれ
晴一	はるいち
晴臣	はるおみ
晴来	はるき
晴空	はるく
晴天	はるたか
晴人	はると
晴彦	はるひこ
晴実	はるみ
晴郎	はるろう
雅晴	まさきよ
光晴	みつはる
基晴	もとなり
悠晴	ゆうせい
善晴	よしはる
龍晴	りゅうせい
明日晴	あすはる

惺

セイ さとい
名 あきら しずか

さとい、悟るのほか、静かの意味を表す。「星」は澄みきった星を表す。心がきれいで頭のよい子になるように。

ヒント 「せい」の音には透明感がある。自然の強さと華やかさを感じさせる「あきら」の音で1字名にしても。

惺	しずか
惺來	あきら
一惺	いっせい
昂惺	こうせい
惺亮	せいすけ
高惺	たかさと
心惺	もとあき
悠惺	ゆうせい
凌惺	りょうせい
惺太郎	せいたろう

善

ゼン　よい
名 さ　ただし
たる　よし

神の意思にかなうことを表し、よい、正しいの意味。うまく、巧みに、仲良くする意味も。善良で愛される子に。

ヒント「よし」と読むと、さわやかで癒《いや》される風のよう。充実感とカリスマ性のある「ただし」の音でも。

善	ただし
昭善	あきよし
大善	だいぜん
善穂	たるほ
英善	ひでただ
帆善	ほたる
善生	よしお
善輝	よしき
善行	よしゆき
万善人	まさと

創

ソウ　つくる
名 はじむ

もとは槍による傷のことをいった。はじめる、はじめてつくるの意味も表す。創造的な才能に恵まれるように。
ヒント イノベーターのエネルギーを感じさせる字。「そう」の読みで、潔く、颯爽《さっそう》とした印象をプラスして。

創	はじむ
創意	そうい
創壱	そういち
創我	そうが
創紀	そうき
創吉	そうきち
創賢	そうけん
創吾	そうご
創作	そうさく
創志	そうし
創仁	そうじん
創佑	そうすけ
創生	そうせい
創多	そうた
創大	そうだい
創辰	そうたつ
創徳	そうとく
創平	そうへい
創磨	そうま
創巳	そうみ
創明	そうめい
創野	そうや
創楽	そうら
創瑠	そうる
創琉	つくる
創芽	はじめ
夢創	むそう
創一郎	そういちろう
創治郎	そうじろう
創太朗	そうたろう

湊

ソウ　みなと
名 みな

水上の人の集まるところを表し、港、船着き場、集まるなどを意味する。社交的な人になることを願って。

ヒント「そう」の音で、のびやかでパワーを秘めた印象に。満ち足りていて親密感のある「みな」の音でも。

湊	みなと
伊湊	いぞう
英湊	えいそう
湊羽	そう
湊悟	そうご
湊志	そうし
湊介	そうすけ
湊造	そうぞう
湊太	そうた
湊大	そうだい
湊也	そうや
湊吏	そうり
湊竜	そうりゅう
湊琉	そうる
湊来	そら
大湊	たいそう
辰湊	たつみ
湊音	みおん
湊月	みづき
湊輝	みなき
湊凪	みなぎ
湊世	みなせ
湊斗	みなと
湊都	みなと
湊弥	みなみ
湊琉	みなる
蓮湊	れんそう
湊一郎	そういちろう
湊太朗	そうたろう
湊那太	そなた

惣

ソウ
名 おさむ
とし　のぶ
ふさ

「総」に通用する字で、すべて、集めるの意味。惣領（長男）の意味もある。人の上に立つ人になるように。

ヒント「そう」の音は清涼感があり、パワーを秘めた印象。生命力あふれる「おさむ」の音で1字名にも。

惣	おさむ
君惣	きみとし
惣吾	そうご
惣司	そうし
惣亮	そうすけ
惣太	そうた
昌惣	まさとし
喜惣	よしのぶ
頼惣	よりふさ
惣一郎	そういちろう

尊

ソン
たっとい
とうとい
名 たか
たかし
たける

もとは酒樽を表し、とうとい、敬うなどの意味になった。勇ましい印象を与える。尊敬される人になるように。
ヒント 日本武尊《やまとたけるのみこと》のように、英雄のイメージ。思いやりとやる気をあわせもつ「たか」の音で頂点を極《きわ》める人に。

尊	たかし
尊気	たかき
尊斗	たかと
尊成	たかなり
尊信	たかのぶ
尊靖	たかやす
武尊	たけと
広尊	ひろたか
倫尊	みちたか
安尊	やすたか

達

タツ
名 いたる
かつ　さとし
ただ　とおる
のぶ　みち
よし

通る、つらぬく、届く、至るの意味。また、悟る、物事に通じているの意味も。達人になれるように。
ヒント 昔から男の子に使われる字。「たつ」と読むと、理知的で意志が強く、確実な行動力を発揮する人に。

達	さとし
達琉	いたる
永達	えいたつ
達斗	かつと
邦達	くにたつ
慶達	けいたつ
隆達	たかみち
達人	ただと
達興	たつおき
達臣	たつおみ
達揮	たつき
達吉	たつきち
達志	たつし
達乃	たつの
達彦	たつひこ
達穂	たつほ
達真	たつま
達巳	たつみ
達夢	たつむ
達也	たつや
達芳	たつよし
達琉	たつる
達郎	たつろう
輝達	てるよし
達瑠	とおる
紀達	のりただ
仁達	ひとのぶ
達信	みちのぶ
善達	よしみち
達吾朗	たつごろう

巽

ソン　たつみ
名 たつ　ゆく
よし

神前で二人並んで舞う形で、供えるの意味に。また、南東の方角たつみを表す。敬う、つつしむの意味も。
ヒント 風水で巽《たつみ》（南東）は人の縁をつかさどる方角。「たつ」の音は強い意志と知性を感じさせる。

巽	たつみ
晶巽	あきよし
巽緒	たつお
巽吉	たつきち
巽彦	たつひこ
立巽	たつよし
実巽	みよし
巽杜	ゆくと
巽彦	よしひこ
巽寛	よしひろ

智

チ　さとい
名 あきら
さと　じ
とし　とも
のり

神に祈り誓うことをいい、知恵、知識、知恵のある人などの意味を表す。頭のよい子になるよう願って。
ヒント 優しさと力強さをあわせもつ「とも」、さわやかで包容力のある「さと」、躍動感のある「ち」の音などで。

智	あきら
吾智	あさと
海智	かいち
数智	かずとも
智揮	さとき
智史	さとし
慎智	しんじ
大智	だいち
啓智	たかさと
智早	ちはや
智裕	ちひろ
智悠	ちゆう
智秋	としあき
智惟	ともい
智生	ともき
智邦	ともくに
智士	ともし
智成	ともなり
智彦	ともひこ
智央	ともひろ
智海	ともみ
智光	ともみつ
智也	ともや
智吏	ともり
那智	なち
智人	のりと
芳智	よしとも
佐智緒	さちお
真智音	まちね
未智太	みちた

朝

チョウ　あさ
名 あした
つと　とき
とも　のり
はじめ

草の間に日が出ている形を表し、朝の意味になった。政治を行うところの意味もある。フレッシュなイメージ。
ヒント 清潔感と新鮮さのある「あさ」の音を活かして。「とも」の音には、優しさと信頼感がある。

朝	はじめ
朝生	あさき
朝斗	あさと
朝陽	あさひ
朝太	あした
亜朝	あつと
有朝	ありとも
和朝	かずとも
佳朝	かつと
克朝	かつのり
公朝	きみのり
汰朝	たつと
朝治	ちょうじ
朝介	ちょうすけ
朝夢	つとむ
常朝	つねのり
輝朝	てるとも
朝男	ときお
朝揮	ともき
朝哉	ともや
那朝	なつと
朝杜	のりと
春朝	はるとき
久朝	ひさのり
昌朝	まさのり
武朝	むつと
泰朝	やすとも
新朝	よしとも
頼朝	よりとも
朝次郎	ちょうじろう

渡

ト　わたる
名 ただ　ど

わたる、過ぎるなどの意味を表す。川や海を渡るほか、世間を渡る意味もある。世渡り上手になれるように。
ヒント 「と」と読むと、しっかりとしたおおらかさのある印象。「わたる」と読むと、圧倒的な存在感がある。

渡	わたる
明渡	あきただ
海渡	うみと
界渡	かいと
晋渡	しんど
宙渡	そらと
渡夢	とむ
悠渡	ゆうと
陸渡	りくと
龍渡	りゅうと

登

トウ　ト
のぼる
名 たか　とも
なり　のり

高いところに上がる、高い地位につくのほか、なる、実るの意味もある。社会人として尊敬される人になるように。
ヒント 頼りがいがあっておおらかな印象の「と」の音で。内面の充実した「のぼる」の音で1字名にも。

登	のぼる
郁登	いくと
勇登	いさと
貴登	たかと
岳登	たけなり
登大	ともはる
直登	なおと
登岳	のりたけ
倫登	みちたか
山登	やまと

塔

トウ

サンスクリット語のことばを音訳したもので、仏塔を指すが、高くそびえる建物もいう。すくすく育つように。
ヒント 気高くすらっとした美しさを感じさせる字。「とう」の音は、コツコツ努力する人を思わせる名前に。

靖塔	せいとう
貴塔	たかと
塔吉	とうきち
塔悟	とうご
塔士	とうし
塔大	とうた
塔見	とうみ
塔哉	とうや
塔瑠	とうる
塔二郎	とうじろう

等

トウ
ひとしい　ら
名 しな　たか
とし　とも
ひとし

長さが同じ竹の札をいい、等しい、同じの意味を表す。また、仲間の意味もある。多くの友達に恵まれるように。
ヒント パワフルだが清楚《せいそ》で品がある「ひとし」の音で1字名に。「とし」の音はまじめでやる気を感じさせる。

等	ひとし
一等	かずとし
貴等	たかしな
等仁	たかと
等梧	とうご
等真	とうま
等道	ともみち
斉等	なりたか
幸等	ゆきとし
善等	よしとも

統

トウ　すべる
名 おさむ
すみ　つな
つね　のり
もと

すべる、ひとつにまとめる、治めるの意味を表す。また、つながり、ひと続きのものの意味も。統率力のある人に。
ヒント 「とう」と読むと格調の高さとバイタリティを感じさせる。集中力があり充実した「おさむ」の音でも。

- **統** おさむ
- **統揮** すみき
- **統輝** つなき
- **正統** まさずみ
- **将統** まさのり
- **統夫** もとお
- **統志** もとし
- **統也** もとや
- **美統** よしつね
- **統一朗** とういちろう

董

トウ
名 しげる
ただし　なお
のぶ　まこと
まさ　よし

正す、直すなどのほかに、治める、監督するの意味もある。また、骨董の「董」にも使う。リーダーにぴったり。
ヒント 「とう」の音で大物の風格を、「よし」の音で清潔感と朗らかさを加えて。「まこと」などの音で1字名にも。

- **董** まこと
- **董矢** とうや
- **董吏** とうり
- **董人** なおと
- **董久** なおひさ
- **紀董** のりまさ
- **史董** ふみよし
- **董一** まさかず
- **董士** まさし
- **正董** まさのぶ

童

ドウ　わらべ
名 わか
わらわ

もとは奴隷、しもべのことだったが、のち、わらべ、子どもの意味になった。子どもの純真さを忘れない人に。
ヒント 「どう」の音は大物感が漂《ただよ》う。朗《ほが》らかな印象の「わか」の音で、多くの人に夢と希望を降りそそぐ存在に。

- **稀童** きどう
- **志童** しどう
- **聖童** せいどう
- **童吾** どうご
- **童夢** どうむ
- **雷童** らいどう
- **竜童** りゅうどう
- **凛童** りんどう
- **童葉** わかば
- **童斗** わらと

道

ドウ　トウ
みち
名 おさむ
ただし
とおる　のり
まさ　ゆき
より

邪霊をはらい清めたところをいい、「みち」の意味に使う。また、人が進むべき道、芸などの道も。道を究《きわ》める人に。
ヒント 力強く人生を歩むイメージ。「みち」の音を使うと充実感と、ぴちぴちとした生命力があふれる名前に。

- **道** おさむ
- **士道** しどう
- **道志** ただし
- **照道** てるのり
- **昌道** まさみち
- **道斗** みちと
- **道大** みちひろ
- **道留** みちる
- **心道** もとより
- **道人** ゆきと

敦

トン　あつい
名 あつ
あつし
おさむ
つとむ　とし
のぶ

神に供える酒食を盛る器《うつわ》を表し、人情に厚い、尊《たっと》ぶ、まことなどの意味を表す。誠実な人になるよう願って。
ヒント 「あつ」の音には、自然で心地よい開放感がある。1字名の「あつし」はあっさり事を成し遂げる印象。

- **敦** あつし
- **敦彦** あつひこ
- **敦也** あつや
- **敦郎** あつろう
- **敦武** おさむ
- **実敦** さねとし
- **惟敦** ただのぶ
- **敦武** つとむ
- **敦生** としお
- **秀敦** ひであつ

斐

ヒ
名 あきら
なが　よし

あや（模様）のある美しさを表し、美しい、明らか、なびくなどの意味を表す。頭がよく魅力的な子に。
ヒント 格別な美しさを感じさせる字。「ひ」の音で万葉仮名風に。明るく華やかな印象の「あきら」の音でも。

- **斐** あきら
- **和斐** かずよし
- **辰斐** たつよし
- **斐高** ひだか
- **雅斐** まさなが
- **雄斐** ゆうひ
- **斐基** よしき
- **斐彦** よしひこ
- **斐那斗** ひなと
- **里斐人** りひと

博

ハク　バク
名 とおる
はか　ひろ
ひろし
ひろむ

広い、行き渡っている、広く通じているなどの意味を表す。勉強の好きな子になるように願いをこめて。
ヒント 「ひろ」の音は、落ち着きの中にたくましさと情熱をもつ印象。「ひろし」「とおる」の音で1字名にも。

- **博** ひろし
- **在博** ありひろ
- **和博** かずひろ
- **澄博** すみひろ
- **鷹博** たかひろ
- **丈博** たけひろ
- **千博** ちひろ
- **灯博** とうはく
- **博瑠** とおる
- **朋博** ともひろ
- **博琉** はかる
- **博亜** はくあ
- **博仁** はくと
- **博臣** ひろおみ
- **博一** ひろかず
- **博樹** ひろき
- **博貴** ひろたか
- **博近** ひろちか
- **博斗** ひろと
- **博文** ひろふみ
- **博帆** ひろほ
- **博政** ひろまさ
- **博巳** ひろみ
- **博道** ひろみち
- **博歩** ひろむ
- **博芽** ひろめ
- **真博** まひろ
- **基博** もとひろ
- **弥博** やひろ
- **悠博** ゆうはく

富

フ　フウ
とみ　とむ
名 とよ　ひさ
ゆたか　よし

旧 冨

財産、豊か、満ち足りる、多いなどの意味を表す。物心ともに恵まれ、安楽な人生をおくれることを願って。
ヒント 温かくふんわりとした雰囲気の「ふう」や「ふ」、優しくて力強い「とみ」の音などで使われる。

- **富** ゆたか
- **一富** かずとよ
- **公富** きみひさ
- **富行** とみゆき
- **富裕** とよひろ
- **富太** ふうた
- **文富** ふみよし
- **匡富** まさと
- **実富** みとみ
- **富美也** ふみや

満

マン　みたす
みちる
名 あり　ま
ます　みち
みつ　みつる

もとの字は「滿」。水が満ちあふれることをいい、満ちる、足りるなどの意味になる。満ち足りた人生を願って。

ヒント　「みつ」の音でりりしく気品のある印象を、「ま」の音で満ち足りていて優しい印象をプラス。

満　みつる
和満　かずま
賢満　たかみち
惟満　ただあり
満天　ますひろ
満瑠　みちる
満佳　みつか
満紀　みつき
満帆　みつほ
義満　よしみつ

萬

マン　バン
名 かず　かつ
すすむ　たか
よろず

もとの字は「萬」で、その常用漢字が「万」。数の万、数の多いことを表す。何事にも秀でることを願って。

ヒント　「万」と意味も読みも同じなので、字形や画数で選ぶとよい。「まん」の音は幸福感にあふれた印象。

萬　よろず
萬紀　かずき
一萬　かずたか
萬旗　かつき
萬武　すすむ
萬利　たかとし
稔萬　としかず
秀萬　ひでたか
萬斉　まんさい
萬治郎　まんじろう

湧

ユウ　ヨウ
わく
名 いさむ
わか

桶形の井戸から水がわき出ることから、わく、あふれるなどの意味に使う。あふれる才能に恵まれるように。

ヒント　クリエイティブな印象。「ゆう」の音は気さくで思いやりがある。「わか」の音は夢と希望にあふれた印象。

湧　いさむ
光湧　こうゆう
湧壱　ゆういち
湧翔　ゆうしょう
湧斗　ゆうと
湧吏　ゆうり
湧太　ようた
湧澄　わかずみ
湧羽　わかば
湧也　わくや

裕

ユウ
名 すけ　ひろ
ひろし　まさ
みち　やす
ゆたか

衣服の上に神気が多く現れることをいい、豊か、ゆったりなどの意味に使う。心のゆったりした人になるように。

ヒント　「ゆう」の音で人を和ませる印象、「ひろ」の音でくつろぎの中に積極性やたくましさをもつ印象に。

裕　ゆたか
章裕　あきみち
紀裕　きすけ
賢裕　けんゆう
航裕　こうすけ
澄裕　すみひろ
隆裕　たかみち
裕寿　ひろかず
裕基　ひろき
裕人　ひろと

裕巳　ひろみ
裕道　ひろみち
裕生　まさき
真裕　まさやす
裕斗　みちと
裕瑠　みちる
康裕　やすまさ
裕霧　やすむ
裕悟　ゆうご
裕作　ゆうさく

裕頌　ゆうしょう
裕星　ゆうせい
裕辰　ゆうたつ
裕飛　ゆうひ
裕歩　ゆうほ
裕真　ゆうま
裕吏　ゆうり
裕羽　ゆうわ
琉裕　りゅうすけ
裕太郎　ゆうたろう

遊

ユウ　ウ
あそぶ
名 なが　ゆき

気ままに行動することをいい、あそぶ、楽しむ、旅するなどの意味を表す。友人の意味も。のびのび育つように。

ヒント　豊かな人生や視野の広さを感じさせる字。「ゆう」の音で、優しさと思いやりのある印象が加わる。

遊　ゆう
一遊　かずなが
遊気　ゆうき
遊治　ゆうじ
遊星　ゆうせい
遊都　ゆうと
遊真　ゆうま
遊也　ゆうや
遊李　ゆうり
征遊　ゆきなが

雄

ユウ　お
おす
名 かず　かつ
たか　たけし
のり　よし

オス鳥のことをいい、オス、雄々しい、男らしい、盛んなどの意味を表す。力が強くて優れた才能をもつ人に。

ヒント　止め字の「お」の音は、落ち着いて包容力ある印象。「ゆう」の音で、気さくさと思いやりを加えて。

雄　たけし
雄貴　かつき
太雄　たお
雄洋　たかひろ
朋雄　ともかず
雄賀　のりよし
秀雄　ひでたか
雄斗　ゆうと
雄哉　よしや
飛雄吾　ひゅうご

釉

ユウ
うわぐすり
名 つや　てる

焼き物のうわぐすりを表す。素焼きの陶磁器の表面に塗って艶《つや》を出す薬。艶、光の意味も。技芸に優れた子に。

ヒント　人気の「ゆう」と読む字として新鮮。「ゆう」の音は、人の心を優しく和ませる癒《いや》しの印象。

滋釉　じゆう
釉人　つやと
釉紀　てるき
章釉　ふみてる
釉賀　ゆうが
釉辰　ゆうたつ
釉都　ゆうと
釉真　ゆうま
釉哉　ゆうや
巧釉　よしてる

揚

ヨウ　あげる
名 あき　たか
あきら
のぶ

高くあげる、高くあがる、盛んになるのほかに、明らかにするの意味もある。上昇志向をもった子に育つように。

ヒント　「揚子江《ようすこう》」のように雄大なイメージも。「よう」の音でおおらかさを、「あき」の音で温かさをプラス。

揚　あきら
揚吉　あきよし
揚羽　たかは
岳揚　たけあき
知揚　ともたか
尚揚　なおのぶ
揚雄　のぶかつ
充揚　みつあき
揚二　ようじ
揚人　ようと

陽

ヨウ
名 あきら おき きよし たか なか はる ひ

日、太陽、日なたのほか、暖かい、明るい、南などを表す。陰に対する陽の意味もある。積極的でイキイキした子に。
ヒント 朗《ほが》らかで温かい「はる」の音が人気。ロマンチックな「よう」、明るさと強さをあわせもつ「ひ」の音でも。

陽 あきら
陽翔 あきと
朝陽 あさひ
一陽 かずおき
希陽 きはる
陽資 きよし
清陽 きよたか
興陽 こうよう
聖陽 せいよう
太陽 たいよう
千陽 ちはる
陽気 はるき
陽空 はるく
陽人 はると
陽日 はるひ
陽真 はるま
洋陽 ひろあき
正陽 まさはる
光陽 みつあき
悠陽 ゆうひ
陽一 よういち
陽向 ようこう
陽作 ようさく
陽爾 ようじ
陽助 ようすけ
陽聖 ようせい
陽太 ようた
陽大 ようだい
陽南人 ひなと
陽治郎 ようじろう

葉

ヨウ は
名 くに すえ のぶ ふさ よ

草の葉、木の葉のほか、薄いものを数えることばにも使う。フレッシュで生命感にあふれたイメージがある。
ヒント 「よう」の音は親近感とロマンチックな雰囲気をあわせもつ印象。「は」の音は軽快で温かいイメージ。

蒼葉 あおば
万葉 かずのぶ
和葉 かずよ
清葉 きよくに
紅葉 こうよう
葉成 すえなり
葉月 はづき
葉琉 はる
葉一 よういち
芳葉 よしふさ

遥

ヨウ はるか
名 すみ とお のぶ のり はる みち
旧 遙

もとの字は「遙」。はるか、遠いの意味を表す。また、さまようの意味も。スケールの大きな人になるように。
ヒント 「はる」の読みで、生命力とワクワクした予兆の印象を、「よう」の読みで悠々とした優しさを加えて。

遥 はるか
惟遥 いすみ
一遥 いちよう
海遥 かいよう
夏遥 かすみ
清遥 きよみち
洸遥 こうよう
遥斗 すみと
太遥 たいよう
高遥 たかみち
唯遥 ただはる
遥海 とおみ
朝遥 ともはる
遥樹 のぶき
遥杜 のりと
遥生 はるき
遥斗 はると
晴遥 はるのぶ
遥彦 はるひこ
春遥 はるみち
恒遥 ひさのり
宏遥 ひろみち
真遥 まさみち
万遥 ますみ
遥都 みちと
遥太 ようた
遥平 ようへい
芳遥 よしはる
佳遥 よしみち
遥一郎 よういちろう

嵐

ラン あらし

「山」+「風」で大風を表し、「あらし」の意味。山に立ちこめる青々とした気も表す。情熱的な男性に。
ヒント さわやかなイメージの字。華やかな印象の「らん」の音で、人を驚かせるほどの大胆さをもった印象が加わる。

嵐 あらし
阿嵐 あらん
惟嵐 いらん
春嵐 しゅんらん
星嵐 せいらん
嵐宇 らんう
嵐路 らんじ
嵐馬 らんま
嵐丸 らんまる
嵐太郎 らんたろう

椋

リョウ むくのき
名 くら

樹木の名で、ムクノキを表す。実は食用になり、材は堅く車輪に使われる。社会のために役立つ人になるように。
ヒント 「りょう」の音は、透明感のある気品と賢さを、「くら」の音は、奥行きを感じさせる。

椋 りょう
佐椋 さくら
茂椋 しげくら
椋一 りょういち
椋臥 りょうが
椋佑 りょうすけ
椋太 りょうた
椋人 りょうと
椋平 りょうへい
椋之介 りょうのすけ

琳

リン
名 たま

美しい玉の名。また、玉がふれあって鳴る音を表す。ルックス、声ともに優れた美少年にぴったりの字。
ヒント 高貴さを感じさせる字。華やかな印象の「りん」の音で、さらにキラキラと輝く透明感をプラス。

琳 りん
希琳 きりん
光琳 こうりん
琳於 たまお
琳輝 たまき
真琳 まりん
琳玖 りく
琳空 りんく
琳音 りんね
琳太郎 りんたろう

塁

ルイ
名 かさ たか
旧 壘

もとの字は「壘」。土《ど》嚢《のう》で築いた「とりで」をいう。現在では野球のベースの意味。スポーツマンになるように。
ヒント 「るい」と読むと知性と天真爛漫《てんしんらんまん》さを兼ねそなえた印象。「たか」は頂点を極《きわ》める人になるイメージ。

塁 るい
塁紀 かさき
一塁 かずたか
塁飛 たかと
塁敏 たかとし
智塁 ともたか
美塁 みかさ
守塁 もりたか
塁治 るいじ
塁翔 るいと

13画

愛

アイ
名 あき　さね
なり　のり
ひで　まな
めぐむ　よし
より

去ろうとして後ろに残る心をいい、慈《いつく》しむの意味。好き、大切にする、惜しむなどの意味も。愛情深い人に。

ヒント 「あい」の音は明るくはつらつとした印象。「より」と読むと艶《つや》やかなゴージャスさを感じさせる人に。

愛葵	さねき
龍愛	たつのり
朋愛	ともあき
愛也	ひでや
仁愛	ひとなり
正愛	まさよし
愛都	まなと
愛夢	めぐむ
愛斗	よりと
愛之介	あいのすけ

意

イ　こころ
おもう
名 お　おき
おさ　のり
むね　もと
よし

ことばになる前の心中の思い、心のはたらきを表す。意志の意味も。思慮深い人、思いを遂げる人になるように。

ヒント 使用例は少ないが読みが多く、使いやすい字。「い」と読むと、一途《いちず》にがんばる印象がさらに増す。

蒼意	あおい
意織	いおり
意邦	おきくに
意武	おさむ
界意	かい
和意	かずよし
恒意	つねもと
敏意	としのり
柾意	まさむね
瑠意	るい

葦

イ　あし
よし

水辺に生える草の名で、アシ、ヨシを表す。茎で簾《すだれ》などをつくる。忍耐強く、素朴《そぼく》に強く生きる人に。

ヒント 「よし」の音は、清潔な癒《いや》しに満ちた印象。一途《いちず》ながんばり屋さんを思わせる「い」の音でも。

葦人	あしと
佳葦	かい
貴葦	きよし
考葦	たかよし
津葦	つよし
灯葦	とうい
葦祈	よしき
葦伸	よしのぶ
葦晴	よしはる
流葦	るい

雅

ガ
名 ただし
つね　なり
のり　まさ
まさし
みやび　もと

もとはカラスのことで、品のいい様子、風流な様子などを表す。優雅な雰囲気をもった男性にふさわしい字。

ヒント 「が」で終わる名前はゴージャスでスイートな印象。「まさ」の音は、優しさとさわやかさを感じさせる。

雅	まさし
秋雅	あきなり
凰雅	おうが
煌雅	こうが
大雅	たいが
雅詩	ただし
雅道	つねみち
秀雅	ひでもと
風雅	ふうが
萌雅	ほうが

雅一	まさかず
雅輝	まさき
雅武	まさたけ
雅杜	まさと
雅則	まさのり
雅治	まさはる
雅彦	まさひこ
雅人	まさひと
雅文	まさふみ
雅夢	まさむ

雅宗	まさむね
雅也	まさや
雅善	まさよし
雅琉	まさる
道雅	みちなり
雅斗	みやと
悠雅	ゆうが
頼雅	よりつね
龍雅	りゅうが
凌雅	りょうが

楽

ガク　ラク
たのしい
名 ささ　もと
よし　ら

旧 樂

手鈴の形で、音楽の意味。のちに、たのしい、たやすいの意味になった。楽しい人生をおくれるように願って。

ヒント 「がく」の音は、迫力ある強さと偉大さを感じさせる。強く華やかな印象の「ら」の音でも使いやすい。

楽	がく
明楽	あきよし
秋楽	あきら
唯楽	いら
宇楽	うらく
櫂楽	かいら
楽路	がくじ
楽都	がくと
国楽	くにもと
楽哉	ささや

楽良	ささら
秦楽	しんら
曽楽	そら
泰楽	たいら
高楽	たかよし
親楽	ちから
輝楽	てるもと
秀楽	ひでよし
楽暎	もとあき
楽希	もとき

楽志	もとし
楽宏	もとひろ
楽夢	もとむ
楽弥	もとや
湧楽	ゆら
楽邦	よしくに
楽也	よしなり
楽保	よしほ
楽唯	らい
楽斗	らくと

幹

カン　みき
名 き　たかし
つね　とも
まさ　み
もとき

木の幹のほか、物事の大事な部分の意味がある。また、強い、優れているの意味も。リーダーにぴったりの字。

ヒント 茶目《ちゃめ》っ気《け》と頼りがいをもちあわせた「かん」、前向きでイキイキした印象の「みき」の音などで使って。

幹	もとき
幹士	たかし
高幹	たかまさ
幹樹	つねき
鉄幹	てっかん
幹彰	ともあき
秀幹	ひでみ
柾幹	まさき
幹志	もとし
芳幹	よしみ

寛

カン

名 ちか　とも　のぶ　のり　ひと　ひろ　ひろし　よし

旧 寬

廟《びょう》の中で巫女《みこ》が祈る形で、ゆるやか、ゆったりの意味を表す。広いの意味も。のびのびと育つように願って。
ヒント「ひろ」の音でやる気とたくましさを増して。茶目《ちゃめ》っ気《け》と頼りがいをあわせもつ「かん」の音でも。

寛　ひろし
寛一　かんいち
寛吉　かんきち
寛作　かんさく
寛司　かんじ
寛佑　かんすけ
寛大　かんた
寛智　かんち
正寛　せいかん
高寛　たかひろ

寛也　ともや
智寛　ともよし
豊寛　とよちか
永寛　ながのぶ
寛岳　のりたけ
寛希　ひろき
寛人　ひろと
寛成　ひろなり
寛則　ひろのり
寛雅　ひろまさ

寛道　ひろみち
寛夢　ひろむ
寛之　ひろゆき
史寛　ふみひろ
摩寛　まひろ
光寛　みつひと
康寛　やすひろ
幸寛　ゆきのり
芳寛　よしひろ
寛太朗　かんたろう

勧

カン　すすめる

名 すすむ　ゆき

力を合わせてはげむ意味から、すすめる、みちびく、助けるなどの意味を表す。人と助けあって生きるように。
ヒント「かん」の音は、茶目《ちゃめ》っ気《け》と信頼感がある。「すすむ」は、フレッシュさと安心感をあわせもつ印象。

勧　すすむ
勧壱　かんいち
勧玄　かんげん
勧作　かんさく
勧志　かんじ
勧佑　かんすけ
勧太　かんた
鷹勧　たかゆき
辰勧　たつゆき
嶺勧　みねゆき

暉

キ　かがやく

名 あき　あきら　てる

日の光をいい、輝く、光る、照る、輝きなどの意味を表す。日光のように明るく輝かしい将来を願って。
ヒント「き」の音で終わると独立独歩《どくりつどっぽ》の冒険者の印象。「あき」の音はキュートで明るさと輝きを感じさせる。

暉　あきら
暉人　あきひと
一暉　いっき
皓暉　こうき
友暉　ともあき
元暉　もとあき
康暉　やすてる
夕暉　ゆうき
來暉　らき
暉良人　きらと

義

ギ

名 あき　しげ　ただし　ちか　つとむ　とも　のり　よし

正しい、よい、道にかなっているなどの意味を表す。また、わけ、意味という意味も。義に厚い人になるように。
ヒント「よし」の音には朗《ほが》らかでさわやかな癒《いや》しの印象が。「ぎ」の音で止め字にすると、ゴージャスでスイート。

義　つとむ
義仁　あきひと
義一　ぎいち
義琉　しげる
崇義　たかとも
義詩　ただし
朝義　ともちか
正義　まさのり
雪義　ゆきちか
義人　よしと

継

ケイ　つぐ

名 つね　ひで

もとの字は「繼」。糸に糸を加える形で、つなぐ、継ぐ、受け継ぐの意味を表す。子孫が繁栄するよう願って。
ヒント 潔い気品とドライな知性をあわせもった「けい」、豊かな発想力を感じさせる「つぐ」の音を活かして。

一継　いっけい
意継　おきつね
継志　けいし
継介　けいすけ
継人　けいと
倫継　ともつぐ
信継　のぶひで
史継　ふみひで
雅継　まさつぐ
継太郎　けいたろう

詣

ケイ　もうでる

名 ゆき

天から神霊が降りる形で、至るの意味に使う。寺社に詣でる、学問などが進む意味も。勉強好きな子になるように。
ヒント「けい」の音はりりしく知的な印象。「ゆき」の音は奥ゆかしく上品ながら、芯の強さも感じさせる。

詣壱　けいいち
詣雅　けいが
詣喜　けいき
詣介　けいすけ
詣辰　けいたつ
学詣　たかゆき
尚詣　なおゆき
教詣　のりゆき
正詣　まさゆき
詣広　ゆきひろ

絹

ケン　きぬ

名 まさ

カイコの繭から採った糸、それで織った布の意味を表す。絹は美しく高価なもので、字もゴージャスなイメージ。
ヒント「けん」の音は好奇心と探究心あふれるイメージ。「まさ」の音は満ち足りた幸福感とさわやかさをもつ。

絹一　けんいち
絹悟　けんご
絹亮　けんすけ
絹太　けんた
絹哉　けんや
秀絹　ひでまさ
文絹　ふみまさ
絹路　まさみち
絹治郎　きぬじろう
絹一朗　けんいちろう

源

ゲン　みなもと

名 はじめ　もと　よし

水の流れ出るもと、源泉の意味から、物事のはじまるもと、根本の意味になった。源氏から武士のイメージも。
ヒント「げん」の音で覇気《はき》とりりしさをプラス。柔和《にゅうわ》なエレガントさのある「はじめ」の音で1字名にも。

源　はじめ
一源　かずよし
源壱　げんいち
源希　げんき
武源　たけよし
恒源　つねもと
尋源　ひろよし
晃源　みつもと
源志　もとし
源太朗　げんたろう

鼓

コ つづみ

打楽器のつづみ、太鼓。また、打つ、つづみを打つの意味を表す。奮い立たせるの意味もある。情熱的な人に。

ヒント 和のイメージのある字。「こ」の音を先頭字や万葉仮名風に使って、若々しく、機敏《きびん》な印象をプラス。

鼓	つづみ
鼓空	こあ
鼓有	こう
鼓哲	こてつ
鼓虎	ことら
勇鼓	ゆうご
鼓二郎	こじろう
鼓太朗	こたろう
鼓音弥	ことや
真鼓音	まこと

瑚

コ ゴ

珊瑚《さんご》の意味を表す。サンゴ虫の骨格が集積したもので、装飾品になる。南の海、島のイメージ。海の男に。

ヒント 機敏《きびん》な行動派の印象の「こ」、迫力がありながら甘い印象の「ご」の音で。使用例が少ないので新鮮。

圭瑚	けいご
瑚宇	こう
瑚郎	ごろう
珊瑚	さんご
駿瑚	しゅんご
清瑚	せいご
大瑚	だいご
侑瑚	ゆうご
遼瑚	りょうご
瑚太郎	こたろう

鉱

コウ
名 かね

もとの字は「鑛」。もとは黄色の鉱石をいい、あらがね(掘り出したままの金属)を表す。豊かな可能性を秘めた子に。

ヒント 「こう」の音で知性と思慮深さを、「かね」の音で愛嬌《あいきょう》のあるがんばり屋さんのイメージをプラスして。

研鉱	あきかね
一鉱	いっこう
永鉱	えいこう
鉱壱	こういち
鉱駕	こうが
鉱希	こうき
鉱治	こうじ
鉱介	こうすけ
鉱平	こうへい
豊鉱	とよかね

滉

コウ
名 あき あきら ひろ ひろし

水が深く広い様子、水がきらめき動く様子を表す。また、水以外にも輝き動く様子をいう。明るく活発な子に。

ヒント まじめで思慮深く機敏《きびん》な印象の「こう」、明るく元気な「あき」の音などで。「あきら」などの1字名でも。

滉	あきら
滉実	あきみ
永滉	えいこう
清滉	きよひろ
邦滉	くにひろ
滉一	こういち
滉駕	こうが
滉喜	こうき
滉作	こうさく
滉士	こうじ
滉介	こうすけ
滉三	こうぞう
滉太	こうた
滉大	こうだい
滉采	こうと
滉矢	こうや
滉和	こうわ
敬滉	たかひろ
滉秋	ひろあき
滉臣	ひろおみ
滉貴	ひろき
滉志	ひろし
滉哉	ひろとし
滉人	ひろと
滉憲	ひろのり
滉夢	ひろむ
正滉	まさひろ
侑滉	ゆうこう
幸滉	ゆきひろ
滉士郎	こうしろう

幌

コウ ほろ
名 あき あきら

ほろ(車の覆《おお》い)、とばりなどの意味を表す。これらは雨や日光を防ぐもの。家族や友人を大事にする人に。

ヒント 知的で繊細《せんさい》な愛らしさを感じさせる「こう」、元気はつらつで明るい印象の「あき」の音が使いやすい。

幌	あきら
幌一	こういち
幌雅	こうが
幌気	こうき
幌滋	こうじ
斉幌	せいこう
幌衣	ほろい
真幌	まほろ
実幌	みほろ
幌太郎	こうたろう

煌

コウ かがやく きらめく
名 あきら てる

火の輝くことをいい、輝く、きらめくの意味に使う。盛ん、明らかなどの意味も。きらめくような才能を願って。

ヒント 「きら」と読むと輝く宝石のイメージがさらに増す。機敏《きびん》さと思慮深さをあわせもつ「こう」の音でも。

煌	あきら
煌和	あきかず
煌久	あきひさ
煌宗	あきむね
矩煌	かねあき
煌人	きらと
煌夢	きらむ
煌李	きらり
煌玄	こうげん
煌冴	こうご
煌佑	こうすけ
煌成	こうせい
煌真	こうま
煌龍	こうりゅう
閃煌	せんこう
泰煌	たいこう
昂煌	たかあき
千煌	ちあき
煌秋	てるあき
煌生	てるき
煌都	てると
煌灯	てるひ
煌史	てるふみ
煌街	てるまち
煌巳	てるみ
天煌	てんこう
時煌	ときてる
真煌	まさてる
芳煌	よしてる
煌太朗	こうたろう

嗣

シ
名 さね つぎ つぐ ひで

位を継ぐ、あとを継ぐ、あと継ぎ、世継ぎなどの意味を表す。子孫が代々栄えるよう願いをこめて。

ヒント 颯爽《さっそう》と活躍する印象の「し」の音で止め字に。豊かな発想力を感じさせる「つぐ」の音でも。

永嗣	えいじ
嗣利	さねとし
周嗣	しゅうじ
穣嗣	じょうじ
朋嗣	ともひで
紀嗣	のりつぐ
嗣紀	ひでき
秀嗣	ひでつぎ
正嗣	まさし
依嗣	よりつぐ

獅

シ　しし

獅子の字に使う。獅子は猛獣のライオン、またはそれに似た想像上の動物のこと。強く威厳のある人に。
ヒント　百獣の王のライオンのような力強さを感じさせる子に。「し」の音で、華やかなスター性をプラスして。

豪獅	ごうし
獅温	しおん
獅堂	しどう
獅虎	しとら
獅門	しもん
獅龍	しりゅう
丈獅	たけし
匡獅	まさし
勇獅	ゆうし
健獅郎	けんしろう

詩

シ
名 うた

心にあることをことばにしたもの。詩や歌、また、漢詩を指すこともある。文学的な香りのする字。
ヒント　先頭字にも、中字や止め字にも使える。「し」と読むと、颯爽《さっそう》として個性的な印象が加わる。

詩偉	うたい
澄詩	きよし
琥詩	こうた
聡詩	さとし
詩畝	しうね
詩音	しおん
詩月	しづき
詩紋	しもん
詩郎	しろう
創詩	そうし

資

シ
名 すけ　たすく　ただ　とし　もと　やす　よし　より

財貨、元手、生まれつきの性質や才能の意味を表す。また、助ける の意味もある。優れた才能に恵まれるように。
ヒント　「し」の音で万葉仮名風に。名乗りには先頭字や止め字に使いたい読みがそろっている。

資	たすく
瑛資	えいすけ
晃資	こうし
資佑	ただすけ
尚資	なおただ
英資	ひでより
将資	まさとし
資士	もとし
佳資	よしやす
廉資	れんすけ

慈

ジ　いつくしむ
名 しげ　ちか　しげる　なり　やす　よし

子を養う心をいい、慈《いつく》しむ、かわいがるの意味になった。情け、あわれみの意味も。情け深い人になるように。
ヒント　「じ」の音は、育ちのよさを感じさせる。「しげる」の音は、清濁あわせのむ度量を感じさせる。

慈	しげる
英慈	えいじ
悦慈	えつじ
和慈	かずしげ
一慈	かずよし
寛慈	かんじ
金慈	きんじ
貞慈	さだよし
慈瑛	じえい
慈斗	しげと
慈道	しげみち
慈玄	じげん
慈門	じもん
慈良	ちから
哲慈	てつじ
俊慈	としなり
友慈	ともちか
慈正	なりまさ
信慈	のぶなり
紀慈	のりやす
広慈	ひろしげ
風慈	ふうじ
将慈	まさしげ
基慈	もとなり
慈杜	やすと
慈夢	やすむ
慈元	やすもと
慶慈	よしなり
隆慈	りゅうじ
蓮慈	れんじ

蒔

ジ　まく
名 まき

苗を植えかえることを表し、植えるの意味。種をまく意味も。蒔絵は華麗な装飾品。ものをつくり育てる人に。
ヒント　「まき」と読むと、充実感があり、パワフルな輝きを感じさせる。上品な「じ」の音で止め字にしても。

幸蒔	こうじ
胡蒔	こまき
蒔詠	じえい
多蒔	たまき
蒔士	まきし
蒔佑	まきすけ
蒔嗣	まきつぐ
蒔人	まきと
蒔野	まきや
裕蒔	ゆうじ

舜

シュン
名 きよ　とし　ひとし　みつ　よし

古代中国の伝説上の聖王の名。また、つる草のヒルガオ、樹木のムクゲを表す。優れたリーダーになるように。
ヒント　やわらかく弾《はず》むような愛らしさがある「しゅん」、パワフルなのに清楚《せいそ》で気品ある「ひとし」の音で。

舜	しゅん
舜來	きよら
舜悟	しゅんご
舜介	しゅんすけ
天舜	たかよし
舜喜	としき
紀舜	のりみつ
舜士	ひとし
泰舜	やすとし
舜一郎	しゅんいちろう

楯

ジュン　たて
名 たち

「木」+「盾」で、「たて」の意味。また、たてを防御のためにめぐらした形から手すりの意味も。家族思いの人に。
ヒント　「じゅん」の音は、甘えん坊で、心にしみこむようなやわらぎを感じさせる。1字名にしても。

邦楯	くにたて
功楯	こうじゅん
楯生	じゅんき
楯矢	じゅんや
楯雄	たてお
楯気	たてき
楯彦	たてひこ
信楯	のぶたち
紀楯	のりたて
匡楯	まさたち

準

ジュン
名 とし　のり　ひとし

水平を測る器《うつわ》をいい、平らなことを表す。目安、手本、よりどころとするの意味も。人の手本になるような人に。
ヒント　高級感と人なつっこさをあわせもつ「じゅん」や涼やかに勝ち抜いていく「ひとし」の音で1字名にも。

準	ひとし
準偉	じゅんい
準基	じゅんき
準也	じゅんや
奏準	そうじゅん
準貴	としき
大準	はるとし
仁準	ひとのり
正準	まさのり
準之介	じゅんのすけ

詢

ジュン
名 はかる まこと

神々に諮《はか》ることをいい、諮る、相談するの意味を表す。また、まこと、等しいの意味も。誠実な人になるように。

ヒント 「じゅん」の音は人なつっこくてセクシーな印象。やすらぎとパワーを感じさせる「まこと」の音でも。

詢	まこと
詢一	じゅんいち
詢悟	じゅんご
詢那	じゅんな
詢平	じゅんぺい
詢弥	じゅんや
正詢	せいじゅん
大詢	たいじゅん
詢瑠	はかる
詢三郎	じゅんざぶろう

照

ショウ てる
名 あき あきら あり とし のぶ みつ

四方を照らすことをいい、照る、照り輝く、照らす、照らし合わせるなどの意味を表す。輝く才能のもち主に。

ヒント 優しく温かい光を感じさせる「しょう」のほか、艶《つや》があり、成熟した世界観をもつ「てる」の音でも。

照	あきら
照允	あきのぶ
照真	ありま
照吾	しょうご
照司	しょうじ
惟照	ただとし
照彰	てるあき
照元	てるもと
照采	みつと
倖照	ゆきてる

奨

ショウ
名 すけ すすむ たすく つとむ
旧 奬

肉を神にすすめて祭ることをいい、すすめる、励ます、助けるといった意味に使う。親切な子になるように。

ヒント 「しょう」「すすむ」「たすく」などの音で1字名に。「しょう」の音は、深く優しい光を感じさせる。

奨	すすむ
公奨	きみすけ
賢奨	けんしょう
興奨	こうすけ
奨紀	しょうき
奨吾	しょうご
奨太	しょうた
奨吏	しょうり
奨務	つとむ
隆奨	りゅうすけ

頌

ショウ
名 うた おと つぐ のぶ よし

祖先の徳をほめたたえることをいい、ほめる、たたえるの意味に使う。文才ゆとりの意味も。文才を授かるように。

ヒント ソフトな光を感じさせる「しょう」の音は、華を秘めたイメージも。使用例が少ないので、個性的。

頌朗	うたろう
頌一	しょういち
頌悟	しょうご
頌佑	しょうすけ
頌和	しょうわ
汰頌	たつぐ
雅頌	まさのぶ
頌瑛	よしてる
頌斗	よしと
頌次郎	おとじろう

新

シン あたらしい あらた にい
名 あきら ちか はじめ よし わか

木を新しく切り出すことで、新しい、新しくする、はじめてなどの意味を表す。フレッシュなイメージの字。

ヒント 「しん」の音で生まれたての光のイメージを増して。「あらた」と読むと開放感と華やかさ、万能感が。

新	はじめ
新來	あきら
新偉	あらい
新爾	あらじ
新仁	あらじん
新太	あらた
新波	あらは
新夢	あらむ
維新	いしん
一新	いっしん
和新	かずよし
新一	しんいち
新悟	しんご
新朔	しんさく
新丞	しんすけ
新多	しんた
新平	しんぺい
新弥	しんや
新羅	しんら
新志	ちかし
知新	ちしん
新吉	にいきち
新琉	にいる
晴新	はるちか
昌新	まさちか
耕新	やすよし
新気	よしき
新彦	よしひこ
新寿	わかとし
新之介	しんのすけ

慎

シン つつしむ
名 ちか のり まこと みつ よし
旧 愼

つつしむ、控えめにする、注意深くするなどの意味がある。「まこと」の意味も。謙虚で誠実な人になるように。

ヒント 「しん」の音には、逡巡《しゅんじゅん》や挫折《ざせつ》のないまっすぐな人生をおくる印象がある。1字名にしても。

慎	まこと
慎佑	しんすけ
慎翔	しんと
悠慎	はるのり
正慎	まさちか
慎喜	みつき
慎人	みつひと
基慎	もとちか
慎紀	よしのり
高之慎	たかのしん

瑞

ズイ みず
名 たま

めでたい玉を表し、めでたい、めでたいしるしの意味。また、みずみずしいの意味も。幸運に恵まれるように。

ヒント 「みず」の音には充実感、重厚感がある。「たま」の音は、優しさとたくましさを兼ねそなえたイメージ。

高瑞	たかみ
瑞央	たまお
瑞貴	たまき
瑞巳	たまみ
瑞偉	みずい
瑞樹	みずき
瑞音	みずと
瑞成	みずなり
瑞峰	みずほ
瑞月	みつき

嵩

スウ かさ
名 たか たかし たけ

「山」+「高い」で、高い、かさむの意味を表す。また、中国の名山の名＝嵩山《すうざん》。グループの中心になるような人に。

ヒント 「たか」「たけ」の音で、艶《つや》と輝きがあり、頂点を極《きわ》める人に。「たかし」と読んで1字名にしても。

嵩	たかし
嵩人	たかと
嵩志	たけし
嵩琉	たける
徳嵩	のりたか
真嵩	まさたか
実嵩	みかさ
光嵩	みつたか
安嵩	やすたか
良嵩	よしたけ

数

スウ　ス
かず　かぞえる
名 のり　ひら
や

かず、数える意味だけでなく、数え方に法則があることから運命、筋道などの意味もある。神秘的な字。
ヒント　高級感の中に愛らしさがある「かず」の音を活かして。「一」や「和」より使用例が少なく新鮮。

数基　かずき
数都　かずと
数彦　かずひこ
数馬　かずま
数矢　かずや
理数　さとのり
正数　まさかず
素数　もとや
盛数　もりかず
如数　ゆきひら

聖

セイ
名 あきら
きよし
さとし
さとる
たかし　とし
ひじり　まさ

神の声を聞くことのできる人をいい、聖人、知恵に優れた人を表す。賢い、清らかの意味も。賢く清純な子に。
ヒント　すがすがしく透明感あふれる「せい」の音のほか、優しくさわやかさのある「まさ」の音などを活かしても。

晃聖　あきとし
聖心　あきみ
亜聖　あせい
壱聖　いっせい
一聖　かずまさ
聖詩　きよし
聖采　きよと
聖巳　きよみ
聖良　きよら
光聖　こうせい

聖志　さとし
聖琉　さとる
聖次　せいじ
聖斗　せいと
聖七　せいな
聖哉　せいや
聖來　せいら
聖史　たかし
千聖　ちさと
聖貴　としき

聖弥　としや
聖郎　としろう
聖和　まさかず
聖気　まさき
聖人　まさと
聖紀　まさのり
実聖　みさと
悠聖　ゆうせい
倖聖　ゆきまさ
聖一朗　せいいちろう

誠

セイ　まこと
名 あきら
さと　しげ
まさ

神に誓うときの心をいい、まこと、真心、まことになどの意味を表す。誠実な人になるよう願いをこめて。
ヒント　芯の強さと満ち足りたやすらぎが漂《ただよ》う「まこと」の音で1字名に。「まさ」「せい」の音も使いやすい。

誠　まこと
明誠　あきしげ
誠莱　あきら
亜誠　あせい
一誠　いっせい
快誠　かいせい
和誠　かずまさ
煌誠　こうせい
誠実　さとみ
瞬誠　しゅんせい

誠壱　せいいち
誠吾　せいご
誠光　せいこう
誠二　せいじ
誠太　せいた
誠來　せいら
誠嵐　せいらん
創誠　そうせい
泰誠　たいせい
温誠　はるまさ

誠人　まさと
誠彦　まさひこ
誠実　まさみ
誠道　まさみち
基誠　もとまさ
泰誠　やすまさ
悠誠　ゆうせい
琉誠　りゅうせい
凌誠　りょうせい
誠ノ輔　せいのすけ

靖

セイ　やすい
名 おさむ
きよし　しず
のぶ　やす
やすし

儀礼の場を清めることで、やすんずるの意味に使われる。静か、やすらかの意味もある。平安な人生を願って。
ヒント　清らかな癒《いや》しに満ちた「やす」の音がよく使われる。「やすし」の音は前向きで好奇心旺盛《おうせい》な印象。

靖　やすし
靖士　きよし
靖瑠　しずる
靖也　せいや
仁靖　ひとのぶ
匡靖　まさのぶ
靖生　やすお
靖気　やすき
恭靖　やすのぶ
靖之　やすゆき

勢

セイ
いきおい
名 せ　なり

いきおい、活動する力の意味を表す。また、ありさま、成り行きなどの意味もある。活発で元気のいい子になるように。
ヒント　「せい」の音は、さわやかで透明な光を思わせる。気品のある知性派を思わせる「せ」の音でも。

一勢　かずなり
勢治　せいじ
勢汰　せいた
勢矢　せいや
勢力　せいりょく
勢貴　なりき
颯勢　はやなり
行勢　ゆきなり
惟勢人　いせと
勢太郎　せいたろう

節

セツ　セチ
ふし
名 さだ
たかし　たけ
のり　みね
よし

旧 節

区切り、音楽の調子、時、気候の変わり目、祝日など、幅広い意味をもつ字。「けじめ」の意味も。礼儀正しい子に。
ヒント　「せつ」の音で、洗練された人に。温かさ、豊かさ、知性を感じさせる「たかし」の音で1字名にも。

節　たかし
節紀　さだのり
節郎　せつお
高節　たかみね
孝節　たかよし
節斗　たけと
節弘　たけひろ
忠節　ただよし
英節　ひでたけ
芳節　よしのり

楚

ソ　いばら
名 たか

樹木の名でニンジンボク、また、イバラの意味を表す。古代中国の国の名にも。木が茂るように元気に育つように。
ヒント　優しく包みこみ、癒《いや》しを感じさせる「そ」のほか、頂点を極《きわ》める印象の「たか」の音を活かしても。

楚貴　たかき
楚士　たかし
楚斗　たかと
楚伸　たかのぶ
楚久　たかひさ
楚道　たかみち
規楚　のりたか
史楚　ふみたか
昌楚　まさたか
康楚　やすたか

蒼

ソウ　あおい
名 しげる
ひろ

草の青い色をいい、青、青いの意味に使う。また、青く茂る様子を表す。草が茂るようにすくすく育つように。
ヒント　潔く颯爽《さっそう》とした印象の「そう」の音は、男の子に人気。「あお」の音は、おおらかで人に愛される印象。

蒼　しげる
蒼生　あおい
蒼空　あおぞら
蒼仁　あおに
蒼葉　あおば
蒼海　あおみ
蒼吏　あおり
蒼純　あずみ
蒼羽　そうう
蒼雲　そううん

蒼河　そうが
蒼吉　そうきち
蒼吾　そうご
蒼志　そうし
蒼治　そうじ
蒼迅　そうじん
蒼生　そうせい
蒼太　そうた
蒼辰　そうたつ
蒼平　そうへい

蒼真　そうま
蒼実　そうみ
蒼矢　そうや
蒼瑠　そうる
天蒼　たかひろ
知蒼　ちひろ
蒼耶　ひろや
蒼一郎　そういちろう
蒼司郎　そうじろう
蒼太朗　そうたろう

滝

たき
名 たけし
よし　ろう

旧 瀧

もとの字は「瀧」。雨が降りこめる様子を表し、たきの意味。急流、潤《うるお》すの意味も。清涼感を感じさせる。
ヒント　きりっとしていて潔く、輝きのある「たき」の音で、やる気と思いやりを兼ねそなえたリーダーに。

滝　たけし
琥滝　こたき
滝次　たきじ
滝太　たきた
滝登　たきと
滝流　たきる
丈滝　たけよし
青滝　はるよし
滝如　よしゆき
滝太　ろうた

想

ソウ　ソ

思う、思いめぐらす、推し量る、思いやる、思い、イメージなどを表す。想像力豊かな子、思いやりのある子に。
ヒント　ファンタスティックなイメージに、「そう」の音で、透明な光のような清涼感をプラスして。

想　そう
介想　かいそう
輝想　きそう
玄想　げんそう
光想　こうそう
心想　しんそ
想宇　そう
想希　そうき
想梧　そうご
想士　そうし

想介　そうすけ
想生　そうせい
想多　そうた
想知　そうち
想斗　そうと
想那　そうな
想平　そうへい
想真　そうま
想弥　そうや
想純　そじゅん

想仁　そじん
想良　そら
大想　たいそう
日想　ひそう
夢想　むそう
由想　ゆうそう
李想　りそう
想一郎　そういちろう
想士郎　そうしろう
想南汰　そなた

馳

チ　はせる
名 とし
はや　はやし

もとは馬が速く走ることで、はせる、速く走るの意味を表す。心をはせる意味にも。敏捷《びんしょう》な子になるよう願って。
ヒント　機敏《きびん》な印象の「ち」、信頼感あふれる「とし」、温かい息吹《いぶき》と心の広さを感じさせる「はや」の音で。

馳　はやし
大馳　だいち
馳早　ちはや
馳寛　ちひろ
馳造　としぞう
馳尭　としたか
馳矢　としや
馳人　はやと
久馳　ひさとし
佳馳　よしとし

暖

ダン
あたたかい
名 あつ　はる
やす

あたたかい、あたたまるのほか、愛情が深い、また経済状態がいい意味を表す。愛情にも金銭にも恵まれるように。
ヒント　健やかな生命力を感じさせる「はる」の音は男女ともに人気の音。「だん」と読むと力強くリッチな印象。

暖　だん
明暖　あきはる
暖司　あつし
暖斗　あつと
暖夢　あつむ
暖弥　あつや
暖郎　あつろう
君暖　きみはる
玖暖　くだん
茂暖　しげはる

治暖　じだん
唯暖　ただはる
暖士　だんし
暖爾　だんじ
友暖　ともあつ
知暖　ともやす
直暖　なおはる
信暖　のぶやす
暖気　はるき
暖人　はると

暖道　はるみち
春暖　はるやす
日暖　ひだん
大暖　ひろやす
昌暖　まさはる
道暖　みちはる
暖杜　やすと
暖巳　やすみ
芳暖　よしはる
呂暖　ろだん

跳

チョウ
はねる　とぶ
名 と

躍り上がるように激しく飛ぶことで、飛ぶ、跳ねる、飛び上がる、躍るの意味。活動的な子になるよう願って。
ヒント　「と」と読む止め字にすると使いやすく、新鮮。「と」は、しっかりとした精神力を感じさせる音。

快跳　かいと
瑚跳　こはね
跳路　ちょうじ
跳佑　ちょうすけ
跳躍　ちょうやく
跳翔　とびと
跳羽　とわ
跳人　はねと
真跳　まとび
実跳　みはね

禎

テイ
名 さだ　さち　ただし　つぐ　とも　よし
旧 禎

めでたいしるし、幸いの意味を表す。また、正しい、よいなどの意味もある。幸福な人生をおくれるよう願って。
ヒント 裏表がなく一《いち》途《ず》な「さだ」、清潔な癒《いや》しに満ちた「よし」の音で。「ただし」の音は信頼感ある印象。

禎　ただし
偉禎　いつぐ
一禎　かずとも
禎秋　さだあき
禎郎　さちお
禎蔵　ていぞう
禎貴　ともき
延禎　のぶよし
倫禎　みちさだ
禎己　よしき

鉄

テツ
名 かね　きみ　とし

もとの字は「鐵」。くろがね、鉄の意味を表す。また、かたい、強いの意味もある。強い意志をもった人に。
ヒント 着実に手堅く積み上げていく印象がある「てつ」の音は、信頼感や上品さも感じさせる。

鉄人　きみと
黒鉄　くろがね
鉄晶　てつあき
鉄二　てつじ
鉄平　てっぺい
鉄也　てつや
鉄朗　てつろう
信鉄　のぶとし
義鉄　よしかね
鉄之進　てつのしん

楠

ナン
くすのき
名 くす

クスノキ科の常緑高木の総称。南方産。くすのきは、堅くしっかりした材で、木肌の細かい文様や、独特の香りが特徴。
ヒント 「なん」と読むと、心地よい親密感があり快活なイメージが加わる。

和楠　かずな
果楠　かなん
楠夫　くすお
楠人　くすと
楠葉　くすは
琥楠　こなん
瀬楠　せな
楠治　なんじ
楠太　なんた
真楠　まくす

稔

ネン　みのる
名 とし　なり　なる　のり　ゆたか

穀物が実る意味を表す。積もる、重なる、年の意味もある。物心ともに豊かな生活をおくれることを願って。
ヒント 豊かでなつかしく、ねばり強い印象の「みのる」の音で1字名に。「とし」「のり」などの読みでも。

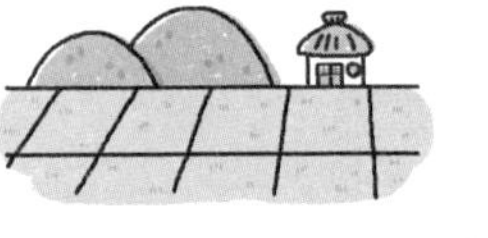

稔　ゆたか
篤稔　あつのり
和稔　かずとし
克稔　かつのり
君稔　きみとし
高稔　たかとし
辰稔　たつのり
恒稔　つねのり
稔春　としはる
稔彦　としひこ

稔哉　としや
稔郎　としろう
智稔　とものり
稔樹　なりき
稔匡　なりまさ
稔斗　なると
稔実　なるみ
稔次　ねんじ
紀稔　のりとし
稔史　のりふみ

秀稔　ひでとし
文稔　ふみのり
真稔　まさとし
昌稔　まさのり
実稔　みのり
稔琉　みのる
泰稔　やすのり
稔加　ゆたか
芳稔　よしのり
稔之介　なるのすけ

稟

ヒン　リン
うける

穀物倉に穀物があることをいい、受ける、授かるの意味。生まれながらの性格の意味も。幸運を授かるように。
ヒント 「りん」と読むと、澄んだ透明な印象で、だれにもおもねらない、自立した潔さが感じられる。

稟　りん
晏稟　あんり
洸稟　こうりん
悠稟　ゆうり
稟空　りく
稟亮　りんすけ
稟造　りんぞう
稟斗　りんと
稟哉　りんや
稟太郎　りんたろう

楓

フウ　かえで
名 か

オカツラという樹木。日本では紅葉の美しいカエデを指す。カナダの国旗にも使われる。のびのびと育つように。
ヒント 「ふう」と読むと、ふんわり感で人を癒《いや》す名前に。行動派な印象の「か」の音で万葉仮名風に使っても。

楓　かえで
青楓　あおか
朝楓　あさか
偉楓　いふう
央楓　おうふう
楓惟　かい
楓紘　かいと
楓照　かえで
楓人　かえと
楓良　かえら

楓澄　かすみ
楓月　かつき
香楓　かふう
静楓　しずか
仁楓　にか
遥楓　はるか
楓雅　ふうが
楓冴　ふうご
楓次　ふうじ
楓太　ふうた

楓都　ふうと
楓真　ふうま
楓月　ふづき
楓実　ふみ
楓雪　ふゆき
充楓　みちか
瑠楓　るか
明日楓　あすか
楓都実　かずみ
楓巳哉　ふみや

福

フク
名 さき　さち　とし　とみ　ね　もと　よし
旧 福

神に酒樽を供え、幸福を祈ることをいい、幸い、天の助けの意味に使う。多くの幸運に恵まれることを願って。
ヒント 幸福に満ちあふれた人生を歩むことを祈って。「ふく」と読むと、豊かなものを内にもつ印象の名前に。

笑福　えふ
福彦　さちひこ
千福　ちさき
福希　としき
福男　とみお
福音　ねおん
徳福　のりとし
福士　ふくし
福佑　もとすけ
福貴　よしき

豊

ホウ ゆたか
名 かた とよ ぶん みのる もり

もとの字は「豐」。たかつきに多くの供え物を盛る形から、ゆたか、多いの意味に。物心ともに豊かな人生を。
ヒント 「ゆたか」の音は、やわらかな雰囲気と芯の強さをもつ。「とよ」の音は大胆さと繊《せん》細《さい》さをあわせもつ印象。

- 豊 ゆたか
- 一豊 かずとよ
- 豊盛 かたもり
- 嵩豊 たかとよ
- 豊明 とよあき
- 豊興 とよおき
- 寛豊 ひろもり
- 豊吾 ぶんご
- 豊瑠 みのる
- 康豊 やすかた

夢

ム ゆめ

夢、夢を見るなどの意味を表す。また、はかないこと、幻などの意味もある。ロマンチストにぴったりの字。
ヒント 「ゆめ」の音でやわらかく甘い印象がさらに増す。思慮深く信頼感あふれた「む」の音を活かしても。

- 篤夢 あつむ
- 歩夢 あゆむ
- 有夢 あるむ
- 勇夢 いさむ
- 恵夢 えむ
- 統夢 おさむ
- 奏夢 かなむ
- 佐夢 さむ
- 翠夢 すいむ
- 大夢 だいむ
- 嵩夢 たかむ
- 拓夢 たくむ
- 童夢 どうむ
- 杜夢 とむ
- 音夢 ねむ
- 望夢 のぞむ
- 広夢 ひろむ
- 舞夢 まいむ
- 求夢 もとむ
- 夢牙 むが
- 夢玄 むげん
- 夢來 むら
- 夢慈 ゆめじ
- 夢汰 ゆめた
- 夢人 ゆめと
- 夢彦 ゆめひこ
- 來夢 らいむ
- 亜斗夢 あとむ
- 吏亜夢 りあむ
- 李主夢 りずむ

睦

ボク むつむ
名 あつし ちか とも のぶ むつみ

親しく和やかな目で人を見ることをいい、むつむ、親しむの意味を表す。うやうやしい、手厚いの意味も。
ヒント 「むつ」の音は秘めた力を感じさせる。自然体で成功を収める「あつし」の音で1字名にも。

- 睦 むつみ
- 睦人 あつと
- 友睦 ともちか
- 睦哉 ともや
- 睦郎 ともろう
- 久睦 ひさむ
- 睦夫 むつお
- 睦貴 むつき
- 睦実 むつみ
- 泰睦 やすのぶ

椰

ヤ やし

樹木の名で、ヤシを表す。南国を象徴する木で、実はさまざまに利用される。トロピカルなイメージ。情熱的な人に。
ヒント 春の光のような清潔感にあふれた「や」の音には、明るく上品な印象も。止め字や万葉仮名風に使って。

- 海椰 かいや
- 颯椰 そうや
- 嵩椰 たかや
- 拓椰 たくや
- 輝椰 てるや
- 葉椰 はやし
- 椰一 やいち
- 椰蕗 やしろ
- 勇椰 ゆうや
- 沙椰人 さやと

楢

ユウ なら
名 しゅ しゅう ゆ

樹木の名で、ナラを表す。どんぐりのなる木で、材は器具に、樹皮は染料に使用される。すくすくと育つように。
ヒント 思いやりと優しさに満ちた「ゆう」の音で使える字。使用例が少ないので、新鮮な印象に。

- 楢佑 しゅうすけ
- 楢也 しゅうや
- 大楢 たいしゅう
- 楢杜 ならと
- 真楢 ましゅう
- 楢輝 ゆうき
- 楢志 ゆうじ
- 楢斗 ゆうと
- 楢吏 ゆうり
- 美楢人 みゆと

誉

ヨ ほまれ
名 しげ たかし のり もと やす よし

みんなでほめることをいい、ほめる、たたえる、ほまれなどの意味になる。名誉ある人生になることを願って。
ヒント オトナの魅力を感じさせる「よ」の音で、万葉仮名風に。「ほまれ」「たかし」と読んで1字名にしても。

- 誉 ほまれ
- 誉琉 しげる
- 誉郎 しげろう
- 誉士 たかし
- 哲誉 てつもと
- 誉雄 もとお
- 誉己 やすき
- 好誉 よしのり
- 貴誉志 きよし
- 誉志之 よしゆき

楊

ヨウ やなぎ
名 やす

樹木の名で、ヤナギの仲間を表す。ヤナギを楊柳ともいい、悪霊をはらう力があるといわれた。しなやかな人に。
ヒント 「よう」と読むと、おおらかで思いやりあふれる印象に。「やす」の音は、清潔な癒《いや》しを感じさせる。

- 昊楊 こうよう
- 郷楊 さとやす
- 詩楊 しよう
- 栄楊 ひでやす
- 正楊 まさやす
- 楊人 やすと
- 楊巳 やすみ
- 楊雅 ようが
- 楊介 ようすけ
- 圭楊 よしやす

瑶

ヨウ たま

もとの字は「瑤」。玉、美しい玉のことをいい、玉のように美しい様子も表す。美少年にぴったりの字。
ヒント 「よう」の音で親近感とロマンチックな印象をプラス。「たま」の音は優しく豊かな人間性を感じさせる。

- 瑶 よう
- 一瑶 いちよう
- 泰瑶 たいよう
- 瑶偉 たまい
- 瑶貴 たまき
- 瑶樹 たまき
- 瑶羽 たまは
- 瑶吉 ようきち
- 瑶亮 ようすけ
- 瑶太 ようた

雷

ライ　かみなり
名 あずま　いかずち

かみなり、いかずちの意味を表す。また、かみなりのような大声・激しさ・速さをいう。情熱的で強い人に。
ヒント　元気はつらつとしていて躍動感があり、華やかな印象の「らい」の音を活かすと使いやすい。

- 雷　らい
- 雷真　あずま
- 杜雷　とらい
- 武雷　ぶらい
- 美雷　みらい
- 雷夏　らいか
- 雷蔵　らいぞう
- 雷斗　らいと
- 雷堂　らいどう
- 雷太朗　らいたろう

稜

リョウ　かど
名 いず　いつ　たか　ろう

角《かど》のあるもののことをいい、角、隅の意味に使う。権勢、威光などの意味も。威厳のある人になるように。
ヒント　気品あふれる「りょう」の音で、賢く華やかな印象に。「凌」や「陵」の字と間違えやすいので注意。

- 稜　りょう
- 映稜　あきろう
- 稜那　いずな
- 稜巳　いずみ
- 稜生　いつき
- 稜路　いつじ
- 稜郎　いつろう
- 清稜　きよたか
- 士稜　しりょう
- 善稜　ぜんいつ

- 稜央　たかお
- 稜史　たかし
- 稜斗　たかと
- 稜文　たかふみ
- 汰稜　たろう
- 久稜　ひさたか
- 匡稜　まさかど
- 正稜　まさたか
- 美稜　みたか
- 道稜　みちたか

- 光稜　みつろう
- 宗稜　むねたか
- 由稜　ゆたか
- 吉稜　よしたか
- 稜胡　りょう
- 稜貴　りょうき
- 稜平　りょうへい
- 稜馬　りょうま
- 稜希　ろうき
- 稜太郎　りょうたろう

鈴

レイ　リン　すず

すずの意味を表し、すずの鳴る音の形容にも使う。呼び鈴、ベルの意味もある。心の優しい人になるよう願って。
ヒント　「すず」の音は甘え上手で出世する印象。視野が広く冷静な「れい」、透明感のある「りん」の音でも。

- 亜鈴　あれい
- 鈴采　すずと
- 鈴弥　すずや
- 優鈴　ゆうりん
- 鈴佑　りんすけ
- 鈴児　れいじ
- 鈴汰　れいた
- 鈴人　れいと
- 鈴音　れのん
- 鈴太郎　りんたろう

零

レイ　ぜろ

雨が静かに降ることをいい、落ちる、ごくわずか、ゼロの意味にも使う。無限の可能性を秘めた人に。
ヒント　理知的なスマートさが印象的な「れい」の音を活かして、人々の尊敬を集める人に。

- 零　れい
- 真零　まれい
- 零二　れいじ
- 零佑　れいすけ
- 零太　れいた
- 零都　れいと
- 零弥　れいや
- 零生　れお
- 零治郎　れいじろう
- 零ノ新　れいのしん

廉

レン
名 おさ　きよ　きよし　すなお　ただし　やす　ゆき

潔い、欲や汚れがないのほかに、見極《みきわ》めるの意味もある。また、値が安いという意味もある。こだわらない人に。
ヒント　几帳面《きちょうめん》さと根性をあわせもった「れん」の音で。「きよし」「すなお」「ただし」の音で1字名にも。

- 廉　ただし
- 廉夢　おさむ
- 廉志　きよし
- 廉生　すなお
- 正廉　まさゆき
- 道廉　みちやす
- 廉士　れんし
- 廉介　れんすけ
- 廉人　れんと
- 廉太郎　れんたろう

蓮

レン　はす

水草のハスの実のことをいい、ハスの意味に使う。極楽浄土に咲く花で、美しいたとえにもなる。美少年を願って。
ヒント　「れん」の音で1字名にするのが大人気。「れん」の音は、格調高く、理知的でパワフルなイメージ。

- 蓮　れん
- 亜蓮　あれん
- 一蓮　いちれん
- 依蓮　えれん
- 加蓮　かれん
- 水蓮　すいれん
- 世蓮　せれん
- 蓮香　はすか
- 蓮貴　はすき
- 蓮都　はすと

- 蓮那　はすな
- 蓮真　はすま
- 蓮海　はすみ
- 蓮夢　はすむ
- 木蓮　もくれん
- 悠蓮　ゆうれん
- 蓮偉　れい
- 蓮央　れお
- 蓮一　れんいち
- 蓮吉　れんきち

- 蓮華　れんげ
- 蓮吾　れんご
- 蓮士　れんし
- 蓮二　れんじ
- 蓮丞　れんすけ
- 蓮造　れんぞう
- 蓮斗　れんと
- 蓮哉　れんや
- 蓮士郎　れんしろう
- 蓮太郎　れんたろう

路

ロ　じ　みち
名 のり　ゆく

神の降りる道を表し、筋道、道の意味に使う。旅などの大切な地位、意味もある。努力家になるよう願って。
ヒント　華やかさと落ち着きを感じさせる「ろ」の音で。「みち」と読むと、イキイキとした印象の名前になる。

- 一路　いちろ
- 逸路　いつじ
- 聖路　せいじ
- 創路　そうじ
- 拓路　たくじ
- 路彦　のりひこ
- 遙路　はるみち
- 大路　ひろみち
- 路紀　みちのり
- 路央　ゆくお

14画

斡

アツ

めぐる、回る、めぐらすなどの意味を表す。つかさどるの意味も。運命を感じさせる字。多くの幸運を願って。

ヒント 「あつ」の音は何事も受けいれるおおらかさから、人からしぜんと慕《した》われるたのもしさを感じさせる。

斡気 あつき
斡士 あつし
斡汰 あつた
斡人 あつと
斡武 あつむ
斡哉 あつや
斡郎 あつろう
実斡 さねあつ
信斡 のぶあつ
佳斡 よしあつ

維

イ
名 これ しげ すみ ただ たもつ ゆき

綱、筋、つなぐ、結ぶなどの意味。次の語を強める「これ」の意味もあり、「維新」はこの用法。友情に厚い子に。

ヒント 目標に向かって一生懸命がんばる印象の「い」の音で。先頭字や止め字にも使いやすい名乗りがそろう。

維 たもつ
吾維 あすみ
維織 いおり
維新 いしん
維周 これちか
維士 ただし
冬維 とうい
真維 まさしげ
纏維 まとい
維夫 ゆきお

榎

カ えのき
名 え

樹木の名で、エノキを表す。初夏に薄い黄色の花が咲き、材は器具や薪に使う。のびのびと育つよう願って。

ヒント 正義感が強く、かっこいい「か」の音や、上品さと洞察力を感じさせる「え」の音で万葉仮名風に。

榎 えのき
榎人 えのと
榎夫 えふ
榎月 かづき
茂榎 しげか
友榎 ともえ
伸榎 のぶか
青榎 はるか
康榎 やすか
瑠榎 るか

嘉

カ よい
名 ひろ よし よしみ

豊作を祈る農耕儀礼をいい、よい、よいとしてほめる意味を表す。めでたい、喜ぶの意味も。喜びの多い人生を。

ヒント 「よし」の音は、上品な温かさと、さわやかな癒《いや》しを感じさせる。「か」の音で万葉仮名風にも。

嘉 よしみ
嘉月 かつき
嵩嘉 たかよし
成嘉 なりよし
紀嘉 のりよし
嘉人 ひろと
泰嘉 やすひろ
行嘉 ゆきよし
嘉生 よしお
嘉騎 よしき

歌

カ うた

神に祈る声の調子をいい、うたう、うたの意味に使う。和歌を指すこともある。音楽や文学の好きな子になるように。

ヒント 「か」の音はクールで人を引っ張るイメージ。「うた」の音は、自然体のまま大舞台で活躍する人に。

一歌 いちか
歌人 うたと
歌麿 うたまろ
歌偉 かい
歌亮 かすけ
歌童 かどう
晴歌 はるか
世歌 ようた
歌之介 うたのすけ
和歌人 わかと

魁

カイ さきがけ
名 いさお いさむ さき つとむ やす

大きなひしゃくのことをいい、優れるの意味に使う。かしら、さきがけ(真っ先)の意味も。リーダーになる人に。

ヒント 「かい」の音は好奇心旺盛な、りりしい知性派の印象。「いさお」「いさむ」などの音で1字名にも。

魁 いさお
魁夢 いさむ
魁惟 かい
魁斗 かいと
魁人 さきと
征魁 せいかい
魁武 つとむ
登魁 とかい
真魁 まさき
道魁 みちやす

旗

キ はた
名 たか

四角の形の軍旗をいい、旗の意味を表す。特に大将の立てる旗を指すこともある。統率力のある人になるように。

ヒント 「き」の音は、生命力にあふれ、独特な個性を感じさせる。「たか」の音で、思いやりの深いリーダーに。

一旗 かずき
旗市 きいち
煌旗 こうき
創旗 そうき
旗志 たかし
旗規 たかのり
悠旗 はるき
将旗 まさき
遥旗 ようき
旗一郎 きいちろう

綺

キ あや
名 はた

あや絹、あや、光、美しい、きらびやかなどの意味を表す。綺麗、綺羅星《きらぼし》などのことばも。美少年にぴったり。

ヒント 強い個性と生命力を感じさせる「き」の音で。「あや」の音は、あどけなくミステリアスなイメージ。

文綺 あやき
綺人 あやと
綺堂 きどう
綺良 きら
旬綺 しゅんき
弘綺 ひろき
昌綺 まさき
瑞綺 みずき
綺之介 はたのすけ
瑠綺人 るきと

銀

ギン
名 かね しろがね

金属の名で、銀のこと。また、銀色、銀のように白くて美しいものの意味も。渋い魅力のある男性になるように。

ヒント 「ぎん」の音には茶目《ちゃめ》っ気《け》と凄《すご》みが同時に漂《ただよ》う。「かね」と読むと愛嬌《あいきょう》のあるがんばり屋さんの印象。

銀聖	かねまさ
銀河	ぎんが
銀士	ぎんじ
銀亮	ぎんすけ
銀斗	ぎんと
黒銀	くろがね
白銀	しろがね
銀二郎	ぎんじろう
銀之丞	ぎんのじょう
銀之介	ぎんのすけ

駆

ク かける かる
旧 駈（→P333）

駆る、駆り立てる、速く走る、追う、追い払うなどの意味がある。運動神経のよいアスリートにぴったりの字。

ヒント 「く」の音は意志が強く繊細《せんさい》でミステリアスな印象。「かける」の音には優れた洞察力や愛嬌《あいきょう》が漂う。

駆	かける
牙駆	がく
駆馬	かけま
遥駆	はるく
耀駆	ようく
力駆	りく
佐駆也	さくや
多駆人	たくと
羽駆斗	はくと
吏駆也	りくや

綱

コウ つな
名 つね

つな、まとめるの意味を表す。基本となる決まり、物事の大筋の意味もある。家族や友人を大切にする人に。

ヒント 「こう」の音には、理知的で繊細《せんさい》な愛らしさが。「つな」と読むと、優しくさわやかで華のある印象に。

有綱	ありつね
綱一	こういち
綱雅	こうが
綱生	こうせい
綱太	こうた
綱和	こうわ
綱希	つなき
友綱	ともつな
道綱	みちつな
頼綱	よりつな

Column

名前に使える旧字

名前に使える漢字には、旧字《きゅうじ》や異体字《いたいじ》の中にも使える字があります。漢字のもとの意味に近い字形も多く、うまく使えば、しゃれた雰囲気《ふんいき》をかもし出すことができます。画数を調整して、運のいい名前に変えたいときにも役立ちます。

「漢字と名前のリスト」（P225〜347）では、旧字・異体字も使えるときは、(旧)マークでその字を載せています。人気のある旧字は、個別に載せています。漢字や開運にこだわりたいときは、チェックしてみましょう。

難しくなりすぎないよう、センスよく使ってください。

[例]
主に下段の字が旧字または異体字です。

読み	上段	下段
ア	亜 7	亞 8
イツ	逸 11	逸 12
エイ	栄 9	榮 14
エン	円 4	圓 13
オウ	桜 10	櫻 21
オン	温 12	溫 13
カイ	海 9	海 10
ガク	楽 13	樂 15
キ	気 6	氣 10
キョウ	響 20	響 22
ギョウ	暁 12	曉 16
クン	薫 16	薰 17
ケイ	恵 10	惠 12
ケン	剣 10	劍 15
コウ	広 5	廣 15
	晃 10	晄 10
ジツ	実 8	實 14
ジュ	寿 7	壽 14
ショ	渚 11	渚 12
ショウ	将 10	將 11
シン	真 10	眞 10
タク	琢 11	琢 12
トウ	灯 6	燈 16
ビ	弥 8	彌 17
フ	富 12	冨 11
ホウ	萌 11	萠 11
マン	万 3	萬 12
ヤ	野 11	埜 11
ユウ	祐 9	祐 10
ヨ	与 3	與 14
ヨウ	遥 12	遙 14
ライ	来 7	來 8
リュウ	竜 10	龍 16
リョウ	涼 11	凉 10
リョク	緑 14	綠 14
リン	凛 15	凜 15

豪

ゴウ
名 かた　かつ　すぐる　たけし　つよし　とし　ひで

毛深くて強い獣を表し、強い、優れている、すごいなどの意味を表す。金持ちの意味も。才能に恵まれるように。
ヒント 「ごう」の音には、圧倒的な強さと偉大さがある。「たけし」「つよし」などの読みの1字名にしても。

豪　たけし
豪基　ごうき
豪賢　ごうけん
豪瑠　すぐる
豪士　つよし
豪洋　としひろ
豪隆　ひでたか
優豪　まさかた
将豪　まさかつ
雄豪　ゆうごう

瑳

サ　みがく
名 てる　よし

玉の色の白く鮮やかな美しさをいい、鮮やか、磨くの意味に使う。愛らしく笑う様子の意味も。努力する人に。
ヒント 人の先頭に立ち、颯爽《さっそう》とスター性を発揮する「さ」の音で万葉仮名風に。「てる」の音を活かしても。

瑳　みがく
晶瑳　あきてる
瑳亮　さすけ
瑳月　さつき
瑳俊　さとし
瑳門　さもん
瑳気　てるき
光瑳　みつよし
芳瑳　よしてる
真瑳也　まさや

榊

さかき
名 さ

日本でつくられた字で、樹木のサカキを表す。神の宿る木とされ、枝や葉を神前に供える。神秘的なイメージ。
ヒント 万葉仮名風に「さ」の音をとると使いやすい。リーダー性とさわやかさがプラスされる。

榊　さかき
榊己　さかき
榊希　さかき
榊樹　さかき
榊都　さかと
榊寿　さかとし
榊成　さかなり
榊也　さかや
榊介　さすけ
巳榊　みさか

颯

サツ
名 そう　はや　はやて

「風」+「立」。風の吹く音を表す。はやて、疾風の意味もある。さわやかで颯爽《さっそう》とした男性にぴったりの字。
ヒント 最近人気の高い字。透きとおる光の印象の「そう」の音や、温かな息吹を感じさせる「はや」の音で。

颯　そう
颯　はやて
一颯　いっさ
颯佑　さすけ
颯気　さつき
颯空　そうあ
颯一　そういち
颯吉　そうきち
颯吾　そうご
颯士　そうし

颯祐　そうすけ
颯生　そうせい
颯太　そうた
颯人　そうと
颯那　そうな
颯平　そうへい
颯馬　そうま
颯矢　そうや
颯來　そうら
千颯　ちはや

颯貴　はやき
颯汰　はやた
颯斗　はやと
颯寿　はやとし
颯成　はやなり
颯道　はやみち
颯武　はやむ
巳颯　みはや
颯次郎　そうじろう
颯太郎　そうたろう

爾

ジ　なんじ
のみ
名 しか　ちか　に　みつる

もとは美しいの意味。漢文では、なんじ（あなた）、のみ（限定）、しかり（そのとおり）などの意味に使われる。
ヒント 品のよさを感じさせる「じ」の音で、止め字に。愛らしい印象の「ちか」の音を活かしても。

爾　みつる
晃爾　あきちか
和爾　かずしか
莞爾　かんじ
煌爾　こうじ
爾徳　ちかのり
爾郎　なんじろう
優爾　ゆうじ
遥爾　ようじ
爾衣瑠　にいる

竪

ジュ　たて
名 ただし　たつ　なお

神に仕える「しもべ」がもとの意味。立つ、たての意味に使われる。自立した子になるよう願って。
ヒント 使用例は少ないが「じゅ」「ただし」などの読みは名前に使いやすい。「堅」と間違えやすいので注意。

竪　ただし
安竪　あんじゅ
創竪　そうじゅ
竪己　たつき
竪吾　たつご
竪貴　たてき
竪斗　たてと
竪人　なおと
教竪　のりたつ
政竪　まさなお

緒

ショ　チョ
お
名 つぐ
旧 緖

結びとめた糸の端をいい、物事のはじまり、糸口の意味。情緒など心の状態も表す。優しい人になるように。
ヒント おおらかで包容力のある「お」の音でよく使われる。落ち着きがあり、人の上に立つリーダーの風格も。

緒斗　おと
孝緒　たかお
珠緒　たまお
緒人　つぐひと
七緒　ななお
仁緒　にお
柾緒　まさお
佳緒　よしつぐ
伊左緒　いさお
七緒也　なおや

彰

ショウ
名 あき　あきら　ただ　てる

「章」+「彡」。あや、模様をいい、明らかにする、世間に知らせるの意味に使う。ジャーナリスト向きの字。
ヒント 明るく未来を切りひらく印象の「あき」、ソフトで深い光を感じさせる「しょう」の音でよく使われる。

彰　あきら
彰人　あきと
彰史　あきふみ
彰治　しょうじ
彰真　しょうま
彰臣　てるおみ
大彰　はるただ
秀彰　ひでてる
浩彰　ひろてる
彰太郎　しょうたろう

蔣

ショウ

草の名で、マコモを表す。水辺に群生する。励ますの意味も。中華民国の政治家・蔣介石の姓。政治家の精神を。

ヒント 「しょう」の音は新しい何かをもっていると思わせる、華を秘めたイメージ。人を励まし、率いる人に。

喜蔣 きしょう
蔣一 しょういち
蔣吉 しょうきち
蔣吾 しょうご
蔣祐 しょうすけ
蔣太 しょうた
蔣大 しょうだい
蔣真 しょうま
清蔣 せいしょう
大蔣 たいしょう

榛

シン　はしばみ　はんのき
名 はり　はる

樹木のハシバミをいう。茂るの意味もある。日本では、果実を染料に使う樹木のハリ、ハンノキを表す。

ヒント 「しん」の音は生まれたての光のイメージ。「はる」の音は躍動感にあふれ、健やかな生命力のイメージ。

榛市 しんいち
榛吾 しんご
榛二 しんじ
榛祐 しんすけ
榛希 はるき
榛人 はると
榛那 はるな
榛彦 はるひこ
真榛 まさはり
榛太郎 しんたろう

翠

スイ　かわせみ　みどり
名 あきら

鳥の名で、カワセミをいう。水辺にすみ、魚を捕る。羽の色が美しく、みどりの意味も表す。字形が美しい。

ヒント 荘重な美しさと輝く希望を感じさせる「あきら」の読みで1字名に。「すい」の音は透明感を感じさせる。

翠 あきら
一翠 いっすい
元翠 げんすい
翠星 すいせい
翠夢 すいむ
翠嵐 すいらん
翡翠 ひすい
邦翠 ほうすい
海翠 みどり
琉翠 りゅうすい

誓

セイ　ちかう
名 ちか

神にちかうの意味から、ちかう、ちかいの意味を表す。つつしむの意味にも。人から信頼される人になるように。

ヒント 朝露のようにすがすがしく神聖な印象の「せい」、無邪気でキュートなイメージの「ちか」の音を使って。

誓 せい
一誓 いっせい
吉誓 きっせい
誓吉 せいきち
誓佑 せいすけ
誓也 せいや
忠誓 ただちか
真誓 まさちか
悠誓 ゆうせい
誓一朗 せいいちろう

静

旧 靜

セイ　ジョウ　しず　しずか
名 きよ　つぐ　やすし　よし

しずか、やすらか、しずまる、しずめるなどの意味を表す。正しい、清いの意味も。落ち着きのある子に育つよう願って。

ヒント 「しず」の音は物静かだが迫力とパワーを感じさせる。優しいしっかり者の印象がある「きよ」の音でも。

静 しずか
静祇 きよし
静雄 しずお
静貴 しずき
静人 しずと
静水 しずみ
静瑠 しずる
春静 はるつぐ
泰静 やすよし
静和 よしかず

碩

セキ
名 おお　ひろ　みち　みちる　みつる　ゆたか

大きい、優れている、立派であるなどの意味。「碩学《せきがく》」は偉大な学者のこと。尊敬される人に。

ヒント 「ひろ」の音は温かい包容力で、周囲にくつろぎを与える印象。「みつる」などの音で1字名にも。

碩 みつる
碩雅 おおが
碩人 ひろと
碩敏 ひろとし
碩幸 ひろゆき
碩秋 みちあき
碩太 みちた
康碩 やすひろ
碩禾 ゆたか
芳碩 よしみち

聡

ソウ　さとい
名 あきら　さと　さとし　さとる　とき　とし　とみ

もとの字は「聰」。神の声をよく理解することをいい、さとい、賢いの意味になる。頭のよい子になるように。

ヒント 「さと」の音は聡明《そうめい》さと小粋《こいき》さを感じさせる。「さとる」「そう」などの読みで1字名にも向く。

聡 そう
章聡 あきとし
聡郁 あきふみ
亜聡 あさと
聡気 さとき
聡司 さとし
聡嵩 さとたか
聡照 さとてる
聡巳 さとみ
聡琉 さとる

聡一 そういち
聡吉 そうきち
聡吾 そうご
聡士 そうし
聡佑 そうすけ
聡太 そうた
聡平 そうへい
聡真 そうま
聡哉 そうや
聡來 そうら

知聡 ちさと
敏聡 としあき
英聡 ひであき
郁聡 ふみあき
真聡 まさと
理聡 みちさと
嶺聡 みねさと
幸聡 ゆきとき
聡一郎 そういちろう
聡治郎 そうじろう

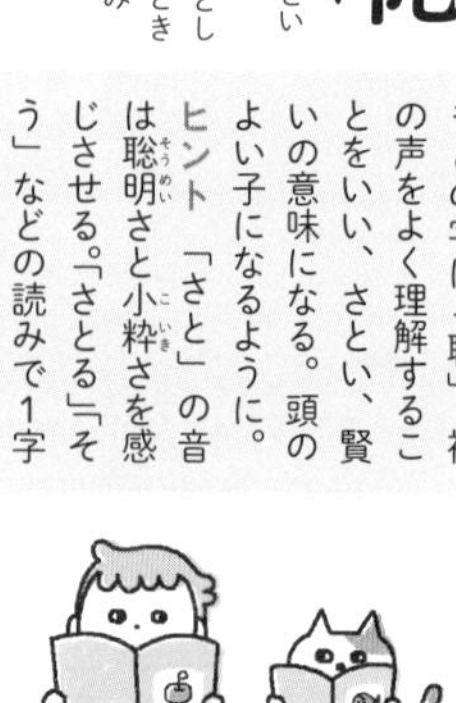

総

ソウ
名 おさ　さ　のぶ　ふさ　みち

ひとまとめにする、集める、しめくくる、すべてのなどの意味を表す。統率力のあるリーダーにふさわしい字。

ヒント 「そう」の音は、のびやかさと、内に秘めたパワーを感じさせる。「さ」「ふさ」などの名乗りでも。

明総 あきのぶ
総武 おさむ
一総 かずさ
総司 そうし
総達 そうたつ
総平 そうへい
総真 そうま
隆総 たかふさ
総瑠 みちる
総一郎 そういちろう

槍

ソウ　やり
名 しょう

武器の槍の意味を表す。また、槍でつく、至る、届くの意味もある。頭が切れ、感覚が鋭い子になるように。
ヒント 「そう」の音は清涼感のあるさわやかなイメージ。「しょう」の音はソフトで深い光を感じさせる。

功槍 こうしょう
三槍 さんしょう
俊槍 しゅんそう
槍吉 しょうきち
槍造 しょうぞう
槍吾 そうご
槍介 そうすけ
槍太 そうた
槍瑠 そうる
真槍 まやり

漱

ソウ
くちすすぐ
名 すすぐ　そ
そそぐ

口をすすぐ、洗うなどの意味を表す。よごれを清めるという意味も。きよらかな子になるように願って。
ヒント 「そう」の音は颯爽《さっそう》とした透明な光のようなイメージ。万葉仮名風に「そ」と読めば人を癒《いや》す印象に。

一漱 いっそう
清漱 せいそう
漱純 そうじゅん
漱佑 そうすけ
漱石 そうせき
漱太 そうた
漱平 そうへい
漱來 そうら
漱流 そうりゅう
漱乃希 そのき

暢

チョウ
のばす
名 いたる
なが　のぶ
のぼる　まさ
よう

のびる、のびやか、やわらぐの意味を表す。行き渡る、広げるの意味もある。のびのびと育つことを願って。
ヒント やんちゃで甘え上手な人気者の「のぶ」、おおらかで思いやりのある「よう」の音がよく使われる。

暢 のぼる
明暢 あきなが
茂暢 しげのぶ
達暢 たつまさ
暢路 ちょうじ
暢貴 のぶき
暢俊 のぶとし
暢広 のぶひろ
暢也 のぶや
暢介 ようすけ

肇

チョウ
はじめ
名 けい　とし
なか　もと

扉をひらくことをいい、はじめる、はじめの意味を表す。正しいという意味も。フロンティア精神のもち主に。
ヒント ふんわりと柔《にゅう》和《わ》でエレガントな「はじめ」の音で1字名に。潔く、気品を感じさせる「けい」の音でも。

肇 はじめ
肇一 けいいち
肇佑 けいすけ
肇太 けいた
肇矢 けいや
肇紀 としき
肇則 としのり
紀肇 のりもと
史肇 ふみとし
基肇 もとなか

綴

テイ　テツ
つづる
とじる
名 せつ

つづる、つなぎ合わせる、つくろう、とじるのほか、文章をつくる意味もある。文才に恵まれるように。
ヒント 「てい」の音はねばり強いがんばり屋さんのイメージ。「てつ」の音は手堅く積み上げていくイメージ。

綴 つづる
一綴 いってつ
光綴 こうてつ
綴貴 せつき
綴字 せつじ
綴吏 つづり
綴悟 ていご
綴彰 てつあき
綴文 てつふみ
綴也 てつや

槙

テン　まき
名 こずえ
しん

旧 槇

もとの字は「槇」。コズエ、木の頂の意味。また日本では、庭木に植えられるマキを表す。すくすくと育つよう願って。
ヒント 「まき」の音には充実感とパワフルな輝きが。「しん」と読むと、まっすぐで生まれたての光のイメージ。

槙 こずえ
健槙 けんしん
槙一 しんいち
槙吾 しんご
槙介 しんすけ
太槙 たまき
槙生 まきお
槙太 まきた
一之槙 いちのしん
槙之介 しんのすけ

ネーミングストーリー

父方の家系で受け継がれる「将」の字が気になって……

将輔《そうすけ》くん

私の家系では「将」の字が受け継がれています。子どもが生まれる前は、使わなくてもと思っていましたが、命名が近づくとなぜか頭にチラついて。妻の了承を得て、名前の一字に決めました。皆を率いて指揮するという意味の「将」に、力を添えて助けるという意味の「輔」をつけて、リーダーのような存在になってほしいと願っています。(将大パパ)

嶋

トウ　しま

「島」の異体字。渡り鳥が休む海中の山を表し、「しま」の意味になる。優しくてだれからも愛される人になるよう願って。

ヒント 「しま」の音は快活さと優しさをあわせもつ、しなやかな印象。まじめで几帳面《きちょうめん》な「とう」の音でも。

喜嶋　きじま
冴嶋　ごとう
嶋貴　しまき
嶋吉　とうきち
嶋吾　とうご
嶋真　とうま
嶋也　とうや
優嶋　まさとう
八嶋　やしま
嶋五郎　とうごろう

徳

トク
名 あつし　ただし　とみ　なり　のり　やす　よし

旧 德

人としての正しい行いを表し、正しい、よい、恵む、もうけなどの意味を表す。行いの正しい人になるように。

ヒント 「のり」と読むと、気品とりりしさ、華やかさが、「とく」と読むと、利発でちゃっかりした印象が加わる。

徳　あつし
高徳　たかなり
武徳　たけのり
徳司　ただし
徳二　とくじ
徳良　のりよし
大徳　ひろのり
森徳　もりやす
徳樹　やすき
佳徳　よしとみ

寧

ネイ
名 さだ　しず　やす　やすし

廟《びょう》の中で神に供え物をする形で、やすらか、穏《おだ》やか、やすらかにするの意味を表す。穏やかで礼儀正しい人に。

ヒント 「やす」の音は明るくさわやかな癒《いや》しのイメージ。「さだ」の音を活かすと裏表のない一途《いちず》な印象に。

寧　やすし
一寧　かずさだ
清寧　きよやす
寧正　さだまさ
寧貴　しずき
寧琉　しずる
寧人　ねいと
寧瑠　ねる
寧生　やすお
靖寧　やすさだ

緋

ヒ　あか
名 あけ

赤色、明るく燃えるような赤を表す。また、赤色の絹の意味もある。明るく情熱的な人になるよう願って。

ヒント 「あか」の音で開放的な印象の名前に。情熱と冷静さをあわせもつ「ひ」の音で万葉仮名風に使っても。

緋士　あかし
緋月　あかつき
緋彦　あかひこ
緋人　あけと
斗緋　とあけ
緋路　ひろ
未緋　みあき
悠緋　ゆうひ
緋奈太　ひなた
吏緋人　りひと

碧

ヘキ　あお　みどり
名 きよし　たま

青い玉に似た石を表し、あお、みどり、あおみどりの意味に使う。碧玉は装飾品にもなる。エキゾチックなイメージ。

ヒント 「あお」の音はおおらかで、人に愛される印象の名前に。「みどり」「きよし」の音で1字名にも。

碧　きよし
碧　みどり
碧央　あお
碧生　あおい
碧臣　あおおみ
碧士　あおし
碧介　あおすけ
碧空　あおぞら
碧大　あおだい
碧人　あおと

碧羽　あおば
碧広　あおひろ
碧弥　あおみ
碧哉　あおや
碧良　あおら
碧吏　あおり
碧志　きよし
碧緒　たまお
碧輝　たまき
碧茂　たましげ

碧丞　たますけ
碧次　たまつぐ
碧斗　たまと
碧海　たまみ
碧矢　たまや
碧志　へきじ
碧都　へきと
碧也　へきや
碧莉　みどり
碧之介　たまのすけ

聞

ブン　モン　きく
名 か　ひろ

神の声をきくの意味から、きく、きこえるの意味になった。誉《ほま》れ、名誉の意味もある。誉れ高い人になるように。

ヒント 「ぶん」の音は思い切りがよく、甘えん坊なイメージ。まとめ上手で安心感のある「もん」も使いやすい。

亜聞　あもん
犀聞　さいもん
詞聞　しもん
達聞　たつひろ
多聞　たもん
知聞　ともひろ
聞太　ぶんた
道聞　みちひろ
聞渡　もんど
汰聞士　たかし

輔

ホ　たすける
名 すけ　たすく　ふ

車の車輪を補強する木の意味から、助ける、助けの意味に使う。補佐役、友人の意味も。友達に恵まれるように。

ヒント 男の子の止め字の定番。「すけ」の音は、つかみのよさとフットワークの軽さを感じさせ、即戦力の印象。

輔　たすく
瑛輔　えいすけ
桜輔　おうすけ
音輔　おとすけ
開輔　かいほ
圭輔　けいすけ
晃輔　こうすけ
豪輔　ごうすけ
佐輔　さすけ
汐輔　しおすけ

秀輔　しゅうすけ
翔輔　しょうすけ
輔虎　すけとら
輔雅　すけまさ
奏輔　そうすけ
大輔　だいすけ
凪輔　なぎすけ
輔巳　ふみ
芳輔　ほうすけ
輔孝　ほだか

基輔　もとすけ
友輔　ゆうすけ
遥輔　ようすけ
竜輔　りゅうすけ
亮輔　りょうすけ
愛之輔　あいのすけ
蔵之輔　くらのすけ
淳之輔　じゅんのすけ
新ノ輔　しんのすけ
悠乃輔　ゆのすけ

蓬

ホウ　よもぎ
名 しげ

草の名で、ヨモギを表す。枯れたあと風で転がり飛ぶ。蓬の矢は邪気をはらう力があるという。神秘的なイメージ。

ヒント 人情味があり、パワフルな印象の「しげ」の音で。温かなくつろぎを感じさせる「ほう」の音でも。

蓬	よもぎ
和蓬	かずしげ
蓬来	しげき
蓬人	しげと
蓬矢	しげや
稔蓬	とししげ
文蓬	ふみしげ
蓬一	ほういち
蓬介	ほうすけ
芳蓬	よししげ

鳳

ホウ
おおとり
名 たか

想像上の鳥である鳳凰《ほうおう》を表す。めでたい鳥として尊《たっと》ばれた。雄を鳳、雌を凰という。神秘的なイメージの字。

ヒント 「ほう」の音は優しく自由でのびのびしたイメージ。「たか」と読むと思いやりのあるリーダーの印象。

鳳志	たかし
鳳翔	たかと
鳳久	たかひさ
鳳人	たかひと
鳳巳	たかみ
尚鳳	なおたか
悠鳳	はるたか
鳳牙	ほうが
雅鳳	まさたか
悠鳳	ゆうほう

遙

ヨウ　はるか
名 すみ　とお
のぶ　のり
はる　みち

「遥」のもとの字。そぞろ歩き、さまようの意味を表す。はるか、遠いの意味も。スケール感のある字。

ヒント 「はる」の音は健やかな生命力を感じさせる。「よう」の音はおおらかで思いやりのある印象。

遙	はるか
高遙	たかとお
智遙	とものり
遙恒	のぶつね
遙貴	はるき
遙人	はると
真遙	ますみ
遙介	ようすけ
遙太	ようた
佳遙	よしみち

綾

リョウ　あや

菱形《ひしがた》の模様を織り出した絹をいい、綾絹、あやの意味。字形、音、意味いずれも美しく、たおやかな印象の字。

ヒント 「あや」の音は、あどけなくミステリアスで優しい印象。「りょう」の音は、気品があり、賢く華やか。

綾人	あやと
綾芽	あやめ
綾我	りょうが
綾吉	りょうきち
綾治	りょうじ
綾介	りょうすけ
綾太	りょうた
綾平	りょうへい
綾太郎	あやたろう
綾一郎	りょういちろう

緑

旧 綠

リョク　ロク
みどり
名 つか　つな
のり

黄と青の中間の色、みどり、緑色などをいう。植物、自然を象徴する色でもある。のびのびと育つように。

ヒント 「みどり」の音で、充実感と重量感のある1字名に。「ろく」と読めば、長い歴史や秘密を感じさせる。

緑	みどり
和緑	かずのり
新緑	しんりょく
緑輝	つなき
真緑	まつか
光緑	みつのり
巳緑	みろく
緑葉	りょくは
緑亮	ろくすけ
緑郎	ろくろう

綸

リン　いと
名 お　くみ

糸、釣り糸、組みひもの意味を表す。覆《おお》う、治める、つかさどるの意味も表す。論理的な思考のできる人に。

ヒント 「りん」の音は、華やかさと透明感がある、愛らしい印象。「凜」や「凛」のかわりに使っても。

衣綸	いお
維綸	いくみ
弘綸	こうりん
太綸	たくみ
正綸	まさお
道綸	みちお
優綸	ゆうりん
綸一	りんいち
綸亮	りんすけ
綸太郎	りんたろう

瑠

ル

瑠璃《るり》は玉の名で、紺《こん》青《じょう》色の美しい宝石を意味する。また、ガラスの古称でもある。エキゾチックな雰囲気の字。

ヒント 字のもつ透明感に、「る」の音で、黙々と努力を続け、多くの実りを手に入れる可能性をプラスして。

逸瑠	いつる
宇瑠	うる
恵瑠	える
海瑠	かいる
翔瑠	かける
虹瑠	こうる
聡瑠	さとる
静瑠	しずる
昴瑠	すばる
創瑠	そうる
武瑠	たける
樹瑠	たつる
葉瑠	はる
光瑠	ひかる
雅瑠	まさる
稔瑠	みのる
瑠偉	るい
瑠楓	るか
瑠己	るき
瑠音	るね
亘瑠	わたる
亜瑠人	あると
喜瑠斗	きると
南瑠人	なると
乃絵瑠	のえる
羽瑠斗	はると
波瑠夢	はるむ
瑠惟貴	るいき
瑠伊介	るいすけ
瑠璃采	るりと

漣

レン
さざなみ
名 なみ

さざなみ、波立つ、また、涙の流れる様子を表す。美しいイメージの字で、字形、音もよく、人気の出そうな字。

ヒント 「れん」の音は格調高く理知的でパワフルな印象。「なみ」と読むと信頼感と愛らしさのある名前に。

漣	れん
亜漣	あれん
七漣	ななみ
漣希	なみき
漣志	れんし
漣史	れんじ
漣介	れんすけ
漣太	れんた
漣翔	れんと
漣一郎	れんいちろう

15画

鞍

アン　くら

「革」＋「安」。乗馬のときに使う鞍の意味を表す。鞍は安定して乗るための道具。安定した暮らしを願って。
ヒント　「くら」の音は、素朴《そぼく》さと親密感で深い癒《いや》しを感じさせる。「あん」の読みで教養のあるオトナの印象に。

鞍吾	あんご
鞍樹	あんじゅ
鞍吏	あんり
惟鞍	いあん
鞍志	くらし
鞍馬	くらま
鞍人	くらんど
詩鞍	しあん
斗鞍	とくら
鞍之介	くらのすけ

鋭

エイ　するどい
名 さとき　とき

炉の中で刀を鍛《きた》えることをいい、するどい、賢い、強いの意味を表す。賢いの意味もある。鋭い子になるよう願って。
ヒント　広い心で飾らない優しさのある「えい」、繊細《せんさい》で知的、りりしくて気高い印象の「とき」の音を活かして。

鋭	さとき
鋭気	えいき
鋭吉	えいきち
鋭冴	えいご
鋭介	えいすけ
鋭太	えいた
鋭人	えいと
覚鋭	かくえい
鋭生	ときお
秀鋭	ひでとき

駕

ガ
名 のり　ゆき

馬車に馬をつけることをいい、馬や馬車に乗る、使いこなす、しのぐなどの意味を表す。人の上に立つ人に。
ヒント　強く、迫力がありながら甘い印象のある「が」の音で止め字にすると、使いやすい。

晶駕	あきのり
煌駕	こうが
大駕	たいが
天駕	たかのり
龍駕	たつのり
駕一	のりかず
雅駕	まさゆき
悠駕	ゆうが
駕央	ゆきお
竜駕	りょうが

嬉

キ　うれしい
名 よし

楽しむ、喜ぶ、うれしいのほか、遊ぶ、たわむれる、美しいの意味もある。よく遊び、のびやかに育つよう願って。
ヒント　喜びに満ちた字に、「き」の音で突出《とっしゅつ》した個性をプラス。「よし」と読むと優しさと清潔感あふれる印象に。

一嬉	かずき
嬉壱	きいち
嬉馬	きば
郷嬉	さとき
辰嬉	たつよし
実嬉	みよし
友嬉	ゆうき
嬉生	よしき
嬉信	よしのぶ
琉嬉	るき

毅

キ　たけし
つよい
名 こわし
しのぶ　たか
つよし　とし
のり　よし

意志が強く、物事にくじけない。思いきりがよく、決断力があるの意味に。意志が強く毅《き》然《ぜん》とした人に。
ヒント　生命力ある個性豊かな「き」の音で止め字に。信頼感のある「たけし」、強くて優しい「つよし」の音でも。

毅	たけし
毅偲	こわし
毅舞	しのぶ
純毅	じゅんき
澄毅	すみき
毅志	たかし
辰毅	たつのり
毅剛	としたけ
虎毅	とらき
直毅	なおよし

輝

キ　かがやく
名 あきら
てる　ひかる

輝く、光る、光などの意味を表す。また、輝かしいという意味もある。輝かしい将来になることを願って。
ヒント　「き」は、思いをつらぬいて成功するイメージの音。「てる」と読むと、匠《たくみ》の世界でじっくり技を磨く印象。

輝	あきら
輝人	あきと
逸輝	いつき
一輝	かずき
輝市	きいち
煌輝	こうき
剛輝	ごうき
澄輝	すみき
清輝	せいき
苑輝	そのき
隆輝	たかき
輝和	てるかず
輝気	てるき
輝士	てるし
輝利	てるとし
輝彦	てるひこ
輝雅	てるまさ
輝巳	てるみ
陽輝	はるき
輝瑠	ひかる
洋輝	ひろき
史輝	ふみき
優輝	まさき
岬輝	みさき
基輝	もとき
勇輝	ゆうき
耀輝	ようき
良輝	よしき
沙輝人	さきと
琉輝哉	るきや

槻

キ　つき
名 けや

樹木の名で、ケヤキの一種。材は弓をつくるのに適する。日本では「つき」と読む。すくすく育つよう願って。
ヒント　「つき」の音は緻密《ちみつ》で隙のない知性を感じさせる。潔くわが道をつき進む「き」の音を止め字にしても。

嘉槻	かづき
槻一	きいち
槻佑	きすけ
槻暉	けやき
光槻	こうき
志槻	しづき
汰槻	たつき
巴槻	はづき
美槻	みつき
由槻	ゆづき

駈

ク　かける　かる

「駆」の異体字。駆ける、駆り立てるのほか、追う、追い払うの意味がある。活発で、運動好きな子になるように。
ヒント　抜群のバランス感覚と気品あふれる「く」の音を活かすと使いやすい。「かける」の音で1字名にも。

駈　かける
我駈　がく
汰駈　たく
祐駈　たすく
陽駈　ひかる
力駈　りく
諒駈　りょうく
偉駈馬　いくま
駈宇我　くうが
波駈人　はくと

駒

ク　こま

小さな馬、若い元気な馬の意味を表す。また、若者、子どもの意味もある。元気で活発な子になるように。
ヒント　ミステリアスな魅力のある「く」の音で。「こま」の音を活かすと、愛嬌《あいきょう》ある知性派の印象に。

惟駒　いこま
駒温　くおん
駒一　こまいち
駒夫　こまお
駒気　こまき
駒吉　こまきち
太駒　たく
飛駒　ひこま
理駒　りく
駒次郎　こまじろう

勲

クン
名 いさ　いさお　こと　つとむ　ひろ
旧 勳

もとの字は「勳」。いさお、手柄、功績、また、功績のある人の意味を表す。大きな功績を残す人物になるよう願って。
ヒント　「いさお」「つとむ」の音で1字名として。「ひろ」の音を活かすと、温かく包みこむような印象に。

勲　いさお
功勲　あつひろ
勲貴　いさき
勲巳　いさみ
勲武　いさむ
勲司　くんじ
勲兵　くんぺい
勲武　つとむ
勲臣　ひろおみ
真勲　まこと

憬

ケイ

悟る、はっきりとわかるの意味を表す。遠く行くさまの意味もある。夢を忘れず広い視野をもつ人に。
ヒント　2010年の改定で常用漢字に加わった字で使用例が少ない。「けい」の音は知的でりりしいイメージ。

憬伍　けいご
憬司　けいし
憬介　けいすけ
憬太　けいた
憬達　けいたつ
憬智　けいち
憬人　けいと
憬也　けいや
憬一郎　けいいちろう
憬士郎　けいしろう

慧

ケイ　エ　さとい
名 あきら　さと　とし　よし

さとい、賢いなどの意味を表す。「ちえ」は智慧とも書く。仏教の悟りという意味も。頭のよい子になるように。
ヒント　「けい」の音は、知性と気品を感じさせる。さわやかさや思いやりを感じさせる「さと」の音でも。

慧　あきら
吾慧　あさと
和慧　かずとし
慧一　けいいち
慧紀　けいき
慧吾　けいご
慧史　けいし
慧樹　けいじゅ
慧佑　けいすけ
慧聖　けいせい

慧太　けいた
慧斗　けいと
慧弥　けいや
慧惟　さとい
慧貴　さとき
慧詩　さとし
慧優　さとまさ
慧夢　さとむ
慧瑠　さとる
隆慧　たかえ

大慧　たかよし
慧生　としお
慧季　としき
慧晴　としはる
慧也　としや
秀慧　ひでとし
真慧　まさと
祥慧　よしさと
慧仁　よしひろ
慧治朗　けいじろう

慶

ケイ
名 ちか　のり　みち　やす　よし

裁判による勝訴を表し、喜び、幸い、めでたいこと、縁起がいいといった意味がある。喜びの多い人生を願って。
ヒント　潔く気品を感じさせる「けい」や、りりしく信頼感のある「のり」、さわやかで公平な「よし」の音で。

慶　けい
明慶　あきよし
一慶　かずちか
慶士　けいし
慶都　けいと
慈慶　しげのり
信慶　のぶみち
慶輝　やすき
慶秀　よしひで
慶道　よしみち

潔

ケツ　いさぎよい
名 きよ　きよし　ゆき　よし

水を使ってはらい清めることをいい、清らか、潔い、汚れがないなどの意味を表す。身も心も清潔な人になるように。
ヒント　「きよし」の音で1字名にして、潔さと優しさ、若々しさをさらにプラス。「ゆき」の音を活かしても。

潔　きよし
潔斗　きよと
潔雅　きよまさ
潔心　きよみ
成潔　しげきよ
高潔　たかゆき
政潔　まさよし
潔人　ゆきと
潔也　ゆきや
潔行　よしゆき

摯

シ

つかむ、にぎる、至るの意味。まこと、まじめの意味や、あらあらしいの意味もある。ひたむきな人に。
ヒント　「し」の音は生命力にあふれたスターの印象。2010年の改定で常用漢字に加わった字で、新鮮。

和摯　かずし
摯喜　しき
摯斗　しと
摯真　しま
摯文　しもん
大摯　たいし
孝摯　たかし
杜摯　とし
悠摯　ゆうし
蓮摯　れんし

潤

ジュン　うるおう
名 うるう　さかえ　ひろし　まさる　ます　みつ

水がしみて広がる状態をいい、うるおすの意味になった。艶《つや》やか、利益の意味もある。物心ともに豊かな人生を。

ヒント 「じゅん」の音は人なつっこくてセクシー。「みつ」の読みで、華やかさとパワフルさを感じさせても。

潤	じゅん
潤羽	うるう
潤栄	さかえ
潤也	じゅんや
栄潤	はるみつ
潤士	ひろし
潤流	まさる
潤樹	みつき
芳潤	よします
潤一朗	じゅんいちろう

諄

ジュン
名 あつ　あつし　いたる　しげ　とも　のぶ　ふさ　まこと

供え物をして神に祈るときの心をいい、ねんごろ、心があつい、助けるなどの意味に使う。人情に厚い人に。

ヒント 「じゅん」「あつし」の音で1字名にも。「あつ」の音を活かすと、温かく包容力がある名前に。

諄	いたる
諄騎	あつき
諄人	あつと
諄郎	あつろう
諄貴	じゅんき
崇諄	たかとも
史諄	ふみのぶ
諄杜	まこと
益諄	ますしげ
義諄	よしふさ

樟

ショウ　くすのき
名 くす

樹木の名で、クス、クスノキの意味に使う。幹に香気があり、樟脳《しょうのう》の原料になる。他人の役に立つ人に。

ヒント 「しょう」の音は、ソフトで深い光を感じさせる。人気の「翔」のかわりに使えば、新鮮な印象に。

一樟	いっしょう
希樟	きしょう
樟郎	くすお
樟葉	くすは
賢樟	けんしょう
樟一	しょういち
樟亮	しょうすけ
樟太	しょうた
樟吏	しょうり
正樟	せいしょう

穂

スイ　ほ
名 お　ひで　ひな　みのる

旧 穗

穀物の茎の実のつく部分、穂先などの意味を表す。止め字としても人気。実り豊かなイメージの字。

ヒント 男女ともに根強い人気の字。「ほ」の音は、どんなときも緊張せず、温かさを失わないマイペースな印象。

穂	みのる
秋穂	あきほ
郁穂	いくほ
出穂	いずほ
和穂	かずほ
穂玄	すいげん
穂成	すいせい
穂夢	すいむ
高穂	たかほ
照穂	てるほ
穂和	ひでかず
穂樹	ひでき
穂路	ひでじ
穂利	ひでとし
秀穂	ひでほ
穂巳	ひでみ
穂哉	ひでや
穂太	ひなた
穂一	ほいち
穂澄	ほずみ
穂積	ほずみ
穂高	ほたか
穂伸	ほのぶ
穂稀	ほまれ
正穂	まさひで
瑞穂	みずほ
光穂	みつお
芳穂	よしひで
陸穂	りくほ
穂士之	ほしゆき

蔵

ゾウ　くら
名 おさむ　ただ　とし　まさ　よし

旧 藏

もとの字は「藏」。もとは隠す、隠れるの意味。たくわえる、しまっておく、くらを表す。豊かな生活を願って。

ヒント 「ぞう」の音は、物知りで老成した印象。「くら」の音は、奥行きを感じさせる教養あるオトナのイメージ。

蔵	おさむ
蔵人	くらんど
慶蔵	けいぞう
光蔵	こうぞう
孝蔵	たかまさ
蔵充	としみつ
武蔵	むさし
宗蔵	むねただ
蔵基	よしき
蔵之介	くらのすけ

澄

チョウ　すむ
名 きよ　きよし　すみ　とおる

すんでいる、清い、透きとおっているなどの意味を表す。水にも心にも使う。心の清らかな子になるよう願って。

ヒント 「すみ」の音はやわらかさと甘さがあり、キュートな印象。「きよし」「とおる」の音で1字名にしても。

澄	とおる
阿澄	あすみ
嘉澄	かすみ
澄人	きよと
澄斗	すみと
澄正	すみまさ
晴澄	はるきよ
昌澄	まさずみ
真澄	ますみ
佳澄	よしずみ

潮

チョウ　しお
名 うしお

しお、うしおの意味を表す。特に朝の干満をいう（夕方は汐）。時、時勢の意味も。未来への期待をこめて。

ヒント 夜明けの光のようなはじまりの印象の「うしお」の音で1字名に。「ちょう」の音は元気で闊達《かったつ》な印象。

潮	うしお
潮輝	しおき
潮人	しおと
潮正	しおまさ
潮音	しおん
尚潮	たかしお
潮路	ちょうじ
悠潮	ひさしお
真潮	ましお
潮一郎	ちょういちろう

徹

テツ
名 あきら　いたる　おさむ　とおる　ひとし　みち　ゆき

とおる、とおす、つきとおすのほか、達する、明らかなどの意味がある。困難に負けずにやりとおす人に。

ヒント 落ち着きと品のある「とおる」などの読みで1字名の定番。「てつ」の音は着実に手堅く積み上げる印象。

徹	とおる
哲徹	あきゆき
徹良	あきら
徹琉	いたる
一徹	いってつ
徹武	おさむ
徹也	てつや
徹士	ひとし
芳徹	よしみち
徹之進	てつのしん

範

ハン
名 すすむ　のり

手本、決まり、型などの意味を表す。また、区切り、境の意味も。人の手本になるような人になることを願って。

ヒント　規範を守るきっちりした人のイメージ。「のり」の音で、りりしさと気品あふれる印象をプラス。

範	すすむ
昭範	あきのり
範生	のりお
範和	のりかず
範久	のりひさ
範仁	のりひと
範汰	はんた
正範	まさのり
規範	もとのり
芳範	よしのり

磐

バン　いわ
名 いわお

丸い大きな岩石をいい、岩、いわおの意味に使う。どっしりと動かないことを磐石《ばんじゃく》という。意志の強い人に。

ヒント　「いわお」の音で1字名にも。「いわ」の音で、小さなものを大きくする拡張力を感じさせる名前に。

磐	いわお
磐起	いわき
磐正	いわまさ
磐巳	いわみ
貴磐	たかいわ
大磐	はるいわ
磐斗	ばんと
寿磐	ひさいわ
匡磐	まさいわ
磐太郎	ばんたろう

舞

ブ
まう　まい

舞う、舞、踊るなどの意味。心を弾《はず》ませる意味も。「舛」は、左右の足が反対に向く様子。字形も音も美しい字。

ヒント　「ま」と読むと、心優しく天真爛漫《てんしんらんまん》な印象、「ぶ」と読むとパワフルで魅力あふれる印象になる。

旺舞	おうぶ
空舞	くうま
篠舞	しのぶ
灯舞	とうま
遥舞	はるま
舞輝	まいき
舞汰	まいた
舞夢	まいむ
舞武	まうむ
舞音	まおと

摩

マ
名 きよ　なず

両手をこすり合わせることをいい、こする、磨く、なでるなどの意味を表す。近づくの意味も。努力家に。

ヒント　「ま」の音で万葉仮名風にすると使いやすい。満ち足りた雰囲気の、天真爛漫《てんしんらんまん》な印象の名前に。

一摩	かずま
秀摩	しゅうま
拓摩	たくま
摩那	なずな
秀摩	ひできよ
摩周	ましゅう
結摩	ゆいま
佑摩	ゆうま
凌摩	りょうま
矢摩人	やまと

璃

リ
名 あき

瑠璃《るり》は玉の名を表す。玻《は》璃《り》は現在のガラスのことをいう。宝石のような美少年にぴったり。青色の宝石である。

ヒント　エレガントな印象の字に、「り」の音で思慮深く理知にあふれ、力強いイメージをプラス。

璃人	あきと
璃良	あきら
汐璃	しおり
朋璃	ともり
雅璃	まさり
悠璃	ゆうり
璃貴	りき
璃空	りく
璃仁	りひと
瑠璃人	るりと

劉

リュウ
名 つら　のぶ

刀や刃物の意味を表す。勝つ、めぐるの意味もある。中国人に多い姓でもある。劉邦《りゅうほう》は漢王朝を立てた英雄。

ヒント　知性が光り、躍動感を感じさせる「りゅう」の音で。「のぶ」と読めば、やんちゃで甘えん坊な印象に。

士劉	しりゅう
武劉	たけのぶ
将劉	まさつら
劉一	りゅういち
劉輝	りゅうき
劉翼	りゅうすけ
劉生	りゅうせい
劉平	りゅうへい
劉真	りゅうま
劉弥	りゅうや

諒

リョウ
まこと
名 あき　あさ　すけ　まさ　みち

まこと、信じる、偽りのない人の意味を表す。明らかにする、思いやるの意味も。誠実で思いやりのある人に。

ヒント　気品があり、賢く華やかで頼りがいのある印象の「りょう」の音で使える字。「あき」「まこと」の読みでも。

諒	まこと
諒久	あきひさ
諒仁	あきひと
諒正	あきまさ
諒夜	あきや
諒來	あきら
諒人	あさと
諒日	あさひ
臥諒	がりょう
貴諒	きりょう
煌諒	こうりょう
清諒	せいりょう
哲諒	てつまさ
大諒	はるみち
諒仁	まさひと
諒都	みちと
諒則	みちのり
諒彦	みちひこ
諒瑠	みちる
友諒	ゆうすけ
佳諒	よしあき
嘉諒	よしみち
諒一	りょういち
諒臥	りょうが
諒吉	りょうきち
諒介	りょうすけ
諒汰	りょうた
諒平	りょうへい
諒耶	りょうや
諒太郎	りょうたろう

黎

レイ　くろ
名 たみ

多い、たくさん、もろもろ、黒、黒いなどの意味を表す。黎明《れいめい》とは夜明けの意味。明るい未来に希望を託《たく》して。

ヒント　「れい」の音は、理知的でスマート、一《いち》途《ず》で凛《りん》とした印象。たくましく元気な印象の「たみ」の音でも。

黎	れい
黎貴	くろき
惟黎	これたみ
黎央	たみお
黎仁	たみひと
芳黎	よしたみ
黎吉	れいきち
黎光	れいこう
黎汰	れいた
黎治郎	れいじろう

遼

リョウ
はるか
名 とお　はる

かがり火をたいて天を祭ったことから、はるか、遠い、めぐるなどの意味を表す。スケールの大きい人に。
ヒント 「りょう」の音は、人生に対する情熱を感じさせ、パワフルで頼れる印象。「はる」の音も使いやすい。

遼 りょう
成遼 せいりょう
峻遼 たかとお
遼琉 とおる
智遼 ともはる
虎遼 とらはる
遼輝 はるき
遼采 はると
遼彦 はるひこ
遼人 はるひと

遼扶 はるふ
遼正 はるまさ
遼道 はるみち
遼夢 はるむ
遼弥 はるや
遼駕 りょうが
遼貴 りょうき
遼吉 りょうきち
遼作 りょうさく
遼次 りょうじ

遼仁 りょうじん
遼介 りょうすけ
遼生 りょうせい
遼太 りょうた
遼斗 りょうと
遼羽 りょうは
遼真 りょうま
遼哉 りょうや
遼太朗 はるたろう
遼太郎 りょうたろう

論

ロン
名 とき　のり

議論することをいい、言い争う、筋道を立てて述べる、説くなどの意味を表す。話し上手な子になるように。
ヒント 繊細《せんさい》で知的、りりしく格調のある「とき」、気品にあふれ、親しみを感じさせる「のり」の音が使いやすい。

公論 きみのり
論理 ときさと
論嗣 ときつぐ
智論 とものり
論人 のりひと
正論 まさとき
実論 みのり
康論 やすとき
論汰 ろんた
論努 ろんど

凛

リン

「凜《りん》」の俗字。寒さが厳しい様子、心が引きしまる様子を表す。字体・音とも美しく、人気の字。
ヒント 字のりりしいイメージに、「りん」の音で、澄んだ透明感や気持ちのよい緊張感がプラスされる。

凛 りん
秋凛 あきり
奏凛 かなり
空凛 くうり
洸凛 こうり
郷凛 さとり
翔凛 しょうり
透凛 とうり
優凛 まさり
佑凛 ゆうり

凛壱 りいち
凛羽 りう
凛央 りお
凛季 りき
凛玖 りく
凛津 りつ
凛采 りと
凛雅 りんが
凛輝 りんき
凛空 りんく

凛児 りんじ
凛佑 りんすけ
凛生 りんせい
凛三 りんぞう
凛汰 りんた
凛都 りんと
凛武 りんむ
凛也 りんや
凛太朗 りんたろう
凛之介 りんのすけ

凜

リン

（→P336）
旧 凛

寒い、寒さが厳しい様子、心が引きしまる様子を表す。「凜《りん》とする」などと使う。字体・音とも美しく、人気の字。
ヒント 「凛」の正字で、こちらの字も男女ともに人気がある。字形の違いで、どちらの字を選ぶか検討して。

真凜 さなり
友凜 ともり
佑凜 ゆうり
凜輝 りんき
凜児 りんじ
凜佑 りんすけ
凜三 りんぞう
凜也 りんや
凜玖斗 りくと
凜太朗 りんたろう

16画

緯

イ
名 つかね

織物の横糸を表す。縦糸は「経」という。地球の東西の方向も意味する。予言書の意味もあり、神秘的な字。
ヒント 「い」の音は、一途《いちず》ながんばり屋さんの印象。止め字にすれば、きっぱりとした潔さを感じさせる。

緯 つかね
蒼緯 あおい
緯央 いお
緯温 いおん
緯作 いさく
緯進 いしん
緯武 いぶ
嘉緯 かい
匡緯 まさい
瑠緯 るい

叡

エイ
あきらか
さとい
名 え　あきら　さとし　ただ　とおる　とし　まさ　よし

えぐるように深く物事を見る目の様子で、奥深い様子、賢い、明らかなどの意味を表す。聡明な人に。
ヒント 「えい」と読むと、飾らない優しさが加わる。さまざまな読み方で、1字名にも向く字。

叡 とおる
明叡 あきよし
叡楽 あきら
叡介 えいすけ
叡斗 えいと
叡夢 えむ
叡偲 さとし
叡司 ただじ
叡生 としき
俊叡 としまさ

衛

旧 衞

エイ
名 ひろ まもる もり よし

もとの字は「衞」。都市の周りを巡回して守ることをいい、守る、防ぐの意味を表す。家族を大切にする人に。**ヒント** ほのぼのとした温かい印象の「まもる」で1字名に。「えい」の読みは、自然体で心地よい印象。

衛	まもる
衛士	えいじ
衛佑	えいすけ
衛太	えいた
邦衛	くによし
祐衛	すけもり
友衛	ともひろ
衛武	ひろむ
昌衛	まさえ
嘉衛	よしえ

穏

オン
おだやか
名 しず とし やす やすき

穏《おだ》やか、やすらか、静かで落ち着いている様子などの意味を表す。穏やかな人生をおくれるように。**ヒント** 人気の「おん」の音で使える字。「おん」で終わると、壮大な世界観を感じさせる名前になる。

穏	やすき
空穏	くおん
詩穏	しおん
穏季	しずき
穏瑠	しずる
穏未	としみ
羽穏	はおん
穏正	やすまさ
悠穏	ゆおん
都穏琉	とおる

機

キ はた
名 のり

細かいからくりを施した器具、「はた」を表す。きっかけ、折、かなめなどの意味も。チャンスをつかむ人に。**ヒント** 「き」の音は、生命力にあふれ、わが道を進むイメージ。りりしく気品のある印象の「のり」の音でも。

逸機	いっき
一機	かずき
機壱	きいち
好機	こうき
俊機	としき
伸機	のぶき
大機	ひろのり
昌機	まさのり
悠機	ゆうき
嘉機	よしき

錦

キン にしき
名 かね

にしき、綾織《あやおり》を表す。にしきは、五色の糸で美しい模様を織り出した織物。美しいの意味も。ゴージャスな印象。**ヒント** 「かね」の音はねばり強いがんばり屋の印象。「きん」と読めば高い自己アピール力を感じさせる。

錦	にしき
錦一	かねいち
錦治	きんじ
錦匠	きんしょう
錦時	きんとき
錦平	きんぺい
錦丸	にしきまる
錦二郎	きんじろう
錦太郎	きんたろう
錦之介	きんのすけ

薫

旧 薰

クン かおる
名 しげ ただ つとむ のぶ ひで まさ

香草をいい、よい香りがすること、香りなどの意味を表す。人をよいほうに導く意味もある。さわやかな男性に。**ヒント** 知性と温かな包容力で人をひきつける、「かおる」の音で1字名に。「くん」と読めば個性的な印象に。

薫	かおる
輝薫	あきひで
薫路	くんじ
薫堂	くんどう
薫平	くんぺい
薫霧	つとむ
智薫	ともしげ
雅薫	まさのぶ
盛薫	もりしげ
幸薫	ゆきただ

賢

ケン
かしこい
名 さとし たか とし のり やす よし

かしこい、勝る、優れているのほかに、賢人として尊敬するの意味を表す。頭がよく、尊敬される人に。**ヒント** 好奇心にあふれ、新しい発想をする印象の「けん」、素朴《そぼく》な優しさと賢さのある「さとし」の音でも。

賢	さとし
賢一	けんいち
賢路	けんじ
剛賢	ごうけん
賢志	たかし
崇賢	たかよし
賢明	としあき
伸賢	のぶたか
優賢	まさのり
賢人	やすと

憲

ケン
名 あきら かず さだ ただし ただす とし のり

刑罰で事を正す法《のり》、おきてを表し、手本、模範の意味にも使う。賢いの意味も。正義感が強い子になるように。**ヒント** 「けん」の音で、少年のようなやんちゃな魅力を、「のり」の音で、りりしさと気品、華やかさを加えて。

憲	ただす
憲良	あきら
郁憲	いくのり
憲希	かずき
憲司	かずし
憲一	けんいち
憲吉	けんきち
憲吾	けんご
憲作	けんさく
憲治	けんじ

憲心	けんしん
憲佑	けんすけ
憲人	けんと
憲矢	けんや
翔憲	しょうけん
武憲	たけのり
利憲	としさだ
憲春	としはる
朋憲	とものり
憲興	のりおき

憲史	のりふみ
憲丞	のりすけ
憲武	のりたけ
憲尚	のりひさ
憲道	のりみち
憲光	のりみつ
正憲	まさのり
剛憲	よしかず
憲治郎	けんじろう
憲太朗	けんたろう

興

コウ キョウ
おこる
名 き さかん さき とも ふさ

台をかつぎあげることから、おこす、またはじめる、盛んになる、喜ぶ、楽しむの意味を表す。喜びの多い人生に。**ヒント** 万葉仮名風に「き」の音を使うと、生命力にあふれ、成功するイメージ。「こう」の音で思慮深い印象に。

興国	おきくに
和興	かずき
興平	きょうへい
興我	こうが
興太	こうた
興音	さかね
隆興	たかとも
龍興	たつおき
興起	ふさおき
真興	まさき

縞

コウ　しま

絹、白絹、白いの意味を表す。また、しまと読み、縞模様のように使う。多くの可能性を秘めた子にぴったりの字。

ヒント　「しま」の音にはソフトな快活さと優しさがある。「こう」の音は知的で繊細《せんさい》な愛らしさを感じさせる。

一縞　いっこう
縞壱　こういち
縞駕　こうが
縞士　こうじ
縞介　こうすけ
縞平　こうへい
縞生　しまお
縞成　しまなり
文縞　ぶんこう
縞太郎　こうたろう

樹

ジュ

名　いつき　き　しげ　たつ　たつき　たつる　な　みき

木、立ち木、さらに植物の総称にも使う。また、植えるのほか、打ち立てるの意味も表す。止め字としても人気。

ヒント　1字名として最近人気の高い字。止め字の「き」の音で使うと、独立独歩《どくりつどっぽ》の冒険者のイメージの名前に。

樹　いつき
安樹　あんじゅ
一樹　かずき
昂樹　こうき
樹温　じゅおん
樹音　じゅね
星樹　せな
園樹　そのき
大樹　だいき
泰樹　たいじゅ

樹希　たつき
樹哉　たつや
樹瑠　たつる
朋樹　ともき
尚樹　なおき
伸樹　のぶしげ
悠樹　はるき
大樹　ひろき
真樹　まさき
樹男　みきお

樹介　みきすけ
樹登　みきと
基樹　もとき
友樹　ゆうき
陽樹　ようき
琉樹　りゅうき
亮樹　りょうき
樹一郎　きいちろう
沙津樹　さつき
樹生也　なおや

薪

シン　たきぎ

たきぎ、燃料にするための木の意味を表す。木を切る、柴を刈るなどの意味もある。エネルギッシュな人に。

ヒント　まっすぐで生まれたての光のような「しん」の音は、逡巡《しゅんじゅん》や挫折《ざせつ》のない人生をおくるイメージ。

一薪　いっしん
其薪　きしん
薪路　しんじ
薪助　しんすけ
薪太　しんた
薪芭　しんば
薪也　しんや
征薪　せいしん
薪太朗　しんたろう
薪之介　しんのすけ

親

シン　おや　したしい

名　ちか　み　もと　より

おや、父母、身内の意味から、親しい、親しむの意味にも使う。自らの意味もある。家族、友達を大切にする子に。

ヒント　「ちか」の音はやんちゃさいっぱいの無邪気な印象。「しん」の音はまっすぐな人生をおくる名前に。

昭親　あきより
邦親　くにちか
惟親　これちか
親平　しんぺい
親史　ちかし
朋親　ともみ
匡親　まさちか
親希　もとき
親治郎　しんじろう
親太朗　しんたろう

整

セイ　ととのえる

名　おさむ　なり　のぶ　ひとし　まさ　よし

不ぞろいのものをそろえることをいい、ととのえる、正すなどの意味を表す。几帳面《きちょうめん》な子になるよう願って。

ヒント　「ひとし」などの読みで1字名にも。「せい」の音は、朝露のようなみずみずしさと神聖さを感じさせる。

整　ひとし
壱整　いっせい
整武　おさむ
一整　かずなり
整考　せいこう
整治　せいじ
邦整　ほうせい
整史　まさし
佳整　よしのぶ
整也　よしや

醒

セイ　さます

酒の酔いがさめることをいい、覚める、目覚めるの意味を表す。また、悟るの意味もある。頭のよい子になるように。

ヒント　早朝に生まれた透明なしずくのような「せい」の音には、大きなムーブメントを起こす印象も。

醒　せい
亜醒　あせい
一醒　いっせい
旺醒　おうせい
醒吾　せいご
醒時　せいじ
醒太　せいた
醒夢　せいむ
醒來　せいら
醒一郎　せいいちろう

操

ソウ　あやつる

名　さお　みさお　もち

もつ、握る、あやつるのほかに、固く守る、心身を汚れなく保つの意味もある。家族を大切にする人になるように。

ヒント　潔く颯爽《さっそう》とした「そう」、清潔感と親しみやすさのある「さお」の音で。「みさお」の読みで1字名にも。

操　みさお
亜操　あさお
文操　あやもち
緯操　いさお
操志　そうし
操佑　そうすけ
高操　たかもち
徳操　のりもち
真操　まさお
操太朗　そうたろう

橙

トウ　だいだい

名　と

樹木の名で、ダイダイをいう。ミカンの一種で、実は食用、薬用になる。「代々」の意味があり、縁起のよい字。

ヒント　「とう」の音はまじめで信頼感のある印象。「と」と読み止め字にすると優しくしっかり者のイメージ。

貴橙　たかとう
橙一　とういち
橙吾　とうご
橙介　とうすけ
橙太　とうた
橙実　とうみ
橙哉　とうや
橙璃　とうり
芳橙　よしと
橙二郎　とうじろう

燈

トウ　ひ
ともしび
名 あかり

「灯」の旧字。ともしび、明かり、火をともす道具の意味を表す。周囲を明るく照らすような人に。
ヒント　字面《じづら》や組み合わせる字とのバランスで「灯」と使い分けて。「とう」の音は、努力家で信頼感のある印象。

燈	あかし
朝燈	あさひ
燈吾	とうご
燈真	とうま
燈希	ともき
燈陽	ともはる
燈彦	ともひこ
燈吏	ともり
悠燈	ゆうひ
燈二郎	とうじろう

篤

トク
名 あつ　しげ
あつし
すみ

「竹」+「馬」。手厚い、人情が厚い、誠実であるのほか、病気が重い意味も。人情に厚く、慕《した》われる人に。
ヒント　自然体で包容力のある「あつ」、機転がきく印象の「とく」の音で。「あつし」の読みで1字名にしても。

篤	あつし
吾篤	あすみ
篤希	あつき
篤人	あつと
篤郎	あつろう
晃篤	こうとく
慈篤	しげあつ
篤哉	しげや
篤史	とくし
篤真	とくま

繁

ハン
名 えだ　しげ
しげる　とし

旧 繁

草木が茂る、多くなる、盛んになる、忙しいなどの意味を表す。元気で活発な子になることを願って。
ヒント　「しげ」の音は人情味があり、パワフルな印象。「とし」の音で、信頼感と知性を感じさせる。

繁	しげる
繁樹	しげき
繁里	しげさと
繁灯	しげとも
繁之	しげゆき
繁琉	しげる
季繁	とししげ
繁郎	としろう
智繁	ともえだ
繁一郎	はんいちろう

磨

マ　みがく
名 おさむ
きよ

みがく、研ぐ、こする、すり減るなどの意味を表す。また、物事に励むの意味もある。努力家になるよう願って。
ヒント　高みにのぼる字のイメージに、「ま」の音で、満ち足りて優しいエリートの雰囲気をプラスして。

磨	おさむ
篤磨	あつま
郁磨	いくま
和磨	かずきよ
一磨	かずま
球磨	きゅうま
磨数	きよかず
磨人	きよと
磨彦	きよひこ
空磨	くうま
研磨	けんま
昂磨	こうま
朔磨	さくま
脩磨	しゅうま
瞬磨	しゅんま
翔磨	しょうま
蒼磨	そうま
琢磨	たくま
桃磨	とうま
悠磨	はるきよ
楓磨	ふうま
磨大	まひろ
磨礼	まれい
有磨	ゆうま
琉磨	りゅうま
亮磨	りょうま
明日磨	あすま
磨希斗	まきと
磨朔也	まさや
磨那人	まなと

諭

ユ　さとす
名 さと
さとし　つぐ

人の誤りをことばで注意して直すことで、さとす、いさめる、教え導くなどの意味を表す。リーダーに合う字。
ヒント　「さと」の音はさわやかさと頼りがいのあるイメージ。深い思考力を感じさせる「ゆ」の音を活かしても。

諭	さとし
諭己	さとき
諭巳	さとみ
諭瑠	さとる
紀諭	のりつぐ
大諭	ひろつぐ
昌諭	まさつぐ
諭一	ゆいち
諭吉	ゆきち
賢諭	よしさと

謡

ヨウ　うたい
うたう
名 うた

旧 謠

祭りで神に祈ることばをいい、うた、うたうなどの意味になった。芸能方面の才能に恵まれるように願って。
ヒント　和のイメージがある。明るく自然体で、元気な印象の「うた」、おおらかで思いやりのある「よう」の音で。

謡	よう
一謡	いちよう
謡希	うたき
歌謡	かよう
祥謡	しょうた
謡壱	よういち
謡介	ようすけ
謡太	ようた
謡真	ようま
謡之助	うたのすけ

頼

ライ　たのむ
たよる
名 のり　よ
よし　より

旧 賴

功績があり財貨もあることをいい、たのもしい、たのむ、たよるの意味になった。人から信頼される人に。
ヒント　「より」の音は、暗く艶《つや》やかなイメージ。「らい」と読めば、輝くような華やかさと知性を感じさせる。

世頼	せいら
智頼	ともよし
頼生	のりお
将頼	まさよし
頼友	よりとも
頼我	らいが
頼仁	らいじん
頼太	らいた
頼武	らいむ
頼太朗	らいたろう

蕾

ライ　つぼみ

つぼみの意味を表す。前途有望だが、まだ成長途上の年ごろのたとえにもなる。将来大きく花ひらくように。
ヒント　未来への希望を感じさせる字に、輝くように華やかな「らい」の音で、天真爛漫《てんしんらんまん》さと賢さをプラス。

蕾	つぼみ
未蕾	みらい
夢蕾	むらい
蕾佳	らいか
蕾久	らいく
蕾三	らいぞう
蕾多	らいた
蕾実	らいみ
蕾夢	らいむ
蕾太郎	らいたろう

龍

リュウ　リョウ　たつ
名 かみ　きみ　しげみ　とおる　めぐむ

飾りをつけた蛇の形で、リュウを表す。想像上の聖獣で、雨を降らせる。不思議な力にあやかって。（→竜・P290）

ヒント 「りゅう」の音で知性と躍動感を、「たつ」の音でおおらかな優しさと行動力を感じさせて。

龍　りゅう
壱龍　いちりゅう
海龍　かいりゅう
我龍　がりゅう
龍杜　きみと
希龍　きりゅう
龍暉　しげき
志龍　しりゅう
聖龍　せいりゅう
龍臣　たつおみ
龍生　たつき
龍吉　たつきち
龍吾　たつご
龍巳　たつみ
龍夢　たつむ
龍哉　たつや
龍琉　たつる
龍瑠　とおる
飛龍　ひりゅう
龍武　めぐむ
龍威　りゅうい
龍次　りゅうじ
龍星　りゅうせい
龍平　りゅうへい
龍寛　りょうかん
龍丞　りょうすけ
龍太　りょうた
龍吾朗　たつごろう
龍一郎　りゅういちろう
龍之介　りゅうのすけ

燎

リョウ

「尞」はかがり火、庭で燃やす火を表し、そこから、めぐる、はるか、遠いの意味に。周囲を明るく照らす人に。

ヒント 気品があり、賢く華やかな印象の「りょう」の音で、情熱や愛らしさを感じさせて。「遼」のかわりにも。

燎　りょう
星燎　せいりょう
燎一　りょういち
燎希　りょうき
燎悟　りょうご
燎佑　りょうすけ
燎堂　りょうどう
燎平　りょうへい
燎馬　りょうま
燎太郎　りょうたろう

澪

レイ　みお
名 れ

みお（水脈。川や海で、船が安全にとおれる深い水路）。澪標《みおつくし》は、水路を知らせる目印の杭。頼られる人に。

ヒント 周囲に活力を与え、信頼感のある「みお」、華やかで知的な「れい」の音で。「れ」の音で万葉仮名風にも。

澪　れい
澄澪　すみお
汰澪　たみお
澪斗　みおと
未澪　みれい
澪吉　れいきち
澪士　れいし
澪滋　れいじ
澪太　れいた
澪央　れお

錬

レン　ねる

金属を熱くしてとかし、ねりきたえる意味。文章や心身をきたえる意味も。努力を重ねて、一流に到達する人に。

ヒント 人気の「れん」の読みで使える字。「れん」の音は、洗練され、理知的でパワフルなイメージ。

亜錬　あれん
恵錬　えれん
沙錬　されん
陽錬　ようれん
錬志　れんし
錬介　れんすけ
錬成　れんせい
錬登　れんと
錬磨　れんま
錬太朗　れんたろう

蕗

ロ　ふき

草の名で、フキをいう。山野に自生し、茎と花茎は食用。ふきのとうは春のはじめのシンボルである。

ヒント 華やかさと落ち着きをあわせもった「ろ」の音で。「ふき」と読むと熱い情熱と強いパワーが漂《ただよ》う名前に。

惟蕗　いぶき
香蕗　かぶき
志蕗　しぶき
青蕗　せいろ
音蕗　ねろ
蕗斗　ふきと
萌蕗　ほうろ
芽蕗　めぶき
優蕗　ゆうろ
蕗之介　ふきのすけ

17画

環

カン
名 たま　たまき　わ

再生を願う儀礼に使う玉をいい、たまきの意味。輪、輪状のもの、めぐる、回るの意味も。スケールの大きな人に。

ヒント 人間性豊かな「たまき」、茶目《ちゃめ》っ気《け》と頼りがいのある「かん」の音で1字名に。「わ」の音を使っても。

環　たまき
一環　いっかん
環吉　かんきち
環吾　かんご
環祐　かんすけ
環汰　かんた
環都　かんと
環生　たまお
斗環　とわ
環三郎　かんざぶろう

謙

ケン
名 あき　かた　かね　のり　ゆずる　よし

へりくだる、人に譲る、控えめにするの意味を表す。また、満ち足りる、快いの意味も。謙虚で誠実な人になるように。

ヒント 好奇心旺盛《おうせい》でやんちゃな魅力の「けん」の音で1字名に。「あき」や「よし」などの名乗りが使いやすい。

謙　ゆずる
明謙　あきかね
謙芳　あきよし
謙蔵　けんぞう
謙太　けんた
豪謙　ごうけん
実謙　さねあき
伸謙　のぶかた
優謙　まさのり
謙信　よしのぶ

厳

ゲン　ゴン
おごそか
きびしい
名 いつき　いわ　たか　ひろ

旧 嚴

おごそか、いかめしい、きびしいのほか、つつしむ、戒めるなどの意味がある。威厳のある人物になるように。
ヒント 「いつき」の音で、1字名にも。「たか」の音は、やる気と思いやりを兼ねそなえた知性派のイメージ。

厳	いつき
厳雄	いわお
厳磨	いわま
寛厳	かんげん
厳一	げんいち
厳希	げんき
厳児	げんじ
厳平	ごんぺい
峻厳	たかひろ
広厳	ひろたか

鴻

コウ
おおとり
名 とき　ひろし

おおとり（大きな鳥）をいい、大きいの意味にも使う。盛ん、強いの意味もある。のびのびと育つよう願って。
ヒント 知的で繊細《せんさい》な愛らしさを感じさせる「こう」、気高くりりしい印象のある「とき」の音を使って。

鴻	ひろし
煌鴻	あきとき
鴻駕	こうが
鴻希	こうき
鴻志	こうじ
鴻生	ときお
大鴻	はるとき
飛鴻	ひこう
祥鴻	よしとき
鴻之祐	こうのすけ

燦

サン
きらめく
名 あき　あきら　きよ　よし

明るく輝くことをいい、輝く、きらめく、明らか、鮮やかなどの意味を表す。まばゆい光をはなつような人に。
ヒント 「きら」で、自然体の強さと無邪気な明るさを、「あき」で、温かく包容力のある印象を加えて。

燦	さん
燦人	あきと
燦楽	あきら
燦埜	あきらの
栄燦	えいさん
燦采	きよと
燦悟	さんご
燦次	さんじ
燦采	さんと
燦道	よしみち

駿

シュン
名 たかし　とし　はやお

足が速く優れた馬をいい、優れる、優れた人、速い、速やかなどの意味を表す。アスリートにぴったりの字。
ヒント 「とし」の音で信頼感と知性あふれたリーダー的存在に。「しゅん」の音はフレッシュな風の印象。

駿	はやお
駿吾	しゅんご
駿介	しゅんすけ
駿士	たかし
駿希	としき
駿郎	としろう
友駿	ともたか
大駿	はるとし
夕駿	ゆうしゅん
駿太郎	しゅんたろう

曙

ショ
あけぼの
名 あき　あきら　あけ

空が明るくなりはじめる時刻、あけぼの、明けるという意味を表す。夜明けの光のように、輝く将来を願って。
ヒント 「あき」と読むと、明るくキュートで輝きのある印象がさらに増す。

曙	あきら
曙友	あきとも
曙昌	あきまさ
曙斗	あけと
曙日	あけひ
曙彦	あけひこ
曙光	あけみつ
曙夢	あけむ
曙宇	しょう
宗曙	むねあき

篠

ショウ　しの
名 ささ

矢をつくるのに用いる細い竹、シノ、シノ竹、ササを表す。和風のしっとりしたイメージの字。
ヒント 「しょう」の音はソフトで深い光を感じさせる。「しの」の音でさわやかさと優しさに満ちた印象に。

篠也	ささや
篠希	しのき
篠武	しのぶ
篠一	しょういち
篠介	しょうすけ
篠太	しょうた
清篠	せいしょう
直篠	なおし
茂篠	もしの
真篠矢	まさや

擢

テキ　タク
ぬきんでる

抜く、抜き取るという意味のほか、抜きんでる、優れるなどの意味を表す。抜擢の「擢」。抜群の才能を願って。
ヒント タフで自立したイメージのある「たく」の音を使って。「てき」の音を使うと、個性的な印象の名前に。

擢	たく
亜擢	あたく
擢児	たくじ
擢人	たくと
擢磨	たくま
擢巳	たくみ
擢也	たくや
擢造	てきぞう
擢斗	てきと
秀擢	ひでき

瞳

トウ　ドウ
ひとみ
名 あきら

瞳、澄んだ瞳の意味を表す。無心に見つめる様子という意味もある。素直で純真な子に育つことを願って。
ヒント 熱い情熱とあふれるパワーを感じさせる「ひとみ」の音で1字名に。「あきら」や「とう」の音でも。

瞳	あきら
明瞳	あきと
海瞳	うみと
清瞳	きよと
瞳吾	とうご
瞳志	とうじ
瞳太	とうた
瞳夢	どうむ
瞳巳	ひとみ
嵐瞳	らんどう

翼

ヨク　つばさ
名 すけ　たすく

つばさ、左右に張り出したもののほか、助けるの意味を表す。大空を自由に飛ぶイメージ。のびのび育つように。
ヒント 開放的な力強さと、さわやかなスターー性を感じる「つばさ」、堅実さや着実感がある「たすく」の音で。

翼	つばさ
光翼	こうすけ
翔翼	しょうすけ
大翼	だいすけ
翼久	たすく
飛翼	ひよく
悠翼	ゆうすけ
遙翼	ようすけ
翼斗	よくと
竜翼	りゅうすけ

優

ユウ
やさしい
すぐれる
名 かつ
すぐる　ひろ
まさ　まさる
ゆたか

優しい、上品、優れる、手厚い、ゆったりの意味のほか、役者の意味も。各方面で優れた才能を発揮するように。
ヒント 定番の「ゆう」の音は、思慮深く繊細《せんさい》でロマンチックなイメージ。「まさ」「ひろ」などの読みも人気。

- 優　ゆたか
- 優巳　かつき
- 優矢　かつや
- 静優　しずひろ
- 天優　たかまさ
- 拓優　たくひろ
- 知優　ちひろ
- 優季　ひろき
- 優夢　ひろむ
- 優明　まさあき
- 優貴　まさき
- 優誌　まさし
- 優斗　まさと
- 優穂　まさほ
- 優宗　まさむね
- 優哉　まさや
- 優琉　まさる
- 優光　ゆうこう
- 優作　ゆうさく
- 優志　ゆうし
- 優慈　ゆうじ
- 優心　ゆうしん
- 優成　ゆうせい
- 優翔　ゆうと
- 優真　ゆうま
- 優弥　ゆうや
- 優楽　ゆうら
- 優李　ゆうり
- 優羽　ゆうわ
- 優ノ慎　ゆうのしん

瞭

リョウ
あきらか
名 あき
あきら

明らか、瞳が明らかの意味を表す。はるかの意味もある。目を輝かせて未来を夢見るような子になるように。
ヒント 「あき」の音は、明るく輝きを感じさせる印象。「りょう」の音で、透明感と清涼感にあふれた名前に。

- 瞭　あきら
- 瞭人　あきと
- 惟瞭　ただあき
- 秀瞭　ひであき
- 弘瞭　ひろあき
- 瞭希　りょうき
- 瞭介　りょうすけ
- 瞭生　りょうせい
- 瞭大　りょうた
- 瞭真　りょうま

嶺

レイ　みね
名 ね

みね、山の頂のほか、山並み、山道、坂などの意味を表す。困難に負けない我慢強い子になることを願って。
ヒント 華やかさと知性を兼ねそなえた印象の「れい」、やすらぎと温かさを感じさせる「ね」の音を使って。

- 嶺　れい
- 和嶺　かずね
- 高嶺　たかね
- 雅嶺　まさみね
- 嶺夫　みねお
- 未嶺　みれい
- 嘉嶺　よしみね
- 嶺志　れいじ
- 嶺佑　れいすけ
- 嶺太　れいた

18画

鎧

ガイ　よろい

よろい、特に金属製のよろいを表す。革製のよろいは「甲」である。自分や家族をしっかり守れる人になるように。
ヒント 勇ましい字。「がい」の音は、力強さと集中力を感じさせる。凄《すご》みのあるチャレンジャーに。

- 鎧　がい
- 鎧亜　がいあ
- 鎧希　がいき
- 鎧佑　がいすけ
- 鎧人　がいと
- 鎧馬　がいま
- 鎧武　がいむ
- 鎧弥　がいや
- 世鎧　せが
- 大鎧　たいが

騎

キ
名 のり

馬に乗る、またがるの意味を表す。馬以外に乗る意味にも使う。人生という荒馬をうまく乗りこなせるように。
ヒント 「き」の音は生命力にあふれ、個性的な印象。勇気があり、礼節《れいせつ》を重んじる、中世の騎士のような人に。

- 一騎　いっき
- 和騎　かずき
- 豪騎　ごうき
- 苑騎　そのき
- 智騎　ともき
- 騎将　のりまさ
- 騎嘉　のりよし
- 悠騎　はるき
- 吏騎　りき
- 真騎斗　まきと

顕

ケン
名 あき
あきら　たか
てる

旧 顯

もとの字は「顯」。神霊の現れることをいい、明らか、明らかにする、著しいの意味を表す。きわ立つ存在に。
ヒント 「あき」の音は元気で明るく華やかな印象。「けん」の音には、少年のようなやんちゃな魅力がある。

- 顕　あきら
- 顕輝　あきてる
- 顕作　けんさく
- 顕志　けんじ
- 顕登　けんと
- 顕矢　けんや
- 顕人　たかと
- 敏顕　としあき
- 秀顕　ひでたか
- 昌顕　まさてる

瞬

シュン
またたく

またたく、まばたくの意味から、極《きわ》めて短い時間を表す。フットワークのよい行動派になるよう願って。
ヒント 「しゅん」の音は、フレッシュな風の爽快《そうかい》感と、やわらかく弾《はず》む愛らしさがあるイメージ。

- 瞬　しゅん
- 光瞬　こうしゅん
- 瞬気　しゅんき
- 瞬吾　しゅんご
- 瞬佑　しゅんすけ
- 瞬斗　しゅんと
- 瞬真　しゅんま
- 瞬矢　しゅんや
- 優瞬　ゆうしゅん
- 瞬一朗　しゅんいちろう

穣

旧 穰

ジョウ みのる ゆたか
名 おさむ しげ

もとの字は「穰」。穀物が豊かに実ることをいい、豊か、実るの意味。繁栄するの意味もある。実り多い人生に。
ヒント 包容力があり、温かく慈愛に満ちた印象の「じょう」のほか、「みのる」「ゆたか」などの読みで1字名に。

穣	みのる
穣夢	おさむ
穣嗣	しげつぐ
穣瑠	しげる
穣悟	じょうご
穣治	じょうじ
穣佑	じょうすけ
満穣	みちしげ
好穣	よししげ
穣太郎	じょうたろう

藤

トウ ふじ
名 かつら つ ひさ

つる草の名で、フジを表す。薄紫色の花が房になって垂れる。また、カズラ類の総称を表す。上品なイメージがある。
ヒント 落ち着いた和のイメージのある字。「とう」の音で、まじめで堅実、責任感の強い印象を加えて。

藤	かつら
貴藤	たかつ
藤吉	とうきち
藤吾	とうご
藤七	とうしち
藤弥	とうや
晴藤	はるひさ
藤尾	ふじお
藤巳	ふじみ
芳藤	よしひさ

櫂

トウ かい
名 こずえ たく

舟をこぐ道具で、かい、さおをいう。また、船、船を進めることも表す。人生の荒波をうまくこぎ進めるように。
ヒント 「かい」の音は、好奇心と行動力を感じさせる。「とう」の音で、努力家で信頼感のある印象の名前に。

櫂	かい
櫂正	かいせい
櫂人	かいと
櫂來	かいら
航櫂	こうと
櫂恵	こずえ
澄櫂	すかい
櫂斗	たくと
櫂吾	とうご
勇櫂	ゆうと

曜

ヨウ
名 あきら てる

一週間のそれぞれの日を表す語のほか、輝き、光、明らかなどの意味を表す。特に日の光をいう。明るい子に。
ヒント 「よう」の音は、おおらかで思いやりがあり、場を和ませる印象。輝きのある「てる」の音でも。

曜	あきら
曜希	てるき
曜人	てると
曜永	てるなが
斉曜	なりあき
陽曜	はるあき
正曜	まさてる
光曜	みつてる
曜一	よういち
曜太	ようた

燿

ヨウ かがやく
名 あき てる

輝く、光、明らかなどの意味を表す。日光を「曜」、火の光を「燿」と区別する。輝きをはなつ人になるように。
ヒント 「あき」と読むと、元気はつらつな印象、「よう」と読むと、安心感を与えてくれる印象に。

燿	かがや
燿大	あきひろ
燿巳	あきみ
遥燿	はるてる
恒燿	ひさてる
大燿	ひろてる
燿一	よういち
燿治	ようじ
燿佑	ようすけ
燿平	ようへい

藍

ラン あい

草の名で、アイを表す。青色の染料をつくる。出藍《しゅつらん》の誉《ほま》れとは、弟子が師匠を越えることをいう。
ヒント 颯爽《さっそう》として華やかな「らん」、親しみやすく愛される「あい」の音で。「蘭」や「愛」のかわりにも。

藍輝	あいき
藍玖	あいく
藍人	あいと
藍磨	あいま
亜藍	あらん
昂藍	こうらん
世藍	せいあ
星藍	せいらん
藍堂	らんどう
藍志郎	あいしろう

臨

リン のぞむ
名 み

上からのぞきこんで見る、のぞむの意味。おさめる、目の前にする、その時になる、の意味も。堂々と立つ人に。
ヒント 華やかで輝きをはなつ印象の「りん」の音で使える字。はつらつとみずみずしい「み」の音でも。

臨	のぞむ
羽臨	うみ
光臨	こうりん
臨海	のぞみ
秀臨	ひでみ
悠臨	ゆうりん
臨音	りおん
臨三	りんぞう
臨平	りんぺい
臨太朗	りんたろう

類

旧 類

ルイ たぐい
名 とも なお なし よし

たぐい、似たものの集まり、仲間、似る、似ているなどの意味を表す。大勢の友に恵まれるように。
ヒント 「るい」の音を活かすと、楽しさを感じさせてくれる、きれいでキュートな印象の名前に。

類	るい
明類	あきとも
尭類	あきなお
映類	あきよし
一類	かずとも
貴類	きよし
茂類	しげよし
素類	すなお
澄類	すみよし
類依	たぐい
唯類	ただよし
類和	ともかず
類弥	ともや
類希	なおき
類斗	なおと
類晴	なおはる
類久	なおひさ
尚類	なおよし
類生	なしき
春類	はるとも
将類	まさとも
匡類	まさよし
正類	まさる
保類	やすとも
吉類	よしとも
類弥	よしや
類基	るいき
類治	るいじ
類斗	るいと
類楓	るか

19画

麒

キ
名 あきら

麒麟《きりん》は中国の伝説上の動物。古代にはめでたい動物として神聖視された。麒麟児とは才知の優れた賢い子のこと。ヒント「き」の音で止め字や万葉仮名風に。「き」で終わる名前は人の評価に左右されず思いをつらぬく印象。

麒	あきら
逸麒	いつき
一麒	かずき
麒竜	きりゅう
昂麒	こうき
天麒	たかき
珠麒	たまき
聖麒	まさき
悠麒	ゆうき
麒太郎	きたろう

鏡

キョウ
かがみ
名 あき　あきら　かね　とし　み

かがみ、レンズ、眼鏡のほか、手本、手本にするなどの意味を表す。照らすの意味もある。人の手本となる立派な人に。ヒント「きょう」の音で輝くほどの強さをもつ個性派の印象に。「明鏡止水《めいきょうしすい》」のように、澄んだ心をもつ人に。

鏡	あきら
明鏡	あきとし
鏡吉	あきよし
鏡之	かねゆき
鏡一	きょういち
鏡司	きょうじ
鏡介	きょうすけ
清鏡	きよみ
史鏡	ふみあき
鏡太郎	きょうたろう

識

シキ
名 さと　つね　のり

しるし、しるすの意味から、知る、見分ける、さらに知識、知り合いの意味になった。知識が豊富な賢い子に。ヒント「しき」の読みで潔くあとくされのない印象に。「のり」の音はりりしさと気品、華やかさを感じさせる。

明識	あきつね
一識	いっしき
識貴	さとき
識順	さとゆき
識瑠	さとる
識人	しきと
卓識	たかのり
哲識	てつのり
朋識	ともさと
博識	ひろさと

蹴

シュウ
シュク　ける

踏みつける、蹴るなどの激しい動作をいい、踏む、蹴るの意味に使う。サッカー少年にぴったりの字。ヒント 颯爽《さっそう》とした「しゅう」の音は、俊《しゅん》敏《びん》さと落ち着きを兼ねそなえた印象。先頭字にすると使いやすい。

快蹴	かいしゅう
健蹴	けんしゅう
蹴一	しゅういち
蹴児	しゅうじ
蹴亮	しゅうすけ
蹴斗	しゅうと
蹴平	しゅうへい
蹴真	しゅうま
蹴野	しゅうや
真蹴	ましゅう

瀬

せ
旧 瀨

浅瀬、川などの浅いところをいう。また、時、折、立場などの意味もある。苦労の少ない人生になるように。ヒント 水のように流れるイメージのある字。「せ」の読みで、繊細《せんさい》な気配りができる知的な印象をプラスして。

瀬伊	せい
瀬賀	せが
瀬那	せな
瀬良	せら
七瀬	ななせ
早瀬	はやせ
悠瀬	はるせ
光瀬	みつせ
瀬央里	せおり
瀬戸貴	せとき

覇

ハ
名 はる

三日月の白い光を表す。長、天下をおさめる者、他にまさる者の意味を表す。抜きんでた人になることを願って。ヒント「は」の音で、温かさと気風《きっぷ》のよさをさらに増して。明るく生命力のある印象の「はる」の音でも。

一覇	いちは
覇王	はおう
覇玖	はく
覇月	はづき
覇空	はるく
覇羽	はわ
光覇	みつは
亮覇	りょうは
覇矢斗	はやと
覇瑠人	はると

羅

ラ
名 つら

網、網にかけて捕るの意味。また、並べるのほか、薄絹、あや絹の意味も表す。粋《いき》な男性にぴったりな字。ヒント「ら」の音は、颯爽《さっそう》としていて華やかでクレバーな雰囲気。「羅馬」はイタリアのローマのこと。

晶羅	あきら
海羅	かいら
清羅	きよら
聖羅	せいら
世羅	せら
楚羅	そら
平羅	たいら
征羅	ゆきつら
綺羅人	きらと
羅琉夫	らるふ

麗

レイ
うるわしい
名 あきら　うらら　かず　つぐ　よし　より

並んだ鹿の角の形で、うるわしい、美しい、鮮やかなどの意味を表す。並ぶという意味も。美少年に合う字。ヒント「れい」の音を活かすと、つつしみ深く、華やかさと知性を兼ねそなえた印象がさらに増す。

麗	あきら
麗巳	かずみ
春麗	はるよし
秀麗	ひでより
佳麗	よしかず
麗一	れいいち
麗仁	れいじ
麗旺	れお
麗音	れのん
麗人	れひと

20画

麓

ロク　ふもと

山のふもと、すそ野をいう。また、大きな林の意味もある。樹木が多いことは力強い生命力につながる。

ヒント　「ろく」の音は長い歴史や秘密を感じさせ、ミステリアスな印象。落ち着いた「ろ」の音を活かしても。

麓　ふもと
嘉麓　かろく
賢麓　けんろく
史麓　しろく
大麓　だいろく
美麓　みろく
麓路　ろくじ
麓佑　ろくすけ
麓野　ろくや
麓郎　ろくろう

巌

ガン　いわお
名　いわ　お　みち　みね　よし

旧　巖

もとの字は「巖」。神を祭る山上の岩場をいい、岩、いわおの意味に使う。高い、険《けわ》しいの意味も。強い子に。

ヒント　強い意志をもつ印象の字に、「お」の音でおおらかな包容力をプラス。「いわお」と読んで、1字名に。

巌　いわお
巌基　いわき
巌吉　がんきち
峻巌　たかみち
丈巌　たけお
悠巌　ひさよし
巌道　みねみち
基巌　もとみね
嘉巌　よしみち
巌二朗　がんじろう

響

キョウ　ひびく
名　おと　なり　ひびき

旧　響

向かいあって共鳴する音をいい、ひびく、ひびき、音などの意味になった。打てばひびくような子に。

ヒント　「きょう」と読むと、いつも人の中心にいる印象。包容力と頼りがいを感じさせる「おと」の音でも。

響　ひびき
宇響　うきょう
響偉　おとい
響成　おとなり
響羽　おとは
響夢　おとむ
響也　おとや
和響　かずなり
響壱　きょういち
響吾　きょうご
響作　きょうさく
響治　きょうじ
響介　きょうすけ
響蔵　きょうぞう
響平　きょうへい
左響　さきょう
慈響　しげなり
鈴響　すずなり
天響　たかなり
七響　なおと
響都　なりと
響詩　なるし
早響　はやなり
秀響　ひでなり
響輝　ひびき
響人　ひびと
史響　ふみなり
正響　まさなり
芳響　よしなり
響一郎　きょういちろう

馨

ケイ　かおる　かぐわしい
名　か　きよ　よし

もとは黍酒《きびざけ》の香りをいい、香り、香るの意味に。よい影響、よい香りの意味も。だれからも好かれる子に。

ヒント　賢くりりしい知性と、華やかさのある「かおる」の音で1字名に。「けい」や「よし」の読みでも。

馨　かおる
紀馨　きよし
馨春　きよはる
馨一　けいいち
馨作　けいさく
馨弥　けいや
静馨　しずか
悠馨　はるきよ
久馨　ひさよし
希馨　まれよし

護

ゴ　まもる
名　さね　もり

守る、かばう、防ぐ、守りのほかに、お守りの意味も。護符の「護」である。家族や友達を大事にして、守る人に。

ヒント　「まもる」の音で、ほのぼのとしたなつかしい印象の名前に。「ご」の音で止め字にしても使いやすい。

護　まもる
愛護　あいご
一護　いちご
邦護　くにさね
慶護　けいご
護頼　さねより
翔護　しょうご
洋護　ひろもり
護和　もりかず
幸護　ゆきもり

譲

ジョウ　ゆずる
名　のり　まさ　よし

旧　讓

悪霊をはらい清め、責めることばをいい、ゆずる、へりくだるなどの意味を表す。謙虚な子になるように。

ヒント　包容力があり温かく慈愛に満ちた「じょう」、おおらかな優しさと温かさのある「まさ」の音を使って。

譲　ゆずる
譲偉　じょうい
譲加　じょうか
譲駕　じょうが
譲司　じょうじ
尊譲　たかのり
富譲　とみのり
譲士　まさし
譲長　まさなが
正譲　まさよし

耀

ヨウ　かがやく
名　あき　あきら　てる

輝く、照る、輝き、光などの意味を表す。明らかの意味もある。輝かしい業績を挙げる人になることを願って。

ヒント　明るく華やかな「あきら」の音で1字名にも。「よう」の音で、おおらかで思いやりのある印象の名前に。

耀　あきら
耀優　あきまさ
大耀　たいよう
耀久　てるひさ
耀真　てるま
賢耀　としあき
広耀　ひろあき
耀一　よういち
耀辰　ようたつ
耀平　ようへい

21画

鶴

カク　つる

名 ず　たず　つ

鳥の名で、ツルを表す。古来鳴き声の気高さで人気があり、長寿のシンボルでもある。長く幸福な人生を願って。

ヒント 「つる」の音は信じた道を行く独創的な印象。上品な印象の「ず」、芯の強い印象の「つ」の音で止め字にも。

鶴多	かくた
鶴緒	たずお
汰鶴	たつる
鶴斗	つると
光鶴	みつる
悠鶴	ゆづる
吏鶴	りつ
恵鶴哉	えつや
佳鶴也	かずや
鶴太朗	つるたろう

轟

ゴウ

とどろく

名 こう

車を三つ合わせた形で、車の音がひびき渡ることをいい、とどろく、とどろきの意味。世に広く知られる人に。

ヒント 圧倒的に強く、偉大で、秘めた力を感じさせる「ごう」の音で、さらに力強い印象の名前に。

轟	ごう
惟轟	いごう
轟毅	ごうき
轟憲	ごうけん
轟冴	ごうご
轟龍	ごうたつ
轟平	こうへい
轟瑠	ごうる
清轟	せいごう
轟志郎	ごうしろう

22画

鷗

オウ　かもめ

海鳥の名で、カモメを表す。海、港を象徴する鳥で、鳥好きでなくても海が好きなら使ってみたくなる字。

ヒント 「おう」の読みで包みこむようなおおらかさと気品を感じさせて。「鴎」は名づけに使えないので注意。

鷗	かもめ
鷗雅	おうが
鷗外	おうがい
鷗生	おうき
鷗史	おうし
鷗亮	おうすけ
鷗翼	おうすけ
鷗風	おうふう
鷗巳	おうみ
鷗水	おみ

海鷗	かいおう
君鷗	きみお
沙鷗	すなお
世鷗	せお
玉鷗	たまお
凪鷗	なお
波鷗	なみお
音鷗	ねお
波鷗	はおう
白鷗	はくおう

真鷗	まお
巳鷗	みおう
莉鷗	りお
李鷗	りおう
竜鷗	りゅうおう
鷗士郎	おうしろう
鷗太郎	おうたろう
鷗十也	おとや
鷗土吏	おどり
士鷗里	しおり

23画

鑑

カン

かんがみる

名 あき　あきら　しげ　のり　み　みる

「監」はもと鏡のこと、見るの意味から手本、見極《みきわ》めるの意味になった。明晰《めいせき》な人に。

ヒント 自然な強さを感じさせる「あきら」、無邪気さと強い意志をあわせもった「かん」の音を活かして。

鑑	あきら
鑑照	あきてる
鑑良	あきよし
鑑一	かんいち
汰鑑	たみる
信鑑	のぶしげ
鑑高	のりたか
悠鑑	はるあき
鑑知	みち
鑑太朗	かんたろう

鷲

シュウ　わし

鳥の名で、ワシを表す。猛禽《もうきん》の代表で、速さ・強さから百鳥の王とされる。頂点に立つ人になるよう願って。

ヒント 力強さを感じさせる字に、「しゅう」の音で、俊敏《しゅんびん》さと落ち着きが共生した印象をプラスして。

一鷲	いっしゅう
旺鷲	おうしゅう
鷲壱	しゅういち
鷲治	しゅうじ
鷲太	しゅうた
鷲斗	しゅうと
鷲真	しゅうま
鷲也	しゅうや
鷲嶺	わしね
鷲人	わしんど

24画

鷹

ヨウ　たか
名 まさ

鳥の名で、タカを表す。猛禽《もうきん》の代表的なもの。日本ではタカ狩りは神意を問う占いとして行われた。気高い人に。
ヒント　「たか」の音で、リーダーの印象をさらにプラスして。おおらかで思いやりのある「よう」の音でも。

和鷹	かずたか
鷹己	たかき
鷹志	たかし
鷹都	たかと
鷹隼	たかはや
天鷹	たかまさ
鷹幸	たかゆき
秀鷹	ひでまさ
鷹山	ようざん
鷹平	ようへい

麟

リン

伝説上の動物である麒《き》麟《りん》を表す。めでたいしるしとして現れる霊獣。麒麟児は才知の優れた子をいう。
ヒント　キラキラとした透明感と、甘く愛らしい印象の「りん」の音で。万葉仮名風に「り」の音を活かしても。

聖麟	まさり
優麟	ゆうり
麟央	りお
麟駈	りく
麟一	りんいち
麟児	りんじ
麟翼	りんすけ
麟斗	りんと
麟平	りんぺい
麟太郎	りんたろう

Column

字源より語のイメージを大切に

● 字源《じげん》＝漢字の意味とは限らない

漢字の由来、もともとの意味を「字源」といいます。

「負」の字源は、「財宝を背にする人」です。しかし「負斗志」「負佑貴」などの名前は一般的ではありません。「負債」「負傷」「負ける」といった語のイメージが強いためでしょう。漢字のもともとの意味が薄れてしまったのです。

一方、字源よりプラスの意味に変化したため、名前によく使われるようになった字もあります。

「優」は喪に服した人が悲しむ姿をかたどった字ですが、転じて「やさしい」とか「すぐれる」という意味を表すようになり、男女を問わず人気の字になりました。

● 現代の名づけでは語のイメージを重視して

名前にはできるだけ字源のいい字を使いたいもの。でも、「字源のいい字＝名前にふさわしい字」とは限りません。字源にとらわれすぎず、漢字を使った用語の意味やイメージを思い浮かべながら、楽しく漢字を選びましょう。

漢字が名前向きかどうかは、歴史・文化や慣習による地域差や個人の感覚の差が大きく、いちがいには言えません。しかし、子ども本人や社会に抵抗のない名前にすることは、忘れず心がけたいものです。

［漢字の例］

正	他国へ進軍して攻撃する	← 正しい
美	成熟した大きい羊	← 美しい・よい
益	鉢《はち》から水があふれる様子	← ふえる
魅	物《もの》の怪《け》	← 人の心をひきつける
若	巫女《みこ》が祈る姿	← 若い
不	花のめしべをかたどったもの	← ～ではない（否定）

名前に使われる
止め字

「止め字」は、「裕太」の「太」、「拓斗」の「斗」のような名前の最後の文字のことです。名前の印象は止め字で大きく変わります。いろいろ当ててみて検討してください。

あき　旭6 明8 昌8 映9 秋9 昭9 亮9 晃10 章11 彬11 暁12 晶12 陽12 彰14 顕18 鑑23

い　生5 以5 衣6 伊6 依8 威9 射10 惟11 偉12 維14

いち　一1 乙1 市5 壱7

う　生5 宇6 有6

お　夫4 王4 央5 生5 男7 於8 旺8 音9 郎9 朗10 桜10 雄12 緒14

おみ　臣7

おん　音9 恩10 温12 遠13 穏16

が　牙4 伽7 我7 画8 芽8 賀12 雅13 駕15

かず　一1 寿7 和8 数13

かつ　克7 雄12 勝12 優17

き　己3 王4 木4 生5 気6 希7 来7 季8 紀9 軌9 城9 帰10 記10 起10 基11 規11 葵12 喜12 揮12 期12 稀12 貴12 旗14 箕14 綺14 毅15 嬉15 輝15 槻15 機16 樹16 徽17 騎18 麒19

きち　吉6

く　久3 功5 玖7 穹8 駆14

くに　州6 邦7 邑7 国8

ご　午4 伍6 呉7 吾7 冴7 悟10 梧11 醐16 護20

こう　広5 光6 昴9 航10 煌13

さ　沙7 紗10 渚11 爽11 嵯13

さく　作7 朔10 索10

さと　里7 郷11 理11 智12 聡14 慧15 諭16

し　士3 仕5 司5 史5 市5 至6 志7 紫12

詞12 獅13

じ　二2 寺6 次6 児7 侍8 治8 時10 慈13 蒔13 爾14

しげ　茂8 重9 滋12 繁16

しょう　匠6 尚8 昇8 星9 祥10 笑10 章11 湘12 翔12 照13

じょう　丈3 丞6 譲20

しん　心4 信9 晋10 真10 進11

すけ　介4 丞6 佐7 助7 佑7 祐9 亮9 輔14

せい　世5 生5 成6 星9 聖13

ぞう　三3 造10 蔵15

た　大3 太4 多6 汰7

だい　大3 代5 醍16

たか　孝7 尭8 尚8 高10 崇11 隆11 貴12 敬12 嵩13

たけ　丈3 岳8 武8 孟8 威9 剛10 赳10 健11 猛11

ただ　任6 忠8 貞9 柾9 弾12

つぐ　次6 継13 嗣13

止め字	漢字
つね	恒[9] 則[9] 矩[10] 倫[10] 庸[11]
てつ	哲[10] 鉄[13] 徹[15]
てる	光[6] 照[13] 輝[15] 耀[20]
と	乙[1] 人[2] 刀[2] 十[2] 士[3] 仁[4] 斗[4] 太[4] 任[6] 年[6] 百[6] 杜[7] 門[8] 音[9] 途[10] 都[11] 渡[12] 登[12] 翔[12] 豊[13] 澄[15]
ど	努[7] 渡[12]
どう	堂[11] 萄[11] 童[12] 道[12]
とき	季[8] 祝[9] 則[9] 時[10] 朝[12]
とし	仁[4] 年[6] 寿[7] 利[7] 俊[9] 敏[10] 理[11] 歳[13]
とも	友[4] 共[6] 伴[7] 知[8] 朋[8] 具[8] 智[12] 朝[12]
とら	虎[8] 寅[11] 彪[11]
な	凪[6] 那[7] 來[8] 南[9] 樹[16]
なり	也[3] 成[6] 斉[8]
のぶ	允[4] 伸[7] 延[8] 信[9] 展[10] 暢[14]
のり	典[8] 法[8] 紀[9] 則[9] 矩[10] 規[11] 教[11] 徳[14] 範[15] 憲[16]
はる	大[3] 治[8] 明[8] 春[9] 悠[11] 温[12] 開[12] 晴[12] 遥[12] 陽[12] 遙[14]
ひ	日[4] 飛[9] 毘[9] 陽[12]
ひこ	彦[9]
ひさ	久[3] 永[5] 寿[7] 尚[8]
ひで	秀[7] 英[8] 栄[9]
ひと	一[1] 人[2] 仁[4]
ひろ	大[3] 央[5] 広[5] 弘[5] 宏[7] 拓[8] 宙[8] 洋[9] 浩[10] 紘[10] 尋[12] 博[12] 寛[13]
ぶ	武[8] 歩[8] 部[11] 舞[15] 蕪[15]
ふみ	文[4] 史[5] 章[11]
へい	丙[5] 平[5] 兵[7] 並[8] 幣[15]
ほ	帆[6] 甫[7] 歩[8] 保[9] 穂[15]
ま	茉[8] 真[10] 眞[10] 馬[10] 麻[11] 満[12] 摩[15] 磨[16]
まさ	正[5] 匡[6] 昌[8] 征[8] 政[9] 柾[9] 将[10] 真[10] 眞[10] 雅[13]
まる	丸[3]
み	己[3] 三[3] 巳[3] 壬[4] 未[5] 実[8] 弥[8] 海[9] 箕[14] 彌[17]
みち	充[6] 迪[8] 通[10] 理[11] 道[12] 満[12] 路[13]
みつ	三[3] 光[6] 充[6] 満[12]
みね	峰[10] 峯[10] 嶺[17]
む	六[4] 武[8] 務[11] 夢[13] 霧[19]
むね	志[7] 宗[8] 斉[8]
もん	文[4] 門[8] 紋[10] 聞[14]
や	八[2] 也[3] 矢[5] 冶[7] 弥[8] 哉[9] 耶[9] 埜[11] 野[11] 椰[13] 彌[17]
やす	安[6] 保[9] 泰[10] 康[11] 靖[13]
ゆき	之[3] 行[6] 幸[8] 征[8] 倖[10] 雪[11]
よし	由[5] 吉[6] 好[6] 芳[7] 良[7] 佳[8] 喜[12] 善[12] 義[13] 嘉[14]
ら	礼[5] 良[7] 来[7] 楽[13] 羅[19]
り	吏[6] 李[7] 利[7] 里[7] 哩[10] 莉[10] 理[11] 凜[15] 璃[15]
る	流[10] 留[10] 琉[11] 瑠[14]
ろう	労[7] 郎[9] 朗[10] 浪[10]
ろく	六[4] 禄[12] 緑[14] 録[16] 麓[19]

万葉仮名風の当て字

「波留（＝春）」のように、意味と無関係に漢字の読みを借りた当て字を、「万葉仮名《まんようがな》」といいます。印象を変えたいときや漢字にひと工夫したいときに利用してみては？

あ
安(6) 亜(7) 吾(7) 阿(8) 愛(13)

い
已(3) 井(4) 以(5) 伊(6) 夷(6) 衣(6) 位(7) 依(8) 易(8) 威(9) 為(9) 惟(11) 唯(11) 偉(12) 葦(13) 維(14)

う
右(5) 卯(5) 宇(6) 羽(6) 有(6) 烏(10) 得(11) 雲(12) 鵜(18)

え
永(5) 衣(6) 江(6) 依(8) 英(8) 枝(8) 映(9) 栄(9) 重(9) 恵(10) 笑(10) 瑛(12) 絵(12) 愛(13) 榎(14) 叡(16)

お
乙(1) 夫(4) 王(4) 央(5) 生(5) 男(7) 応(7) 尾(7) 於(8) 旺(8) 桜(10) 雄(12) 緒(14)

か
甲(5) 加(5) 可(5) 伽(7) 花(7) 佳(8) 果(8) 河(8) 架(9) 珂(9) 迦(9) 香(9) 耶(9) 珈(9) 夏(10) 華(10) 賀(12) 嘉(14) 歌(14) 霞(17)

が
牙(4) 何(7) 我(7) 芽(8) 賀(12) 雅(13) 駕(15)

き
己(3) 木(4) 生(5) 気(6) 伎(6) 吉(6) 岐(7) 希(7) 芸(7) 来(7) 季(8) 城(9) 紀(9) 帰(10) 記(10) 起(10) 葵(12) 喜(12) 幾(12) 稀(12) 貴(12) 暉(13) 綺(14) 毅(15) 輝(15) 熙(15) 樹(16) 徽(17) 麒(19)

ぎ
伎(6) 技(7) 岐(7) 芸(7) 宜(8) 祇(9) 義(13)

く
九(2) 久(3) 丘(5) 功(5) 玖(7) 来(7) 紅(9) 倶(10) 駆(14) 駈(15)

ぐ
具(8) 倶(10)

け
気(6) 圭(6) 啓(11) 袈(11) 稀(12) 結(12)

げ
牙(4) 芸(7) 夏(10) 樺(14)

こ
己(3) 子(3) 小(3) 木(4) 古(5) 児(7) 虎(8) 胡(9) 湖(12) 琥(12) 瑚(13)

ご
五(4) 伍(6) 吾(7) 冴(7) 胡(9) 悟(10) 梧(11) 御(12) 檎(17) 護(20)

さ
左(5) 早(6) 佐(7) 沙(7) 冴(7) 作(7) 草(9) 砂(9) 咲(9) 柴(10) 紗(10) 皐(11) 彩(11) 渚(11) 瑳(14)

ざ
三(3) 座(10)

し
士(3) 子(3) 之(3) 矢(5) 司(5) 史(5) 四(5) 市(5) 此(6) 旨(6) 至(6) 芝(6) 志(7) 枝(8) 思(9) 信(9) 梓(11) 視(11) 偲(11) 斯(12) 紫(12) 詞(12) 嗣(13) 獅(13) 資(13) 詩(13) 誌(14)

じ
二(2) 士(3) 司(5) 寺(6) 次(6) 而(6) 耳(6) 自(6) 地(6) 弐(6) 児(7) 侍(8) 治(8) 時(10) 滋(12) 慈(13) 蒔(13) 路(13) 爾(14)

す
寸(3) 守(6) 州(6) 寿(7) 周(8) 洲(9) 栖(10) 素(10) 珠(10) 須(12) 数(13) 諏(15)

ず
図(7) 寿(7) 豆(7) 受(8) 津(9) 殊(10) 逗(11) 瑞(13) 儒(16) 頭(16)

せ
世(5) 西(6) 斉(8) 施(9) 畝(10) 栖(10) 勢(13) 瀬(19)

ぜ
是(9)

そ
十(2) 三(3) 壮(6) 苑(8) 宗(8) 所(8) 祖(9) 素(10) 曽(11) 曾(12) 楚(13) 想(13) 蘇(19)

万葉仮名風の当て字

た 大3 太4 他5 田5 多6 汰7

だ 打5 陀8 舵11 梛11

ち 千3 地6 池6 茅8 治8 知8 致10 智12 馳13 稚13

つ 津9 通10 都11 藤18 鶴21

て 天4 手4 帝9 堤12

で 出5

と 刀2 十2 人2 土3 戸4 仁4 斗4 兎7 杜7 利7 途10 鳥11 都11 渡12 登12 翔12 澄15

ど 土3 努7 度9 渡12

な 七2 名6 那7 奈8 南9 魚11 菜11 渚11 梛11

に 二2 仁4 丹4 弐6 児7 爾14

ぬ 奴5 野11 埜11

ね 子3 年6 音9 祢9 根10 峰10 峯10 稲14 嶺17 禰19

の 乃2 之3 能10 野11 埜11 農13 濃16

は 八2 巴4 羽6 芭7 芳7 杷8 波8 房8 琶12 葉12

ば 芭7 杷8 馬10 葉12

ひ 日4 比4 氷5 彼8 枇8 飛9 桧10 斐12 陽12 緋14 樋15 檜17

び 枇8 弥8 毘9 美9 琵12 彌17

ふ 不4 夫4 父4 布5 扶7 芙7 甫7 阜8 歩8 風9 経11 冨11 富12 普12 輔14 賦15 譜19

ぶ 夫4 文4 武8 歩8 部11 葡12 撫15 舞15 蕪15

へ 戸4 辺5 平5 部11 経11

べ 弁5 辺5 倍10 部11

ほ 方4 帆6 甫7 歩8 宝8 朋8 保9 葡12 輔14 穂15

ぼ 菩11

ま 万3 茉8 真10 眞10 馬10 麻11 間12 満12 摩15 磨16

み 己3 三3 巳3 水4 壬4 未5 民5 見7 実8 弥8 海9 美9 視11 望11 御12 箕14 澪16 彌17

む 六4 牟6 武8 務11 陸11 眸11 夢13 睦13 蕪15 霧19

め 女3 妹8 芽8 明8 海9 要9 梅10

も 文4 母5 百6 茂8 猛11 雲12 裳14 藻19

や 八2 也3 文4 乎5 矢5 夜8 弥8 屋9 哉9 耶9 野11 埜11 椰13 彌17

ゆ 弓3 夕3 友4 右5 由5 有6 佑7 侑8 勇9 宥9 柚9 祐9 唯11 悠11 結12 裕12 湧12 雄12 遊12 諭16 優17

よ 与3 予4 四5 世5 代5 依8 夜8 容10 蓉13 輿17

ら 良7 来7 來8 郎9 等12 楽13 頼16 羅19

り 吏6 利7 李7 里7 俐9 浬10 哩10 莉10 梨11 理11 裡12 琳12 璃15 隣16

る 光6 流10 留10 琉11 塁12 瑠14 類18

れ 令5 礼5 列6 伶7 怜8 玲9 連10 羚11 麗19

ろ 呂7 侶9 楼13 路13 魯15 蕗16 露21 鷺24

わ 吾7 我7 和8 倭10 輪15 環17

名前には 避けたい漢字

人名に使える漢字の中には、マイナスの印象が強い漢字や、身体の名称を表す漢字なども含まれています。法律上は使えても、赤ちゃんの名づけでは避けたい漢字を一覧にしました。

あ行

あ哀悪圧暗い胃萎違芋咽淫陰隠う鬱え疫液怨お汚凹殴虞

か行

か苛蚊過禍寡餓戒怪拐悔潰壊劾害骸隔嚇喝渇陥患棺き危忌飢棄毀偽欺疑擬犠却虐逆朽泣糾嗅窮拒虚凶叫狂狭恐胸脅矯菌禁禽く苦惧愚屈け刑傾撃欠穴血倦嫌限減こ孤股枯錮誤抗拘降控喉慌絞腔膏乞拷傲酷獄骨困昏恨痕

さ行

さ唆詐鎖挫災砕債罪削搾錯殺擦惨散喰酸残し死弛刺肢脂歯辞餌叱失嫉捨遮邪蛇借弱寂腫呪囚臭終羞醜襲獣殉除消症焼傷障衝償冗拭触辱尻侵唇娠浸腎す衰せ性牲逝斥切折窃舌絶戦腺そ阻粗疎訴争喪葬痩騒憎臓俗賊損

た行

た妥唾堕惰駄怠胎退逮滞濁脱奪嘆歎断ち恥遅痴畜窒肘弔脹腸嘲懲沈朕賃つ墜痛て低抵諦泥敵溺迭と吐妬怒逃倒討

な行

悼盗痘胴毒凸豚貪鈍な難に尼肉乳尿妊の悩脳

は行

は破婆罵背肺排敗廃剥縛爆曝肌伐抜罰閥犯煩蛮ひ否批肥非卑疲被悲費罷避鼻匹泌病貧ふ怖訃負腐膚侮腹覆払吻紛墳憤へ閉弊癖蔑変偏便娩鞭ほ捕姥墓泡胞崩飽亡乏忙妨忘肪剖暴膨謀撲没勃

ま行

ま魔埋膜抹慢め迷滅免も毛妄盲耗

や行

や厄闇ゆ油幽憂よ腰瘍抑

ら行

ら拉裸落乱り痢離慄虜淋る涙れ戻隷劣裂ろ賂老弄漏肋

わ行

わ賄脇惑

PART 5

姓名の画数をもとに

開運から名づける

基礎知識

姓名判断で運気の高い幸せな名前に

画数の上手な組み合わせで幸運度アップ

赤ちゃんが一生つきあっていく名前。せっかくなら運気を高める名前を贈りたいと考える人もいます。

姓名判断では、画数《かくすう》・陰陽《いんよう》・字義《じぎ》・読み（音韻《おんいん》）など、さまざまな要素の吉凶《きっきょう》を見ます。なかでも重要視されているのが画数です。

姓名を構成する画数そのものに吉凶があり、さらにそれをうまく組み合わせることで、子どもがもって生まれた運気を改善したり、これからの幸福な人生のガイドラインづくりをしたりできるとされています。

占いなんて時代遅れだと感じる方もいるかもしれませんが、姓名判断に基づいて名づけをすることは、根強い人気があります。子どもが成長して自ら姓名判断をして、凶名だった、なんてことはたまたまであっても避けたいですね。

姓名判断に基づく名づけのポイントは、欲張らないこと。大吉数ばかりの大げさな姓名より、凶の要素の少ない組み立てのほうが、幸福な人生をおくることが多いようです。

姓名判断のすすめ方

STEP 1 「五運」をチェック

まずは、「五運《ごうん》」と呼ばれる画数の組み合わせを知りましょう。これらを吉数に整えれば、運勢のよい名前になります。

→

STEP 2 「陰陽・五行」をチェック

「五運」にこだわるだけでも充分ですが、さらに念入りに吉名をつけたい場合は、陰陽五行説《ごぎょうせつ》の観点からも名前の画数を整えてみましょう。

＊[例] 石井吉次（いしいきちじ）→すべての音が「い段」、
嵯峨峻岐（さがとしき）→すべての漢字がやまへん、など。

命名の極意はシンプル・イズ・ベスト

かわいいわが子の名前に個性を求める親心は理解できますが、珍名・奇名は考えものです。

奇なるものは凶に通じるといわれるように、画数やひびきがどれほどいいものでも、珍名・奇名は決して吉名とはなりません。姓名判断でも、古来「最良の名前は普通の名前の中にこそある」とされています。

名づけのさいは、次のような名前はできるだけ避けましょう。

▼難しすぎる名前
▼不吉な印象の名前
▼不自然に偏《かたよ》った名前＊
▼性別が逆転した名前
▼神仏そのままの名前

珍名・奇名は、ほとんどが親の自己満足の産物。思いこみや一時の気まぐれ、流行に流された名づけをして、あとで子どもに悲しい思いをさせないよう、充分に気をつけてください。

ラッキーネームが簡単に見つかる

本書では、自分の姓に合った運のよい名前の画数がすぐに見つかる「姓の画数でわかる　名前の吉数リスト」を用意しています。日本の姓の多様さは世界一ですが、本書は全国に5000世帯以上ある姓をほぼカバーしました。8割以上の方に使っていただけます。

まずはリストを使って、赤ちゃんにぴったりのラッキーネームを見つけてみてください。

せっかくなら運のいい名前にしたいけど……
難しそうだよね
そんなことないガオ!!!
姓の画数と例
2＋4
リストを見ればすぐにラッキーネームが見つかるガオ！
やってみるか
へえ〜

すぐに名づけにとりかかる……P381
姓名判断のしくみを知る……P356

※ P381〜432の「姓の画数でわかる　名前の吉数リスト」に自分の姓の画数が載っていない場合は、P366〜367の「自分で一から名づける手順」を読んでください。

五運

「五運」を吉数で組み立てるのがラッキーネームの基本

姓名判断の基本となる五つの要素

姓名の運気を表す五つの要素を「五運《ごうん》」と呼びます。

姓名を構成するすべての文字の画数の合計が総格、姓の部分の合計が天格、名の部分の合計が地格、姓の最後の1字と名の最初の1字の合計が人格、総格から人格を引いた画数が外格です（霊数を使わない場合）。それぞれ、人生のある時期や対人関係などの運をつかさどっています。

候補名をフルネームで書いて、五運を計算してみましょう。「姓名字数別　五運早見表」（→P359）を参考にしてください。

現在使われている新字体で計算する

画数の数え方には諸説ありますが、本書では今日《こんにち》一般的に使われている新字体を基本にします。

文字は生き物であり、時代とともに変化する存在。現代に生きているわたしたちは、自分自身が普段実際に使っている字体を用いるのが自然だと考えます。

五運全部をできるだけ吉数に

名づけでは、できるだけ五運の数全部を吉数で構成するようにします。ただし、天格（＝姓の総画数）は凶数でも問題ありません。

五運はいずれも人生に大きくかかわる要素ですが、音や文字を優先すると、すべてを吉数にするのは難しいかもしれません。その場合は、総格と人格を優先します。数の吉凶《きっきょう》は、「画数別の運勢」（→P368〜379）を見てください。

数にはさまざまな側面があり、長い人生では、凶数がよいはたらきを見せるケースもあります。しかし、生涯《しょうがい》を通じて見ると、やはり悪影響のほうが強くなるものです。

赤ちゃんの名前は、できるだけ吉数で組み立てましょう。

姓名判断の基本「五運」を知ろう

姓名を構成するさまざまな文字。その画数の組み合わせが生み出す５つの画数が「五運」です。五運のそれぞれが表す運気や特徴をおさえておきましょう。

特に大事なのは「総格」と「人格」ガオ

山 3画
本 5画
陽 12画
翔 12画

天格8画
人格17画
地格24画
外格15画
総格32画

天格

姓の総画数。家系の運気を表す。最晩年の運気に影響を与えるが、基本的に吉凶には無関係。

別名は「祖運《そうん》」。

人格

姓の最後の文字と、名の最初の文字との合計画数。青年〜中年期の運勢を示し、本人の性格や行動が最も強く表れる。

地格

名の総画数。その人の核となる部分や、幼児〜青年期の運勢・性向を示す。別名は「前運」。

外格

恋愛・結婚を含めた対人関係や職業運を示すほか、人格の補佐的なはたらきをすることも。生涯を通じて影響力をもつ。

総格

姓名の総画数。主として中年期以降の運勢を示すが、生涯を通じて最も影響力の大きな数。

別名は「後年運」。

※２字姓＋２字名以外の五運の計算のしかたは、P358〜359を参照してください。

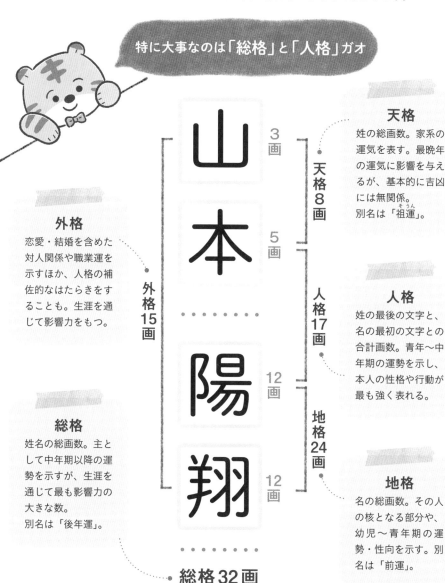

姓名字数別の「五運」の数え方

五運《ごうん》の計算は2字姓2字名が基本。それ以外の人もそれに準じますが、いくつか留意点があります。

● 1字姓や1字名の場合

1字姓や1字名の場合は「霊数」と呼ばれる補助数を用いて算出します。たとえば木戸環《きどたまき》さんや城圭一郎《じょうけいいちろう》さんの五運は、例A・例Bのように計算します。霊数は仮の数なので、総格には含めません。

霊数は原則として1を補います。ただ、10歳くらいまでの子どもは、霊数なしで計算したほうが実態に即した鑑定結果が出ることもあります。このため、幼少年期の運勢を特に気にする場合は、霊数を補っても霊数なしでも吉数になるように組み立ててもよいでしょう。成人したあとの運勢は、霊数1を補って見たほうが正確です。

なお、1字姓で1字名だと、外格が2で固定してしまいます。2は不安定な数なので（→P369）、避けたほうが無難《ぶなん》でしょう。

● 3字姓や3字名の場合

3字姓や3字名では、姓の最初の2字と名の最後の2字をまとめて考えます。たとえば小久保晴弓起《こくぼはるゆき》さんの五運は、例Cのように計算します。人格や外格の計算で迷うかもしれませんが、人格はつねに姓の最後の文字と名の最初の文字の画数の合計です。

外格は、霊数を用いる場合（姓または名が1字のとき）は総格－《マイナス》人格＋1、それ以外の場合は総格－《マイナス》人格です。

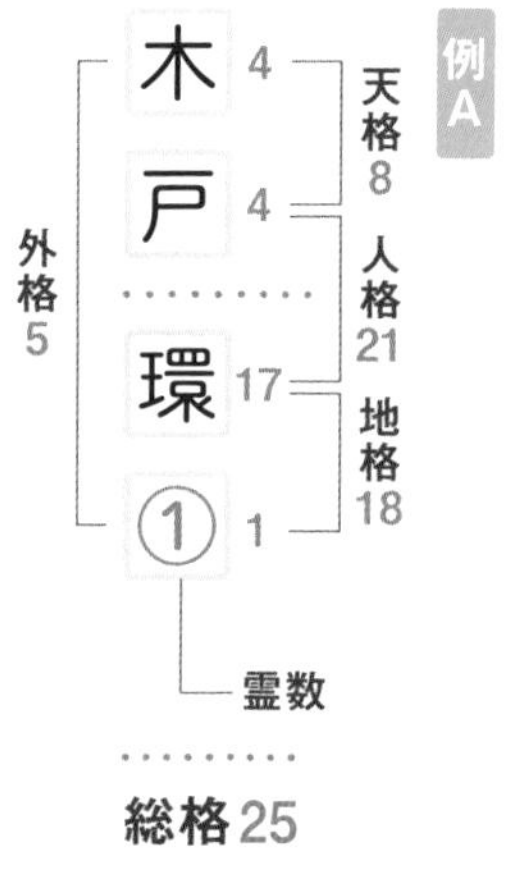

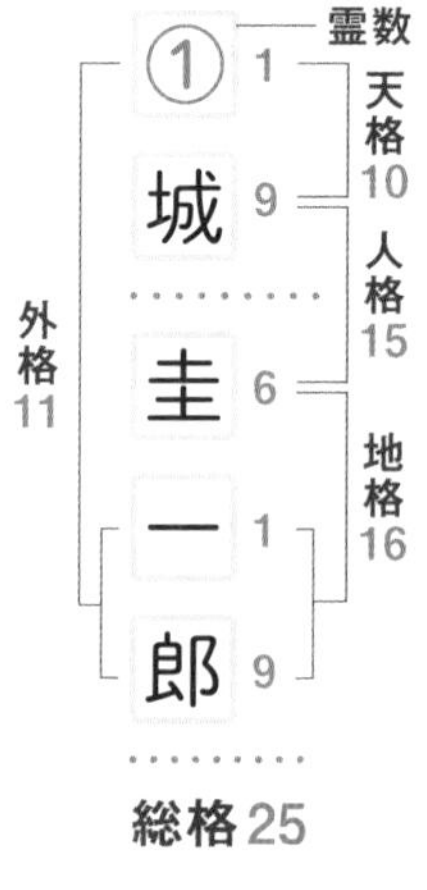

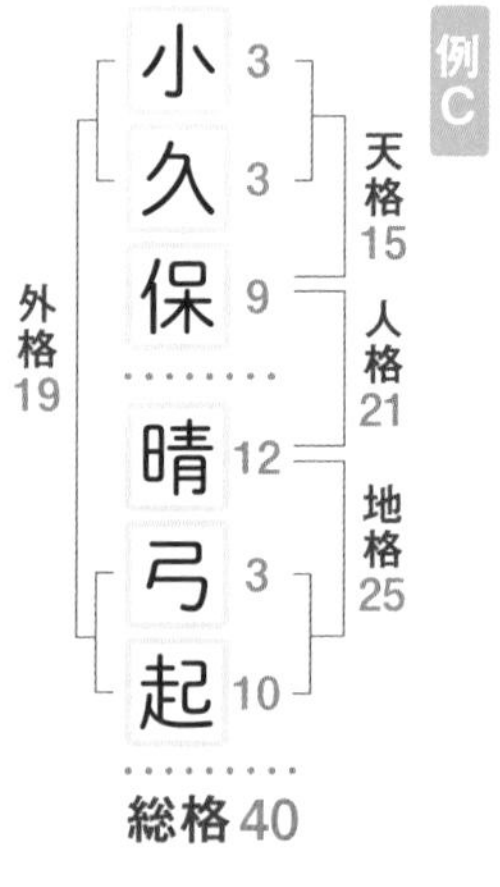

姓名字数別　五運早見表

● 姓が1字／名が1字

① A ｜ B ①（霊数）

天格①＋A　人格A＋B
地格B＋①　外格①＋①
総格A＋B

● 姓が1字／名が2字

① A ｜ B C

天格①＋A　人格A＋B
地格B＋C　外格①＋C
総格A＋B＋C

● 姓が1字／名が3字

① A ｜ B C D

天格①＋A　人格A＋B
地格B＋C＋D
外格①＋（C＋D）
総格A＋B＋C＋D

● 姓が2字／名が1字

A B ｜ C ①

天格A＋B　人格B＋C
地格C＋①　外格A＋①
総格A＋B＋C

● 姓が2字／名が2字

A B ｜ C D

天格A＋B　人格B＋C
地格C＋D　外格A＋D
総格A＋B＋C＋D

● 姓が2字／名が3字

A B ｜ C D E

天格A＋B　人格B＋C
地格C＋D＋E
外格A＋（D＋E）
総格A＋B＋C＋D＋E

● 姓が3字／名が1字

A B C ｜ D ①

天格A＋B＋C　人格C＋D
地格D＋①　外格（A＋B）＋①
総格A＋B＋C＋D

● 姓が3字／名が2字

A B C ｜ D E

天格A＋B＋C　人格C＋D
地格D＋E　外格（A＋B）＋E
総格A＋B＋C＋D＋E

● 姓が3字／名が3字

A B C ｜ D E F

天格A＋B＋C　人格C＋D
地格D＋E＋F
外格（A＋B）＋（E＋F）
総格A＋B＋C＋D＋E＋F

● 姓または名が４字以上（霊数を用いる場合を除く）

天格…姓の総画数　人格…姓の最後の文字の画数＋名の最初の文字の画数
地格…名の総画数　外格…総格－《マイナス》人格　総格…すべての文字の合計画数

陰陽・五行

画数に加えるとさらに幸運な名前に

東洋の占いの基礎は中国の陰陽五行説

陰陽説《いんようせつ》、五行説《ごぎょうせつ》と呼ばれる二大思想が生まれたのは古代の中国。はるか数千年前のことです。

陰陽説は、あらゆるものは単独で存在するのではなく、陰と陽のような、相反する2つの要素（天地・吉凶《きっきょう》・男女・精神と肉体など）によって成立すると説きます。陰が極《きわ》まれば陽が生じ、陽が極まれば陰がきざし、それぞれが盛衰を繰り返すとされます。

五行説は、万物《ばんぶつ》が「木・火・土・金・水」の5つの要素によって成り立っているとする考え方です。それらの消長、結合、循環によって、すべての現象を説明します。

陰陽説と五行説は歴史の流れの中で統合され、陰陽五行説が成立しました。完成度の高いこの思想は、後世にひじょうに大きな影響を与えたのです。

東洋の占いは、ほぼすべてにこの思想が根底にあります。姓名判断も、基本的にこの陰陽五行説に基づいています。

陰陽説

奇数と偶数の配分で心身の健康を保つ

姓名判断で「陰陽」と呼ばれるのは、姓名を構成する文字の奇数（陽）と偶数（陰）の配分のこと。

ほかの構成要素に問題がなくても、陰陽がかたよっていたり、気の流れを止める配置だったりすると、バランスがくずれ、心身の健康に影響するとされます。

名づけはできるだけ「安全良格」となる配分を心がけましょう。良格にできなくても「凶格」である、単《たん》一《いっ》・分裂《ぶんれつ》・双挟《そうきょう》・中折《なかおれ》にならないように注意しましょう。「分裂」以外は、姓名の切れ目は関係なく判断します。

なお、P381〜432「姓の画数でわかる名前の吉数リスト」は、1〜2字姓、1〜2字名を基準にしています。姓や名が3字以上の場合は、左

記の「陰陽の安全良格と凶格の例」を参考にして陰陽もチェックしてください。

☑ 陰陽の見方をチェック

姓名を構成する漢字そのものの画数を見ます。五運《ごうん》の数は関係ありません。

［奇数の画数の文字（陽）＝○　偶数の画数の文字（陰）＝●］

安全良格の例

高	10●
橋	16●
夕	3○
貴	12●

総格41

凶格の例（中折）

小	3○
椋	12●
渉	11○
次	6●
郎	9○

総格41

吉凶なしの例

安	6●
藤	18●
光	6●
希	7○

総格37

陰陽の安全良格と凶格の例

【陰陽の安全良格】

中央で対称にならず、陰陽が適度に混合した形が安全良格です。

姓名の合計が2字
○●
●○

姓名の合計が3字
○○●　●○○
○●●　●●○

姓名の合計が4字
○●○●　○○●○　○●○○
●○●○　●●○●　●○●●

姓名の合計が5字
○●○●●　○●○○●　○●●○●　○●●○○　○○●○●　○○●●○
●○●○○　●○●●○　●○○●○　●○○●●　●●○●○　●●○○●

＊姓名の合計が6字以上の場合もこれに準じます。

【陰陽の凶格】

単一《たんいつ》…文字が全部奇数か偶数
［例］○○　●●●　○○○○
＊4字以上続く組み立ても避けましょう。

分裂《ぶんれつ》…姓と名で陰陽が二分される（計4字以上の姓名の場合）
［例］（姓―名）○○―●●　●●●―○○　○○○―●●●

双挟《そうきょう》…最初と最後の陰陽が同じで、ほかの陰陽をはさむ形（計4字以上の姓名の場合）
［例］●○○●　●○○○●　●○○○○●
○●●○　○●●●○　○●●●●○

中折《なかおれ》…双挟以外で上下が対称の形（計5字以上の姓名の場合）
［例］●●○●●　●○●○●　●●○○●●　●○●●○●
○○●○○　○●○●○　○○●●○○　○●○○●○

五行説

五つの要素の関係で運勢が変わる

木《もく》・火《か》・土《ど》・金《ごん》・水《すい》の五行《ごぎょう》には相関関係があり、相手を活かす組み合わせを「相生《そうしょう》」、損なう組み合わせを「相剋《そうこく》」と呼びます。

相生…木→火→土→金→水（→木）

相剋…木→土→水→火→金（→木）

比和《ひわ》…木と木、火と火など同じ気が重なること。吉凶《きっきょう》いずれもその度合いが増す。

五運（→P357）もそれぞれが五行に分類され、相互の関係が運気に大きな影響を与えるとされています。

【五運が吉数なら「三才」もプラス】

姓名判断では、五運のうち、天格・人格・地格の五行の関係を「三才《さんざい》」として特に重要視します。

五行とその関係

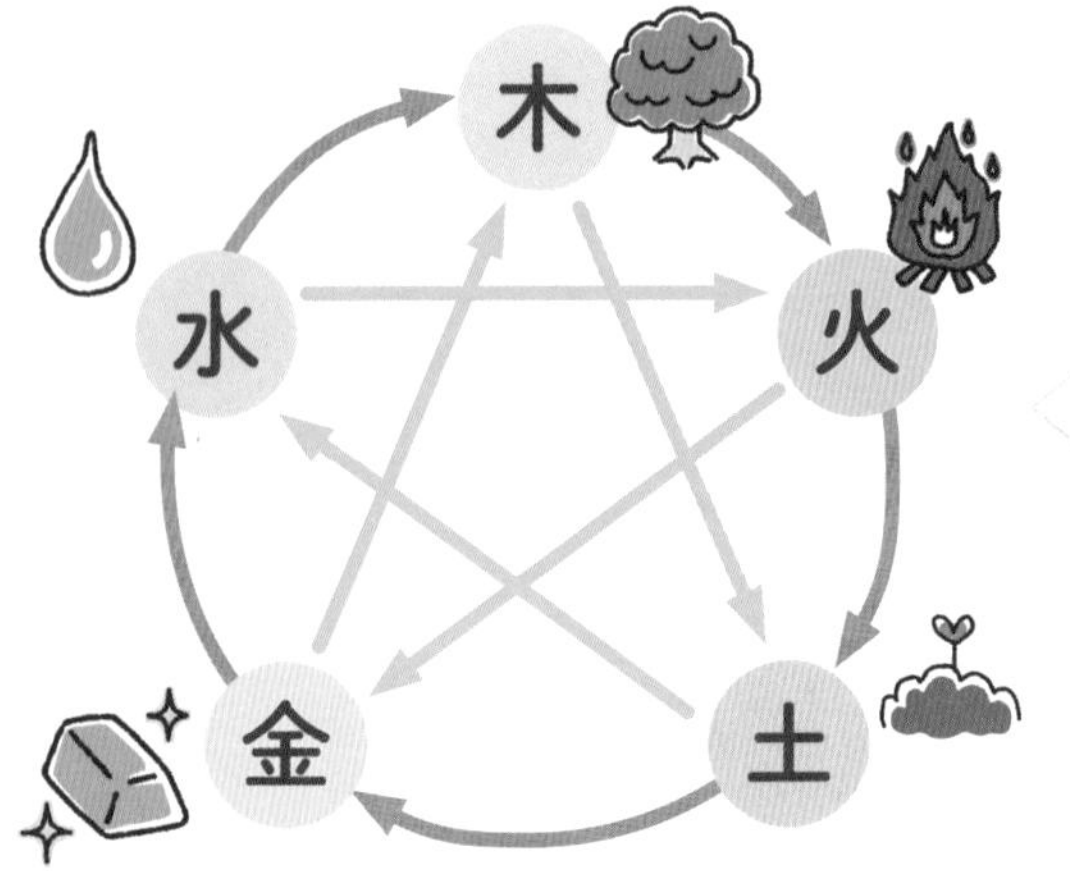

数の五行

木…1・2
火…3・4
土…5・6
金…7・8
水…9・0

＊2ケタ以上の場合は一の位の数で見る。

［例］15 ＝土　163 ＝火

→…**相生**《そうしょう》**関係**

木生火…木を燃料として火が燃える
火生土…火が燃えて土（灰）が残る
土生金…土中から金属や鉱物が出る
金生水…金属の表面に水滴が生じる
水生木…水によって植物が生育する

→…**相剋**《そうこく》**関係**

木剋土…木の根が土を損なう
土剋水…土が水をせき止める
水剋火…水をかけて火を消す
火剋金…火は熱で金属を溶かす
金剋木…金属の刃物で木を切る

比和《ひわ》　木と木、火と火のように、同じ気の組み合わせが比和。
吉凶にかかわらず増幅する作用がある。姓名判断では、比和は中吉と考える。

五運は、画数によって木・火・土・金・水の五行のいずれかに分類されます（数の五行）。このうちの天格・人格・地格の五行の組み合わせが「三才」です。三才には、総格や外格は関係ありません。

三才は、相性のよい組み合わせなら幸運を増幅してくれますが、相性が悪い組み合わせだと、運気の流れを止め、不運な状態を長びかせてしまいます。

特に吉凶の度合いが大きい三才を下の表にまとめました。表にない場合は「吉凶なし」で、特に問題はありません。下の **例A** では、天格が金、人格が土、地格が火となっていて、三才は「金－土－火」の大吉格です。**例B** では、天格が木、人格が土、地格が木となっていて、三才は「木－土－木」の凶格です。

なお、三才は大きな影響力をもつ要素ですが、五運よりも優先すべきではありません。三才を吉格にすることにこだわって、五運を損なわないでください。まずは、五運が凶格にならないよう、吉数で組み立てることが先決です。三才は、そのうえでの補助的な役割と考えます。

例A

文字	画数	
西	6	天格18（金）
森	12	人格16（土）
太	4	地格13（火）
洋	9	

外格15
総格31

例B

霊数（→P358）

文字	画数	
①	1	天格12（木）
梶	11	人格15（土）
心	4	地格11（木）
吾	7	

外格8
総格22

三才早見表でチェック（天格－人格－地格）

大吉格

木－木－土／木－火－土／木－水－金
火－木－土／火－木－火／火－土－金
土－火－木／土－金－水／金－土－火
金－水－木／水－木－火／水－木－土
水－金－土

吉格

木－木－水／木－火－木／木－火－火
火－火－木／火－土－火／火－土－土
土－土－火／土－金－土／土－金－金
金－金－土／金－水－金／金－水－水
水－木－木／水－木－水／水－水－金

凶格

木－土－木／木－土－水／火－金－火
火－金－水／土－火－水／土－水－火
土－水－土／土－水－水／金－木－金
金－木－水／金－火－金／金－火－水
金－土－水／金－水－火／水－火－水
水－水－土

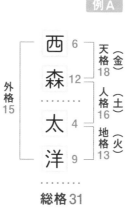

同格を避けて災いから身を守る

「同格《どうかく》」とは、姓名を構成する文字の画数や五運《ごうん》に同じ数字が出ることです。

同格をもつ人は、事故や災難に遭《あ》ったり、人間関係で失敗したりしやすくなるとされています。同格と似たはたらきをする「天地《てんち》衝突《しょうとつ》」とあわせて、名づけでは避けるようにしましょう。

同格・天地衝突の例

天地同格

天格（姓）と地格（名）の画数が同じ。

例A

文字	画数
河	8
西	6
豊	13
①	1

天格14　人格19　地格14　外格9　総格27

霊数 （→P358）

例B

文字	画数
赤	7
松	8
永	5
悟	10

天格15　人格13　地格15　外格17　総格30

横同格

人格と外格の画数か、地格と外格の画数、または人格・地格・外格の画数がすべて同じ。

例A　人格と外格が同じ

文字	画数
上	3
野	11
良	7
澄	15

天格14　人格18　地格22　外格18　総格36

例B　地格と外格が同じ

文字	画数
杉	7
之	3
内	4
紘	10
音	9

天格14　人格14　地格19　外格19　総格33

天地衝突

姓と名の最初の文字の画数が同じ。霊数は入れないで考える。

例A

文字	画数
①（霊数）	1
島	10
哲	10
春	9

天格11　人格20　地格19　外格10　総格29

例B

文字	画数
小	3
笠	11
原	10
才	3
都	11
志	7

天格24　人格13　地格21　外格32　総格45

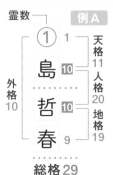

姓名判断のQ&A

Q 気に入った名前の運勢がよくなければ、変えたほうがいい？

A 凶名は変えてあげたい

結論から言うと、どんなに気に入った名前でも、運勢が悪いとわかったら変えることをおすすめします。

凶名であることを知らなかったり、姓名判断をまったく信じなかったりするのならともかく、凶名と知りながら名づけてしまうのは後悔のもとです。

こだわりのある部分と、画数や字義などをすり合わせて、バランスのよい名づけをしてあげてください。

Q 同じ名前なのに本によって吉凶《きっきょう》が違うのはなぜですか？

A 姓名判断には多くの源流があります

名前を使う占法には多くの流派や種類があります。主流は明治時代に確立された画数を用いた方法ですが、多くの占者や研究者が、独自の工夫や改良を重ねるうち、互いに矛盾が生まれ、現在では、すべての流派で吉名となる名前は存在しなくなっています。

本書は主要流派のノウハウを用いて、占いの精度を高めています。どうぞ安心してご利用ください。

Q 戸籍上は「齋藤」ですが、普段使うのは「斎藤」です。どちらで考えるべきですか？

A よく使う名前を優先します

微妙な問題です。いずれにも影響力があるので、できれば両方とも吉名となるようにしたいところですね。

あえてどちらかを選ぶなら、よく使う名前を優先しましょう。

ただし、ご質問のようなケースであれば、普段使う名の表記を戸籍と同じ「齋藤」で統一されることをおすすめします。運気の揺らぎが減って、より安定感が増すでしょう。

Q 親の名前から１字もらうのは運勢的によくないとききました。本当ですか？

A 運気を損なう作用はありません

確かに、中国の影響を強く受けた流派ではそうした主張もあるようです。

しかし、親や祖先、尊敬する人物の名前にちなんだ名づけをするという習慣は、日本ではごく一般的なこと。

また、ご存知のように、武家・商家・役者などが代々同じ名前を名乗ることも広く行われています。

ご懸念のように運気を損なう作用はなく、気にする必要もありません。

自分で一《いち》から名づける手順

「姓の画数でわかる　名前の吉数リスト」に自分の姓が載っていない人や、しっかり納得して自分で運のよい名づけをしたい人は、次の手順にしたがってみてください。ここでは、「新多」さん夫妻を例にとって説明します。

❶ 姓の画数を確認する

姓名判断による名づけは、まず、姓の画数の確認からスタート。「新」は13画、「多」は6画なので、天格（＝姓の画数の合計）は19画です。

❷ 五運を吉数にするⒶ

新多さんの天格は19画なので、P368～379「画数別の運勢」をもとに、20画以上でになっている数をチェック。23－19＝4、というように、総格がよくなる地格の数を出します。

2
4
5
10
12
13
14
16
18
19
20
22
26
28
29
33
38

ここから半吉数・凶数（＝2・4・10・12・14・19・20・22・26・28）を削除すると、この時点の地格の候補は次の7個です。

5
13
16
18
29
33
38

❸ 五運を吉数にするⒷ

❷で残った地格の候補と、新多さんの天格・19画との組み合わせでできる総格は次のとおり。

24
32
35
37
48
52
57

P368～379「画数別の運勢」で画数の特徴を見ながら、総格の画数候補を決めます。やはり最も影響が大きいのは総格。たとえば、強い信念をもって成功を目指してほしいなら37画、リーダーとして活躍してほしいなら48画など、画数の特徴から候補を絞ります。

❹ 五運を吉数にするⒸ

新多さんは自分の信念を大切にしたいと考え、総画数を37画に決定。よって地格は18画になります。この地格を2つに分けて書き出しましょう。

1+17
2+16
3+15
4+14
5+13
6+12
7+11
8+10
9+9
10+8
11+7
12+6
13+5
14+4
15+3
16+2
17+1
18+①霊数

❺ 五運を吉数にするⒹ

❹で書き出した数字をもとに、人格と外格とが吉数になる組み合わせを出します。

これらの数字を次々に地格の部分に当てはめていきましょう。

●2+16の場合

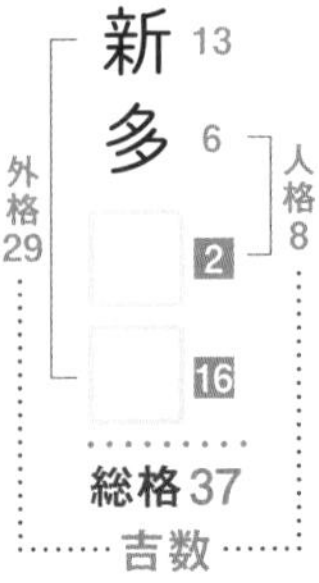

2字以上で人格・外格ともに吉数になる組み合わせは次の4通り。

2+16（人格8・外格29）
7+11（人格13・外格24）
10+8（人格16・外格21）
15+3（人格21・外格16）

3字名にするには、最後の数を2つに分けます。

6 陰陽を整える

P361の「陰陽《いんよう》の安全良格と凶格の例」を見て文字の陰陽を整えます。凶格でなければ、無理して安全良格に変えなくても問題はありません。

「新多」は奇数○＋偶数●の組み合わせ。2字名の場合は「陰陽の安全良格」の「姓名の合計が4字」のところを見てください。姓名が○○・○●なら安全良格、●●は吉《きっ》凶《きょう》なし。●○は「双挟《そうきょう》」で凶格になります。

5の4つの候補では、

7＋11、15＋3 → ○●○○で安全良格
2＋16、10＋8 → ○●●●で吉凶なし

となり、どれも大丈夫です。3字名の場合も同様にチェックしましょう。

7 三才を整える

P362の「五行《ごぎょう》とその関係」やP363「三才《さんざい》早見表」を見て、三才を整えます。

これも凶格でなければよしとします。

「新多」は19画で、五行は水。5の候補のうち7＋11だと、三才は「水ー火ー金」になります。

●7＋11の場合

新 13
多 6
□ 7
□ 11

天格19（水）
人格13（火）
地格18（金）

ほかの候補も2＋16…「水ー金ー金」、10＋8…「水ー土ー金」、15＋3…「水ー木ー金」で、いずれもP363の早見表には載っていない「吉凶なし」です。どれも特に問題はありませんが、五行の相互関係で見ると、相生《そうしょう》と比和《ひわ》で成立する2＋16の「水ー金ー金」が最も良好だといえます。

8 同格や天地衝突を確認

P364を参照して、同格《どうかく》や天地衝突《てんちしょうとつ》が含まれないか確認。5の4つの候補は下記となります。いずれにも、同格や天地衝突はありませんので、すべて命名の候補にすることができます。

これで名前の画数候補のリストアップが完了です。

●2＋16

新 13
多 6
□ 2
□ 16

天19
人8
地18
外29

●7＋11

新 13
多 6
□ 7
□ 11

天19
人13
地18
外24

●10＋8

新 13
多 6
□ 10
□ 8

天19
人16
地18
外21

●15＋3

新 13
多 6
□ 15
□ 3

天19
人21
地18
外16

9 文字や音を整える

最後に、漢字や音を決めます。無理のある名前になっていないかよく注意しながら検討しましょう。新多さん夫妻は、「ひろき」という名前にしたいと思っていたため、PART2やPART4を見て試行錯誤した結果、「浩宜《(10＋8)》」か「宏基《(7＋11)》」にしようと決めました。

いろいろと悩むのも、名づけの醍醐味《だいごみ》のひとつ。愛情をこめて素敵な名前をプレゼントしましょう。

画数別の運勢

画数にはそれぞれ個性があります。P356～359の説明にしたがって候補の名前の五運《ごうん》の数を出したら、その画数がどのような特徴をもっているかを確かめておきましょう。天格以外の総格、人格、地格、外格の４か所を見て判断してください。

マークの見方

……超幸運数。運気が強すぎることも。

……大吉数。安定した運気をもたらす安心・安全な数。

……吉数。に準じる運気のバランスのよい数。

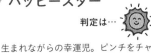

……半吉数。吉凶《きっきょう》両面の作用がある数。

……凶数。名づけではできれば避けたい数。

五運の意味

総格 生涯《しょうがい》、特に50代以降の運勢や幸福感をつかさどる。特に重要。

人格 中心的な性格や才能、20～50代の運勢をつかさどる。特に重要。

地格 幼児期の性格や基本的な個性、20代までの運勢をつかさどる。

外格 恋愛・結婚運を含めた対人関係や職業適性をつかさどる。

16 凶を福に転じるハッピースター

判定は… 

総格 生まれながらの幸運児。ピンチをチャンスに変える才能がある。

人格 親切で愛情豊かな反面、自分の価値観を押しつけて迷惑がられることも。

地格 人を喜ばせることに喜びを見いだすタイプ。自分の価値観を重視。

外格 リーダー気質で、適職は社会に貢献《こうけん》する仕事。恋愛では献身的な面も。

1 すべてのはじまり。最大ラッキー数！

判定は…

総格 自分のもつ運命以上の幸運に恵まれる大吉数。

１画の総格の説明は、企業や組織の名称、芸名・ペンネームなどの参考として掲載しています。

地格 明るく生命力に満ちているが、わがままで周囲が振りまわされるかも。

10歳ごろまでは霊数の影響が少ないので、加算せずに見ています。

2 別れや対立、矛盾の多い人生

判定は…

総格 気力に乏《とぼ》しく、流されるまま、人にしたがって生きることが多い。

人格 精神的に不安定。気力に乏しそうでいて、内面は激しい。

地格 幼少時に病気がちだと、心身の発育が不充分になる場合も……。

外格 依存心が強く、人から悪い影響を受けやすい。裏方的な仕事が合う。

3 ポジティブで明るく楽しい毎日

判定は…

総格 人間のスケールが大きく、リーダーシップを発揮できる。

人格 頭脳明晰《めいせき》で素直な人気者。早くから頭《とう》角《かく》を現すが、あせりは禁物。

地格 明るく積極的。ちょっと軽めで早熟な面もあるが、しだいに落ち着く。

外格 親しみやすいキャラで周囲から愛される。どんな仕事でもＯＫ。

4 不安と不満を抱えた打ち解けベタの魂

判定は…

総格 一難《いちなん》去ってまた一難。努力が実らず骨折り損になることも多い。

人格 内面に矛盾を抱えがちで、なかなか打ち解けられない。

地格 落ち着きのない難しいキャラ。その場しのぎの言い訳をしがちに。

外格 人と距離を置くタイプ。公務員が無難《ぶなん》だが、手に職をつけても可。

5 手広く活躍するパワフルキャラ

判定は…

総格 バイタリティがあり、ここいちばんの集中力で大きな成功をつかみとる。

人格 好奇心旺盛《おうせい》で、いつでもどこでもエネルギッシュに活動できる。

地格 感情表現が素直で、周囲からかわいがられるが、束縛《そくばく》されるのは嫌い。

外格 熱しやすく冷めやすい。職を変えたり、副業で成功したりする人も。

6 信頼する人とともに生きる幸せ

判定は…

総格 恵まれた天分があり、幸福な人生を過ごせる。

人格 独善的になることもあるが、生来《せいらい》のおおらかさに救われる。

地格 手のかからない子どもで、どこか大人びた雰囲気がある。

外格 人を助ける仕事が天職。同情が恋愛感情に変わることが多い。

9 報われにくいデリケートな頭脳派

判定は… 

総格 労多くして益の少ない損な役回りになりがち。

人格 繊細《せんさい》さや頭のよさが仇《あだ》になり、逆に不本意な結果になることが多い。

地格 病弱になりやすく、家族との縁も弱くなる傾向。周囲の注意が必要。

外格 周囲から誤解されて、能力に見合った報酬《ほうしゅう》を得られないことが多い。

10 打率は低くても当たれば大きい

判定は… 

総格 吉凶《きっきょう》とも極端《きょくたん》に走りやすく、波乱に富んだ人生になりがち。

人格 喜びより苦しみに目が行くタイプ。失敗から立ち直るのに時間がかかる。

地格 自分に対しても素直でなく、一般家庭では幸の薄い孤独運をもつことが多い。

外格 特殊な世界（スポーツや宗教など）で一流をねらえる一匹狼キャラ。

11 堅調な運気と努力で充実の人生

判定は… 

総格 大ブレークはないが、日々の努力と強運で、着実にステップアップ。

人格 温厚な人柄と堅実な努力で、安定した幸せをつかむ。

地格 派手さはないが、堅実に一歩ずつ進んでいくタイプ。

外格 家や会社を、大黒柱となって盛り立てる役割。恋愛はオクテの傾向。

7 クールなモテキャラは敵も多い

判定は… 

総格 とても強い運気だが、人と衝突《しょうとつ》して消《しょう》耗《もう》する恐れもある。

人格 実力派だが、何かと争いがち。強情さや強い個性をおさえて吉。

地格 甘やかされて自分勝手なところが目立つ。事故やケガに注意。

外格 特に異性にモテるタイプ。職業は何かのスペシャリストが最適。

8 根性で難関を突破するタフネス

判定は… 

総格 鉄の意志と実行力で、困難もバネにして目的を達成していく。

人格 かなりの自信家で、強い意欲をもち、積極的に行動する。

地格 子どものころは素直で大人しい。体の成長とともに精神も発達していく。

外格 集団の中でリーダーになりたがる傾向が強く、タテ社会も得意。

12 見た目はよくても中身がともなわない

判定は…

総格 外見ばかり飾り立て、内容がともなわない。経済面も実情は火の車。

人格 怠《なま》けぐせがあり、ないものねだりをするので、いつも欲求不満。

地格 見栄《みえ》っ張りで、地道な努力が苦手。楽なほうに流れてしまいがち。

外格 口先だけで誠意がなく、配偶者や家族を含め、人間関係が浅い。

13 才能とセンスにあふれた人気者

判定は…

総格 みんなに愛され、楽しく、活気に満ちた人生をおくる。晩年運も大吉。

人格 明るく開放的な性格。何事にも器用だが、飽きっぽいのが玉にキズ。

地格 子どものころから明るく利発な人気者。文科系に優れた才能を見せる。

外格 クリエイティブな仕事や接客業がおすすめ。浮気心も旺盛《おうせい》なほう。

14 不安の中で自分に厳しく生きる

判定は…

総格 運気の波が激しく、何事も急変しやすい。労多く益の少ないことが多い。

人格 精神的に不安定で、自分で自分を責め、孤独感にさいなまれがち。

地格 口数が少なく、恵まれた才能を活かせない。内にこもるタイプ。

外格 家族や配偶者と縁が薄い。公務員など、堅い職業がおすすめ。

15 人の和の中で公私ともに大満足

判定は…

総格 エネルギーに富み、幸運に幸運が重なるような、安定感のある運気。

人格 器《うつわ》が大きく、人の和を重視し、周囲と協調しながら成功するタイプ。

地格 負けず嫌いで正義感の強い子。幼いころから人望がある。

外格 適応力が高く、どんな職場でも頭角《とうかく》を現す。家庭運もよい。

16 凶を福に転じるハッピースター

判定は…

総格 生まれながらの幸運児。ピンチをチャンスに変える才能がある。

人格 親切で愛情豊かな反面、自分の価値観を押しつけて迷惑がられることも。

地格 人を喜ばせることに喜びを見いだすタイプ。自分の価値観を重視。

外格 リーダー気質で、適職は社会に貢献《こうけん》する仕事。恋愛では献身的な面も。

17 切れ者だけどトラブルメーカー

判定は…

総格 自分に自信があり、強い意志で目的を達成していくタイプ。

人格 能力が高いぶんプライドも高く、人と衝突することが少なくない。

地格 容姿《ようし》に恵まれることが多いが、わがままな面も……。事故や病気に注意。

外格 代表的なモテキャラ。自分自身が打ちこめる分野の仕事が適職。

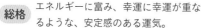

18 トップを目指してまっしぐら！

判定は…

総格 停滞を嫌い、行動力とバイタリティで着実に階段を上る。

人格 権力志向が強く、適応力も高い。平和な社会より、競争社会で実力を発揮。

地格 感情の表出が素直なので、わがままなわりに意外と嫌われない。

外格 仕事の鬼は恋愛も押しの一手。ただし、釣った魚にエサはやらない。

19 ツキに恵まれない孤高の天才

判定は…

総格 人物としては優秀なのに社会に認められず、なかなか幸せになれない。

人格 才能があるだけにプライドが高く、周囲から孤立しがち。

地格 病弱な優等生のイメージ。家族との縁が薄くなりがち。

外格 医療や福祉、法律関係の仕事に適性あり。晩婚になるケースが多い。

20 浮き沈みが激しい苦労多き人生

判定は…

総格 苦労して積み上げたものを、一瞬で失ってしまう暗示がある。

人格 心中が穏《おだ》やかでなく、周囲の人たちと争うことも多い。

地格 元気なときと沈んだときの反応が両《りょう》極端《きょくたん》。気まぐれな印象の子ども。

外格 恋愛は優柔不断。補佐や参謀《さんぼう》として中心人物を支えるとよい。

21 組織のトップを目指すエリート

判定は…

総格 恵まれた才能をもち、周囲からの信頼を得て、前途《ぜんと》洋々《ようよう》の人生。

人格 強い意志と優れた手腕で、自分の目標を実現していく。

地格 大人びた子どもで、手がかからない反面、かなり生意気。

外格 官僚や大きな組織で活躍する。ワンマン気質は恋愛でも同様。

22 気力不足で息切れしやすい

判定は…

総格 何事も最初は順調だが、途中で挫折《ざせつ》したり、発展が滞《とどこお》る暗示。

人格 ロマンチストで夢見がち。依存心が強く、持続力に欠ける。

地格 悪い影響を受けやすく、調子がいいわりに、実行がともなわない怠《なま》け者。

外格 責任を背負うのは苦手。サラリーマンなら総務や人事で手腕を発揮。

23 ポジティブに攻めて破竹《はちく》の勢い

判定は…

総格 無一文《むいちもん》から身を起こし、一代で大業をなすほど強い運気をもつ。

人格 積極性に富み、何事にも前向きに取り組んで、目的を達成する。

地格 明るくはきはきした子。好きなことに集中力をもって取り組む。

外格 いつまでも子どもの心を失わない。個性や才能を活かす仕事が適職。

26 英雄か能吏《のうり》か、波乱含みの選択

判定は…

総格 才能に恵まれる反面、運気が乱高下《らんこうげ》する波乱運。自制心がカギ。

人格 精神面を重視する義の人だが、しばしばそのために苦しむことも。

地格 幼少時は素直でおとなしい子ども。思春期に大きく変わるタイプ。

外格 公務員など地道な方法で社会に貢献《こうけん》すれば吉。家庭運はいまいち。

27 あくまでもわが道を行く一匹狼

判定は…

総格 基本的に幸運度は高いものの、強引すぎてしばしば周囲を敵にまわすことも。

人格 切れ味鋭い辣腕《らつわん》キャラ。根は善人でも、自信過剰《かじょう》で敵をつくりがち。

地格 一本筋が通っている反面、協調性に乏《とぼ》しく、親兄弟と争うことも。

外格 知識や能力を活かすスペシャリストが適職。人の好き嫌いが激しい。

28 笑顔をつくっても心の中は修羅《しゅら》の道

判定は…

総格 社会的に成功しても、人とのつながりに欠け、精神的には貧しい。

人格 強引な言動が目立ち、しばしば非難や中傷で苦しむ。

地格 幼いころから誤解されがちで、苦悩しながら育つことが多い。

外格 仕事運・金運は上々だが、家庭運が弱く、離婚や別居をすることも。

24 才知と財運を兼ねそなえた努力家

判定は…

総格 努力を重ねて幸せを積み上げ、ゆとりのある毎日をおくる暗示。

人格 穏やかで勤勉。人と協調しながら実力をたくわえていくタイプ。

地格 利発で、一を聞いて十を知るタイプ。ただし、運動神経はいまひとつ。

外格 職人気質で専門職や研究職が天職。家庭運もよいが、恋愛はオクテ。

25 個性の強さが諸《もろ》刃《は》の剣《つるぎ》の実力派

判定は…

総格 本来大きな成功を収める運気。人との和を築ければ安定する。

人格 高い能力をもつ自信家だが、時としてトラブルメーカーとなる。

地格 幼いころから自分の意見をもつタイプ。まっすぐすぎて誤解されやすい。

外格 仕事でも恋愛でも束縛《そくばく》を嫌い、自由奔《ほん》放《ぼう》さを求める傾向。

29 知恵と決断力で成功を勝ち取る

判定は…

総格 大きな成功運をもつが、手を広げすぎると大失敗することも。

人格 勢いがあり、高い能力と開拓《かいたく》者精神をもつ。

地格 若くして頭角《とうかく》を現す文武両道の切れ者。幼いころから生意気な面も。

外格 仕事はオールマイティ。恋愛、結婚でも強引なワンマンタイプ。

30 天国から地獄までの振り子人生

判定は…

総格 運気の変動が激しく、よいときと悪いときの落差がひじょうに大きい。

人格 ノっているときは天下無敵でも、逆境には弱い。

地格 表情に喜《き》怒《ど》哀楽《あいらく》が乏《とぼ》しく、つかみどころがない反面、妙に愛嬌《あいきょう》のある子。

外格 勝負勘《かん》が鋭く、株やギャンブルで大成功できる反面、失敗する可能性も。

31 文武両道、人格円満の充実人生

判定は…

総格 人の和の中で優れた能力を発揮し、順調な人生を歩む。

人格 能力が高いだけでなく、優しい心配りもできるので、人望が集まる。

地格 健全な肉体に健全な精神を宿す子ども。大人びていて安心感がある。

外格 豊かな人脈で、一国一城の主を目指すのがベスト。リーダー気質。

32 運も味方にするラッキーボーイ

判定は…

総格 多少の波はあるが、幸運に恵まれ、苦労知らずで成功できる。

人格 優れた能力と協調性があり、どこにいても中心となる人物。

地格 周囲から愛され、引き立ててもらえる幸運児だが、わがままな面も。

外格 運も味方につけて成功するタイプ。協力者がいればさらに発展。

33 天下を望む剛腕の野心家キャラ

判定は…

総格 大きな成功運がある。突っ張るばかりでなく、柔軟な対応がカギ。

人格 勇気と度胸は天下一品だが、忍耐力や持続力に欠けるかも。

地格 ガキ大将か、一本筋の通った優等生。親や教師に反抗することも。

外格 個性や才能を活かすのがベスト。恋愛でも家庭でも自分本位。

34 縁の下の力持ちだが挫《ざ》折《せつ》しがち

判定は…

総格 自分から望んで沈んでいくタイプ。努力が水の泡になることも多い。

人格 いつもはおとなしいのに、突然不機嫌になるなど、気まぐれなタイプ。

地格 意外に強気な部分もあるが、不安定で内に閉じこもりがち。

外格 大きな組織の中で、コツコツと実績を積み上げるのがベスト。

35 文化芸術を楽しむ 穏《おだ》やかな幸せ

判定は…

総格 学問や文芸の成功運が高い才人。高望みは失敗のもと。

人格 温厚篤実《おんこうとくじつ》で欲のない人。人と争ったり競ったりするのは苦手。

地格 おとなしくて目立たない子。けっこう泣き虫かも。

外格 クリエイティブな自由業がおすすめ。シビアなビジネスは向かない。

36 義理堅くて 損な役回りの人情家

判定は…

総格 実力も人望もあるが、気がつくと損な役回りを背負っているタイプ。

人格 細かいことによく気がつく苦労人。頼まれたら断れない。

地格 弟や妹の面倒をよく見る長男タイプ。手のかからない子。

外格 医者や教師など、社会に貢献《こうけん》する仕事が天職。家族を大切にする。

37 腕と度胸で 成功するアウトロー

判定は…

総格 強い信念と抜群の集中力をもち、堅実に成功の階段を上っていく。

人格 目的に向かって集中するため、ほかのことがおろそかになりがち。

地格 早くから自分なりの価値観をもつ。一芸に秀でることも多い。

外格 技術や知識を究《きわ》めるスペシャリストがおすすめ。家庭運は弱い。

38 学問や文芸で 豊かな才能を発揮

判定は…

総格 高望みをせず、自分の分に合った幸せをつかむタイプ。

人格 弱気だがまじめな努力家。豊富な知識と優れたセンスをもつ。

地格 素直で手のかからない子。時として内にこもることも。

外格 精神面の豊かさを活かすクリエイティブな仕事が吉。逆境には弱い。

Column

ジェンダーレスネームは画数で調整してもよい

最近、多様性を重視し、性別にとらわれない考えが広まってきました。男の子の名前でも「あおい」や「ひなた」などのジェンダーレスネームがトレンドになっています。もし、名前のひびきが女性っぽいと感じたら、字を選んで画数でバイタリティや男性っぽさを加えるのもよいでしょう。**11・15・18・21・29・33・37画**がおすすめです。逆に、優しさや温厚さ優先なら**35・38画**。親孝行で家庭運も上々です。

ただし、姫や妃など女へんがついた字、梅や茜、菫、苺など女の子を連想させる字を男の子につかうのは避けた方が無難です。

39 強力な成功運で大きく飛躍する

判定は… 

総格 実力にも運にも恵まれ、つねに場の中心で活躍する成功者の人生。

人格 快活でポジティブなリーダータイプ。自信過剰《かじょう》で失敗することも。

地格 幼いころはおとなしいが、めきめきと実力を発揮する、将来が楽しみな子。

外格 理想を目指すタイプ。我欲《がよく》をおさえ、社会に貢献《こうけん》することがカギ。

40 成功と失敗、裏と表 波乱含みの人生

判定は… 

総格 低い運気のわりには成功者が多いが、波乱含みでなかなか長続きしない。

人格 決断力のあるリーダーだが、しばしば独りよがりになる。

地格 裏表があり、調子のよいときとおとなしいときの差が極端《きょくたん》なタイプ。

外格 恋愛は自分本位。勝負勘《かん》が鋭く、投機やギャンブルを好む。

41 オールマイティなセレブの幸福

判定は… 

総格 社会的にも家庭的にも、長く安定した運気が続く。

人格 実力者で、周囲から信頼されるが、大物になると傲慢《ごうまん》な面も。

地格 明るくて、勉強もスポーツもできるクラスのリーダータイプ。

外格 プライドは高いが、公私ともに信頼できるパートナーとなる。

42 なんでもできるが大物にはなれない

判定は… 

総格 器用さが災いして、才能があっても大成しないことが多い。

人格 気がきいていて人当たりもよいが、決断力に欠け、チャンスを逃しがち。

地格 利発で器用な反面、何事にも消極的な態度が目立つのんびり屋。

外格 成功するには周囲のサポートが不可欠。結婚生活は安定感あり。

43 強情と弱気の間をゆれる実力者

判定は… 

総格 成功運はあるが、経済観念の欠如《けつじょ》や異性問題でいざこざがありそう。

人格 勝てば傲慢、負ければいじける両極端。人との和がカギ。

地格 外ではおとなしいが、家ではわがままな内弁慶《うちべんけい》タイプ。

外格 モテ運があるがトラブルになりやすい。クリエイティブな仕事が吉。

44 多くを望まなければ安定感が増す

判定は… 

総格 幸運度は低いが、高望みしなければそれなりに安定した人生。

人格 温和で地味なタイプと、奇人変人タイプに分かれる。

地格 つかみどころのない子。一人で遊んでいることが多い。

外格 異性に対して消極的で孤独運がある。仕事は堅実な公務員などがおすすめ。

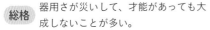

45 順風満帆《じゅんぷうまんぱん》で人生を旅する自信家

判定は…

総格 実力があり、着実に実績を積み上げて成功するタイプ。

人格 能力に恵まれるタフなキャラクターだが、自信過剰になると孤立する。

地格 根拠のない自信に満ちた行動派。時に周囲をハラハラさせることも。

外格 適応力が高く、どんな職種もこなすが、個性を活かせる職場が吉。

46 デリケートな神経をもつ一発屋

判定は…

総格 吉凶《きっきょう》とも極端に走る傾向あり。最終的には凶に転ぶ可能性が高い。

人格 普段は地味だが、ひじょうに繊細《せんさい》な面と大胆すぎる面が同居する。

地格 おとなしくて手がかからない子だが、どこか意外な一面をもっている。

外格 教師や医者など、人に奉仕する仕事が適職。けっこうつくすタイプ。

47 地道な努力が実って夢をかなえる

判定は…

総格 まじめな努力家で、人と対立することなく、大きな成功を手にする。

人格 目立たないが、たゆまぬ努力と人の和で希望を実現する。

地格 よく遊び、よく笑い、よく寝てよく食べる健康優良児。

外格 組織に入るより、独立独歩《どくりつどっぽ》がベター。信頼感のあるタイプ。

48 いつも頼りがいのあるリーダー

判定は…

総格 高い統率力や実行力で人をまとめ、大きな仕事をする指導者キャラ。

人格 勝ち気で強気だが、懐《ふところ》が深く、周囲に信頼感を与える。

地格 子どものころから、将来大物になると思わせる雰囲気をもつ。

外格 経営者や政治家、法律家が適職。営業やセールスも得意。

49 悩み苦しむ欲のない理想主義者

判定は…

総格 善人だが、運気が前ぶれなく変動し、その波に翻弄《ほんろう》されがちな人生。

人格 迷いが多く、世界の不幸を一人で背負いこんだイメージ。

地格 いろいろな事情で親の愛情を実感できず、疎外感を抱きがちな子。

外格 仕事も恋愛も受け身になりがち。宗教にのめりこむこともある。

50 ここ一番で勝ちきれない勝負師

判定は…

総格 実力も度胸もあるが、勝負どころに弱くて、結局負け越すことが多い。

人格 好調時はいいが、負けが続くと周囲まで暗くするほど落ちこんでしまう。

地格 子どもらしくかわいいキャラ。思春期に転換期がある。

外格 強力な勝負運をもち、大当たりを出すことも。家族との縁は薄くなりがち。

51 運気の波を乗りこなせれば安泰

判定は…

総格 人生で何度か襲ってくる荒波をうまくかわせるかどうかがカギ。

人格 地道なキャラと一《いち》か八《ばち》かのギャンブラーに分かれる。後者は没落運。

地格 子どものころにお山の大将でいると、のちに失敗しやすい。

外格 自力で人生を切りひらくより、人との和を保ちながら地道に進むべき。

52 夢を実現していくロマンチスト

判定は…

総格 強い意志と実行力で、困難に打ち勝って成功を手にする。

人格 積極的でポジティブ。エネルギーにあふれたタイプ。

地格 おとなしく物静かな子が多い。思春期から急にたくましくなる。

外格 トップでもサポート役でも有能な人。ただし、恋愛問題では優柔不断。

53 大失敗はないが成功もそこそこ

判定は…

総格 はじめがよければ尻すぼみだが、最初が悪ければ終わりは盛運になる。

人格 よくも悪くも平均的な印象。本人もバランス感覚を重視する。

地格 一歩離れたスタンスで、大人びた物言いをする子。

外格 個性や才能を活かせるクリエイティブな仕事が適職。恋愛は派手。

54 先見《せんけん》の明《めい》が裏目に出がちな才人

判定は…

総格 多彩な才能をもちながら、それをなかなか活かせない失意の人生。

人格 頭はいいが、周囲との折り合いが悪く、人間関係で悩みがち。

地格 一人遊びや読書が好きな子ども。物思いにふけることもある。

外格 実績を積み重ねられる職場で、上司のフォローがあれば安定する。

55 知恵はあってもツキのない賢者

判定は…

総格 抜群の頭のよさが人生のプラスにならず、失意の人生をおくりがち。

人格 口八丁《くちはっちょう》手《て》八丁《はっちょう》の才人だが、移り気で優柔不断なうえ、かなり短気。

地格 神経質な子。気に入らないことがあると、口もきかなくなる。

外格 あまり利益優先ではなく、知性を活かせるような職場がおすすめ。

56 理想は高いが行動がともなわない

判定は…

総格 意志が弱く、途中で挫折《ざせつ》したり、方針変更を余儀《よぎ》なくされたりしがち。

人格 親切で面倒見のよい人。反面、正義感が強く、それを押しつける傾向あり。

地格 友達思いの優しい子。堅苦しい委員長タイプになることも。

外格 教職や医療関係がおすすめ。恋愛では独占欲が強い。

57 集団をまとめ、成功に導く勇者

判定は…

総格 知勇に優れ、自分に厳しい。つねにリーダー的な役割を果たす人格者。

人格 周囲に信頼され、逆境さえもバネにして目的を達成する。

地格 大物の風格を漂《ただよ》わせる子。大人に一目置かせることもしばしば。

外格 特技や知識を活かしたスペシャリストがおすすめ。宗教家も適職。

58 苦労して成功をつかむ大器晩成《たいきばんせい》型

判定は…

総格 若いうちは不安定だが、しだいに運気が上昇し、努力が実を結ぶ。

人格 優柔不断な性格から、経験や年齢によってしだいに深みを増していく。

地格 親しみやすいお調子者だが、気が弱く、目立たないタイプ。

外格 何をやっても最初はうまくいかないが、しだいに成果が上がっていく。

59 自分自身を愛せない引っこみ思案

判定は…

総格 何事にも消極的な逃げ腰キャラ。なかなか運気が好転しない。

人格 中途半端で迷いの多い小心者。そんな自分のことが大嫌い。

地格 弱気な子だが、家の中ではけっこうわがままな内弁慶《うちべんけい》。

外格 医療や福祉の技術を身につければ安定する。恋愛は受け身な傾向。

60 ツキが消えたら努力まで水の泡

判定は…

総格 努力や苦労を重ねても、それが実を結ばないことが多い。

人格 自分の境遇に不平不満が多く、それを人にぶつけがち。

地格 ちょっと斜《しゃ》に構えた感じの子。言うことも批評家的。

外格 機《き》を見るに敏《びん》で、投機に才能を見せる。人生もギャンブル的。

Column

特定の職業に適した画数

将来ついてほしい具体的な職業などがある場合は、それに適した画数を用いてみましょう。外格もしくは人格に組みこむのがいちばん強力ですが、それ以外の部分でも一定の効果があります。

商売・貿易関連

11 13 15 18
23 31 32 33
37 41 45 48

歌手・タレント

7 13 17 23
24 27 31 32
37 42 43 47

スポーツ選手

5 8 10 15
18 20 30 33
37 40 45 48

家業を継ぐ

5 6 11 15
16 21 23 29
31 32 41 45

学者・研究者

9 12 19 22
25 28 35 36
37 38 42 47

経営者

5 11 15 16
18 31 32 33
39 41 45 48

公務員・官僚

4 14 21 24
25 26 33 34
36 39 41 44 47

教育関連

6 7 16
17 36 41
46

幸せな結婚生活

3 5 11 13
15 24 31 35
37 38 41 45

小説家・芸術家

13 22 24
35 37 38

医療関連

6 16 31
32 36 39

法律・警察関連

10 11 21
30 31 41

ラッキーネームを見つけよう

姓の画数でわかる 名前の吉数リスト

姓名判断の理論やしくみがわからなくても、自分の姓の画数を調べてリストを使えば、かんたんにラッキーネームを見つけることができます。

リストの見方とラッキーネームの見つけ方

リストは姓の画数順に並んでいます。姓の画数は、巻末の「漢字一覧」(→P434〜476)、漢字一覧に載っていないときには漢和辞典(→P223)で確認してください。

1 「名前の吉数リスト」から自分の姓のリストをさがす (P382〜432)

2 吉数を調べる (姓に合う名の画数)

姓の画数と例
2+4
八木
二木
など
姓に合う名の画数
1字名
7
17
2・3字名
3+14 4+13 9+16 11+22 12+13 14+3 14+15 19+16 20+13
4+3 9+6 9+23 12+3 12+19 14+9 17+14 20+3
4+11 9+14 11+6 12+11 13+19 14+11 19+6 20+5
名前例
伸《しん》 7
翼《つばき》 17
大輔《だいすけ》 3+14
元己《げんき》 4+3
太久弥《たくや》 4+11
元暉《げんき》 4+13
秋吉《あきよし》 9+6
亮輔《りょうすけ》 9+14
春樹《はるき》 9+16
則鑑《のりあき》 9+23
康光《やすみつ》 11+6
敦也《あつや》 12+3
博隆《ひろたか》 12+11
童夢《どうむ》 12+13
誓也《せいや》 14+3
綾紀《あやき》 14+9
遙都《はると》 14+11
綱輝《つなき》 14+15
環太朗《かんたろう》 17+14
瀬名《せな》 19+6
麗樹《れいき》 19+16
耀也《ようや》 20+3
護平《ごへい》 20+5
議寛《のりひろ》 20+13

姓の画数

3字姓の場合は、(1字め+2字め)+3字めの画数になっています(3字姓の人のための早見表→P432)。

姓の例

代表的な姓の例を示しています。画数が合っていれば自分の姓が載っていなくてもOK。

姓に合う名の画数

この画数で名前を考えます。色文字は特にバランスのいいもの。3字名の場合は1字め+(2字め+3字め)の画数。3字姓や3字名は陰陽のバランスにも注意して(→P360〜361)。

名前の例

特におすすめの名前例が載っています。

3 吉数に合わせて名前を考える

吉数をもとに、好みの音や漢字で名づけます。PART 4の「名前にふさわしい漢字と名前のリスト」(→P225〜347)から画数に合う漢字をさがしたり、巻末の「漢字一覧」(→P434〜476)で、音の読みから漢字をさがしたりします。

ラッキーネームを見つけよう

姓の画数でわかる名前の吉数リスト

姓の画数ごとに、
吉数(姓に合う名の画数)を
並べています。
色文字は特にバランスの
いい画数です。

・リストの見方と
ラッキーネームの見つけ方
→P381

2+4

姓の画数と例

八木　二木　など

姓に合う名の画数

1字名：7　17

2・3字名：
3+⑭　4+⑬　9+⑯　11+㉒　12+⑬　14+③　14+⑮　19+⑯　20+⑬
4+③　9+⑥　9+㉓　12+③　12+⑲　14+⑨　17+⑭　20+③
4+⑪　9+⑭　11+⑥　12+⑪　13+⑲　14+⑪　19+⑥　20+⑤

名前例

7 伸《しん》　17 翼《つばさ》　3⑭ 大輔《だいすけ》　4③ 元己《げんき》　4⑪ 太久弥《たくや》　4⑬ 元暉《げんき》　9⑥ 秋吉《あきよし》　9⑭ 亮輔《りょうすけ》
9⑯ 春樹《はるき》　9㉓ 則鑑《のりあき》　11⑥ 康光《やすみつ》　12③ 敦也《あつや》　12⑪ 博隆《ひろたか》　12⑬ 童夢《どうむ》　14③ 誓也《せいや》　14⑨ 綾紀《あやき》
14⑪ 遙都《はると》　14⑮ 綱輝《つなき》　17⑭ 環太朗《かんたろう》　19⑥ 瀬名《せな》　19⑯ 麗樹《れいき》　20③ 耀也《ようや》　20⑤ 護平《ごへい》　20⑬ 議寛《のりひろ》

2+5

姓の画数と例

八田　八代　など

姓に合う名の画数

1字名：なし

2・3字名：
3+⑤　6+⑲　10+⑥　11+⑤　12+⑲　16+⑯　20+④
3+⑬　8+③　10+⑭　11+㉑　13+⑤　18+⑥　20+㉑
3+㉑　8+⑯　10+㉒　12+⑥　16+⑮　19+⑤　24+⑭

名前例

3⑤ 夕平《ゆうへい》　3⑬ 大雅《たいが》　3⑬ 丈夢《ひろむ》　3㉑ 三能理《みのり》　6⑲ 成鏡《なりあき》　8③ 和也《かずや》　8⑯ 宗篤《むねあつ》　10⑥ 剣成《けんせい》
10⑭ 恭輔《きょうすけ》　10⑭ 航太朗《こうたろう》　10㉒ 真佐輝《まさき》　11⑤ 康平《こうへい》　11㉑ 崇由樹《たかゆき》　12⑥ 創吉《そうきち》　12⑲ 陽羅《あきら》　13⑤ 慎平《しんぺい》
16⑮ 興輝《こうき》　16⑯ 懐樹《なつき》　18⑥ 藤吉《とうきち》　19⑤ 譜巳人《ふみと》　20④ 響介《きょうすけ》　20④ 譲仁《じょうじ》　24⑭ 鷹緒《たかお》　24⑭ 鷹司郎《ようじろう》

2+7

姓の画数と例

二村　人見　二見　など

姓に合う名の画数

1字名：4　14

2・3字名：
1+⑮　6+⑨　9+⑥　10+㉒　18+⑥
1+㉓　8+⑮　10+⑤　16+㉒　22+⑯
4+③　8+⑯　10+⑭　18+⑤

名前例

4 太《ふとし》　14 豪《ごう》　14 肇《はじめ》　14 僚《りょう》　1⑮ 一徹《いってつ》　1㉓ 一来磨《いくま》　4③ 心也《しんや》　6⑨ 光紀《こうき》
6⑨ 匡俊《まさとし》　6⑨ 匡彦《まさひこ》　8⑮ 明慶《あきよし》　8⑮ 和毅《かずき》　8⑯ 拓磨《たくま》　9⑥ 勇吏《ゆうり》　10⑤ 純平《じゅんぺい》　10⑤ 剛司《つよし》
10⑤ 時生《ときお》　10⑭ 真聡《まさとし》　10⑭ 航太朗《こうたろう》　10㉒ 紘讃《ひろあき》　16㉒ 憲驍《のりたか》　18⑤ 穣司《じょうじ》　18⑥ 瞬次《しゅんじ》　22⑯ 讃樹《ただき》

2+10

姓の画数と例

二宮
八島
など

姓に合う名の画数

1字名
なし

2・3字名
1+(4) 6+(19) 8+(3) 8+(13) 11+(6) 14+(3) 14+(15) 22+(11) 23+(22)
1+(5) 7+(4) 8+(5) 8+(15) 13+(16) 14+(9) 14+(19) 22+(13)
3+(22) 7+(14) 8+(9) 8+(21) 13+(22) 14+(11) 19+(4) 22+(23)

名前例

一斗《かずと》1(4) 一平《いっぺい》1(5) 三知緒《みちお》3(22) 圭羅《けいら》6(19) 佐介《さすけ》7(4) 我聞《がもん》7(14) 卓也《たくや》8(3) 周平《しゅうへい》8(5)
和哉《かずや》8(9) 虎太郎《こたろう》8(13) 知輝《ともき》8(15) 英雄紀《ひでゆき》8(21) 隆次《りゅうじ》11(6) 雅龍《がりゅう》13(16) 寛驍《ひろたか》13(22) 聡也《そうや》14(3)
徳郎《とくろう》14(9) 彰崇《あきたか》14(11) 豪毅《ごうき》14(15) 颯麒《さつき》14(19) 麗太《れいた》19(4) 讃二郎《さんじろう》22(11) 鷗太郎《おうたろう》22(13) 驍鑑《たかあき》22(23)

3+3

姓の画数と例

山口
山下
小川
丸山
小山
川口
川上
など

姓に合う名の画数

1字名
なし

2・3字名
2+(21) 5+(2) 10+(5) 12+(5) 13+(10) 14+(21) 15+(10) 20+(15) 21+(20)
4+(13) 5+(10) 10+(13) 12+(21) 13+(12) 15+(2) 15+(14) 21+(4)
4+(21) 5+(12) 10+(15) 13+(2) 13+(20) 15+(8) 18+(13) 21+(12)

名前例

七緒希《なおき》2(21) 文雅《ふみまさ》4(13) 元雄紀《もとゆき》4(21) 巧人《たくと》5(2) 央人《ひろと》5(2) 正悟《しょうご》5(10) 冬貴《ふゆき》5(12) 竜平《りゅうへい》10(5)
真詩《まさし》10(13) 晃輝《こうき》10(15) 喬平《きょうへい》12(5) 翔鶴《しょうかく》12(21) 誠二《せいじ》13(2) 聖純《きよずみ》13(10) 蒼葉《あおば》13(12) 意武貴《いぶき》13(20)
綺久麿《きくま》14(21) 澄人《すみと》15(2) 慧弥《けいや》15(8) 慶悟《けいご》15(10) 遼輔《りょうすけ》15(14) 織雅《おりまさ》18(13) 鐘次郎《しょうじろう》20(15) 轟太《ごうた》21(4)

3+4

姓の画数と例

山内
山中
土井
三木
大木
大内
大井
など

姓に合う名の画数

1字名
なし

2・3字名
1+(5) 4+(4) 7+(18) 11+(5) 12+(4) 13+(18) 17+(14) 21+(3)
1+(10) 4+(12) 9+(2) 11+(13) 12+(20) 13+(28) 17+(15) 21+(20)
1+(15) 4+(20) 9+(15) 11+(21) 13+(5) 14+(4) 20+(4)

名前例

一生《いっせい》1(5) 一真《かずま》1(10) 乙毅《いっき》1(15) 天斗《そらと》4(4) 友尋《ともひろ》4(12) 心護《しんご》4(20) 寿騎《としき》7(18) 秋二《しゅうじ》9(2)
風摩《ふうま》9(15) 爽平《そうへい》11(5) 健太郎《けんたろう》11(13) 悠雅《ゆうが》11(13) 崇由樹《たかゆき》11(21) 創太《そうた》12(4) 朝耀《ともあき》12(20) 鉄平《てっぺい》13(5)
照顕《てるあき》13(18) 雅裕樹《まさゆき》13(28) 遙斗《はると》14(4) 駿輔《しゅんすけ》17(14) 謙次郎《けんじろう》17(15) 響介《きょうすけ》20(4) 轟士《ごうし》21(3) 鶴護《かくご》21(20)

3+5

姓の画数と例

山本
山田
上田
大石
小田
川田
土田
など

姓に合う名の画数

1字名
なし

2・3字名
1+(4) 8+(15) 11+(2) 11+(12) 12+(3) 13+(10) 19+(4) 24+(5)
2+(15) 10+(3) 11+(4) 11+(14) 13+(4) 13+(12) 20+(3)
6+(15) 10+(13) 11+(10) 11+(22) 13+(8) 16+(15) 20+(13)

名前例

一友《かずとも》1(4) 七輝《ななき》2(15) 圭澄《けいと》6(15) 尚蔵《しょうぞう》8(15) 真也《しんや》10(3) 将也《まさや》10(3) 祥路《しょうじ》10(13) 唯七《いな》11(2)
健太《けんた》11(4) 悠真《ゆうま》11(10) 康貴《こうき》11(12) 常裕《つねひろ》11(12) 涼輔《りょうすけ》11(14) 健優生《たけゆき》11(22) 貴大《たかひろ》12(3) 獅友《しゆう》13(4)
蒼空《そら》13(8) 照真《しょうま》13(10) 雅貴《まさき》13(12) 繁蔵《はんぞう》16(15) 麒介《きすけ》19(4) 響也《ひびや》20(3) 競嗣《けいじ》20(13) 鷹司《たかし》24(5)

3+6

姓の画数と例

大西 小池 小西 三宅 三好 大竹 川合 など

姓に合う名の画数

1字名 なし

2・3字名
1+(5) 2+(14) 7+(8) 10+(5) 11+(13) 19+(4) 23+(15)
1+(15) 2+(22) 9+(14) 10+(22) 11+(21) 19+(5)
1+(28) 5+(2) 9+(15) 11+(4) 17+(21) 19+(13)

名前例

1(5) 一司《かずし》 1(5) 一史《かずふみ》 1(15) 一範《かずのり》 1(28) 一陽蕗《かずひろ》 2(14) 七綺《ななき》 2(22) 十佑蔵《じゅうぞう》 5(2) 永二《えいじ》 7(8) 亜門《あもん》
7(8) 克弥《かつや》 7(8) 孝弥《たかや》 9(14) 奏輔《そうすけ》 9(15) 勇毅《ゆうき》 10(5) 時生《ときお》 10(22) 時紀雅《ときまさ》 11(4) 健斗《けんと》 11(4) 悠斗《ゆうと》
11(13) 悠雅《ゆうが》 11(21) 常顧《つねただ》 17(21) 瞭陽音《あきひと》 17(21) 謙能理《かねのり》 19(4) 鏡文《あきふみ》 19(5) 麗史《れいじ》 19(13) 霧雅《きりまさ》 23(15) 鷲蔵《しゅうぞう》

3+7

姓の画数と例

川村 大谷 小沢 上村 大沢 大村 小谷 など

姓に合う名の画数

1字名 なし

2・3字名
1+(2) 1+(14) 8+(5) 9+(2) 9+(14) 10+(21) 11+(12) 17+(4) 22+(15)
1+(4) 4+(3) 8+(13) 9+(4) 9+(20) 11+(2) 11+(14) 17+(8)
1+(12) 6+(5) 8+(15) 9+(12) 10+(5) 11+(10) 11+(18) 18+(5)

名前例

1(4) 一太《いちた》 1(4) 一心《いっしん》 1(12) 一貴《かずき》 1(14) 一緒《かずお》 4(3) 友也《ともや》 6(5) 光由《みつよし》 8(5) 拓矢《たくや》 8(13) 幸暉《こうき》
9(4) 俊介《しゅんすけ》 9(12) 海翔《かいと》 9(14) 政徳《まさのり》 9(20) 海南都《みなと》 10(5) 恭平《きょうへい》 10(21) 時志彰《としあき》 11(2) 爽人《さわと》 11(2) 康人《やすひと》
11(10) 琉造《りゅうぞう》 11(12) 経道《つねみち》 11(14) 健太朗《けんたろう》 11(18) 悠治朗《ゆうじろう》 17(4) 駿介《しゅんすけ》 17(8) 優弥《ゆうや》 18(5) 闘矢《とうや》 22(15) 讃次郎《さんじろう》

3+8

姓の画数と例

山岸 山岡 大坪 大沼 土居 小沼 三枝 など

姓に合う名の画数

1字名 なし

2・3字名
5+(13) 10+(8) 15+(26) 21+(3)
9+(12) 13+(5) 16+(5) 23+(14)
9+(15) 15+(3) 16+(8)

名前例

5(13) 功暉《こうき》 5(13) 玄五郎《げんごろう》 9(12) 飛翔《ひしょう》 9(12) 勇貴《ゆうき》 9(15) 奏次郎《そうじろう》 9(15) 建穂《たけほ》 10(8) 峻岳《しゅんがく》 10(8) 素直《すなお》
13(5) 慎司《しんじ》 13(5) 鉄平《てっぺい》 15(3) 徹也《てつや》 15(3) 諒也《りょうや》 15(26) 摩呼闘《まこと》 16(5) 賢生《けんせい》 16(5) 樹生《たつお》 16(5) 龍平《りゅうへい》
16(8) 憲宗《けんそう》 16(8) 賢明《たかあき》 16(8) 憲英《のりひで》 16(8) 興由己《ともゆき》 21(3) 轟也《こうや》 21(3) 鶴久《つるひさ》 23(14) 巌緒《いわお》 23(14) 鷲輔《しゅうすけ》

3+9

姓の画数と例

久保 土屋 小泉 大城 小柳 川畑 大津 など

姓に合う名の画数

1字名 なし

2・3字名
2+(3) 4+(21) 8+(13) 9+(8) 12+(5) 15+(8) 15+(18) 23+(10) 24+(21)
2+(4) 7+(18) 9+(2) 9+(12) 14+(15) 15+(10) 22+(13) 23+(12)
2+(15) 8+(3) 9+(4) 9+(14) 14+(21) 15+(14) 23+(2) 23+(22)

名前例

2(3) 十也《とおや》 2(3) 力也《りきや》 2(4) ナイト《ないと》 7(18) 来騎《らいき》 8(3) 拓也《たくや》 8(13) 歩夢《あゆむ》 9(2) 柊人《しゅうと》 9(4) 洋介《ようすけ》
9(8) 郁弥《ふみや》 9(12) 勇貴《ゆうき》 9(14) 洋彰《ひろあき》 12(5) 温生《はるき》 14(15) 聡輝《そうき》 14(21) 綺久磨《きくま》 15(8) 慶和《よしかず》 15(8) 黎季《れいき》
15(10) 審悟《しんご》 15(14) 諒輔《りょうすけ》 15(18) 潮観《しおみ》 22(13) 讃寛《ただひろ》 23(2) 鷲人《しゅうと》 23(10) 鑑記《あきのり》 23(12) 鷲翔《しゅうと》 24(21) 鷹勇貴《たかゆき》

3＋10

姓の画数と例

三浦 小島 大島 上原 川島 小倉 小原 など

姓に合う名の画数

1字名：なし

2・3字名：1＋④ 6＋㉖ 8＋⑩ 11＋㉑ 13＋⑫ 19＋⑤ 21＋⑭ 23＋㉒ 5＋③ 7＋④ 11＋⑤ 13＋③ 13＋㉒ 19＋⑬ 23＋② 6＋② 7＋㉘ 11＋⑬ 13＋⑤ 15＋③ 19＋⑳ 23＋⑫

名前例

1④ 一太《いちた》　1④ 一夫《かずお》　6② 旬人《しゅんと》　6㉖ 多賀誌《たかし》　7④ 孝太《こうた》　7㉘ 克裕樹《かつゆき》　8⑩ 幸記《こうき》　11⑤ 隆史《たかし》

11⑤ 陸生《りくお》　11⑬ 習慈《しゅうじ》　11㉑ 清轟《せいごう》　13③ 雅也《まさや》　13⑤ 義弘《よしひろ》　13⑫ 寛敬《ひろたか》　13㉒ 豊亜輝《とよあき》　15③ 徹也《てつや》

15③ 諒也《りょうや》　19⑤ 瀧生《たきお》　19⑬ 麗嗣《れいじ》　19⑳ 譜実雄《ふみお》　21⑭ 纏維《まとい》　23② 鑑二《かんじ》　23⑫ 鷲雄《わしお》　23㉒ 鑑慈郎《かんじろう》

3＋11

姓の画数と例

山崎 小野 大野 上野 川崎 川野 大崎 など

姓に合う名の画数

1字名：なし

2・3字名：2＋⑬ 5＋⑩ 5＋㉖ 7＋④ 7＋⑱ 12＋③ 13＋⑧ 21＋④ 22＋③ 4＋⑬ 5＋⑱ 6＋⑤ 7＋⑩ 10＋⑤ 13＋② 13＋⑫ 21＋⑩ 5＋② 5＋⑳ 6＋⑮ 7＋⑭ 10＋㉑ 13＋④ 18＋⑤ 21＋⑫

名前例

2⑬ 力乃進《りきのしん》　4⑬ 天寛《たかひろ》　5② 弘八《ひろや》　5⑩ 弘時《こうじ》　5⑱ 世藍《せら》　5⑳ 正護《しょうご》　5㉖ 未樹朗《みきお》　6⑤ 吉平《きっぺい》

6⑮ 守慶《もりよし》　7④ 秀太《しゅうた》　7⑩ 佑悟《ゆうご》　7⑭ 作太朗《さくたろう》　7⑱ 良騎《よしき》　10⑤ 泰生《たいせい》　10⑤ 剛司《つよし》　12③ 敦士《あつし》

13② 想二《そうじ》　13④ 雅斗《まさと》　13⑧ 慎弥《しんや》　13⑫ 楽喜《がくき》　18⑤ 耀平《ようへい》　21④ 艦太《かんた》　21⑩ 鶴起《つるき》　21⑫ 露晶《つゆあき》

3＋12

姓の画数と例

大塚 千葉 大森 大場 小森 小椋 川越 など

姓に合う名の画数

1字名：なし

2・3字名：1＋② 4＋④ 5＋③ 9＋⑧ 11＋⑬ 13＋⑤ 17＋⑮ 19＋⑱ 23＋⑩ 1＋⑮ 4＋⑫ 5＋⑬ 9＋⑮ 12＋⑫ 13＋⑩ 17＋⑳ 21＋③ 1＋㉒ 4＋㉘ 6＋⑫ 11＋⑤ 13＋③ 13＋⑳ 19＋⑬ 21＋⑫

名前例

1② 一人《かずと》　1⑮ 一輝《いっき》　1㉒ 乙驍《いっとし》　4④ 友介《ゆうすけ》　4⑫ 太陽《たいよう》　4㉘ 巴留騎《はるき》　5③ 弘之《ひろゆき》　5⑬ 正義《まさよし》

6⑫ 旭翔《あさと》　9⑧ 秋幸《あきゆき》　9⑮ 宥輝《ゆうき》　11⑤ 淳平《じゅんぺい》　11⑬ 清雅《きよまさ》　12⑫ 智貴《ともき》　13③ 慎也《しんや》　13⑤ 滉平《こうへい》

13⑩ 雅浩《まさひろ》　13⑳ 寛議《ひろのり》　17⑮ 優範《まさのり》　17⑳ 駿護《しゅんご》　19⑬ 鏡照《あきてる》　19⑱ 麗有貴《よしゆき》　21③ 鶴士《かくし》　23⑩ 鷲真《しゅうま》

3＋13

姓の画数と例

大滝 山路 小滝 小路 など

姓に合う名の画数

1字名：なし

2・3字名：2＋⑮ 5＋② 5＋⑱ 10＋③ 11＋② 11＋⑫ 19＋② 19＋㉒ 2＋㉑ 5＋⑧ 5＋⑳ 10＋⑤ 11＋④ 11＋⑭ 19＋⑩ 20＋⑤ 4＋③ 5＋⑫ 5＋㉖ 10＋⑮ 11＋⑩ 18＋③ 19＋⑫

名前例

2⑮ 十蔵《じゅうぞう》　2㉑ 刀功磨《とくま》　4③ 太三《たいぞう》　5② 功二《こうじ》　5② 巧人《たくと》　5⑫ 永翔《えいと》　5⑱ 史麿《ふみまろ》　5⑳ 広議《ひろのり》

5㉖ 正優紀《まさゆき》　10③ 剣士《けんし》　10⑤ 航生《こうせい》　10⑮ 将輝《まさき》　11② 陸人《りくと》　11④ 健文《たけふみ》　11⑩ 琢朗《たくろう》　11⑩ 悠真《ゆうま》

11⑫ 崇雄《たかお》　11⑭ 啓輔《けいすけ》　18③ 瞬也《しゅんや》　19② 霧人《きりひと》　19⑩ 蘭馬《らんま》　19⑫ 麗二朗《れいじろう》　19㉒ 鏡驍《あきたか》　20⑤ 鐘平《しょうへい》

3+14

姓の画数と例

川端　小嶋　小関　大熊　大嶋　大関　川嶋　など

姓に合う名の画数

1字名　なし

2・3字名

1+(5)　2+(14)　7+(8)　10+(14)　15+(3)　19+(5)　23+(8)

1+(15)　4+(2)　9+(15)　11+(5)　17+(4)　21+(10)　23+(18)

1+(20)　4+(14)　9+(26)　11+(13)　17+(18)　21+(20)

名前例

一弘《かずひろ》 1+(5)　一蔵《いちぞう》 1+(15)　乙響《いっき》 1+(20)　了輔《りょうすけ》 2+(14)　介人《かいと》 4+(2)　文人《ふみひと》 4+(2)　公徳《きみのり》 4+(14)　志門《しもん》 7+(8)

洸輝《こうき》 9+(15)　南緒貴《なおき》 9+(26)　隼輔《しゅんすけ》 10+(14)　進示《しんじ》 11+(5)　黒鉄《くろがね》 11+(13)　康太郎《こうたろう》 11+(13)　勲巳《いさみ》 15+(3)　慶士《けいじ》 15+(3)

優斗《ゆうと》 17+(4)　謙太《けんた》 17+(4)　厳顕《たかあき》 17+(18)　霧生《きりお》 19+(5)　躍馬《やくま》 21+(10)　轟偉知《ごういち》 21+(20)　鑑季《あきとし》 23+(8)　鷲闘《しゅうと》 23+(18)

3+15

姓の画数と例

三輪　大槻　小幡　など

姓に合う名の画数

1字名　なし

2・3字名

1+(4)　1+(20)　2+(13)　9+(2)　9+(14)　14+(15)　20+(3)

1+(12)　1+(22)　6+(5)　9+(4)　10+(3)　16+(5)　24+(5)

1+(14)　2+(5)　8+(5)　9+(12)　10+(13)　17+(4)　24+(15)

名前例

一介《いすけ》 1+(4)　一喜《いっき》 1+(12)　一誓《いっせい》 1+(14)　一耀《かずあき》 1+(20)　一鷗《かずお》 1+(22)　七平《しちへい》 2+(5)　人夢《とむ》 2+(13)　了暉《りょうき》 2+(13)

匠平《しょうへい》 6+(5)　尚弘《なおひろ》 8+(5)　玲二《れいじ》 9+(2)　則文《のりふみ》 9+(4)　皇葵《こうき》 9+(12)　威徳《たけのり》 9+(14)　拳士《けんじ》 10+(3)　航大《こうだい》 10+(3)

晃義《あきよし》 10+(13)　聡輝《そうき》 14+(15)　誓次郎《せいじろう》 14+(15)　諭史《さとし》 16+(5)　霜太《そうた》 17+(4)　巌大《よしひろ》 20+(3)　麟平《りんぺい》 24+(5)　鷹影《たかかげ》 24+(15)

3+16

姓の画数と例

大橋　小澤　三橋　大澤　土橋　小橋　など

姓に合う名の画数

1字名　なし

2・3字名

1+(5)　9+(4)　15+(3)　21+(8)

2+(4)　13+(3)　17+(21)　21+(18)

5+(13)　13+(5)　19+(14)　23+(15)

名前例

一生《いっせい》 1+(5)　一史《かずふみ》 1+(5)　人斗《じんと》 2+(4)　七斗《ななと》 2+(4)　正義《まさよし》 5+(13)　由寛《よしひろ》 5+(13)　厚仁《あつひと》 9+(4)　洸太《こうた》 9+(4)

奨三《しょうぞう》 13+(3)　照央《てるお》 13+(5)　靖司《やすし》 13+(5)　義弘《よしひろ》 13+(5)　慶士《けいじ》 15+(3)　諄也《じゅんや》 15+(3)　毅之《たけゆき》 15+(3)　諒也《りょうや》 15+(3)

謙使路《けんしろう》 17+(21)　鏡爾《きょうじ》 19+(14)　霧緒《きりお》 19+(14)　鶴ノ助《つるのすけ》 21+(8)　纏明《てんめい》 21+(8)　轟騎《とどろき》 21+(18)　鑑輝《あきてる》 23+(15)　巖毅《いわき》 23+(15)

3+18

姓の画数と例

工藤　大藤　など

姓に合う名の画数

1字名　なし

2・3字名

5+(3)　6+(18)　13+(3)　14+(2)　21+(3)

5+(13)　11+(5)　13+(4)　19+(5)　23+(14)

6+(2)　11+(13)　13+(5)　19+(12)

名前例

民己《たみき》 5+(3)　永靖《ながやす》 5+(13)　可寛《よしひろ》 5+(13)　在人《あると》 6+(2)　光二《こうじ》 6+(2)　充顕《みつあき》 6+(18)　壮治朗《そうじろう》 6+(18)　多都希《たつき》 6+(18)

捷司《しょうじ》 11+(5)　隆史《たかし》 11+(5)　涼雅《りょうが》 11+(13)　健太郎《けんたろう》 11+(13)　慎也《しんや》 13+(3)　雅己《まさき》 13+(3)　義久《よしひさ》 13+(3)　誉文《たかふみ》 13+(4)

誠示《せいじ》 13+(5)　銀二《ぎんじ》 14+(2)　颯人《はやと》 14+(2)　綸人《りんと》 14+(2)　麒平《きへい》 19+(5)　瀧雄《たきお》 19+(12)　躍久《やくひさ》 21+(3)　鑑総《あきふさ》 23+(14)

3+19

姓の画数と例

川瀬 など

姓に合う名の画数

1字名
なし

2・3字名
2+⑤　4+㉑　5+⑩　5+⑳　13+②　13+㉒　19+④
2+⑬　5+②　5+⑫　10+⑬　13+④　14+②　22+③
2+⑮　5+⑧　5+⑱　12+⑤　13+⑫　14+㉑　22+⑬

名前例

二甲《にこう》 2⑤　八枇古《やひこ》 2⑬　力蔵《りきぞう》 2⑮　友祐貴《ともゆき》 4㉑　元勇貴《もとゆき》 4㉑　由人《ゆうと》 5②　正宗《まさむね》 5⑧　玄夏《げんか》 5⑩
史朗《しろう》 5⑩　甲斐《かい》 5⑫　永騎《えいき》 5⑱　由耀《よしあき》 5⑳　泰雅《たいが》 10⑬　善正《よしまさ》 12⑤　献人《けんと》 13②　想二《そうじ》 13②
寛太《かんた》 13④　聖道《きよみち》 13⑫　誉詩彦《よしひこ》 13㉒　銀二《ぎんじ》 14②　嘉雄紀《よしゆき》 14㉑　瀧太《たきた》 19④　讃之《ときゆき》 22③　驍義《たかよし》 22⑬

4

姓の画数と例

今 中 など

姓に合う名の画数

1字名
なし

2・3字名
1+②　2+⑮　7+⑥　9+⑯　11+⑩　13+㉒　17+⑭　20+⑤
1+⑩　3+⑭　7+⑭　11+②　11+㉒　14+⑦　19+⑥　21+⑫
1+⑫　3+㉒　9+②　11+⑥　12+⑰　14+⑮　19+⑯

名前例

一十《かずと》 1②　一浩《かずひろ》 1⑩　一晶《かずあき》 1⑫　一統《かずと》 1⑫　八輝《やつき》 2⑮　夕旗《ゆうき》 3⑭　大讃《だいすけ》 3㉒　初乃介《はつのすけ》 7⑥
芳徳《よしのり》 7⑭　勇人《ゆうと》 9②　亮人《りょうと》 9②　祐磨《ゆうま》 9⑯　基八《もとや》 11②　渉次《しょうじ》 11⑥　涼一郎《りょういちろう》 11⑩　皓治郎《こうじろう》 12⑰
銀児《ぎんじ》 14⑦　豪毅《ごうき》 14⑮　嘉輝《よしき》 14⑮　優彰《まさあき》 17⑭　鏡伍《きょうご》 19⑥　蘭樹《らんじゅ》 19⑯　響生《ひびき》 20⑤　轟善《ごうぜん》 21⑫

4+3

姓の画数と例

中山 井上 中川 木下 片山 内山 井口 など

姓に合う名の画数

1字名
10
14
22

2・3字名
2+④　5+③　8+⑰　12+④　13+③　14+⑰　18+⑬　20+㉕　22+⑲
2+⑨　5+⑪　10+①　12+⑫　13+⑲　14+㉗　18+⑭　21+③
2+⑭　5+⑲　10+⑭　12+⑳　14+④　15+③　20+④　22+②

名前例

漣《れん》 14　驍《きょう》 22　力太《りきた》 2④　乃亮《だいすけ》 2⑨　了爾《りょうじ》 2⑭　史也《ふみや》 5③　可章《よしあき》 5⑪　広霧《ひろむ》 5⑲
虎汰朗《こたろう》 8⑰　隼一《しゅんいち》 10①　恭彰《やすあき》 10⑭　雄太《ゆうた》 12④　晴貴《はるき》 12⑫　陽護《ようご》 12⑳　雅之《まさゆき》 13③　意都季《いつき》 13⑲
徳仁《のりと》 14④　銀治郎《ぎんじろう》 14⑰　毅大《たけひろ》 15③　観慈《かんじ》 18⑬　闘誌《とうし》 18⑭　響太《きょうた》 20④　鶴也《かくや》 21③　鷗二《おうじ》 22②

4+4

姓の画数と例

今井 中井 井手 木戸 井戸 元木 日比 など

姓に合う名の画数

1字名
17

2・3字名
1+②　2+⑬　9+⑭　12+①　12+⑪　13+②　14+⑨　17+⑭　21+⑫
1+⑫　3+⑭　11+②　12+③　12+⑬　14+③　14+⑪　20+③
2+③　7+⑭　11+⑫　12+⑨　12+㉑　14+⑦　14+⑰　20+⑬

名前例

環《たまき》 17　一刀《かずと》 1②　一雄《かずお》 1⑫　人士《ひとし》 2③　十夢《とむ》 2⑬　大豪《ひろたけ》 3⑭　志聞《しもん》 7⑭　俊輔《しゅんすけ》 9⑭
健人《けんと》 11②　清道《きよみち》 11⑫　道一《みちかず》 12①　裕也《ゆうや》 12③　尊俊《たかとし》 12⑨　智規《とものり》 12⑪　順雅《ゆきまさ》 12⑬　誠人《まこと》 13②
遙之《はるゆき》 14③　徳秀《とくひで》 14⑦　聡哉《さとや》 14⑨　聡琉《さとる》 14⑪　彰能里《あきのり》 14⑰　嶺之進《れいのしん》 17⑭　譲丈《よしたけ》 20③　露貴《つゆき》 21⑫

4+5

姓の画数と例

太田　内田　中田　戸田　中本　井出　今田　など

姓に合う名の画数

1字名

6　12

2・3字名

2+④　3+⑫　6+①　10+⑭　12+③　18+⑳　20+⑫
2+⑭　3+⑬　8+⑦　10+㉘　12+⑫　20+③　20+㉘
2+㉗　3+㉑　10+⑬　11+㉑　12+⑳　20+④　24+⑭

名前例

6 旭《あさひ》　12 勤《つとむ》　2+④ 七斗《ななと》　2+⑭ 十徳《じっとく》　2+㉗ 七音闘《なおと》　3+⑫ 丈裕《たけひろ》　3+⑬ 久煌《ひさてる》　3+㉑ 大鶴《たつる》

6+① 守一《もりかず》　8+⑦ 尚宏《なおひろ》　10+⑬ 哲幹《てっかん》　10+⑭ 泰嘉《やすよし》　10+㉘ 恵委護《えいご》　11+㉑ 都信雄《としお》　12+③ 温大《あつひろ》　12+③ 雄也《ゆうや》

12+⑫ 雄翔《ゆうと》　12+⑳ 陽耀《はるあき》　18+⑳ 顕議《あきのり》　20+③ 護之《もりゆき》　20+④ 耀太《ようた》　20+⑫ 議智《のりとも》　20+㉘ 響識郎《きょうしろう》　24+⑭ 鷹輔《ようすけ》

4+6

姓の画数と例

中西　丹羽　今西　日向　中江　引地　日吉　など

姓に合う名の画数

1字名

5　15　23

2・3字名

2+①　2+⑬　7+④　9+⑭　10+⑬　11+④　12+⑪　18+③　23+⑭
2+③　5+②　9+④　10+③　10+⑲　11+⑳　12+⑬　18+⑦
2+⑪　5+⑳　9+⑫　10+⑪　10+㉑　12+⑨　12+⑰　19+④

名前例

5 旦《あきら》　5 巧《たくみ》　15 徹《とおる》　2+① 乃一《だいち》　2+③ 力也《りきや》　2+⑪ 了基《りょうき》　2+⑬ 人資《ひとし》　5+② 令人《れいと》

7+④ 秀太《しゅうた》　9+④ 海斗《かいと》　9+⑫ 勇貴《ゆうき》　9+⑭ 洋彰《ひろあき》　10+③ 将也《まさや》　10+⑪ 紘二郎《こうじろう》　10+⑬ 凌雅《りょうが》　10+㉑ 真祐貴《まさゆき》

11+④ 貫太《かんた》　11+⑳ 琉護《りゅうご》　12+⑨ 勝亮《かつあき》　12+⑪ 晴崇《はるたか》　12+⑬ 釉雅《ゆうが》　12+⑰ 陽優《はるまさ》　18+③ 騎之《のりゆき》　19+④ 霧斗《きりと》

4+7

姓の画数と例

中村　木村　今村　中尾　水谷　中谷　中沢　など

姓に合う名の画数

1字名

14

2・3字名

6+⑫　11+⑦　17+⑦
10+⑪　14+④　22+②
10+⑭　16+②　24+⑬

名前例

14 魁《かい》　14 肇《はじめ》　14 遙《はる》　6+⑫ 匡順《まさゆき》　6+⑫ 好尋《よしひろ》　10+⑪ 真梧《しんご》　10+⑪ 将章《まさあき》　10+⑭ 航輔《こうすけ》

10+⑭ 敏綺《としき》　11+⑦ 貫児《かんじ》　11+⑦ 啓吾《けいご》　11+⑦ 猛志《たけし》　11+⑦ 悠希《ゆうき》　14+④ 豪介《ごうすけ》　14+④ 僚太《りょうた》　16+② 懐人《かいと》

16+② 澪人《れいと》　17+⑦ 環汰《かんた》　17+⑦ 謙吾《けんご》　17+⑦ 優作《ゆうさく》　22+② 鷗二《おうじ》　22+② 讃人《ただひと》　24+⑬ 鷹嗣《たかし》　24+⑬ 鷹義《たかよし》

4+8

姓の画数と例

片岡　中林　五味　中岡　丹治　中居　今枝　など

姓に合う名の画数

1字名

なし

2・3字名

3+②　8+⑰　9+⑫　10+⑦　10+⑲　15+⑳　16+⑨　23+⑫　24+⑪
3+⑭　8+㉕　10+①　10+⑪　13+④　16+①　16+⑬　24+①
5+⑳　9+②　10+③　10+⑬　15+⑭　16+⑦　16+⑰　24+⑨

名前例

3+② 丈人《たけと》　3+⑭ 久聡《ひさと》　5+⑳ 広厳《ひろみち》　8+⑰ 昌駿《まさとし》　9+② 風人《ふうと》　9+⑫ 俊貴《としき》　10+① 恭一《きょういち》　10+③ 竜也《たつや》

10+⑦ 将児《しょうじ》　10+⑪ 浩章《ひろあき》　10+⑬ 竜太郎《りゅうたろう》　10+⑲ 隼麒《しゅんき》　13+④ 滉介《こうすけ》　15+⑭ 慧史郎《けいしろう》　15+⑳ 鞍護《あんご》　16+① 賢一《けんいち》

16+⑦ 篤志《あつし》　16+⑨ 龍彦《たつひこ》　16+⑬ 頼雅《らいが》　16+⑰ 龍瞳《りゅうどう》　23+⑫ 鷲統《しゅうと》　24+① 鷹一《よういち》　24+⑨ 麟飛《りんと》　24+⑪ 鷹彬《たかあき》

4＋9

姓の画数と例

内海 今泉 仁科 中垣 中畑 今津 中屋 など

姓に合う名の画数

1字名
なし

2・3字名
2＋③ 6＋② 7＋① 7＋⑨ 7＋㉕ 8＋㉗ 9＋⑨ 12＋④ 12＋⑫ 12＋⑳ 14＋② 14＋④ 14＋⑪ 14＋㉑ 15＋⑨ 16＋② 20＋④ 20＋⑫ 20＋⑲ 22＋⑬ 23＋⑫ 24＋① 24＋⑪ 24＋㉑

名前例

刀也《とうや》 2 ③
人士《ひとし》 2 ③
圭人《けいと》 6 ②
希一《きいち》 7 ①
邦彦《くにひこ》 7 ⑨
秀悠旗《ひでゆき》 7 ㉕
知雄輝《ともゆき》 8 ㉗
星哉《せいや》 9 ⑨
瑛太《えいた》 12 ④
晴貴《はるき》 12 ⑫
裕護《ゆうご》 12 ⑳
魁人《かいと》 14 ②
練介《れんすけ》 14 ④
綱理《つなみち》 14 ⑪
碧鶴《きよつる》 14 ㉑
徹哉《てつや》 15 ⑨
篤人《あつひと》 16 ②
馨斗《けいと》 20 ④
護道《もりみち》 20 ⑫
耀裕希《あきゆき》 20 ⑲
驍夕起《たかゆき》 22 ⑬
巖雄《いわお》 23 ⑫
鷹乙《たかお》 24 ①
鷹都記《たかとき》 24 ㉑

4＋10

姓の画数と例

中島 中原 日高 片桐 木原 中根 井原 など

姓に合う名の画数

1字名
7

2・3字名
3＋⑳ 5＋⑫ 6＋① 6＋⑨ 6＋⑰ 6＋⑲ 7＋④ 7＋⑭ 8＋③ 8＋⑨ 8＋⑬ 8＋⑰ 11＋④ 11＋⑳ 13＋② 13＋⑫ 14＋① 14＋③ 14＋⑦ 14＋⑨ 14＋⑪ 14＋⑲ 19＋④ 22＋③ 22＋⑪

名前例

寿《ひさし》 7
大譲《ひろよし》 3 ⑳
広翔《ひろと》 5 ⑫
多乙《たいち》 6 ①
安彦《やすひこ》 6 ⑨
壮優《たけまさ》 6 ⑰
光麒《こうき》 6 ⑲
克仁《かつひと》 7 ④
亜瑠《ある》 7 ⑭
武丸《たけまる》 8 ③
拓海《たくみ》 8 ⑨
侑雅《ゆうが》 8 ⑬
尚之輔《しょうのすけ》 8 ⑰
悠太《ゆうた》 11 ④
啓耀《ひろあき》 11 ⑳
稔八《としや》 13 ②
蒼葉《あおば》 13 ⑫
嘉一《よしかず》 14 ①
総士《そうじ》 14 ③
銀児《ぎんじ》 14 ⑦
網彦《あみひこ》 14 ⑨
豪基《ごうき》 14 ⑪
鏡太《きょうた》 19 ④
驍一朗《きょういちろう》 22 ⑪

4＋11

姓の画数と例

中野 水野 天野 今野 日野 内野 丹野 など

姓に合う名の画数

1字名
2
6
10

2・3字名
2＋① 2＋⑭ 2＋㉑ 5＋③ 5＋⑪ 5＋㉗ 6＋② 6＋⑫ 7＋⑪ 10＋⑦ 10＋⑭ 10＋㉗ 12＋④ 12＋⑫ 13＋⑪ 14＋② 14＋④ 14＋⑨ 14＋⑲ 18＋⑭ 18＋⑲ 20＋⑫ 20＋⑰ 22＋⑪ 24＋⑨

名前例

旬《しゅん》 6
守《まもる》 6
九嘉《ひさよし》 2 ⑭
十轟《じゅうごう》 2 ㉑
正之《まさゆき》 5 ③
史章《ふみあき》 5 ⑪
由樹隆《ゆきたか》 5 ㉗
圭二《けいじ》 6 ②
光陽《こうよう》 6 ⑫
克章《かつあき》 7 ⑪
佑一朗《ゆういちろう》 7 ⑪
純希《すみき》 10 ⑦
敏綺《としき》 10 ⑭
夏詩緒《かしお》 10 ㉗
敬介《けいすけ》 12 ④
瑛翔《えいと》 12 ⑫
想基《そうき》 13 ⑪
斡人《あつと》 14 ②
颯介《そうすけ》 14 ④
彰保《あきやす》 14 ⑨
観爾《かんじ》 18 ⑭
騎里登《きりと》 18 ⑲
耀貴《ようき》 20 ⑫
鷹祐《ようすけ》 24 ⑨

4＋12

姓の画数と例

手塚 中塚 戸塚 中森 中道 水越 犬塚 など

姓に合う名の画数

1字名
なし

2・3字名
1＋④ 1＋⑭ 3＋⑭ 3＋⑳ 5＋② 6＋① 6＋⑦ 6＋⑪ 6＋⑰ 6＋⑲ 6＋㉕ 11＋② 11＋④ 11＋⑭ 12＋① 12＋③ 12＋⑨ 12＋⑪ 12＋⑬ 19＋② 20＋① 20＋⑨ 20＋⑪ 20＋㉑ 21＋④

名前例

乙月《いつき》 1 ④
一颯《いはや》 1 ⑭
丈瑠《たける》 3 ⑭
大響《だいき》 3 ⑳
史人《ふみと》 5 ②
考一《こういち》 6 ①
成孝《なりたか》 6 ⑦
充基《みつき》 6 ⑪
安覧《あらん》 6 ⑰
有蹴《ゆうしゅう》 6 ⑲
吏玖闘《りくと》 6 ㉕
淳二《じゅんじ》 11 ②
彬夫《あきお》 11 ④
雪緒《ゆきお》 11 ⑭
創一《そういち》 12 ①
凱也《がいや》 12 ③
智哉《ともや》 12 ⑨
裕基《ゆうき》 12 ⑪
敬靖《たかやす》 12 ⑬
麗人《れいと》 19 ②
耀一《てるかず》 20 ①
響紀《ひびき》 20 ⑨
耀都《ようと》 20 ⑪
纏斗《まきと》 21 ④

4+13

姓の画数と例

犬飼
中園
日置
など

姓に合う名の画数

1字名
12
22

2・3字名
2+4
2+14
2+19
3+4
3+13
5+1
5+13
8+7
10+14
10+25
11+4
12+4
12+12
16+2
18+3
18+17
20+4
22+9
22+19
24+7
24+17

名前例

12 敬《けい》
12 博《ひろし》
22 穣《じょう》
2+4 八太《ようた》
2+14 力輔《りきすけ》
2+19 八鏡《やつあき》
3+4 丈夫《たけお》
3+13 大寛《たいかん》
5+1 功一《こういち》
5+13 世楽《せら》
8+7 和希《かずき》
10+14 貢爾《こうじ》
10+25 恵以護《けいご》
11+4 隆太《りゅうた》
12+4 瑛太《えいた》
12+12 雄貴《ゆうき》
16+2 懐人《かいと》
18+3 観士《かんじ》
18+17 闘誌久《としひさ》
20+4 競太《けいた》
22+9 驍俊《たかとし》
22+19 驍識《としき》
24+7 鷹助《ようすけ》
24+17 鷹嶺《たかみね》

4+14

姓の画数と例

中嶋
比嘉
井関
手嶋
など

姓に合う名の画数

1字名
なし

2・3字名
1+2
1+12
1+20
2+3
2+11
2+13
2+19
2+21
3+4
3+14
7+4
9+4
10+1
10+3
10+11
10+13
11+2
11+12
15+14
17+4
18+3
21+2

名前例

1+2 一刀《かずと》
1+12 乙葵《いつき》
1+20 一馨《いっけい》
2+3 人士《ひとし》
2+11 人梓《ひとし》
2+13 了雅《りょうが》
2+19 力麒《りき》
2+21 十詩弥《としや》
3+4 夕太《ゆうた》
3+14 大綺《だいき》
7+4 杏介《きょうすけ》
9+4 洸太《こうた》
10+1 航一《こういち》
10+3 純也《じゅんや》
10+11 倫理《ともみち》
10+13 晃寛《あきひろ》
11+2 爽人《さわと》
11+12 清道《きよみち》
11+12 淳之祐《じゅんのすけ》
15+14 慶輔《けいすけ》
15+14 毅誌《たけし》
17+4 優斗《ゆうと》
18+3 騎久《のりひさ》
21+2 鶴人《かくと》

4+16

姓の画数と例

中澤
中橋
など

姓に合う名の画数

1字名
なし

2・3字名
1+14
1+20
2+1
2+3
2+9
2+11
2+19
5+12
8+3
8+7
8+9
8+13
8+17
9+2
9+4
15+2
16+1
16+9
17+21
22+3
23+14

名前例

1+14 一輔《いちすけ》
1+14 一彰《かずあき》
1+20 一護《いちご》
2+1 了乙《りょういち》
2+3 刀也《とうや》
2+9 二郎《じろう》
2+11 了梧《りょうご》
2+19 乃佑貴《のりゆき》
5+12 広翔《ひろと》
5+12 正晶《まさあき》
8+3 昌之《まさゆき》
8+7 直希《なおき》
8+9 朋耶《ともや》
8+13 周太郎《しゅうたろう》
8+17 侑駿《ゆうしゅん》
9+2 紀乃《のりゆき》
9+4 柊斗《しゅうと》
15+2 輝人《てるひと》
16+1 龍一《りゅういち》
16+9 興相《こうすけ》
16+9 龍彦《たつひこ》
17+21 優貴彦《ゆきひこ》
22+3 驍大《たかひろ》
23+14 鑑爾《かんじ》

4+18

姓の画数と例

内藤
井藤
など

姓に合う名の画数

1字名
7
17

2・3字名
3+4
3+12
3+14
5+20
6+1
6+7
6+9
6+11
6+17
6+19
11+12
13+4
14+1
14+3
14+11
14+21
15+2
15+20
20+3
23+2
23+12

名前例

7 快《かい》
17 駿《しゅん》
3+4 夕介《ゆうすけ》
3+12 大智《だいち》
3+12 丈貴《ひろき》
5+20 由譲《よしのり》
6+1 共一《ともかず》
6+7 伊吹《いぶき》
6+9 圭祐《けいすけ》
6+9 安彦《やすひこ》
6+11 共梧《きょうご》
6+17 吉徽《よしき》
6+19 安記彦《あきひこ》
11+12 悠喜《ゆうき》
13+4 廉太《れんた》
14+1 綺一《きいち》
14+3 漣也《れんや》
14+11 嘉章《よしあき》
14+21 彰顧《あきただ》
15+2 諒二《りょうじ》
15+20 澄耀《すみあき》
20+3 鐘也《しょうや》
23+2 鷲二《しゅうじ》
23+12 鑑智《あきとも》

5

姓の画数と例

平　北　など

姓に合う名の画数

1字名：なし

2・3字名：
1+10　3+10　8+10　10+6　11+2　12+12　16+16　20+4
2+14　6+7　8+16　10+22　11+22　12+20　18+6　20+12
2+16　6+12　8+24　10+23　12+6　16+2　19+14　24+23

名前例

一流《いちる》 1+10　了輔《りょうすけ》 2+14　人樹《ひとき》 2+16　大悟《だいご》 3+10　圭佑《けいすけ》 6+7　旭翔《あさと》 6+12　侑悟《ゆうご》 8+10　英志郎《えいじろう》 8+16

奈津輝《なつき》 8+24　晃次《こうじ》 10+6　浩友騎《ひろゆき》 10+22　夏都喜《かづき》 10+23　彬人《あきと》 11+2　啓驍《ひろたか》 11+22　陽光《あきみつ》 12+6　朝陽《あさひ》 12+12

博議《ひろのり》 12+20　頼人《らいと》 16+2　篤憲《あつのり》 16+16　穣次《じょうじ》 18+6　霧緒《きりお》 19+14　耀介《ようすけ》 20+4　懸三郎《けんざぶろう》 20+12　麟誌郎《りんしろう》 24+23

5+3

姓の画数と例

石川　古川　市川　田口　北川　平山　平川　など

姓に合う名の画数

1字名：なし

2・3字名：
2+1　3+12　8+13　13+2　13+12　14+1　15+8　15+24　22+11
2+11　3+20　10+13　13+8　13+18　15+2　15+10　18+13
3+2　4+13　12+11　13+10　13+20　15+6　15+16　21+12

名前例

七一《ななひと》 2+1　十季也《ときや》 2+11　久貴《ひさたか》 3+12　夕護《ゆうご》 3+20　文靖《ふみやす》 4+13　英睦《ひでのぶ》 8+13　修資《しゅうすけ》 10+13　善康《よしやす》 12+11

雅人《まさと》 13+2　寛和《ひろかず》 13+8　蒼真《そうま》 13+10　照晶《てるあき》 13+12　滉騎《こうき》 13+18　雅耀《まさあき》 13+20　彰一《しょういち》 14+1　凛人《りんと》 15+2

毅行《たけゆき》 15+6　範佳《のりよし》 15+8　輝晃《てるあき》 15+10　慶憲《よしのり》 15+16　穂鷹《ほだか》 15+24　顕誠《あきまさ》 18+13　艦二朗《かんじろう》 21+12　讃常《あきつね》 22+11

5+4

姓の画数と例

田中　石井　永井　平井　白井　玉井　正木　など

姓に合う名の画数

1字名：12　14

2・3字名：
3+3　4+12　11+12　12+20　13+19　21+3
3+13　4+20　11+13　13+2　19+19　21+11
3+26　9+6　11+27　13+11　21+2　21+27

名前例

晶《あきら》 12　魁《かい》 14　聡《さとる》 14　大士《たいし》 3+3　万也《かずや》 3+3　大誠《たいせい》 3+13　万綺雄《まきお》 3+26　文智《ふみとも》 4+12

友護《ゆうご》 4+20　奎至《けいし》 9+6　省自《せいじ》 9+6　陸翔《りくと》 11+12　康太郎《こうたろう》 11+13　都騎郎《ときお》 11+27　博友樹《ひろゆき》 12+20　滉二《こうじ》 13+2

雅人《まさと》 13+2　靖章《やすあき》 13+11　聖鏡《たかあき》 13+19　鏡羅《あきら》 19+19　轟人《ごうと》 21+2　艦三《かんぞう》 21+3　顧視《ただし》 21+11　露結輝《つゆき》 21+27

5+5

姓の画数と例

石田　平田　本田　永田　田辺　白石　田代　など

姓に合う名の画数

1字名：6

2・3字名：
1+6　3+12　6+19　10+11　11+10　11+20　13+10　13+18　20+3
3+2　3+18　8+3　10+13　11+12　12+3　13+12　19+6
3+10　6+1　10+3　11+2　11+18　13+8　13+16　19+18

名前例

光《ひかる》 6　一行《かずゆき》 1+6　大力《ひろよし》 3+2　三朗《さぶろう》 3+10　万貴《かずき》 3+12　大騎《だいき》 3+18　匡一《まさかず》 6+1　宇志雄《うしお》 6+19

尚也《なおや》 8+3　託嗣《たくじ》 10+13　麻人《あさと》 11+2　基哲《もとあき》 11+10　隆晶《たかあき》 11+12　猛騎《たけき》 11+18　基悠紀《もとゆき》 11+20　翔大《しょうだい》 12+3

蓮実《はすみ》 13+8　数馬《かずま》 13+10　雅稀《まさき》 13+12　義興《よしおき》 13+16　雅顕《まさあき》 13+18　瀧次《たきつぐ》 19+6　鏡観《あきみ》 19+18　譲三《じょうぞう》 20+3

5＋6

姓の画数と例

本多　末吉　永吉　末次　本庄　加地　田仲　など

姓に合う名の画数

1字名

なし

2・3字名

1＋⑳　7＋⑪　9＋㉘　11＋⑩　11＋⑬　12＋⑥　15＋③　17＋①　18＋⑥　23＋①

名前例

一耀《かずあき》 1＋⑳　一議《かずのり》 1＋⑳　佑基《ゆうき》 7＋⑪　芳彬《よしあき》 7＋⑪　俊優基《としゆき》 9＋㉘　勇起闘《ゆきと》 9＋㉘　崇高《むねたか》 11＋⑩　琉造《りゅうぞう》 11＋⑩

教義《のりよし》 11＋⑬　悠太郎《ゆうたろう》 11＋⑬　詠次《えいじ》 12＋⑥　開自《かいじ》 12＋⑥　遊自《ゆうじ》 12＋⑥　陽丞《ようすけ》 12＋⑥　慶士《けいじ》 15＋③　範之《のりゆき》 15＋③

諒也《りょうや》 15＋③　駿一《しゅんいち》 17＋①　瞭一《りょういち》 17＋①　観次《かんじ》 18＋⑥　顕次《けんじ》 18＋⑥　藍成《らんせい》 18＋⑥　鷲一《しゅういち》 23＋①　鷲乙《わしお》 23＋①

5＋7

姓の画数と例

田村　北村　古谷　市村　立花　平尾　古沢　など

姓に合う名の画数

1字名

4

2・3字名

1＋②　1＋⑫　1＋⑯　4＋①　4＋⑬　6＋⑲　9＋⑯　9＋㉔　10＋①　10＋⑪　11＋②　11＋⑥　11＋⑩　11＋⑫　11＋⑱　11＋㉔　14＋③　16＋⑬　16＋⑲　17＋⑥　17＋⑧　17＋⑫　17＋⑯　22＋①　24＋⑪

名前例

中《あたる》 4　仁《じん》 4　ノア《のあ》 1＋②　一惺《いっせい》 1＋⑫　公一《こういち》 4＋①　友寛《ともひろ》 4＋⑬　成時郎《せいじろう》 6＋⑲　美優児《みゆじ》 9＋㉔

竜一《りゅういち》 10＋①　紘規《ひろのり》 10＋⑪　彩人《あやひと》 11＋②　菊乃介《きくのすけ》 11＋⑥　進時《しんじ》 11＋⑩　健登《けんと》 11＋⑫　崇燿《たかてる》 11＋⑱　雪鷹《ゆきたか》 11＋㉔

遙士《ようじ》 14＋③　賢嗣《けんじ》 16＋⑬　篤識《あつし》 16＋⑲　瞭次《りょうじ》 17＋⑥　優弥《ゆうや》 17＋⑧　謙登《けんと》 17＋⑫　鷗一《おういち》 22＋①　鷹常《たかつね》 24＋⑪

5＋8

姓の画数と例

平松　平岡　平林　田所　石岡　北岡　加茂　など

姓に合う名の画数

1字名

10

2・3字名

3＋②　7＋①　8＋⑧　8＋㉔　9＋②　9＋㉖　10＋⑧　13＋③　13＋⑪　13＋⑲　15＋①　15＋③　15＋⑩　15＋⑳　16＋⑧　17＋①　21＋③　21＋⑪　21＋⑱　23＋⑫　24＋⑪

名前例

竜《りゅう》 10　丈乃《たけのり》 3＋②　芳一《よしかず》 7＋①　享侍《きょうじ》 8＋⑧　知和《ともかず》 8＋⑧　奈衣闘《ないと》 8＋㉔　柾人《まさと》 9＋②　美樹朗《みきお》 9＋㉖

桜季《おうき》 10＋⑧　奨三《しょうぞう》 13＋③　誠也《せいや》 13＋③　準基《じゅんき》 13＋⑪　誉志雄《よしお》 13＋⑲　嬉一《きいち》 15＋①　輝久《てるひさ》 15＋③　毅朗《たけお》 15＋⑩

慶耀《よしてる》 15＋⑳　憲英《のりひで》 16＋⑧　謙一《けんいち》 17＋①　顧士《ただし》 21＋③　鶴規《つるき》 21＋⑪　轟磨《ごうま》 21＋⑱　鑑貴《あきたか》 23＋⑫　鷹一朗《よういちろう》 24＋⑪

5＋9

姓の画数と例

石神　田畑　古屋　石垣　布施　玉城　石津　など

姓に合う名の画数

1字名

4　24

2・3字名

2＋⑲　4＋⑪　4＋⑲　6＋⑪　7＋⑧　7＋⑯　7＋⑱　8＋③　8＋⑬　9＋②　9＋⑧　9＋⑫　9＋⑯　12＋③　12＋⑲　14＋①　14＋⑪　15＋②　15＋⑥　15＋⑧　15＋⑩　15＋⑱　20＋③　23＋⑧　23＋⑩

名前例

允《まこと》 4　鷹《たか》 24　公規《こうき》 4＋⑪　友麒《ともき》 4＋⑲　竹雪《たけゆき》 6＋⑪　伸幸《のぶゆき》 7＋⑧　志龍《しりゅう》 7＋⑯　辰顕《たつあき》 7＋⑱

幸大《ゆきひろ》 8＋③　拓夢《たくむ》 8＋⑬　柚二《ゆうじ》 9＋②　祐弥《ゆうや》 9＋⑧　海渡《かいと》 9＋⑫　保憲《やすのり》 9＋⑯　敬士《たかし》 12＋③　豪一《ごういち》 14＋①

颯麻《さつま》 14＋⑪　慶人《けいと》 15＋②　範行《のりゆき》 15＋⑥　徹弥《てつや》 15＋⑧　慶悟《けいご》 15＋⑩　影騎《かげき》 15＋⑱　耀久《あきひさ》 20＋③　巌之助《がんのすけ》 23＋⑩

5+10

姓の画数と例

石原 田島 田原 北原 加納 矢島 北島 など

姓に合う名の画数

1字名

なし

2・3字名

1+(16) 6+(2) 7+(1) 11+(6) 13+(3) 15+(1) 15+(18) 21+(11) 23+(10)

3+(13) 6+(10) 7+(11) 11+(13) 13+(11) 15+(3) 19+(13) 21+(16)

3+(20) 6+(26) 8+(10) 11+(26) 14+(10) 15+(8) 19+(18) 23+(1)

名前例

一磨《かずま》 1(16)　丈寛《たけひろ》 3(13)　久留真《くるま》 3(20)　帆人《はんと》 6(2)　光記《みつき》 6(10)　多賀誌《たかし》 6(26)　利一《としかず》 7(1)　佑基《ゆうき》 7(11)

和真《かずま》 8(10)　拓馬《たくま》 8(10)　唯行《ただゆき》 11(6)　猛寛《たけひろ》 11(13)　崇悠輝《たかゆき》 11(26)　誠也《せいや》 13(3)　寛規《ひろき》 13(11)　彰真《しょうま》 14(10)

慶一《けいいち》 15(1)　黎也《れいや》 15(3)　輝明《てるあき》 15(8)　毅顕《たけあき》 15(18)　識寛《しきひろ》 19(13)　麗騎《れいき》 19(18)　纏理《てんり》 21(11)　鷲一郎《しゅういちろう》 23(10)

5+11

姓の画数と例

平野 矢野 北野 石黒 永野 石崎 田崎 など

姓に合う名の画数

1字名

2

2・3字名

2+(3) 4+(19) 7+(10) 7+(24) 12+(13) 13+(10) 14+(27) 21+(10)

2+(13) 6+(1) 7+(16) 12+(1) 13+(2) 13+(12) 20+(1) 21+(20)

4+(13) 7+(6) 7+(18) 12+(3) 13+(8) 13+(28) 21+(8) 22+(3)

名前例

了《りょう》 2　力丸《りきまる》 2(3)　二三記《ふみき》 2(13)　太雅《たいが》 4(13)　友羅《ゆうら》 4(19)　守一《もりかず》 6(1)　壱成《いっせい》 7(6)　吾朗《ごろう》 7(10)

佑樹《ゆうき》 7(16)　来騎《らいき》 7(18)　利鷹《としたか》 7(24)　智一《ともかず》 12(1)　貴久《たかひさ》 12(3)　雄嗣《ゆうじ》 12(13)　絹人《けんと》 13(2)　雅和《まさかず》 13(8)

暉紘《あきひろ》 13(10)　稔滋《ねんじ》 13(12)　蒔騎朗《まきお》 13(28)　誓雄輝《ちかゆき》 14(27)　響一《きょういち》 20(1)　鶴季《つるき》 21(8)　轟馬《ごうま》 21(10)　驍之《たかゆき》 22(3)

5+12

姓の画数と例

本間 古賀 石塚 甲斐 平塚 石渡 平賀 など

姓に合う名の画数

1字名

6

12

20

2・3字名

3+(3) 4+(12) 11+(13) 13+(3) 17+(1) 21+(3)

3+(13) 6+(12) 11+(24) 13+(11) 19+(2) 23+(8)

3+(18) 9+(6) 12+(12) 13+(28) 19+(16) 23+(18)

名前例

亘《わたる》 6　堅《けん》 12　巌《いわお》 20　大也《ひろや》 3(3)　万紀夫《まきお》 3(13)　大騎《だいき》 3(18)　三顕《みつあき》 3(18)　友翔《ゆうと》 4(12)

壮貴《そうき》 6(12)　奏吉《そうきち》 9(6)　康寛《やすひろ》 11(13)　康裕貴《やすゆき》 11(24)　裕貴《ゆうき》 12(12)　雅己《まさき》 13(3)　靖章《やすあき》 13(11)　蒼一朗《そういちろう》 13(11)

寛優基《ひろゆき》 13(28)　駿一《しゅんいち》 17(1)　瞭一《りょういち》 17(1)　瀬七《せな》 19(2)　瀬偉斗《せいと》 19(16)　躍大《やくた》 21(3)　鷲治《しゅうじ》 23(8)　鑑穣《あきしげ》 23(18)

5+13

姓の画数と例

玉置 など

姓に合う名の画数

1字名

なし

2・3字名

2+(1) 3+(2) 3+(18) 4+(11) 11+(2) 12+(1) 18+(3)

2+(11) 3+(10) 3+(20) 8+(3) 11+(10) 12+(11) 19+(2)

2+(19) 3+(12) 4+(3) 10+(3) 11+(12) 16+(13) 22+(1)

名前例

九一《ひさかず》 2(1)　人基《ひとき》 2(11)　十起彦《ときひこ》 2(19)　丈人《たけと》 3(2)　大記《ひろき》 3(10)　才翔《さいと》 3(12)　夕騎《ゆうき》 3(18)　久耀《ひさあき》 3(20)

公之《きみゆき》 4(3)　幻二郎《げんじろう》 4(11)　元規《もとき》 4(11)　直也《なおや》 8(3)　修三《しゅうぞう》 10(3)　脩人《しゅうと》 11(2)　琢朗《たくろう》 11(10)　常裕《つねひろ》 11(12)

瑛一《えいいち》 12(1)　道章《みちあき》 12(11)　結二郎《ゆうじろう》 12(11)　篤義《あつよし》 16(13)　龍雅《りゅうが》 16(13)　顕也《けんや》 18(3)　鏡二《きょうじ》 19(2)　讃一《ときかず》 22(1)

姓の画数と例

5+14

田端
田嶋
など

姓に合う名の画数

1字名
なし

2・3字名
1+(12) 2+(27) 3+(3) 4+(2) 7+(11) 11+(2) 11+(27) 15+(3) 17+(1) 19+(19) 21+(12) 23+(6) 23+(16)

名前例

1(12) 一暁《かずあき》　1(12) 一登《かずと》　2(27) 二悠樹《ふゆき》　2(27) 了裕毅《りょうき》　3(3) 久士《ひさし》　3(3) 大之《ひろゆき》　4(2) 介人《かいと》　4(2) 仁人《よしと》

7(11) 秀理《ひでみち》　7(11) 佑規《ゆうき》　7(11) 来堂《らいどう》　11(2) 啓人《けいと》　11(2) 理人《みちひと》　11(27) 康悠樹《やすゆき》　11(27) 由樹隆《ゆきたか》　15(3) 輝久《てるひさ》

15(3) 範之《のりゆき》　15(3) 諒也《りょうや》　17(1) 嶺一《れいいち》　19(19) 羅位登《らいと》　21(12) 艦貴《かんき》　23(6) 鷲伍《しゅうご》　23(6) 鷲次《しゅうじ》　23(16) 鑑賢《あきたか》

5+15

生駒
など

1字名
なし

2・3字名
1+(12) 1+(20) 1+(24) 2+(13) 2+(19) 3+(2) 3+(8) 3+(10) 3+(18) 6+(11) 9+(2) 9+(6) 9+(8) 9+(12) 9+(16) 9+(28) 10+(1) 10+(3) 16+(1) 17+(8) 23+(2) 24+(13)

1(12) 一策《いっさく》　1(20) 乙巌《おつみね》　1(24) 一鷹《かずたか》　2(13) 人資《ひとし》　2(13) 十紀夫《ときお》　2(19) 乃麒《だいき》　3(2) 才人《さいと》　3(8) 大河《たいが》

3(10) 久馬《きゅうま》　3(18) 大騎《だいき》　3(18) 夕闘《ゆうと》　6(11) 安隆《やすたか》　9(12) 奏稀《やすき》　9(16) 柾樹《まさき》　9(28) 祐騎朗《ゆきお》　10(1) 純一《じゅんいち》

10(3) 敏之《としゆき》　16(1) 親一《しんいち》　17(8) 謙治《けんじ》　17(8) 優和《まさかず》　17(8) 瞭弥《りょうや》　23(2) 鷲十《しゅうと》　24(13) 鷹嗣《たかし》　24(13) 鷹仁郎《ようじろう》

姓の画数と例

5+16

石橋
本橋
古橋
市橋
古澤
田頭
など

姓に合う名の画数

1字名
16

2・3字名
1+(10) 2+(16) 7+(1) 7+(11) 8+(16) 13+(3) 13+(11) 15+(1) 15+(2) 15+(3) 21+(3) 21+(10) 23+(1)

名前例

16 繁《しげる》　16 衛《まもる》　1(10) 一哲《いってつ》　2(16) 八樹《やつき》　7(1) 冴一《ごいち》　7(11) 伸啓《のぶよし》　7(11) 秀規《ひでき》　8(16) 昌衛《しょうえい》

8(16) 拓磨《たくま》　8(16) 征樹《まさき》　13(3) 慎也《しんや》　13(3) 聖也《せいや》　13(3) 雅之《まさゆき》　13(11) 蓮二郎《れんじろう》　15(1) 慶一《けいいち》　15(1) 諄一《じゅんいち》

15(1) 諒一《りょういち》　15(2) 鋭二《えいじ》　15(2) 澄人《すみと》　15(3) 諄也《じゅんや》　15(3) 輝己《てるき》　21(3) 鶴之《つるゆき》　21(10) 轟馬《ごうま》　23(1) 鑑一《かんいち》

5+18

加藤
など

1字名
15

2・3字名
3+(12) 3+(13) 6+(2) 6+(18) 7+(11) 11+(13) 11+(18) 13+(3) 14+(2) 15+(1) 15+(10) 15+(20) 21+(3) 21+(8) 23+(1) 23+(2) 23+(12)

3(12) 丈雄《たけお》　3(12) 久喜《ひさよし》　3(12) 三陽《みつあき》　3(13) 大雅《たいが》　3(13) 久詩《ひさし》　6(2) 匡人《まさと》　6(18) 伊織《いおり》　7(11) 冴都《さえと》

11(13) 黒鉄《くろがね》　11(18) 琢磨《たくま》　13(3) 滉己《こうき》　13(3) 慎也《しんや》　13(3) 義久《よしひさ》　14(2) 魁人《かいと》　14(2) 総二《そうじ》　14(2) 領人《りょうと》

15(1) 慧一《けいいち》　15(10) 範晃《のりあき》　15(20) 慶護《けいご》　21(3) 鶴久《つるひさ》　21(8) 轟弥《こうや》　23(1) 鷲乙《わしお》　23(2) 鑑十《あきと》　23(12) 鷲二朗《しゅうじろう》

5+19

姓の画数と例

広瀬　加瀬　永瀬　古瀬　など

姓に合う名の画数

1字名

14

2・3字名

2+(13)　4+(19)　10+(13)　13+(20)　16+(1)
4+(1)　6+(1)　13+(2)　14+(1)　18+(3)
4+(11)　6+(27)　13+(8)　14+(19)

名前例

14 聡《さとる》　14 誓《せい》　2 (13) 二三記《ふみき》　2 (13) 八寛《やつひろ》　2 (13) 了意《りょうい》　4 (1) 円一《えんいち》　4 (11) 元都《げんと》　4 (11) 友隆《ともたか》

6 (1) 圭一《けいいち》　6 (1) 壮一《そういち》　6 (1) 年一《としかず》　6 (27) 光優記《てるゆき》　10 (13) 高雅《こうが》　10 (13) 能寛《よしひろ》　10 (13) 倖乃進《こうのしん》　13 (2) 準二《じゅんじ》

13 (2) 想二《そうじ》　13 (8) 聖弥《せいや》　13 (8) 義知《よしとも》　13 (20) 愛基彦《あきひこ》　14 (1) 総一《そういち》　14 (19) 颯麒《さつき》　16 (1) 繁一《しげかず》　18 (3) 鎧也《がいや》

6

姓の画数と例

辻　西　芝　仲　向　など

姓に合う名の画数

1字名

なし

2・3字名

1+(10)　5+(20)　9+(24)　11+(4)　11+(24)　15+(16)　18+(7)　19+(14)　23+(16)
1+(24)　7+(4)　10+(5)　11+(7)　12+(5)　15+(17)　18+(15)　19+(22)
2+(15)　7+(16)　10+(23)　11+(20)　12+(23)　18+(5)　19+(4)　23+(6)

名前例

1 (10) 一将《かずまさ》　1 (24) 一鷺《いさぎ》　2 (15) 力次郎《りきじろう》　5 (20) 功時朗《こうじろう》　7 (4) 沙牙《さが》　7 (16) 芳樹《よしき》　9 (24) 紀勇輝《のりゆき》　10 (5) 耕平《こうへい》

10 (23) 恵慈朗《けいじろう》　11 (4) 隆文《たかふみ》　11 (7) 悠作《ゆうさく》　11 (20) 健護《けんご》　12 (5) 晴生《はるお》　12 (23) 敬鑑《たかあき》　15 (16) 範親《のりちか》　15 (17) 輝優《てるまさ》

18 (5) 瞬司《しゅんじ》　18 (7) 瞬希《しゅんき》　18 (15) 鎧毅《がいき》　19 (4) 鏡太《きょうた》　19 (14) 麗爾《れいじ》　19 (22) 譜優生《ふゆき》　23 (6) 鑑成《あきなり》　23 (16) 巌樹《いわき》

6+3

姓の画数と例

吉川　西川　西山　江口　竹下　池上　米山　など

姓に合う名の画数

1字名

2
14
22

2・3字名

4+(2)　5+(11)　12+(11)　13+(19)　14+(18)　22+(2)
4+(12)　5+(19)　12+(12)　14+(1)　20+(18)　22+(10)
4+(25)　10+(5)　12+(26)　14+(10)　22+(1)　22+(26)

名前例

2 力《ちから》　14 僚《りょう》　22 驍《きょう》　4 (2) 介人《かいと》　4 (12) 友晶《ともあき》　4 (25) 公優季《きみゆき》　5 (11) 由梧《ゆうご》　5 (19) 可志雄《かしお》

10 (5) 晃平《こうへい》　10 (5) 哲平《てっぺい》　12 (11) 葉一朗《よういちろう》　12 (12) 達貴《たつき》　12 (26) 雄優紀《たけゆき》　13 (19) 豊鏡《とよあき》　13 (19) 寛裕希《ひろゆき》　14 (1) 颯一《そういち》

14 (1) 総一《そういち》　14 (10) 綺記《あやき》　14 (18) 嘉騎《よしき》　20 (18) 議佑基《ひろゆき》　22 (1) 穣一《じょういち》　22 (2) 讃乃《ときゆき》　22 (10) 驚朗《としろう》　22 (26) 驍悠輝《たかゆき》

6+4

姓の画数と例

竹内　向井　竹中　安井　臼井　吉井　池内　など

姓に合う名の画数

1字名

14

2・3字名

1+(2)　2+(9)　4+(9)　7+(18)　11+(10)　12+(9)　13+(2)　14+(11)　20+(5)
1+(10)　3+(18)　4+(11)　9+(2)　11+(12)　12+(11)　14+(7)　14+(15)
2+(5)　4+(1)　4+(17)　11+(2)　12+(1)　12+(17)　14+(9)　14+(17)

名前例

14 漣《れん》　1 (2) 一十《かずと》　1 (10) 一朔《いっさく》　2 (5) 人史《ひとし》　2 (9) 力哉《りきや》　3 (18) 小治朗《こじろう》　4 (1) 友一《ゆういち》　4 (9) 月哉《つきや》

4 (11) 元基《もとき》　4 (17) 心翼《しんすけ》　7 (18) 秀顕《ひであき》　9 (2) 郁人《いくと》　11 (2) 悠人《ゆうと》　11 (10) 啓記《ひろき》　12 (1) 貴一《きいち》　12 (9) 滋彦《しげひこ》

12 (11) 善康《よしやす》　12 (17) 貴優《たかまさ》　13 (2) 楽人《がくと》　14 (7) 綾佑《りょうすけ》　14 (9) 銀星《ぎんせい》　14 (11) 聡琉《さとる》　14 (15) 綾澄《あやと》　20 (5) 耀示《ようじ》

6＋5

姓の画数と例

吉田　池田　西田　安田　寺田　多田　竹田　など

姓に合う名の画数

1字名：なし

2・3字名：
1+(17)　10+(27)　13+(5)
2+(19)　12+(9)　16+(2)
8+(10)　12+(12)　19+(5)

名前例

一環《いっかん》 1(17)　一優《かずまさ》 1(17)　十羅《とら》 2(19)　力麒《りき》 2(19)　拓馬《たくま》 8(10)　直純《なおずみ》 8(10)　延哲《のぶあき》 8(10)　真紗徽《まさき》 10(27)

堯洋《あきひろ》 12(9)　貴俊《たかとし》 12(9)　達彦《たつひこ》 12(9)　皓貴《こうき》 12(12)　敬道《たかみち》 12(12)　雄登《ゆうと》 12(12)　堅之祐《けんのすけ》 12(12)　数史《かずふみ》 13(5)

聖史《きよし》 13(5)　靖司《やすし》 13(5)　賢人《けんと》 16(2)　頼人《らいと》 16(2)　鏡平《きょうへい》 19(5)　瀧生《たきお》 19(5)　羅央《らおう》 19(5)　麗史《れいじ》 19(5)

6＋6

姓の画数と例

寺西　安西　安江　吉成　有吉　など

姓に合う名の画数

1字名：5　23

2・3字名：
1+(10)　2+(15)　7+(18)　10+(15)　12+(1)　12+(11)　17+(12)　18+(7)
2+(1)　2+(19)　9+(12)　10+(19)　12+(5)　12+(17)　17+(18)　18+(11)
2+(11)　5+(12)　10+(11)　11+(10)　12+(9)　15+(2)　18+(5)　18+(15)

名前例

司《つかさ》 5　巌《いわお》 23　一起《いっき》 1(10)　乃一《だいち》 2(1)　力埜《りきや》 2(11)　了毅《りょうき》 2(15)　十霧《とむ》 2(19)　広陽《ひろあき》 5(12)

克顕《かつあき》 7(18)　託視《たくみ》 10(11)　修蔵《しゅうぞう》 10(15)　哲鏡《てつあき》 10(19)　悠馬《ゆうま》 11(10)　遥一《よういち》 12(1)　陽平《ようへい》 12(5)　智哉《ともや》 12(9)

景一朗《けいいちろう》 12(11)　勝謙《かつのり》 12(17)　慧人《けいと》 15(2)　駿稀《しゅんき》 17(12)　優騎《ゆうき》 17(18)　瞬矢《しゅんや》 18(5)　燿希《ようき》 18(7)　顕慶《あきよし》 18(15)

6＋7

姓の画数と例

西村　吉村　西尾　竹村　吉沢　西沢　早坂　など

姓に合う名の画数

1字名：4

2・3字名：
1+(7)　9+(7)　10+(25)　14+(10)　16+(9)　22+(2)　24+(11)
1+(15)　9+(23)　11+(7)　14+(18)　16+(19)　22+(10)
4+(1)　10+(1)　14+(2)　16+(2)　17+(7)　22+(17)

名前例

中《あたる》 4　允《まこと》 4　乙希《いっき》 1(7)　一摩《かずま》 1(15)　心一《しんいち》 4(1)　恒臣《つねおみ》 9(7)　勇希《ゆうき》 9(7)　美都雄《みつお》 9(23)

悟一《ごいち》 10(1)　時志騎《としき》 10(25)　貫児《かんじ》 11(7)　領人《りょうと》 14(2)　銀将《かねまさ》 14(10)　豪起《ごうき》 14(10)　嘉観《よしみ》 14(18)　錬二《れんじ》 16(2)

篤則《あつのり》 16(9)　龍彦《たつひこ》 16(9)　憲鏡《のりあき》 16(19)　暸汰《りょうた》 17(7)　驍二《きょうじ》 22(2)　鷗一郎《おういちろう》 22(10)　驍優《たかまさ》 22(17)　麟都《りんと》 24(11)

6＋8

姓の画数と例

吉岡　伊東　西岡　寺岡　安東　竹林　吉武　など

姓に合う名の画数

1字名：10　15

2・3字名：
3+(15)　7+(17)　8+(17)　10+(7)　13+(2)　15+(9)　16+(7)　17+(7)　24+(9)
5+(10)　8+(7)　9+(9)　10+(11)　13+(5)　15+(10)　16+(9)　24+(1)
7+(10)　8+(15)　9+(12)　10+(15)　13+(11)　16+(5)　16+(17)　24+(7)

名前例

悟《さとる》 10　慶《けい》 15　大輝《だいき》 3(15)　冬馬《とうま》 5(10)　秀記《ひでき》 7(10)　志優《しゆう》 7(17)　青冴《せいご》 8(7)　虎次郎《こじろう》 8(15)

信亮《のぶあき》 9(9)　律貴《りっき》 9(12)　将希《まさき》 10(7)　浩康《ひろやす》 10(11)　恵蔵《けいぞう》 10(15)　靖人《やすひと》 13(2)　雅史《まさふみ》 13(5)　寛康《ひろやす》 13(11)

慶彦《よしひこ》 15(9)　頼可《らいか》 16(5)　龍之介《りゅうのすけ》 16(7)　龍哉《たつや》 16(9)　錠之輔《じょうのすけ》 16(17)　優希《ゆうき》 17(7)　麟一《りんいち》 24(1)　鷹秋《たかあき》 24(9)

6+9

姓の画数と例

大久保　守屋　小久保　西垣　安保　川久保　など

姓に合う名の画数

1字名：24

2・3字名：
2+(15)　7+(1)　7+(26)　12+(5)　14+(2)　15+(9)　16+(17)　22+(10)　24+(9)
4+(12)　7+(9)　8+(10)　12+(12)　14+(10)　16+(2)　20+(12)　22+(15)
4+(19)　7+(25)　9+(9)　12+(25)　15+(2)　16+(7)　20+(17)　23+(10)

名前例

麟《りん》 24　力輝《りき》 2(15)　元稀《げんき》 4(12)　天麒《たかき》 4(19)　杏一《きょういち》 7(1)　芳彦《よしひこ》 7(9)　亜玖闘《あくと》 7(25)　克都輝《かつとき》 7(26)
直起《なおき》 8(10)　昭亮《しょうすけ》 9(9)　祐紀《ゆうき》 9(9)　凱矢《がいや》 12(5)　善遥《よしはる》 12(12)　裕輝朗《ゆきお》 12(25)　嘉乃《よしゆき》 14(2)　静悟《せいご》 14(10)
毅人《たけと》 15(2)　澪人《れいと》 16(2)　篤志《あつし》 16(7)　賢優《たかまさ》 16(17)　響喜《ひびき》 20(12)　譲寿留《ゆずる》 20(17)　讃次郎《さんじろう》 22(15)　鷹紀《たかのり》 24(9)

6+10

姓の画数と例

吉原　西原　有馬　寺島　西島　西脇　竹原　など

姓に合う名の画数

1字名：7

2・3字名：
1+(12)　3+(12)　7+(1)　8+(15)　13+(2)　14+(7)　14+(27)　22+(7)　23+(9)
3+(2)　5+(12)　8+(5)　8+(17)　13+(12)　14+(9)　15+(17)　22+(9)
3+(5)　5+(18)　8+(9)　8+(23)　14+(1)　14+(11)　21+(11)　23+(2)

名前例

孝《たかし》 7　一稀《かずき》 1(12)　千乃《かずゆき》 3(2)　大史《たいし》 3(5)　久尋《ひさひろ》 3(12)　正晶《まさあき》 5(12)　玄燿《げんよう》 5(18)　邦一《くにかず》 7(1)
明弘《あきひろ》 8(5)　和哉《かずや》 8(9)　尚輝《なおき》 8(15)　宗謙《そうけん》 8(17)　義乃《よしゆき》 13(2)　準貴《じゅんき》 13(12)　聡一《そういち》 14(1)　彰宏《あきひろ》 14(7)
嘉則《よしのり》 14(9)　徳康《のりやす》 14(11)　毅謙《たけのり》 15(17)　鶴彬《つるあき》 21(11)　鷗希《おうき》 22(7)　驍彦《たかひこ》 22(9)　鑑七《かんしち》 23(2)　巖威《いわたけ》 23(9)

6+11

姓の画数と例

吉野　安部　西野　宇野　江崎　吉崎　寺崎　など

姓に合う名の画数

1字名：12

2・3字名：
4+(2)　5+(2)　7+(11)　12+(23)　14+(2)　20+(1)　22+(2)　24+(7)
4+(12)　5+(11)　10+(5)　13+(2)　14+(10)　20+(15)　22+(9)　24+(17)
4+(17)　5+(26)　12+(12)　13+(11)　14+(27)　21+(10)　22+(19)

名前例

智《さとし》 12　文人《ふみひと》 4(2)　内翔《ないと》 4(12)　友優《ともひろ》 4(17)　正乃《まさのり》 5(2)　由彬《よしあき》 5(11)　世誌雄《よしお》 5(26)　修平《しゅうへい》 10(5)
裕登《ひろと》 12(12)　裕貴《ゆうき》 12(12)　陽慈朗《ようじろう》 12(23)　献刀《けんと》 13(2)　獅堂《しどう》 13(11)　肇人《けいと》 14(2)　嘉朗《よしお》 14(10)　嘉闘紀《よしとき》 14(27)
護一《ごいち》 20(1)　耀蔵《ようぞう》 20(15)　顧朗《ただお》 21(10)　驍人《たかと》 22(2)　讃郎《あきお》 22(9)　驍祐記《としゆき》 22(19)　鷹吾《ようご》 24(7)　鷹威知《よういち》 24(17)

6+12

姓の画数と例

五十嵐　安達　有賀　西森　伊達　多賀　羽賀　など

姓に合う名の画数

1字名：20

2・3字名：
1+(2)　3+(18)　4+(11)　4+(25)　5+(10)　12+(1)　13+(10)
1+(10)　4+(1)　4+(17)　5+(1)　9+(2)　12+(9)　17+(12)
3+(10)　4+(9)　4+(19)　5+(2)　11+(2)　12+(11)　19+(2)

名前例

耀《あきら》 20　乙八《いつや》 1(2)　一造《いちぞう》 1(10)　久馬《きゅうま》 3(10)　士通《のりみち》 3(10)　久緋斗《ひさひと》 3(18)　元一《げんいち》 4(1)　公祐《こうすけ》 4(9)
友紀《ともき》 4(9)　心基《もとき》 4(11)　元彌《もとや》 4(17)　文麗《ふみよし》 4(19)　友輝朗《ゆきお》 4(25)　由一《ゆういち》 5(1)　央人《ひろと》 5(2)　功一郎《こういちろう》 5(10)
海人《かいと》 9(2)　惟力《いりき》 11(2)　皓一《こういち》 12(1)　喜郎《よしろう》 12(9)　結二郎《ゆうじろう》 12(11)　奨悟《しょうご》 13(10)　優翔《ゆうと》 17(12)　麗人《かずと》 19(2)

6＋16

姓の画数と例

吉澤　江頭　舟橋　西澤　など

姓に合う名の画数

1字名

なし

2・3字名

1+(10)　2+(9)　2+(23)　5+(12)　8+(7)　8+(17)　15+(2)　16+(19)

2+(1)　2+(11)　5+(2)　7+(18)　8+(9)　9+(2)　16+(1)　17+(18)

2+(5)　2+(15)　5+(10)　8+(5)　8+(15)　13+(10)　16+(9)　22+(1)

名前例

一朗《いちろう》 1(10)　十一《じゅういち》 2(1)　力矢《りきや》 2(5)　七紀《ななき》 2(9)　力隆《よしたか》 2(11)　八慶《はっけい》 2(15)　乃鷲《だいしゅう》 2(23)　正人《まさと》 5(2)

正悟《しょうご》 5(10)　北翔《ほくと》 5(12)　克顕《かつあき》 7(18)　幸生《ゆきお》 8(5)　武志《たけし》 8(7)　英祐《えいすけ》 8(9)　知輝《はるき》 8(15)　昇鴻《しょうこう》 8(17)

祝人《のりと》 9(2)　雅浩《まさひろ》 13(10)　歓二《かんじ》 15(2)　興一《こういち》 16(1)　龍星《りゅうせい》 16(9)　諭記郎《ゆきお》 16(19)　謙顕《のりあき》 17(18)　驍一《きょういち》 22(1)

6＋18

姓の画数と例

伊藤　安藤　江藤　など

姓に合う名の画数

1字名

5　7　15

2・3字名

3+(12)　11+(12)　14+(19)

5+(10)　14+(1)　15+(18)

7+(26)　14+(7)　19+(2)

名前例

巨《なお》 5　広《ひろし》 5　忍《しのぶ》 7　努《つとむ》 7　勲《いさお》 15　潤《じゅん》 15　大翔《だいと》 3(12)　丈裕《たけひろ》 3(12)

久貴《ひさたか》 3(12)　夕葵《ゆうき》 3(12)　史竜《しりゅう》 5(10)　亜騎征《あきまさ》 7(26)　惇統《あつのり》 11(12)　綺一《きいち》 14(1)　静一《せいいち》 14(1)　聡一《そういち》 14(1)

綸一《りんいち》 14(1)　颯汰《そうた》 14(7)　嘉鏡《よしあき》 14(19)　維都季《いつき》 14(19)　総思朗《そうしろう》 14(19)　豪勇記《たけゆき》 14(19)　毅顕《たけあき》 15(18)　麗二《れいじ》 19(2)

6＋19

姓の画数と例

成瀬　百瀬　早瀬　など

姓に合う名の画数

1字名

14

2・3字名

2+(5)　4+(12)　14+(19)　20+(12)

4+(2)　14+(2)　16+(7)　22+(10)

4+(9)　14+(18)　16+(17)

名前例

彰《あきら》 14　肇《はじめ》 14　七央《ななお》 2(5)　八弘《やつひろ》 2(5)　允人《まこと》 4(2)　友二《ゆうじ》 4(2)　太郎《たろう》 4(9)　友郎《ともお》 4(9)

公暁《きみあき》 4(12)　太智《たいち》 4(12)　友尋《ともひろ》 4(12)　碧人《きよひと》 14(2)　颯人《はやと》 14(2)　豪顕《たけあき》 14(18)　嘉観《よしみ》 14(18)　綱治朗《こうじろう》 14(18)

彰陽呂《あきひろ》 14(19)　豪麒《ごうき》 14(19)　篤志《あつし》 16(7)　龍佑《りゅうすけ》 16(7)　龍之介《りゅうのすけ》 16(7)　賢優《たかまさ》 16(17)　響貴《ひびき》 20(12)　驍朗《たかお》 22(10)

7

姓の画数と例

谷　角　沖　伴　沢　坂　佃　など

姓に合う名の画数

1字名

なし

2・3字名

1+(16)　6+(5)　8+(24)　10+(14)　11+(14)　14+(10)　18+(6)　18+(23)　22+(16)

4+(2)　6+(10)　9+(16)　10+(22)　11+(20)　14+(17)　18+(14)　22+(2)

4+(20)　8+(16)　9+(22)　11+(6)　14+(2)　17+(24)　18+(20)　22+(10)

名前例

一繁《かずしげ》 1(16)　公人《きみひと》 4(2)　友騎人《ゆきと》 4(20)　有司《ゆうじ》 6(5)　守通《もりみち》 6(10)　和憲《かずのり》 8(16)　奈津輝《なつき》 8(24)　政樹《まさき》 9(16)

奏讃《そうすけ》 9(22)　恭輔《きょうすけ》 10(14)　真記雄《まきお》 10(22)　爽吉《そうきち》 11(6)　悠輔《ゆうすけ》 11(14)　清梓郎《きよしろう》 11(20)　魁人《かいと》 14(2)　颯馬《そうま》 14(10)

総治郎《そうじろう》 14(17)　厳祐輝《たかゆき》 17(24)　顕吉《けんきち》 18(6)　験四郎《けんしろう》 18(14)　顕議《あきのり》 18(20)　驍人《たかと》 22(2)　鷗記《おうき》 22(10)　驍賢《としたか》 22(16)

7＋3

姓の画数と例

村上　谷口　杉山　坂口　村山　谷川　坂下　など

姓に合う名の画数

1字名：14　22

2・3字名：
2＋(1)　2＋(9)　2＋(11)　3＋(4)　3＋(8)　4＋(17)　5＋(8)　5＋(10)　5＋(16)　5＋(18)　8＋(17)　10＋(1)　12＋(9)　12＋(11)　13＋(8)　13＋(10)　13＋(16)　14＋(17)　15＋(6)　15＋(8)　15＋(10)　15＋(14)　21＋(4)　21＋(8)　22＋(1)

名前例

14 誓《せい》　22 鷗《かもめ》　2(9) 了哉《りょうや》　2(11) 乃基《ないき》　3(4) 才斗《さいと》　3(8) 大和《やまと》　4(17) 太志朗《たいしろう》　5(8) 主知《かずとも》

5(10) 広真《こうま》　5(16) 弘樹《ひろき》　5(18) 由紀郎《ゆきお》　8(17) 英駿《ひでとし》　10(1) 真一《しんいち》　12(9) 裕哉《ゆうや》　12(11) 遊唯《ゆうい》　13(8) 慎弥《しんや》

13(10) 蒼真《そうま》　14(17) 豪駿《たけとし》　15(6) 慶伍《けいご》　15(8) 遼弥《りょうや》　15(10) 慶時《けいじ》　15(14) 慶彰《よしあき》　21(4) 躍斗《やくと》　21(8) 纏明《てんめい》

7＋4

姓の画数と例

坂井　村井　坂元　宍戸　赤木　沢井　村木　など

姓に合う名の画数

1字名：12　14

2・3字名：
1＋(17)　2＋(16)　3＋(18)　9＋(9)　11＋(26)　13＋(8)　13＋(11)　13＋(28)　14＋(4)　17＋(1)　20＋(4)

名前例

12 敦《あつし》　12 等《ひとし》　14 誓《せい》　14 総《そう》　1(17) 一優《かずまさ》　2(16) 乃樹《だいき》　2(16) 八樹《やつき》　3(18) 大燿《たいよう》

9(9) 春秋《はるあき》　9(9) 祐紀《ゆうき》　11(26) 常優紀《つねゆき》　13(8) 数季《かずき》　13(8) 慎典《しんすけ》　13(11) 源梧《げんご》　13(11) 幹章《もとあき》　13(11) 慎一朗《しんいちろう》

13(28) 滉識郎《こうしろう》　14(4) 豪太《ごうた》　14(4) 颯太《そうた》　14(4) 練介《れんすけ》　17(1) 講一《こういち》　20(4) 巌夫《いわお》　20(4) 響介《きょうすけ》　20(4) 耀太《ようた》

7＋5

姓の画数と例

坂本　村田　杉本　沢田　児玉　足立　坂田　など

姓に合う名の画数

1字名：6

2・3字名：
1＋(4)　1＋(16)　1＋(22)　2＋(9)　3＋(10)　3＋(14)　3＋(18)　3＋(26)　6＋(11)　8＋(17)　11＋(14)　11＋(22)　12＋(9)　13＋(4)　13＋(8)　13＋(10)　13＋(16)　13＋(22)　16＋(1)　18＋(11)　18＋(17)　19＋(4)　19＋(6)　19＋(10)　19＋(14)

名前例

6 圭《けい》　1(4) 一巴《かずとも》　1(16) 一樹《かずき》　1(22) 一智朗《いちろう》　2(9) 乃彦《ゆきひこ》　3(10) 久通《ひさみち》　3(14) 丈輔《じょうすけ》　3(18) 久燿《ひさてる》

6(11) 有唯《ゆうい》　8(17) 卓彌《たくみ》　11(14) 健太朗《けんたろう》　11(22) 崇友騎《たかゆき》　12(9) 温紀《はるき》　13(8) 獅門《しもん》　13(10) 義朗《よしお》　13(16) 福多朗《ふくたろう》

16(1) 整一《せいいち》　18(11) 観斎《かんさい》　18(17) 顕優《あきまさ》　19(4) 霧夫《きりお》　19(6) 麗至《れいし》　19(6) 瀧多《ろうた》　19(14) 鏡輔《きょうすけ》　19(14) 警誌《けいし》

7＋6

姓の画数と例

佐竹　赤羽　住吉　近江　杉江　赤池　など

姓に合う名の画数

1字名：5

2・3字名：
1＋(10)　1＋(17)　1＋(24)　2＋(6)　2＋(14)　10＋(6)　10＋(22)　11＋(24)　12＋(6)　15＋(1)　15＋(9)　15＋(17)　17＋(1)　17＋(8)　17＋(18)　17＋(28)　18＋(6)　23＋(1)　23＋(9)　23＋(16)

名前例

5 正《ただし》　1(10) 一馬《かずま》　1(17) 一嶺《かずたか》　1(24) 一麟《いちりん》　2(6) 人至《ひとし》　2(14) 力之進《りきのしん》　10(6) 剛気《ごうき》　10(22) 晃驍《あきたか》

11(24) 啓有騎《ひろゆき》　12(6) 陽光《あきみつ》　12(6) 翔伍《しょうご》　15(1) 慶一《けいいち》　15(1) 遼一《りょういち》　15(9) 徹哉《てつや》　15(9) 輝海《てるみ》　15(17) 範勇季《のりゆき》

17(1) 鍵一《けんいち》　17(8) 謙治《けんじ》　17(18) 駿闘《はやと》　17(28) 優騎朗《ゆきお》　18(6) 穣充《しげみつ》　23(1) 巌一《がんいち》　23(9) 鑑則《あきのり》　23(16) 鑑次朗《かんじろう》

7＋7

姓の画数と例

佐伯　志村　尾形　杉村　赤坂　谷村　角谷　など

姓に合う名の画数

1字名：4

2・3字名：
1＋(6)　6＋(9)　8＋(25)　9＋(16)　10＋(1)　11＋(10)　14＋(17)　17＋(6)　22＋(1)
1＋(14)　6＋(17)　9＋(6)　9＋(22)　10＋(11)　11＋(14)　16＋(9)　17＋(8)
1＋(16)　8＋(9)　9＋(14)　9＋(24)　11＋(6)　14＋(1)　17＋(4)　17＋(16)

名前例

4 太《ふとし》　1(6) 一光《かずみつ》　1(14) 一翠《いっすい》　1(16) 一樹《かずき》　6(9) 吉紀《よしき》　6(17) 圭治郎《けいじろう》　8(9) 征彦《まさひこ》　8(25) 実紀賢《みきたか》
9(6) 海舟《かいしゅう》　9(14) 亮輔《りょうすけ》　9(16) 南央規《なおき》　9(24) 政鷹《まさたか》　10(1) 真一《しんいち》　10(11) 倫理《ともみち》　11(6) 爽吉《そうきち》　11(10) 涼馬《りょうま》
11(14) 郷史郎《きょうしろう》　14(1) 徳一《のりかず》　14(17) 嘉徽《よしき》　16(9) 興相《こうすけ》　17(4) 霜太《そうた》　17(6) 嶺気《れいき》　17(8) 講典《こうすけ》　17(16) 優樹《ゆうき》

7＋8

村松　村岡　赤松　坂東　花岡　我妻　別府　など

1字名：10

2・3字名：
3＋(14)　8＋(8)　10＋(8)　13＋(24)　16＋(8)　17＋(16)　23＋(9)
5＋(11)　8＋(24)　13＋(4)　15＋(1)　17＋(1)　21＋(11)　23＋(14)
5＋(18)　9＋(9)　13＋(11)　15＋(9)　17＋(6)　21＋(16)

10 凉《りょう》　3(14) 久彰《ひさあき》　5(11) 永康《ながやす》　5(18) 永闘《えいと》　8(8) 朋弥《ともや》　8(24) 虎爾朗《こじろう》　9(9) 俊郎《としろう》　9(9) 柾彦《まさひこ》
10(8) 悦弥《えつや》　10(8) 泰季《たいき》　13(4) 鉄夫《てつお》　13(11) 稔隆《としたか》　13(24) 雅鷹《まさたか》　15(1) 影一《えいいち》　15(9) 輝郎《てるお》　16(8) 憲明《のりあき》
17(1) 環一《かんいち》　17(6) 駿多《しゅんた》　17(6) 優次《ゆうじ》　17(16) 厳憲《たかのり》　21(11) 轟基《ごうき》　21(16) 纏磨《てんま》　23(9) 鑑紀《あきのり》　23(14) 鑑嘉《あきよし》

7＋10

杉浦　杉原　児島　対馬　佐原　坂根　君島　など

1字名：14

2・3字名：
5＋(1)　6＋(1)　11＋(4)　14＋(10)　15＋(26)
5＋(11)　6＋(10)　13＋(11)　15＋(1)　21＋(14)
5＋(16)　8＋(10)　13＋(22)　15＋(9)　23＋(1)

14 総《まさる》　5(1) 正一《しょういち》　5(11) 弘基《こうき》　5(11) 正彬《まさあき》　5(11) 由康《よしやす》　5(16) 史龍《しりゅう》　6(1) 巡一《じゅんいち》　6(10) 壮一郎《そういちろう》
8(10) 昇竜《しょうりゅう》　11(4) 陸斗《りくと》　13(11) 豊基《とよき》　13(11) 寛康《ひろやす》　13(11) 慎一朗《しんいちろう》　13(22) 勢都理《せつり》　14(10) 嘉朗《よしお》　15(1) 儀一《ぎいち》
15(1) 諄一《じゅんいち》　15(9) 慶亮《けいすけ》　15(9) 毅彦《たけひこ》　15(9) 諒哉《りょうや》　15(26) 鞍騎於《あきお》　21(14) 轟輔《ごうすけ》　23(1) 鑑一《かんいち》　23(1) 鷲一《しゅういち》

7＋11

佐野　尾崎　杉野　坂野　日下部　杉崎　赤堀　など

1字名：6

2・3字名：
2＋(1)　4＋(17)　5＋(16)　6＋(9)　13＋(8)　18＋(11)
2＋(9)　5＋(8)　5＋(18)　10＋(1)　13＋(10)　20＋(1)
4＋(9)　5＋(10)　6＋(1)　12＋(1)　14＋(9)

6 守《まもる》　2(1) 又一《またいち》　2(9) 力耶《りきや》　4(9) 中哉《ちゅうや》　4(9) 友哉《ともや》　4(17) 太駿《たいしゅん》　5(8) 四季《しき》　5(8) 史弥《ふみや》
5(8) 正和《まさかず》　5(10) 可恭《よしやす》　5(16) 広樹《ひろき》　5(18) 正顕《まさあき》　6(1) 好一《よしかず》　6(9) 光紀《こうき》　6(9) 宅哉《たくや》　6(9) 竹彦《たけひこ》
10(1) 峻一《しゅんいち》　12(1) 順一《じゅんいち》　13(8) 雅和《まさかず》　13(10) 慎一郎《しんいちろう》　14(9) 聡哉《さとや》　14(9) 遙亮《ようすけ》　18(11) 顕康《あきやす》　20(1) 耀一《よういち》

7＋12

姓の画数と例

芳賀　志賀　那須　赤塚　村越　杉森　など

姓に合う名の画数

1字名：6　12　20

2・3字名：1＋(4)　1＋(17)　3＋(10)　5＋(1)　9＋(9)　13＋(25)　17＋(1)　21＋(17)　23＋(10)

名前例

- 6 壮《そう》
- 12 嵐《あらし》
- 12 勝《まさる》
- 20 競《きそう》
- 20 響《ひびき》
- 20 護《まもる》
- 1(4) 一文《かずふみ》
- 1(17) 一知郎《いちろう》
- 1(17) 乙之輔《いつのすけ》
- 3(10) 大悟《だいご》
- 3(10) 大記《ひろき》
- 5(1) 永一《えいいち》
- 5(1) 礼一《れいいち》
- 9(9) 草祐《そうすけ》
- 9(9) 俊哉《としや》
- 9(9) 祐紀《ゆうき》
- 13(25) 愛富夢《あとむ》
- 13(25) 雅佑騎《まさゆき》
- 17(1) 謙一《けんいち》
- 17(1) 優一《ゆういち》
- 17(1) 瞭一《りょういち》
- 17(1) 嶺一《れいいち》
- 21(17) 顧優《ただまさ》
- 23(10) 鑑記《あきのり》

7＋18

姓の画数と例

佐藤　近藤　兵藤　谷藤　など

姓に合う名の画数

1字名：なし

2・3字名：3＋(4)　5＋(1)　5＋(8)　5＋(11)　15＋(1)　15＋(17)　15＋(18)　17＋(6)　17＋(16)　21＋(11)　23＋(9)

名前例

- 3(4) 丈太《じょうた》
- 5(1) 広一《ひろかず》
- 5(8) 令幸《のりゆき》
- 5(11) 巧基《こうき》
- 5(11) 史基《ふみき》
- 15(1) 潤一《じゅんいち》
- 15(1) 諒一《りょういち》
- 15(17) 毅謙《たけのり》
- 15(17) 輝優《てるまさ》
- 15(17) 範優《のりまさ》
- 15(17) 慶斗暉《よしとき》
- 15(18) 諒闘《あきと》
- 17(6) 謙次《けんじ》
- 17(6) 優吉《ゆうきち》
- 17(6) 瞭多《りょうた》
- 17(6) 鴻乃介《こうのすけ》
- 17(16) 厳憲《たかのり》
- 17(16) 駿賢《としたか》
- 17(16) 優樹《ゆうき》
- 17(16) 瞭磨《りょうま》
- 21(11) 轟基《ごうき》
- 21(11) 纏理《てんり》
- 23(9) 鑑祐《かんすけ》
- 23(9) 鷲郎《わしお》

7＋19

姓の画数と例

村瀬　佐瀬　など

姓に合う名の画数

1字名：6　22

2・3字名：2＋(1)　2＋(9)　4＋(1)　4＋(9)　4＋(11)　5＋(6)　5＋(8)　5＋(10)　5＋(16)　6＋(1)　12＋(9)　13＋(8)　13＋(18)　14＋(1)

名前例

- 6 匠《たくみ》
- 22 讃《あき》
- 2(1) 了乙《りょういち》
- 2(9) 二洸《にこう》
- 4(1) 太一《たいち》
- 4(9) 文哉《ふみや》
- 4(11) 心一朗《しんいちろう》
- 5(6) 永吉《えいきち》
- 5(6) 弘光《ひろみつ》
- 5(6) 由行《よしゆき》
- 5(8) 弘幸《ひろゆき》
- 5(8) 正和《まさかず》
- 5(10) 巧馬《こうま》
- 5(10) 司朗《しろう》
- 5(10) 央将《ひろまさ》
- 5(16) 巧磨《たくま》
- 5(16) 弘憲《ひろのり》
- 5(16) 正樹《まさき》
- 6(1) 旬一《じゅんいち》
- 12(9) 晴俊《はるとし》
- 13(8) 準治《じゅんじ》
- 13(8) 雅弥《まさや》
- 13(18) 義観《よしみ》
- 14(1) 槙一《しんいち》

8

姓の画数と例

林　東　岡　岸　牧　金　長　など

姓に合う名の画数

1字名：なし

2・3字名：3＋(2)　3＋(10)　3＋(22)　5＋(10)　5＋(20)　7＋(6)　7＋(10)　7＋(16)　7＋(17)　9＋(6)　9＋(12)　9＋(15)　9＋(22)　10＋(7)　10＋(15)　13＋(2)　15＋(10)　16＋(5)　16＋(7)　16＋(17)　17＋(6)　17＋(7)　17＋(16)　21＋(16)

名前例

- 3(2) 丈乃《たけのり》
- 3(10) 与将《よしまさ》
- 3(22) 夕宇樹《ゆうき》
- 5(10) 永祥《えいしょう》
- 5(20) 冬護《とうご》
- 7(6) 享次《きょうじ》
- 7(6) 邦光《くにみつ》
- 7(10) 走馬《そうま》
- 7(16) 宏樹《ひろき》
- 7(17) 志優《しゆう》
- 9(6) 信光《のぶみつ》
- 9(6) 勇気《ゆうき》
- 9(12) 玲二朗《れいじろう》
- 9(15) 栄徹《えいてつ》
- 9(22) 勇起翔《ゆきと》
- 10(7) 晋吾《しんご》
- 10(15) 恵蔵《けいぞう》
- 10(15) 敏範《としのり》
- 13(2) 慎二《しんじ》
- 15(10) 穂高《ほだか》
- 16(5) 薫平《くんぺい》
- 16(7) 鋼希《こうき》
- 17(6) 瞭次《りょうじ》
- 17(7) 優作《ゆうさく》

8＋3

姓の画数と例

金子 松下 青山 松山 岩下 松川 金山 など

姓に合う名の画数

1字名

なし

2・3字名

2＋(16) 3＋(15) 4＋(17) 10＋(8) 12＋(25) 14＋(7) 14＋(10) 14＋(27) 15＋(3) 21＋(3)

名前例

十樹《とおき》 2(16)
七樹《ななき》 2(16)
千範《かずのり》 3(15)
久慶《ひさよし》 3(15)
夕輝《ゆうき》 3(15)
小次郎《こじろう》 3(15)
双翼《つばさ》 4(17)
友優《ともひろ》 4(17)
悦弥《えつや》 10(8)
真弥《しんや》 10(8)
将弥《まさや》 10(8)
勝闘志《かっとし》 12(25)
裕輝朗《ゆきお》 12(25)
彰吾《しょうご》 14(7)
総志《そうし》 14(7)
銀将《かねまさ》 14(10)
暢純《まさずみ》 14(10)
遙祐騎《はるゆき》 14(27)
嘉闘紀《よしとき》 14(27)
毅士《つよし》 15(3)
徹也《てつや》 15(3)
鶴也《かくや》 21(3)
轟己《ごうき》 21(3)
鶴丸《つるまる》 21(3)

8＋4

姓の画数と例

青木 松井 金井 岩井 茂木 武井 坪井 など

姓に合う名の画数

1字名

なし

2・3字名

2＋(3) 2＋(15) 2＋(21) 2＋(23) 3＋(8) 4＋(9) 4＋(13) 4＋(17) 4＋(25) 7＋(10) 9＋(16) 12＋(13) 12＋(21) 13＋(8) 14＋(3) 14＋(7) 14＋(9) 14＋(15) 14＋(21) 19＋(10) 19＋(16) 20＋(3) 20＋(5) 20＋(9) 20＋(13)

名前例

八久《やつひさ》 2(3)
力多郎《りきたろう》 2(15)
八真都《やまと》 2(21)
乃鑑《のりあき》 2(23)
夕季《ゆうき》 3(8)
友紀《ともき》 4(9)
心夢《ここむ》 4(13)
支優《しゆう》 4(17)
邑起《ゆうき》 7(10)
柾樹《まさき》 9(16)
瑛嗣《えいじ》 12(13)
翔鶴《しょうがく》 12(21)
蓮河《れんが》 13(8)
彰之《あきゆき》 14(3)
聡希《そうき》 14(7)
魁星《かいせい》 14(9)
徳慶《のりよし》 14(15)
識朗《しきお》 19(10)
繋磨《けいま》 19(16)
響己《ひびき》 20(3)
譲丈《よしたけ》 20(3)
競平《きょうへい》 20(5)
鐘司《どうじ》 20(5)
懸祐《けんすけ》 20(9)

8＋5

姓の画数と例

松本 岡田 岡本 松田 和田 武田 岩田 など

姓に合う名の画数

1字名

なし

2・3字名

1＋(17) 2＋(9) 2＋(16) 2＋(23) 3＋(5) 11＋(5) 11＋(21) 12＋(23) 13＋(5) 16＋(8) 16＋(16) 18＋(7) 18＋(17) 18＋(27) 19＋(5) 24＋(8) 24＋(15)

名前例

一嶺《かずたか》 1(17)
一優《かずまさ》 1(17)
一亜記《かずあき》 1(17)
了俊《りょうしゅん》 2(9)
二龍《じりゅう》 2(16)
八麻登《やまと》 2(23)
久矢《ひさや》 3(5)
康平《こうへい》 11(5)
琢矢《たくや》 11(5)
悠平《ゆうへい》 11(5)
理市《りいち》 11(5)
康唯起《やすゆき》 11(21)
貴都詞《たかとし》 12(23)
聖矢《せいや》 13(5)
賢治《けんじ》 16(8)
憲明《のりあき》 16(8)
頼典《よりのり》 16(8)
龍磨《りゅうま》 16(16)
顕汰《けんた》 18(7)
藍之輔《あいのすけ》 18(17)
騎優起《のりゆき》 18(27)
識由《つねゆき》 19(5)
鷹幸《たかゆき》 24(8)
麟蔵《りんぞう》 24(15)

8＋6

姓の画数と例

河合 河西 長江 国吉 金光 岡安 など

姓に合う名の画数

1字名

なし

2・3字名

1＋(10) 1＋(16) 2＋(5) 2＋(13) 2＋(15) 5＋(16) 7＋(8) 7＋(16) 9＋(8) 9＋(24) 10＋(5) 10＋(13) 10＋(15) 10＋(21) 10＋(23) 11＋(10) 12＋(5) 12＋(9) 12＋(13) 15＋(16) 17＋(8) 18＋(3) 18＋(5) 18＋(7) 18＋(15)

名前例

乙朗《いつろう》 1(10)
一龍《いちりゅう》 1(16)
乃由《のりよし》 2(5)
七暉《ななき》 2(13)
九範《ひさのり》 2(15)
巧磨《たくま》 5(16)
克弥《かつや》 7(8)
壱龍《いちりゅう》 7(16)
建英《たけひで》 9(8)
政鷹《まさたか》 9(24)
笑平《しょうへい》 10(5)
高雅《こうが》 10(13)
祥由記《よしゆき》 10(15)
恵意治《えいじ》 10(21)
時志賢《としたか》 10(23)
淑朗《よしお》 11(10)
湘平《しょうへい》 12(5)
達哉《たつや》 12(9)
敬義《たかよし》 12(13)
輝賢《あきたか》 15(16)
厳征《たかゆき》 17(8)
櫂示《かいじ》 18(5)
闘児《とうじ》 18(7)
瞬輝《しゅんき》 18(15)

8+7

姓の画数と例

松尾　松村　岡村　河村　長尾　金沢　長沢　など

姓に合う名の画数

1字名　なし

2・3字名

1+(7)　4+(13)　9+(7)　11+(7)　14+(23)　18+(5)　22+(15)

1+(15)　6+(10)　9+(23)　14+(3)　16+(8)　18+(15)　24+(8)

1+(23)　6+(17)　10+(8)　14+(10)　17+(7)　22+(10)　24+(13)

名前例

1 (7) 乙希《いつき》　1 (7) 一作《いっさく》　1 (15) 一慶《かずよし》　1 (23) 一瑠哉《いるや》　4 (13) 友滉《ともひろ》　6 (10) 巡之助《じゅんのすけ》　6 (17) 好優《よしまさ》　9 (7) 亮汰《りょうた》

9 (23) 則鑑《のりあき》　10 (8) 真典《しんすけ》　10 (8) 素直《すなお》　11 (7) 啓助《けいすけ》　14 (3) 彰三《しょうぞう》　14 (10) 僚馬《りょうま》　14 (23) 嘉鑑《よしあき》　16 (8) 賢弥《けんや》

17 (7) 嶺児《れいじ》　18 (5) 織正《おりまさ》　18 (5) 験示《けんじ》　18 (15) 闘記生《ときお》　22 (10) 驍造《きょうぞう》　22 (15) 驍慶《たかよし》　24 (8) 麟ノ助《りんのすけ》　24 (13) 鷹次良《ようじろう》

8+8

姓の画数と例

松岡　若林　長岡　若松　長沼　松林　知念　など

姓に合う名の画数

1字名　なし

2・3字名

3+(10)　7+(16)　10+(13)　15+(10)　16+(9)　24+(5)

5+(10)　10+(3)　10+(15)　16+(5)　16+(25)　24+(7)

7+(10)　10+(7)　10+(21)　16+(7)　17+(24)　24+(17)

名前例

3 (10) 大起《だいき》　5 (10) 冬真《とうま》　7 (10) 佑馬《ゆうま》　7 (16) 冴磨《さえま》　10 (3) 隼也《しゅんや》　10 (7) 耕作《こうさく》　10 (7) 哲汰《てった》　10 (7) 素志《もとし》

10 (13) 純聖《すみたか》　10 (15) 航輝《こうき》　10 (15) 修蔵《しゅうぞう》　10 (15) 紋次郎《もんじろう》　10 (21) 起実寛《きみひろ》　15 (10) 遼馬《りょうま》　16 (5) 錦司《きんじ》　16 (5) 頼可《らいか》

16 (5) 賢生《けんせい》　16 (7) 龍佑《りゅうすけ》　16 (9) 繁郎《しげお》　16 (25) 龍輝朗《りゅうきろう》　17 (24) 霞偉登《かいと》　24 (5) 鷹生《たかお》　24 (7) 麟作《りんさく》　24 (17) 鷹優《たかまさ》

8+9

姓の画数と例

青柳　金城　板垣　和泉　岩城　長屋　河津　など

姓に合う名の画数

1字名　なし

2・3字名

6+(10)　9+(9)　14+(21)　16+(25)

6+(15)　12+(3)　15+(9)　22+(13)

7+(9)　14+(10)　16+(8)

名前例

6 (10) 灯悟《とうご》　6 (10) 有記《ゆうき》　6 (10) 圭一郎《けいいちろう》　6 (15) 光輝《こうき》　6 (15) 安毅《やすたか》　7 (9) 克洋《かつひろ》　7 (9) 伸彦《のぶひこ》　9 (9) 星哉《せいや》

9 (9) 俊郎《としろう》　12 (3) 翔也《しょうや》　12 (3) 道大《みちひろ》　14 (10) 寧哲《やすあき》　14 (10) 聡一郎《そういちろう》　14 (21) 嘉津尋《かつひろ》　14 (21) 瑠貴哉《るきや》　15 (9) 潮音《しおと》

15 (9) 毅彦《たけひこ》　15 (9) 慶彦《よしひこ》　16 (8) 篤治《あつじ》　16 (8) 賢侍《けんじ》　16 (8) 憲明《のりあき》　16 (25) 樹優季《たつゆき》　16 (25) 龍輝朗《りゅうきろう》　22 (13) 鷗雅《おうが》

8+10

姓の画数と例

松浦　松原　松島　長島　河原　門脇　板倉　など

姓に合う名の画数

1字名　なし

2・3字名

3+(8)　6+(7)　6+(17)　14+(9)

5+(8)　6+(9)　7+(8)　15+(8)

5+(16)　6+(15)　14+(7)　19+(10)

名前例

3 (8) 丈明《たけあき》　5 (8) 広実《ひろみ》　5 (8) 正直《まさなお》　5 (8) 由弥《ゆうや》　5 (16) 玄磨《げんま》　6 (7) 圭吾《けいご》　6 (7) 光汰《こうた》　6 (7) 守里《まもり》

6 (9) 匠海《たくみ》　6 (9) 好郎《よしお》　6 (15) 匠蔵《しょうぞう》　6 (15) 吉次郎《きちじろう》　6 (17) 光嶺《みつね》　7 (8) 克実《かつみ》　7 (8) 寿英《としひで》　7 (8) 秀和《ひでかず》

7 (8) 芳英《よしひで》　14 (7) 遙希《はるき》　14 (7) 漣之介《れんのすけ》　14 (9) 彰保《あきやす》　15 (8) 慶和《よしかず》　15 (8) 遼弥《りょうや》　15 (8) 輝乃丞《てるのすけ》　19 (10) 麗時《れいじ》

姓の画数と例

8+11

阿部　河野　岩崎　服部　岡崎　牧野　岡部　など

姓に合う名の画数

1字名　なし

2・3字名

2+(3)　2+(16)　4+(9)　10+(8)　14+(24)　22+(16)　24+(9)

名前例

2(3) 乃己《だいき》
2(3) 力丸《りきまる》
2(3) 了也《りょうや》
2(3) ひとし
2(16) 七衛《ななえ》
2(16) 人樹《ひとき》
2(16) 力樹《よしき》
4(9) 天彦《あまひこ》
4(9) 元紀《げんき》
4(9) 天星《てんせい》
4(9) 文哉《ふみや》
10(8) 純弥《じゅんや》
10(8) 真典《しんすけ》
10(8) 将和《まさかず》
10(8) 泰幸《やすゆき》
14(24) 彰鷹《あきたか》
14(24) 綱鷹《つなたか》
14(24) 嘉偉登《かいと》
22(16) 驍磨《たかま》
22(16) 讃賢《あきたか》
22(16) 鷗樹《おうき》
24(9) 鷺俊《さぎとし》
24(9) 鷹秋《たかあき》
24(9) 鷹俊《たかとし》

8+12

金森　岩間　的場　松葉　門間　武智　など

姓に合う名の画数

1字名　なし

2・3字名

1+(10)　1+(24)　3+(10)　4+(9)　4+(17)　4+(21)　5+(10)　5+(16)　6+(5)　6+(7)　6+(15)　9+(8)　12+(3)　12+(5)　12+(9)　12+(13)　12+(25)　20+(5)

名前例

1(10) 一晟《いっせい》
1(24) 一都嗣《かずとし》
3(10) 久真《きゅうま》
4(9) 公祐《こうすけ》
4(21) 太轟《たいごう》
4(21) 五才騎《いさき》
4(21) 元勇貴《もとゆき》
5(10) 永倖《えいこう》
5(16) 玄磨《げんま》
5(16) 史龍《しりゅう》
5(16) 弘樹《ひろき》
6(5) 匠平《しょうへい》
6(7) 伊吹《いぶき》
6(15) 壮範《たけのり》
9(8) 政弥《まさや》
12(3) 裕大《ゆうた》
12(5) 滋由《しげよし》
12(9) 陽亮《ようすけ》
12(13) 童夢《どうむ》
12(25) 裕輝朗《ゆきお》
20(5) 譲司《じょうじ》
20(5) 鐘平《しょうへい》
20(5) 響生《ひびき》
20(5) 耀平《ようへい》

姓の画数と例

8+14

長嶋　宗像　など

姓に合う名の画数

1字名　なし

2・3字名

1+(16)　2+(5)　2+(13)　2+(21)　2+(23)　3+(8)　4+(3)　4+(7)　4+(9)　4+(21)　7+(8)　7+(10)　9+(16)　10+(3)　10+(5)　10+(7)　10+(13)　10+(15)　15+(8)　18+(7)　18+(17)　19+(16)

名前例

2(5) 力央《りきお》
2(13) 乃暉《だいき》
2(21) 十詩弥《としや》
2(23) 七威旗《ないき》
3(8) 大和《やまと》
4(3) 允也《ちかや》
4(7) 太志《たいし》
4(9) 元則《もとのり》
4(21) 心躍《しんや》
7(8) 孝英《たかひで》
7(8) 秀明《ひであき》
7(10) 吾朗《ごろう》
9(16) 玲樹《れいき》
10(3) 晃大《こうた》
10(5) 恭生《やすお》
10(5) 悦生《よしき》
10(7) 竜之介《りゅうのすけ》
10(13) 泰楽《たいら》
10(15) 剛毅《ごうき》
10(15) 竜輝《りゅうき》
15(8) 輝明《てるあき》
18(7) 瞬希《しゅんき》
18(17) 騎優《のりまさ》
19(16) 蘭次朗《らんじろう》

8+16

板橋　松橋　金澤　岩橋　長澤　松澤　など

姓に合う名の画数

1字名　なし

2・3字名

1+(10)　2+(3)　2+(5)　2+(9)　2+(15)　5+(10)　7+(8)　9+(24)　16+(5)　16+(17)　17+(16)

名前例

1(10) 一朗《いちろう》
1(10) 一恵《いっけい》
2(3) 乃之《のりゆき》
2(5) 十平《じっぺい》
2(5) 八弘《やつひろ》
2(9) 力哉《りきや》
2(9) 了祐《りょうすけ》
2(15) 乃毅《だいき》
2(15) 七輝《ななき》
5(10) 司朗《しろう》
5(10) 冬馬《とうま》
5(10) 仙一郎《せんいちろう》
7(8) 秀明《ひであき》
7(8) 佐乃丞《さのすけ》
9(24) 亮鷹《あきたか》
9(24) 勇鷹《ゆたか》
9(24) 勇輝郎《ゆきお》
16(5) 薫平《くんぺい》
16(5) 龍生《りゅうせい》
16(17) 篤謙《あつのり》
16(17) 錠之輔《じょうのすけ》
16(17) 融治郎《ゆうじろう》
17(16) 謙繁《のりしげ》
17(16) 優樹《ゆうき》

8＋18

姓の画数と例

斉藤　武藤　松藤　など

姓に合う名の画数

1字名　なし

2・3字名
3＋⑧　5＋⑧　5＋⑩
6＋⑤　6＋⑦　6＋⑨
6＋⑮　13＋⑧　14＋⑦
14＋⑰

名前例

3⑧ 大河《たいが》　3⑧ 夕弥《ゆうや》　5⑧ 央河《おうが》　5⑧ 四季《しき》　5⑩ 永時《えいじ》　5⑩ 正馬《しょうま》　5⑩ 弘晃《ひろあき》　6⑤ 吉平《きっぺい》

6⑤ 光可《みつよし》　6⑤ 好央《よしお》　6⑦ 圭吾《けいご》　6⑦ 迅冴《じんご》　6⑨ 光紀《こうき》　6⑨ 匠海《たくみ》　6⑮ 好毅《こうき》　6⑮ 守慶《もりよし》

6⑮ 宇弥杜《うみと》　13⑧ 慎典《しんすけ》　13⑧ 義和《よしかず》　13⑧ 蓮河《れんが》　14⑦ 豪男《たけお》　14⑦ 綾佑《りょうすけ》　14⑰ 総謙《ふさのり》　14⑰ 嘉優《よしまさ》

8＋19

岩瀬　長瀬　など

1字名　なし

2・3字名
2＋⑨　4＋㉑　6＋⑤
10＋⑧　12＋⑨　13＋⑧
16＋⑮　18＋③　18＋⑬
22＋③

2⑨ 七星《ななせ》　2⑨ 人海《ひとみ》　4㉑ 心躍《しんや》　4㉑ 文雄紀《ふみゆき》　4㉑ 元勇貴《もとゆき》　6⑤ 匡司《まさし》　6⑤ 好央《よしお》　10⑧ 高治《こうじ》

10⑧ 峻岳《しゅんがく》　10⑧ 時於《ときお》　12⑨ 皓祐《こうすけ》　12⑨ 晴哉《せいや》　12⑨ 達哉《たつや》　12⑨ 裕哉《ゆうや》　13⑧ 滉昌《あきまさ》　13⑧ 蓮実《はすみ》

16⑮ 諭毅《さとき》　16⑮ 親慶《ちかよし》　18③ 櫂也《かいや》　18③ 騎之《のりゆき》　18⑬ 顕義《あきよし》　18⑬ 櫂太郎《かいたろう》　22③ 讃士《さんじ》　22③ 驍久《たかひさ》

9

姓の画数と例

南　星　泉　畑　柳　神　城　など

姓に合う名の画数

1字名　なし

2・3字名
2＋④　2＋⑤　2＋㉒
4＋④　6＋②　6＋⑩
6＋⑰　7＋⑯　8＋⑦
12＋④　12＋⑫　14＋②
14＋⑩　16＋⑦　16＋⑯
20＋④　20＋⑫　22＋⑩
23＋⑯　24＋⑭

名前例

2④ 七斗《ななと》　2④ 八太《ようた》　2⑤ 乃生《だいき》　2㉒ 乃讃《だいすけ》　4④ 文斗《あやと》　6② 丞二《じょうじ》　6⑩ 圭一郎《けいいちろう》　6⑰ 有瞳《うどう》

7⑯ 克憲《かつのり》　8⑦ 武志《たけし》　8⑦ 直希《なおき》　8⑦ 怜児《れいじ》　12④ 絢斗《けんと》　12⑫ 瑛翔《えいと》　12⑫ 陽翔《はると》　14② 静二《せいじ》

14⑩ 徳馬《とくま》　16⑦ 憲宏《のりひろ》　16⑯ 憲由規《のりゆき》　20④ 巌太《がんた》　20⑫ 響喜《ひびき》　22⑩ 驍記《たかのり》　23⑯ 鷲磨《しゅうま》　24⑭ 鷹司郎《ようじろう》

9＋3

秋山　前川　荒川　皆川　神山　相川　香川　など

1字名　なし

2・3字名
3＋②　3＋⑭　3＋⑳
3＋㉒　4＋⑦　5＋⑧
5＋⑫　5＋⑯　5＋㉔
8＋⑨　10＋⑮　13＋⑫
13＋⑳　14＋⑦　15＋②
15＋⑥　15＋⑧　15＋⑭
15＋⑳　20＋⑨　20＋⑮
21＋②　21＋④　21＋⑧
21＋⑫

3② 千二《せんじ》　3⑭ 三四郎《さんしろう》　3⑳ 大護《だいご》　3㉒ 与波瑠《よしはる》　4⑦ 友吾《ゆうご》　5⑧ 巧実《たくみ》　5⑫ 正順《まさゆき》　5⑯ 永賢《えいけん》

5㉔ 由輝郎《ゆきお》　8⑨ 空飛《そらと》　10⑮ 兼蔵《けんぞう》　13⑫ 照尋《てるひろ》　13⑳ 誠護《せいご》　14⑦ 領吾《りょうご》　15② 鋭人《えいと》　15⑥ 影次《えいじ》

15⑧ 毅幸《たけゆき》　15⑭ 遼輔《りょうすけ》　15⑳ 鋭悟朗《えいごろう》　20⑨ 耀哉《てるや》　21② 轟人《ごうと》　21④ 轟介《ごうすけ》　21⑧ 顧知《ただとも》　21⑫ 鶴翔《かくと》

9+4

姓の画数と例

荒木　荒井　浅井　柏木　畑中　秋元　春日　など

姓に合う名の画数

1字名

なし

2・3字名

1+(2)　1+(23)　3+(15)　4+(12)　14+(4)　17+(28)　19+(26)

1+(7)　2+(16)　3+(22)　12+(4)　17+(7)　19+(6)　20+(4)

1+(15)　3+(8)　4+(4)　12+(20)　17+(15)　19+(16)

名前例

1(2) 一人《かずと》　1(7) 一希《かずき》　1(7) 一孝《かずたか》　1(15) 一蔵《いちぞう》　1(15) 乙次郎《おつじろう》　1(23) 一鑑《かずあき》　2(16) 七樹《ななき》　3(8) 丈治《じょうじ》

3(15) 夕毅《ゆうき》　3(22) 大雄記《ひろゆき》　4(4) 元太《げんた》　4(12) 友貴《ともき》　12(4) 敬介《けいすけ》　12(4) 翔太《しょうた》　12(4) 創介《そうすけ》　12(20) 敬護《けいご》

14(4) 颯斗《はやと》　17(7) 駿佑《しゅんすけ》　17(15) 謙蔵《けんぞう》　17(28) 厳優基《たかゆき》　19(6) 蹴吉《しゅうきち》　19(16) 譜見哉《ふみや》　19(26) 鏡樹朗《あきお》　20(4) 護夫《もりお》

9+5

姓の画数と例

前田　神田　津田　浅田　柳田　秋田　飛田　など

姓に合う名の画数

1字名

なし

2・3字名

1+(6)　2+(15)　3+(14)　8+(15)　10+(23)　11+(14)　13+(4)　16+(15)　19+(4)

1+(14)　3+(4)　6+(15)　10+(7)　11+(4)　11+(20)　13+(8)　18+(7)

1+(16)　3+(12)　8+(7)　10+(14)　11+(12)　11+(22)　13+(12)　19+(2)

名前例

1(6) 一吉《かずよし》　1(14) 一誓《いっせい》　1(16) 一憲《かずのり》　2(15) 十徹《じってつ》　3(4) 久斗《ひさと》　3(12) 夕登《ゆうと》　3(14) 小太朗《こたろう》　6(15) 吉澄《よしずみ》

8(7) 侑助《ゆうすけ》　8(15) 佳毅《よしき》　10(7) 晋吾《しんご》　10(14) 隼輔《しゅんすけ》　10(23) 真樹治《まきや》　11(4) 健斗《けんと》　11(4) 章太《しょうた》　11(12) 規尋《のりひろ》

11(14) 逸旗《いっき》　13(4) 稜太《りょうた》　13(8) 聖夜《せいや》　13(12) 雅稀《まさき》　16(15) 親慶《ちかよし》　18(7) 瞬佑《しゅんすけ》　19(2) 霧十《きりと》　19(4) 麗仁《よしひと》

9+6

姓の画数と例

秋吉　春名　など

姓に合う名の画数

1字名

なし

2・3字名

1+(7)　1+(23)　2+(22)　7+(16)　11+(7)　15+(9)　18+(6)　23+(9)

1+(15)　2+(6)　5+(12)　10+(6)　12+(6)　15+(22)　19+(4)　23+(14)

1+(16)　2+(14)　7+(9)　10+(22)　15+(2)　17+(7)　19+(14)

名前例

1(7) 一孝《かずたか》　1(15) 一慶《いっけい》　1(16) 一衛《かずえ》　2(6) 力多《りきた》　2(14) 乃彰《のりあき》　2(22) 七緒和《なおかず》　5(12) 弘貴《ひろき》　7(9) 佑哉《ゆうや》

7(16) 宏繁《ひろしげ》　10(6) 修伍《しゅうご》　10(22) 真讃《まさあき》　11(7) 清志《せいじ》　12(6) 絢次《けんじ》　12(6) 遊自《ゆうじ》　15(2) 遼人《りょうと》　15(9) 慶亮《けいすけ》

15(22) 毅雄起《たけゆき》　17(7) 謙吾《けんご》　18(6) 顕次《けんじ》　19(4) 麒介《きすけ》　19(4) 蹴斗《しゅうと》　19(14) 鏡輔《きょうすけ》　23(9) 鑑彦《あきひこ》　23(14) 鑑太朗《かんたろう》

9+7

姓の画数と例

神谷　柳沢　相沢　保坂　浅見　染谷　津村　など

姓に合う名の画数

1字名

なし

2・3字名

1+(4)　1+(14)　1+(22)　6+(9)　11+(2)　11+(14)　17+(4)　17+(12)

1+(6)　1+(16)　1+(28)　8+(9)　11+(6)　11+(20)　17+(6)　17+(24)

1+(12)　1+(20)　4+(9)　8+(15)　11+(12)　16+(9)　17+(8)　18+(23)

名前例

1(4) 一元《かずもと》　1(6) 一守《かずもり》　1(12) 一敬《かずたか》　1(14) 一由紀《かずゆき》　1(16) 一篤《いっとく》　1(20) 一競《いっきょう》　1(22) 一讃《かずあき》　1(28) 一闘記《ひとき》

4(9) 心祐《しんすけ》　6(9) 光軌《こうき》　8(9) 佳祐《けいすけ》　8(15) 尚輝《なおき》　11(2) 琉人《りゅうと》　11(6) 爽吉《そうきち》　11(6) 隆次《りゅうじ》　11(12) 悠貴《ゆうき》

11(14) 進爾《しんじ》　11(20) 悠護《ゆうご》　16(9) 賢紀《たかのり》　17(4) 瞭太《りょうた》　17(6) 優次《ゆうじ》　17(12) 駿翔《しゅんと》　17(24) 講爾朗《こうじろう》　18(23) 穣悠貴《しげゆき》

9+8

姓の画数と例
浅沼 重松 柿沼 柳沼 神林 浅岡 香取 など

姓に合う名の画数
1字名 なし
2・3字名
3+(15) 7+(9) 7+(14)
8+(8) 10+(8) 13+(2)
15+(9) 15+(20) 16+(8)
17+(7) 17+(24) 23+(12)

名前例
3 夕輝《ゆうき》 (15)
7 亜星《あせい》 (9)
7 邦彦《くにひこ》 (9)
7 志郎《しろう》 (9)
7 伸郎《のぶお》 (9)
7 良輔《りょうすけ》 (14)
8 昇典《しょうすけ》 (8)
8 拓実《たくみ》 (8)
10 真弥《しんや》 (8)
10 将和《まさかず》 (8)
13 寛二《かんじ》 (2)
13 幹人《みきと》 (2)
15 潮音《しおと》 (9)
15 諄紀《じゅんき》 (9)
15 諒哉《りょうや》 (9)
15 澄耀《すみあき》 (20)
15 遼時朗《りょうじろう》 (20)
16 賢治《けんじ》 (8)
16 樹幸《たつゆき》 (8)
17 鍵吾《けんご》 (7)
17 謙作《けんさく》 (7)
17 優汰《ゆうた》 (7)
17 厳祐輝《たかゆき》 (24)
23 巖二朗《がんじろう》 (12)

9+9

姓の画数と例
神保 保科 荒巻 など

姓に合う名の画数
1字名 なし
2・3字名
2+(15) 4+(7) 6+(7)
6+(15) 7+(6) 7+(8)
7+(14) 7+(16) 8+(7)
15+(6) 15+(8) 20+(9)

名前例
2 了摩《りょうま》 (15)
2 力多郎《りきたろう》 (15)
4 心之介《しんのすけ》 (7)
6 光希《こうき》 (7)
6 成孝《なるたか》 (7)
6 有吾《ゆうご》 (7)
6 圭嬉《けいき》 (15)
6 旬次郎《しゅんじろう》 (15)
7 宏至《こうじ》 (6)
7 辰伍《しんご》 (6)
7 芳乃介《よしのすけ》 (6)
7 佑季《ゆうき》 (8)
7 秀彰《ひであき》 (14)
7 佑希郎《ゆきお》 (16)
8 和希《かずき》 (7)
8 幸児《こうじ》 (7)
8 侑助《ゆうすけ》 (7)
8 欣之介《きんのすけ》 (7)
15 鋭気《えいき》 (6)
15 諒吉《りょうきち》 (6)
15 慧弥《けいや》 (8)
15 潤治《じゅんじ》 (8)
20 響紀《ひびき》 (9)
20 護彦《もりひこ》 (9)

9+10

姓の画数と例
相馬 相原 前原 柳原 柏原 前島 神原 など

姓に合う名の画数
1字名 なし
2・3字名
1+(4) 1+(12) 3+(2)
3+(15) 5+(8) 6+(23)
11+(7) 15+(23) 22+(7)

名前例
1 一介《いすけ》 (4)
1 一太《いちた》 (4)
1 一心《いっしん》 (4)
1 一夫《かずお》 (4)
1 乙葵《いつき》 (12)
1 一登《かずと》 (12)
3 サム《さむ》 (2)
3 大八《だいはち》 (2)
3 久人《ひさと》 (2)
3 あつし (2)
3 才蔵《さいぞう》 (15)
3 夕毅《ゆうき》 (15)
5 永和《ひさかず》 (8)
5 正季《まさき》 (8)
6 充鑑《みつあき》 (23)
6 多嘉彦《たかひこ》 (23)
11 啓吾《けいご》 (7)
11 健冴《けんご》 (7)
11 清志《せいじ》 (7)
11 悠希《ゆうき》 (7)
15 影鑑《かげあき》 (23)
15 輝来磨《きくま》 (23)
22 驍吾《ぎょうご》 (7)
22 穰助《じょうすけ》 (7)

9+11

姓の画数と例
浅野 星野 草野 狩野 海野 神野 神崎 など

姓に合う名の画数
1字名 なし
2・3字名
2+(9) 2+(23) 4+(9)
5+(8) 5+(16) 5+(20)
6+(9) 6+(15) 7+(4)
7+(6) 7+(14) 10+(7)
13+(2) 13+(4) 13+(8)
13+(12) 13+(24) 21+(4)

名前例
2 九美《ひさよし》 (9)
2 十鷲《とおしゅう》 (23)
4 天紀《たかのり》 (9)
5 令幸《のりゆき》 (8)
5 正憲《まさのり》 (16)
5 玄護《げんご》 (20)
6 圭祐《けいすけ》 (9)
6 伍郎《ごろう》 (9)
6 匠海《たくみ》 (9)
6 安璃《あんり》 (15)
7 邦友《くにとも》 (4)
7 佐吉《さきち》 (6)
7 佑輔《ゆうすけ》 (14)
10 航汰《こうた》 (7)
13 蓮人《れんと》 (2)
13 寛太《かんた》 (4)
13 煌牙《こうが》 (4)
13 楓太《ふうた》 (4)
13 雅明《まさあき》 (8)
13 靖陽《やすはる》 (12)
13 義鷹《よしたか》 (24)
21 轟介《ごうすけ》 (4)
21 轟太《ごうた》 (4)
21 鶴文《つるふみ》 (4)

9+12

姓の画数と例

秋葉　風間　南雲　柘植　城間　草間　など

姓に合う名の画数

1字名
なし

2・3字名
1+(2)　1+(7)　1+(15)　1+(23)　3+(14)　4+(4)　4+(12)　5+(6)　5+(26)　6+(12)　11+(7)　12+(12)　17+(7)

名前例

一人《かずと》 1+(2)　しん 1+(2)　ノア《のあ》 1+(2)　一宏《かずひろ》 1+(7)　一毅《かずき》 1+(15)　一慶《かずよし》 1+(15)　乙次郎《おつじろう》 1+(15)　一鑑《かずあき》 1+(23)

一瑠哉《いるや》 1+(23)　一悠貴《かずゆき》 1+(23)　大徳《ひろのり》 3+(14)　元斗《げんと》 4+(4)　文貴《ふみき》 4+(12)　友翔《ゆうと》 4+(12)　弘光《ひろみつ》 5+(6)　広諭記《ひろゆき》 5+(26)

壮勝《まさかつ》 6+(12)　伊之亮《いのすけ》 6+(12)　清志《せいじ》 11+(7)　貴博《たかひろ》 12+(12)　智博《ともひろ》 12+(12)　陽翔《はると》 12+(12)　等士郎《としお》 12+(12)　謙志《けんじ》 17+(7)

9+16

姓の画数と例

相澤　柳澤　など

姓に合う名の画数

1字名
なし

2・3字名
1+(6)　1+(7)　2+(4)　5+(2)　7+(6)　7+(9)　17+(15)　17+(16)　19+(4)　19+(14)　23+(9)

名前例

一伍《いちご》 1+(6)　乙気《いつき》 1+(6)　一希《かずき》 1+(7)　一之介《かずのすけ》 1+(7)　乃介《だいすけ》 2+(4)　七斗《ななと》 2+(4)　力太《りきた》 2+(4)　了太《りょうた》 2+(4)

広二《こうじ》 5+(2)　秀行《ひでゆき》 7+(6)　佑吏《ゆうり》 7+(6)　亜星《あせい》 7+(9)　孝相《こうすけ》 7+(9)　謙蔵《けんぞう》 17+(15)　駿輝《しゅんき》 17+(15)　謙次郎《けんじろう》 17+(15)

瞭樹《りょうき》 17+(16)　瞭磨《りょうま》 17+(16)　鏡斗《あきと》 19+(4)　麒介《きすけ》 19+(4)　麗斗《れいと》 19+(4)　鏡輔《きょうすけ》 19+(14)　譜美生《ふみお》 19+(14)　鑑俊《あきとし》 23+(9)

9+18

姓の画数と例

後藤　など

姓に合う名の画数

1字名
なし

2・3字名
3+(8)　3+(28)　5+(20)　7+(4)　11+(7)　13+(8)　17+(14)　19+(2)　19+(12)　23+(2)

名前例

大知《だいち》 3+(8)　夕弥《ゆうや》 3+(8)　大悠徽《ひろゆき》 3+(28)　三都厳《みつよし》 3+(28)　正耀《まさあき》 5+(20)　由譲《よしのり》 5+(20)　冴斗《さえと》 7+(4)　佑介《ゆうすけ》 7+(4)

渓汰《けいた》 11+(7)　健吾《けんご》 11+(7)　悠作《ゆうさく》 11+(7)　雅弥《まさや》 13+(8)　靖尚《やすなお》 13+(8)　義知《よしとも》 13+(8)　謙輔《けんすけ》 17+(14)　環太朗《かんたろう》 17+(14)

鏡人《あきひと》 19+(2)　霧人《きりひと》 19+(2)　瀬七《せな》 19+(2)　麗二《れいじ》 19+(2)　霧道《むどう》 19+(12)　麗貴《れいき》 19+(12)　鱒二《ますじ》 23+(2)　鷲刀《しゅうと》 23+(2)

10

姓の画数と例

原　島　秦　浜　浦　桂　脇　など

姓に合う名の画数

1字名
なし

2・3字名
1+(4)　1+(5)　1+(6)　1+(12)　3+(2)　3+(5)　3+(22)　6+(17)　7+(14)　8+(5)　8+(15)　11+(4)　13+(2)　13+(12)　13+(16)　14+(7)　14+(15)　15+(23)　19+(4)　19+(10)　21+(14)　21+(16)　22+(7)　23+(2)　23+(12)

名前例

一公《いっこう》 1+(4)　一司《かずし》 1+(5)　一帆《かずほ》 1+(6)　一統《かずと》 1+(12)　大七《だいな》 3+(2)　夕平《ゆうへい》 3+(5)　三貴高《みきたか》 3+(22)　匡嶺《まさね》 6+(17)

寿徳《ひさのり》 7+(14)　京平《きょうへい》 8+(5)　空摩《くうま》 8+(15)　啓斗《けいと》 11+(4)　鉄二《てつじ》 13+(2)　準貴《じゅんき》 13+(12)　誉憲《たかのり》 13+(16)　聡志《さとし》 14+(7)

颯澄《はやと》 14+(15)　輝来磨《きくま》 15+(23)　瀧太《ろうた》 19+(4)　麗真《よしまさ》 19+(10)　纏旗《てんき》 21+(14)　鶴次朗《つるじろう》 21+(16)　驍助《きょうすけ》 22+(7)　鷲翔《しゅうと》 23+(12)

10＋3

姓の画数と例

高山 宮下 宮川 畠山 浜口 原口 栗山 など

姓に合う名の画数

1字名：2　22

2・3字名：
2＋(1)　2＋(22)　4＋(14)　5＋(11)　14＋(21)　18＋(14)　20＋(15)
2＋(6)　3＋(15)　4＋(28)　13＋(3)　15＋(3)　18＋(27)　20＋(25)
2＋(14)　4＋(7)　5＋(3)　13＋(19)　18＋(6)　20＋(5)　21＋(3)

名前例

力《りき》 2　了《りょう》 2　讃《さん》 22　二一《つぐかず》 2(1)　乃至《だいし》 2(6)　刀爾《とうじ》 2(14)　二優生《ふゆき》 2(22)　才蔵《さいぞう》 3(15)

仁志《ひとし》 4(7)　巴綺《ともき》 4(14)　斗支鷹《としたか》 4(28)　永大《えいだい》 5(3)　玄規《げんき》 5(11)　雅也《まさや》 13(3)　聖麒《まさき》 13(19)　総滋郎《そうじろう》 14(21)

諄也《じゅんや》 15(3)　闘気《とうき》 18(6)　験輔《けんすけ》 18(14)　顕毅尋《あきひろ》 18(27)　響矢《きょうや》 20(5)　譲毅《じょうき》 20(15)　響意智《きょういち》 20(25)　轟士《ごうし》 21(3)

10＋4

姓の画数と例

佐々木 酒井 高木 桜井 宮内 高井 畠中 など

姓に合う名の画数

1字名：17

2・3字名：
2＋(5)　3＋(8)　4＋(11)　9＋(6)　12＋(3)　13＋(8)　14＋(11)　20＋(5)
2＋(13)　3＋(14)　4＋(13)　9＋(14)　12＋(11)　14＋(3)　17＋(14)
2＋(15)　4＋(3)　7＋(14)　11＋(6)　12＋(13)　14＋(7)　19＋(6)

名前例

優《ゆう》 17　人史《ひとし》 2(5)　九煌《ひさてる》 2(13)　乃蔵《だいぞう》 2(15)　久弥《ひさや》 3(8)　大嘉《ひろよし》 3(14)　王己《おうき》 4(3)　友二郎《ゆうじろう》 4(11)

仁嗣《ひとし》 4(13)　宏誌《ひろし》 7(14)　政充《まさみつ》 9(6)　相爾《そうじ》 9(14)　崇行《たかゆき》 11(6)　貴之《たかゆき》 12(3)　裕也《ゆうや》 12(3)　裕康《ひろやす》 12(11)

裕慈《ゆうじ》 12(13)　慈英《よしひで》 13(8)　颯也《はやなり》 14(3)　聡志《さとし》 14(7)　遙崇《はるたか》 14(11)　鍵輔《けんすけ》 17(14)　鏡成《あきなり》 19(6)　耀平《ようへい》 20(5)

10＋5

姓の画数と例

原田 柴田 宮本 高田 島田 浜田 宮田 など

姓に合う名の画数

1字名：6　16

2・3字名：
2＋(6)　2＋(22)　3＋(21)　8＋(15)　12＋(6)　16＋(8)　20＋(3)
2＋(14)　3＋(5)　6＋(11)　11＋(5)　13＋(5)　18＋(6)　20＋(13)
2＋(15)　3＋(13)　8＋(8)　11＋(21)　16＋(1)　19＋(5)　24＋(8)

名前例

巡《じゅん》 6　樹《いつき》 16　了吉《りょうきち》 2(6)　力太朗《りきたろう》 2(14)　了次郎《りょうじろう》 2(15)　了慈郎《りょうじろう》 2(22)　大司《ひろし》 3(5)　小鉄《こてつ》 3(13)

夕紀雄《ゆきお》 3(21)　吉康《よしやす》 6(11)　佳知《よしとも》 8(8)　幸輝《こうき》 8(15)　健生《たけお》 11(5)　悠布樹《ゆうき》 11(21)　翔伍《しょうご》 12(6)　雄至《ゆうじ》 12(6)

煌生《こうき》 13(5)　誠広《まさひろ》 13(5)　衛一《えいいち》 16(1)　樹幸《たつゆき》 16(8)　鎧有《がいあ》 18(6)　耀大《ようだい》 20(3)　響嗣《きょうじ》 20(13)　鷹明《たかあき》 24(8)

10＋6

姓の画数と例

宮地 桑名 など

姓に合う名の画数

1字名：なし

2・3字名：
1＋(28)　2＋(11)　2＋(19)　5＋(8)　9＋(14)　12＋(11)　17＋(8)　18＋(7)
2＋(3)　2＋(13)　2＋(21)　7＋(8)　12＋(1)　12＋(13)　18＋(3)　18＋(23)
2＋(5)　2＋(15)　2＋(27)　9＋(8)　12＋(5)　12＋(19)　18＋(5)　19＋(22)

名前例

一闘記《ひとき》 1(28)　乃久《のりひさ》 2(3)　二甲《にこう》 2(5)　人規《ひとき》 2(11)　十紀夫《ときお》 2(13)　人慶《ひとよし》 2(15)　八識《やしき》 2(19)　乃轟《だいごう》 2(21)

十騎郎《ときお》 2(27)　礼明《のりあき》 5(8)　希実《のぞみ》 7(8)　保明《やすあき》 9(8)　柾嘉《まさよし》 9(14)　森一《しんいち》 12(1)　凱矢《がいや》 12(5)　翔理《しょうり》 12(11)

善寛《よしひろ》 12(13)　智鏡《ともあき》 12(19)　優ノ佑《ゆうのすけ》 17(8)　顕大《あきひろ》 18(3)　穣生《しげお》 18(5)　燿希《ようき》 18(7)　磨理雄《まりお》 18(23)　麗慈郎《れいじろう》 19(22)

10＋7

姓の画数と例

宮沢　高村　高見　島村　高尾　宮坂　梅村　など

姓に合う名の画数

1字名：14

2・3字名：1＋⑦　8＋⑧　11＋⑦　16＋⑲　18＋㉓　1＋⑮　8＋⑬　14＋①　17＋⑦　24＋⑪　1＋㉓　9＋⑦　16＋⑧　18＋⑥

名前例

銀《ぎん》 14
一伸《かずのぶ》 1⑦
一嬉《いっき》 1⑮
一徹《いってつ》 1⑮
一慶《かずよし》 1⑮
一瑳音《いさと》 1㉓
知和《ともかず》 8⑧
宗和《むねかず》 8⑧
歩夢《あゆむ》 8⑬
尚寛《なおひろ》 8⑬
政児《せいじ》 9⑦
恒臣《つねおみ》 9⑦
絃希《げんき》 11⑦
猛志《たけし》 11⑦
綱一《こういち》 14①
憲宗《けんそう》 16⑧
賢明《たかあき》 16⑧
頼典《よりのり》 16⑧
繁鏡《しげあき》 16⑲
翼佐《つばさ》 17⑦
顕成《あきなり》 18⑥
穣次《じょうじ》 18⑥
藤吉《とうきち》 18⑥
鷹郷《たかさと》 24⑪

10＋8

姓の画数と例

高松　根岸　高岡　栗林　高林　宮武　宮岡　など

姓に合う名の画数

1字名：15

2・3字名：5＋⑥　8＋⑤　8＋⑮　16＋⑦　7＋⑥　8＋⑦　9＋⑥　17＋⑥　7＋⑭　8＋⑬　16＋⑤　21＋⑧

名前例

徹《てつ》 15
遼《りょう》 15
広光《ひろみつ》 5⑥
正好《まさよし》 5⑥
壱成《いっせい》 7⑥
宏気《こうき》 7⑥
伶次《れいじ》 7⑥
宏輔《こうすけ》 7⑭
良彰《よしあき》 7⑭
武史《たけし》 8⑤
知生《ともき》 8⑤
虎ノ介《とらのすけ》 8⑤
空吾《くうご》 8⑦
直滉《なおあき》 8⑬
明慶《あきよし》 8⑮
幸駕《こうが》 8⑮
拓蔵《たくぞう》 8⑮
貞好《さだよし》 9⑥
勇気《ゆうき》 9⑥
錦司《きんじ》 16⑤
整作《せいさく》 16⑦
謙安《のりやす》 17⑥
瞭多《りょうた》 17⑥
鶴弥《かくや》 21⑧

10＋9

姓の画数と例

宮城　高柳　梅津　倉持　島津　高畑　高津　など

姓に合う名の画数

1字名：4　14

2・3字名：2＋③　4＋⑭　12＋⑥　2＋⑪　6＋⑦　16＋㉒　4＋①　6＋㉗　24＋⑭

名前例

仁《じん》 4
允《まこと》 4
暦《こよみ》 14
遙《はる》 14
人大《じんだい》 2③
力也《りきや》 2③
人規《ひとき》 2⑪
人梓《ひとし》 2⑪
了規《りょうき》 2⑪
心一《しんいち》 4①
文一《ふみかず》 4①
公聡《きみとし》 4⑭
夫二雄《ふじお》 4⑭
圭吾《けいご》 6⑦
光希《こうき》 6⑦
充良《みつよし》 6⑦
光優記《てるゆき》 6㉗
有騎哉《ゆきや》 6㉗
瑛光《えいこう》 12⑥
創多《そうた》 12⑥
偉行《たけゆき》 12⑥
萬吏《ばんり》 12⑥
融基郷《ゆきさと》 16㉒
麟太朗《りんたろう》 24⑭

10＋10

姓の画数と例

栗原　桑原　高島　荻原　宮島　高原　宮脇　など

姓に合う名の画数

1字名：なし

2・3字名：3＋⑧　6＋⑦　7＋⑧　8＋⑤　14＋①　14＋⑪　3＋㉒　6＋⑮　7＋⑭　8＋⑬　14＋③　14＋㉓　5＋⑧　6＋⑲　8＋③　11＋⑥　14＋⑦　22＋③

名前例

大英《ひろひで》 3⑧
久作範《ひさのり》 3㉒
巧治《こうじ》 5⑧
有吾《ゆうご》 6⑦
安穂《やすほ》 6⑮
有希雄《ゆきお》 6⑲
希実《のぞみ》 7⑧
宏幸《ひろゆき》 7⑧
佑季《ゆうき》 7⑧
良彰《よしあき》 7⑭
武士《たけし》 8③
英己《ひでき》 8③
京平《きょうへい》 8⑤
武史《たけし》 8⑤
知生《ともき》 8⑤
基安《もとやす》 11⑥
銀一《ぎんいち》 14①
遙士《ようじ》 14③
彰宏《あきひろ》 14⑦
嘉章《よしあき》 14⑪
維武輝《いぶき》 14㉓
讃士《さんじ》 22③
驍大《たかひろ》 22③
驍也《としや》 22③

10+11

姓の画数と例

宮崎 高野 荻野 島崎 浜崎 浜野 柴崎 など

姓に合う名の画数

1字名: 2 12

2・3字名:
2+(1) 2+(22) 5+(11) 7+(11) 18+(6)
2+(6) 4+(13) 6+(5) 12+(6)
2+(14) 5+(3) 6+(25) 13+(11)

名前例

力《ちから》 2
力《りき》 2
了《りょう》 2
翔《しょう》 12
貴《たかし》 12
満《みつる》 12
丁一《ていいち》 2 (1)
又一《またいち》 2 (1)

了一《りょういち》 2 (1)
力多《りきた》 2 (6)
乃輔《だいすけ》 2 (14)
八讃《やすけ》 2 (22)
心太郎《しんたろう》 4 (13)
玄也《げんや》 5 (3)
央麻《おうま》 5 (11)
有司《ゆうじ》 6 (5)

吏都綺《りつき》 6 (25)
来都《らいと》 7 (11)
敬伍《けいご》 12 (6)
照理《てるみち》 13 (11)
稔隆《としたか》 13 (11)
靖章《やすあき》 13 (11)
誠二郎《せいじろう》 13 (11)
闘気《とうき》 18 (6)

10+12

姓の画数と例

馬場 佐久間 高森 高須 高塚 鬼塚 能登 など

姓に合う名の画数

1字名: なし

2・3字名:
1+(14) 4+(3) 4+(21) 6+(5) 6+(19) 11+(14) 12+(5) 17+(6) 21+(14)
1+(22) 4+(11) 5+(6) 6+(7) 9+(6) 12+(1) 12+(11) 20+(5)
3+(14) 4+(19) 6+(1) 6+(11) 9+(8) 12+(3) 12+(13) 20+(15)

名前例

乙綺《おとき》 1 (14)
万爾《ばんじ》 3 (14)
元也《もとや》 4 (3)
文康《ふみやす》 4 (11)
元麒《げんき》 4 (19)
斗規朗《ときお》 4 (21)
庄一《しょういち》 6 (1)
共市《きょういち》 6 (5)

成吾《せいご》 6 (7)
竹雪《たけゆき》 6 (11)
充佐登《みつさと》 6 (19)
亮吉《りょうきち》 9 (6)
勇侍《ゆうじ》 9 (8)
陸之進《りくのしん》 11 (14)
翔一《しょういち》 12 (1)
雄大《ゆうだい》 12 (3)

皓平《こうへい》 12 (5)
瑛基《えいき》 12 (11)
裕慈《ゆうじ》 12 (13)
翔太郎《しょうたろう》 12 (13)
謙吉《けんきち》 17 (6)
譲司《まさし》 20 (5)
巌毅《よしき》 20 (15)
艦四郎《かんしろう》 21 (14)

10+16

姓の画数と例

高橋 鬼頭 倉橋 宮澤 真壁 など

姓に合う名の画数

1字名: なし

2・3字名:
1+(6) 2+(3) 2+(19) 7+(8) 8+(7) 16+(5)
1+(14) 2+(5) 5+(6) 8+(3) 8+(13) 16+(15)
2+(1) 2+(11) 7+(6) 8+(5) 15+(6)

名前例

一共《かずとも》 1 (6)
一彰《かずあき》 1 (14)
七一《ななひと》 2 (1)
乃己《だいき》 2 (3)
力丸《りきまる》 2 (3)
了三《りょうぞう》 2 (3)
乃由《のりよし》 2 (5)
八功《はっこう》 2 (5)

十梧《とおご》 2 (11)
了麒《りょうき》 2 (19)
由行《よしゆき》 5 (6)
佑吉《ゆうきち》 7 (6)
秀和《ひでかず》 7 (8)
幸大《こうだい》 8 (3)
岳士《たけし》 8 (3)
侑己《ゆうき》 8 (3)

虎ノ介《とらのすけ》 8 (5)
昂児《こうじ》 8 (7)
歩夢《あゆむ》 8 (13)
昊暉《こうき》 8 (13)
侑雅《ゆうが》 8 (13)
諒成《あきなり》 15 (6)
憲矢《けんや》 16 (5)
憲史朗《けんしろう》 16 (15)

10+17

姓の画数と例

真鍋 など

姓に合う名の画数

1字名: 20

2・3字名:
1+(5) 6+(19) 14+(7) 20+(11)
4+(7) 8+(3) 18+(13) 24+(1)
4+(27) 12+(6) 20+(1)

名前例

譲《じょう》 20
護《まもる》 20
一生《いっせい》 1 (5)
乙平《いっぺい》 1 (5)
一史《かずふみ》 1 (5)
元希《げんき》 4 (7)
友来《ともき》 4 (7)
天悠樹《たかゆき》 4 (27)

匠霧《たくむ》 6 (19)
成鏡《なりあき》 6 (19)
和也《かずや》 8 (3)
尚之《なおゆき》 8 (3)
絢次《けんじ》 12 (6)
陽向《ひなた》 12 (6)
雄気《ゆうき》 12 (6)
精作《せいさく》 14 (7)

嘉秀《よしひで》 14 (7)
嘉宏《よしひろ》 14 (7)
観慈《かんじ》 18 (13)
燿雅《ようが》 18 (13)
響一《きょういち》 20 (1)
護一《ごいち》 20 (1)
耀都《ようと》 20 (11)
巌二郎《がんじろう》 20 (11)

10+19

姓の画数と例

高瀬 など

姓に合う名の画数

1字名：2、6

2・3字名：2+(1)、4+(14)、13+(3)、2+(6)、5+(3)、16+(7)、2+(14)、12+(6)

名前例

力《ちから》 2、了《りょう》 2、光《ひかる》 6、匡《まさし》 6、丁一《ていいち》 2(1)、八一《やいち》 2(1)、力一《よしかず》 2(1)、力多《りきた》 2(6)

了成《りょうせい》 2(6)、七綺《ななき》 2(14)、乃由紀《のりゆき》 2(14)、力太朗《りきたろう》 2(14)、心爾《しんじ》 4(14)、友輔《ゆうすけ》 4(14)、広大《こうだい》 5(3)、史丈《ふみたけ》 5(3)

翔伍《しょうご》 12(6)、雄至《ゆうじ》 12(6)、舜也《しゅんや》 13(3)、慎也《しんや》 13(3)、誠也《せいや》 13(3)、雅之《まさゆき》 13(3)、篤志《あつし》 16(7)、龍佑《りゅうすけ》 16(7)

11

姓の画数と例

堀 菅 梶 など

姓に合う名の画数

1字名：なし

2・3字名：2+(16)、4+(20)、6+(15)、10+(14)、13+(24)、14+(10)、21+(20)、4+(2)、5+(2)、7+(6)、12+(6)、13+(28)、18+(6)、22+(2)、4+(17)、6+(12)、7+(14)、12+(12)、14+(4)、20+(17)

名前例

力樹《よしき》 2(16)、介人《かいと》 4(2)、太徽《ひろき》 4(17)、元実智《もとみち》 4(20)、弘乃《ひろゆき》 5(2)、全敬《やすたか》 6(12)、吉澄《よしずみ》 6(15)、利行《としゆき》 7(6)

孝嘉《たかよし》 7(14)、修爾《しゅうじ》 10(14)、雄気《ゆうき》 12(6)、朝陽《あさひ》 12(12)、貴博《たかひろ》 12(12)、智雄《ともお》 12(12)、寛鷹《ひろたか》 13(24)、雅裕樹《まさゆき》 13(28)

義裕樹《よしゆき》 13(28)、魁斗《かいと》 14(4)、彰浩《あきひろ》 14(10)、藍成《らんせい》 18(6)、議威知《ぎいち》 20(17)、顧議《ただのり》 21(20)、驍二《きょうじ》 22(2)、讃人《ただひと》 22(2)

11+3

姓の画数と例

野口 細川 黒川 堀川 堀口 亀山 野上 など

姓に合う名の画数

1字名：なし

2・3字名：3+(4)、3+(20)、5+(10)、10+(5)、13+(2)、13+(18)、15+(2)、18+(13)、21+(12)、3+(12)、4+(7)、5+(12)、10+(13)、13+(10)、14+(4)、15+(6)、20+(5)、3+(14)、5+(2)、8+(13)、12+(5)、13+(12)、14+(7)、15+(10)、21+(4)

名前例

丈太《じょうた》 3(4)、大斗《だいと》 3(4)、夕葵《ゆうき》 3(12)、丈遙《たけはる》 3(14)、久議《ひさのり》 3(20)、史人《ふみと》 5(2)、主馬《かずま》 5(10)、仙道《のりみち》 5(12)

旺雅《おうが》 8(13)、恭生《やすお》 10(5)、晃太郎《こうたろう》 10(13)、陽平《ようへい》 12(5)、楽乃《よしゆき》 13(2)、寛倖《ひろゆき》 13(10)、義智《よしとも》 13(12)、誠斗旗《まさとき》 13(18)

綾仁《あやひと》 14(4)、嘉宏《よしひろ》 14(7)、黎二《れいじ》 15(2)、諒吉《りょうきち》 15(6)、慧一郎《けいいちろう》 15(10)、穣太郎《じょうたろう》 18(13)、譲史《じょうじ》 20(5)、鶴文《つるふみ》 21(4)

11+4

姓の画数と例

清水 望月 堀内 黒木 野中 亀井 笠井 など

姓に合う名の画数

1字名：なし

2・3字名：1+(2)、1+(22)、3+(14)、4+(12)、9+(7)、12+(20)、17+(7)、20+(4)、1+(5)、3+(5)、3+(21)、4+(20)、9+(14)、13+(5)、17+(20)、21+(2)、1+(7)、3+(13)、4+(4)、7+(10)、12+(4)、14+(4)、19+(5)、21+(12)

名前例

レン《れん》 1(2)、乙矢《おとや》 1(5)、一男《かずお》 1(7)、一都視《ひとし》 1(22)、久生《ひさお》 3(5)、大路《ひろみち》 3(13)、才聞《さいもん》 3(14)、大久闘《たくと》 3(21)

心介《しんすけ》 4(4)、太陽《たいよう》 4(12)、斗季雄《ときお》 4(20)、克真《かつま》 7(10)、研吾《けんご》 9(7)、栄之進《えいのしん》 9(14)、博文《ひろふみ》 12(4)、統志寛《としひろ》 12(20)

数史《かずふみ》 13(5)、僚太《りょうた》 14(4)、優吾《ゆうご》 17(7)、謙時朗《けんじろう》 17(20)、麗生《れいき》 19(5)、耀斗《ようと》 20(4)、躍二《ようじ》 21(2)、轟翔《ごうと》 21(12)

11＋5

姓の画数と例

野田　黒田　堀田　冨田　細田　亀田　野本　など

姓に合う名の画数

1字名：なし

2・3字名：
1＋(4)　1＋(22)　3＋(4)　3＋(14)　8＋(7)　13＋(4)　13＋(18)　19＋(4)　20＋(21)
1＋(6)　2＋(27)　3＋(10)　3＋(26)　10＋(7)　13＋(10)　18＋(7)　19＋(6)
1＋(14)　3＋(2)　3＋(12)　6＋(7)　10＋(13)　13＋(12)　19＋(2)　19＋(22)

名前例

1 (4) 一王《いちおう》　1 (6) 一至《かずし》　1 (14) 一太朗《いちたろう》　1 (22) 一讃《かずあき》　2 (27) 了裕毅《りょうき》　3 (2) 夕十《ゆうと》　3 (4) 大介《だいすけ》　3 (10) 丈哲《たけあき》
3 (12) 弓賀《ゆうが》　3 (14) 三徳《みつのり》　3 (26) 大鑑己《ひろあき》　6 (7) 庄壱《しょういち》　8 (7) 昊希《こうき》　10 (7) 祥吾《しょうご》　13 (4) 義仁《よしひと》　13 (10) 準記《じゅんき》
13 (12) 聖道《きよみち》　13 (12) 雷登《らいと》　13 (18) 寛騎《ひろき》　18 (7) 観吾《かんご》　19 (2) 瀬乃《せの》　19 (4) 麗斗《れいと》　19 (6) 霧充《きりみつ》　20 (21) 護雄紀《もりゆき》

11＋6

姓の画数と例

菊地　菊池　堀江　鳥羽　など

姓に合う名の画数

1字名：なし

2・3字名：
1＋(5)　2＋(6)　7＋(28)　10＋(6)　17＋(18)　19＋(22)
1＋(7)　2＋(14)　9＋(7)　12＋(6)　18＋(6)
1＋(20)　2＋(22)　9＋(12)　17＋(7)　19＋(5)

名前例

1 (5) 一央《かずお》　1 (5) 一司《かずし》　1 (5) 一弘《かずひろ》　1 (7) 乙児《おとじ》　1 (7) 一宏《かずひろ》　1 (20) 一巌《かずお》　2 (6) 十伍《とおご》　2 (14) 刀爾《とうじ》
2 (14) 十瑠《とおる》　2 (14) 乃聡《ゆきさと》　2 (22) 乃讃《だいすけ》　7 (28) 那雄樹《なおき》　9 (7) 奎吾《けいご》　9 (12) 紀尋《のりひろ》　10 (6) 時光《ゆきみつ》　10 (6) 能光《よしみつ》
12 (6) 陽丞《ようすけ》　17 (7) 優汰《ゆうた》　17 (18) 謙治朗《けんじろう》　18 (6) 櫂乃介《かいのすけ》　19 (5) 鏡正《あきまさ》　19 (5) 鏡由《あきよし》　19 (5) 麗生《れいき》　19 (22) 鏡雄記《あきゆき》

11＋7

姓の画数と例

野村　渋谷　黒沢　深沢　野沢　細谷　深谷　など

姓に合う名の画数

1字名：なし

2・3字名：
1＋(2)　1＋(12)　1＋(22)　8＋(5)　9＋(6)　10＋(5)　18＋(5)
1＋(4)　1＋(14)　1＋(28)　8＋(13)　9＋(12)　17＋(4)
1＋(6)　1＋(20)　6＋(5)　9＋(4)　9＋(14)　17＋(6)

名前例

1 (2) 一人《かずと》　1 (4) 乙太《いった》　1 (4) 一文《かずふみ》　1 (6) 一匡《かずまさ》　1 (12) 一葉《かずは》　1 (14) 一徳《かずのり》　1 (20) 一悠紀《かずゆき》　1 (22) 一通貴《いつき》
1 (28) 一優基《かずゆき》　6 (5) 早平《そうへい》　8 (5) 拓未《たくみ》　8 (5) 直矢《なおや》　8 (5) 英世《ひでよ》　8 (13) 拓継《ひろつぐ》　9 (4) 星斗《せいと》　9 (4) 春夫《はるお》
9 (4) 祐太《ゆうた》　9 (6) 洸気《こうき》　9 (12) 映翔《えいと》　9 (14) 恒太朗《こうたろう》　10 (5) 哲平《てっぺい》　17 (4) 優夫《まさお》　17 (6) 謙光《かねみつ》　18 (5) 験示《けんじ》

11＋8

姓の画数と例

鳥居　黒岩　菅沼　猪股　笹岡　笠松　菱沼　など

姓に合う名の画数

1字名：なし

2・3字名：
3＋(2)　5＋(13)　13＋(5)　23＋(10)
3＋(10)　7＋(6)　17＋(21)　24＋(14)
3＋(26)　7＋(26)　23＋(6)

名前例

3 (2) 久人《ひさと》　3 (2) 丈十《ひろと》　3 (10) 大悟《だいご》　3 (10) 大将《だいすけ》　3 (10) 夕一郎《ゆういちろう》　3 (26) 丈優紀《たけゆき》　3 (26) 三都慶《みつよし》　5 (13) 永遠《とわ》
5 (13) 広太郎《こうたろう》　7 (6) 辰吉《たつよし》　7 (6) 芳行《よしゆき》　7 (26) 亜夢路《あむろ》　7 (26) 寿志鏡《としあき》　13 (5) 聖史《きよし》　13 (5) 誠示《せいじ》　17 (21) 謙露《けんろ》
17 (21) 瞭陽音《あきひと》　23 (6) 鑑成《あきなり》　23 (6) 鑑匡《あきまさ》　23 (6) 鷲伍《しゅうご》　23 (10) 鑑記《あきのり》　23 (10) 巌之助《がんのすけ》　23 (10) 鷲之助《しゅうのすけ》　24 (14) 鷹旗《たかき》

姓の画数と例

11＋9

阿久津　猪俣　猪狩　船津　鳥海　深津　など

姓に合う名の画数

1字名：なし

2・3字名：

4＋(7)　7＋(6)　8＋(7)　9＋(12)　15＋(2)　15＋(22)
4＋(21)　7＋(14)　9＋(2)　9＋(28)　15＋(6)　23＋(2)
6＋(7)　7＋(18)　9＋(4)　12＋(5)　15＋(10)

名前例

4(7) 仁吾《じんご》　4(21) 友祐貴《ともゆき》　6(7) 有希《ゆうき》　7(6) 沙吉《さきち》　7(14) 孝四郎《こうしろう》　7(18) 亜紀郎《あきお》　8(7) 空吾《くうご》　8(7) 昂児《こうじ》

8(7) 昇汰《しょうた》　9(2) 奎人《けいと》　9(2) 要七《ようしち》　9(4) 亮太《りょうた》　9(12) 政博《まさひろ》　9(28) 勇起闘《ゆきと》　12(5) 勝司《かつじ》　12(5) 貴弘《たかひろ》

12(5) 温生《はるき》　15(2) 潔人《きよと》　15(6) 鋭吉《えいきち》　15(10) 潤一郎《じゅんいちろう》　15(22) 慶都基《よしとき》　23(2) 鑑二《かんじ》　23(2) 鷲人《しゅうと》　23(2) 鱒二《ますじ》

11＋10

菅原　笠原　梶原　野原　曽根　野島　笹原　など

1字名：なし

2・3字名：

3＋(5)　5＋(12)　7＋(4)　13＋(5)
3＋(13)　6＋(2)　7＋(24)　14＋(10)
3＋(21)　6＋(10)　8＋(10)　19＋(5)

3(5) 丈史《たけし》　3(13) 千暉《かずき》　3(13) 久詩《ひさし》　3(13) 小太郎《こたろう》　3(21) 大轟《だいごう》　3(21) 大威翔《たいと》　3(21) 丈亜綺《たけあき》　5(12) 玄貴《げんき》

5(12) 広葵《ひろき》　6(2) 旭人《あさと》　6(10) 光将《みつまさ》　7(4) 辰介《しんすけ》　7(4) 佑介《ゆうすけ》　7(24) 利鷹《としたか》　7(24) 邦優希《くにゆき》　8(10) 和真《かずま》

8(10) 知悦《ともよし》　13(5) 煌矢《てるや》　13(5) 睦央《むつお》　14(10) 徳紘《のりひろ》　14(10) 遙記《はるき》　14(10) 精一郎《せいいちろう》　19(5) 識史《つねふみ》　19(5) 麗史《れいじ》

11＋11

菅野　野崎　清野　細野　黒崎　紺野　鹿野　など

1字名：なし

2・3字名：

2＋(13)　5＋(2)　5＋(20)　7＋(6)　7＋(28)　12＋(13)　13＋(10)　21＋(14)
2＋(21)　5＋(10)　6＋(5)　7＋(10)　10＋(5)　13＋(2)　18＋(5)　22＋(13)
4＋(13)　5＋(18)　7＋(4)　7＋(18)　10＋(7)　13＋(4)　21＋(4)

2(13) 乃夢《だいむ》　2(21) 刀功磨《とくま》　4(13) 月乃進《つきのしん》　5(2) 立人《りっと》　5(10) 玄悟《げんご》　5(18) 左右嗣《そうじ》　5(20) 史譲《ふみのり》　6(5) 匠未《たくみ》

7(4) 良太《りょうた》　7(6) 辰伍《しんご》　7(10) 冴真《さえま》　7(18) 邦穣《くにしげ》　10(5) 修平《しゅうへい》　10(5) 剛司《つよし》　10(7) 祥男《さちお》　12(13) 敬義《たかよし》

12(13) 智暉《ともき》　13(2) 準二《じゅんじ》　13(4) 愛斗《あいと》　13(10) 寛倖《ひろゆき》　13(10) 義朗《よしお》　18(5) 験司《けんじ》　21(4) 轟斗《ごうと》　22(13) 驍寛《たかひろ》

11＋12

堀越　野間　船越　鳥越　黒須　など

1字名：なし

2・3字名：

1＋(7)　3＋(5)　4＋(4)　5＋(13)　9＋(7)　17＋(7)　21＋(14)
1＋(14)　3＋(13)　4＋(12)　6＋(12)　12＋(12)　17＋(12)
1＋(24)　3＋(21)　5＋(10)　9＋(6)　13＋(5)　21＋(4)

1(7) 一志《かずし》　1(14) 一嘉《かずよし》　1(24) 一舞郎《かずまろ》　3(5) 大生《だいき》　3(5) 丈史《たけし》　3(5) 弓平《ゆみへい》　3(13) 万太郎《まんたろう》　3(21) 大亜綺《ひろあき》

4(4) 元太《げんた》　4(4) 文六《ぶんろく》　4(12) 文敬《ふみたか》　5(10) 正造《しょうぞう》　5(13) 広夢《ひろむ》　6(12) 考二朗《こうじろう》　9(6) 栄光《えいこう》　9(6) 星巡《せいじゅん》

9(6) 勇多《ゆうた》　9(7) 厚作《こうさく》　12(12) 遊貴《ゆうき》　13(5) 靖正《やすまさ》　17(7) 駿冴《しゅんご》　17(12) 鍵士郎《けんしろう》　21(4) 顧斗《ただと》　21(14) 顧太朗《こたろう》

11＋16

姓の画数と例

都築
黒澤
船橋
深澤
八重樫
野澤
など

姓に合う名の画数

1字名
なし

2・3字名
1＋(5)
1＋(7)
1＋(10)
1＋(20)
2＋(4)
5＋(6)
5＋(26)
7＋(18)
9＋(2)
13＋(5)
15＋(6)
19＋(12)
21＋(10)

名前例

1 一平《いっぺい》 (5)
1 一司《かずし》 (5)
1 一矢《かずや》 (5)
1 乙希《いつき》 (7)
1 一寿《かずとし》 (7)
1 一記《かずき》 (10)
1 乙響《いっき》 (20)
1 一武貴《いぶき》 (20)
2 了牙《りょうが》 (4)
2 ヒカリ《ひかり》 (4)
2 リアム《りあむ》 (4)
5 功成《こうせい》 (6)
5 冬丞《とうすけ》 (6)
5 加鶴央《かずお》 (26)
7 初観《はつみ》 (18)
7 良騎《よしき》 (18)
9 研人《けんと》 (2)
9 俊乃《としゆき》 (2)
13 煌生《こうき》 (5)
13 照央《てるお》 (5)
13 靖正《やすまさ》 (5)
15 潤気《じゅんき》 (6)
19 譜美也《ふみや》 (12)
21 轟記《とどろき》 (10)

11＋18

姓の画数と例

斎藤
進藤
など

姓に合う名の画数

1字名
なし

2・3字名
3＋(5)
3＋(13)
5＋(13)
5＋(24)
6＋(2)
13＋(5)
14＋(2)
17＋(6)

名前例

3 久生《ひさお》 (5)
3 大司《ひろし》 (5)
3 夕平《ゆうへい》 (5)
3 大楽《たいら》 (13)
3 与暉《よしき》 (13)
3 三雅《みつまさ》 (13)
3 小五郎《こごろう》 (13)
5 主滉《かずあき》 (13)
5 世楽《せら》 (13)
5 広夢《ひろむ》 (13)
5 由雅《よしまさ》 (13)
5 央鷹《ひろたか》 (24)
5 正裕貴《まさゆき》 (24)
6 匡二《きょうじ》 (2)
6 旬人《しゅんと》 (2)
13 聖央《たかお》 (5)
13 煌矢《てるや》 (5)
14 彰人《あきひと》 (2)
14 銀二《ぎんじ》 (2)
14 総二《そうじ》 (2)
14 颯人《はやと》 (2)
17 厳伍《げんご》 (6)
17 鍵次《けんじ》 (6)
17 謙次《けんじ》 (6)

11＋19

姓の画数と例

猪瀬
黒瀬
野瀬
深瀬
など

姓に合う名の画数

1字名
なし

2・3字名
2＋(5)
2＋(13)
5＋(2)
5＋(6)
5＋(10)
5＋(12)
6＋(5)
10＋(13)
12＋(5)
13＋(2)
13＋(4)

名前例

2 七央《ななお》 (5)
2 八仙《はっせん》 (5)
2 乃椰《だいや》 (13)
2 十雅《とおが》 (13)
2 力雅《りきが》 (13)
2 了慈《りょうじ》 (13)
5 巧人《たくと》 (2)
5 弘八《ひろや》 (2)
5 功成《こうせい》 (6)
5 広光《ひろみつ》 (6)
5 由行《よしゆき》 (6)
5 央記《ひろき》 (10)
5 司道《しどう》 (12)
5 礼博《のりひろ》 (12)
6 旬矢《しゅんや》 (5)
10 晃義《あきよし》 (13)
10 航太郎《こうたろう》 (13)
12 敢司《かんじ》 (5)
12 智広《ともひろ》 (5)
13 聖人《きよひと》 (2)
13 雅人《まさと》 (2)
13 零人《れいと》 (2)
13 源内《げんない》 (4)
13 滉太《こうた》 (4)

12

姓の画数と例

森
堤
奥
湊
堺
巽
など

姓に合う名の画数

1字名
なし

2・3字名
1＋(2)
1＋(4)
1＋(10)
1＋(22)
1＋(24)
3＋(20)
4＋(17)
5＋(6)
6＋(5)
6＋(15)
9＋(2)
11＋(14)
11＋(24)
13＋(10)
13＋(20)
17＋(6)
17＋(12)
19＋(2)
19＋(16)
20＋(5)
20＋(15)
21＋(12)
21＋(14)
21＋(24)
23＋(10)

名前例

1 一八《かずや》 (2)
1 乙斗《おっと》 (4)
1 一益《かずまさ》 (10)
1 一祐輝《かずゆき》 (24)
3 大耀《たいよう》 (20)
4 元彌《もとや》 (17)
5 半伍《はんご》 (6)
6 早玄《そうげん》 (5)
6 旬次郎《しゅんじろう》 (15)
9 俊八《としや》 (2)
11 悠輔《ゆうすけ》 (14)
11 啓鷹《ひろたか》 (24)
13 馳朗《はせお》 (10)
13 意武貴《いぶき》 (20)
17 駿吉《しゅんきち》 (6)
17 謙翔《けんと》 (12)
19 繋人《けいと》 (2)
19 譜自朗《ふじお》 (16)
20 馨矢《けいや》 (5)
20 議由起《のりゆき》 (15)
21 顧道《ただみち》 (12)
21 鶴旗《つるき》 (14)
21 顧雄貴《ただゆき》 (24)
23 鷲造《しゅうぞう》 (10)

12+3

姓の画数と例

森下　森山　森川　奥山　森口　富山　湯川　など

姓に合う名の画数

1字名：2　22

2・3字名：2+(1)　2+(4)　2+(6)　2+(21)　4+(4)　4+(12)　4+(13)　4+(20)　5+(3)　5+(11)　5+(19)　8+(9)　10+(6)　10+(13)　13+(3)　13+(19)　14+(4)　15+(3)　18+(6)　18+(19)　20+(4)　21+(3)　22+(1)　22+(11)

名前例

了《りょう》 2
讃《あき》 22
力一《よしかず》 2(1)
八方《はっぽう》 2(4)
人吉《ひとよし》 2(6)
八纏《やまき》 2(21)
文太《ぶんた》 4(4)
中道《なかみち》 4(12)
巴照《ともてる》 4(13)
太耀《たいよう》 4(20)
礼之《なりゆき》 5(3)
弘隆《ひろたか》 5(11)
正識《まさし》 5(19)
弦紀《げんき》 8(9)
恵伍《けいご》 10(6)
浩暉《こうき》 10(13)
準也《じゅんや》 13(3)
寛麒《ひろき》 13(19)
聡太《そうた》 14(4)
勲巳《いさみ》 15(3)
燿次《ようじ》 18(6)
議文《のりふみ》 20(4)
轟大《ごうだい》 21(3)
驍一《きょういち》 22(1)

12+4

姓の画数と例

筒井　植木　森井　朝日　奥井　津久井　など

姓に合う名の画数

1字名：17

2・3字名：1+(12)　2+(3)　2+(5)　2+(13)　4+(1)　4+(3)　4+(9)　4+(11)　4+(13)　4+(17)　4+(25)　7+(6)　9+(6)　11+(6)　11+(12)　14+(3)　14+(9)　14+(11)　14+(17)　19+(6)　20+(1)　20+(3)　20+(5)　20+(9)　20+(21)

名前例

暸《あきら》 17
一尋《かずひろ》 1(12)
力央《りきお》 2(5)
七太郎《しちたろう》 2(13)
太乙《たいと》 4(1)
友己《ともき》 4(3)
文彦《ふみひこ》 4(9)
元都《げんと》 4(11)
公靖《きみやす》 4(13)
友駿《ゆうと》 4(17)
壬樹郎《みきお》 4(25)
佑吏《ゆうり》 7(6)
俊気《としき》 9(6)
涼吉《りょうきち》 11(6)
悠翔《ゆうと》 11(12)
練也《れんや》 14(3)
遙飛《はると》 14(9)
銀二郎《ぎんじろう》 14(11)
彰優《あきひろ》 14(17)
鏡光《あきみつ》 19(6)
懸一《けんいち》 20(1)
護久《もりひさ》 20(3)
競祐《けいすけ》 20(9)
響詞郎《きょうしろう》 20(21)

12+5

姓の画数と例

渡辺　森田　飯田　久保田　森本　奥田　富田　など

姓に合う名の画数

1字名：なし

2・3字名：1+(17)　2+(4)　2+(6)　2+(19)　3+(5)　3+(13)　3+(21)　8+(27)　10+(6)　10+(11)　11+(5)　13+(5)　18+(6)　18+(17)　19+(5)　20+(4)　20+(21)

名前例

一彌《かずや》 1(17)
乃介《だいすけ》 2(4)
力王《りきお》 2(4)
了次《りょうじ》 2(6)
二美敏《ふみとし》 2(19)
丈司《たけし》 3(5)
大寛《たいかん》 3(13)
夕誠《ゆうせい》 3(13)
三雅《みつまさ》 3(13)
大威翔《たいと》 3(21)
弥磨都《やまと》 8(27)
高行《たかゆき》 10(6)
泰基《やすき》 10(11)
陸央《りくお》 11(5)
慈玄《じげん》 13(5)
顕成《あきなり》 18(6)
穣安《しげやす》 18(6)
瞬気《しゅんき》 18(6)
藍翼《あいすけ》 18(17)
繫生《けいき》 19(5)
響介《きょうすけ》 20(4)
護仁《もりひと》 20(4)
耀介《ようすけ》 20(4)
耀意知《よういち》 20(21)

12+6

姓の画数と例

落合　葛西　喜多　椎名　など

姓に合う名の画数

1字名：5　15　23

2・3字名：1+(20)　2+(1)　2+(3)　2+(5)　2+(11)　2+(13)　2+(19)　2+(21)　2+(27)　7+(4)　9+(4)　9+(12)　10+(3)　10+(5)　10+(11)　10+(13)　11+(4)　18+(3)　18+(5)　18+(11)　19+(4)　23+(6)

名前例

巧《たくみ》 5
諒《りょう》 15
巖《いわお》 23
一友樹《かずゆき》 1(20)
了一《りょういち》 2(1)
力己《りきと》 2(3)
乃生《ゆきお》 2(5)
九十郎《くじゅうろう》 2(11)
了意《りょうい》 2(13)
十麒《とき》 2(19)
乃雄紀《のりゆき》 2(21)
乃優起《のりゆき》 2(27)
来斗《らいと》 7(4)
柊斗《しゅうと》 9(4)
栄満《ひでみつ》 9(12)
真也《しんや》 10(3)
泰生《たいせい》 10(5)
晃一朗《こういちろう》 10(11)
祥路《しょうじ》 10(13)
隆太《りゅうた》 11(4)
瞬己《しゅんき》 18(3)
騎生《のりお》 18(5)
櫂一朗《かいいちろう》 18(11)
霧仁《きりひと》 19(4)

12＋7

姓の画数と例

奥村　植村　森谷　富沢　飯村　須貝　奥谷　など

姓に合う名の画数

1字名
4　14

2・3字名
4＋(1)　8＋(5)　16＋(13)
4＋(9)　8＋(25)
6＋(12)　14＋(4)

名前例

4 収《おさむ》　4 仁《じん》　14 聡《さとる》　14 遙《はる》　14 領《りょう》　14 漣《れん》　4＋(1) 公一《こういち》　4＋(1) 友一《ゆういち》

4＋(9) 太郎《たろう》　4＋(9) 友紀《ゆうき》　4＋(9) 文哉《ふみや》　4＋(9) 元則《もとのり》　6＋(12) 充喜《みつき》　6＋(12) 光翔《みつと》　8＋(5) 周平《しゅうへい》　8＋(5) 直矢《なおや》

8＋(25) 虎応騎《こおき》　8＋(25) 実輝朗《みきお》　14＋(4) 豪介《ごうすけ》　14＋(4) 颯斗《はやと》　14＋(4) 遙斗《はると》　14＋(4) 漣太《れんた》　16＋(13) 賢嗣《けんじ》　16＋(13) 繁稔《しげとし》

12＋8

姓の画数と例

森岡　植松　富岡　飯沼　など

姓に合う名の画数

1字名
15

2・3字名
5＋(6)　8＋(5)　9＋(6)　10＋(3)　16＋(1)　16＋(21)
5＋(20)　8＋(13)　9＋(12)　10＋(11)　16＋(5)　24＋(1)
7＋(6)　8＋(17)　10＋(1)　13＋(4)　16＋(9)

名前例

15 潔《きよし》　15 慶《けい》　15 遼《りょう》　5＋(6) 玄次《げんじ》　5＋(20) 弘議《ひろのり》　7＋(6) 寿年《かずとし》　8＋(5) 周平《しゅうへい》　8＋(5) 卓矢《たくや》

8＋(13) 拓継《ひろつぐ》　8＋(13) 佳雅《よしまさ》　8＋(17) 英駿《ひでとし》　9＋(6) 貞次《ていじ》　9＋(12) 宣裕《のぶひろ》　10＋(1) 泰乙《たいち》　10＋(3) 晃士《こうじ》　10＋(11) 桂二郎《けいじろう》

13＋(4) 舜介《しゅんすけ》　16＋(1) 鋼一《こういち》　16＋(5) 篤弘《あつひろ》　16＋(9) 親祐《しんすけ》　16＋(9) 龍彦《たつひこ》　16＋(9) 龍哉《たつや》　16＋(21) 憲顧《のりただ》　24＋(1) 釀一《じょういち》

12＋9

姓の画数と例

湯浅　結城　渥美　など

姓に合う名の画数

1字名
14　24

2・3字名
4＋(4)　6＋(11)　8＋(3)　14＋(4)
4＋(12)　7＋(1)　8＋(23)　15＋(9)
4＋(20)　7＋(9)　9＋(9)　20＋(4)

名前例

14 彰《あきら》　14 豪《ごう》　14 漣《れん》　24 鷹《たか》　4＋(4) 仁太《じんた》　4＋(4) 文太《ぶんた》　4＋(12) 文貴《あやき》　4＋(12) 太翔《たいと》

4＋(12) 文貴《ふみき》　4＋(20) 元護《げんご》　4＋(20) 心悠紀《きよゆき》　6＋(11) 光基《こうき》　6＋(11) 充基《みつき》　7＋(1) 完一《かんいち》　7＋(1) 孝一《こういち》　7＋(9) 宏海《ひろみ》

8＋(3) 拓巳《たくみ》　8＋(23) 佳寿磨《かずま》　9＋(9) 昭亮《しょうすけ》　14＋(4) 彰文《あきふみ》　15＋(9) 徹哉《てつや》　15＋(9) 慶彦《よしひこ》　15＋(9) 潤之丞《じゅんのすけ》　20＋(4) 譲太《じょうた》

12＋10

姓の画数と例

萩原　飯島　朝倉　塚原　森脇　森島　奥原　など

姓に合う名の画数

1字名
7

2・3字名
1＋(6)　5＋(11)　6＋(9)　7＋(4)　8＋(9)　11＋(6)　14＋(3)　19＋(4)　23＋(12)
1＋(12)　5＋(12)　6＋(17)　8＋(3)　8＋(17)　13＋(12)　14＋(9)　22＋(3)
3＋(12)　6＋(1)　6＋(19)　8＋(5)　11＋(4)　14＋(1)　14＋(11)　22＋(13)

名前例

7 宏《ひろし》　1＋(6) 一好《かずよし》　1＋(12) 一智《かずとも》　3＋(12) 丈裕《たけひろ》　5＋(11) 甲基《こうき》　5＋(12) 史敬《ふみたか》　6＋(1) 旬一《じゅんいち》　6＋(9) 考亮《こうすけ》

6＋(17) 光徹《こうき》　6＋(19) 充鏡《みつあき》　7＋(4) 芳文《よしふみ》　8＋(3) 英士《えいし》　8＋(5) 旺世《あきよ》　8＋(9) 拓哉《たくや》　8＋(17) 知謙《とものり》　11＋(4) 琉介《りゅうすけ》

11＋(6) 健乃介《けんのすけ》　13＋(12) 豊博《とよひろ》　14＋(1) 遙一《よういち》　14＋(3) 豪大《たけひろ》　14＋(9) 嘉紀《よしのり》　14＋(11) 賑一朗《しんいちろう》　22＋(3) 穰士《じょうじ》　23＋(12) 鷲登《しゅうと》

12＋11

姓の画数と例

渡部 奥野 飯野 森崎 植野 森野 萩野 など

姓に合う名の画数

1字名：6 10

2・3字名：
2+(6) 4+(4) 5+(3) 6+(12) 10+(6) 18+(6) 22+(13)
2+(13) 4+(12) 5+(11) 7+(11) 13+(11) 18+(11)
2+(23) 4+(20) 6+(9) 10+(5) 14+(4) 22+(3)

名前例

至《いたる》 6　隼《しゅん》 10　コウキ《こうき》 2(6)　了慈《りょうじ》 2(13)　乃悠貴《のりゆき》 2(23)　巴夫《ともお》 4(4)　元文《もとふみ》 4(4)　允登《まこと》 4(12)

文悠紀《ふみゆき》 4(20)　由之《よしゆき》 5(3)　正章《まさあき》 5(11)　由康《よしやす》 5(11)　充彦《みつひこ》 6(9)　光翔《みつと》 6(12)　伶都《れいと》 7(11)　笑平《しょうへい》 10(5)

剛司《つよし》 10(5)　真吉《しんきち》 10(6)　準基《じゅんき》 13(11)　聡太《そうた》 14(4)　穣次《じょうじ》 18(6)　騎九郎《きくお》 18(11)　讃士《さんじ》 22(3)　驍誠《たかまさ》 22(13)

12＋12

姓の画数と例

飯塚 越智 須賀 塚越 など

姓に合う名の画数

1字名：なし

2・3字名：
1+(4) 4+(3) 4+(17) 6+(1) 9+(6) 17+(6) 21+(12)
3+(20) 4+(9) 4+(19) 6+(5) 11+(4) 20+(1)
4+(1) 4+(11) 5+(6) 6+(17) 13+(20) 20+(13)

名前例

一仁《かずひと》 1(4)　大巌《ひろとし》 3(20)　太乙《たいと》 4(1)　友之《ともゆき》 4(3)　天哉《たかや》 4(9)　仁海《ひとみ》 4(9)　元則《もとのり》 4(9)　公規《こうき》 4(11)

文康《ふみやす》 4(11)　元規《もとき》 4(11)　友侍郎《ゆうじろう》 4(17)　天鏡《たかあき》 4(19)　弘次《こうじ》 5(6)　光一《こういち》 6(1)　壮生《たけお》 6(5)　有謙《ありのり》 6(17)

政充《まさみつ》 9(6)　映乃介《えいのすけ》 9(6)　琉介《りゅうすけ》 11(4)　聖時朗《せいじろう》 13(20)　優充《まさみつ》 17(6)　議一《ぎいち》 20(1)　耀嗣《ようじ》 20(13)　鶴翔《かくと》 21(12)

12＋16

姓の画数と例

富樫 棚橋 など

姓に合う名の画数

1字名：なし

2・3字名：
1+(6) 2+(9) 5+(6) 8+(5) 16+(13)
2+(1) 2+(11) 7+(6) 9+(4) 23+(6)
2+(5) 2+(27) 8+(3) 16+(1)

名前例

一安《かずやす》 1(6)　りく 2(1)　了平《りょうへい》 2(5)　乃軌《だいき》 2(9)　乃二郎《だいじろう》 2(11)　十樹隆《ときたか》 2(27)　玄気《げんき》 5(6)　形而《けいじ》 7(6)

辰吉《たつよし》 7(6)　尭大《たかひろ》 8(3)　尚之《なおゆき》 8(3)　拓矢《たくや》 8(5)　直弘《なおひろ》 8(5)　幸生《ゆきお》 8(5)　風太《ふうた》 9(4)　祐太《ゆうた》 9(4)

勇斗《ゆうと》 9(4)　錠一《じょういち》 16(1)　龍一《りゅういち》 16(1)　賢嗣《けんじ》 16(13)　龍雅《りゅうが》 16(13)　鑑匡《あきまさ》 23(6)　鑑伍《かんご》 23(6)　鷲次《しゅうじ》 23(6)

12＋18

姓の画数と例

須藤 など

姓に合う名の画数

1字名：5 7 15 17

2・3字名：
3+(4) 6+(5) 7+(4) 14+(3)
3+(12) 6+(9) 13+(4)
6+(1) 6+(11) 14+(1)

名前例

司《つかさ》 5　央《ひろし》 5　良《りょう》 7　潮《うしお》 15　毅《たけし》 15　謙《けん》 17　三夫《みつお》 3(4)　夕介《ゆうすけ》 3(4)

丈裕《たけひろ》 3(12)　大貴《ひろき》 3(12)　久尋《ひさひろ》 3(12)　圭一《けいいち》 6(1)　壮史《たけし》 6(5)　匡司《まさし》 6(5)　光由《みつよし》 6(5)　匡俊《まさとし》 6(9)

守信《もりのぶ》 6(9)　充章《みつあき》 6(11)　舟乃亮《しゅうのすけ》 6(11)　杜夫《もりお》 7(4)　蒼斗《そうと》 13(4)　彰一《しょういち》 14(1)　徳一《のりかず》 14(1)　誓之《たかゆき》 14(3)

13

姓の画数と例

楠 滝 椿 塙 新 など

姓に合う名の画数

1字名：なし

2・3字名：
2+(6)　4+(7)　8+(10)　10+(14)　12+(4)　16+(2)　18+(17)　20+(4)　20+(15)
3+(2)　4+(14)　8+(16)　10+(15)　12+(6)　16+(16)　19+(6)　20+(5)
4+(4)　5+(6)　10+(6)　11+(14)　12+(12)　18+(14)　19+(16)　20+(12)

名前例

2(6) 了次《りょうじ》　3(2) 大了《ひろのり》　4(4) 太牙《たいが》　4(7) 文作《ぶんさく》　4(14) 友輔《ゆうすけ》　5(6) 由匡《よしまさ》　8(10) 尚哲《たかあき》　8(16) 昌賢《まさたか》
10(6) 泰地《たいち》　10(14) 流輔《りゅうすけ》　10(15) 泰毅《たいき》　11(14) 紳太朗《しんたろう》　12(4) 裕斗《ゆうと》　12(6) 雄気《ゆうき》　12(12) 智雄《ともお》　16(2) 繁乃《しげゆき》
16(16) 龍樹《たつき》　18(14) 闘史郎《とうしろう》　18(17) 燿翼《ようすけ》　19(6) 瀧多《ろうた》　19(16) 霧衛《きりえ》　20(4) 鐘太《しょうた》　20(5) 譲司《じょうじ》　20(15) 譲蔵《じょうぞう》

13+3

姓の画数と例

溝口 福山 遠山 滝口 滝川 福士 小宮山 など

姓に合う名の画数

1字名：なし

2・3字名：
2+(11)　3+(12)　4+(25)　5+(10)　5+(24)　12+(11)　15+(10)　21+(2)　21+(20)
3+(2)　3+(20)　5+(2)　5+(12)　8+(5)　15+(2)　15+(16)　21+(4)
3+(4)　3+(22)　5+(8)　5+(16)　12+(5)　15+(8)　20+(5)　21+(8)

名前例

2(11) 二三弥《ふみや》　3(2) 久八《ひさや》　3(4) 夕介《ゆうすけ》　3(12) 大賀《たいが》　3(20) 丈譲《たけよし》　3(22) 夕讃《ゆうすけ》　4(25) 元亜騎《もとあき》　5(2) 永二《えいじ》
5(8) 広実《ひろみ》　5(10) 平馬《へいま》　5(12) 弘貴《ひろき》　5(16) 功次朗《こうじろう》　8(5) 怜央《れお》　12(5) 湧史《ゆうじ》　12(11) 晶悠《あきひさ》　15(2) 潤二《じゅんじ》
15(8) 輝征《てるまさ》　15(10) 審悟《しんご》　15(16) 遼志郎《りょうしろう》　20(5) 議弘《のりひろ》　21(2) 顧人《ただと》　21(4) 艦元《かんげん》　21(8) 轟治《こうじ》　21(20) 纏樹斗《まきと》

13+4

姓の画数と例

鈴木 新井 福井 照井 福元 碓井 など

姓に合う名の画数

1字名：なし

2・3字名：
1+(5)　3+(5)　4+(4)　9+(26)　12+(4)　19+(16)　21+(20)
2+(16)　3+(18)　4+(12)　11+(5)　14+(4)　20+(4)
3+(3)　3+(28)　4+(20)　11+(10)　19+(5)　21+(3)

名前例

1(5) 乙未《いつみ》　2(16) 了磨《りょうま》　3(3) 大己《だいき》　3(3) 丈大《たけひろ》　3(3) 久士《ひさし》　3(5) 丈央《たけお》　3(18) 大顕《ひろあき》　3(28) 夕鶴希《ゆづき》
4(4) たけし　4(12) 文貴《ふみき》　4(12) 允登《まこと》　4(12) 天空斗《あくと》　4(20) 五護《いつご》　4(20) 友護《ゆうご》　9(26) 政誉詩《まさよし》　11(5) 涼平《りょうへい》
11(10) 健悟《けんご》　12(4) 裕介《ゆうすけ》　12(4) 裕斗《ゆうと》　14(4) 碧壬《きよみ》　19(5) 寵広《たかひろ》　19(16) 羅樹《らき》　20(4) 耀太《ようた》　21(20) 鶴斗樹《つるとき》

13+5

姓の画数と例

福田 豊田 新田 福本 福永 園田 塩田 など

姓に合う名の画数

1字名：なし

2・3字名：
1+(4)　1+(22)　3+(4)　3+(18)　8+(3)　11+(2)　11+(12)　19+(4)
1+(10)　2+(19)　3+(10)　3+(20)　10+(3)　11+(4)　12+(3)　20+(3)
1+(16)　3+(2)　3+(12)　3+(26)　10+(11)　11+(10)　19+(2)　24+(5)

名前例

1(4) 一幻《いちげん》　1(10) 一晃《かずあき》　1(16) 一乃輔《いちのすけ》　1(22) 一優生《かずゆき》　2(19) 八鏡《やつあき》　3(2) 大乃《ひろゆき》　3(4) 丈斗《たけと》　3(10) 夕一郎《ゆういちろう》
3(12) 大智《だいち》　3(18) 丈有貴《たけゆき》　3(20) 大悟朗《だいごろう》　3(26) 久登誌《ひさとし》　8(3) 岳士《たけし》　10(3) 晃士《こうじ》　10(11) 修基《しゅうき》　11(2) 爽人《さわと》
11(4) 庸介《ようすけ》　11(10) 淳記《じゅんき》　11(12) 隆晶《たかあき》　12(3) 道大《みちひろ》　19(2) 警人《けいと》　19(4) 鏡仁《あきひと》　20(3) 馨也《けいや》　24(5) 鷹平《ようへい》

13＋7

姓の画数と例

滝沢　新谷　塩谷　塩見　新里　鈴村　宇佐見　など

姓に合う名の画数

1字名　なし

2・3字名

1＋(2)　1＋(16)　8＋(5)　9＋(16)　11＋(2)　16＋(2)　17＋(20)

1＋(4)　1＋(20)　9＋(4)　9＋(28)　11＋(10)　17＋(4)

1＋(12)　6＋(5)　9＋(12)　10＋(5)　14＋(3)　17＋(8)

名前例

1(2) 一刀《かずと》　1(4) 乙月《いつき》　1(4) 一天《かずたか》　1(12) 一翔《かずと》　1(16) 一由基《かずゆき》　1(20) 一梓郎《かずしろう》　6(5) 共永《ともひさ》　8(5) 昌由《まさよし》

9(4) 風太《ふうた》　9(12) 海翔《かいと》　9(12) 勇貴《ゆうき》　9(12) 柊之亮《しゅうのすけ》　9(16) 恒賢《つねたか》　9(28) 政優基《まさゆき》　10(5) 祥矢《さちや》　10(5) 恭史《やすし》

10(5) 竜平《りゅうへい》　11(2) 唯人《ゆいと》　11(10) 紹悟《しょうご》　14(3) 嘉己《よしき》　16(2) 憲人《けんと》　17(4) 講文《のりふみ》　17(8) 環治《かんじ》　17(20) 優起朗《ゆきお》

13＋8

姓の画数と例

福岡　新妻　豊岡　など

姓に合う名の画数

1字名　なし

2・3字名

5＋(3)　7＋(10)　9＋(22)　16＋(8)

5＋(11)　8＋(8)　10＋(8)　21＋(3)

5＋(19)　9＋(2)　15＋(3)　21＋(16)

名前例

5(3) 弘也《こうや》　5(3) 由之《よしゆき》　5(11) 甲基《こうき》　5(11) 正理《まさみち》　5(11) 巧一朗《こういちろう》　5(11) 礼二郎《れいじろう》　5(19) 仙鏡《のりあき》　5(19) 加津馬《かずま》

7(10) 伺朗《しろう》　8(8) 青空《そら》　9(2) 俊乃《としゆき》　9(22) 飛鷗《ひおう》　9(22) 祐讃《ゆうすけ》　10(8) 悦弥《えつや》　10(8) 泰幸《やすゆき》　15(3) 潔巳《きよみ》

15(3) 黎也《れいや》　16(8) 賢弥《けんや》　16(8) 繁和《しげかず》　16(8) 樹幸《たつゆき》　21(3) 露己《ろき》　21(16) 顧賢《ただたか》　21(16) 纏磨《てんま》　21(16) 轟志郎《ごうしろう》

13＋9

姓の画数と例

宇佐美　新垣　新保　新美　照屋　新城　新海　など

姓に合う名の画数

1字名　なし

2・3字名

2＋(5)　4＋(19)　7＋(16)　9＋(2)　9＋(16)　12＋(5)　15＋(8)　23＋(2)

2＋(11)　6＋(11)　7＋(18)　9＋(4)　9＋(26)　14＋(11)　15＋(10)　23＋(12)

4＋(11)　7＋(8)　8＋(3)　9＋(8)　12＋(3)　15＋(2)　20＋(3)　24＋(11)

名前例

2(5) こうじ　2(11) 十季也《ときや》　4(11) 友隆《ともたか》　4(19) 心時郎《しんじろう》　6(11) 匡理《まさみち》　7(8) 伸幸《のぶゆき》　7(16) 秀諭《ひでさと》　7(18) 宋治朗《そうじろう》

8(3) 直丈《なおたけ》　9(2) 耐人《たいと》　9(4) 研太《けんた》　9(8) 星河《せいが》　9(16) 奎磨《けいま》　9(26) 祐輝康《ゆきやす》　12(3) 弾久《だんく》　12(5) 智史《ともふみ》

14(11) 維進《いしん》　14(11) 総二郎《そうじろう》　15(2) 徹二《てつじ》　15(8) 凛ノ佑《りんのすけ》　15(10) 潤記《じゅんき》　20(3) 競三《けいぞう》　23(12) 巌策《がんさく》　24(11) 鷹都《たかと》

13＋10

姓の画数と例

福島　福原　豊島　福留　嵯峨　など

姓に合う名の画数

1字名　なし

2・3字名

1＋(5)　3＋(12)　5＋(11)　6＋(10)　7＋(28)　11＋(5)　19＋(5)　23＋(12)

1＋(24)　3＋(22)　5＋(19)　7＋(8)　8＋(10)　14＋(10)　19＋(10)

3＋(5)　5＋(3)　6＋(2)　7＋(11)　11＋(4)　15＋(3)　23＋(2)

名前例

1(5) 一生《いっせい》　1(24) 乙爾朗《いつじろう》　3(5) 大由《ひろよし》　3(12) 大翔《だいと》　3(22) 丈裕起《たけゆき》　5(3) 史也《ふみや》　5(11) 永康《ながやす》　5(19) 弘勇起《ひろゆき》

6(2) 壮八《そうはち》　6(10) 有記《ゆうき》　7(8) 邦茂《くにしげ》　7(11) 克章《かつあき》　7(28) 良誌彰《よしあき》　8(10) 宗起《そうき》　8(10) 卓朗《たくろう》　11(4) 涼太《りょうた》

11(5) 康生《やすお》　11(5) 悠平《ゆうへい》　14(10) 徳真《とくま》　15(3) 慶士《けいじ》　19(5) 麒平《きへい》　19(10) 覇一郎《はいちろう》　23(2) 鱒二《ますじ》　23(12) 鷲賀《しゅうが》

13＋11

姓の画数と例

塩崎　塩野　園部　新野　溝渕　など

姓に合う名の画数

1字名
なし

2・3字名
2＋(3)　5＋(8)　5＋(18)　7＋(10)　14＋(19)
4＋(19)　5＋(10)　6＋(5)　10＋(5)　21＋(12)
5＋(2)　5＋(16)　7＋(4)　12＋(3)　22＋(11)

名前例

八丈《やたけ》 2(3)　力丸《りきまる》 2(3)　公佑貴《きみゆき》 4(19)　玄八《げんや》 5(2)　由人《ゆうと》 5(2)　立人《りつと》 5(2)　広実《ひろみ》 5(8)　正明《まさあき》 5(8)

令治《れいじ》 5(8)　正泰《まさやす》 5(10)　永多朗《えいたろう》 5(16)　正津彦《まさひこ》 5(18)　充央《みつお》 6(5)　辰介《しんすけ》 7(4)　辰悟《しんご》 7(10)　恭平《きょうへい》 10(5)

航生《こうき》 10(5)　竜仔《りゅうじ》 10(5)　港三《こうぞう》 12(3)　雄也《ゆうや》 12(3)　総思朗《そうしろう》 14(19)　艦貴《かんき》 21(12)　轟陽《こうよう》 21(12)　驍一朗《きょういちろう》 22(11)

13＋12

姓の画数と例

猿渡　新開　福富　など

姓に合う名の画数

1字名
なし

2・3字名
1＋(22)　3＋(10)　4＋(12)　5＋(3)　21＋(11)
3＋(3)　3＋(20)　4＋(28)　11＋(2)　21＋(12)
3＋(5)　4＋(4)　5＋(2)　11＋(5)　23＋(10)

名前例

乙登起《いっとき》 1(22)　丈士《たけし》 3(3)　弓平《ゆみへい》 3(5)　大将《だいすけ》 3(10)　丈哲《たけあき》 3(10)　久倖《ひさゆき》 3(10)　夕一郎《ゆういちろう》 3(10)　久由毅《ひさゆき》 3(20)

元文《もとふみ》 4(4)　公貴《こうき》 4(12)　友悠徽《ともゆき》 4(28)　以力《いりき》 5(2)　功二《こうじ》 5(2)　史人《ふみと》 5(2)　由人《ゆうと》 5(2)　主大《かずひろ》 5(3)

広大《こうだい》 5(3)　広之《ひろゆき》 5(3)　令也《れいや》 5(3)　彗人《すいと》 11(2)　琉生《りゅうせい》 11(5)　艦二郎《かんじろう》 21(11)　躍翔《やくと》 21(12)　鑑起《かんき》 23(10)

13＋18

姓の画数と例

遠藤　新藤　など

姓に合う名の画数

1字名
なし

2・3字名
3＋(4)　5＋(11)　14＋(2)
3＋(5)　6＋(2)　19＋(2)
5＋(3)　11＋(5)

名前例

大牙《たいが》 3(4)　夕太《ゆうた》 3(4)　大生《だいき》 3(5)　大永《ひろひさ》 3(5)　永大《えいだい》 5(3)　正大《しょうだい》 5(3)　巧也《たくや》 5(3)　正之《まさゆき》 5(3)

甲基《こうき》 5(11)　弘隆《ひろたか》 5(11)　可章《よしあき》 5(11)　旬人《しゅんと》 6(2)　丞二《じょうじ》 6(2)　安人《やすひと》 6(2)　爽平《そうへい》 11(5)　崇由《たかよし》 11(5)

悠平《ゆうへい》 11(5)　理市《りいち》 11(5)　魁刀《かいと》 14(2)　肇人《けいと》 14(2)　聡二《そうじ》 14(2)　瀬七《せな》 19(2)　瀧二《たきじ》 19(2)　麗二《れいじ》 19(2)

14

姓の画数と例

関　境　榊　嶋　榎　など

姓に合う名の画数

1字名
なし

2・3字名
1＋(2)　3＋(4)　7＋(4)　9＋(15)　10＋(15)　17＋(4)　18＋(15)　19＋(14)　23＋(15)
1＋(16)　3＋(15)　7＋(10)　9＋(16)　11＋(7)　17＋(7)　19＋(5)　21＋(10)
2＋(5)　4＋(7)　7＋(17)　10＋(7)　11＋(12)　18＋(7)　19＋(6)　21＋(12)

名前例

一刀《かずと》 1(2)　一樹《かずき》 1(16)　七生《ななお》 2(5)　刃太《じんた》 3(4)　大牙《たいが》 3(4)　夕輝《ゆうき》 3(15)　元希《げんき》 4(7)　秀斗《しゅうと》 7(4)

寿晃《ひさあき》 7(10)　宏優《ひろまさ》 7(17)　重慶《しげよし》 9(15)　臥龍《がりゅう》 9(16)　耕作《こうさく》 10(7)　純輝《じゅんき》 10(15)　康志《こうじ》 11(7)　規尋《のりひろ》 11(12)

優太《ゆうた》 17(4)　謙作《けんさく》 17(7)　穣宏《しげひろ》 18(7)　瞬毅《しゅんき》 18(15)　鏡平《きょうへい》 19(5)　麗史郎《れいしろう》 19(14)　纏起《まとおき》 21(10)　鑑次郎《かんじろう》 23(15)

14+3

姓の画数と例

関口　増子　増山　緑川　徳山　関川　稲川　など

姓に合う名の画数

1字名：22

2・3字名：2+(4)　3+(15)　4+(2)　4+(4)　4+(17)　4+(27)　5+(3)　5+(11)　5+(19)　10+(25)　12+(4)　12+(9)　13+(3)　15+(3)　20+(4)　20+(15)　21+(3)　22+(2)　22+(19)

名前例

22 讃《あき》　22 穣《じょう》　2(4) 刀午《とうご》　3(15) 久範《ひさのり》　4(2) 公人《きみひと》　4(2) 心二《しんじ》　4(2) 友二《ゆうじ》　4(4) 元介《げんすけ》

4(17) 元汰朗《げんたろう》　4(27) 文優起《ふみゆき》　5(3) 功士《こうじ》　5(11) 史基《ふみき》　5(11) 由梧《ゆうご》　5(19) 仙鏡《のりあき》　10(25) 修意智《しゅういち》　12(4) 陽斗《ようと》

12(9) 暁祝《あきのり》　13(3) 献也《けんや》　15(3) 慶也《けいや》　20(4) 響元《きょうげん》　20(15) 耀次郎《ようじろう》　21(3) 顧也《ただや》　22(2) 讃二《ただじ》　22(19) 驍裕希《たかゆき》

14+4

姓の画数と例

緒方　増井　堀之内　関戸　綿引　熊木　など

姓に合う名の画数

1字名：なし

2・3字名：1+(2)　1+(10)　2+(3)　2+(9)　2+(15)　2+(21)　3+(18)　4+(3)　4+(9)　4+(11)　4+(17)　4+(19)　4+(25)　9+(2)　11+(2)　11+(10)　12+(1)　12+(3)　12+(9)　12+(11)　13+(2)　19+(10)　20+(1)　20+(3)　21+(2)

名前例

1(2) 一乃《かずのり》　1(10) 乙之助《いつのすけ》　2(3) ひとし《ひとし》　2(9) 人海《ひとみ》　2(21) 七亜綺《ななあき》　3(18) 大観《だいかん》　4(3) 公大《きみひろ》　4(9) 文郎《ふみお》

4(11) 仁康《のぶやす》　4(17) 文之輔《あやのすけ》　4(19) 天鏡《たかあき》　4(25) 友亜騎《ともあき》　9(2) 秋二《しゅうじ》　11(2) 健人《けんと》　11(10) 爽真《そうま》　12(1) 敬一《たかかず》

12(3) 智也《ともや》　12(9) 晴哉《せいや》　12(11) 翔理《しょうり》　13(2) 幹人《みきと》　19(10) 麗時《れいじ》　20(1) 競一《きょういち》　20(3) 議大《のりひろ》　21(2) 纏人《まきと》

14+5

姓の画数と例

増田　榎本　徳永　窪田　嶋田　稲田　小野田　など

姓に合う名の画数

1字名：6　12

2・3字名：1+(17)　2+(4)　2+(27)　6+(7)　8+(10)　10+(3)　10+(23)　16+(2)　20+(18)

名前例

6 充《みつる》　6 亘《わたる》　12 創《そう》　12 遊《ゆう》　1(17) 一嶺《かずたか》　1(17) 一志朗《かずしろう》　2(4) 乃介《だいすけ》　2(4) 了牙《りょうが》

2(27) 七音闘《なおと》　2(27) 力騎哉《りきや》　6(7) 匡佑《きょうすけ》　6(7) 光希《こうき》　6(7) 有志《ゆうし》　8(10) 卓朗《たくろう》　8(10) 直純《なおずみ》　8(10) 法通《のりみち》

10(3) 剣士《けんし》　10(3) 将大《まさひろ》　10(23) 通鑑《みちあき》　10(23) 夏都喜《かづき》　16(2) 衛二《えいじ》　16(2) 賢人《けんと》　16(2) 頼人《らいと》　20(18) 響騎《ひびき》

14+6

姓の画数と例

小野寺　など

姓に合う名の画数

1字名：5　15

2・3字名：1+(10)　1+(24)　2+(1)　2+(3)　2+(11)　2+(15)　2+(19)　7+(4)　7+(18)　9+(4)　10+(3)　10+(11)　10+(15)　10+(27)　11+(4)　11+(10)　12+(1)　12+(9)　15+(2)　18+(3)　18+(7)　18+(19)

名前例

5 礼《れい》　15 輝《あきら》　15 潮《うしお》　1(10) 一悟《いちご》　1(24) 一悠暉《かずゆき》　2(3) 刀也《とうや》　2(11) 了一朗《りょういちろう》　2(15) 力毅《りき》

2(19) 乃麒《だいき》　7(4) 宏斗《ひろと》　7(18) 秀顕《ひであき》　9(4) 洸仁《こうじ》　10(3) 拳士《けんじ》　10(11) 通教《みちたか》　10(15) 剛毅《ごうき》　10(27) 真紗徽《まさき》

11(4) 健文《たけふみ》　11(10) 隆晃《たかあき》　12(1) 雄一《ゆういち》　12(9) 敬郎《たかお》　15(2) 諄二《じゅんじ》　18(3) 顕大《あきひろ》　18(7) 験吾《けんご》　18(19) 闘旗生《ときお》

14＋7

姓の画数と例

熊谷　関谷　熊沢　稲村　野々村　嶋村　稲見　など

姓に合う名の画数

1字名：4　17

2・3字名：1+7　1+15　1+23　6+2　6+10　6+18　8+9　9+7　10+1　10+21　11+7　16+2　17+7　18+19　22+2

名前例

中《あたる》 4　元《はじめ》 4　允《まこと》 4　鍵《けん》 17　一佐《いっさ》 1(7)　一主馬《かずま》 1(15)　一愛記《かずあき》 1(23)　旬二《しゅんじ》 6(2)

圭悟《けいご》 6(10)　巡記《じゅんき》 6(10)　光将《みつまさ》 6(10)　旭騎《あさき》 6(18)　多都希《たつき》 6(18)　直紀《なおき》 8(9)　省吾《しょうご》 9(7)　赳一《たけかず》 10(1)

竜登信《たつとし》 10(21)　康希《こうき》 11(7)　興人《こうと》 16(2)　環汰《かんた》 17(7)　謙志《けんじ》 17(7)　優児《ゆうじ》 17(7)　瞬麒《しゅんき》 18(19)　驍乃《たかゆき》 22(2)

14＋9

姓の画数と例

稲垣　鳴海　など

姓に合う名の画数

1字名：15　16　24

2・3字名：2+4　2+23　4+4　4+11　4+21　4+25　6+2　6+10　6+18　7+1　7+9　8+7　8+10　8+27　9+9　12+3　12+4　15+9　16+2　20+4　20+9　24+1　24+11

名前例

潔《きよし》 15　篤《あつし》 16　諭《さとし》 16　麟《りん》 24　人斗《じんと》 2(4)　十兵衛《じゅうべえ》 2(23)　公仁《きみひと》 4(4)　公康《きみやす》 4(11)

文優季《ふみゆき》 4(25)　匠人《たくと》 6(2)　圭悟《けいご》 6(10)　宅麿《たくま》 6(18)　利一《としかず》 7(1)　利郁《としふみ》 7(9)　征吾《せいご》 8(7)　直起《なおき》 8(10)

柘春《つぐはる》 9(9)　貴大《たかひろ》 12(3)　智文《ともふみ》 12(4)　凛哉《りんや》 15(9)　繁人《しげと》 16(2)　響介《きょうすけ》 20(4)　耀祐《ようすけ》 20(9)　鷹一《よういち》 24(1)

14＋10

姓の画数と例

小笠原　関根　榊原　熊倉　仲宗根　漆原　など

姓に合う名の画数

1字名：7

2・3字名：1+4　3+2　5+18　6+1　6+7　6+9　6+15　6+17　6+27　7+4　8+3　8+9　8+15　11+4　13+2　15+18　19+4　22+11　23+10

名前例

克《すぐる》 7　乙仁《いつじ》 1(4)　丈十《ひろと》 3(2)　央騎《ひろき》 5(18)　伍一《ごいち》 6(1)　光一《こういち》 6(1)　伊吹《いぶき》 6(7)　守里《まもり》 6(7)

伍郎《ごろう》 6(9)　光嬉《みつき》 6(15)　安覧《あらん》 6(17)　壮汰朗《そうたろう》 6(17)　有樹隆《ゆきたか》 6(27)　宏支《ひろし》 7(4)　直之《なおゆき》 8(3)　卓郎《たくろう》 8(9)

怜次郎《れいじろう》 8(15)　悠斗《ゆうと》 11(4)　陸斗《りくと》 11(4)　寛人《ひろと》 13(2)　慶騎《よしき》 15(18)　鏡文《あきふみ》 19(4)　驍章《たかあき》 22(11)　巖朗《いわお》 23(10)

14＋11

姓の画数と例

波多野　熊野　二階堂　綿貫　嶋崎　熊崎　綾部　など

姓に合う名の画数

1字名：6　10　12

2・3字名：2+21　4+2　4+4　4+9　4+19　5+3　5+11　5+27　6+1　6+2　12+1　12+4　12+11　12+21　22+11

名前例

旬《しゅん》 6　有《ゆう》 6　亘《わたる》 6　透《とおる》 10　博《ひろし》 12　八鶴《やつる》 2(21)　元刀《げんと》 4(2)　友斗《ゆうと》 4(4)

心祐《しんすけ》 4(9)　元則《もとのり》 4(9)　友之丞《ゆうのすけ》 4(9)　友勇起《ともゆき》 4(19)　広之《ひろゆき》 5(3)　正二郎《しょうじろう》 5(11)　可闘紀《よしとき》 5(27)　好一《こういち》 6(1)

庄二《しょうじ》 6(2)　帆人《はんと》 6(2)　匡人《まさと》 6(2)　尋一《ひろかず》 12(1)　皓牙《こうが》 12(4)　智理《ともみち》 12(11)　博美智《ひろみち》 12(21)　驍康《としやす》 22(11)

姓の画数と例

14＋12

稲葉 など

姓に合う名の画数

1字名
12

2・3字名
1+(2) 4+(1) 4+(11) 5+(2) 6+(7) 9+(2) 12+(1) 19+(2)
1+(4) 4+(3) 4+(17) 5+(10) 6+(15) 11+(2) 12+(3) 20+(1)
1+(10) 4+(9) 4+(27) 6+(1) 6+(25) 11+(4) 12+(9) 20+(11)

名前例

12 裕《ゆう》
1(2) 一二《いつぐ》
1(4) 一巴《かずとも》
1(10) 一恭《かずやす》
4(1) 仁一《じんいち》
4(3) 太士《たいし》
4(9) 元思《もとし》
4(11) 公彬《きみあき》

4(17) 天瞳《てんどう》
4(27) 文護良《ぶんごろう》
5(2) 央十《ひろと》
5(2) 正人《まさと》
5(10) 正馬《しょうま》
6(1) 成一《せいいち》
6(7) 充宏《みつひろ》
6(15) 有輝《ゆうき》

9(2) 奏人《かなと》
11(2) 涼人《りょうと》
12(1) 瑛一《えいいち》
12(3) 勝丈《かつたけ》
12(9) 晴哉《せいや》
19(2) 蘭二《らんじ》
20(1) 譲一《じょういち》
20(11) 響理《おとみち》

姓の画数と例

14＋18

齊藤 など

姓に合う名の画数

1字名
5 7 15

2・3字名
3+(4) 6+(7) 15+(10)
5+(10) 6+(9) 23+(2)
6+(1) 6+(19)

名前例

5 示《しめす》
5 司《つかさ》
5 弘《ひろし》
7 亨《とおる》
7 良《りょう》
15 諄《じゅん》
3(4) 才斗《さいと》
3(4) 丈太《じょうた》

5(10) 永時《えいじ》
5(10) 央将《ひろまさ》
5(10) 平馬《へいま》
6(1) 圭一《けいいち》
6(1) 有一《ゆういち》
6(7) 壮希《たけき》
6(7) 充良《みつよし》
6(9) 伍郎《ごろう》

6(9) 宅郎《たくろう》
6(9) 吉紀《よしき》
6(19) 匠霧《たくむ》
6(19) 有麒《ゆうき》
15(10) 影時《かげとき》
15(10) 輝一郎《きいちろう》
23(2) 鑑十《かんと》
23(2) 鷲二《しゅうじ》

姓の画数と例

15＋3

長谷川
横山
樋口
影山 など

姓に合う名の画数

1字名
14

2・3字名
2+(1) 3+(8) 3+(26) 5+(8) 5+(18) 12+(1) 13+(8) 21+(2)
2+(9) 3+(14) 4+(17) 5+(10) 5+(24) 12+(9) 13+(10) 22+(1)
3+(2) 3+(20) 5+(2) 5+(16) 10+(1) 13+(2) 14+(1)

名前例

14 暦《れき》
2(1) 力一《よしかず》
2(9) 七海《ななみ》
3(2) 大九《ひろひさ》
3(8) 夕侍《ゆうじ》
3(14) 丈由紀《たけゆき》
3(20) 夕護《ゆうご》
3(26) 大悠毅《ひろゆき》

4(17) 友希高《ゆきたか》
5(2) 可乃《よしのり》
5(8) 正季《まさき》
5(10) 史竜《しりゅう》
5(16) 世志郎《よしお》
5(18) 弘顕《ひろあき》
5(24) 礼爾朗《れいじろう》
10(1) 紘一《ひろかず》

12(1) 森一《しんいち》
12(9) 翔哉《しょうや》
13(2) 滉二《こうじ》
13(8) 義直《よしなお》
13(10) 数馬《かずま》
14(1) 綸一《りんいち》
21(2) 鶴人《かくと》
22(1) 鷗一《おういち》

姓の画数と例

15＋4

横井
横内 など

姓に合う名の画数

1字名
14

2・3字名
1+(17) 3+(26) 11+(2) 21+(17)
2+(16) 7+(6) 11+(22)
3+(3) 9+(9) 17+(1)

名前例

14 彰《あきら》
14 綸《いと》
14 遙《はる》
1(17) 一優《かずまさ》
1(17) 一知郎《いちろう》
2(16) 二龍《じりゅう》
2(16) 七雄斗《なおと》
3(3) 大己《だいき》

3(3) 丈士《たけし》
3(3) 也大《なりひろ》
3(26) 大悠毅《ひろゆき》
3(26) 夕樹朗《ゆきお》
7(6) 宏気《こうき》
7(6) 秀行《ひでゆき》
9(9) 盾紀《じゅんき》
9(9) 信亮《のぶあき》

11(2) 崇乃《たかゆき》
11(2) 陸人《りくと》
11(22) 崇友騎《たかゆき》
11(22) 悠滋朗《ゆうじろう》
17(1) 謙一《けんいち》
17(1) 鴻一《こういち》
17(1) 嶺一《れいいち》
21(17) 艦以智《かんいち》

15＋5

姓の画数と例

横田　廣田　駒田　など

姓に合う名の画数

1字名：なし

2・3字名：
1＋10　1＋14　1＋16　1＋24　2＋9　2＋23　3＋2　3＋10　3＋14　3＋18　8＋3　8＋9　10＋3　11＋2　11＋10　11＋14　11＋26　12＋3　12＋9　13＋8　16＋1　19＋2　19＋6　19＋18

名前例

一竜《いちりゅう》 1(10)　一誌《かずし》 1(14)　一賢《かずたか》 1(16)　一都嗣《かずとし》 1(24)　十海《とうみ》 2(9)　九右麿《きゅうま》 2(23)　才人《さいと》 3(2)　久泰《ひさやす》 3(10)

万記夫《まきお》 3(14)　三騎《みつき》 3(18)　佳久《よしひさ》 8(3)　拓哉《たくや》 8(9)　倶久《ともひさ》 10(3)　琢人《たくと》 11(2)　常起《つねき》 11(10)　健輔《けんすけ》 11(14)

隆悠輝《たかゆき》 11(26)　貴之《たかゆき》 12(3)　結城《ゆうき》 12(9)　寛季《ひろき》 13(8)　憲一《のりかず》 16(1)　繋十《けいと》 19(2)　麗光《よしみつ》 19(6)　羅以夢《らいむ》 19(18)

15＋7

姓の画数と例

横尾　海老沢　横沢　など

姓に合う名の画数

1字名：なし

2・3字名：
1＋2　1＋6　1＋14　1＋16　1＋22　4＋3　4＋9　6＋9　6＋17　8＋8　8＋9　9＋6　9＋14　9＋16　10＋1　11＋2　11＋6　11＋14　11＋24　14＋1　14＋3　16＋9　17＋6　17＋8　22＋1

名前例

一力《いりき》 1(2)　一多《いちた》 1(6)　一綺《かずき》 1(14)　一志郎《かずしろう》 1(16)　一悠基《かずゆき》 1(22)　元亮《げんすけ》 4(9)　壮亮《そうすけ》 6(9)　多佳思《たかし》 6(17)

知明《ともあき》 8(8)　具彦《ともひこ》 8(9)　亮吉《りょうきち》 9(6)　祐輔《ゆうすけ》 9(14)　虹龍《こうりゅう》 9(16)　兼一《けんいち》 10(1)　康人《やすひと》 11(2)　萄伍《とうご》 11(6)

涼輔《りょうすけ》 11(14)　常鷹《つねたか》 11(24)　嘉一《よしかず》 14(1)　僚一《りょういち》 14(1)　斡大《あつひろ》 14(3)　龍彦《たつひこ》 16(9)　駿多《しゅんた》 17(6)　駿治《しゅんじ》 17(8)

15＋10

姓の画数と例

海老原　など

姓に合う名の画数

1字名：7　14

2・3字名：
1＋6　3＋20　5＋1　5＋2　5＋3　5＋8　5＋18　6＋2　6＋10　6＋26　7＋1　13＋3　14＋2　14＋18　23＋9　23＋10

名前例

改《かい》 7　伸《しん》 7　佑《ゆう》 7　総《そう》 14　颯《はやて》 14　領《りょう》 14　一充《かずみつ》 1(6)　夕騎人《ゆきと》 3(20)

功一《こういち》 5(1)　平十《ひらと》 5(2)　正也《まさや》 5(3)　北河《ほくが》 5(8)　正季《まさき》 5(8)　功騎《こうき》 5(18)　考二《こうじ》 6(2)　年泰《としやす》 6(10)

安駆登《あくと》 6(26)　佑一《ゆういち》 7(1)　寛己《ひろき》 13(3)　颯二《そうじ》 14(2)　維佳留《いかる》 14(18)　旗誉史《きよし》 14(18)　巖郎《いわお》 23(9)　鷲馬《しゅうま》 23(10)

15＋11

姓の画数と例

長谷部　諏訪　など

姓に合う名の画数

1字名：6　12

2・3字名：
2＋1　2＋3　2＋9　4＋9　4＋17　5＋2　5＋10　5＋16　5＋26　6＋1　6＋9　7＋6　7＋14　7＋24　10＋1　12＋1　12＋3　13＋2　13＋8　20＋1　21＋10

名前例

成《せい》 6　登《のぼる》 12　了一《りょういち》 2(1)　力也《りきや》 2(3)　七星《ななせ》 2(9)　心哉《しんや》 4(9)　友翼《ゆうすけ》 4(17)　史乃《ふみの》 5(2)

永一郎《えいいちろう》 5(10)　正機《まさき》 5(16)　由優紀《よしゆき》 5(26)　匠一《しょういち》 6(1)　吉一《よしかず》 6(1)　壮亮《そうすけ》 6(9)　享丞《きょうすけ》 7(6)　克比紗《かつひさ》 7(14)

佐智雄《さちお》 7(24)　敏一《としかず》 10(1)　博一《ひろかず》 12(1)　達也《たつや》 12(3)　零人《れいと》 13(2)　義知《よしとも》 13(8)　馨一《けいいち》 20(1)　鶴朗《つるお》 21(10)

15＋12

姓の画数と例

大須賀
樋渡
など

姓に合う名の画数

1字名

6
12
20

2・3字名

1＋(10)　1＋(17)　1＋(24)
3＋(3)　3＋(18)　4＋(1)
5＋(1)　5＋(3)　5＋(6)
5＋(16)　9＋(2)　9＋(9)
9＋(22)　11＋(14)　17＋(1)
19＋(2)

名前例

6 在《ある》
12 順《じゅん》
20 馨《かおる》
20 讓《じょう》
20 議《ひろ》
1(10) 一之助《いちのすけ》
1(17) 一徹《かずき》
1(17) 一嶺《かずたか》
1(24) 一都嗣《かずとし》
3(3) 久之《ひさゆき》
3(18) 丈騎《たけき》
4(1) 幻一《げんいち》
5(1) 永一《えいいち》
5(3) 由久《よしひさ》
5(6) 史安《ふみやす》
5(16) 仙乃輔《せんのすけ》
9(2) 勇力《いさお》
9(9) 俊哉《としや》
9(9) 春彦《はるひこ》
9(22) 奎讃《けいすけ》
11(14) 康嘉《やすよし》
11(14) 雪緒《ゆきお》
17(1) 霜一《そういち》
19(2) 瀧乃《たきの》

16

姓の画数と例

橋
など

姓に合う名の画数

1字名

なし

2・3字名

1＋(6)　1＋(7)　1＋(14)
2＋(5)　2＋(23)　5＋(10)
7＋(6)　8＋(5)　8＋(7)
8＋(15)　8＋(17)　9＋(4)
9＋(7)　9＋(14)　13＋(10)
13＋(16)　15＋(6)　15＋(17)
17＋(15)　19＋(4)　19＋(12)
19＋(13)　21＋(10)　22＋(7)
23＋(6)

名前例

1(6) 一成《いっせい》
1(7) 一良《かずよし》
1(14) 一翠《いっすい》
2(5) 人平《じんぺい》
2(23) 十兵衛《じゅうべえ》
5(10) 由造《ゆうぞう》
7(6) 亨次《きょうじ》
8(5) 幸生《ゆきお》
8(7) 尚寿《なおひさ》
8(15) 直次郎《なおじろう》
8(17) 卓彌《たくみ》
9(4) 洋介《ようすけ》
9(7) 洸汰《こうた》
9(14) 政徳《まさのり》
13(10) 継将《つぐまさ》
13(16) 義興《よしおき》
15(6) 遼気《りょうき》
15(17) 澄優《すみまさ》
17(15) 厳慶《たかよし》
19(4) 繫斗《けいと》
19(12) 蘭士郎《らんしろう》
19(13) 鏡嗣《きょうじ》
21(10) 鶴之助《つるのすけ》
23(6) 鷲伍《しゅうご》

16＋3

姓の画数と例

橋口
など

姓に合う名の画数

1字名

2
10
22

2・3字名

2＋(16)　3＋(15)　4＋(2)
4＋(25)　8＋(5)　10＋(8)
12＋(21)　22＋(16)

名前例

2 力《りき》
2 了《りょう》
10 純《じゅん》
10 泰《やすし》
22 穰《じょう》
22 驍《たか》
2(16) 七衛《ななえ》
2(16) 力多朗《りきたろう》
3(15) 才蔵《さいぞう》
3(15) 大輝《だいき》
3(15) 小次郎《こじろう》
4(2) 文八《ふみや》
4(2) 允人《まこと》
4(25) 公亜騎《きみあき》
4(25) 友輝朗《ゆきお》
8(5) 周平《しゅうへい》
8(5) 昌示《しょうじ》
8(5) 怜央《れお》
10(8) 真弥《しんや》
10(8) 時於《ときお》
10(8) 将弥《まさや》
12(21) 敬夕騎《たかゆき》
12(21) 満都留《みつる》
22(16) 驍志郎《きょうしろう》

16＋4

姓の画数と例

橋爪
薄井
田部井
など

姓に合う名の画数

1字名

17

2・3字名

1＋(2)　2＋(9)　2＋(13)
2＋(15)　2＋(23)　3＋(8)
3＋(22)　4＋(1)　4＋(9)
4＋(13)　4＋(17)　9＋(2)
9＋(16)　11＋(2)　11＋(21)
12＋(1)　12＋(9)　12＋(13)
12＋(25)　13＋(2)　13＋(8)
14＋(7)　20＋(1)　20＋(5)
20＋(17)

名前例

17 嶺《れい》
1(2) 乙二《おつじ》
2(9) 力彦《りきひこ》
2(13) 十夢《とむ》
2(15) 了多郎《りょうたろう》
2(23) 了右麿《りょうま》
3(8) 才侍《さいじ》
4(1) 元一《もとかず》
4(9) 元紀《げんき》
4(13) 心義《しんぎ》
4(17) 太翼《たいすけ》
9(2) 勇人《ゆうと》
9(16) 俊樹《としき》
11(2) 淳人《あつひと》
11(21) 基玖緒《きくお》
12(1) 遊一《ゆういち》
12(9) 陽亮《ようすけ》
12(13) 善寛《よしひろ》
13(2) 靖人《やすひと》
13(8) 継治《つぐはる》
14(7) 綸之介《りんのすけ》
20(1) 巌一《がんいち》
20(5) 護由《もりよし》
20(17) 耀之輔《ようのすけ》

16＋5

姓の画数と例: 橋本　澤田　橋田　など

姓に合う名の画数

1字名: なし

2・3字名: 1＋(17)　2＋(9)　2＋(15)　2＋(16)　2＋(22)　3＋(5)　3＋(13)　3＋(21)　8＋(8)　8＋(16)　10＋(7)　11＋(5)　12＋(19)　13＋(5)　19＋(5)

名前例

一嶺《かずたか》 1(17)　乃紀《だいき》 2(9)　十輝《とき》 2(15)　了乃輔《りょうのすけ》 2(16)　二優生《ふゆき》 2(22)　タクミ《たくみ》 3(5)　大楽《たいら》 3(13)　久詩《ひさし》 3(13)

大雄紀《ひろゆき》 3(21)　朋弥《ともや》 8(8)　征和《まさかず》 8(8)　享乃丞《きょうのすけ》 8(8)　武諭《たけさと》 8(16)　侑醍《ゆうせい》 8(16)　金志郎《きんしろう》 8(16)　隼助《しゅんすけ》 10(7)

晋吾《しんご》 10(7)　彬史《あきふみ》 11(5)　淳平《じゅんぺい》 11(5)　健生《たけお》 11(5)　翔志雄《としお》 12(19)　滉平《こうへい》 13(5)　睦央《むつお》 13(5)　繫史《けいし》 19(5)

16＋18

姓の画数と例: 衛藤　錦織　など

姓に合う名の画数

1字名: 5　7

2・3字名: 3＋(8)　5＋(8)　6＋(1)　6＋(5)　6＋(7)　6＋(17)　7＋(16)

名前例

功《いさお》 5　平《たいら》 5　辰《しん》 7　佑《たすく》 7　寿《ひさし》 7　良《りょう》 7　大知《だいち》 3(8)　大岳《ひろたけ》 3(8)

大和《やまと》 3(8)　夕季《ゆうき》 3(8)　巧治《こうじ》 5(8)　弘尚《ひろなお》 5(8)　匠一《しょういち》 6(1)　吉一《よしかず》 6(1)　旬矢《しゅんや》 6(5)　匠未《たくみ》 6(5)

壮史《たけし》 6(5)　匡史《まさし》 6(5)　州佑《しゅうすけ》 6(7)　成吾《せいご》 6(7)　光徽《こうき》 6(17)　有之輔《ゆうのすけ》 6(17)　冴磨《さえま》 7(16)　亜紀良《あきら》 7(16)

17＋5

姓の画数と例: 篠田　など

姓に合う名の画数

1字名: 16

2・3字名: 1＋(6)　1＋(14)　1＋(16)　1＋(22)　1＋(24)　2＋(15)　3＋(4)　3＋(12)　3＋(14)　3＋(20)　6＋(7)　8＋(7)　8＋(15)　10＋(7)　11＋(4)　11＋(12)　11＋(14)　13＋(4)　13＋(12)　13＋(22)　16＋(1)　18＋(7)　19＋(4)　19＋(6)

名前例

興《こう》 16　一成《かずなり》 1(6)　乙瑳《いっさ》 1(14)　一整《いっせい》 1(16)　一智朗《いちろう》 1(22)　一有騎《かずゆき》 1(24)　刀摩《とうま》 2(15)　久文《ひさふみ》 3(4)

丈貴《たけき》 3(12)　弓之進《ゆみのしん》 3(14)　大悠紀《ひろゆき》 3(20)　迅冴《じんご》 6(7)　和希《かずき》 8(7)　英輝《ひでき》 8(15)　剛志《つよし》 10(7)　彬仁《あきひと》 11(4)

悠翔《ゆうと》 11(12)　惇爾《じゅんじ》 11(14)　寛斗《ひろと》 13(4)　新路郎《しんじろう》 13(22)　興一《こういち》 16(1)　騎兵《きへい》 18(7)　麒介《きすけ》 19(4)　繫成《けいせい》 19(6)

17＋7

姓の画数と例: 磯村　など

姓に合う名の画数

1字名: 14

2・3字名: 1＋(4)　1＋(6)　1＋(14)　1＋(16)　1＋(20)　4＋(1)　8＋(15)　9＋(4)　9＋(6)　9＋(12)　9＋(14)　9＋(24)　10＋(1)　11＋(6)　14＋(1)　18＋(15)　22＋(1)

名前例

碧《あお》 14　豪《ごう》 14　一友《かずとも》 1(4)　一行《かずゆき》 1(6)　一駆《いっく》 1(14)　一頼《かずより》 1(16)　一南都《かなと》 1(20)　巴一《ともかず》 4(1)

佳輝《よしてる》 8(15)　栄介《えいすけ》 9(4)　星斗《せいと》 9(4)　亮太《りょうた》 9(4)　秋吉《あきよし》 9(6)　昭伍《しょうご》 9(6)　勇多《ゆうた》 9(6)　栄暁《ひであき》 9(12)

柘総《つげふさ》 9(14)　春裕貴《はるゆき》 9(24)　素一《もとかず》 10(1)　康気《こうき》 11(6)　誓一《せいいち》 14(1)　静一《せいいち》 14(1)　燿輝《ようき》 18(15)　讃一《ときかず》 22(1)

17+8

姓の画数と例

東海林 など

姓に合う名の画数

1字名
10

2・3字名
3+(4)　5+(18)　7+(1)
7+(6)　7+(16)　8+(8)
8+(24)　15+(1)

名前例

10 航《こう》　10 真《まこと》　3+(4) 大斗《だいと》　3+(4) れお《れお》　5+(18) 広騎《ひろき》　5+(18) 正顕《まさあき》　7+(1) 孝一《こういち》　7+(1) 良一《りょういち》

7+(6) 克多《かつた》　7+(6) 宏気《こうき》　7+(6) 辰吉《たつよし》　7+(6) 佑吏《ゆうり》　7+(6) 芳行《よしゆき》　7+(16) 邦親《くにちか》　7+(16) 宏樹《ひろき》　7+(16) 芳樹《よしき》

7+(16) 亜紀良《あきら》　8+(8) 幸祈《こうき》　8+(8) 知明《ともあき》　8+(24) 定登稀《さだとき》　8+(24) 直裕貴《なおゆき》　15+(1) 嬉一《きいち》　15+(1) 慶一《けいいち》　15+(1) 黎一《れいいち》

17+10

姓の画数と例

篠原　宇都宮　鮫島　鍋島 など

姓に合う名の画数

1字名
14

2・3字名
1+(4)　1+(20)　1+(24)
3+(8)　3+(15)　3+(22)
5+(1)　5+(16)　7+(1)
7+(4)　7+(14)　7+(24)
11+(7)　11+(20)　13+(12)

名前例

14 綾《りょう》　1+(4) 一巴《かずとも》　1+(20) 一実智《かずみち》　1+(24) 一鷹《かずたか》　1+(24) 一瞳志《ひとし》　3+(8) 大武《ひろたけ》　3+(8) 大和《やまと》　3+(8) 夕弥《ゆうや》

3+(15) 丈慶《たけよし》　3+(22) 大驍《ひろとし》　5+(1) 弘一《こういち》　5+(1) 仙一《せんいち》　5+(1) 礼一《れいいち》　5+(16) 由樹《よしき》　7+(1) 邦一《くにかず》　7+(4) 佑太《ゆうた》

7+(14) 芳太朗《よしたろう》　7+(24) 秀鷹《ひでたか》　11+(7) 清志《きよし》　11+(7) 啓助《けいすけ》　11+(7) 郷志《さとし》　11+(20) 爽護《そうご》　13+(12) 誉裕《たかひろ》　13+(12) 暉暁《てるあき》

17+11

姓の画数と例

篠崎　磯部　磯野　磯崎 など

姓に合う名の画数

1字名
10

2・3字名
2+(1)　5+(8)　6+(1)
7+(4)　7+(6)　7+(22)
10+(1)　12+(1)　13+(4)
13+(16)　21+(8)

名前例

10 晃《あきら》　10 修《おさむ》　10 泰《やすし》　2+(1) 乃一《だいち》　5+(8) 弘幸《ひろゆき》　5+(8) 北河《ほくが》　5+(8) 正直《まさなお》　6+(1) 壮一《そういち》

6+(1) 守一《もりかず》　7+(4) 杏介《きょうすけ》　7+(4) 佑斗《ゆうと》　7+(6) 完至《かんじ》　7+(6) 享丞《こうすけ》　7+(6) 佐吉《さきち》　7+(22) 里優生《さとゆき》　10+(1) 修一《しゅういち》

10+(1) 将一《まさかず》　12+(1) 証一《しょういち》　12+(1) 遥一《よういち》　13+(4) 寛斗《ひろと》　13+(4) 義仁《よしひと》　13+(16) 葦賢《あしたか》　13+(16) 葦玖郎《いくお》　21+(8) 鶴幸《つるゆき》

17+18

姓の画数と例

齋藤 など

姓に合う名の画数

1字名
6
23

2・3字名
3+(14)　5+(1)　5+(8)
7+(16)　11+(6)　13+(4)

名前例

6 凪《なぎ》　6 光《ひかる》　6 充《みつる》　23 巌《いわお》　23 鑑《かん》　23 鷲《しゅう》　3+(14) 才聞《さいもん》　3+(14) 久嘉《ひさよし》

3+(14) 夕太朗《ゆうたろう》　5+(1) 永一《えいいち》　5+(1) 仙一《せんいち》　5+(1) 由一《ゆういち》　5+(8) 巧実《たくみ》　5+(8) 弘尚《ひろなお》　5+(8) 正直《まさなお》　5+(8) 令治《れいじ》

7+(16) 志龍《しりゅう》　7+(16) 宏賢《ひろたか》　7+(16) 佑樹《ゆうき》　7+(16) 芳樹《よしき》　11+(6) 渉次《しょうじ》　11+(6) 爽吉《そうきち》　11+(6) 崇成《たかなり》　13+(4) 幹太《かんた》

18＋3

姓の画数と例

藤川　藤山　など

姓に合う名の画数

1字名：なし

2・3字名：
2＋(6)　4＋(7)　4＋(20)　5＋(11)　10＋(14)　14＋(17)
2＋(14)　4＋(13)　4＋(27)　5＋(19)　12＋(5)　15＋(3)
3＋(15)　4＋(14)　5＋(3)　10＋(6)　13＋(3)　21＋(3)

名前例

2(6) アッシ《あつし》　2(14) 力太朗《りきたろう》　3(15) 大毅《ひろき》　4(7) 公佑《こうすけ》　4(13) 文太郎《あやたろう》　4(14) 斗史哉《としや》　4(20) 心護《しんご》　4(27) 友悠樹《ともゆき》

5(3) 主大《かずひろ》　5(11) 永康《ながやす》　5(11) 正彬《まさあき》　5(11) 平八郎《へいはちろう》　5(19) 史麒《ふみき》　10(6) 晃次《こうじ》　10(6) 将至《しょうじ》　10(6) 展充《のぶみつ》

10(14) 航輔《こうすけ》　10(14) 修爾《しゅうじ》　10(14) 悌四郎《ていしろう》　12(5) 貴弘《たかひろ》　13(3) 稔之《としゆき》　14(17) 嘉徽《よしき》　15(3) 輝大《てるひろ》　21(3) 鶴己《つるき》

18＋4

姓の画数と例

藤井　藤木　など

姓に合う名の画数

1字名：なし

2・3字名：
2＋(5)　2＋(21)　4＋(3)　4＋(19)　9＋(14)　12＋(11)　14＋(11)　20＋(3)
2＋(13)　2＋(23)　4＋(11)　7＋(6)　11＋(6)　12＋(13)　14＋(21)　20＋(5)
2＋(15)　3＋(14)　4＋(13)　9＋(6)　12＋(3)　14＋(3)　19＋(6)

名前例

2(5) 八未《やつみ》　2(13) 人夢《とむ》　2(15) 乃輝《だいき》　2(21) 乃顧《のりただ》　2(23) 八麻登《やまと》　3(14) 夕綺《ゆうき》　4(3) 元之《もとゆき》　4(11) 文章《ふみあき》

4(13) 友暉《ともき》　4(19) 文麒《ふみき》　7(6) 秀充《ひでみつ》　9(6) 海舟《かいしゅう》　9(6) 奏吉《そうきち》　9(14) 皇四郎《こうしろう》　11(6) 崇成《たかなり》　12(3) 雄大《ゆうだい》

12(11) 博隆《ひろたか》　12(13) 湘椰《しょうや》　14(3) 徳丈《のりたけ》　14(11) 彰規《あきのり》　14(21) 豪能理《たけのり》　19(6) 鏡光《あきみつ》　20(3) 護久《もりひさ》　20(5) 護生《もりお》

18＋5

姓の画数と例

藤田　藤本　鎌田　織田　藤平　藤永　など

姓に合う名の画数

1字名：なし

2・3字名：
1＋(17)　2＋(23)　6＋(19)　8＋(27)　11＋(5)　12＋(23)　24＋(5)
2＋(6)　3＋(5)　8＋(7)　10＋(6)　12＋(3)　13＋(5)
2＋(14)　3＋(13)　8＋(17)　10＋(14)　12＋(6)　19＋(5)

名前例

1(17) 一環《いっかん》　2(6) 了多《りょうた》　2(14) 七綺《ななき》　2(23) 八鑑《はちあき》　3(5) 夕生《ゆうき》　3(13) 大暉《だいき》　6(19) 旬麒《しゅんき》　6(19) 安記彦《あきひこ》

8(7) 旺佑《おうすけ》　8(17) 周侍郎《しゅうじろう》　8(27) 昌悠樹《まさゆき》　10(6) 高行《たかゆき》　10(6) 容次《ようじ》　10(14) 浩輔《こうすけ》　10(14) 修爾《しゅうじ》　11(5) 爽生《そうき》

11(5) 理央《みちひろ》　11(5) 涼平《りょうへい》　12(3) 智大《ともひろ》　12(6) 暁光《あきみつ》　12(23) 智由騎《ともゆき》　13(5) 廉史《れんし》　19(5) 鏡正《あきまさ》　24(5) 麟示《りんじ》

18＋7

姓の画数と例

藤沢　など

姓に合う名の画数

1字名：なし

2・3字名：
1＋(7)　6＋(17)　9＋(7)
1＋(15)　8＋(5)　9＋(23)
4＋(3)　8＋(15)

名前例

1(7) 一作《いっさく》　1(7) 一男《かずお》　1(7) 一杜《かずと》　1(15) 一輝《いっき》　1(15) 一徹《いってつ》　1(15) 一冬真《いとま》　4(3) 心也《しんや》　4(3) 友也《ともや》

4(3) 文士《ぶんじ》　6(17) 宇瞳《うどう》　6(17) 吉徽《よしき》　6(17) 圭治郎《けいじろう》　8(5) 昂平《こうへい》　8(5) 周平《しゅうへい》　8(5) 昌示《しょうじ》　8(5) 虎ノ介《とらのすけ》

8(15) 明慶《あきよし》　8(15) 幸輝《こうき》　8(15) 茂阿希《しげあき》　8(15) 直次郎《なおじろう》　9(7) 厚作《こうさく》　9(7) 南々斗《ななと》　9(23) 津登務《つとむ》　9(23) 政悠貴《まさゆき》

18＋8

姓の画数と例

藤岡　難波　藤枝　など

姓に合う名の画数

1字名

なし

2・3字名

5＋(6)　7＋(6)　7＋(14)
8＋(5)　8＋(7)　8＋(13)
8＋(23)　9＋(6)　10＋(3)
10＋(11)　10＋(21)　16＋(5)
24＋(7)

名前例

5(6) 功成《こうせい》
5(6) 仙行《のりゆき》
5(6) 由匡《よしまさ》
7(6) 辰伍《しんご》
7(6) 秀行《ひでゆき》
7(6) 芳行《よしゆき》
7(14) 佑輔《ゆうすけ》
8(5) 和央《かずお》
8(7) 享佑《きょうすけ》
8(13) 歩夢《あゆむ》
8(13) 武乃進《たけのしん》
8(23) 英鑑《ひであき》
9(6) 栄光《えいこう》
9(6) 宥吏《ゆうり》
10(3) 修三《しゅうぞう》
10(3) 託巳《たくみ》
10(11) 将章《まさあき》
10(11) 恭紹《やすあき》
10(21) 恵意治《えいじ》
10(21) 恭亜綺《やすあき》
16(5) 錦司《きんじ》
16(5) 憲矢《けんや》
16(5) 賢由《たかよし》
24(7) 鷹志《たかし》

18＋10

姓の画数と例

藤原　藤島　鎌倉　藤倉　など

姓に合う名の画数

1字名

なし

2・3字名

6＋(7)　6＋(23)　8＋(3)
8＋(5)　8＋(21)

名前例

6(7) 匡佑《きょうすけ》
6(7) 吏希《さとき》
6(7) 庄壱《しょういち》
6(7) 迅冴《じんご》
6(7) 匠志《たくし》
6(7) 成孝《なりたか》
6(7) 守里《まもり》
6(7) 有志《ゆうし》
6(23) 充鑑《みつあき》
6(23) 多嘉彦《たかひこ》
6(23) 匡悠貴《まさゆき》
8(3) 英士《えいし》
8(3) 卓也《たくや》
8(3) 武丸《たけまる》
8(3) 直丈《なおたけ》
8(3) 英己《ひでき》
8(3) 佳之《よしゆき》
8(5) 旺生《おうき》
8(5) 和央《かずお》
8(5) 昂平《こうへい》
8(5) 拓未《たくみ》
8(5) 知生《ともき》
8(21) 空鶴《くうかく》
8(21) 英雄紀《ひでゆき》

18＋11

姓の画数と例

藤野　藤崎　曽我部　など

姓に合う名の画数

1字名

なし

2・3字名

2＋(6)　2＋(14)　2＋(21)
4＋(19)　5＋(3)　5＋(11)
7＋(11)　10＋(6)　12＋(6)
12＋(17)

名前例

2(6) 人成《ひとなり》
2(6) 八吉《やきち》
2(14) 乃維《のい》
2(14) 乃聡《ゆきさと》
2(14) 了輔《りょうすけ》
2(21) 七緒希《なおき》
2(21) 力顧《りきただ》
4(19) 巴麒《ともき》
4(19) 友羅《ゆうら》
5(3) 巧也《たくや》
5(3) 弘之《ひろゆき》
5(3) 史也《ふみや》
5(11) 広清《こうせい》
5(11) 史基《ふみき》
7(11) 来堂《らいどう》
7(11) 邑二郎《ゆうじろう》
10(6) 桜丞《おうすけ》
10(6) 員匡《かずまさ》
10(6) 修伍《しゅうご》
10(6) 容次《ようじ》
12(6) 開自《かいじ》
12(6) 偉行《たけゆき》
12(17) 勝謙《かつのり》
12(17) 晴佑起《はるゆき》

18＋12

姓の画数と例

藤森　藤間　など

姓に合う名の画数

1字名

なし

2・3字名

1＋(14)　3＋(14)　4＋(3)
4＋(11)　5＋(6)　6＋(5)
6＋(11)　9＋(6)　12＋(3)
12＋(5)

名前例

1(14) 一輔《いちすけ》
1(14) 一聡《かずとし》
3(14) 大輔《だいすけ》
3(14) 丈太朗《じょうたろう》
4(3) 元己《げんき》
4(3) 心也《しんや》
4(11) 元基《もとき》
4(11) 太久弥《たくや》
5(6) 永吉《えいきち》
5(6) 正年《まさとし》
5(6) 由行《よしゆき》
6(5) 共市《きょういち》
6(5) 充弘《みつひろ》
6(11) 竹雪《たけゆき》
6(11) 安隆《やすたか》
6(11) 有規《ゆうき》
9(6) 洸気《こうき》
9(6) 昭伍《しょうご》
9(6) 奏吉《そうきち》
9(6) 勇吏《ゆうり》
12(3) 貴也《たかや》
12(3) 雄三《ゆうぞう》
12(5) 裕矢《ゆうや》
12(5) 善央《よしお》

19＋3

姓の画数と例：瀬川 など

姓に合う名の画数

1字名：なし

2・3字名：
3＋(4)　3＋(20)　5＋(2)　5＋(18)　10＋(13)　13＋(10)　15＋(10)　21＋(2)
3＋(12)　3＋(22)　5＋(10)　8＋(5)　12＋(5)　13＋(12)　15＋(20)　21＋(4)
3＋(14)　4＋(13)　5＋(12)　10＋(5)　13＋(2)　15＋(2)　20＋(5)

名前例

3(4) サイト《さいと》　3(12) 久敬《ひさたか》　3(14) 大旗《だいき》　3(20) 小護《しょうご》　3(22) 夕慈郎《ゆうじろう》　4(13) 友雅《ともまさ》　5(2) ダイ《だい》　5(10) 史朗《しろう》
5(12) 由尋《よしひろ》　5(18) 正騎《まさき》　8(5) 岳央《たけお》　10(5) 祥矢《さちや》　10(13) 紘雅《ひろまさ》　10(13) 晃太郎《こうたろう》　12(5) 満生《みつお》　13(2) 舜人《しゅんと》
13(10) 頌悟《しょうご》　13(12) 豊博《とよひろ》　15(2) 範人《のりと》　15(10) 輝晃《てるあき》　15(20) 範悠紀《のりゆき》　20(5) 譲司《じょうじ》　21(2) 躍二《ようじ》　21(4) 轟仁《ごうじん》

19＋4

姓の画数と例：瀬戸 など

姓に合う名の画数

1字名：なし

2・3字名：
1＋(5)　3＋(13)　4＋(12)　9＋(16)　11＋(13)　13＋(5)　20＋(4)
2＋(16)　3＋(22)　7＋(18)　9＋(26)　12＋(4)　13＋(22)
3＋(5)　4＋(4)　9＋(6)　11＋(5)　13＋(2)　14＋(4)

名前例

1(5) 一広《かずひろ》　1(5) 一矢《かずや》　2(16) 了磨《りょうま》　3(5) 夕矢《ゆうや》　3(13) 小鉄《こてつ》　3(22) 丈讃《じょうすけ》　4(4) 文太《ぶんた》　4(12) 友陽《ともはる》
7(18) 吾櫂《あかい》　9(6) 海舟《かいしゅう》　9(16) 紀繁《のりしげ》　9(26) 春箕智《はるみち》　11(5) 爽平《そうへい》　11(5) 理央《みちひろ》　11(13) 笙嗣《しょうじ》　11(13) 涼雅《りょうが》
12(4) 竣介《しゅんすけ》　12(4) 博文《ひろふみ》　12(4) 雄太《ゆうた》　13(2) 照乃《てるゆき》　13(5) 源司《げんじ》　13(22) 照留雄《てるお》　14(4) 颯太《そうた》　20(4) 耀太《ようた》

19＋7

姓の画数と例：瀬尾 など

姓に合う名の画数

1字名：なし

2・3字名：
1＋(2)　1＋(12)　6＋(5)　9＋(4)　9＋(22)　11＋(10)
1＋(4)　1＋(14)　8＋(5)　9＋(6)　10＋(5)　11＋(20)
1＋(6)　1＋(20)　8＋(13)　9＋(12)　11＋(2)　17＋(4)

名前例

1(2) 一九《かずひさ》　1(4) 一斗《かずと》　1(6) 一竹《かずたけ》　1(12) 一満《かずま》　1(14) 一遙《かずはる》　1(20) 乙悟朗《いつごろう》　6(5) 壮生《たけお》　6(5) 充弘《みつひろ》
6(5) 安民《やすたみ》　8(5) 知史《ともふみ》　8(5) 直矢《なおや》　8(5) 怜央《れお》　8(13) 宗煌《むねあき》　9(4) 奎介《けいすけ》　9(6) 宥伊《ゆうい》　9(12) 宣敬《のぶたか》
9(22) 恒登起《つねとき》　10(5) 拳史《けんじ》　10(5) 哲平《てっぺい》　10(5) 時生《ときお》　11(2) 彬人《あきと》　11(10) 彪起《ひょうき》　11(20) 唯耀《ただあき》　17(4) 謙友《かねとも》

21＋4

姓の画数と例：櫻井　露木 など

姓に合う名の画数

1字名：なし

2・3字名：
1＋(12)　4＋(12)　11＋(12)
3＋(3)　9＋(14)　12＋(4)
4＋(4)　11＋(2)　12＋(20)

名前例

1(12) 一葉《かずは》　1(12) 一尋《かずひろ》　3(3) 大士《たいし》　3(3) 万山《ばんざん》　3(3) 久之《ひさゆき》　3(3) 大也《ひろや》　4(4) 公仁《きみひと》　4(4) 元太《げんた》
4(4) 文斗《ふみと》　4(12) 太智《たいち》　4(12) 元貴《もとき》　4(12) 允登《まこと》　4(12) 友翔《ゆうと》　9(14) 相爾《そうじ》　9(14) 宥豪《ゆうご》　11(2) 麻人《あさと》
11(2) 康乃《やすゆき》　11(12) 爽貴《さわたか》　11(12) 悠貴《ゆうき》　11(12) 隆三郎《りゅうざぶろう》　12(4) 皓牙《こうが》　12(4) 湘午《しょうご》　12(20) 翔護《しょうご》　12(20) 博議《ひろのり》

21+5

姓の画数と例

鶴田 など

姓に合う名の画数

1字名：なし

2・3字名：1+(4)、1+(10)、1+(14)、3+(2)、3+(4)、3+(10)、3+(12)、3+(18)、8+(3)、10+(3)、10+(11)、11+(2)、11+(4)、11+(10)、11+(20)、12+(3)、13+(8)、13+(18)、19+(2)

名前例

- 一文《かずふみ》 1+(4)
- 一敏《かずとし》 1+(10)
- 一魁《いっかい》 1+(14)
- ケイ《けい》 3+(2)
- 千二《せんじ》 3+(2)
- 夕斗《ゆうと》 3+(4)
- 丈将《たけまさ》 3+(10)
- 久敬《ひさたか》 3+(12)
- 久喜《ひさよし》 3+(12)
- 大佑基《ひろゆき》 3+(18)
- 卓也《たくや》 8+(3)
- 知也《ともや》 8+(3)
- 竜士《りゅうじ》 10+(3)
- 倖啓《ゆきひろ》 10+(11)
- 彬乃《あきゆき》 11+(2)
- 涼介《りょうすけ》 11+(4)
- 健一郎《けんいちろう》 11+(10)
- 規耀《のりあき》 11+(20)
- 翔也《しょうや》 12+(3)
- 喬之《たかゆき》 12+(3)
- 嵐丸《らんまる》 12+(3)
- 義和《よしかず》 13+(8)
- 雅顕《まさあき》 13+(18)
- 麓二《ろくじ》 19+(2)

23+7

姓の画数と例

鷲見
鷲尾 など

姓に合う名の画数

1字名：なし

2・3字名：1+(2)、1+(6)、1+(14)、1+(16)、4+(1)、6+(9)、8+(9)、9+(6)、10+(1)、11+(6)、14+(1)

名前例

- 一八《かずや》 1+(2)
- 乙次《いつじ》 1+(6)
- 一光《かずみつ》 1+(6)
- 一槙《いっしん》 1+(14)
- 乙綺《おとき》 1+(14)
- 乙樹《いつき》 1+(16)
- 一吾紀《かずあき》 1+(16)
- 収一《しゅういち》 4+(1)
- 太一《たいち》 4+(1)
- 友一《ゆういち》 4+(1)
- 圭祐《けいすけ》 6+(9)
- 充彦《みつひこ》 6+(9)
- 守信《もりのぶ》 6+(9)
- 尚哉《なおや》 8+(9)
- 征彦《まさひこ》 8+(9)
- 貞好《さだよし》 9+(6)
- 咲乃介《さきのすけ》 9+(6)
- 星巡《せいじゅん》 9+(6)
- 桂一《けいいち》 10+(1)
- 将一《まさかず》 10+(1)
- 惇成《じゅんせい》 11+(6)
- 崇行《たかゆき》 11+(6)
- 槙一《しんいち》 14+(1)
- 漣一《れんいち》 14+(1)

Column

3字姓の人のための早見表

本書の吉数リストでは、３字姓の画数は（１字め＋２字め）＋３字めの画数で示されています。たとえば日比野さんの場合、日＝４　比＝４　野＝11　で、「8＋11」の吉数リストを見ればいいことになります。

以下に、主な３字姓の吉数リストの早見表を載せました。

姓	参照する吉数リスト	姓	参照する吉数リスト	姓	参照する吉数リスト
佐々木	10+4	阿久津	11+9	日下部	7+11
長谷川	15+3	小野田	14+5	小山田	6+5
五十嵐	6+12	宇都宮	17+10	大河原	11+10
久保田	12+5	大和田	11+5	小山内	6+4
大久保	6+9	波多野	14+11	小田島	8+10
小野寺	14+6	海老原	15+10	小宮山	13+3
小笠原	14+10	小久保	6+9	加賀谷	17+7
佐久間	10+12	日比野	8+11	竹之内	9+4
長谷部	15+11	東海林	17+8	仲宗根	14+10
宇佐美	13+9	宇田川	11+3	曽我部	18+11

名づけに役立つ

文字資料

音のひびき・読みからひける
漢字一覧

この音にはどんな漢字を当てよう？ そんなときは、この漢字一覧が便利。赤ちゃんの名前に使える常用漢字と人名用漢字を、一般的な読みと名前によく使われる読みから調べられるよう、50音順に並べました。漢字の画数がわからないときにも役立ちます。

漢字一覧の見方と使い方

リストは50音順に並んでいます。

漢字の読み

一般的な読みや名《な》乗《の》り（名前特有の読み）でひくことができます。

漢字の画数

画数をもとに、PART4の「名前にふさわしい漢字と名前のリスト」（→P225～347）で漢字の読み方や意味、名前例、名づけのヒントを確認しましょう。

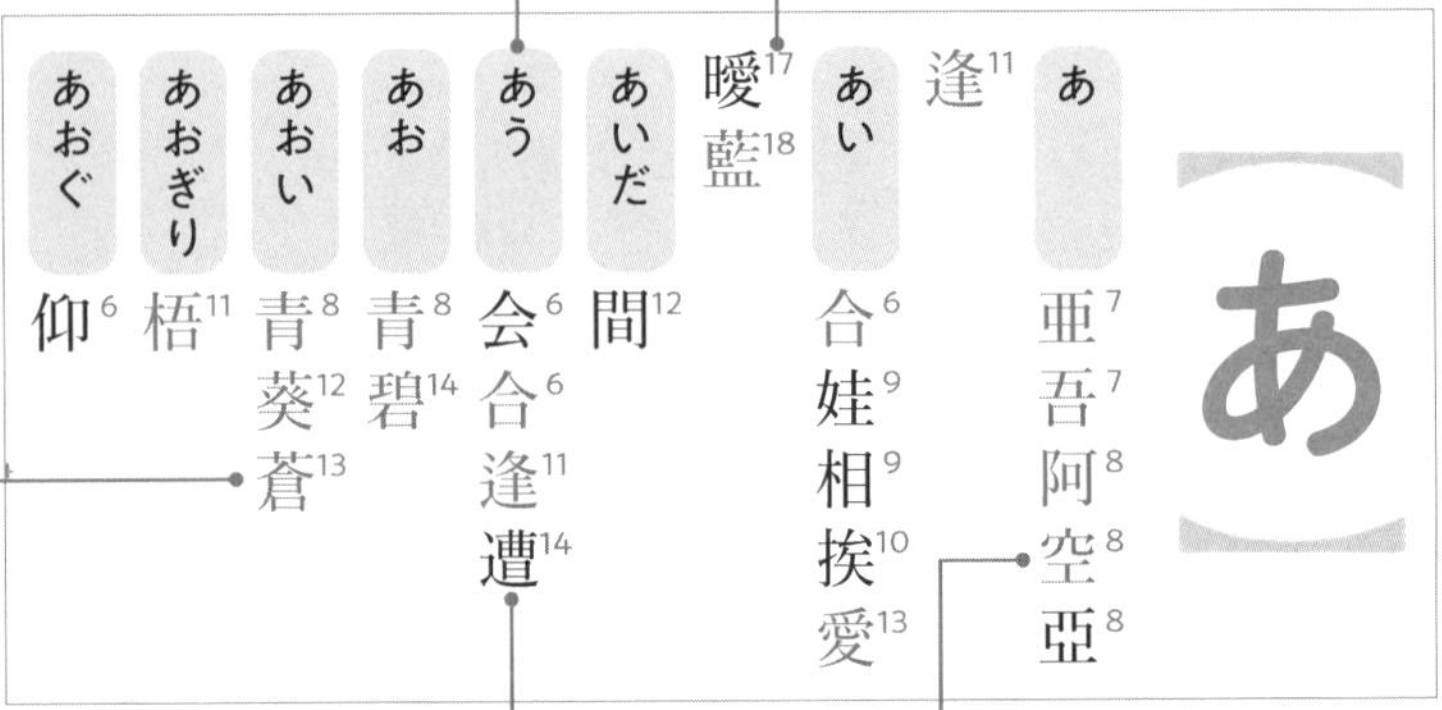

【あ】
あ
亜7
吾7
阿8
空8
亞8
逢11
あい
合6
娃9
相9
挨10
愛13
曖17
藍18
あいだ
間12
あう
会6
合6
逢11
遭14
あお
青8
碧14
あおい
青8
葵12
蒼13
あおぎり
梧11
あおぐ
仰6

漢字の順序

同じ読みの中は、画数順に並んでいます。

黒の文字

「漢字と名前のリスト」で取り上げていない漢字です。一般的な読みを中心に掲載しています。

色の文字

PART4の「名前にふさわしい漢字と名前のリスト」で取り上げた、特に名前にふさわしい漢字です。一般的な読みや名乗りからさがせます。

＊名前には避けたい漢字（→P352）は省略しています。

【あ】

あ　亜7 吾7 阿8 空8 亞8 逢11

あい　合6 娃9 相9 挨10 愛13 曖17 藍18

あいだ　間12

あう　会6 合6 逢11 遭14

あお　青8 碧14

あおい　青8 葵12 蒼13

あおぎり　梧11

あおぐ　仰6

あか　赤7 紅9 緋14

あかざ　萊11

あかつき　暁12 曉16

あかね　茜9

あかり　灯6 明8 燈16

あがる　上3

あかるい　明8

あき　士3 介4 日4 夫4 旦5 旭6 在6 壮6 印6 見7 壯7 旺8 尭8 昂8 昌8 映9 紀9 研9 秋9 昭9 晃10 晋10 哲10 紋10 朗10 菊11 郷11 淳11 紹11 晨11 章11 彬11 朗11 瑛12 覚12 暁12 敬12 晶12 揚12 皓12 堯12 愛13 義13 滉13 幌13 照13 暉13 彰14 璃15 諒15 曉16 謙17 燦17 曙17 瞭17 顕18 燿18 鏡19 耀20 讃22 顯23 鑑23

あきなう　商11

あきら　士3 公4 壬4 右5 央5 正5 旦5 礼5 旭6 光6 在6 成6 全6 名6 亨7 吟7 見7 良7 英8 旺8 果8 学8 享8 昂8 昌8 知8 東8 昊8 威9 映9 秋9 昭9 省9 亮9 玲9 昼9 剣10 高10 祥10 泰10 哲10 敏10 烈10 朗10 晟10 郷11 章11 爽11 彪11 彬11 祥11 敏11 朗11 瑛12 覚12 卿12 暁12 景12 晶12 智12 斐12 揚12 陽12 惺12 皓12 照13 新13 聖13 誠13 幌13 暉13 滉13 煌13 彰14 翠14 聡14 輝15 慧15 徹15 劍15 叡16 憲16 曉16 燦17 曙17 瞳17 瞭17 顕18 曜18 禮18 鏡19 麗19 麒19 燿20 露21 顯23 鑑23

あきらか　明8 亮9 晃10 晄10 晟10 叡16 瞭17

あく　空8 握12 渥12 開12

あくた　芥7

あけ　旦5 南9 緋14 曙17

あけぼの　曙17

あげる　挙10 揚12

あご　顎18

あこがれる　憧15

あさ　旦5 旭6 麻11 晨11 滋12 朝12 諒15

あざ　字6

あさい　浅9

あさひ　旭6

あざやか　鮮17

あし　疋5 芦7 足7 脚11 葦13

あじ　味8

あした　晨11 朝12

あずける　預13

あずさ 梓11

あずま 東8 春9 雷13

あせ 汗6

あせる 焦12

あそぶ 遊12

あたい 価8 直8 値10 價15

あたえる 与3 與14

あたかも 恰9

あたたかい 温12 暖13 溫13

あたま 頭16

あたらしい 新13

あたり 辺5

あたる 中4 勾4 当6 能10

あつ 功5 充6 孝7 宏7 孜7 京8 昌8 春9 純10 凉10 強11 淳11 惇11 陸11 涼11 温12 貴12 敦12 暖13 幹14 諄15 篤16

あつい 厚9 淳11 惇11 渥12 暑12 敦12 暑13 醇15 熱15

あつかう 扱6

あづさ 椅12

あつし 忠8 厚9 重9 純10 渥12 温12 敦12 睦13 溫13 徳14 諄15 德15 篤16

あつむ 侑8

あつめる 集12 蒐13 鳩13 輯16 纂20

あて 宛8

あでやか 艶19

あてる 充6

あと 与3 後9 跡13 與14 蹟18

あな 窟13

あに 兄5

あね 姉8

あひる 鴨16

あびる 浴10

あふれる 溢13

あま 天4 雨8 海9 海10

あまい 甘5

あまね 周8

あまる 余7

あみ 網14

あむ 編15

あめ 天4 穹8 雨8

あや 文4 技7 苑8 采8 紋10 彩11 絢12 綾14 綺14

あやうい 殆9

あやしい 妖7

あやつる 操16

あやまる 謝17

あやめ 菖11

あゆ 鮎16

あゆむ 歩7 步8

あらい 荒9

あらう 洗9

あらし 嵐12

あらす 荒9

あらた 新13

あらためる 改7

あらわす 表8 現11 著11 著12

あり 也3 可5 在6 有6 作7 杜7 益10 惟11 満12 照13

ある 在6 有6 或8

あるく　步7 歩8
あれる　荒9 蕪15
あわ　沫8 粟12
あわい　淡11
あわせる　併8
あわれむ　怜8 憐16
あん　安6 行6 杏7 按9 案10 晏10 庵11 鞍15
あんず　杏7

【い】

い　已3 井4 五4 以5 伊6 夷6 衣6 亥6 位7 囲7 医7 依8 委8 易8 威9 為9 畏9 泉9 尉11 惟11 異11 移11 猪11 唯11 偉12 椅12 集12 猪12 爲12 葦13 意13 彙13 維14 慰15 遺15 緯16 謂16
いう　云4 言7 謂16
いえ　家10
いお　庵11
いおり　庵11
いかずち　雷13
いかん　奈8
いき　粋10 息10 域11 粹14
いきおい　勢13
いきる　生5
いく　生5 行6 如6 育8 郁9 活9 幾12
いぐさ　莞10

いけ　池6
いこい　憩16
いさ　功5 伊6 沙7 勲15 勳16
いさお　力2 功5 勇9 烈10 魁14 勲15 勳16
いさぎよい　屑10 潔15
いさご　砂9
いささか　些8
いさみ　勇9 敢12
いさむ　力2 武8 勇9 浩10 偉12 敢12 湧12 魁14
いし　石5
いしずえ　礎18
いず　五4 出5 稜13
いずみ　泉9
いずる　出5

いそ　磯17
いそぐ　急9
いそし　克7 勤12 勤13
いた　板8
いだく　抱8
いたす　致10
いただき　頂11 巓19
いただく　頂11 戴17
いたむ　戚11
いたる　至6 周8 到8 格10 純10 造10 致10 達12 暢14 徹15 諄15 都12
いち　一1 乙1 市5 壱7 都11
いちご　苺8
いちじるしい　著11 著12
いつ　一1 乙1 伍6 逸11 逸12

溢13 稜13

いつき　斎11 樹16 厳17 嚴20

いつくしむ　慈13

いつつ　五4

いと　糸6 弦8 絃11 綸14

いとなむ　営12

いどむ　挑9

いな　稲14 稻15

いぬ　犬4

いね　禾5 稲14 稻15

いのしし　猪11 猪12

いのち　命8

いのる　祈8 祈9 祷11 禱19

いばら　茨9 楚13

いま　今4 未5

いもうと　妹8

いや　未5 弥8 彌17

いやす　癒18

いよいよ　弥8 彌17

いる　入2 居8 要9 射10 煎13

鋳15 鑄22

いろ　色6 紅9

いろどる　彩11

いわ　岩8 磐15 厳17 巌20 嚴20

巖23

いわう　祝9 祝10

いわお　磐15 巌20 巖23

いわし　鰯21

いわや　窟13

いん　允4 引4 印6 因6 姻9

胤9 音9 員10 院10 寅11 飲12 蔭14 韻19

【う】

う　右5 卯5 生5 宇6 羽6

有6 迂7 臣7 雨8 遊12 鵜18

うい　初7

うえ　上3 於8

うえる　植12

うお　魚11

うかがう　伺7 窺16

うがつ　穿9

うかぶ　汎6 浮10

うく　浮10

うけたまわる　承8

うける　受8 稟13 請15

うごく　動11

うさぎ　兎7

うし　丑4 牛4

うじ　氏4

うしお　汐6 潮15

うしろ　後9

うす　臼6 碓13

うず　渦12

うすい　薄16

うすぎぬ　紗10

うずたかい　堆11

うずめる　塡13

うた　唄10 唱11 詠12 詩13 頌13

歌14 謡16 謠17

うたい 謡16 謡17
うたう 謡16 謡17
うち 内4 裡12
うつ 打5
うつくしい 美9
うつる 写5 映9 移11
うつわ 器15 器16
うで 腕12
うな 海9 海10
うながす 促9
うね 畝10
うぶ 産11
うま 馬10
うまや 厩14
うまれる 生5 産11
うみ 海9 洋9 海10 湖12

うめ 梅10 梅11
うやうやしい 恭10
うやまう 欽12 敬12
うら 心4 浦10 裏13
うらなう 卜2 占5
うらやむ 羨13
うらら 麗19
うり 瓜6
うる 売7 得11 閏12 賣15
うるう 閏12 潤15
うるおう 潤15
うるし 漆14

うるわしい 麗19
うれい 愁13
うれえる 戚11
うれしい 嬉15
うれる 熟15
うろこ 鱗24
うわ 上3
うわぐすり 釉12
うわさ 噂15
うん 云4 運12 雲12

【え】

え 衣6 会6 回6 江6 依8 栄9 廻9 重9 柄9 恵10 笑10 瑛12 絵12 恵12 榎14 慧15 叡16

えい 永5 曳6 泳8 英8 映9 栄9 哉9 営12 瑛12 詠12 榮14 影15 鋭15 叡16 衛16 衛16
えがく 描11
えき 亦6 役7 易8 益10 駅14
えだ 枝8 繁16 繁17
えつ 悦10 越12 謁15 閲15 謁16
えのき 榎14
えび 蝦15
えびす 夷6 胡9 蕃15
えみ 笑10
えむ 笑10
えらい 偉12
えらぶ 撰15 選15
えり 衿9 襟18
える 得11 獲16

えん
円4 宛8 奄8 延8 沿8 炎8 苑8 宴10 俺10 淵11 堰12 援12 焔12 媛12 園13 煙13 猿13 遠13 鉛13 塩13 圓13 演14 鳶14 縁15 緣15 燕16 薗16 艶19

【お】

お
力2 小3 王4 夫4 水4 央5 巨5 乎5 広5 弘5 生5 壮6 百6 牡7 均7 臣7 男7 尾7 壯7 於8 旺8 和8 弦8 音9 彦9 保9 郎9 烏10 峰10 峯10 朗10 郎10 凰11 絃11 渚11 麻11 朗11 隆11 雄12 意13 緒14 綸14 穂15 緖15 廣15 輿17 巌20 巖23

おい
姪9 笈10 甥12

おいて
於8

おう
王4 央5 応7 往8 押8 旺8 欧8 皇9 追9 翁10 桜10 黄11 凰11 奥12 黃12 奧13 横15 橫16 鴨16 應17 襖18 櫻21 鷗22

おうぎ
扇10

おえる
竣12

おお
大3 太4 碩14

おおい
多6

おおう
蓋13 蔽15

おおかみ
狼10

おおきい
大3 巨5

おおせ
仰6

おおとり
凰11 鳳14 鴻17 鵬19

おおやけ
公4

おか
丘5 岡8 岳8 阜8 陵11

おかす
冒9

おがむ
拝8 拜9

おき
気6 沖7 宋7 宙8 恩10 致10 氣10 隆11 幾12 陽12 意13

おぎ
荻10

おぎなう
補12

おきる
起10

おく
屋9 奥12 置13 奧13 億15 憶16 臆17

おくる
送9 贈18 贈19

おくれる
後9

おけ
桶11

おごそか
厳17 嚴20

おこなう
行6

おこる
興16

おさ
吏6 長8 政9 意13 廉13 総14 領14

おさえる
押8

おさない
幼5

おさむ
乃2 士3 京8 治8 紀9 耕10 修10 倫10 宰10 経11 理11 順12 惣12 統12 道12 敦12 靖13 稽15 蔵15 徹15 整16 磨16 藏17 穣18 穰22

おさめる
収4 收6 治8 修10 納10 脩11

おしえる
教11

おしはかる
臆17

おしむ
惜11

おす
牡7 押8 推11 捺11 雄12

おそい　晏10
おそれる　畏9
おそわる　教11
おだやか　穏16
おつ　乙1
おっと　夫4
おと　乙1 己3 吟7 呂7 音9 頌13 響20 響22
おとうと　弟7
おとこ　男7
おとずれる　訪11
おどる　踊14 躍21
おどろく　驚22
おなじ　同6
おに　鬼10
おの　斧8

おのおの　各6
おのれ　己3
おび　帯10 紳11 帶11
おびやかす　劫7
おぼえる　覚12
おみ　臣7
おも　主5 面9
おもい　重9
おもう　思9 惟11 意13 謂16
おもて　表8
おもねる　阿8
おもむき　趣15
おもむく　赴9
おや　親16
およぐ　泳8
およぶ　及3

おり　宅6
おりる　下3
おる　織18
おれ　俺10
おろか　魯15
おろし　卸9
おわる　畢11
おん　苑8 音9 恩10 温12 御12 遠13 溫13 穏16
おんな　女3

【か】

か　力2 下3 化4 火4 日4 加5 可5 叶5 禾5 乎5 甲5 瓜6 仮6 圭6 何7 伽7 花7 芳7 価8 佳8 果8 河8 茄8 金8 庚8 郁9 科9 架9 珂9 迦9 香9 哉9 風9 耶9 珈9 夏10 家10 荷10 華10 菓11 貨11 鹿11 渦12 賀12 嫁13 暇13 嘩13 楓13 靴13 榎14 嘉14 歌14 箇14 樺14 聞14 稼15 蝦15 課15 價15 霞17 鍋17 馨20
が　牙4 瓦5 伽7 我7 河8 画8 芽8 俄9 臥9 峨10 賀12 雅13 駕15
かい　介4 会6 回6 灰6 合6 快7 改7 芥7 貝7 廻9 恢9 海9 界9 皆9 海10 桧10 晦11 械11 絵12 開12 階12 街12 堺12 解13 塊13 楷13 魁14 諧16 懐16 檜17 櫂18 蟹19 懷19

がい　外5 亥6 崖11 涯11 凱12 街12 慨13 蓋13 該13 概14 鎧18
かいこ　蚕10
かいり　浬10
かう　買12 飼13
かえす　返7
かえで　楓13
かえりみる　省9 顧21
かえる　帰10
かお　貌14 顔18
かおり　香9
かおる　芳7 香9 郁9 薫16 薰17 馨20

かが　香9
かかえる　抱8
かかげる　掲11 揭12
かがみ　鏡19
かがやく　暉13 煌13 輝15 燿18 耀20
かかり　係9
かかる　掛11 斯12 繫19 懸20
かかわる　関14
かき　垣9 柿9 堵12
かぎ　勾4 鍵17
かく　各6 此6 角7 画8 拡8 革9 客9 格10 核10 書10 殻11 郭11 描11 覚12 較13 閣14 摑14 確15 獲16 穫18 鶴21
がく　学8 岳8 楽13 樂15 額18 顎18
かぐわしい　馨20

かげ　景12 晩12 蔭14 影15
がけ　崖11
かける　架9 翔12 駆14 駈15 賭16 懸20
かげる　曖17
かご　籠22
かこむ　囲7
かさ　笠11 傘12 塁12 蓋13 嵩13 壘18
かざ　風9
かさねる　重9
かざる　飾13
かし　樫16
かじ　梶11 舵11
かしこい　賢16
かしら　頭16

かしわ　柏9
かす　春9 貸12
かず　一1 九2 七2 十2 二2 八2 千3 万3 五4 司5 主5 旦5 冬5 多6 年6 壱7 寿7 良7 宗8 知8 法8 和8 紀9 研9 重9 春9 起10 兼10 航10 教11 葛12 策12 雄12 萬12 数13 壽14 稽15 憲16 麗19
かすみ　霞17
かすめる　掠11
かぜ　吹7 風9
かせぐ　稼15
かぞえる　数13
かた　才3 片4 方4 名6 形7 肩8 型9 兼10 容10 崇11 敬12 結12 犀12 豊13 豪14 潟15 謙17

かたい　固8 堅12 硬12
かたし　介4 重9 拳10 剛10 堅12
かたち　形7 貌14
かたな　刀2
かたまり　塊13
かたまる　固8
かたる　語14
かたわら　傍12
かつ　一1 万3 且5 甲5 克7 括9 活9 亮9 勉9 桂10 勉10 強11 健11 捷11 凱12 割12 葛12 勝12 達12 筈12 雄12 萬12 滑13 褐13 豪14 轄17 優17
かっ　合6
がつ　月4
がっ　合6
かつぐ　担8

かつて　曽11 曾12 嘗14
かつみ　克7
かつら　桂10 葛12 藤18
かて　糧18
かど　圭6 角7 門8 葛12 稜13
かな　乎5 金8 哉9 奏9
かなう　叶5
かなえ　鼎13
かなでる　奏9
かなめ　要9
かならず　必5
かに　蟹19
かね　金8 周8 宝8 矩10 兼10 務11 詠12 鉱13 鉄13 銀14 錦16 謙17 鏡19 鐘20
かねる　兼10

かの　彼8
かのえ　庚8
かば　椛11 樺14
かばう　庇7
かばん　鞄14
かぶ　株10 蕪15
かぶと　兜11
かべ　壁16
かま　釜10 窯15 鎌18
がま　蒲13
かまえる　構14
かまびすしい　喧12 嘩13 噌15

かみ　上3 天4 甫7 昇8 省9 神9 紙10 神10 竜10 髪14 髮15 龍16
かみなり　雷13
かめ　亀11
かも　鴨16
かもしか　羚11
かもす　醸20 釀24
かもめ　鷗22
かや　茅8 草9 萱12
かゆ　粥12
かよう　通10
から　空8 唐10 殻11
がら　柄9
からい　辛7
からす　烏10
からだ　体7

からむ 絡12
かり 仮6 雁12
かる 刈4 狩9 駆14 駈15
かるい 軽12
かれ 彼8
かろやか 軽12
かわ 川3 皮5 河8 革9
がわ 側11
かわく 乾11
かわす 交6
かわせみ 翠14
かわら 瓦5

かわる 代5 替12 換12
かん 干3 刊5 甘5 甲5 汗6 缶6 完7 肝7 串7 侃8 官8 函8 巻8 冠9 巻9 柑9 看9 竿9 神9 莞10 神10 栞10 乾11 勘11 貫11 菅11 寒12 喚12 堪12 換12 敢12 款12 間12 閑12 勧13 寛13 幹13 感13 漢13 寛14 慣14 漢14 管14 関14 歓15 監15 緩15 憾16 還16 館16 環17 簡18 観18 韓18 艦21 鑑23
がん 丸3 元4 含7 岸8 玩8 岩8 眼11 雁12 頑13 顔18 願19 巌20 巖23
かんがえる 考6
かんがみる 鑑23
かんなぎ 巫7
かんばしい 芳7
かんむり 冠9

【き】

き 己3 王4 木4 甲5 生5 企6 机6 気6 伎6 行6 岐7 希7 汽7 求7 芹7 玖7 来7 李7 奇8 祈8 季8 宜8 祁8 其8 東8 林8 來8 祈9 紀9 軌9 祇9 城9 既10 帰10 記10 起10 鬼10 氣10 黄11 基11 寄11 規11 亀11 埼11 章11 絆11 葵12 黄12 喜12 幾12 揮12 期12 棋12 稀12 貴12 幹13 暉13 旗14 箕14 綺14 器15 嬉15 毅15 畿15 輝15 槻15 熙15 窺16 器16 機16 興16 樹16 磯17 徽17 騎18 麒19
ぎ 伎6 技7 宜8 祇9 義13 儀15 戯15 誼15 戲17 議20
きく 利7 効8 掬11 菊11 聞14 鞠17 聴17 聽22

きざし 兆6
きざす 萌11 萠11
きざむ 刻8
きし 岸8 研9
きずく 築16
きずな 絆11
きそう 競20
きた 北5 朔10
きたえる 鍛17
きたる 来7 來8
きち 吉6
きつ 吉6 迄7 桔10 喫12 詰13 橘16
きっさき 鋒15
きぬ 衣6 絹13

きぬた 砧10
きね 杵8
きのこ 茸9
きば 牙4
きびしい 厳17 嚴20
きまる 決7
きみ 王4 公4 江6 君7 林8 竜10 乾11 淑11 卿12 鉄13 龍16
きめる 決7
きも 肝7
きゃく 客9 脚11
きゅう 九2 久3 及3 弓3 丘5 旧5 臼6 休6 吸6 求7 汲7 灸7 究7 玖7 穹8 急9 級9 宮10 笈10 赳10 救11 球11 毬11 給12 鳩13 廐14
ぎゅう 牛4

きよ 心4 汐6 圭6 青8 斉8 研9 洋9 粋10 雪11 舜13 廉13 静14 齊14 粹14 潔15 澄15 摩15 磨16 靜16 燦17 馨20
きょ 去5 巨5 居8 拠8 挙10 許11 距12 裾13 鋸16
ぎょ 魚11 御12 漁14
きよい 清11
きょう 叶5 兄5 共6 匡6 杏7 亨7 享8 京8 供8 協8 況8 恰9 侠9 峡9 挟9 香9 峽10 恭10 強11 教11 郷11 経11 梗11 卿12 喬12 境14 蕎15 橋16 興16 頰16 鏡19 競20 響20 響22 饗22 驚22 驍22
ぎょう 仰6 行6 形7 尭8 暁12 堯12 業13 凝16 曉16 驍22
きょく 旭6 曲6 局7 極12
ぎょく 玉5

きよし 圭6 忠8 泉9 美9 浩10 純10 健11 淑11 淳11 清11 晴12 陽12 聖13 靖13 廉13 碧14 潔15 澄15
きよみ 雪11
きら 晃10 晄10
きらめく 煌13 燦17
きり 桐10 錐16 霧19
きる 斬11 着12
きわ 際14
きわめる 究7 極12
きん 巾3 斤4 今4 均7 芹7 近7 君7 臣7 欣8 金8 林8 衿9 菫11 勤12 欽12 琴12 筋12 僅13 勤13 緊15 錦16 謹17 襟18 謹18
ぎん 吟7 銀14

【く】

く 九2 久3 口3 工3 区4 句5 功5 巧5 玖7 来7 空8 供8 來8 穹8 紅9 宮10 矩10 庫10 貢10 琥12 駆14 駈15 駒15
ぐ 弘5 具8 倶10
くい 杭8
くう 久3 空8 食9
ぐう 宮10 偶11 寓12 遇12 隅12
くき 茎8
くぎ 釘10
くさ 草9
くさむら 叢18
くし 串7 櫛19

くじら 鯨19
くしろ 釧11
くす 楠13 樟15
くず 屑10 葛12
くすのき 楠13 樟15
くすり 薬16 藥18
くだ 管14
くだる 下3
くち 口3
くちすすぐ 漱14
くつ 沓8 掘11 窟13 靴13
くに 乙1 州6 地6 呉7 宋7 邦7 邑7 国8 明8 郁9 洲9 晋10 都11 國11 葉12 都12

くばる 配10
くび 首9
くぼむ 窪14
くま 阿8 隈12 熊14
くみ 伍6 組11 綸14
くむ 汲7 酌10 組11
くも 雲12
くもる 曇16
くら 倉10 椋12 鞍15 蔵15 藏17
くらい 位7 昧9 冥10 晦11 蒙13
くらう 食9
くらす 暮14
くらべる 比4
ぐらむ 瓦5
くり 栗10
くりや 厨12

くる 来7 來8 徠11 繰19
くるま 車7
くれ 伎6 呉7 紅9
くれない 紅9
くれる 暮14
くろ 玄5 黒11 黑12 黎15
くわ 桑10 鍬17
くわえる 加5
くわしい 詳13
くわだてる 企6
くん 君7 訓10 勲15 薫16 勳16 薰17
ぐん 軍9 郡10 群13

【け】

け 斗4 仮6 気6 圭6 家10 華10 氣10 袈11 稀12 懸20
げ 下3 外5 夏10 解13
けい 兄5 圭6 形7 系7 佳8 京8 径8 茎8 係9 型9 契9 計9 勁9 奎9 恵10 桂10 啓11 掲11 渓11 経11 蛍11 彗11 頃11 卿12 掲12 敬12 景12 軽12 惠12 携13 継13 詣13 境14 肇14 慶15 慧15 稽15 憬15 憩16 繋19 警19 鶏19 馨20 競20 鷄21
げい 芸7 迎7 藝18 鯨19
げき 戟12 隙13 劇15 激16
けさ 祇9
けた 桁10

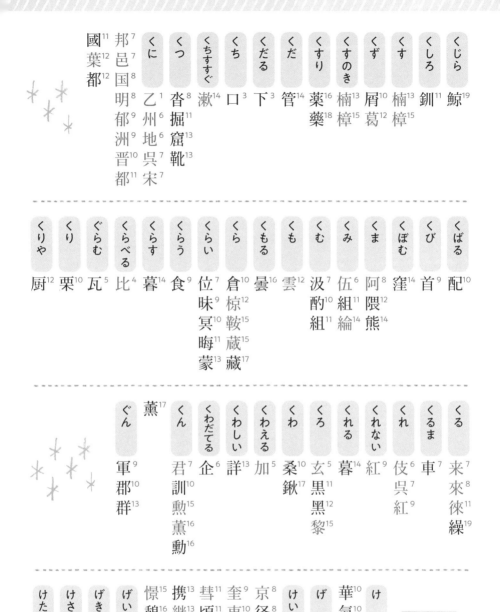

けだし
蓋13

けつ
決7 頁9 訣11 結12 傑13 潔15 蕨15

げつ
月4

けむり
煙13

けや
槻15

ける
蹴19

けわしい
峻10 険11 險16

けん
犬4 件6 見7 券8 肩8 建9 研9 県9 倹10 兼10 剣10 拳10 軒10 栞10 健11 捲11 牽11 険11 菅11 圈11 絢12 萱12 間12 喧12 圏12 堅12 検12 硯12 献13 絹13 遣13 権15 儉15 劍15 憲16 賢16 縣16 險16 謙17 鍵17 檢17 顕18 験18 繭18 懸20 顯23 驗23

げん
元4 幻4 玄5 言7 弦8 彦9 原10 眼11 現11 絃11 舷11 硯12 源13 諺16 厳17 験18 嚴20 驗23

こ

こ
己3 子3 小3 戸4 木4 去5 乎5 古5 君7 児7 来7 呼8 固8 虎8 兒8 來8 故9 胡9 弧9 個10 庫10 粉10 黄11 袴11 黃12 湖12 雇12 琥12 誇13 跨13 鼓13 瑚13 糊15 顧21

ご
五4 互4 午4 伍6 呉7 吾7 冴7 胡9 後9 娯10 悟10 梧11 期12 御12 瑚13 碁13 語14 醐16 檎17 護20

こい
恋10 濃16 鯉18

こいしい
恋10

こいねがう
倖10

こう
口3 工3 公4 勾4 孔4 功5 巧5 広5 弘5 甲5 仰6 交6 光6 向6 好6 江6 考6 行6 亙6 亘6 亨7 坑7 孝7 宏7 攻7 更7 劫7 岡8 効8 幸8 庚8 昂8 杭8 肯8 肴8 昊8 穹8 恰9 後9 侯9 厚9 巷9 恒9 洪9 皇9 紅9 荒9 郊9 香9 神9 虹9 頁9 恆9 洸9 格10 桁10 候10 倖10 晃10 校10 浩10 紘10 耕10 航10 貢10 高10 神10 恋10 晄10 黄11 康11 梗11 皐11 黃12 港12 硬12 項12 皓12 溝13 鉱13 塙13 幌13 滉13 煌13 構14 綱14 酵14 閤14 稿15 請15 廣15 興16 衡16 鋼16 縞16 講17 購17 鴻17 藁17 轟21

ごう
号5 合6 劫7 昂8 巷9 剛10 強11 郷11 業13 豪14 壕17 轟21

こうむる
蒙13

こえ
吟7 声7

こえる
越12 超12

こおり
氷5

こおる
冴7 凍10

こがれる
焦12

こく
石5 克7 告7 谷7 刻8 国8 黒11 國11 黑12 穀14 穀15

こぐ
漕14

ごく
極12

こけ
苔8

こげる
焦12

ここ
此6 斯12

こごえる
凍10

ここのつ
九2

こころ
心4 意13

こころざし
志7

こころざす 志7
こころみる 試13
こころよい 快7
こし 輿17
こす 越12 超12
こずえ 梢11 梶11 槙14 槇14 櫂18
こたえ 答12
こたえる 応7
こつ 忽8 惚11 滑13
こと 士3 功5 言7 采8 事8 承8 信9 殊10 異11 琴12 詞12 勲15 勳16
ことごとく 悉11 畢11
ことぶき 寿7 壽14
ことわざ 諺16
こな 粉10
この 之3 此6 斯12

このむ 好6 喜12
こはく 琥12
こぶし 拳10
こま 駒15
こまかい 細11
こむ 込5 混11
こめ 米6
こもる 籠22
こよみ 暦14 曆16
こる 凝16
これ 之3 比4 以5 伊6 此6 是9 荘9 時10 莊10 惟11 斯12 維14
ころ 頃11
ころがる 転11 轉18
ころぶ 転11 轉18
ころも 衣6

こわ 声7
こわし 毅15
こん 今4 近7 金8 昆8 建9 根10 婚11 混11 紺11 渾12 献13 魂14 墾16 懇17
ごん 言7 勤12 勤13 権15 厳17 嚴20

【さ】

さ 二2 叉3 才3 三3 小3 左5 再6 早6 冴7 佐7 沙7 作7 些8 珊9 査9 砂9 茶9 差10 紗10 皐11 彩11 渚11 爽11 善12 嵯13 裟13 蓑13 瑳14 榊14 総14
ざ 三3 坐7 座10

さい 才3 再6 西6 妻8 采8 哉9 宰10 栽10 財10 晒10 柴10 凄10 彩11 採11 済11 砦11 祭11 斎11 細11 菜11 最12 犀12 裁12 催13 塞13 歳13 載13 際14
ざい 在6 材7 剤10 財10
さいわい 幸8 倖10
さえ 冴7
さえる 冴7
さお 竿9 操16
さか 坂7 阪7 酒10
さかい 界9 堺12 境14
さかえ 秀7 昌8 潤15
さかえる 栄9 榮14

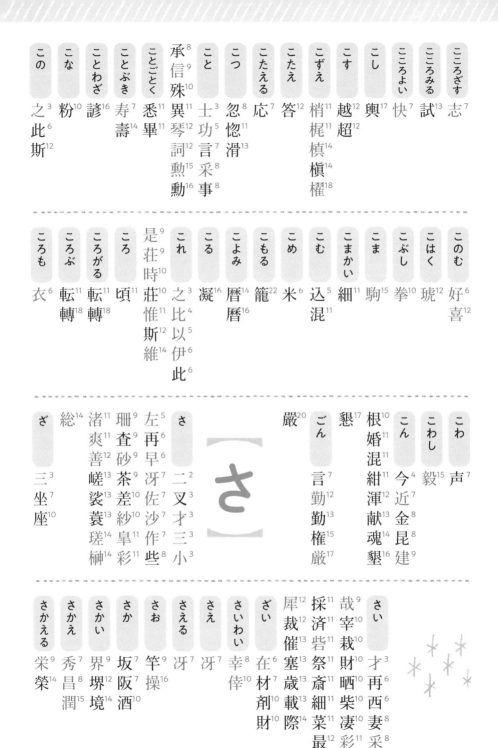

- さかき　榊14
- さがす　捜10 探11 搜12
- さかずき　杯8 盃9
- さかな　肴8 魚11
- さかのぼる　遡14
- さがる　下3
- さかん　昌8 盛11 興16
- さき　先6 早6 岬8 咲9 祥10 閃10 崎11 埼11 祥11 福13 魁14 福14 輿16
- さぎ　鷺24
- さきがけ　魁14
- さく　冊5 作7 咲9 昨9 柵9 朔10 窄10 索10 割12 策12 酢12
- さくら　桜10 櫻21
- さけ　酒10
- さげる　提12

- ささ　小3 笹11 楽13 樂15 篠17
- ささえる　支4
- ささげる　捧11
- さざなみ　漣14
- さしがね　矩10
- さす　指9 差10 挿10
- さずける　授11
- さそう　誘14
- さた　究7
- さだ　正5 安6 成6 完7 究7 治8 信9 貞9 真10 晏10 眞10 渉10 涉11 覚12 節13 禎13 寧14 禎14 節15 憲16
- さだめる　定8

- さち　吉6 幸8 征8 倖10 祥10 祥11 葛12 禎13 福13 禎14 福14
- さつ　冊5 札5 刷8 刹8 拶9 察14 颯14 撮15 薩17
- さっ　早6
- ざつ　雑14 雜18
- さと　吏6 邑7 利7 里7 学8 知8 巷9 彦9 俐9 悟10 郷11 啓11 都11 理11 覚12 智12 都12 誠13 聡14 慧15 諭16 識19
- さとい　怜8 俐9 智12 惺12 聡14 慧15 叡16
- さとき　鋭15
- さとし　邑7 里7 怜8 恵10 悟10 哲10 敏10 啓11 捷11 敏11 暁12 敬12 達12 惠12 聖13 聡14 叡16 賢16 諭16 曉16

- さとす　諭16
- さとる　仏4 学8 知8 侠9 悟10 哲10 覚12 暁12 聖13 聡14 曉16
- さな　真10 眞10
- さね　以5 壱7 志7 実8 信9 愛13 嗣13 實14 護20
- さばく　裁12
- さび　錆16
- さぶ　三3
- さま　様14 樣15
- さます　覚12 醒16
- さむ　三3
- さむい　寒12
- さむらい　侍8
- さめる　冷7
- さや　爽11 鞘16

さら 皿5 更7

さらう 掠11

さらす 晒10

さる 去5 猿13

さわ 沢7

さわやか 爽11

さん 三3 山3 参8 珊9 桟10 蚕10 産11 傘12 算14 撒15 賛15 燦17 纂20 讃22

ざん 斬11 暫15

【し】

し 士3 子3 之3 巳3 支4 止4 氏4 仕5 仔5 司5 史5 四5 市5 示5 只5 矢5 伎6 此6 旨6 糸6 至6 次6 自6 伺7 志7 孜7 私7 使8 始8 姉8 枝8 祉8 茨9 柿9 祇9 姿9 思9 指9 施9 祉9 師10 紙10 砥10 恣10 梓11 視11 偲11 崇11 斯12 紫12 覗12 詞12 嗣13 獅13 詩13 試13 資13 飼13 誌14 雌14 賜15 摯15 諮16

じ 二2 司5 仕5 示5 字6 寺6 至6 次6 而6 耳6 自6 地6 弐6 似7 児7 事8 侍8 治8 兒8 持9 時10 滋12 智12 慈13 蒔13 路13 爾14 磁14 璽19

しあわせ 幸8

しい 椎12

しいる 強11

しお 汐6 塩13 潮15

しおり 栞10

しか 鹿11 爾14

しかして 而6

しき 式6 色6 織18 識19

じき 直8 食9

しく 敷15

じく 竺8 軸12

しげ 十2 木4 以5 孜7 臣7 苑8 茂8 重9 信9 甚9 草9 荘9 恵10 莊10 習11 盛11 隆11 森12 賀12 滋12 順12 惠12 義13 慈13 誠13 誉13 維14 蓬14 蕪15 諄15 薫16 樹16 篤16 繁16 薰17 繁17 穣18 穰22 鑑23

しげみ 竜10 龍16

しげる 成6 秀7 茂8 盛11 滋12 森12 董12 慈13 蒼13 蓄15 蕪15 繁16 繁17

しこうして 而6

しし 鹿11 獅13

しず 靖13 静14 寧14 穏16 靜16

しずか 惺12 静14 靜16

しずく 雫11 滴14

しずめる 鎮18 鎭18

した 下3

しだ 恩10

したう 慕14

したがう 従10 從11

したしい 親16

したたる 滴14

しち 七2 質15

しつ 室9 疾10 執11 悉11 湿12 漆14 質15 濕17 櫛19

じつ 日4 実8 實14

じっ 十2

しで 幣15

しな 信9 品9 等12

しの 篠17

しのぎ 凌10

しのぐ 凌10

しのぶ 忍7 偲11 毅15

しば 芝6 柴10

しぶ 渋11 澁15

しぶき 沫8

しま 島10 嶋14 縞16

しみ 染9

しめす 示5

しめる 占5 湿12 締15 濕17

しも 下3 霜17

しゃ 写5 沙7 社7 車7 舎8 社8 者8 砂9 者9 柘9 射10 紗10 赦11 斜11 這11 煮12 煮13 謝17

しゃく 勺3 尺4 石5 灼7 赤7 昔8 酌10 釈11 錫16 爵17

じゃく 若8 雀11 惹12 着12

しゃべる 喋12

しゅ 手4 主5 守6 朱6 取8 狩9 首9 殊10 珠10 酒10 修10 衆12 楢13 種14 趣15 諏15

じゅ 寿7 受8 従10 授11 從11 就12 需14 竪14 壽14 儒16 樹16 濡17

しゅう 収4 州6 舟6 收6 秀7 周8 宗8 拾9 洲9 秋9 祝9 柊9 修10 祝10 袖10 執11 習11 週11 脩11 就12 衆12 集12 萩12 葺12 愁13 蒐13 酬13 楢13 輯16 鍬17 繍18 蹴19 鷲23

じゅう 十2 廿4 汁5 充6 住7 拾9 柔9 重9 従10 渋11 從11 銃14 澁15 縦16 縱17

しゅく 叔8 祝9 祝10 宿11 淑11 粛11 粥12 縮17 蹴19

じゅく 塾14 熟15

しゅつ 出5

じゅつ 述8 術11

しゅん 旬6 俊9 春9 峻10 准10 隼10 淳11 竣12 舜13 馴13 駿17 瞬18

じゅん 旬6 巡6 盾9 洵9 准10 純10 隼10 淳11 惇11 絢12 閏12 循12 順12 楯13 準13 馴13 詢13 潤15 遵15 醇15 諄15

しょ 処5 初7 杵8 所8 書10 渚11 庶11 埜11 野11 暑12 渚12 暑13 署13 緒14 署14 諸15 緒15 諸16 曙17

じょ 女3 汝6 如6 助7 序7 叙9 徐10 恕10 敍11

しょう 小3 上3 井4 升4 少4 召5 正5 生5 匠6 庄6 床7 抄7 肖7 声7 尚8 承8 招8 昇8 昌8 松8 沼8 姓8 青8 昭9 省9 政9 星9 相9 従10 哨10 宵10 将10 渉10 祥10 称10 笑10 商11 唱11 捷11 梢11 渉11 祥11 章11 紹11 菖11 訟11 清11 將11 從11 笙11 勝12 掌12 晶12 湘12 焦12 硝12 粧12 証12 詔12 象12 装12 翔12 奨13 照13 詳13 装13 頌13 嘗14 彰14 蒋14 裳14 摺14 精14 槍14 奬14 樟15 蕉15

賞15 憧15 鞘16 篠17 礁17 醤18 鐘20

じょう
上3 丈3 丞6 成6 条7 杖7 状7 狀8 帖8 定8 乗9 城9 浄9 茸9 乘10 常11 剰11 情11 盛11 條11 淨11 場12 畳12 剩12 蒸13 嘗14 静14 縄15 壌16 嬢16 錠16 靜16 穣18 譲20 醸20 孃20 疊22 穰22 讓24 釀24

しょく
色6 食9 埴11 植12 殖12 飾13 嘱15 燭17 織18 職18

しら
白5

しらべる
調15

しる
汁5 知8

しるし
印6 徽17

しるす
記10 疏12

しろ
代5 白5 城9 素10

しろい
白5 皓12

しろがね
銀14

しん
心4 申5 伸7 臣7 芯7 身7 辛7 辰7 信9 神9 津9 振10 晋10 真10 神10 秦10 針10 眞10 深11 紳11 進11 晨11 森12 診12 寝13 慎13 新13 愼13 榛14 賑14 槙14 槇14 寢14 審15 震15 請15 薪16 親16

じん
人2 刃3 仁4 壬4 尽6 迅6 臣7 神9 甚9 神10 訊10 陣10 尋12 盡14

【す】

す
子3 主5 守6 州6 沙7 寿7 洲9 春9 津9 素10 進11 巣11 巢11 須12 酢12 棲12 数13 壽14 諏15

ず
図7 豆7 事8 津9 頭16 鶴21

すい
水4 出5 吹7 垂8 炊8 帥9 珀9 粋10 推11 酔11 彗11 遂12 睡13 翠14 粹14 誰15 穂15 醉15 錐16 錘16 穗17

ずい
随12 瑞13 髄19

すう
吸6 枢8 崇11 嵩13 数13 雛18

すえ
末5 君7 秀7 宋7 季8 梢11 淑11 陶11 梶11 堅12 葉12

すえる
据11

すが
菅11 清11

すがた
姿9

すき
隙13 鍬17

すぎ
杉7

すく
好6 透10

すぐ
直8

すくう
匡6 掬11 救11

すくない
少4

すぐる
克7 英8 卓8 俊9 逸11 捷11 勝12 逸12 豪14 優17

すぐれる
優17

すけ
允4 介4 夫4 友4 左5 右5 丞6 弐6 佐7 助7 伴7 扶7 甫7 佑7 育8 延8 承8 昌8 典8 侑8 哉9 毘9 宥9 祐9 亮9 恭10 高10 将10 祐10 凉10 理11 涼11 脩11 將11 喬12 裕12 資13 奨13 輔14 奬14 諒15 翼17 讃22

すげ
菅11

すこし　少4

すこぶる　頗14

すこやか　健11

すさまじい　凄10

すじ　筋12

すす　煤13

すず　紗10 鈴13 錫16

すすぐ　漱14

すずしい　涼10 凉11

すすむ　二2 万3 丞6 亨7 歩7 延8 享8 昇8 歩8 侑8 迪8 貢10 将10 晋10 乾11 皐11 進11 將11 萬12 勧13 奨13 奬14 範15

すずめ　雀11

すすめる　侑8 勧13 薦16

すずり　硯12

すそ　裾13

すだれ　簾19

ずつ　宛8

すでに　既10

すな　沙7 砂9

すなお　直8 是9 純10 素10 淳11 惇11 順12 廉13

すなわち　乃2 曽11 曾12

すばる　昴9

すべ　皇9

すべて　全6

すべる　統12 滑13 綜14

すぼむ　窄10

すみ　好6 在6 有6 究7 邑7 宜8 宣9 炭9 純10 淑11 清11 隅12 統12 遥12 維14 墨14 遙14 澄15 墨15 篤16

すみやか　速10

すみれ　菫11

すむ　住7 栖10 済11 棲12 澄15

すめら　皇9

すもも　李7

する　刷8 摺14

するどい　鋭15

すわる　坐7 座10 据11

すん　寸3

【せ】

せ　世5 汐6 施9 勢13 瀨19 瀬19

ぜ　是9

せい　井4 世5 正5 生5 成6 西6 声7 制8 姓8 征8 青8 斉8 省9 政9 星9 凄10 栖10 晟10 情11 清11 盛11 甥12 晴12 棲12 婿12 貰12 惺12 歳13 勢13 聖13 誠13 靖13 精14 製14 誓14 静14 齊14 請15 錆16 整16 醒16 靜16

ぜい　税12 説14

せき　夕3 石5 汐6 赤7 昔8 析8 隻10 席10 脊10 惜11 戚11 責11 堰12 跡13 関14 碩14 積16 績17 蹟18 籍20

せち　節13 節15

せつ　拙8 刹8 屑10 接11 設11 雪11 摂13 節13 説14 綴14 節15 攝21

ぜに　銭14

せまい　窄10

せまる　迫8

せみ　蟬18

せめる　攻7 責11

せり　芹7

せる　競20

ぜろ　零13

せん　千3 川3 仙5 占5 先6 尖6 亙6 亘6 串7 茜9 宣9 専9 泉9 浅9 洗9 染9 穿9 扇10 栓10 閃10 釧11 旋11 船11 專11 揃12 煎13 羨13 践13 詮13 銭14 銑14 箋14 撰15 潜15 線15 選15 遷15 薦16 繊17 鮮17 蟬18 纖23

ぜん　全6 前9 善12 然12 禅13 漸14 膳16 禪17 繕18

【そ】

そ　三3 衣6 宋7 征8 狙8 祖9 祖10 租10 素10 措11 曽11 組11 曾12 疏12 塑13 楚13 想13 遡14 漱14 噌15 礎18 蘇19

そう　双4 爪4 壮6 早6 宋7 走7 壯7 沿8 宗8 奏9 相9 草9 荘9 送9 桑10 倉10 捜10 挿10 莊10 曽11 爽11 掃11 曹11 巣11 巢11 窓11 添11 曾12 創12 惣12 搜12 装12 湊12 僧13 想13 蒼13 裝13 僧14 層14 槍14 漕14 総14 綜14 聡14 遭14 漱14 颯14 噌15 層15 槽15 踪15 操16 燥17 霜17 叢18 贈18 藻19 贈19

ぞう　三3 造10 象12 雑14 像14 増14 增15 蔵15 藏17 贈18 雜18 贈19

そうろう　候10

そえる　添11

そく　即7 束7 足7 促9 則9 即9 息10 捉10 速10 側11 測12 塞13

ぞく　族11 粟12 属12 続13

そこ　底8

そそぐ　注8 漱14

そぞろに　坐7

そだつ　育8

そつ　卒8 率11

そで　袖10

そと　外5

そなえる　供8 備12

そなわる　備12 詮13

その　苑8 其8 園13 薗16

そば　蕎15

そめる　初7 染9

そら　天4 空8 宙8 昊8 穹8

そる　反4

それ　其8

そろう　揃12

そん　存6 村7 孫10 尊12 巽12 遜14 噂15 樽16 鱒23

ぞん　存6

【た】

た　大3 手4 太4 他5 田5 北5 多6 汰7 詑13

だ　打5 陀8 舵11 梛11 楕13

たい　大3 太4 代5 台5 体7 対7 苔8 耐9 待9 殆9 帯10 泰10 堆11 袋11 帯11 替12 貸12 隊12 碓13 態14 黛16 戴17 鯛19

だい　乃2 大3 内4 代5 台5 弟7 第11 醍16 題18

だいだい　橙16

たいら　水4 平5 坦8

たいらげる　夷6

たえ　才3 紗10

たえる　耐9 堪12

たか　乙1 万3 王4 公4 太4 天4 右5 立5 宇6 共6 好6 考6 竹6 孝7 臣7 良7 学8 岳8 享8 尭8 空8 幸8 昂8 尚8 卓8 和8 威9 栄9 香9 俊9 荘9 飛9 高10 能10 峰10 峯10 莊10 渉10 旅10 教11 阜11 梢11 渉11 章11 崇11 琢11 猛11 堂11 陸11 隆11 啓11 陵11 貴12 敬12 堅12 竣12 尊12 登12 等12 雄12 揚12 塁12 陽12 萬12 堯12 琢12 嵩13 楚13 稜13 旗14 鳳14 榮14 毅15 賢16 厳17 顕18 壘18 寵19 嚴20 驍22 顯23 鷹24

たかい　尭8 昂8 高10 峻10 喬12 堯12

たがい　互4

たかし　天4 仙5 立5 充6 任6 孝7 岳8 尭8 京8 宗8 尚8 卓8 宝8 郁9 俊9 荘9 峨10 恭10 高10 剛10 峻10 峰10 峯10 莊10 阜11 崇11 堂11 隆11 崚11 貴12 敬12 竣12 尊12 堯12 幹13 嵩13 聖13 節13 誉13 節15 駿17

たがやす　耕10

たから　宝8

たき　滝13 瀧19

たきぎ　薪16

たく　宅6 托6 択7 沢7 炊8 卓8 拓8 度9 啄10 託10 琢11 琢12 焚12 濯17 擢17 櫂18

だく　抱8 諾15

たぐい　類18

たくましい　逞11

たくみ　工3 巧5 伎6 匠6

たくわえる　蓄13

たけ　丈3 広5 壮6 竹6 兵7 壮7 岳8 虎8 武8 宝8 孟8 威9 建9 茸9 勇9 高10 剛10 赳10 強11 健11 崇11 盛11 猛11 偉12 貴12 嵩13 節13 廣15 節15

たけお　猛11

たけし　壮6 壯7 英8 岳8 長8 武8 孟8 威9 建9 勇9 洸9 剛10 馬10 烈10 赳10 乾11 健11 梗11 彪11 猛11 雄12 滝13 豪14 毅15 瀧19

たける　武8 威9 建9 猛11 尊12

たこ　凧5

たしか　確15

たす 足[7]

たず 鶴[21]

だす 出[5]

たすく 介[4] 比[4] 右[5] 匡[6] 佐[7] 助[7] 佑[7] 将[10] 將[11] 資[13] 奨[13] 輔[14] 奬[14] 翼[17]

たすける 丞[6] 助[7] 佑[7] 侑[8] 毘[9] 祐[9] 祐[10] 輔[14]

たずさえる 携[13]

たずねる 訊[10] 訪[11] 尋[12]

ただ 九[2] 十[2] 工[3] 也[3] 允[4] 只[5] 矢[5] 由[5] 伊[6] 江[6] 考[6] 旬[6] 地[6] 任[6] 均[7] 伸[7] 迪[8] 忠[8] 祇[9] 貞[9] 柾[9] 格[10] 祥[10] 粋[10] 挺[10] 涉[10] 宰[10] 惟[11] 渉[11] 唯[11] 祥[11] 萱[12] 喬[12] 欽[12] 達[12] 渡[12] 資[13] 維[14] 彰[14] 粹[14] 蔵[15] 叡[16] 薫[16] 藏[17] 薰[17] 顧[21] 讃[22]

たたえる 湛[12] 讃[22]

たたかう 闘[18]

たたく 啄[10]

ただし 公[4] 仁[4] 正[5] 旦[5] 矢[5] 匡[6] 但[7] 延[8] 征[8] 斉[8] 忠[8] 直[8] 按[9] 是[9] 政[9] 荘[9] 貞[9] 律[9] 格[10] 矩[10] 将[10] 莊[10] 規[11] 淳[11] 理[11] 將[11] 覚[12] 善[12] 董[12] 道[12] 雅[13] 義[13] 禎[13] 廉[13] 竪[14] 端[14] 徳[14] 齊[14] 禎[14] 德[15] 憲[16]

ただしい 正[5]

ただす 匡[6] 孜[7] 治[8] 征[8] 貞[9] 律[9] 規[11] 温[12] 溫[13] 憲[16]

ただちに 直[8]

たたみ 畳[12] 疊[22]

ただよう 漂[14]

たち 楯[13]

たちばな 橘[16]

たちまち 奄[8] 忽[8]

たつ 立[5] 辰[7] 武[8] 起[10] 竜[10] 琢[11] 裁[12] 巽[12] 達[12] 琢[12] 竪[14] 樹[16] 龍[16]

たつき 樹[16]

たっとい 貴[12] 尊[12]

たつみ 巽[12]

たつる 建[9] 樹[16]

たて 盾[9] 楯[13] 竪[14] 縦[16] 縱[17]

たてまつる 奉[8]

たてる 建[9]

たとえる 例[8]

たどる 辿[7]

たな 棚[12]

たに 谷[7]

たね 胤[9] 甚[9] 留[10] 種[14]

たのしい 楽[13] 樂[15]

たのむ 頼[16] 賴[16]

たば 束[7]

たび 度[9] 旅[10]

たべる 食[9]

たま 玉[5] 圭[6] 玖[7] 珂[9] 珊[9] 玲[9] 珀[9] 球[11] 瑛[12] 弾[12] 琳[12] 琥[12] 瑞[13] 瑶[13] 碧[14] 霊[15] 彈[15] 環[17]

たまき 環[17]

たまご 卵[7]

たましい 魂[14]

たまる 溜[13]

だまる 黙[15] 默[16]

たまわる 賜15

たみ 人2 民5 在6 彩11 黎15

ため 与3 為9 集12 爲12 與14

ためす 試13

たもつ 全6 有6 完7 扶7 俠9 保9 惟11 維14

たよる 頼16 賴16

たらす 垂8

たりる 足7

たる 立5 善12 樽16

だれ 誰15

たわむれる 戯15 戲17

たわら 俵10

たん 丹4 反4 旦5 坦8 担8 単9 炭9 胆9 耽10 探11 淡11 湛12 短12 單12 端14 綻14 誕15 壇16 鍛17 簞18 灘22

だん 団6 男7 段9 弾12 暖13 團14 談15 彈15 壇16 檀17

【ち】

ち 千3 市5 地6 池6 茅8 治8 知8 祐9 値10 致10 祐10 智12 稚13 置13 馳13 質15 緻16

ちいさい 小3

ちか 九2 子3 允4 元4 比4 央5 考6 至6 次6 年6 見7 京8 実8 周8 知8 直8 恒9 信9 恆9 恭10 時10 峻10 真10 眞10 規11 務11 悠11 幾12 集12 尋12 寛13 義13 慈13 慎13 新13 睦13 愼13 爾14 誓14 實14 寬14 畿15 慶15 親16

ちかい 近7

ちかう 矢5 誓14

ちかし 九2 史5 周8

ちから 力2

ちぎる 契9

ちく 竹6 逐10 筑12 蓄13 築16

ちち 父4

ちぢむ 縮17

ちつ 秩10

ちまた 巷9

ちゃ 茶9

ちゃく 着12 嫡14

ちゅう 丑4 中4 仲6 虫6 沖7 宙8 忠8 抽8 注8 昼9 柱9 衷10 酎10 紐10 紬11 晝11 厨12 註12 鋳15 駐15 鑄22

ちょ 猪11 著11 猪12 著12 貯12 緒14 緖15 箸15 儲18

ちょう 丁2 庁5 兆6 町7 帖8 長8 重9 挑9 挺10 帳11 張11 彫11 眺11 頂11 鳥11 釣11 喋12 朝12 超12 貼12 牒13 跳13 徴14 暢14 蔦14 肇14 澄15 徵15 潮15 蝶15 調15 聴17 鯛19 寵19 聽22 廳25

ちょく 直8 勅9 捗10

ちん 枕8 珍9 砧10 陳11 椿13 塡13 鎮18 鎭18

【つ】

つ 津9 通10 都11 都12 藤18 鶴21

つい　対7 追9 堆11 椎12 槌14

ついたち　朔10

ついばむ　啄10

つう　通10

つえ　杖7

つか　策12 塚12 緑14 綠14

つかう　使8

つかえる　仕5

つかさ　士3 司5 主5 吏6 長8 典8 政9

つかね　緯16

つかむ　摑14

つかわす　遣13

つき　月4 晋10 槻15

つぎ　乙1 二2 月4 世5 次6 亜7 承8 亞8 連10 紹11 嗣13

づき　月4

つきる　尽6 盡14

つく　付5 突8 突9 就12 着12 撞15

つぐ　二2 子3 世5 次6 亜7 更7 庚8 承8 亞8 紀9 貢10 接11 皓12 継13 嗣13 頌13 禎13 緒14 静14 禎14 諭16 靜16 繫19 麗19

つくえ　机6

つくだ　佃7

つぐみ　壬4

つくる　作7 造10 創12

つくろう　繕18

つげ　柘9

つける　就12 漬14

つげる　告7

つじ　辻6

つた　蔦14

つたえる　伝6 傳13

つたない　拙8

つち　土3 槌14

つちかう　培11

つちのえ　戊5

つつ　筒12

つづく　続13

つつしむ　欽12 慎13 愼13 謹17 謹18

つつみ　堤12

つづみ　鼓13

つつむ　包5

つづら　葛12

つづる　綴14

つと　朝12

つどい　集12

つどう　集12

つとむ　力2 工3 功5 孜7 努7 励7 孟8 勉9 格10 剣10 拳10 耕10 勉10 乾11 惇11 務11 勤12 敦12 義13 奨13 勤13 魁14 奬14 勲15 劍15 薫16 勳16 薰17

つとめる　孜7 努7 務11 勤12 勤13

つな　比4 是9 統12 綱14 緑14 綠14

つなぐ　繫19

つね　久3 比4 永5 玄5 実8 長8 典8 法8 恒9 則9 恆9 矩10 倫10 経11 常11 曽11 庸11 尋12 統12 曾12 雅13

幹13 継13 綱14 實14 識19

つの 角7

つのる 募12

つばき 椿13

つばさ 翼17

つばめ 燕16

つぶ 粒11

つぶさに 悉11

つぼ 坪8

つぼみ 蕾16

つま 妻8

つむ 詰13 摘14 錘16 積16

つむぎ 紬11

つむぐ 紡10

つめ 爪4

つめたい 冷7

つめる 詰13

つもる 積16

つや 釉12 艶19

つゆ 露21

つよ 勇9 烈10 務11

つよい 侃8 勁9 強11 毅15

つよし 威9 剛10 赳10 強11 健11 梗11 彪11 猛11 敢12 堅12 豪14 毅15 競20

つら 定8 宣9 貞9 面9 航10 陣10 劉15 羅19

つらなる 連10

つらぬく 貫11

つる 弦8 絃11 釣11 蔓14 鶴21

つるぎ 剣10 劍15

つれる 連10

【て】

て 手4

で 弟7

てい 丁2 汀5 体7 呈7 廷7 弟7 定8 底8 邸8 亭9 貞9 帝9 訂9 庭10 悌10 挺10 逓10 釘10 停11 偵11 梯11 逞11 堤12 提12 程12 禎13 艇13 鼎13 綴14 禎14 締15 鄭15 蹄16 薙16 鵜18

てき 的8 迪8 荻10 笛11 摘14 滴14 適14 擢17

てつ 姪9 哲10 鉄13 綴14 徹15 撤15

てら 寺6

てる 央5 旭6 光6 英8 明8 映9 珂9 昭9 毘9 晃10 晄10 晟10 瑛12 晶12 晴12 皓12 釉12 照13 暉13 煌13 瑳14 彰14 輝15 顕18 曜18 燿18 耀20 顯23

でる 出5

てん 天4 辿7 典8 店8 点9 展10 添11 転11 貼12 塡13 殿13 槙14 槇14 轉18 顚19 纏21

でん 田5 伝6 佃7 淀11 殿13 電13 傳13 鮎16

【と】

と 乙1 十2 人2 己3 士3 土3 戸4 仁4 太4 斗4 迅6 任6 年6

百6 図7 兎7 杜7 門8 音9 飛9 度9 徒10 途10 都11 堵12 渡12 登12 都12 翔12 跳13 塗13 賭16 頭16 橙16

ど
土3 奴5 努7 度9 渡12

とい
問11 樋15

とう
刀2 冬5 灯6 当6 投7 豆7 沓8 宕8 東8 到8 甚9 桐10 純10 党10 凍10 唐10 套10 島10 桃10 透10 納10 能10 祷11 桶11 兜11 逗11 陶11 萄11 問11 勝12 登12 塔12 搭12 棟12 湯12 等12 答12 筒12 統12 董12 道12 稲14 嶋14 読14 踏15 樋15 稲15 燈16 糖16 頭16 橙16 謄17 瞳17 藤18 闘18 櫂18 禱19 騰20

どう
同6 洞9 桐10 動11 堂11 萄11 童12 道12 働13 銅14 導15 憧15 撞15 瞳17

とうげ
峠9

とうとい
貴12 尊12

とお
十2 永5 玄5 在6 更7 延8 昊8 深11 埜11 野11 遥12 遙14 遼15

とおい
遠13

とおる
亙6 亘6 亨7 享8 亮9 泰10 通10 透10 竜10 貫11 達12 道12 博12 澄15 徹15 叡16 龍16

とかす
溶13

とがめる
尤4

とがる
尖6

とき
可5 世5 旬6 迅6 辰7 季8 国8 宗8 怜8 秋9 祝9 春9 則9 時10 朗10 祝10 峯11 隆11 國11 朗11 晨11 凱12 暁12 朝12 聡14 鋭15 稽15 論15 曉16 鴻17 讃22

とぎ
伽7

ときわ
松8

とく
啄10 匿10 特10 得11 解13 督13 説14 徳14 読14 德15 篤16

とぐ
研9 砥10

どく
独9 読14

とける
冶7 解13 溶13

とげる
遂12

とこ
床7 常11

ところ
所8

とし
才3 子3 仁4 世5 代5 冬5 考6 迅6 年6 亨7 寿7 甫7 利7 伶7 英8 季8 宗8 斉8 知8 紀9 哉9

秋9 俊9 星9 勇9 要9 記10 恵10 疾10 峻10 隼10 敏10 倫10 逸11 健11 牽11 淑11 淳11 捷11 章11 惇11 理11 逞11 敏11 暁12 勤12 敬12 順12 惣12 智12 等12 敦12 恵12 逸12 歳13 資13 舜13 準13 照13 聖13 馳13 鉄13 福13 稔13 勤13 豪14 聡14 肇14 壽14 齊14 福14 毅15 慧15 蔵15 叡16 憲16 賢16 繁16 曉16 穏16 駿17 藏17 繁17 鏡19 驚22 驍22

とじる
綴14

とせ
年6

とち
栃9

とつ
突8 突9

とつぐ
嫁13

とどく
届8

ととのえる
調15 整16

とどまる 逗11
とどむ 乙1
とどろく 轟21
となえる 唱11
となり 隣16
との 殿13
どの 殿13
とび 鳶14
とびら 扉12
とぶ 飛9 翔12 跳13
とまる 止4 泊8
とみ 十2 吉6 多6 臣7 宝8 冨11 富12 福13 聡14 徳14 賑14 福14 德15
とみに 頓13
とむ 冨11 富12
とめ 徠11

とめる 留10
とも 丈3 与3 公4 比4 友4 巴4 以5 叶5 共6 伍6 全6 近7 作7 那7 伴7 呂7 供8 始8 知8 宝8 朋8 茂8 孟8 毘9 侶9 兼10 致10 流10 倫10 寅11 衆12 智12 朝12 登12 等12 寛13 幹13 義13 禎13 睦13 賑14 與14 寬14 禎14 諄15 興16 類18
ともえ 巴4
ともしび 燈16 燭17
ともなう 伴7
ともに 倶10
とよ 茂8 冨11 晨11 富12 豊13

とら 玄5 虎8 寅11 彪11
とらえる 捉10
とり 酉7 鳥11
とりで 砦11 塞13
とる 采8 取8 採11 執11 撮15
とん 屯4 団6 沌7 惇11 問11 敦12 遁13 頓13 團14
どん 丼5 呑7 曇16
どんぶり 丼5

【な】

な 七2 己3 水4 多6 名6 凪6 那7 来7 奈8 來8 南9 納10 菜11 捺11 梛11 樹16
ない 乃2 内4 祢9 無12 禰19

なえ 苗8
なお 巨5 矢5 多6 有6 均7 君7 作7 若8 尚8 斉8 修10 真10 通10 挺10 眞10 梗11 埜11 野11 脩11 順12 董12 竪14 端14 齊14 類18
なおす 直8
なおる 治8
なか 心4 中4 央5 仲6 務11 極12 陽12 肇14
なが 久3 市5 呂7 酉7 延8 孟8 祥10 隆11 脩11 祥11 詠12 斐12 遊12 暢14
ながい 永5 長8
なかば 半5
ながめる 眺11
なかれ 勿4 莫10

ながれる　流10
なぎ　凪6　梛11
なぎさ　汀5　渚11　渚12
なく　鳴14
なぐ　薙16
なぐさめる　慰15
なげる　投7
なごむ　和8
なさけ　情11
なし　梨11　類18
なす　茄8
なず　摩15
なぞ　謎17
なぞらえる　准10
なだ　灘22
なだめる　宥9

なつ　夏10　捺11
なっ　納10
なつかしい　懐16　懷19
なつく　懐16　懷19
なでる　撫15
なな　七2
ななつ　七2
ななめ　斜11
なに　何7　奈8
なの　七2
なべ　鍋17
なまず　鮎16
なまめく　妖7
なまり　鉛13
なみ　次6　波8　並8　南9　洋9　浪10　漣14

なめらか　滑13
なめる　嘗14
なら　楢13
ならう　倣10　習11
ならす　鳴14
ならべる　並8
なり　也3　功5　生5　平5　令5　礼5　成6　有6　亨7　均7　孝7　克7　作7　育8　宜8　周8　尚8　斉8　忠8　威9　音9　哉9　記10　造10　容10　規11　教11　曽11　詞12　晴12　登12　曾12　愛13　雅13　慈13　勢13　稔13　徳14　齊14　德15　整16　禮18　響20　響22
なる　匠6　成6　完7　育8　稔13　鳴14
なれる　馴13　慣14
なわ　苗8　縄15

なん　何7　男7　奈8　南9　納10　軟11　楠13
なんじ　而6　汝6　爾14
なんぞ　胡9

【に】

に　二2　仁4　丹4　弐6　児7　兒8　荷10　爾14
にい　新13
にえる　煮12　煮13
におう　匂4
にぎる　握12
にぎわう　賑14
にし　西6
にじ　虹9

にしき　錦16
にち　日4
にな　螺17
になう　担8
にゃく　若8
にゅう　入2 柔9
にょ　女3 如6
にる　亨7 似7 煮12 煮13
にわ　庭10
にわか　俄9
にわとり　鶏19 鷄21
にん　人2 刃3 任6 忍7 認14

ぬ

ぬ　奴5 埜11 野11
ぬう　縫16
ぬきんでる　擢17
ぬさ　麻11 幣15
ぬし　主5
ぬの　布5
ぬま　沼8
ぬる　塗13
ぬれる　濡17

ね

ね　子3 年6 音9 祢9 根10 値10 峰10 峯10 福13 福14 嶺17 禰19
ねい　寧14
ねがう　願19
ねこ　猫11
ねじる　捻11
ねつ　熱15
ねばる　粘11
ねむる　眠10
ねらう　狙8
ねる　寝13 煉13 練14 寢14 練15 錬16
ねん　年6 念8 捻11 粘11 然12 稔13 燃16
ねんごろ　懇17

の

の　乃2 之3 埜11 野11
のう　納10 能10 農13 濃16
のがれる　遁13
のき　宇6 軒10
のこぎり　鋸16
のぞく　窺16
のぞむ　希7 望11 臨18
のち　後9
のっと　浬10
のばす　暢14
のびる　伸7 延8
のぶ　之3 与3 允4 円4 仁4 文4 永5 江6 亙6 亘6 更7 寿7 伸7 辰7 延8 宜8 長8 恒9 信9 政9 宣9 洵9 恆9 悦10 修10 将10 展10 惟11 啓11 経11 進11 寅11 庸11 脩11 將11 喜12 喬12

順12 惣12 達12 董12 敦12 揚12 葉12 遥12
頌13 寛13 照13 睦13 靖13 圓13 総14 暢14
與14 遙14 壽14 寬14 撰15 劉15 諄15 薫16
整16 薰17

のべる
述8

のぼり
幡15

のぼる
上3 昂8 昇8 登12 暢14

のみ
已3 爾14

のむ
呑7 飲12

のり
乃2 工3 士3 文4 以5
永5 功5 仙5 代5 令5 礼5 行6 至6
舟6 任6 孝7 児7 甫7 利7 里7 学8
宜8 尭8 実8 宗8 昇8 知8 忠8 典8
法8 兒8 紀9 軌9 祇9 祝9 宣9 則9
彦9 律9 格10 記10 益10 恭10 矩10 悟10
修10 准10 致10 哲10 能10 倫10 祝10 基11
規11 教11 郷11 啓11 経11 視11 章11 庸11
理11 賀12 幾12 卿12 極12 勤12 敬12 詞12
順12 勝12 尋12 智12 朝12 登12 統12 道12
雄12 遥12 堯12 愛13 意13 雅13 寛13 義13
準13 慎13 数13 節13 稔13 誉13 路13 勤13
愼13 徳14 緑14 遙14 實14 寬14 綠14 駕15
毅15 慶15 稽15 糊15 範15 論15 節15 德15
機16 憲16 賢16 頼16 賴16 謙17 騎18 禮18
識19 議20 譲20 鑑23 讓24

のる
乗9 乘10 載13

のん
恩10

【は】

は
刃3 巴4 羽6 把7 芭7
杷8 波8 派9 琶12 葉12 頗14 播15 覇19

ば
芭7 馬10 場12

はい
灰6 拝8 杯8 盃9 拜9
俳10 配10 輩15

ばい
売7 苺8 唄10 倍10 梅10
培11 梅11 陪11 媒12 買12 煤13 賠15 賣15

はいる
入2

はう
這11

はえ
栄9 榮14

はえる
映9

はか
博12

はがね
鋼16

はかま
袴11

はかり
秤10

はかる
図7 計9 測12 量12 詢13
諮16

はぎ
萩12

はく
白5 伯7 泊8 拍8 迫8
柏9 珀9 掃11 舶11 博12 箔14 履15 薄16

ばく
麦7 莫10 博12 漠13 幕13

はぐくむ
育8

はげしい
激16

はげむ
励7

ばける
化4

はこ
函8 箱15

はこぶ
運12

はさむ
挟9

はし
端14 箸15 橋16

はしご
梯11

はしばみ
榛14

はじむ 創[12]
はじめ 一[1] 元[4] 吉[6] 児[7] 初[7] 甫[7] 始[8] 東[8] 孟[8] 兒[8] 祝[9] 春[9] 朔[10] 素[10] 造[10] 祝[10] 啓[11] 朝[12] 源[13] 新[13] 端[14] 肇[14]
はじめる 始[8]
はしら 柱[9]
はしる 走[7]
はす 芙[7] 蓉[13] 蓮[13]
はず 筈[12]
はずむ 弾[12] 彈[15]
はずれる 外[5]
はせる 馳[13]
はた 畑[9] 秦[10] 畠[10] 旗[14] 端[14] 綺[14] 幡[15] 機[16]
はたけ 畑[9] 圃[10]

はたす 果[8]
はたらく 働[13]
はち 八[2] 鉢[13] 蜂[13]
はつ 初[7] 発[9] 鉢[13] 髪[14] 髮[15]
はっ 法[8]
ばつ 末[5]
はて 果[8]
はと 鳩[13]
はな 花[7] 芳[7] 華[10]
はなし 話[13]
はなす 放[8] 話[13]
はなはだ 甚[9]
はなわ 塙[13]
はに 埴[11]
はね 羽[6]
はねる 跳[13]

はは 母[5]
はば 巾[3] 幅[12]
はぶく 省[9]
はま 浜[10]
はや 迅[6] 快[7] 勇[9] 剣[10] 隼[10] 敏[10] 逸[11] 敏[11] 逸[12] 馳[13] 颯[14] 劍[15]
はやい 早[6] 速[10] 捷[11]
はやお 駿[17]
はやし 林[8] 疾[10] 馳[13]
はやて 颯[14]
はやぶさ 隼[10]
はら 原[10]
はり 針[10] 梁[11] 榛[14]

はる 大[3] 元[4] 日[4] 玄[5] 立[5] 令[5] 合[6] 全[6] 花[7] 始[8] 治[8] 青[8] 知[8] 東[8] 明[8] 孟[8] 栄[9] 春[9] 昭[9] 美[9] 浩[10] 時[10] 敏[10] 流[10] 晏[10] 啓[11] 張[11] 脩[11] 悠[11] 敏[11] 絢[12] 温[12] 開[12] 喜[12] 晴[12] 貼[12] 遥[12] 陽[12] 暖[13] 溫[13] 榛[14] 遙[14] 榮[14] 遼[15] 覇[19]
はるか 悠[11] 遥[12] 遙[14] 遼[15]
はるき 開[12]
はれる 晴[12]
はん 凡[3] 反[4] 半[5] 氾[5] 帆[6] 汎[6] 坂[7] 阪[7] 伴[7] 判[7] 板[8] 版[8] 班[10] 畔[10] 般[10] 販[11] 絆[11] 斑[12] 飯[12] 搬[13] 頒[13] 幡[15] 範[15] 繁[16] 繁[17] 藩[18]
ばん 万[3] 伴[7] 判[7] 板[8] 挽[10] 晚[11] 晩[12] 番[12] 萬[12] 播[15] 盤[15] 磐[15] 蕃[15]
はんのき 榛[14]

【ひ】

ひ 火4 日4 比4 皮5 氷5 灯6 妃6 庇7 彼8 披8 枇8 飛9 毘9 秘10 祕10 菊11 扉12 斐12 陽12 碑13 碑14 緋14 樋15 燈16

び 尾7 枇8 弥8 毘9 眉9 美9 梶11 備12 琵12 微13 彌17

ひいでる 秀7

ひいらぎ 柊9

ひえる 冷7

ひがし 東8

ひかり 光6

ひかる 光6 晃10 閃10 晄10 皓12 輝15

ひき 疋5

ひきいる 率11

ひく 引4 曳6 挽10 牽11 惹12 弾12 彈15

ひこ 人2 久3 彦9

ひさ 九2 久3 比4 永5 央5 仙5 向6 玖7 寿7 阿8 学8 尚8 胡9 恒9 宣9 恆9 桐10 剛10 能10 留10 悠11 冨11 喜12 富12 壽14 藤18

ひざ 膝15

ひさご 瓢17

ひさし 九2 久3 永5 寿7 庇7 尚8 斉8 長8 弥8 栄9 恒9 恆9 壽14 齊14 榮14 彌17

ひさしい 久3

ひし 菱11

ひじり 聖13

ひそむ 潜15

ひたい 額18

ひだり 左5

ひつ 必5 畢11 筆12

ひつじ 羊6

ひづめ 蹄16

ひで 一1 之3 未5 禾5 次6 成6 任6 求7 寿7 秀7 英8 季8 幸8 東8 栄9 毘9 淑11 彪11 彬11 愛13 継13 嗣13 豪14 壽14 榮14 穂15 薫16 薰17

ひと 一1 人2 士3 公4 仁4 史5 仙5 民5 兵7 侍8 寛13 寬14

ひとし 人2 仁4 平5 伍6 旬6 均7 斉8 恒9 洵9 恆9 欽12 結12 等12 舜13 準13 徹15 整16

ひとしい 等12

ひとつ 一1

ひとみ 眸11 瞳17

ひとり 独9

ひな 穂15 雛18

ひねる 捻11

ひのき 桧10 檜17

ひびき 響20 響22

ひびく 響20 響22

ひま 暇13

ひめ 姫10 媛12

ひめる 秘10 祕10

ひも 紐10

ひゃく 百6

びゃく 白5

ひやす 冷7

ひょう　氷5 兵7 拍8 表8 俵10 豹10 彪11 票11 評12 漂14 標15 瓢17

びょう　平5 苗8 秒9 猫11 描11 廟15

ひら　平5 旬6 均7 迪8 拓8 開12 数13

ひらく　開12

ひらめく　閃10

ひる　干3 日4 昼9 晝11

ひるがえる　翻18 飜21

ひろ　丈3 大3 太4 丑4 央5 玄5 広5 弘5 四5 完7 宏7 助7 拓8 宙8 門8 栄9 恢9 厚9 彦9 宥9 祐9 洋9 洸9 浩10 紘10 展10 容10 祐10 啓11 梧11 都11 埜11 野11 景12 皓12 衆12 裕12 尋12 博12 都12 寛13 蒼13 滉13 嘉14 碩14 聞14 榮14 寛14 勲15 廣15 衛16 勳16 衞16 厳17 優17 議20 嚴20

ひろい　広5 弘5 汎6 宏7 浩10 廣15

ひろう　拾9

ひろし　広5 弘5 礼5 末5 完7 宏7 京8 拓8 昊8 洋9 洸9 浩10 紘10 泰10 容10 啓11 湖12 尋12 博12 裕12 皓12 寛13 滉13 寛14 演14 潤15 廣15 鴻17 禮18

ひろむ　博12

ひん　品9 浜10 彬11 稟13 賓14 賓15 頻17 瀕19

びん　秤10 敏10 敏11 瓶11

【ふ】

ふ　夫4 父4 不4 付5 布5 吹7 巫7 扶7 芙7 歩7 府8 斧8 阜8 附8 歩8 赴9 風9 釜10 浮10 婦11 冨11 符11 富12 普12 蒲13 輔14 敷15 賦15 譜19

ぶ　分4 不4 巫7 歩7 武8 歩8 奉8 部11 葡12 無12 撫15 舞15 蕪15

ふう　夫4 封9 風9 冨11 富12 楓13

ふえ　笛11

ふえる　殖12 増14 增15

ふかい　深11

ふかし　淑11

ふき　吹7 蕗16

ぶき　吹7

ふく　伏6 吹7 服8 副11 葺12 復12 幅12 福13 福14 複14 噴15

ふくべ　瓢17

ふくむ　含7

ふくろ　袋11

ふける　更7 耽10

ふさ　芳7 房8 弦8 林8 宣9 記10 絃11 滋12 惣12 葉12 総14 諄15 興16

ふさぐ　塞13

ふし　節13 節15

ふじ　藤18

ふす　臥9

ふすま　襖18

ふせぐ　防7

ふせる　伏6 臥9

ふた　二2　双4　蓋13
ふだ　札5　牒13
ふたたび　再6
ふたつ　二2
ふち　淵11　縁15　緣15
ふつ　沸8
ぶつ　仏4　勿4　佛7　物8
ふで　筆12
ふとい　太4
ふところ　懐16　懷19
ふとし　太4
ふな　舟6
ふなばた　舷11
ふね　舟6　船11
ふの　史5
ふひと　史5

ふまえる　踏15
ふみ　文4　史5　迪8　郁9　美9　奎9　記10　章11　詞12
ふむ　踏15
ふもと　麓19
ふゆ　冬5　那7
ふる　雨8　振10
ふるい　古5
ふるう　奮16
ふるえる　震15
ふん　分4　粉10　焚12　雰12　噴15　奮16
ぶん　分4　文4　豊13　聞14

【へ】

べ　辺5
へい　丙5　平5　兵7　併8　並8　柄9　陛10　塀12　幣15　蔽15　餅15
べい　米6
ぺーじ　頁9
へき　碧14　壁16　璧18
べつ　別7　瞥17
べに　紅9
へりくだる　遜14
へる　経11
へん　片4　辺5　返7　遍12　篇15　編15
べん　弁5　勉9　勉10　娩10

【ほ】

ほ　火4　帆6　秀7　歩7　甫7　歩8　保9　圃10　哺10　補12　蒲13　輔14　舗15　穂15　穗17
ぼ　戊5　母5　牡7　莫10　菩11　募12　慕14　暮14　模14　簿19
ほう　方4　包5　芳7　邦7　奉8　宝8　抱8　放8　朋8　法8　祝9　封9　倣10　俸10　峰10　峯10　砲10　祝10　逢11　捧11　萌11　萠11　訪11　報12　蜂13　豊13　鞄14　蓬14　鳳14　褒15　鋒15　縫16　鵬19
ぼう　卯5　坊7　防7　茅8　房8　苺8　某9　冒9　昴9　紡10　望11　眸11　傍12　帽12　棒12　貿12　貌14

ほお　頬16
ほか　外5 他5
ほがらか　朗10 朗11
ほく　北5
ぼく　卜2 木4 目5 朴6 牧8 睦13 僕14 墨14 墨15
ほこ　矛5 戟12
ほこる　誇13
ほころびる　綻14
ほし　斗4 星9
ほしい　欲11
ほす　干3
ほそい　細11
ほだし　絆11
ほたる　蛍11
ほつ　発9

ほっ　法8
ぼっ　坊7
ほっする　欲11
ほど　程12
ほとけ　仏4 佛7
ほとけぐさ　菩11
ほどこす　施9
ほとんど　殆9
ほのお　炎8 焔12
ほまれ　玲9 誉13
ほめる　褒15
ほら　洞9
ほり　堀11 壕17
ほる　掘11 彫11
ほれる　惚11
ほろ　幌13

ほん　反4 本5 奔8 翻18 飜21
ぼん　凡3 盆9

【ま】

ま　丸3 万3 目5 茉8 真10 馬10 眞10 麻11 間12 満12 摩15 磨16 麿18
まい　米6 毎6 毎7 苺8 妹8 枚8 昧9 舞15
まいる　参8 哩10
まう　舞15
まえ　前9
まかせる　任6
まがる　曲6
まき　巻8 牧8 巻9 蒔13 槙14 槇14 纏21

まく　巻8 巻9 捲11 蒔13 幕13 撒15 播15
まくら　枕8
まご　孫10
まこと　允4 充6 良7 実8 周8 卓8 信9 亮9 洵9 純10 真10 眞10 惇11 欽12 董12 慎13 誠13 詢13 愼13 實14 諒15 諄15
まさ　允4 巨5 正5 匡6 旬6 庄6 全6 壮6 多6 完7 求7 芹7 均7 甫7 利7 壯7 宜8 若8 昌8 征8 斉8 長8 栄9 祇9 政9 荘9 毘9 柾9 格10 剛10 修10 将10 真10 容10 連10 晟10 眞10 莊10 逸11 理11 將11 温12 萱12 晶12 董12 道12 裕12 逸12 雅13 幹13 絹13 聖13 誠13 温13 端14 暢14 榮14 蔵15 諒15 叡16 薫16

整16 優17 藏17 薫17 譲20 鷹24 讓24

まさし
正5 匡6 政9 雅13

まさる
大3 甲5 平5 多6 克7 果8 昌8 卓8 俊9 勉9 将10 勉10 捷11 勝12 潤15 優17

まざる
交6 混11

ます
丈3 升4 斗4 加5 孜7 助7 松8 勉9 益10 勉10 曽11 賀12 滋12 勝12 満12 曾12 増14 潤15 增15 鱒23

また
又2 叉3 也3 加5 亦6 俣9

またぐ
跨13

またたく
瞬18

まだら
斑12

まち
町7 街12

まつ
末5 松8 沫8 茉8 待9

まったく
全6

まつり
祭11

まつりごと
政9

まで
迄7

まと
的8

まど
円4 窓11 圓13

まとい
纏21

まとう
纏21

まどか
円4 圓13

まな
愛13

まなこ
眼11

まなぶ
学8

まねく
招8

まぼろし
幻4

まめ
豆7

まもる
守6 葵12 衛16 衞16 護20

まゆ
眉9 繭18

まゆずみ
黛16

まゆみ
檀17

まり
球11 毬11 鞠17

まる
丸3

まるい
丸3 円4 圓13

まれ
希7 稀12

まろ
丸3 麿18

まわり
回6 周8

まわる
回6 廻9

まん
万3 満12 萬12 漫14 蔓14

【み】

み
己3 三3 子3 巳3 王4 水4 壬4 文4 巨5 史5 生5 未5 民5 好6 見7 究7 身7 実8 味8 弥8 海9 省9 泉9 眉9 美9 洋9 真10 眞10 益10 海10 規11 視11 深11 梶11 望11 堅12 幹13 箕14 實14 稽15 魅15 親16 彌17 臨18 鏡19 鑑23

みえる
見7

みお
澪16

みがく
琢11 琢12 瑳14 磨16

みき
幹13 樹16

みぎ
右5

みぎわ
汀5

みこ
巫7

みことのり
詔12

みさお　貞9 操16
みさき　岬8
みささぎ　陵11
みじかい　短12
みず　壬4 水4 泉9 瑞13
みずうみ　湖12
みずから　自6
みずのえ　壬4
みせ　店8
みせる　見7
みぞ　溝13
みそか　晦11
みたす　満12

みたまや　廟15
みち　礼5 行6 至6 充6 吾7 孝7 芳7 利7 学8 享8 宙8 典8 宝8 迪8 祐9 峻10 通10 能10 倫10 祐10 教11 康11 進11 務11 理11 陸11 極12 達12 道12 満12 裕12 遥12 路13 総14 遙14 碩14 慶15 徹15 諒15 禮18 巌20 巖23
みちびく　導15
みちる　庚8 満12 碩14
みつ　三3 允4 円4 弘5 光6 充6 全6 完7 秀7 実8 明8 映9 則9 美9 晃10 閃10 通10 晄10 密11 温12 尋12 満12 舜13 照13 慎13 圓13 溫13 愼13 蜜14 實14 潤15
みつぐ　貢10
みっつ　三3

みつる　光6 在6 充6 庚8 満12 爾14 碩14
みとめる　認14
みどり　翠14 碧14 緑14 綠14
みな　水4 汎6 皆9 倶10 湊12
みなと　港12 湊12
みなみ　南9
みなもと　源13
みね　峻10 峰10 峯10 節13 節15 嶺17 巌20 巖23
みの　蓑13
みのる　年6 利7 西7 実8 秋9 豊13 稔13 實14 穂15 穣18 穰22
みみ　耳6
みや　宮10
みゃく　脈10

みやこ　都11 都12 畿15
みやび　雅13
みょう　名6 妙7 命8 明8 冥10
みる　見7 視11 診12 瞥17 鑑23
みん　民5 眠10

【む】

む　六4 矛5 牟6 巫7 武8 務11 眸11 陸11 無12 夢13 霧19
むい　六4
むかえる　迎7
むかし　昔8
むぎ　麦7
むく　向6
むくいる　報12

- むくのき　椋12
- むこ　婿12
- むし　虫6
- むす　蒸13
- むすぶ　結12
- むすめ　娘10
- むつ　六4　陸11　輯16
- むっつ　六4
- むつみ　睦13
- むつむ　睦13
- むね　旨6　至6　志7　兵7　宗8　斉8　致10　棟12　意13　領14　齊14　臆17
- むら　村7　邑7　宣9　紫12　群13
- むらさき　紫12
- むれ　群13
- むろ　室9

【め】

- め　女3　目5　芽8　要9　雌14　萌11
- めい　名6　芽8　命8　明8　姪9　冥10　盟13　銘14　鳴14　謎17
- めぐみ　恩10　萌11　寵19
- めぐむ　恵10　竜10　萌11　萠11　惠12　愛13　龍16
- めぐる　巡6　周8　廻9
- めし　飯12
- めす　召5　雌14
- めずらしい　珍9
- めん　面9　綿14　麺16

【も】

- も　木4　百6　茂8　萌11　望11　雲12　裳14　模14　藻19
- もう　孟8　望11　猛11　蒙13　網14
- もうける　設11　儲18
- もうす　申5
- もうでる　詣13
- もえ　萌11
- もえる　萌11　萠11　燃16
- もく　木4　目5　黙15　默16
- もぐる　潜15
- もしくは　若8
- もち　勿4　以5　四5　茂8　保9　時10　将10　挺10　望11　庸11　將11　餅15　操16
- もちいる　用5
- もつ　物8　持9
- もっとも　尤4　最12
- もっぱら　専9　專11
- もと　下3　元4　心4　太4　司5　本5　民5　求7　近7　志7　初7　扶7　甫7　芳7　始8　宗8　征8　東8　茂8　孟8　林8　紀9　祇9　泉9　帰10　朔10　索10　素10　倫10　基11　規11　喬12　統12　意13　雅13　楽13　源13　資13　福13　誉13　端14　肇14　福14　樂15　親16
- もとい　基11
- もとき　基11　幹13
- もとむ　要9

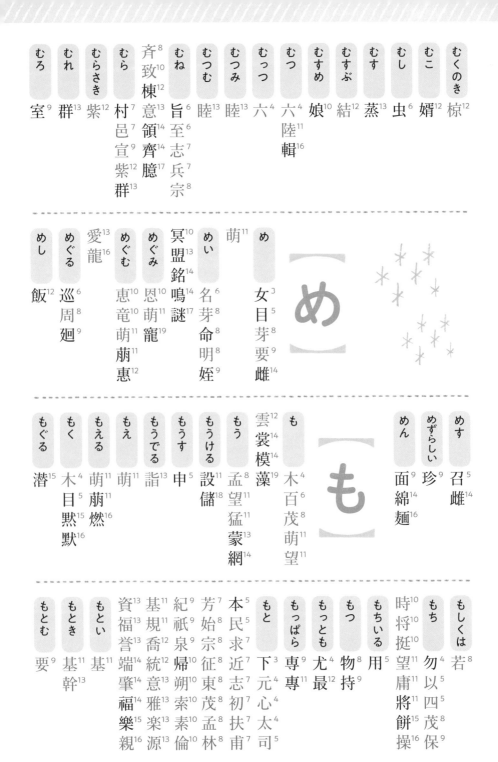

もとめる　求7

もの　者8 物8 者9

もみ　紅9 籾9

もみじ　椛11

もも　百6 李7 桃10

もやす　燃16

もゆ　萌11

もよおす　催13

もらう　貰12

もり　司5 主5 守6 壮6 名6 杜7 壯7 林8 保9 容10 盛11 彬11 隆11 策12 衆12 森12 豊13 衛16 衞16 護20

もる　盛11

もろ　壱7 旅10 衆12

もん　文4 門8 紋10 問11 聞14

もんめ　匁4

【や】

や　八2 也3 文4 乎5 矢5 冶7 夜8 弥8 屋9 哉9 耶9 家10 埜11 野11 数13 椰13 彌17

やかた　館16

やく　灼7 役7 約9 益10 訳11 焚12 薬16 藥18 躍21

やぐら　櫓19

やけ　宅6

やさしい　易8 優17

やし　椰13

やしなう　養15

やしろ　社7 社8

やす　子3 叶5 安6 快7 那7 育8 宜8 協8 庚8 定8 祇9 甚9 毘9 彦9 保9 要9 恭10 恵10 耕10 修10 祥10 泰10 能10 容10 烈10 連10 晏10 逸11 貫11 健11 康11 庸11 祥11 温12 凱12 裕12 惠12 逸12 資13 慈13 暖13 靖13 誉13 楊13 廉13 溫13 魁14 徳14 寧14 慶15 德15 穏16 賢16

やすい　安6 晏10 靖13

やすき　穏16

やすし　安6 欣8 和8 保9 恭10 泰10 康11 靖13 静14 寧14 靜16

やすむ　休6

やっつ　八2

やど　宿11

やとう　雇12 傭13

やな　梁11

やなぎ　柳9 楊13

やま　山3

やまと　和8 倭10

やまにれ　梗11

やむ　已3

やり　槍14

やわらか　柔9 軟11

やわらぐ　和8 凱12

【ゆ】

ゆ　弓3 夕3 水4 由5 柚9 祐9 祐10 結12 湯12 愉12 喩12 楢13 諭16

輸16 癒18

ゆい
由5 唯11 結12 遺15

ゆう
弓3 夕3 尤4 友4 右5 由5 有6 酉7 佑7 邑7 侑8 郁9 勇9 宥9 柚9 祐9 祐10 悠11 郵11 結12 湧12 猶12 裕12 遊12 雄12 釉12 楢13 熊14 誘14 融16 優17

ゆえ
故9

ゆか
床7

ゆき
乃2 千3 之3 五4 以5 弘5 由5 礼5 行6 至6 如6 孝7 志7 来7 享8 幸8 征8 到8 門8 侑8 來8 是9 起10 恭10 倖10 時10 将10 晋10 致10 通10 透10 敏10 章11 進11 雪11 逞11 將11 敏11 喜12 順12 道12 遊12 勧13 詣13 廉13 維14 駕15 潔15 徹15 禮18

ゆく
之3 水4 雲12 巽12 路13

ゆず
柚9

ゆずる
謙17 譲20 讓24

ゆた
茂8

ゆたか
完7 浩10 泰10 隆11 富11 温12 富12 裕12 豊13 稔13 碩14 優17 穣18 穰22

ゆだねる
委8

ゆび
指9

ゆみ
弓3

ゆめ
夢13

ゆるい
緩15

ゆるす
宥9 恕10 許11

ゆれる
揺12 搖13

【よ】

よ
与3 予4 四5 世5 代5 吉6 余7 依8 夜8 葉12 誉13 預13 與14 頼16 賴16 輿17

よい
良7 宵10 善12 嘉14

よう
八2 幼5 用5 羊6 妖7 洋9 要9 容10 酔11 庸11 湧12 揚12 揺12 葉12 遥12 陽12 傭13 楊13 溶13 蓉13 搖13 瑶13 暢14 様14 踊14 遙14 窯15 養15 樣15 醉15 擁16 謡16 謠17 曜18 燿18 耀20 鷹24

よく
沃7 浴10 欲11 翌11 翼17

よこ
横15 橫16

よし
力2 工3 之3 与3 允4 仁4 壬4 可5 巧5 世5 由5 令5 礼5 伊6 吉6 圭6 好6 考6 至6 成6 任6 芦7 快7 芹7 君7 孝7 克7 佐7 寿7 秀7 辰7 甫7 芳7 利7 良7 英8 佳8 宜8 欣8 幸8 若8 尚8 承8 典8 到8 宝8 弥8 紀9 研9 香9 祝9 俊9 省9 是9 宣9 南9 美9 彦9 祐9 亮9 悦10 記10 益10 恭10 恵10 桂10 剛10 時10 純10 祥10 泰10 致10 哲10 能10 敏10 容10 烈10 祝10 祐10 惟11 啓11 康11 淑11 淳11 陶11 惇11 彪11 彬11 逞11 祥11 敏11 富11 椅12 温12 賀12 凱12 覚12 喜12 貴12 欽12 堅12 勝12 善12 達12 巽12 董12 斐12 富12 雄12 惠12 愛13 意13 葦13 楽13 頌13 寛13 義13 源13 資13 慈13 舜13 慎13 新13 節13 滝13 禎13 福13 誉13 溫13 愼13 嘉14 瑳14 静14 徳14 與14 壽14 寬14 禎14 福14 嬉15 毅15

慶15 慧15 稽15 潔15 蔵15 樂15 節15 徳15 叡16 衛16 賢16 整16 頼16 衞16 賴16 静16 徽17 謙17 燦17 彌17 藏17 類18 禮18 瀧19 寵19 麗19 馨20 巌20 譲20 巖23 讓24

よしみ 好6 美9 嘉14 誼15

よせる 寄11

よそおう 装12 裝13

よど 淀11

よぶ 呼8

よみがえる 蘇19

よむ 詠12 読14

よめ 嫁13

よもぎ 蓬14

より 以5 可5 乎5 代5 由5 依8 若8 尚8 典8 保9 帰10 時10 偉12 賀12 道12 愛13 資13 輯16 親16 頼16 賴16 麗19

よる 因6 夜8 寄11 寓12

よろい 鎧18

よろこぶ 欣8 喜12

よろず 万3 萬12

よん 四5

【ら】

ら 来7 良7 空8 來8 等12 楽13 螺17 羅19

らい 礼5 来7 來8 莱11 徠11 雷13 頼16 賴16 蕾16 禮18

らく 洛9 絡12 楽13 酪13 樂15

らつ 辣14

らん 卵7 嵐12 覧17 濫18 藍18 蘭19 欄20 欄21 覽21

【り】

り 有6 吏6 利7 李7 里7 俐9 浬10 哩10 莉10 梨11 理11 裡12 裏13 履15 璃15 鯉18

りき 力2

りく 陸11

りち 律9

りつ 立5 律9 栗10 率11

りゃく 掠11 略11

りゅう 立5 柳9 流10 留10 竜10 笠11 琉11 粒11 隆11 硫12 溜13 劉15 龍16

りょ 呂7 侶9 旅10 慮15

りょう 了2 両6 良7 亮9 凌10 料10 凉10 竜10 菱11 梁11 涼11 猟11 陵11 崚11 椋12 量12 稜13 綾14 漁14 僚14 領14 寮15 諒15 遼15 霊15 燎16 龍16 療17 瞭17 糧18

りょく 力2 緑14 綠14

りん 林8 厘9 倫10 琳12 鈴13 稟13 綸14 輪15 凜15 凛15 隣16 臨18 鱗24 麟24

【る】

る 光6 児7 兒8 流10 留10 琉11 瑠14

るい 累11 塁12 類18 壘18 類19

【れ】

れ 令5 伶7 怜8 玲9 羚11 澪16

れい 令5 礼5 伶7 冷7 励7 例8 怜8 栃9 玲9 羚11 鈴13 零13 霊15 黎15 澪16 嶺17 齢17 禮18 麗19

れき 暦14 歴14 曆16 歷16

れつ 列6 烈10

れん 恋10 連10 廉13 煉13 蓮13 漣14 練14 練15 憐16 錬16 鍊17 鎌18 簾19

【ろ】

ろ 芦7 呂7 炉8 路13 魯15 蕗16 櫓19 露21 鷺24

ろう 良7 労7 郎9 朗10 浪10 狼10 郎10 朗11 廊12 滝13 稜13 廊13 楼13 糧18 瀧19 露21 蠟21 籠22

ろく 六4 鹿11 禄12 祿13 緑14 綠14 録16 錄16 麓19

ろん 論15

【わ】

わ 八2 羽6 我7 和8 倭10 話13 窪14 輪15 環17

わい 隈12

わか 王4 童12 湧12 新13

わが 吾7

わかい 若8

わかす 沸8

わかつ 八2

わかれる 別7 訣11

わく 或8 枠8 湧12

わけ 訳11

わける 分4

わざ 伎6 技7 業13

わし 鷲23

わずか 僅13

わすれぐさ 萱12

わた 綿14

わたくし 私7

わたし 私7

わたる 亙6 亘6 弥8 航10 渉10 渉11 渡12 彌17

わね 羽6

わびる 詫13

わら 藁17

わらう 笑10

わらび 蕨15

わらべ 童12

わらわ 童12

わりご 簞18

わる 割12

われ 我7 吾7

わん 椀12 湾12 腕12 碗13

ひらがな・カタカナの画数

本書で用いているひらがな・カタカナの画数です。ひらがな・カタカナの名前はここで画数を調べて、運勢を確認します。50音を駆使して名前を考えるときにも役立ちます。

ひらがな

あ 3	い 2	う 2	え 3	お 4
か 3	き 4	く 1	け 3	こ 2
さ 3	し 1	す 3	せ 3	そ 3
た 4	ち 3	つ 1	て 2	と 2
な 5	に 3	ぬ 4	ね 4	の 1
は 4	ひ 2	ふ 4	へ 1	ほ 5
ま 4	み 3	む 4	め 2	も 3
や 3		ゆ 3		よ 3
ら 3	り 2	る 3	れ 3	ろ 2
わ 3	ゐ 3		ゑ 5	を 4
ん 2				
が 5	ぎ 6	ぐ 3	げ 5	ご 4
ざ 5	じ 3	ず 5	ぜ 5	ぞ 5
だ 6	ぢ 5	づ 3	で 4	ど 4
ば 6	び 4	ぶ 6	べ 3	ぼ 7
ぱ 5	ぴ 3	ぷ 5	ぺ 2	ぽ 6

カタカナ

ア 2	イ 2	ウ 3	エ 3	オ 3
カ 2	キ 3	ク 2	ケ 3	コ 2
サ 3	シ 3	ス 2	セ 2	ソ 2
タ 3	チ 3	ツ 3	テ 3	ト 2
ナ 2	ニ 2	ヌ 2	ネ 4	ノ 1
ハ 2	ヒ 2	フ 1	ヘ 1	ホ 4
マ 2	ミ 3	ム 2	メ 2	モ 3
ヤ 2		ユ 2		ヨ 3
ラ 2	リ 2	ル 2	レ 1	ロ 3
ワ 2	ヰ 4		ヱ 3	ヲ 3
ン 2				
ガ 4	ギ 5	グ 4	ゲ 5	ゴ 4
ザ 5	ジ 5	ズ 4	ゼ 4	ゾ 4
ダ 5	ヂ 5	ヅ 5	デ 5	ド 4
バ 4	ビ 4	ブ 3	ベ 3	ボ 6
パ 3	ピ 3	プ 2	ペ 2	ポ 5

記号など

繰り返し記号	ゝ 1
	ゞ 3
	々 3
長音記号	ー 1

ヘボン式のローマ字表記

名づけではローマ字表記もチェックしておきたいもの。パスポートなどに使われるヘボン式のローマ字表記を一覧にしました。

あ	A	い	I	う	U	え	E	お	O
か	KA	き	KI	く	KU	け	KE	こ	KO
さ	SA	し	SHI	す	SU	せ	SE	そ	SO
た	TA	ち	CHI	つ	TSU	て	TE	と	TO
な	NA	に	NI	ぬ	NU	ね	NE	の	NO
は	HA	ひ	HI	ふ	FU	へ	HE	ほ	HO
ま	MA	み	MI	む	MU	め	ME	も	MO
や	YA			ゆ	YU			よ	YO
ら	RA	り	RI	る	RU	れ	RE	ろ	RO
わ	WA	ゐ	I			ゑ	E	を	O
ん	N (M)								

が	GA	ぎ	GI	ぐ	GU	げ	GE	ご	GO
ざ	ZA	じ	JI	ず	ZU	ぜ	ZE	ぞ	ZO
だ	DA	ぢ	JI	づ	ZU	で	DE	ど	DO
ば	BA	び	BI	ぶ	BU	べ	BE	ぼ	BO
ぱ	PA	ぴ	PI	ぷ	PU	ぺ	PE	ぽ	PO

きゃ	KYA	きゅ	KYU	きょ	KYO
しゃ	SHA	しゅ	SHU	しょ	SHO
ちゃ	CHA	ちゅ	CHU	ちょ	CHO
にゃ	NYA	にゅ	NYU	にょ	NYO
ひゃ	HYA	ひゅ	HYU	ひょ	HYO
みゃ	MYA	みゅ	MYU	みょ	MYO
りゃ	RYA	りゅ	RYU	りょ	RYO
ぎゃ	GYA	ぎゅ	GYU	ぎょ	GYO
じゃ	JA	じゅ	JU	じょ	JO
びゃ	BYA	びゅ	BYU	びょ	BYO
ぴゃ	PYA	ぴゅ	PYU	ぴょ	PYO

ヘボン式ローマ字表記の注意点

- 撥音《はつおん》（ん）→普通はNで表す。
  B、M、Pの前にはMを置く。
  例：げんた　GENTA
  　　さんぺい　SAMPEI
- 促音《そくおん》（っ）→子音を重ねて表す。
  例：てっぺい　TEPPEI
- 長音《ちょうおん》（伸ばす音）→普通は母音１つで表す。「お」の長音はOかOHで表す。
  例：ようこ　YOKO／YOHKO
  　　おおた　OTA／OHTA

＊ローマ字表記には、ほかに「し」をSIとしたり、「ち」をTIとする訓令式《くんれいしき》などがある。

参考文献

『「名前」の漢字学』(阿辻哲次／青春出版社)
「人名漢字はいい漢字」
(阿辻哲次／『月刊戸籍』より／テイハン)
『部首のはなし』(阿辻哲次／中央公論社)
『漢字道楽』(阿辻哲次／講談社)
『音相で幸せになる赤ちゃんの名づけ』
(黒川伊保子著　木通隆行監修／青春出版社)
『イホコ先生の音韻姓名判断』
(黒川伊保子／双葉社)
『怪獣の名はなぜガギグゲゴなのか』
(黒川伊保子／新潮社)
『名前の日本史』(紀田順一郎／文藝春秋)
『訓読みのはなし　漢字文化圏の中の日本語』
(笹原宏之／光文社)
『月刊しにか　2003年7月号』(大修館書店)
『名前と人間』(田中克彦／岩波書店)
『苗字名前家紋の基礎知識』
(渡辺三男／新人物往来社)
『読みにくい名前はなぜ増えたか』
(佐藤稔／吉川弘文館)
『日本の「なまえ」ベストランキング』
(牧野恭仁雄ほか／新人物往来社)
『世界に通じるこどもの名前』
(加東研・弘中ミエ子／青春出版社)
『くらしの法律百科』
(鍛治良堅・鍛治千鶴子総監修／小学館)
『冠婚葬祭　暮らしの便利事典』(小学館)
『幸せを呼ぶインテリア風水』
(李家幽竹／ワニブックス)
『官報　号外213号』
『広漢和辞典』
(諸橋轍次・鎌田正・米山寅太郎／大修館書店)
『漢語新辞典』(鎌田正・米山寅太郎／大修館書店)
『常用字解』(白川静／平凡社)
『人名字解』(白川静・津崎幸博／平凡社)
『光村漢字学習辞典』
(飛田多喜雄・藤原宏監修／光村教育図書)
『漢字典』(小和田顯・遠藤哲夫他編／旺文社)
『全訳 漢辞海』
(戸川芳郎監修　佐藤進・濱口富士雄編／三省堂)
『漢字必携』(日本漢字能力検定協会)
『人名用漢字・表外漢字字体一覧』
(小林敏編／日本エディタースクール)
『ネーミングのための8か国語辞典』
(横井惠子編／三省堂)
『コンサイス人名事典－日本編－』
(上田正昭・津田秀夫他監修／三省堂)
『こども鉱物図鑑』
(八川シズエ／中央アート出版社)
『月光』(林完次／角川書店)
『読んでわかる俳句　日本の歳時記』
(春、夏、秋、冬・新年号)(宇多喜代子・西村和
中原道夫・片山由美子・長谷川櫂編著／小学館)
『日本の色』(コロナ・ブックス編集部編／平凡社)
『暦のたしなみ～しきたり・年中行事・季節のうつ
いまで～』(小笠原敬承斎／ワニブックス)
『白水社中国語辞典』(伊地智善継編／白水社)
『NEWポータブル日韓辞典』
(民衆書林編集局／三修社)
『コンサイス和仏辞典』
(重信常喜・島田昌治・橋口守人・須藤哲生・工藤進・
山岡捷利・ガブリエル・メランベルジェ編／三省堂)
『小学館　西和中辞典』(桑名一博編／小学館)
『ヒンディー語小辞典』(土井久弥編／大学書林)
『都道府県別　日本の地理データマップ　①日本の国
土と産業データ』(宮田利幸監修／小峰書店)
『新ハワイ語―日本語辞典』(西沢佑／千倉書房)
『広辞苑』(新村出編／岩波書店)
『ジーニアス英和辞典』
(小西友七・南出康世編／大修館書店)

法務省ホームページ
文化庁ホームページ
外務省ホームページ
大修館書店ホームページ「漢字文化資料館」
明治安田生命ホームページ
goo辞書ホームページ

＊**掲載しているデータは2024年4月現在のものです。**

＊**本書の漢字の扱いについて**

本書の漢字の字体は、法務省令「戸籍法施行規則」で示された人名用漢字、および内閣告示「常用漢字表」の字体にできるだけ近いものを掲載しました。画数は、これらの字体と前掲した資料をもとに、監修者と相談のうえ、決定しました。

都大学大学院文学研究科博士課程修了。京都大学大学院人間・環
同名誉教授。漢字ミュージアム館長。漢字を中心とした中国文化
著書に『図説 漢字の歴史』（大修館書店）、『漢字の文化史』（筑摩
』『タブーの漢字学』（講談社現代新書）、『「名前」の漢字学』（青春
書ではPART 4を監修。

・いほこ）
。奈良女子大学理学部物理学科卒業。メーカーでAI研究に携わり、ロ
したのち、語感の研究をはじめる。株式会社感性リサーチ代表取締役、
会理事。著書に『日本語はなぜ美しいのか』（集英社新書）、『妻のトリ
セツ』『子どもの脳の育て方』（講談社＋α新書）ほか。本書ではPART 2、
~P195）、PART 4（漢字と名前のリスト「名づけのヒント」）を監修。

くようぎ・しゅうけい）
生まれ。早稲田大学第一文学部卒業。国語や歴史関連の執筆・編集を経て、
判断を中心に、各国の魔術や占法を研究する。『カバラの秘密』（楓書店）な
多数。本書ではPART 5を執筆。

ン　伊藤悠
スト　こやまもえ　佐々木晶代　くぼあやこ　堀川直子　福島幸
くさかたね　こにしかえ
遠藤三葉
力　オフィス201（羽山奈津子　新保寛子）
当　ナツメ出版企画（梅津愛美）

に関するお問い合わせは、書名・発行日・該当ページを明記の上、下記のいず
の方法にてお送りください。電話でのお問い合わせはお受けしておりません。
ナツメ社webサイトの問い合わせフォーム
https://www.natsume.co.jp/contact
FAX（03-3291-1305）
・郵送（下記、ナツメ出版企画株式会社宛て）
なお、回答までに日にちをいただく場合があります。正誤のお問い合わせ以外の書籍内容に関する解説・個別の相談は行っておりません。あらかじめご了承ください。

最高《さいこう》の名前《なまえ》を贈《おく》る　男《おとこ》の子《こ》の幸《しあわ》せ名前事典《なまえじてん》

2024年7月5日　初版発行

監修者　阿辻哲次《あつじてつじ》　Atsuji Tetsuji, 2024
黒川伊保子《くろかわいほこ》　Kurokawa Ihoko, 2024
九燿木 秋 佳《くようぎしゅうけい》　Kuyohgi Shukei, 2024

発行者　田村正隆

発行所　株式会社ナツメ社
東京都千代田区神田神保町1-52　ナツメ社ビル1F（〒101-0051）
電話　03（3291）1257（代表）　FAX　03（3291）5761
振替　00130-1-58661

制　作　ナツメ出版企画株式会社
東京都千代田区神田神保町1-52　ナツメ社ビル3F（〒101-0051）
電話　03（3295）3921（代表）

印刷所　株式会社リーブルテック

ISBN978-4-8163-7578-1　Printed in Japan

（定価はカバーに表示してあります）（落丁・乱丁本はお取り替えします）